Strukturveränderungen auf der mittleren staatlichen Verwaltungsebene der Länder

# BEITRÄGE ZUR POLITIKWISSENSCHAFT



**Band 85**

PETER LANG
Frankfurt am Main · Berlin · Bern · Bruxelles · New York · Oxford · Wien

MANFRED BITTER

# Strukturveränderungen auf der mittleren staatlichen Verwaltungsebene der Länder

## Der rheinland-pfälzische Weg der Verwaltungsmodernisierung

PETER LANG
Europäischer Verlag der Wissenschaften

**Bibliografische Information Der Deutschen Bibliothek**
Die Deutsche Bibliothek verzeichnet diese Publikation in der Deutschen Nationalbibliografie; detaillierte bibliografische Daten sind im Internet über <http://dnb.ddb.de> abrufbar.

Zugl.: Speyer, Hochsch. für Verwaltungswiss., Diss., 2003

ISSN 0170-8384
ISBN 3-631-51266-X



www.peterlang.de

**Für**

**Moritz und Simon**

**Inhaltsverzeichnis**

## Abkürzungsverzeichnis

| | |
|---|---|
| a.A. | andere(r) Ansicht |
| a.a.O. | am angegebenen Ort |
| ADD | Aufsichts- und Dienstleistungsdirektion |
| Art. | Artikel |
| Aufl. | Auflage |
| BayVBl | Bayerische Verwaltungsblätter: Zeitschrift für öffentliches Recht und öffentliche Verwaltung |
| Bd. | Band |
| Bez.Reg. | Bezirksregierung |
| bzw. | beziehungsweise |
| CDU | Christlich Demokratische Union |
| ders. | derselbe |
| d.h. | das heißt |
| DÖV | Die Öffentliche Verwaltung: Zeitschrift für öffentliches Recht und Verwaltungswissenschaft |
| Drs. | (Parlaments-)Drucksache |
| DST | Deutscher Städtetag |
| DVBl. | Deutsches Verwaltungsblatt (Zeitschrift) |
| DVG | Deutsche Verwaltungsgewerkschaft |
| DVP | Deutsche Verwaltungspraxis (Zeitschrift) |

| | |
|---|---|
| ED LKT NW | Eildienst des nordrhein-westfälischen Landkreistages (Zeitschrift) |
| EKo | Expertenkommission zur Neuorganisation der Landesverwaltung |
| etc. | et cetera |
| | |
| f. | folgende |
| FAZ | Frankfurter Allgemeine Zeitung |
| F.D.P. | Freie Demokratische Partei |
| ff. | fortfolgende |
| FR | Frankfurter Rundschau |
| GBl. | Gesetzblatt |
| GV. | Gesetz- und Verordnungsblatt |
| GVBl. | Gesetz- und Verordnungsblatt |
| | |
| Hrsg. | Herausgeber |
| | |
| i.e.S. | im engeren Sinne |
| i.d.R. | in der Regel |
| IT | Informations- und Kommunikationstechnik |
| | |
| Jg. | Jahrgang |
| | |
| KGSt | Kommunale Gemeinschaftsstelle |
| KVP | Kontinuierlicher Verbesserungsprozeß |
| | |
| LHO | Landeshaushaltsordnung |
| LKT | Landkreistag |
| LSA | Land Sachsen-Anhalt |
| LT | Landtag |
| LUA | Landesuntersuchungsamt |
| LV | Landesverfassung |
| | |
| MBl. | Ministerialblatt |
| m.E. | meines Erachtens |
| m.w.N. | mit weiteren Nachweisen |
| | |
| NdsVBl. | Niedersächsische Verwaltungsblätter: Zeitschrift für öffentliches Recht und öffentliche Verwaltung |

| | |
|---|---|
| Nr. | Nummer |
| NWVBl. | Nordrhein-westfälische Verwaltungsblätter: Zeitschrift für öffentliches Recht und öffentliche Verwaltung |
| S. | Seite |
| s. | siehe |
| SGD | Struktur- und Genehmigungsdirektion |
| SPD | Sozialdemokratische Partei Deutschlands |
| StT | Der deutsche Städtetag (Zeitschrift) |
| StuGR | Städte- und Gemeinderat (Zeitschrift) |
| SWR | Südwestrundfunk |
| TV | Trierischer Volksfreund |
| u.a. | und andere/unter anderem |
| VBlBW | Verwaltungsblätter für Baden-Württemberg: Zeitschrift für öffentliches Recht und öffentliche Verwaltung |
| Verw.Arch | Verwaltungsarchiv: Zeitschrift für Verwaltungslehre, Verwaltungsrecht und Verwaltungspolitik |
| VMK | Verwaltungsmodernisierungskommission |
| Vgl./vgl. | vergleiche |
| VOB | Verdingungsordnung für Bauleistungen |
| VOP | Verwaltungsführung Organisation Personal (Zeitschrift) |
| VR | Verwaltungsrundschau (Zeitschrift) |
| VwORG | Verwaltungsorganisationsreformgesetz |
| WiDUT | Wissenschaftliche Dokumentations- und Transferstelle für Verwaltungsmodernisierung in den Ländern |
| ZBau | Baufachliche Ergänzungsbestimmungen |

**Vorwort**

Der Verfasser legt mit dieser umfangreichen Abhandlung einen höchst aufschlussreichen und lesenswerten Beitrag zur Analyse der Verwaltungsmodernisierung in Deutschland vor. Ausgangspunkt ist eine Sondierung der Verwaltungsentwicklung nach dem 2. Weltkrieg, die sich auf die Nachverfolgung der lange andauernden Diskussion über die Notwendigkeit staatlicher Mittelinstanzen zuspitzt. Es handelt sich hierbei um eine Thematik, die inzwischen in mehreren Bundesländern zu tiefgreifenden Strukturreformen geführt hat. Diese setzen zwar an einem gemeinsamen Punkt an, bewegen sich jedoch in irritierender Weise in verschiedener Richtung, wobei die Spannweite der Lösungen von der Stärkung der Mittelinstanz durch die Eingliederung von Sonderbehörden bis zu ihrer Abschaffung reicht.

Um so wichtiger muss erscheinen, dass der Verfasser den Ablauf des Reformprozesses in Rheinland-Pfalz als einem der beteiligten Länder einer eingehenden und kritischen Untersuchung zuführt. Die Darstellung erreicht eine in der bisherigen Literatur zur Verwaltungsmodernisierung kaum erreichte Dichte, Detailliertheit und Lückenlosigkeit bei der Tatsachenerfassung und der Aufspürung entwicklungsbeeinflussender Hintergrundsfakten. Besonders bemerkenswert erscheint, dass die oft prekären und am seidenen Faden hängenden politischen Entscheidungen und die vielfach divergierenden Auffassungen der beteiligten Akteure offengelegt werden, wobei dem Verfasser sein Insiderwissen zugute kommt, das er durch die Ergebnisse einer langen Serie von Interviews ergänzen kann. Es kommt auf diesem Wege eine Analyse zustande, die tiefe Einblicke in die Dynamik und das Zusammenwirken der im Spiele befindlichen Faktoren vermittelt.

Der Verfasser trägt auch dadurch zur Ermöglichung einer kritischen Beurteilung der zur Debatte stehenden Reformsachverhalte bei, dass er eine Evaluierung vornimmt, welche die Untersuchung der Reformauswirkungen auf einzelne Behördenbereiche einbezieht. Er verwendet hierbei u.a. Kriterien, die für die Effizienz und Effektivität der Alltagsarbeit der Verwaltung von Bedeutung sind und vermittelt auf diese Weise Erkenntnisse, denen sich auch der an „Griffigem“ und vor Ort Verwendbarem interessierte Reformpraktiker nicht entziehen kann.

Insgesamt ermöglicht das Werk eine Fülle von Einblicken in das Werkstattgeschehen der Verwaltungsreform, die das Lesen zu einer ertragreichen und weiterführenden Beschäftigung werden lassen,

Speyer, im Oktober 2003
Prof. Dr. Helmut Klages

## Einleitung

Die öffentliche Verwaltung hat seit Bestehen der Bundesrepublik Deutschland auf allen Ebenen Beachtliches geleistet. Aufbau und Gewährleistung einer rechtsstaatlichen, den Bürgern und ihren Rechten verpflichteten Verwaltung, Mitwirkung am Wiederaufbau nach der Katastrophe des Zweiten Weltkrieges sowie Organisation und Vollzug der wiedergewonnenen Deutschen Einheit sind dabei besonders herauszustellen. Gleichwohl ist der Bedarf an Reform und Modernisierung der Verwaltungsbehörden so groß wie nie zuvor. Zwar war die Öffentlichkeit mit Politik und Verwaltung noch in keiner Zeit restlos zufrieden. Doch noch selten stand der öffentliche Sektor so im Kreuzfeuer der Kritik, wie es derzeit der Fall ist.[1] Die öffentliche Verwaltung wird vielfach gleichgesetzt mit Ineffizienz und Unwirtschaftlichkeit, mit Bürokratie und langen Bearbeitungszeiten. Die Staatsverdrossenheit und die Finanzkrise der öffentlichen Haushalte spielen nicht mehr nur als Thema für die wissenschaftlichen und politischen Experten eine Rolle, sie beherrschen inzwischen die gesellschaftliche Diskussion. Im Mittelpunkt steht die Erwartung, dass die öffentliche Verwaltung moderner und leistungsfähiger, zugleich aber auch kostengünstiger werden soll.[2]

Auch im öffentlichen Dienst selbst wächst die Zahl der Mitarbeiter, die angesichts der weiter steigenden Defizite der staatlichen Haushalte, der damit einhergehenden Personal- und Sachmittelkürzungen bei gleichzeitig anhaltendem Anspruchsdenken vieler Bevölkerungsgruppen gegenüber dem Staat davon überzeugt sind, dass Reform und Modernisierung der Behörden notwendig sind. Diesen Erwartungen entspricht es, sich mit der Effizienz der bestehenden Verwaltungsorganisation kritisch auseinander zu setzen. In diesem Zusammenhang sind auch die Bezirksregierungen als staatliche Mittelinstanz wieder in den Blickpunkt des Interesses gerückt. Hatte noch im Jahre 1980 Frido Wagener bei einem Vortrag vor den Regierungspräsidenten der Bundesrepublik Deutschland festgestellt, nach dem äußeren Eindruck der gegenwärtigen Lage werde die nützliche Existenz der Regierungsbezirke als Verwaltungsebene kaum noch in Frage gestellt,[3] wird im landespolitischen Raum erneut nach der Existenzberechtigung gerade der Bezirksregierungen gefragt.[4] Im Land Rheinland-Pfalz ist diese Frage durch das Landesgesetz zur Reform und Neuorganisation der rhein-

---

[1] Statt vieler: Bull, „Verwaltung“, S. 324

[2] Zur Notwendigkeit einer nachhaltigen Verwaltungsmodernisierung vgl. Klages, ‚Verwaltung der Zukunft“, S. 1 ff.

[3] Wagener, „Regierungsbezirke“, S. 153

[4] So befürwortete die hessische CDU im Februar 1999 die Auflösung der Regierungspräsidien, FAZ vom 19.02.1999
vgl. dazu auch Ellwein/Hesse, „Staatsreform“, S. 65 - 85, 172 ff.

land-pfälzischen Landesverwaltung vom 12.10.1999[5] zwischenzeitlich beantwortet, in dessen Artikel 1, § 5, bestimmt ist: „Die Bezirksregierungen Koblenz, Rheinhessen-Pfalz und Trier werden mit Ablauf des 31. Dezember 1999 aufgelöst."

Diese Arbeit soll den Weg bis zu dem Auflösungsbeschluss nachzeichnen und die damit verbundene umfassende Neustrukturierung der mittleren staatlichen Verwaltungsebene in Rheinland-Pfalz darstellen und bewerten. Dabei steht die Frage im Vordergrund, ob die mit den Neuregelungen verbundenen Erwartungen und Ziele erreicht werden können. Der rheinland-pfälzische Weg wird dabei in den Gesamtkontext der Verwaltungsmodernisierung in der Bundesrepublik Deutschland gestellt.

[5] Gesetz- und Verordnungsblatt Rheinland-Pfalz 1999, S. 325 ff.

# Kapitel 1: Ausgangslage

## 1.1 Restauration nach dem 2. Weltkrieg

Die öffentliche Verwaltung der neu gegründeten Bundesrepublik war, mit wenigen Ausnahmen, die der Besatzungszeit, und diese hatte wiederum weitestgehend am vorhandenen Organisations-, Personal-, Aufgaben-, Verfahrens- und Rechtsbestand des Dritten Reiches angeknüpft. Die kommunalen und regionalen Verwaltungen wurden weitergeführt, die Bundesverwaltung orientierte sich ganz bewusst an der Ministerialverwaltung des Reiches, nicht nur in ihren Strukturen und ihrem Personal, sondern z.B. auch bei der gemeinsamen Geschäftsordnung.[6] Die klassischen bürokratischen Personal-, Aufbau- und Ablaufstrukturen, die auf den Freiherrn vom Stein und seinen Nachfolger Karl-August Fürst von Hardenberg zurück gehen, wurden bestätigt und konserviert.[7] Die polyzentrische Ausrichtung dieser traditionellen Verwaltungsstruktur erschien und erscheint noch heute Vielen als beispielhaft; ihre fachliche Kompetenz und Rechtsstaatlichkeit wurde und wird auch von ihren Kritikern kaum in Frage gestellt und hat sich gerade in den Krisenzeiten nach den Weltkriegen durchaus bewährt.[8]

## 1.2 Verwaltungsreformen

### 1.2.1 Aufbau und Konsolidierung

Die erste Phase der bundesdeutschen Verwaltungspolitik war die Phase der Beseitigung der Kriegsschäden und des Wiederaufbaus, auch in der Verwaltung. Für diese ging es vor dem Hintergrund staatlicher Rechtlosigkeiten vor allem darum, die Rechtsstaatlichkeit wiederherzustellen.[9] In Fragen der Grundrechte, des Gesetzesvorbehalts, des gerichtlichen Rechtsschutzes und des Verwaltungsverfahrens entstanden neue Strukturen des Verwaltungshandelns und entsprechende Wertorientierungen.[10] In dieser Zeit war Verwaltungspolitik im Sinne der bewussten Gestaltung der Strukturen und Prozesse der öffentlichen Verwaltung kein die Öffentlichkeit bewegendes Thema. Gleichwohl ist doch diese Periode schon durch kontinuierliche Reformansätze gekennzeichnet, und zwar

---

[6] Jann, „Entwicklung“, S. 526

[7] Statt vieler: Stolleis, „Öffentliches Recht“., S. 59 ff.

[8] Vgl. nur Busse, „Verfahrenswege“, S. 390; König, „Management“, S. 23 f.

[9] Thieme, „Wiederaufbau“, S. 353 ff.

[10] König, „Markt und Wettbewerb“, S. 239

in der Regel in der für die weitere Entwicklung der Bundesrepublik typischen Form der Expertenkommissionen, Denkschriften und Gutachten.

So forderte in Nordrhein-Westfalen Ministerpräsident Arnold bereits 1952 eine organisatorische und sachliche Verwaltungsreform durch eine Entlastung der obersten Landesbehörden von Verwaltungsaufgaben, Konzentration in der Mittelstufe, Kommunalisierung in der Orts- und Kreisstufe sowie weitgehende Aufgabendelegation und Aufgabenabbau, die bezüglich der Bezirksregierungen im sog. Arnsberger Gutachten zusammen gefasst wurde.[11] In den anderen Bundesländern gab es ebenfalls Bestrebungen zur Vereinfachung des überkommenen Behördenaufbaus, zum Aufgabenabbau und zunehmend zur Anpassung der Verwaltung an die veränderten demographischen und sozio-ökonomischen Problemlagen.

Auch auf der Bundesebene wurde die Notwendigkeit einer Verwaltungsorganisation thematisiert, die zu einer Verringerung des Verwaltungsaufwandes und zu einer Steigerung der Verwaltungsleistung führen sollte. Bezeichnend dafür ist ein Passus aus der ersten Regierungserklärung Konrad Adenauers im Jahr 1949, der noch heute in jeder Regierungserklärung auftauchen könnte: „Die Hauptsache ist, dass der ministerielle Apparat im demokratischen Staat im Ganzen möglichst klein gehalten wird, dass die Ministerien von all den Verwaltungsaufgaben befreit bleiben, die nicht in die ministerielle Instanz gehören. Dadurch werden die nötige Übersicht, die Arbeitsfähigkeit der Ministerien gewährleistet, Verwaltungskosten gespart, und die Bundesminister werden vor allem Zeit haben, ihre wichtigsten Aufgaben, die Koordinierung der verschiedenen von ihnen wahrzunehmenden Interessen und die Wahrung der großen politischen Linie, zu erfüllen."[12] Insgesamt ist zu der Aufbau- und Konsolidierungsphase nach dem 2. Weltkrieg festzustellen, dass es zwar einzelne Verbesserungen und Anpassungen gab, aber insgesamt die überkommenen Strukturen nicht in Frage gestellt wurden.[13]

### 1.2.2 Innere Reformen

Die in die Zeit ab Mitte der 60er bis Mitte der 70er Jahre einzuordnende Phase der inneren Reformen war von der Überzeugung geprägt, dass eine modernisierte Verwaltung notwendige Voraussetzung für die gesellschaftliche und wirtschaftliche Entwicklung sei. Die Verwaltung sollte in die Lage versetzt werden, vorausschauende und integrative staatliche Politik zu ermöglichen und zu unter-

---

[11] Ellwein, „Staat", S. 468
[12] Auch zitiert vom Sachverständigenrat Schlanker Staat, „Abschlussbericht", S. 109
[13] Jann, „Entwicklung", S. 528

stützen. Schlagworte der allgemeinen politischen Diskussion wie der Verwaltungsreform bei Bund, Ländern und Gemeinden waren Bildungsplanung, Globalsteuerung, Raumordnung, Infrastrukturplanung bis hin zur Investitionslenkung. Die verwaltungspolitischen Maßnahmen und Diskussionen dieser Reformperiode, Finanzreform, Gebiets- und Funktionalreform, Planungsorganisation und Ministerialreform sowie Dienstrechtsreform, waren Bestandteil des allgemeinen politischen Diskurses über die Handlungs- und Organisationsprobleme des expandierenden Sozial- und Interventionsstaates. Sie waren auch Teil der allgemeinen internationalen Diskussion, denn in westlichen Industrienationen gab es umfangreiche ähnliche Bestrebungen, und die dort entwickelten Konzepte des Programm-Budgeting, Zero-Base-Budgeting, Management by Objectives etc. wurden in Deutschland aktiv rezipiert, wenn auch kaum eingesetzt.[14]

Bilanziert man diese Reformperiode, so ist lediglich für die Gebietsreform eine insgesamt positive Bewertung geboten. Die insbesondere von Werner Weber auf dem 35. Deutschen Juristentag in Karlsruhe[15] und wenige Jahre später von Frido Wagener mit seinem „Neubau der Verwaltung“[16] ins Rollen gebrachte Lawine hat die Zahl der Gemeinden von 24.282 im Jahre 1968 auf 8.518 im Jahre 1999 reduziert.[17] Die Kreisreform mit einer Reduzierung der Zahl der Landkreise von 425 auf 235 war zum 01.08.1977 abgeschlossen.[18] Während die Gebietsreform danach die einzige Verwaltungsreform ist, die seit den Reformen zu Beginn des 19. Jahrhunderts wirklich geglückt ist,[19] ist die Finanzreform halbherziger ausgefallen. Die Dienstrechtsreform und die programmorientierte Regierungs- und Verwaltungsreform sind dagegen weitgehend gescheitert.[20] Dies hat einen Modernisierungsbedarf hinterlassen, der bis heute nicht abgebaut ist.[21]

### 1.2.3 Entbürokratisierung und Entstaatlichung

Mitte der 70er Jahre ist der Beginn der nächsten verwaltungspolitischen Themenkonjunktur erkennbar, wiederum in Übereinstimmung mit den allgemeinen politischen und internationalen Diskussionen. Voraussetzung für neuerliche verwaltungspolitische Aktivitäten war die einsetzende neo-liberale Staatskritik,

---

[14] König, „Management“, S. 19

[15] Weber, „Verhandlungen“, S. 1 ff.

[16] Wagener, „Verwaltung“, S. 1 ff.

[17] Neumann, „Verwaltungsreformen“, S. 339

[18] Weinberger, „Bilanz“, S. 331

[19] Ellwein, „Dilemma“, S. 73

[20] Statt vieler Lüder, „Triumph des Marktes“, S. 94
Strehl/Promberger, „Verwaltungsreform“, S. 347 ff.

[21] Klages, „Neue Steuerung“, S. 204

die als Hinderungsgrund sozio-ökonomischen Fortschritts nicht länger Marktversagen, sondern im Gegenteil Staats- und Bürokratieversagen identifizierte. In Deutschland wurde Bürokratisierung der Sammelbegriff für vielfältige Kritik am modernen Wohlfahrtsstaat.
Im Zentrum standen zwei zentrale Kritikpunkte: Zum einen Überregelung und Verrechtlichung, also die Zunahme staatlicher Intervention in gesellschaftliche Teilbereiche, die zur Verschwendung gesellschaftlicher Ressourcen, der Behinderung privater Initiativen und zu einer ständig steigenden Staatsquote führe. Zum anderen die zunehmenden bürokratischen Strukturen und Funktionsweisen der Verwaltung, also Bürgerferne und Amtsschimmel, Unpersönlichkeit und mangelnde Dienstleistungsorientierung, deren Folge auch Entmündigung und Belastung der Bürger sei. Die damit angesprochene „Antibürokratie-Welle" fand in mehreren spektakulären Publikationen ihren Ausdruck: „Verwaltung heute - Autoritäre Führung oder modernes Management",[22] „Die kranke Hierarchie",[23] „Was kostet die Verwaltung, was darf sie kosten?",[24] „Des Bürgers teure Diener".[25] Zugleich wurden Managementmodelle für die öffentliche Verwaltung diskutiert.[26]

Zu einer Versachlichung der Diskussion führten die Ende der 70er Jahre von mehreren Landesregierungen gebildeten Kommissionen gegen Bürokratismus,[27] die sich dem Abbau von Einvernehmens- und innerbehördlichen Zustimmungs- und Anhörungsregeln, dem Wegfall von Gremien, Verfahrensbeschleunigungen und Privatisierungen widmeten. Auf Bundesebene wurde zunächst keine neue Reformkommission gebildet. Allerdings gab es 1980 eine umfangreiche Anhörung beim Bundesinnenministerium zu „Ursachen einer Bürokratisierung in der öffentlichen Verwaltung sowie zu ausgewählten Vorhaben zur Verbesserung des Verhältnisses von Bürger und Verwaltung", die einen Großteil des bundesdeutschen verwaltungswissenschaftlichen Sachverstandes versammelte.[28] Die Rechts- und Verwaltungsvereinfachung war schließlich einer der Schwerpunkte der Regierungserklärung, die der Bundeskanzler am 04.05.1983 im Deutschen Bundestag abgab. Die Bundesregierung berief daraufhin eine „Unabhängige Kommission für Rechts- und Verwaltungsvereinfachung". Auf kommunaler Ebene hatte die Kommunale Gemeinschaftsstelle für Verwaltungsvereinfachung bereits 1976 das Thema Aufgabenkritik aufgegriffen, die von ihr entwickelten

---

[22] Höhn, „Führung"
[23] Lauxmann, „Hierarchie"
[24] Morell, "Verwaltung"
[25] Moths/Wulf-Mathies, „Teure Diener"
[26] Laux, „Managementmodelle", S. 167
[27] Schönfelder, „Bürokratismus", S. 117
[28] Mayntz, „Gesetzgebung", S. 1 ff.

Organisationsmodelle und Personalbedarfszahlen wurden zunehmend Maßstab für die Kommunen in Deutschland.

Das Ergebnis dieser Kommissionen und der Reformkampagne insgesamt war wiederum wenig spektakulär; zwar wurde durchaus eine erhebliche Anzahl von Gesetzen und Verordnungen vereinfacht, gelegentlich sogar aufgehoben, aber auch in dieser Periode gab es keine grundlegenden strukturellen Veränderungen. Ende der 80er Jahre hatte deshalb auf dem Feld der Verwaltungsreform allenthalben Ermattung eingesetzt.[29]

### 1.2.4 Schlanker Staat und neues Steuerungsmodell

Unabhängig von der Anfang der 90er Jahre in und mit der öffentlichen Verwaltung zu bewältigenden deutschen Vereinigung, vermutlich durch sie eher etwas verzögert, begann eine weitere umfassende Reformkampagne, diesmal unter den Überschriften „Schlanker Staat" und „Neues Steuerungsmodell". Verwaltung solle neu gedacht werden,[30] neue Paradigmen für die öffentliche Verwaltung seien zu suchen.[31] Es sei „Zeit für Reformen".[32] Gesprochen wird über die Stellung der kommunalen Selbstverwaltung im Land, im Bund und in Europa,[33] gestritten über die Finanzierungssysteme der verschiedenen Verwaltungsträger.[34] Die Leistungsfähigkeit des bundesstaatlichen Systems wird auf den Prüfstand gehoben und lässt nach Konsequenzen für die Gesetzgebungskompetenzen im Bundesstaat,[35] die territorialen Strukturen und den Länderfinanzausgleich[36] fragen. Eine Orientierung kommunaler Verwaltungen am Dienstleistungsgedanken[37] wird ebenso angemahnt wie die Modernisierung der Staatsorganisation insgesamt.[38] Der Staat solle schlanker, Bürokratie abgebaut werden. Es geht um die Transparenz administrativer Aufgabenerfüllung, um die Fortentwicklung des öffentlichen Dienstrechts,[39] um Effizienzsteigerung und Kos-

---

[29] Jann, „Entwicklung", S. 530
[30] Hill, „Verwaltung", S. 15 ff.
[31] Klages, „Verwaltung der Zukunft", S. 1 ff.
Klages, „Öffentliche Verwaltung", S. 15 ff.
Reinermann, „Paradigma", S. 1 ff.
[32] Müller, „Gestaltungsmuster", S. 533
[33] Blanke, „Kommunale Selbstverwaltung", S. 819 ff.
[34] Vgl. nur Henneke, „Finanzausgleich", S. 1 ff.
[35] Statt vieler: Große-Sender, „Bericht", Teil 1, S. 251 ff.
[36] Statt vieler: Heun, „Finanzausgleich", S. 205 ff.
[37] Hill, „Verwaltung" S. 15 ff., Hesse/Benz, „Staatsorganisation", S. 1 ff.
[38] Hesse/Benz, „Staatsorganisation", S. 1 ff.
[39] Siedentopf, „Führungsfunktionen", S. 1033 ff.
Ziemske, „Öffentlicher Dienst", S. 605 ff.

tensenkung. Schlagworte wie „Lean administration“ oder „Private Public Partnership“[40] haben ebenso Konjunktur wie Forderungen nach „Kooperativem Verwaltungshandeln“,[41] Konflikt- und Akzeptanzmanagement[42] oder räumlich-administrativer Ordnung von Agglomerationsräumen.[43]

Zum Sparen zwingen die überproportional wachsenden volkswirtschaftlichen Kosten des öffentlichen Sektors und die damit einhergehende gewaltige fortgesetzte Staatsverschuldung.[44] Beides wurde zusätzlich verstärkt durch die deutsche Wiedervereinigung und die Bewältigung der damit entstandenen Lasten. Aufgabenreduzierung, Deregulierung, Entbürokratisierung, Entstaatlichung, Haushaltskonsolidierung, Privatisierung, Rechtsvereinfachung oder Subventionierung lauten daher weitere Schlagworte der Reformdiskussion.[45]

Auch diese Reformkampagne ist wieder entscheidend durch den allgemeinen politischen Kontext bestimmt. Hintergrund ist zum einen die nationale wie internationale Standortdebatte, in die ausdrücklich die Leistungsfähigkeit des öffentlichen Sektors als wichtiger Standortfaktor einbezogen wird, zum anderen die anhaltende Diskussion über neue Managementkonzepte im privaten Sektor (Lean production, business-process-reengeneering, Total-quality-management etc.), die unter der Bezeichnung New public management auf den öffentlichen Sektor übertragen werden. Dabei geht es nicht nur um Managemententwicklung oder den Rückzug des Staates aus der Aufgabenverantwortung[46], sondern um ein verändertes Grundverständnis gesellschaftlicher Arbeitsteilung zwischen Staat und Markt bei der Güterversorgung. Mit dem beabsichtigten Wandel der Verwaltungsverantwortung zu einer Steuerungskompetenz für einen speziell wirtschaftlichkeits- und qualitätsorientierten öffentlichen Sektor steht ein Paradigmenwechsel vom bürokratischen über das unternehmerische zum verantwortungsgetragenen Management im qualitativ-funktionalen Staat zur Diskussion.[47]

Die aktuelle Debatte in Deutschland unterscheidet sich von den vorhergehenden durch ihren Ausgangspunkt auf der lokalen statt der bisher dominierenden staatlichen Ebene, durch ihre wissenschaftliche Verankerung und Inspiration in der Betriebswirtschaftslehre statt der klassischen Verwaltungswissenschaft, die externe Unterstützung durch Stiftungen und Unternehmensberater und schließlich

---

[40] König, „Übertragung“, S. 436 ff.
[41] Staab, „Verwaltungskultur“, S. 12 ff.
[42] Bulling, „Verwaltungshandeln“, S. 277 ff.
[43] Statt vieler: Haasis/Streit, „Verdichtungsregionen“, S. 1 ff.
[44] Zum Sparzwang als Anlass für eine Neuordnung der mittleren regionalen Ebene, Ellwein, „Neuordnung“, S. 22 ff.
[45] Statt vieler: König, „Übertragung“, S. 437
[46] Vgl. dazu König, „Rückzug des Staates“, S. 963 ff.
[47] Zur Staatsdiskussion in diesem Sinne siehe u.a. Böhret, „Funktionaler Staat“, S. 1 ff.

ihre unverkennbare Verbindung mit der aktuellen Finanzkrise. Eine entscheidende weitere Besonderheit liegt darin, dass zum ersten Mal und auf breiter Basis das klassische Modell der weberianischen Verwaltung grundsätzlich in Frage gestellt und ihm ein neues Steuerungsmodell entgegen gesetzt wird.[48] Dem negativ besetzten Leitbild der bürokratischen Steuerung wird das neue Leitbild einer ergebnisorientierten, transparenten und dezentralen Steuerung gegenübergestellt. Motivation statt Alimentation für das Personal (z.B. leistungsgerechte Bezahlung), Eigenverantwortung statt Hierarchie für die Organisation (dezentrale Ressourcenverantwortung, flache Hierarchie etc.), Resultate statt Regeln für die Verfahren (Kontraktmanagement, Leistungsvergleiche, Produktorientierung) und Kostenrechnung statt Kameralistik für die Finanzen. So gesehen sind die einzelnen Elemente des neuen Leitbildes zunächst nichts anderes als ideale Gegenentwürfe zu den eklatanten oder behaupteten Mängeln der derzeitigen Steuerungspraxis.[49]

Zumindest auf der Verlautbarungsebene war das neue Steuerungsmodell in Deutschland in den letzten Jahren ein überragender Erfolg. Es gibt zwar noch keine umfassenden Implementations- und Evaluationsstudien, aber immerhin planten nach einer Umfrage des Deutschen Städtetages in 1998 nur 4 % der deutschen Großstädte keine Reformen in dieser Richtung.[50] Inzwischen sind alle Bundesländer[51] und auch der Bund mit dem vom Bundeskabinett am 18.07.1995 eingesetzten Sachverständigenrat „Schlanker Staat" dieser Bewegung gefolgt, obwohl das Konzept des neuen Steuerungsmodells auch auf Kritik stieß, weil es zu sehr modegeprägt sei und die klassische Trennung zwischen öffentlichem und privatem Sektor ignoriere.[52]

Die in den 90er Jahren eingeleitete Modernisierungsbewegung übertrifft bezüglich ihrer Internationalität, Popularität und Breite sämtliche bisherigen Reformkampagnen. Inwieweit diese Kampagne allerdings tatsächlich die überkommenen Strukturen ändern und anders als bisher mehr als inkrementalistische Verbesserung erreichen wird, ist in Deutschland offen. Die bisherige Umsetzung der Konzepte ist widersprüchlich, mit Ankündigungen eines „Paradigmenwechsels" wurde mehr versprochen, als bisher gehalten werden konnte. Nach der Anfangseuphorie der einen und der Skepsis der anderen sind die „Mühen der Ebene" zu durchschreiten, und das verlangt Kraft, Zähigkeit und Geduld von allen,

---

[48] Jann, „Entwicklung", S. 532
[49] Jann, „Neues Steuerungsmodell", S. 70 ff.
[50] Grömig/Gruner, „Reform", S. 581
[51] Bürsch, „Schlanker Staat", S. 1 ff.
[52] König, „Neue Verwaltung", S. 354
Reinermann, „Führung", S. 171

ohne dass immer spektakuläre Ergebnisse vorgewiesen werden können.[53] Wie die früheren Reformen gelehrt haben, ist Modernisierung eine harte Angelegenheit von konstruktiv denkenden, aber pragmatisch handelnden Persönlichkeiten mit Beharrlichkeit und Enttäuschungsfestigkeit.[54] Dementsprechend ist die Feststellung nicht überraschend, dass auch in der aktuellen Reformphase, wie bisher, die vorsichtige, inkrementalistische Veränderung dominiert.[55]

## 1.3 Wandel der Verwaltungskultur

### 1.3.1 Begriff der Verwaltungskultur

Verwaltungskultur lässt sich als die spezifische Form bestimmen, in der Programme in Verwaltungsbetrieben verarbeitet werden und den „Apparat" verlassen. In der Verwaltungskultur als manifest gewordener Unternehmensphilosophie kristallisiert sich nicht nur die Aufbau- und Ablauforganisation, sondern auch die Zielbildung und Umsetzung der Ziele, und mit diesen die Aufnahme gesellschaftlicher Werte und Einstellungen und deren Verarbeitung in den betrieblichen Entscheidungs- und Handlungsabläufen.[56]

Mit der Diskussion um das neue Steuerungsmodell erfuhr auch Verwaltungskultur erneute Aktualität und neue definitorische Qualität.[57] Das neue Steuerungsmodell zielt darauf ab, sowohl der Politik wie der Verwaltungsführung Freiräume für ihre eigentliche Aufgabe einer strategischen Steuerung zu geben und zugleich mittelfristig ein sich selbst regulierendes System zu schaffen, welches durch das ökonomische Interesse der handelnden Akteure zu leistungsfähigeren Strukturen und effektiveren Ergebnissen führen soll.[58] Mit dieser breit angelegten Veränderung gewohnter Strukturen und dem Einsatz eines ganzen Ensembles von Instrumenten ist das neue Steuerungsmodell auch darauf angelegt, die überkommene Verwaltungskultur in Frage zu stellen und an ihrer Stelle ein neues Bild von der Verwaltung zu setzen.[59] War das Bild der öffentlichen Verwaltung traditionell maßgeblich von dem Typus einer bürokratischen Organisa-

---

[53] Endlein, „Schlanker Staat", S. 332, vgl. auch Hill „Moderne Verwaltung", S. 28
Skeptisch gegenüber dem bisher Erreichten in der Verwaltungsmodernisierung auch Pitschas, „Verwaltungsmodernisierung im Gegenlicht", S. 325

[54] Laux, „Das „Was" und das „Wie"", S. 415
Zur „Modernisierung" als Modebegriff ohne Eigenwert Ross, Jan, in: Die Zeit vom 15.07.99, S.3

[55] Jann, „Entwicklung", S. 533

[56] Vgl. dazu Wallerath, „Verwaltungskultur", S. 351 ff.

[57] Frey, „Verwaltungskultur", S. 12
vgl. dazu auch Fisch, „Verwaltungskulturen", S. 303 ff.

[59] Behrens/Stöbe, „Leitbilder", S. 29 ff.

tion geprägt, so zielen die Reformentwürfe sichtbar darauf ab, eine stärker vom Design eines Dienstleistungsbetriebes geformte Organisation zu schaffen, die wirtschaftliches mit kundenorientiertem Denken verbindet.[60]
Im Hinblick auf die veränderten Rahmenbedingungen für die Erfüllung öffentlicher Aufgaben sind nicht nur hohe Wirtschaftlichkeit, sondern zugleich Kreativität, Autonomie, Nonkonformität, Experimentierfreude, Widerspruchsgeist und Individualität als Merkmale einer modernen Verwaltungskultur gefragt.[61] Die Kompetenzen der handelnden Akteure werden bedeutsam, persönliche Denk- und Entscheidungsstile dürfen die Aufgabenerfüllung prägen, die individuelle Selbststeuerung übernimmt einen Beitrag zur Verwirklichung der Verwaltungsziele.[62]

Für die Änderung der Verwaltung zu einem ökonomisch denkenden System gibt es an vielen Stellen in der deutschen Verwaltung ermutigende Beispiele. Gleichwohl ist gerade mit Blick in die Verwaltungspraxis der Hinweis geboten, das eine neue Verwaltungskultur nicht kurzfristig entsteht, dazu vielmehr eine prozesshafte Entwicklung über einen längeren Zeitraum erforderlich ist.[63]

### 1.3.2 Wertewandel

Eine Hauptursache für die Abkehr von der klassischen Amtsautorität hin zur Kundenorientierung ist der gesellschaftliche Wertewandel.[64] Dieser bewirkt Mentalitätsveränderungen, die sich u.a. auch in Einstellungsänderungen des Bürgers zum Staat und in geänderten Erwartungshaltungen und Verhaltensdispositionen zur öffentlichen Verwaltung äußern.[65] Hatten sich in einer Allensbacher Umfrage 1956 von den unter dreißig Jahre alten Personen 52 Prozent zu der Maxime „Leben als Aufgabe“ und nur 33 Prozent zu dem Motto „Leben genießen“ bekannt, so haben sich seit 1990 die Ergebnisse verkehrt.[66] Individualistisch-hedonistische Selbstentfaltungswerte verdrängen Pflicht- und Akzeptanzwerte, der Blick auf das Gemeinwohl tritt zurück, die Individualrechte treten in den Vordergrund.[67] Der Bürger will sich zunehmend als „autonome Person“ ein-

---

[60] Altehage/Morath, „Dilemma“, S. 33
[61] Küpper, „Verwaltungskultur“, S. 73
[62] Pitschas, „Verwaltungsmodernisierung“, S. 165
[63] In diesem Sinne Thieme, „Wirtschaftliche Verwaltung“, S. 90
exemplarisch sind die Aktivitäten der baden-württembergischen Landesregierung zur Veränderung der Verwaltungskultur zu nennen, die vor allem das Ziel verfolgen: „Weg vom Staatsdiener – hin zum Dienstherrn“, FAZ vom 27.02.2002, S. 8
[64] Vgl. dazu generell Klages, „Traditionelle Werte“, S. 7 ff.,
[65] Zu den Auswirkungen des Wertewandels auf die Verwaltungsmodernisierung vgl. Klages, „Wertewandel“, S. 115
[66] Merten, „Bürgerverantwortung“, S. 206
[67] Kirchschläger, „Verwaltung“, S. 196

bringen, alle gesellschaftlichen und staatlichen Institutionen sollen sich strikt und ausschließlich „an dem Menschen“ ausrichten, die Empfindlichkeit gegenüber „bürokratischen“ Vorschriften, Regeln und Normen nimmt zu. Daraus ist zu folgern, dass eine kommunikationsunwillige und -unfähige, keinem Begründungszwang unterworfene, nur auf das Prinzip der Staatsautorität und Staatsgewalt gestützte Bürokratie in der derzeitigen Gesellschaft nicht mehr akzeptiert und damit immer mehr zum Relikt wird.[68]

Dies bedeutet eine abnehmende Akzeptanz des Teils des öffentlichen Verwaltungshandelns, das mit hoheitlichen Anordnungen in die Rechts- und Freiheitssphäre des rechtsunterworfenen Bürgers eingreift als Folge des mit dem Wertewandel verbundenen Trends zur Individualisierung, zum „individualistischen Nutzwertdenken“.[69] Durch den in Nutzenkalkülen denkenden Bürger entsteht ein erhöhter Begründungszwang des Verwaltungshandelns, verbunden mit einer schwieriger werdenden Legitimitätsbeschaffung insbesondere für hoheitliche, den Bürger belastende Verwaltungsakte.[70] Auf der anderen Seite ist Folge dieser Entwicklung ein gestiegenes Anspruchsniveau des Bürgers hinsichtlich Qualität und Quantität der Verwaltungsleistungen. Aus seinem gewachsenen Verständnis, gleichzeitig Träger und Finanzier des staatlichen Gemeinwesens und somit der öffentlichen Verwaltung zu sein, erhebt der gegenüber der Verwaltung selbstbewusstere Bürger Ansprüche auf staatliche Leistungen.[71] Diese Anspruchsmentalität hat sich aber auch deshalb entwickelt, weil der Staat dem Bürger immer mehr angeboten und die Politik ihm immer mehr in Aussicht gestellt hat. Die vielfach beklagte Anspruchsinflation kann gerade durch die Erfüllung von Ansprüchen noch verstärkt werden.[72] Der Staat hat sich damit selbst „entzaubert“.[73]

Eine weitere Ursache für diese Selbstentzauberung des Staates stellt die Praxis der staatseigenen Bürokratiekritik dar. Der Staat ist aus dieser Perspektive nicht nur zu teuer, sondern auch zu kompliziert, zu schwerfällig, zu unsensibel, zu hoheitlich etc. In dieser Bürokratiekritik werden weitgehend Erwartungs- und Bewertungsmaßstäbe der gesellschaftlichen Seite auf den Staat und das Verwaltungshandeln übertragen. Der Staat setzt sich damit selbst unter Druck, die so oft nur vermuteten gesellschaftlichen Maßstäbe auf sich anzuwenden und sich entsprechend zu reformieren.[74]

---

[68] Korinthenberg, „Personalmanagement“, S. 46
[69] Klages, „Bürgerorientierung“, S. 158
[70] Klages, „Wandlungen“, S. 94
[71] Hill, „Erfolgsfaktoren“, S. 162, vgl. dazu auch Gensicke, „Wandel“, S. 12 ff.
[72] Reinermann, „Führung“, S. 172
[73] Klages, „Kundenorientierung 2“, S. 11, vgl. dazu auch Staab, „Verwaltungskultur“, S. 12
[74] Klages, „Kundenorientierung 2“, S. 11

### 1.3.3 Kooperativer Staat

In diesen Zusammenhang gehört auch die zu konstatierende Wandlungstendenz hin zum kooperativen Staat. Die Behörden agieren, auch wenn sie hoheitlich handeln, nicht mehr als dem Bürger oder dem Unternehmen übergeordnete Autorität, sondern entwickeln ein partnerschaftliches Verhältnis. Maßnahmen und Leistungen werden in Verhandlungsprozessen gemeinsam beschlossen und in Absprachen oder Verträgen vereinbart.[75] Die kooperative Verwaltung gilt gerade bei Praktikern als modernste und effektivste Form staatlichen Handelns.[76] Zwar hat die Verwaltung „schon immer" verhandelt und überlegt, was durchzusetzen ist und was nicht. Dennoch hat dieser Trend unverkennbar und kontinuierlich zugenommen. Er ist Teil der Enthierarchisierung der Beziehungen zwischen Staat und Gesellschaft. Die Funktion der öffentlichen Verwaltung verändert sich in Richtung eines Konstrukteurs und Moderators komplexer Verhandlungssysteme zwischen öffentlichem und privatem Sektor. Ziel ist die Ermöglichung adäquater Problemlösungen durch die Berücksichtigung und den Ausgleich legitimer Interessen und der internen Strukturen und Funktionen sozialer, weitgehend selbst-regulierender Subsysteme und kollektiver Akteure. Dies ist die Verwaltung des hoch-differenzierten, eng mit der Gesellschaft verflochtenen pluralistischen und kooperativen Verhandlungsstaates.[77]

Die moderne Verwaltung verhandelt nicht nur, sondern pflegt den direkten Kontakt zu den Bürgern. Die Präferenzen der Bürger werden nicht nur, wie im hierarchischen Modell, per Gesetz der Regierung vorgegeben und auch nicht in komplexen Verhandlungssystemen ausgehandelt, sondern sie werden unmittelbar von unten gegenüber der Verwaltung artikuliert und im direkten Austausch durchgesetzt.[78] Die Bürger werden als Klienten, Konsumenten und daher „Kunden" der öffentlichen Verwaltung wahrgenommen, oder auch, in einem modernen Verständnis von Dienstleistung, als aktive Co-Produzenten dieser Leistungen.[79] Die responsive Verwaltung, gesteuert auf der einen Seite durch aktive, informierte Bürger und Kunden, auf der anderen durch öffentliche Entrepreneurs, ist in weiten Teilen das Idealbild.[80] Der Übergang zum neuen, viele zu-

---

[75] Statt vieler: Schwöbel, „Bildungsreform", S. 162
Zur „konsensualen" Steuerung vgl. Schuppert, „Rückzug", S. 763

[76] Bulling, „Verwaltungshandeln", S. 277 ff.

[77] Jann, „Entwicklung", S. 538, zu den Gestaltungsaufgaben der Staatsführung im kooperativen Staat vgl. Hill, „Zukunftsfähigkeit", S. 30 f.

[78] Zur neuen Kommunikation mit dem Bürger vgl. Hill, „Staatskonzeption", S. 306

[79] Kritisch gegenüber dem Begriff des „Kunden" der Verwaltung u.a.
Rogosch, „Begriffsjurisprudenz", S. 354 und
Penski, Staatlichkeit", S. 89

[80] Jann, „Entwicklung", S. 538

nächst erschreckenden Leitbild der kundenorientierten Dienstleistungsproduktion und des kundenorientierten Dienstleistungsbetriebs, kann als das fast zwangsläufige Ergebnis eines seit längerem andauernden Entwicklungsprozesses angesehen werden. Die Kundenorientierung ist eine zwingend notwendige Reaktion des Staates auf fundamentale Wandlungen, denen er sich nicht entziehen kann.[81] Ein Blick in die Verwaltungspraxis zeigt, dass bei dem Prozess der Kundenorientierung bereits Erfolge sichtbar werden. Ergebnisse von Publikumsbefragungen in Städten belegen, dass zum Teil ein großer Zuwachs an Bürgerzufriedenheit erzielt werden konnte. Gleichwohl bleibt das, was bislang in Richtung auf die Kundenorientierung der Verwaltung erreicht wurde, doch noch weit hinter dem zurück, was eigentlich angestrebt ist.[82]

## 1.4 Verwaltung und Politik

### 1.4.1 Politische Steuerbarkeit der Verwaltung

Der grundlegende Wandel der Verwaltung in Richtung Enthierarchisierung und Auflösung der klassischen Strukturen sowie der deutlichen Trennung zwischen öffentlichem und privatem Sektor ist unverkennbar. Die Veränderung ist viel stärker, als in den formalen Strukturen und in der herrschenden Apologetik deutlich wird. In Zeiten des allgemeinen Rückgangs von Institutionenvertrauen, von Finanzkrise und Politikverdrossenheit ist eine Ökonomisierung des öffentlichen Sektors sicher unvermeidbar. Das eigentliche Problem der Erneuerung ist aber nicht die Steigerung von Effizienz und Effektivität, sondern auf längere Sicht vor allem die politische Steuerbarkeit der Verwaltung.[83] Die traditionelle Rechtssituation, dass Politik Entscheidungsmacht besitzt und die Verwaltung Entscheidungen initiiert, vorbereitet und durchführt, wird durch die Modernisierungstrends in Frage gestellt.[84] Diese können zu einer stärkeren Verselbständigung, wenn nicht Autonomisierung der Verwaltung führen. Schon heute stehen ganze Verwaltungszweige völlig „im Windschatten" des politischen Interesses, erhalten von der Politik seit langem keine Vorgaben, stecken sich ihre Ziele selbst und definieren ihre Ressourcen selbst.[85] Die Politik wird eine nach den neuen Vorstellungen umgebildete Verwaltung nicht wirksam führen können, ohne selbst Teile ihres eigenen Führungsverhaltens darauf einzustellen.[86] Wenn die klassischen Annahmen über die Verwaltung etwa bezüglich eines vorhande-

[81] Klages, „Kundenorientierung 2", S. 12
[82] Klages, „Zwischenbilanz", S. 137
[83] Jann, „Entwicklung", S. 540
[84] Generell zum Verhältnis von Politik und Verwaltung vgl. Wegener, „Politik", S. 157 ff.
[85] Ellwein, „Staat", S. 548
[86] Reinermann, „Krise", S. 53

nen Beamtenethos, der Einheit der Verwaltung, ihrer Gesetzesbindung, hierarchischen Steuerung und politischen Neutralität in weiten Bereichen nur noch Fiktion sind, bedarf es neuer politischer und administrativer Strukturen, die nicht nur ein effizienteres und effektiveres, sondern vor allem auch ein demokratisch kontrolliertes, koordiniertes und gesteuertes Verwaltungshandeln ermöglichen.[87]

### 1.4.2 Verwaltungsmodernisierung als eigenständiges Politikziel

Die Erfolge im Prozess der Verwaltungsmodernisierung dürfen nicht den Blick auf einen evidenten Engpass verstellen. Dieser besteht weder in einem Mangel an grundlegenden Defizitanalysen der herkömmlichen Verwaltung, noch in einem Mangel an Ideen für Reformvorschläge und Alternativen. Der entscheidende Engpass liegt seit vielen Jahren vielmehr in der Umsetzung dieser Analysen und Vorschläge. Das Problem der Verwaltungsreform ist demnach nicht die Wissensebene, sondern die Handlungsebene. Eine Ursache für diese Diskrepanz besteht darin, dass die politische Führung in der Regel die Bedeutung der Strukturen und Verfahrensweisen der öffentlichen Verwaltung für den Erfolg politischer Initiativen unterschätzt und dabei verkennt, dass kontinuierliche Arbeit an der Verwaltungsorganisation wichtig ist und Verwaltungspolitik erfordert, also auch und nicht zuletzt Interessenpolitik.[88]
Erfolgreiche Verwaltungsmodernisierung ist auf politische Führerschaft angewiesen, der politische Wille zu mehr Effizienz und Effektivität in Staat und Verwaltung ist nicht ersetzbar durch die Propagierung von ökonomischen Automatismen oder Managementmodellen.[89] Die verwaltungspolitischen Innovationen müssen auf eine politische Idee rückführbar sein.[90] Für die kommunale Ebene ist die Feststellung getroffen worden, dass Stadträte und Kreistage häufig Grundsatzbeschlüsse bezüglich der Modernisierung gefasst haben, ihre aktive und fortdauernde Involvierung in den Reformprozess aber überwiegend auffallend gering geblieben ist.[91] Folge daraus ist, dass diejenige ziel- und ergebnisorientierte Steuerung des Verwaltungshandelns nicht da beginnt, wo sie eigentlich ansetzen sollte, nämlich beim Entwurf zukunftsgerichteter strategischer Planungen und Zielvorgaben der Politik für die Verwaltung. Gleichzeitig besteht aber auch die weitere Gefahr, dass die Politik die anfängliche Bereitschaft zum Mittragen der Modernisierung einbüßt und eine Reformungeduld entwi-

[87] Jann, „Entwicklung", S. 541
[88] Jann, „Moderner Staat", S. 36
[89] König, „Verwaltungsmodernisierung", S. 267
[90] Böhret, „Innovative Verwaltungspolitik", S. 49
[91] Klages, „Zwischenbilanz", S. 137

ckelt, in welcher dann auf schnelle Erfolge gepocht wird, was der Reform, die einen langen Atem braucht, aber großen Abbruch tun kann.[92]

Der langfristige Erfolg jeglicher Verwaltungsmodernisierung setzt daher deutliche politische Vorgaben und Unterstützung voraus, es bedarf einer dezidierten Verwaltungspolitik, die auf einer hohen politischen Priorität beruht.[93]

---

[92] Klages, a.a.O.

[93] Jann, „Moderner Staat", S. 36
König, „Neue Verwaltung", S. 358
Vorsichtig optimistisch Klages, „Hemmschuh Politik", S. 40

# Kapitel 2: Verwaltungsmodernisierung auf kommunaler Ebene

## 2.1 Ausgangspunkt

Die seit dem Anfang der 90er Jahre in Gang gekommene Modernisierungsbewegung hat sich in Deutschland bisher nicht auf allen Verwaltungsebenen mit gleichmäßiger Intensität entwickelt. Sie besitzt ihren Schwerpunkt auf der kommunalen Ebene, während die Länder mit unterschiedlichen Abständen nachfolgen und die Bundesregierung in einem auffallenden Unterschied zu der von ihr ausgehenden Reformwelle am Ausgang der 60er und zu Beginn der 70er Jahre bisher eher noch das Schlusslicht bildet.[94]
Für die deutsche Kommunalverwaltung fand der entscheidende Entwicklungsschub durch die „Entdeckung" der in der niederländischen Stadt Tillburg praktizierten Verwaltungsarbeit statt, die von der Kommunalen Gemeinschaftsstelle für Verwaltungsvereinfachung in Köln (KGSt) als das sogenannte „Tillburger Modell" bekannt gemacht[95] und im Folgenden zum „Neuen Steuerungsmodell" weiter entwickelt wurde.[96] Als Selbsthilfeorgan der deutschen Städte und Gemeinden war die KGSt in der Lage, eine intensive „Missions"- und Transferarbeit in Richtung Praxis zu leisten.[97] Sie begründete damit die Vorreiterrolle der Kommunen in der jetzigen Welle der Verwaltungsmodernisierung. Insgesamt gesehen haben sich die deutschen Kommunen seitdem mit einem Ernst und Nachdruck auf den Modernisierungsweg begeben, der Anerkennung und Bewunderung abnötigt und der ihnen zunehmend eine strategische Position in der gesamten Verwaltungsentwicklung verschafft. Dementsprechend ist die These gerechtfertigt, dass die Kommunen in der gegenwärtigen Situation „entwicklungsleitend" sind.[98]

## 2.2 Reformsubjekte

### 2.2.1 Gemeinden verschiedener Größe

Eine Beschreibung des aktuellen Modernisierungsstands auf kommunaler Ebene bedarf der Berücksichtigung von unterschiedlichen Entwicklungen, die in

---

[94] Klages, „Motivationsstrategien", S. 27
[95] KGSt, „Fallstudie Tilburg"
[96] KGSt, „Das Neue Steuerungsmodell",
vgl. dazu neuestens Hilbertz, „Der richtige Weg", S. 9 ff.
[97] Reichard, „Umdenken", S. 31
[98] Klages, „Zwischenbilanz", S. 133

Kommunen verschiedener Größe anzutreffen sind.[99] Naturgemäß treten dabei zunächst die größeren Städte in den Vordergrund, bei denen die Diskrepanz zwischen komplexen Aufgaben und undurchsichtigen, wenig leistungsfähigen Managementstrukturen besonders eklatant ist.[100] Der dritten Umfrage des Deutschen Städtetages im Jahr 1998[101] kann man entnehmen, dass zum damaligen Zeitpunkt 89 % der Mitgliedsstädte „mit Modernisierungsmaßnahmen" befasst waren. Zusätzliche 7 % der Mitglieder planten Modernisierungsmaßnahmen, so dass nur 4 % „Unentwegte" übrig blieben, die sich von der Modernisierung noch fern hielten. Ein ähnliches Resultat erbrachte auch eine Mitgliederbefragung des Deutschen Landkreistages schon im Jahr 1995, wonach 90,5 % der Landkreise Modernisierungsmaßnahmen bereits eingeleitet oder aber zumindest geplant hatten.[102]

Betrachtet man den Einstieg in die Verwaltungsmodernisierung, wird deutlich, dass sich vor allem die großen Städte mit über 100.000 Einwohnern weniger an dem neuen Steuerungsmodell der KGSt orientieren, sondern eher dazu neigen, gegebenenfalls mit Hilfe externer Berater, eigenständige Konzepte zu entwickeln.[103] Eine Vorreiterrolle im deutschen Modernisierungsprozess insgesamt muss eindeutig den mittleren Städten und Gemeinden mit einer Einwohnerzahl zwischen 25.000 und 100.000 eingeräumt werden. Gerade in dieser Größenkategorie verbindet sich die Umsetzung der betriebswirtschaftlichen Modernisierungsaspekte mit einer weitreichenden Umstrukturierung auf Seiten der Verwaltung. Neben der Einführung von Controlling und Budgetierung sowie der dafür notwendigen Kosten- und Leistungsrechnung wurden - im Unterschied zu den meisten großen Städten - fundamentale Straffungen der Organisationsstruktur vorgenommen und z.B. die Ämter abgeschafft, so dass eine komplette Hierarchieebene entfiel.[104] Für die mittleren Städte ist somit ein Umsetzungsweg charakteristisch, der die betriebswirtschaftlichen Elemente des neuen Steuerungsmodells mit tiefgreifenden Strukturänderungen verbindet. Da hier auch in zahlreichen Fällen Ansätze der Prozessoptimierung hinzukommen, kann man davon sprechen, dass in den mittleren Städten tendenziell ein nachdrücklicherer Modernisierungskurs gefahren wird als in den großen.[105]

---

[99] Zur Notwendigkeit der Differenzierung nach Gemeindegrößen vgl. nur Frey/Steffans, „Steuerungsmodelle", S. 447, sowie Bachmann, „Reformschritte", S. 13

[100] Reichard, „Umdenken", S. 67

[101] Grömig/Gruner, „Reform", S. 581

[102] Klages, „Zwischenbilanz", S. 133

[103] Vgl. dazu die Beiträge von Prinz (Duisburg), Rothgang (Wuppertal) und Wiechers (Ludwigshafen), in: Hill/Klages (Hrsg.), „Erfahrungen", S. 261, 295 und 315

[104] Klages, „Zwischenbilanz", S. 136

[105] Klages, a.a.O.

Bei den kleineren Gemeinden bis 10.000 Einwohner stellt sich auf Grund der Überschaubarkeit der Verwaltung die Frage, inwieweit die umfassende Umsetzung des Neuen Steuerungsmodells für sie überhaupt sinnvoll ist. Dementsprechend erklärten ein Großteil dieser Gemeinden, dass sie nicht beabsichtigen, eine besondere Budgetierung einzuführen.[106] Gleichwohl hat, wie eine Reihe von Einzelbeispielen belegt, die Modernisierung inzwischen aber auch diese kleineren Gemeinden erreicht. So waren unter den Gewinnern der Speyerer Qualitätswettbewerbe jedes Mal auch Gemeinden der KGSt-Größenklasse 6.[107]

### 2.2.2 Gemeinden in West- und Ostdeutschland

Unterschiedliche Entwicklungen im Reformprozess lassen sich auch hinsichtlich der Gemeinden in den alten und neuen Bundesländern feststellen. Anders als in Westdeutschland befanden sich die ostdeutschen Kommunen noch im Transformationsprozess, als zu Beginn der 90er Jahre die Umsetzung neuer Steuerungsmodelle auf kommunaler Ebene einen Entwicklungsschub erlebte.[108] Dem gemäß kamen dort die Verwaltungsreformen erst mit erheblichem Zeitverzug in Gang. Zwar war auch in den neuen Bundesländern wie in Westdeutschland die Finanzkrise der vorherrschende Reformanstoß, doch traten dort Intentionen einer umfassenden Verwaltungsstrukturreform oder einer mangelnden Outputtransparenz für den Bürger deutlich zurück. Daher standen im Modernisierungsprozess auch eher die intensive Aufgabenkritik und die Geschäftsprozessoptimierung im Vordergrund.[109] Bemerkenswert in diesem Zusammenhang ist zudem, dass in den ostdeutschen Kommunen der Abbau von Hierarchieebenen mit dem größten Widerstand verbunden ist und daher in kaum nennenswertem Umfang bisher umgesetzt werden konnte.[110]

## 2.3 Reformobjekte

### 2.3.1 Betriebswirtschaftliche Aspekte

Will man für die - zumindest westdeutschen - Kommunen eine These zum gewählten Reformansatz aufstellen, kommt man zu dem Ergebnis, dass, bedingt durch die in erster Linie als Haushaltskonsolidierung intendierte Modernisierung, die betriebswirtschaftlichen Elemente absolut im Vordergrund stehen.[111]

---

[106] Wichmann, „Kommunen“, S. 23
[107] Klages, „Zwischenbilanz“, S. 133
[108] Vgl. dazu: König, „Transformation“, S. 1 ff.
[109] Hill, „Umbruch“, S. 12
[110] Lorenz/Wegrich, a.a.O., S. 15
[111] Wolf, „Verwaltungsmodernisierung“, S. 336

Dazu zählen die als „harte“ Reformaspekte bezeichneten Elemente des Controllings[112], des Berichtswesens und die output- oder auch produktbezogene Budgetierung sowie die logisch vorausgehende Kosten- und Leistungsrechnung.[113] Deren erfolgreiche Anwendung setzt nicht nur eine mechanische Umsetzung voraus, sondern muss vor allem auch ihre Vereinbarkeit mit Wertvorstellungen, Aufgaben und Zielen des öffentlichen Sektors berücksichtigen.[114]
Eine Schlüsselrolle fällt bei dem gegenwärtig in der kommunalen Landschaft erkennbaren vorrangigen Umsetzungsweg der Budgetierung zu.[115] Die auffindbaren Budgetierungsansätze unterscheiden sich danach, ob sie flächendeckend oder - im Sinne von Pilotprojekten - unter Beschränkung auf einzelne Dezernats-, Ämter- oder Abteilungsbereiche eingeführt werden, wie auch, innerhalb des dadurch gezogenen Rahmens, nach dem Umfang, der Art und dem Vollständigkeitsgrad der jeweils einbezogenen Haushaltspositionen.[116] Vielfältige zusätzliche Verzweigungen des dominanten Umsetzungsweges der Modernisierung eröffnen sich auch im Bereich der Kosten- und Leistungsrechnung.[117]

Der Grund für den eher fiskalisch ausgerichteten Reformweg ist wohl in der politisch-administrativen Immanenz der kommunalen Selbstverwaltung zu suchen. Denn nur dort, wo sich die erlebte Finanzkrise der Städte am schnellsten bekämpfen lässt, kann man im politischen Raum, der anders als auf Bundes- und Landesebene unmittelbarer an die bürgerschaftliche Basis gekoppelt ist, die greifbarsten Ergebnisse vorzeigen.[118]

### 2.3.2 Organisatorische Aspekte

Eng verbunden mit den betriebswirtschaftlichen Aspekten sind auch die organisatorischen Aspekte, soweit sie sich auf den Ansatz der Dezentralisierung von Ergebnis- und Ressourcenverantwortung beziehen. Hier gerät sogleich das geltende Haushaltsrecht als Dreh- und Angelpunkt jeder Reform in den Blick. Die herkömmliche Verwaltungskameralistik als reines ausgabenorientiertes Haushaltskonzept ist nicht in der Lage, die auf die kaufmännische Buchführung ausgerichteten betriebswirtschaftlichen Elemente der Verwaltungsmodernisierung sinnvoll umzusetzen. Das geltende Recht erweist sich somit als ein Begren-

---

[112] Zu den Spezifika des Controllings im kommunalen Kontraktmanagement vgl. Wolf, „Controlling“, S. 131 ff.

[113] Wichmann, a.a.O., S. 23; zur flächendeckenden Einführung einer differenzierten Kosten und Leistungsrechnung vgl. Furch/Hauser/Pätzold, „Steuerung“, S. 230 ff.

[114] Frey/Steffans, „Steuerungsmodelle“, S. 445

[115] Zum Budgetierungsprozess aus betriebswirtschaftlicher Sicht Clauß, „Budgetierung“, S. 298 ff.

[116] Klages, „Zwischenbilanz“, S. 135

[117] Klages,a.a.O.

[118] Wolf, „Verwaltungsmodernisierung“, S. 336

zungsfaktor für den Fortschritt der Verwaltungsmodernisierung. Damit aus diesem Begrenzungsfaktor ein Motor der Verwaltungsmodernisierung wird und die drohende Zersplitterung im Prozess der Verwaltungsmodernisierung aufgehalten wird, sind über Experimentierklauseln hinausgehende haushaltsrechtliche Dauerregelungen erforderlich.[119]

Viele der Reformstädte bemühen sich unter dem Kostengesichtspunkt zudem um die Verbesserung ihrer Geschäftsabläufe. Auch für die Optimierung der Geschäftsprozesse gibt es indes keinen eindeutigen Weg. Zunächst ist die Entscheidung zu fällen, was überhaupt als „Prozess" bezeichnet bzw. in die Optimierung einbezogen werden soll. Nach der Grundentscheidung über das Optimierungsobjekt differieren die Umsetzungswege insofern, als Prozessoptimierung organisatorische und informationstechnische Komponenten hat, zwischen denen sehr verschiedenartige Beziehungen und Gewichtsverhältnisse herstellbar sind. So sind Verwaltungen auffindbar, die sich darauf konzentrieren, unter Einsatz einer entsprechenden Soft- und Hardware ein „Workflow"-System einzurichten, das alle Arbeitsplätze elektronisch vernetzt, ohne vorher irgendwelche einschneidenden organisatorischen Änderungen vorzunehmen. Andere Verwaltungen legen dahingegen den Nachdruck auf die Reorganisation, wobei sie der EDV die Rolle eines diesem Zweck dienenden Arbeitsinstruments zuschreiben. Nach der sich anschließenden Entscheidung über die verschiedenen Varianten des Umsetzungsweges ergibt sich die noch gravierendere Frage, was mit den erzielten Produktivitätsgewinnen erfolgen soll. Beim Blick auf die Praxis lässt sich erkennen, dass es auch hier eine Aufgabe der Entscheidung zwischen verschiedenen Lösungen gibt, von denen keine ohne weiteres als die beste erkennbar ist, da wiederum sehr verschiedene Ziele und Bewertungsgesichtspunkte einfließen können.[120]

### 2.3.3 Bürgerorientierte Aspekte

Auffällig im gesamten Modernisierungsprozess der deutschen Kommunalverwaltung ist, dass neben den mehr intern ausgerichteten „harten" Reformaspekten die Elemente mit unmittelbarer Außenwirkung für den Bürger eher zweitrangig behandelt werden. Trotz aller Betonung des Verwaltungsbetriebs als „Dienstleistungsunternehmen" lässt sich dieser Mangel an verschiedenen Momenten beobachten. Als ein Beispiel mag die Handhabung der Verwaltungssteuerung mittels Kennzahlen dienen. Gerade die Kennzahlen für solche Dienstleistungen, die einen hohen Integrationswert zwischen der Verwaltung und dem

---

[119] Kampmann, „Reformnotwendigkeit", S. 233
Vgl. dazu auch Reichard, „Umdenken", S. 61

[120] Vgl. zum Ganzen Klages, „Zwischenbilanz", S. 136

„Dienstobjekt", also dem Bürger, aufweisen, werden nicht an Hand eines Total Quality Management entwickelt, sondern stellen meist reine Finanzkennzahlen dar, so dass die Produktqualitäten mit unmittelbarem Bürgerbezug keine Rolle spielen.[121]
Auf diese Weise lässt sich zwar die Effizienz der Verwaltungsleistung steigern, die vielbeschworene Outputorientierung und damit angestrebte Effektivitätssteigerung tritt jedoch in den Hintergrund.[122] Bestätigt wird diese Entwicklung auch durch die Betrachtung der Maßnahmen, die auf dem Gebiet der Bürgerbeteiligung getroffen werden. Zwar bemühen sich viele Kommunen um die bürgerfreundliche Zusammenlegung von Verwaltungsaufgaben in Bürgerämtern und -büros,[123] doch eine aktive Beteiligung durch umfassende Befragungen oder ein aktives Beschwerdemanagement ist eher selten.[124] Dabei kann gerade die Rückkoppelung mit den Bürgern klären, mit welchen Produkten diese bisher zufrieden waren, welche verändert werden und welche neu aufgenommen werden müssen.[125] Im Hinblick darauf muss die Vordergründigkeit der Argumente erschrecken, mit denen die Durchführung von Bürgerbefragungen heute auch noch von reformorientierten Verwaltungen abgewehrt wird.[126]

## 2.4 Personal

Ein weiteres Problemfeld bei dem vorrangigen Modernisierungstrend betrifft den Bereich des Personalmanagements und der Personalentwicklung, bei dem es um die Ausschöpfung der zum Teil brach liegenden Motivation und Leistungsbereitschaft des Personals geht.[127] Erschwerend tritt hinzu, dass in zahlreichen Verwaltungen bei den Mitarbeitern noch eine Reform-Skepsis überwiegt.[128] Für aufgeklärte Reformer ist es heute eine ausgemachte Sache, dass der „Zugriff" auf dieses Potential in Verbindung mit einer hiermit abgestimmten Struktur- und Prozessoptimierung die eigentliche Geheimformel ist, mit der der Klemme zwischen wachsenden Aufgaben und Sparzwängen begegnet werden kann.[129] Dabei wird gerade den organisatorischen Maßnahmen - Abbau von Hierarchiestufen und Verlagerung der Arbeit ins Team - eine wesentliche Bedeu-

---

[121] Klages, „Zwischenbilanz", S. 138
[122] Wolf, „Verwaltungsmodernisierung", S. 337
[123] Vorbildlich in diesem Zusammenhang die Stadt Arnsberg, vgl.: Vogel, „Erfahrungen", S. 87
[124] Vogel/Voigt/Wisser, „Erfolgsfaktoren", S. 404
[125] Bruns/Mohnen, „Steuerungsinstrumente", S. 5
[126] Klages, „Zwischenbilanz", S. 138
[127] Zur Bedeutung der Personalentwicklung vgl. Beck/Conrad, „Reformprozesse", S. 41
[128] Klages, „Motivierungsstrategien", S. 29
[129] Baier, „Vorgehensmodell", S. 16

tung für die Motivation der Mitarbeiter zugemessen.[130] Wird die Motivationskomponente ausgeklammert, so sinken die im Leistungsbereich bei aller sonstigen Reformaktivität erzielbaren Effekte drastisch ab.[131]
In den Verwaltungen, die dem vorrangigen Trend folgen, wird aus dieser Tatsache aber noch nicht die nötige Konsequenz gezogen. Man redet zwar allenthalben von der Bedeutung der Motivation, aber tut für ihre Entwicklung noch nicht sehr viel, wie auch die Ergebnisse des 3. Speyerer Qualitätswettbewerbs 1996 erweisen.[132] In diesem Zusammenhang muss auf die Praxis der Einführung von Zielvereinbarungen Bezug genommen werden, der im Rahmen des neuen Steuerungsmodells ein zentraler Stellenwert zukommen soll. Dabei ist zu erkennen, dass mit Zielvereinbarungen vor der Ebene der Sachbearbeiter Halt gemacht wird. Weiterhin erkennt man auch, dass der Einführungsprozess oft recht großzügig gehandhabt wird, indem z.B. den Vorgesetzten „freigestellt" wird, Zielvereinbarungsgespräche durchzuführen. Dies sieht zwar liberal aus, bedeutet aber faktisch ein Steuerungsdefizit an einem zentralen Punkt der Reformentwicklung.[133]

Zur Frage der „Anreize" für Mitarbeiter, ihre Leistungsfähigkeit vorbehaltlos einzubringen, ist auf die alternative Möglichkeit von materiellen und immateriellen Leistungsanreizen einzugehen. In bestimmten Zusammenhängen kann es durchaus Sinn machen, sogenannte „materielle" Leistungsanreize einzuführen. Zu beachtende Erfolgsbedingungen sind aber, dass eine eindeutige aufgabenbezogene Messbarkeit gegeben ist und dass nicht haushaltsbedingt eine künstliche Verknappung von Prämien und Zulagen stattfinden muss, wie sie bei der Dienstrechtsnovellierung durch die einschlägige Zehn-Prozent-Regelung eingetreten ist.[134] Hier sei die These erlaubt, dass dann, wenn der Sparzwang auf die Gestaltung der Bedingungen der Anreizgewährung durchschlägt, materielle Anreize eher eine demotivierende und somit kontraproduktive Wirkung ausüben. In Verbindung hiermit wird die zweite These aufgestellt, dass gut gestaltete immaterielle Anreize den materiellen vorzuziehen sind.[135]

In diesen Zusammenhang gehört auch der Problemkreis der Personalführung. Hier herrscht in der Verwaltung noch immer der herkömmliche Quasi-Notstand, der sich durch die resignative Feststellung „entweder hat man das Händchen

---

[130] Vgl. nur Ipsen, „Grundfragen", S. 808 und Reichard, „Umdenken", S. 57 f.

[131] Vgl. zur Motivationsnotwendigkeit generell Klages, „Erfolgreich führen", S. 79 ff.

[132] Vgl. dazu Klages, „Qualitätswettbewerb", S. 105 ff.

[133] Klages, „Zwischenbilanz", S. 138

[134] § 42 a Bundesbesoldungsgesetz in der Fassung vom 03.12.1998 (BGBl. I S. 3434); zur demotivierenden Wirkung dienstrechtlicher Regelungen vgl. auch Reichard, a.a.O., S. 81

[135] Klages, „Zwischenbilanz", S. 138, anderer Ansicht u.a. Wolf, „Verwaltungsmodernisierung", S. 338

oder nicht“ charakterisiert. Selbst bei den Gewinnern des 3. Speyerer Qualitätswettbewerbs 1996 war diese Schwachstelle noch feststellbar. Wo sie vorherrscht, fehlt jedoch der entscheidende Akteur der Personalentwicklung und -motivierung, derjenige „neue Vorgesetzte“ nämlich, der den erforderlichen kooperativen und aktivierenden Führungsstil praktizieren kann, welcher den überkommenen hierarchischen Charakter abstreift und den angestrebten Selbständigkeitschancen der Mitarbeiter und Mitarbeiterinnen Rechnung trägt.[136]

## 2.5 Kommunalpolitisches Selbstverständnis

Genau so wie die Verwaltungsführung sich vom reinen Sachkundigen hin zu einem mehr politisch ausgerichteten Verwaltungsmanager entwickeln muss,[137] bedarf auch das Selbstverständnis der Kommunalpolitiker eines grundlegenden Wandels. Parallel zur Qualifizierung der Verwaltung muss die Qualifizierung der Politik in Bezug auf den Reformprozess verstärkt werden.[138] Viele der auf unmittelbare Rückkoppelung aus der Wählerschaft angewiesenen Politiker sehen in dem Rückzug aus dem sog. „operativen Geschäft“ einen deutlichen Machtverlust, wenn sie nicht mehr über den vielzitierten „klappernden Kanaldeckel“ debattieren können.[139] Ein solcher Verlust an Steuerungs- und Kontrollmöglichkeiten bedroht im Einzelfall die Bereitschaft insbesondere von ehrenamtlich Tätigen zur aktiven Teilhabe am politischen Prozess.[140]
Diesem Effekt kann durch gemeinsame Arbeitsgruppen des Rats oder des Kreistags und der Verwaltung, durch die direkte Beteiligung der Politik an verwaltungsinternen Steuerungsgremien oder die laufende Behandlung von Themen

---

[136] Klages, a.a.O.
Zur Bedeutung des Personals für den Erfolg von Modernisierungsvorhaben generell Klages, „Modernisierung als Prozess“, S. 67 - 73

[137] Semmler, "Unternehmen", S. 23

[138] Bruns/Mohnen, „Steuerungsinstrumente“, S. 8, sowie Dietrich, Stefan, in: FAZ vom 20.01.99, S. 12

[139] KGSt, „Politikerhandbuch“, S. 10, vgl. dazu auch Wegener, „Umbau“, S. 78

[140] Grömig, „Verwaltungsmodernisierung“, S. 134,
zu Implementationsproblemen im Verhältnis zwischen Rat und Verwaltung vgl. Bogumil, „Verwaltungsmodernisierung“, S. 148

des Reformprozesses in den Ausschüssen des Rats oder des Kreistags unter Beteiligung der Verwaltung entgegengewirkt werden.[141] Nicht ausreichend erscheint es dagegen, Rat oder Kreistag durch einzelne „Informationsveranstaltungen" zum aktiven Mitträger der Modernisierung machen zu wollen.[142]

Dagegen kann auch durch ein intensives Berichtswesen versucht werden, Verlustängsten der Kommunalpolitiker entgegenzusteuern.[143] Das Berichtswesen muss dabei einfach sein, eine ganzheitliche Betrachtung zulassen, unter politisch relevanten Aspekten aufbereitet sein und Transparenz bieten.[144] Insgesamt stellt es eine strategische Aufgabe der Verwaltungsreform dar, das Zusammenspiel von Bürgern, Verwaltung und kommunaler Politik so zu gestalten, dass sich niemand als Täter oder Opfer fühlen muss, sondern alle als Gewinner.[145]

## 2.6 Zusammenfassende Einschätzung

Bei einer Gesamtbetrachtung der bisherigen Reformvorhaben zeigen sich gravierende Unterschiede in der Vorgehensweise. Diese bestehen darin, dass eine größere Zahl von Verwaltungen um einen breiten Ansatz der Verwaltungsmodernisierung bemüht ist, der das neue Steuerungsmodell und seine flankierenden Maßnahmen einbezieht. Die Schwerpunkte der Modernisierung liegen dabei im Haushalts- und Rechnungswesen bei der Einführung der Kosten- und Leistungsrechnung, in der Organisationsentwicklung und in der Personalentwicklung. In vielen anderen Verwaltungen haben demgegenüber die von den finanziellen Engpässen besonders betroffenen Kämmerer die Initiative ergriffen und betreiben Verwaltungsmodernisierung aus ihrer Perspektive, wobei sich gewöhnlich ein enger Ansatz abzeichnet.[146]

Der detaillierte Blick in die Praxis zeigt, dass kaum eine Verwaltung auffindbar ist, die sich beim Modernisierungseinstieg vornehmen konnte, „alles auf einmal" in Angriff zu nehmen. In praktisch allen Fällen waren die Herbeiführung einer positiven Grundeinstellung beim Stadt- oder Gemeinderat oder Kreistag, die Minimierung internen Widerstands, die Gewinnung äußerer und innerer

---

[141] Zur Notwendigkeit einer überzeugenden Projektorganisation im kommunalen Reformprozess vgl. Sommer, „Projektorganisation", S. 25, sowie Plamper, „Modernisierung", S. 18

[142] Klages, „Zwischenbilanz", S. 137

[143] Erfolgreich in diesem Zusammenhang die Stadt Herten, vgl.: Fleischmann, „Reorganisationsprozeß", S. 99 f.

[144] Hill, „Reformbaustelle", S. 22

[145] Tüns, „Politik", S. 273;
neuestens zum kommunalen Kräftedreieck aus Verwaltung, Rat und Bürgerschaft Pröhl/Hill, „Synergien", S. 13

[146] Klages, „Zwischenbilanz", S. 139

Verbündeter, die baldige Erzielung nachweisbarer Fortschritte und die Begrenzung des Innovationsrisikos Motive von beträchtlichem Gewicht, die in einem Verhältnis gegenseitiger Stützung standen. Dementsprechend lässt sich - bei allen Unterschieden - wohl kaum ein einziger Ansatz des Reformeinstiegs auffinden, der nicht als „Strategie im Umgang mit Zwängen, Chancen und Umsetzungsproblemen" interpretierbar ist.[147]

Der bisherige Modernisierungsprozess zeigt neben viel Erfolgversprechendem auch ein realistisches Szenario des Scheiterns.[148] Dies demonstriert etwa der Fall der Stadt Duisburg, die der heimliche erste Sieger des Ersten Speyerer Qualitätswettbewerbs 1992 war, die aber inzwischen die Reformaktivitäten zumindest auf der gesamtstädtischen Ebene beendet, ihren Chefreformer von heute auf morgen entlassen und ihr gut eingespieltes zentrales Reformteam aufgelöst hat.[149]

Eine endgültige Bewertung der Vorgehensalternativen ist wegen der kaum stattfindenden Evaluierung der in Gang befindlichen Reformprozesse nicht möglich. Gleichwohl werden doch nachfolgend beschriebene „Erfolgsfaktoren" in der Verwaltungsmodernisierung auf der Ebene der Umsetzungsprozesse deutlich:

- entschiedenes und verlässliches, Vertrauen und Zuversicht weckendes Engagement der Leitung
- Entwicklung eines motivierenden „Leitbildes" (einer „Vision")[150]
- eigenes leistungsfähiges Prozess- und Projektmanagement, Know how hierfür
- Gewährleistung eines längerfristigen Reformprozesses[151]
- Wahl von ausbaufähigen Wegen (Beispiele: Budgetierung, dezentrale Ressourcenverantwortung, Kosten-Leistungsrechnung, Kennzahlenentwicklung, Controlling)
- möglichst frühzeitige Einbindung der unmittelbar beteiligungsbereiten Kräfte in der eigenen Verwaltung
- Angebot von Sicherheit an alle Mitarbeiter und Mitarbeiterinnen
- Steuerung und Gestaltung der Modernisierung so, dass sie zunehmend als ein sich selbst tragender und verstärkender Prozess abläuft, zu diesem

[147] Klages, „Zwischenbilanz", S. 134
[148] Schwenn, Kerstin, in: FAZ vom 17.11.99, S. 10
[149] Klages, „Motivierungsstrategien" S. 30
[150] Vgl. dazu auch Banner, „Effiziente Verwaltung", S. 361, und Hill „Einführung", S. 9
[151] Zum Prozesscharakter der Modernisierung vgl. Tüns, „Politik", S. 276

Zweck: Sicherung von Lernfähigkeit durch den Aufbau eines Modernisierungscontrolling.[152]

Die deutsche Kommunalverwaltung ist in der gegenwärtigen Modernisierungsbewegung damit beschäftigt, in Übereinstimmung mit Veränderungsbewegungen in zahlreichen anderen meist westlichen Ländern über den Schatten des herkömmlichen Modells der bürokratischen Organisation zu springen, d.h. also die vertraute Verwaltungswelt Max Webers hinter sich zu lassen und zu den Ufern eines „New Public Management" aufzubrechen. Sie reagiert damit auf einschneidend veränderte Umstände und auf neuartige Herausforderungen, denen sie sich, nach einem weit verbreiteten Konsens, stellen muss und die ihr das Verlassen bewährter Pfade geradezu aufzwingen. Was hier im Gange ist, ist im Grunde genommen viel mehr als nur eine Modernisierungswelle unter anderen. Statt dessen handelt es sich um eine massive, sich immer weiter ausbreitende und tendenziell die gesamte kommunale Landschaft ergreifende Bewegung, die wohl inzwischen unumkehrbar geworden ist.[153]

---

[152] Klages, „Zwischenbilanz", S. 139

[153] Klages, „Experimentierklausel", S. 86,
Hill, „Einführung", S. 11,
zur Notwendigkeit der Fortführung der Reform vgl. neuestens Vogel, „Zwischenfazit", S. 9

# Kapitel 3: Verwaltungsmodernisierung auf Bundesebene

## 3.1 Erste Reformansätze

Als am 20.01.1956 in Bonn die deutsche Sektion des Internationalen Instituts für Verwaltungswissenschaften gegründet wurde, hielt Hans Peters von der Universität Köln die Festrede. In seinem Vortrag über „Die Bedeutung der Verwaltungswissenschaften für die Staats- und Gesellschaftsordnung" führte Peters u.a. aus, seit Jahrzehnten erschalle der Ruf nach Verwaltungsreformen, die angeblich dringlich seien; die ehrlichen, ernsten Bestrebungen von Politikern wie Verwaltungsbeamten seien aber entweder stecken geblieben oder hätten doch nur kleine Teilerfolge gezeitigt.[154]

Dieses Schicksal hatte auch der erste umfassende Ansatz zur Reform der Bundesverwaltung. Ein für die „Reform der Struktur von Bundesregierung und Bundesverwaltung" im Jahre 1968 gebildeter Kabinettsausschuss nahm in den folgenden Jahren von einer Projektgruppe drei Berichte entgegen.[155] Schon darin wurde u.a. für eine Verlagerung von Aufgaben aus den Bundesministerien und für den Fortfall der in vielen Fällen problematischen Unterabteilungen in den Ministerien plädiert sowie eine Überprüfung des häufig zu engen Referatszuschnitts und die Abschaffung der Kleinreferate gefordert.

Da diese Probleme auch nach über 25 Jahren weitgehend ungelöst waren, wurden die Hinweise und Vorschläge durch den Sachverständigenrat „Schlanker Staat" erneut aufgegriffen.[156] Dieser würdigte die Tätigkeit des Kabinettsausschusses und der Projektgruppe insgesamt mit dem Bemerken, im Rückblick lasse sich sagen, dass mit den zunehmenden Schwierigkeiten bei der Umsetzung das Interesse an der Kommission geschwunden sei.[157] Diese Aussage umschreibt treffend die damals in Politik und Bürokratie fehlende Bereitschaft zu Reformen.[158]

---

[154] Peters, „Verwaltungswissenschaften", S. 535
[155] Dazu eingehend: Karehnke, „Reform", S. 115 ff.
[156] Sachverständigenrat „Schlanker Staat", „Abschlußbericht", S. 52, 54, 116
[157] Sachverständigenrat a.a.O., S. 108
[158] Neumann, „Schlanke Bundesverwaltung", S. 90

## 3.2 Zurückdrängen des Staates als politisches Programm

In Deutschland war bereits 1978 durch die CDU auf einem vielbeachteten Kongress „Verwaltete Bürger - Gesellschaft in Fesseln“ die Bürokratisierung als das wahre Problem des Wohlfahrtsstaates ausgerufen worden. Die SPD war 1979 mit einem Forum „Bürger und Verwaltung“ gefolgt. Staats- und Bürokratieversagen galten jetzt als wichtigster Hinderungsgrund für wirtschaftlichen und sozialen Fortschritt. Insofern war es naheliegend, dass der neugewählte Bundeskanzler der liberalen-konservativen Regierung in seiner ersten Regierungserklärung vor dem Deutschen Bundestag am 13.10.1982 ausführte: „Wir wollen den Staat auf seine ursprünglichen und wirklichen Aufgaben zurückführen, zugleich aber dafür sorgen, dass er diese zuverlässig erfüllen kann.[159] Diese Ankündigung zielte nicht auf eine systematische Aufgabenanalyse und Aufgabenkritik in den Bundesbehörden, wie sie seit langem gefordert und auch bereits in einigen Ländern und Gemeinden betrieben wurde, sondern vielmehr auf ein Zurückdrängen des Staates insbesondere durch Deregulierung und die Privatisierung öffentlicher Aufgaben und Unternehmen.

### 3.2.1 Privatisierung und Aufgabenkritik

Die Rückführung des Staates auf den Kern seiner Aufgaben war Anlass für eine im Jahr 1983 beginnende umfassende Privatisierungsstrategie. Nachdem der Schwerpunkt der Politik zunächst auf dem vollständigen Rückzug des Bundes aus den großen Industriekonzernen lag, wurde 1992 eine neue Privatisierungsphase eingeleitet, die die Veräußerung von öffentlichem Grundbesitz zum Gegenstand hatte. Die Erlöse, die aus den Privatisierungen erzielt wurden, wurden zunächst nicht als Beitrag zur Lösung von Haushaltsproblemen herangezogen, jedoch wurde diese Zurückhaltung mit zunehmenden einigungsbedingten Haushaltsengpässen allerdings aufgegeben. Die Privatisierungen der letzten Jahre dienten eindeutig auch und oft sogar vorrangig der Haushaltskonsolidierung. Insgesamt war diese Privatisierungspolitik fast ausschließlich ordnungspolitisch und nicht aufgabenkritisch begründet. Moderne Fragen der Leistungstiefe öffentlicher Aufgaben, des Outsourcing oder auch von Public Private Partnerships spielten bis Ende der 90er Jahre keine entscheidende Rolle.[160]

Aufgabenkritik wurde auf Bundesebene erst ein Thema auf Grund von Anregungen des Sachverständigenrates „Schlanker Staat“. Dieser durch Koalitions-

[159] Presse- und Informationsamt der Bundesregierung, 1984, S. 35
[160] Jann/Wewer, „Bilanz“, S. 235

beschluss vom 18.07.1995 eingesetzte Sachverständigenrat war, in der Tradition der bundesdeutschen Reformkommissionen, ein hochkarätig besetztes Beratergremium, das unter der Leitung des stellvertretenden Vorsitzenden der CDU/CSU-Fraktion, Professor Dr. Rupert Scholz, aus insgesamt 20 ad personam ernannten Persönlichkeiten aus Politik, Wissenschaft, den Ländern und Kommunen, der Wirtschaft und den Gewerkschaften bestand.[161] Sein Auftrag war es, die Aktivitäten zum Thema „Schlanker Staat/Abbau überflüssiger Bürokratie" fachlich und politisch zu begleiten, zu bündeln und ggf. durch eigene Initiativen zu ergänzen. Insgesamt wurde eine beeindruckende Sammlung der derzeit aktuellen verwaltungspolitischen Diskussion und bereits laufenden Aktivitäten vorgelegt.[162] In seinem Abschlussbericht wird in 15 Kapiteln die jeweilige Ausgangslage skizziert, werden eigene Empfehlungen formuliert und über den Stand der Umsetzung berichtet.[163] Es gibt kaum eine Anregung der derzeitigen Debatte, die sich in den umfangreichen Materialien des Sachverständigenrates - zumindest als Schlagwort - nicht findet.[164]

Für den Sachverständigenrat „Schlanker Staat" stellte eine qualitative, an rationalen Kompetenz- und Verfahrensmaßstäben orientierte, Aufgabenkritik ein vorrangiges Ziel dar.[165] Indes wurden auf dem Gebiet der Aufgabenkritik, im Gegensatz zur Privatisierung, zunächst nur bescheidene Ergebnisse erzielt. Symptomatisch dafür ist, dass im „Generalkalender .Schlanker Staat"[166] akribisch jede eingesparte Stelle aufgeführt wird, z.B. die Umverteilung der Dienstfahrten von Berufsfahrern auf Selbstfahrer bei der Bundesanstalt für Geowissenschaften (2 Stellen, 190.000,-- DM pro Jahr).[167] Aufgabenkritik sollte auch Teil der vom Sachverständigenrat angeregten Organisationsuntersuchungen der Bundesministerien sein, aber auch hier ließen bis zum Ende der 13. Legislaturperiode 1998 entscheidende Erfolge noch auf sich warten.[168] Das umfassendste Projekt war eine Privatisierung bestimmter Servicebereiche der Ressorts in Verbindung mit dem Regierungsumzug, die durch Pilotprojekte vorbereitet wurde. Zu einer ernüchternden Bilanz kam auch die Präsidentin des Bundesrechnungshofes, Hedda von Wedel, wenn sie feststellte: „Von einer wirksamen

---

[161] Sachverständigenrat „Schlanker Staat", „Abschlußbericht", S. 11

[162] Vgl. dazu auch Meyer-Teschendorf/Hofmann, „Zwischenergebnisse", S. 268 ff.
Dieselben, „Empfehlungen", S. 217 ff.
Kurzfassung der abschließenden Ergebnisse bei Hofmann, „Staatstätigkeit", S. 15 - 18

[163] Sachverständigenrat „Schlanker Staat", „Abschlußbericht", S. 15 ff.

[164] Zur Bewertung seiner Ergebnisse vgl. auch Klages, „Umbau ministerieller Strukturen", S. 59 - 61 und Reichard, „Agenda", S. 4 ff.

[165] Sachverständigenrat „Schlanker Staat", „Abschlußbericht", S. 48 ff.

[166] Bundesministerium des Innern, „Generalkalender „Schlanker Staat"", S. 12 ff.

[167] Vgl. nur Bürsch, „Schlanker Staat", S. 5 ff.

[168] Vgl. dazu Bundesministerium des Innern, „Aktionsprogramm", S. 11 ff.

Aufgabenkritik, die eine Verringerung der Staatsaufgaben und der Staatsquote bewirkt, sind wir nach unseren Erkenntnissen noch zu weit entfernt.“[169]

### 3.2.2 Rechtsbereinigung und Deregulierung

Um Vereinfachung des Rechts und Beseitigung von Überreglementierung zu erreichen, wurde 1983 eine Unabhängige Kommission für Rechts- und Verwaltungsvereinfachung eingesetzt, nach ihrem Vorsitzenden, dem Parlamentarischen Staatssekretär im Bundesministerium des Innern, auch „Waffenschmidt-Kommission“ genannt. Diese nahm sich in den Jahren 1983 bis 1995 in breitgefächerter, grundsätzlicher und ganz konkreter Weise des Themas an und verabschiedete eine Reihe von Berichten mit einer Fülle von Anregungen.[170] Zwischen 1983 und 1993 ergriff die Bundesregierung auch etliche Maßnahmen in diesem Sinne. So wurden auf Grund einer umfassenden Durchsicht der geltenden Rechtsvorschriften durch die zuständigen Bundesressorts in drei Rechtsbereinigungsgesetzen und zwei Rechtsbereinigungsverordnungen 15 Gesetze und 30 Verordnungen ganz aufgehoben sowie 400 Einzelvorschriften in mehr als 100 Gesetzen gestrichen oder vereinfacht.
Um sicherzustellen, dass nur notwendige, wirksame und verständliche Regelungen in die Entwürfe von Gesetzen und Verordnungen aufgenommen werden, wurden, einem Leitgedanken der „Waffenschmidt-Kommission“ folgend, die sog. „10 blauen Prüffragen zur Notwendigkeit, Wirksamkeit und Verständlichkeit von Rechtssetzungsvorhaben des Bundes“ formuliert. Diese wurden durch Beschluss der Bundesregierung vom 11.12.1984 zum verbindlichen Handlungsmaßstab für die Gesetzgebungsarbeit des Bundes erhoben.[171]

Alle diese Aktivitäten können nicht darüber hinwegtäuschen, dass dies wenig mit Deregulierung zu tun hatte, sondern nur die notwendigsten Aufräumarbeiten einer auf Hochleistung laufenden Regulierungsmaschine umfasste.[172] Dass auch die Bundesregierung mit diesen Bemühungen keineswegs zufrieden war, zeigte sich u.a. darin, dass in den 90er Jahren, noch vor Einsetzung des Sachverständigenrates „Schlanker Staat,“ ein neuer Anlauf auf diesem Gebiet genommen wurde. Es wurde ein gesonderter „Deregulierungsbericht“ eingeführt, eine weitere Deregulierungskommission eingesetzt und schließlich noch eine Kommission „Zur Beschleunigung von Genehmigungsverfahren“ (nach ihrem Vorsitzenden „Schlichter-Kommission“ genannt) eingesetzt. Diese hat im Dezember

---

[169] Zitiert bei Hoffmann, Wolfgang, in: Die Zeit vom 25.06.98, S. 22
[170] Vgl. näher Busse, „Verfahrenswege“, S. 390
[171] Dokumentiert in: Unabhängige Kommission für Rechts- und Verwaltungsvereinfachung des Bundes 1983 - 1987, „Zwischenbilanz“, S. 100 ff.
[172] Jann/Wewer, „Bilanz“, S. 236

1994 einen Bericht mit konkreten Vorschlägen unterbreitet.[173] Deren Vorschläge wurden geprüft und mit einigen Änderungen im Gesetzgebungsverfahren umgesetzt. Dies führte etwa zu Änderungen des Verwaltungsverfahrensgesetzes, der Verwaltungsgerichtsordnung und des Bundesimmissionsschutzgesetzes.[174]

Insgesamt ist trotz der Initiativen zur Bereinigung von Rechtsvorschriften die Flut der Gesetzgebung auch in der 13. Wahlperiode bis 1998 weiter angestiegen.[175] Auch der Trend zur Expansion des Verwaltungsvorschriftenbestandes war bis 1998 ungebrochen.[176]

### 3.2.3 Dienstrechtsreform und Personalentwicklung

Diejenigen in Kommunen und Ländern, die sich auf den Weg der Verwaltungsmodernisierung begeben hatten, stießen relativ früh auf Gesetze des Bundes, die Reformen erschwerten, wenn nicht verhinderten. Das galt insbesondere für das öffentliche Dienstrecht. Berechtigte Reformforderungen mussten nicht selten mit Hilfe von unionsregierten Ländern gegen die Bundesregierung durchgesetzt werden. Erst auf Drängen des Innenausschusses des Bundestages legte die Regierung noch vor der Bundestagswahl 1994 einen „Perspektivbericht" vor, wie sie sich die Weiterentwicklung des Dienstrechts und der Beamtenbesoldung vorstellte. Die Eckpunkte dieses Berichts gingen dann ein in das Gesetz zur Reform des öffentlichen Dienstrechts vom 24.02.1997.[177]
Während Innenminister Manfred Kanther sein Gesetz „als wichtigsten Reformansatz für den öffentlichen Dienst seit Jahrzehnten" feierte,[178] kritisierten die Modernisierer das Paket als völlig unzureichend.[179] Die Gewerkschaft ÖTV sprach von einem „Kürzungskonzept".[180] Dem ursprünglichen Gesetzentwurf vom Dezember 1995 hatte der Bundesrat sogar die Zustimmung versagt, so dass erst ein langwieriges Vermittlungsverfahren notwendig wurde, um wenigstens zu diesem Ergebnis zu kommen.[181] Die Reform des Dienstrechts kam spät, blieb halbherzig und verschob damit die Lösung von Problemen auf künftige Regierungen und Generationen. Die vorgesehenen Leistungsstufen, Leistungsprämien und Leistungszulagen ließen manche Frage offen und hatten nichts zu tun mit einer Delegation von Verantwortung und größeren Handlungs-, Gestaltungs-

[173] Bundesministerium für Wirtschaft, „Investitionsförderung", S. 1 ff.
[174] Näher dazu Busse, „Verfahrenswege", S. 393
[175] Sachverständigenrat „Schlanker Staat" „Abschlußbericht", S . 48
[176] Sachverständigenrat „Schlanker Staat", a.a.O., S. 80
[177] BGBl. I, S. 322
[178] König/Beck, „Modernisierung", S. 100 ff.
[179] Vgl. nur Neumann, „Schlanke Bundesverwaltung", S. 86
[180] Presseerklärung 5/97 vom 30.01.1997
[181] Vgl. dazu näher Bonorden/Rieger, a.a.O., S. 1 ff.

und Entscheidungsspielräumen für Beschäftigte und Behörden. Was an Konzepten und Projekten moderner Personalführung und Leistungsmotivation entwickelt wurde, war insgesamt nicht befriedigend.[182]
Mit Konsequenz wurde hingegen bis zum Ende der 13. Wahlperiode ein prozentualer Stellenabbau in der Bundesverwaltung durchgeführt. Man mag kritisieren, dass diesem Abbau keine systematische Aufgabenkritik und -verringerung voranging, also „mit dem Rasenmäher" vorgegangen wurde, kann in den Einsparquoten aber auch Zielvorgaben für die Ressorts sehen, zu denen diese allein nicht fähig oder willens gewesen wären. Der einigungsbedingte Stellenzuwachs des Bundes konnte so in etwa wieder ausgeglichen werden.[183]

### 3.2.4 Neustrukturierung der Ministerialverwaltung

Die organisatorischen Defizite der Ministerialverwaltung des Bundes sind seit Jahren von der Verwaltungswissenschaft aber auch vom Bundesrechnungshof immer wieder kritisiert worden. Die Ministerialverwaltung, so lautet die bekannte Kritik, ist zu stark ausdifferenziert und hierarchisch organisiert, es gibt zu viele Ministerien, Abteilungen und Referate, die Referate sind zu klein, viele Referatsleiter können kaum Leitungsaufgaben wahrnehmen. Durch zu kleinteilige Aufgaben wird Koordination und eine sinnvolle Sachbehandlung behindert, Leitungsspannen weisen erhebliche Unterschiede auf und sind in vielen Bereichen zu gering. Hinzu kommt, dass es zu viele Hierarchieebenen gibt.[184]

Was diese Defizite für eine moderne Struktur der Bundesregierung bedeuten könnten, wurde in verschiedenen Publikationen skizziert.[185] Genannt wird dabei die Verkleinerung der Ministerien durch Abschichtung und Auslagerung operativer und administrativer Aufgaben in Bundesoberbehörden, die Reorganisation der Ministerien mit größeren Referaten, weniger Hierarchiestufen und mehr Projektorganisation sowie dezentrale Ressourcen- und Ergebnisverantwortung. Angemahnt wird eine bessere politische Führung der Ministerien sowie die Verbesserung der Beziehungen zwischen den Ministerien und ihrem nachgeordneten Bereich durch Einführung neuer Steuerungsinstrumente, d.h. durch Leistungs- und Kostenvergleiche, Kennzahlen und Berichtspflichten, Budgetierung und Globalhaushalte, Kontraktmanagement, Controlling, Kostenrechnung etc. Im Personalbereich werden Spitzenpositionen auf Zeit diskutiert sowie das

---

[182] Jann/Wewer, „Bilanz", S. 257
[183] Jann/Wewer, a.a.O., S. 239
[184] Vgl. statt vieler Eichhorn/Hegelan, „Struktur", S. 10 ff.
Pfeiffer/Faller, „Verwaltungshandeln", S. 24 ff.
[185] Eichhorn/Hegelan, „Struktur", S. 17 ff.
Jann, „Moderner Staat", S. 23 ff., Pfeiffer/Faller, „Verwaltungshandeln", S. 63 ff.

Erfordernis moderner Verfahren der Personalentwicklung (Stellenbewertung, Rekrutierung, Qualifizierung, Weiterbildung, Personalmobilität, Führung und Motivation) hervorgehoben.

Die Kritikpunkte und Reformvorschläge erhielten ihre besondere Aktualität durch den sog. Hauptstadt-Beschluss des Deutschen Bundestages vom 20.06.1991 und das Berlin/Bonn-Gesetz vom 26.04.1994.[186] War doch die Annahme naheliegend, dass notwendige Reformen am ehesten im Zusammenhang mit dem Regierungsumzug umgesetzt werden könnten. Der Umzug war eine einmalige verwaltungspolitische Chance, Stellen auszugliedern, Aufbauorganisationen zu verschlanken, ein neues Personalmanagement einzuführen und überkommene Strukturen einer grundsätzlichen Prüfung zu unterziehen. Der Bundesrechnungshof rügte noch in seinem Bericht zu den Organisationsstrukturen der Bundesministerien vom 28.12.1995 die Kopflastigkeit der Ministerialorganisation sowie die sehr hohe Zahl von Kleinreferaten.[187] Die Diskussion um den „Schlanken Staat" und die anstehende Verlagerung von Regierungsfunktionen nach Berlin müsse doppelter Anlass sein, die Organisation der Ministerien grundlegend und ernsthaft zu überprüfen.
Diese Kritik, die einen nicht gerade ausgeprägten Reformeifer zu Tage gefördert hatte, veranlasste das Bundeskabinett mit Beschluss vom 07.02.1996[188] die Bundesministerien zu verpflichten, ihre Organisationsstrukturen mit dem Ziel einer bedarfsgerechten Stellenstruktur unter Berücksichtigung des künftigen Aufgabenabbaues zu überprüfen und den künftigen Aufgaben anzupassen. Der Druck auf die Bundesregierung wurde in der Folgezeit u.a. durch eine Berichtsbitte des Haushaltsausschusses vom Januar 1997 erhöht, in der es heißt: „Der Haushaltsausschuss stellt fest, dass die Bundesregierung der Forderung des Haushaltsausschusses, vor dem bevorstehenden Regierungsumzug eine grundlegende Überprüfung der organisatorischen Strukturen ihrer Arbeit durchzuführen, nur in wenigen Ressorts gefolgt ist."[189] Grundlage dieser herben Kritik war eine noch schärfere Stellungnahme des Rechnungshofes, eine ressortübergreifende Koordinierung der Maßnahmen zur Anpassung der Organisationsstruktur mit dem Ziel der Konzentration auf ministerielle Aufgaben finde nicht statt. Hinzu kam die Feststellung, der Rechnungshof halte die von den meisten Ressorts bislang unternommenen Aktivitäten zur Straffung ihrer Organisation zum Zweck der Konzentration auf ministerielle Aufgaben für nicht ausreichend.[190]
Die Reaktion der Bundesregierung bestand in der Vorlage eines „Aktionsprogramms zur weiteren Steigerung von Effektivität und Wirtschaftlichkeit der

[186] BGBl. I 1994, S. 918
[187] Bericht vom 28.12.1995 - Az.: VII 6-3621/95, Anhang 1
[188] Sachverständigenrat „Schlanker Staat", „Materialband", S. 394
[189] Zitiert bei Jann/Wewer, „Bilanz", S. 252
[190] Schreiben des Rechnungshofs vom 31.12.1996, VII 6-3622/96

Bundesverwaltung“ am 18.06.1997, immerhin 6 Jahre nach dem Umzugsbeschluss. Diesem sind seitdem in kurzer Reihenfolge ein „Erster Bericht und Fortschreibung“ im Februar 1998,[191] eine Unterrichtung „Schlanker Staat: Die nächsten Schritte“[192] und schließlich ein „Zweiter Bericht und Fortschreibung“ vom Juni 1998[193] gefolgt. Diese Berichte zeigen eine Fülle von Maßnahmen, die auf den Weg gebracht sind oder gebracht werden sollen.
Die Behauptung, die durch den Regierungsumzug entstandene Chance, die Ministerialverwaltung zu verkleinern und neu zu organisieren, werde nachhaltig genutzt,[194] ist allerdings mehr als fraglich.[195] War doch etwa der Abschluss der im Jahr 1996 initiierten Organisationsuntersuchungen in den Bundesministerien zum Teil erst in den Jahren 1998,1999 und 2000 terminiert.[196] Diese Terminierung machte es wenig wahrscheinlich, dass die Überprüfung der gewachsenen Strukturen sich noch nennenswert nach dem Umzug bei den Personal- und Sachkosten auswirken konnte. Im Übrigen fiel der Abschluss der meisten Untersuchungen in einen Zeitraum, in dem sich die Raumkonzepte für die Unterbringung der Ministerialverwaltung in Berlin längst in der Umsetzungsphase befanden.[197]

Ein differenziertes Bild zeigt auch die Bilanz der vorherigen Bundesregierung hinsichtlich der Einführung neuer Instrumente moderner Verwaltungsführung, nach der

- nur 3 von 15 Ressorts ernsthafte Personalbedarfsberechnungen angestellt haben,
- weniger als die Hälfte der Ressorts auch nur begonnen haben, sich mit einem Leitbild zu beschäftigen,
- das Steuerungs- und Führungsinstrument Controlling bisher in 12 der 15 Ressorts immer noch „geprüft“ und „geplant“ wird,
- in 11 von 15 Ressorts das Instrument der Kosten- und Leistungsrechnung noch „geprüft“ wird,
- das Instrument der dezentralen Ressourcenverwaltung in 10 Ressorts geprüft, in 1 Ressort geplant wird, im Auswärtigen Amt angewendet wird,
- in nur 3 Ressorts mit dem Instrument „Zielvereinbarung“ gearbeitet wird.[198]

[191] Bundestagsdrucksache 13/9980
[192] Bundestagsdrucksache 13/10145
[193] Bundestags-Drucksache 13/11111
[194] Bundesministerium des Innern, „Aktionsprogramm“, S. 4
[195] Bürsch, „Schlanker Staat“, S. 6 ff.
[196] Sachverständigenrat „Schlanker Staat“, “Abschlußbericht“, S. 121
[197] Neumann, „Schlanke Bundesverwaltung“, S. 89
[198] Vgl. dazu Jann/Wewer, „Bilanz“, S. 253

### 3.2.5 Verringerung und Straffung von Bundesbehörden

Das Ziel, die Zahl der Bundesbehörden zu verringern und die verbleibenden Bundesbehörden zu straffen, erhielt insbesondere durch das von der Bundesregierung im Februar 1996 vorgelegte Konzept zur „Verringerung und Straffung von Bundesbehörden" neue Aktualität.[199] Mit diesem Konzept reagierte die Regierung u.a. auf verschiedene Aktivitäten der Opposition, z.B. die Anträge der SPD „Modernisierung der öffentlichen Verwaltung" vom August 1995[200] und „Modernisierung der Bundesverwaltungen als Projekt" vom Januar 1996[201] sowie der BÜNDNIS 90/Die GRÜNEN/ „Verwaltungsreform ist Staatsreform" vom September 1995[202] und „Umzug nach Berlin als Chance für eine Reform der Bundesverwaltung und für ein zukunftsweisendes Personalkonzept" vom Februar 1996.[203]

Die Konzeption der Bundesregierung zeigte auf der Verlautbarungsebene eine weitgehende Übereinstimmung mit den vorhergehenden Anträgen der Opposition. Über die grundlegenden Prinzipien einer modernen öffentlichen Verwaltung bestand damit weitgehend Einigkeit, auch mit den neueren Ansätzen der Reformdiskussion der Länder und Kommunen. Fraglich war allerdings die Umsetzung der formulierten Einsichten. Im November 1996 wurde die erste Auflistung sämtlicher Modernisierungsprojekte vorgelegt, die inzwischen als „Generalkalender Schlanker Staat" fortgeschrieben wurde und Hunderte von Projekten enthält, von sehr umfangreichen, unspezifischen („Neustrukturierung des Bundesgrenzschutzes", Ergebnisse „Nicht quantifizierbar") bis hin zu sehr spezifischen und zum Teil unbedeutenden („Aufnahme und Ausbau des Wirkbetriebes der neuen Anwendungssoftware (z.B. MS Office) im Bundeskriminalamt").[204]

Bilanziert man die Verschlankungsaktivitäten der Bundesverwaltung bis zum Jahr 1998[205] fällt auf, dass der Stellenabbau in der den Ministerien nachgeordneten unmittelbaren Bundesverwaltung überwiegend eine zwangsläufige Folgeerscheinung von Aufgabenerledigungen oder militärpolitischen Veränderungen war.[206] Dass die Bundesregierung in ihren Sachstandsberichten diesen Personal-

---

[199] Bundestags-Drucksache 13/3923

[200] Bundestags-Drucksache 13/2206

[201] Bundestags-Drucksache 13/3582

[202] Bundestags-Drucksache 13/2462

[203] Bundestags-Drucksache 13/3902

[204] Bundesministerium des Innern, „Generalkalender Schlanker Staat", S. 12 ff.

[205] Zu den Schwerpunkten der Verwaltungsmodernisierung im Bund in der 13. Legislaturperiode vgl. insgesamt König/Fichtner, „Verwaltungsmodernisierung im Bund", S. 1 ff.

[206] Neumann, „Schlanke Bundesverwaltung", S. 88,
Bürsch, „Schlanker Staat", S. 9

abbau überhaupt als Verschlankungserfolge der Bundesverwaltung herausstellte, kann als politische Strategie bewertet werden. Festzuhalten ist jedenfalls, dass diese Ergebnisse weder auf detaillierten aufgabenkritischen Untersuchungen noch auf überzeugenden Organisationsuntersuchungen beruhten. Der durch Aufgabenwegfall oder Aufgabenschrumpfungen vollzogene oder eingeleitete Personalabbau ist die selbstverständliche Folge von Sachzwängen. Soweit Politik und Bürokratie diesen Abbau gleichwohl als Verschlankungserfolg präsentieren, soll offenbar eine politische Reformbereitschaft demonstriert werden, die gar nicht vorhanden ist.[207]

## 3.3 Der „aktivierende" Staat

### 3.3.1 Leitbild der neuen Bundesregierung

Seit dem Regierungswechsel im Jahr 1998 besteht für die neuen Regierungsparteien die Möglichkeit, ihre eigenen Vorstellungen über den richtigen Weg der Verwaltungsmodernisierung in die Tat umzusetzen. Dazu ist es aufschlussreich, an einige markante Äußerungen aus den letzten Jahren der Oppositionszeit zu erinnern. So erklärten der stellvertretende Fraktionsvorsitzende Schily und der innenpolitische Sprecher Körper bei der Einbringung des Antrages „Modernisierung der öffentlichen Verwaltung"[208], die Bundesregierung sei auf dem Gebiet der Verwaltungsreform bisher untätig geblieben, ihre Vorschläge zum Dienstrecht seien unzureichend. Es erfolgten Vorschläge für effizientere Verwaltungsstrukturen, kleinere Ministerien, es wurde dazu aufgefordert, die ideologische Privatisierungsdiskussion zu beenden und die Reform als dialogorientierten Beteiligungsprozess durchzuführen.[209] Diese Kritik und die Vorschläge wurden im Jahr 1997 erneuert. Die Bundesregierung habe weder den Abbau überflüssiger Vorschriften noch die Verwaltungsmodernisierung ernsthaft in Angriff genommen. Sie sage den Bürgern auch nicht, was der Staat zukünftig leisten soll und wie er handlungsfähiger und effizienter werden könne. Ihr Denken sei rückwärts gerichtet, ihr Leitbild scheine das Staatsmodell des 19. Jahrhunderts zu sein.[210]

In der Erkenntnis, dass es bei der Modernisierung der Verwaltung nicht an Konzepten fehlt, es somit kein Erkenntnis-, sondern ein Durchsetzungsproblem gibt[211], verabschiedete die neue Bundesregierung am 01.12.1999 das Programm

[207] Neumann, a.a.O., S. 90
[208] Bundestags-Drucksache 13/2206
[209] Schily/Körper, „Modernisierung", S. 1 f.
[210] Schily/Körper, „Modernisierung des Staates", S. 1 ff.
[211] Schily, Otto, in FAZ vom 27.07.1998, S. 12

„Moderner Staat - moderne Verwaltung“ als Grundlage für eine umfassende Modernisierung von Staat und Verwaltung.[212] Über die bisherigen singulären Ansätze der Binnenmodernisierung hinaus sollen entscheidende Schritte auf einem Weg zu einer konzertierten Gesamtreform gegangen werden. Im Vordergrund der Idee des aktivierenden Staates steht, die Selbstregulierungspotentiale der Gesellschaft zu fördern und ihnen den notwendigen Freiraum zu schaffen. Neben der damit angesprochenen neuen Verantwortungsteilung zwischen Staat und Gesellschaft wird mehr Bürgerorientierung angestrebt. Im aktivierenden Staat sind die Bürger gleichberechtigte Partner bei der Wahrnehmung von Aufgaben für das Gemeinwohl. Als weitere Facetten des aktivierenden Staates werden die staatliche Vielfalt mit einer Aufgaben- und Verantwortungsteilung zwischen Bund, Ländern und Kommunen sowie das Ziel der Schaffung einer effizienten Verwaltung genannt.[213]

### 3.3.2 Programm

Zur Umsetzung des Leitbildes sind 15 Leitprojekte ausgewählt worden. Der Umsetzungsprozess soll dynamisch sein und es ermöglichen, die Definition von Leitprojekten fortzuschreiben. Die Leitprojekte werden in 4 Reformbereichen angesiedelt:

1. Höhere Wirksamkeit und Akzeptanz von Recht

Leitprojekte:

- Handbuch zur Gesetzesfolgenabschätzung
- Identifizierung und Abbau rechtlicher Hemmnisse für neue Dienstleistungen

2. Der Bund als Partner

a)Kooperation zwischen den Verwaltungsebenen

Leitprojekte:

- Zuständigkeitslockerung zu Gunsten der Länder
- Selbstverpflichtung zur besseren Beteiligung der Länder und Kommunen
- Neustrukturierung der Bauaufgaben des Bundes

[212] Bundesministerium des Innern, „Programm“, S. 5 ff.

[213] Bundesministerium des Innern, a.a.O. S. 7 – 11,
zu Defiziten in der Programmatik des aktivierenden Staates sowie zur Notwendigkeit ihrer Weiterentwicklung vgl. Klages, „Good Governance“, S. 11 - 13

b)Kooperation mit Privaten
Leitprojekte:

- Rechtliche Regelungen für Public Private Partnership
- Deutschland 21 - Aufbruch ins Informationszeitalter
- Förderung des Audit-Gedankens am Beispiel des Datenschutzes

3. Leistungsstarke, kostengünstige und transparente Verwaltung
Leitprojekte:

- Einführung von modernem Management in der Bundesverwaltung und bei den Streitkräften
- Erprobung und Fortschreibung einer standardisierten Kosten- und Leistungsrechnung - Standard-KLR -
- Benchmarking-Ring
- Informationsfreiheitsgesetz
- IT-Strategie

4. Motivierte Beschäftigte
Leitprojekte:

- Dienstrechtsnovelle
- Personalentwicklung in der Bundesverwaltung[214]

Ergänzt werden die Leitprojekte durch weitere 23 Projekte, die das Modernisierungsprogramm der Bundesregierung näher konkretisieren.

Die Umsetzung des Programms und die Steuerung des Modernisierungsprozesses innerhalb der Bundesregierung erfolgt durch einen Staatssekretärsausschuss zur Staats- und Verwaltungsmodernisierung unter Leitung des Bundesministeriums des Innern. In diesem Ausschuss sollen die Zielsetzungen und Strategien festgelegt sowie Zielkonflikte mit den betroffenen Ressorts gelöst werden.
Unterstützt wird der Staatssekretärsausschuss durch eine Stabsstelle bei der Staatssekretärin des Bundesministeriums des Innern, die eine koordinierende und fördernde Funktion haben soll.[215]

### 3.3.3 Perspektiven

Auf dem Hintergrund der zahlreichen Verlautbarungen, Ankündigungen, Berichte und Programme kann der Eindruck entstehen, dass sich der Bund aus seinem bisherigen Schattendasein in einer unter dem Vorzeichen des „New Public Management" bzw. des „Reinventing Government" stehenden internationalen Modernisierungswelle gelöst und sich damit des Stigmas des „Nachzüglers"

[214] Bundesministerium des Innern, „Programm", S. 11 - 20
[215] Vgl. dazu näher Zypries, „Verantwortung", S. 11 f.

gegenüber den Kommunen als Vorreiter bei der Anfang der 90er Jahre auch in Deutschland einsetzenden Reformbewegung und den Ländern als Früheinsteiger entledigt hat.[216] Die Nachhaltigkeit der Reformaktivitäten setzt jedoch voraus, dass die bekannten Handlungsdefizite überwunden werden. Diese bestehen im Wesentlichen in der unterentwickelten Lernfähigkeit von Politik[217] und Regierung, in der häufig nur isolierten und nicht im Zusammenhang erfolgten Konzeptionierung, in dem nur diffusen Leitbild über Ziel und Prozess der Veränderung sowie der nicht ausreichenden Mobilisierung der Mitarbeiter als zentrales Element für eine spürbare und langfristige Erneuerung.[218] Nach den bisherigen Erfahrungen akzeptieren Regierungen nur schwer eine kritische Auseinandersetzung mit der Regierungspolitik und Forderungen nach konkretem Aufgabenabbau oder nach gesellschaftlicher Diskussion über den Umfang der Staatstätigkeit als Bilanz der Untersuchungen von Sachverständigenkommissionen.[219]

So ist im Ergebnis die neue Bundesregierung an ihren Taten, nicht an ihren Ankündigungen zu messen. Eine Bilanz mit Stand Dezember 2001 zeigt sichtbare Fortschritte auf mehreren Modernisierungsfeldern. So haben inzwischen 365 Bundesbehörden ein eigenes Leitbild entwickelt, in 215 Bundesbehörden wurden Controllingkonzepte realisiert. Während Anfang 2001 die Bundesministerien erst mit 79 Bundesbehörden Zielvereinbarungen geschlossen hatten,[220] stieg die Zahl bis Ende 2001 auf 193. Insgesamt wenden mittlerweile 306 Bundesbehörden Kosten- und Leistungsrechnung an, so dass diese nunmehr 89 % des Personalbestandes der Bundesverwaltung erfasst. [221] So wurden ressortinterne und ressortübergreifende Benchmarking -Ringe zu den Themen „Zuwendungsverfahren", „Einsatz der Informationstechnik", „Personalwesen" sowie „Beihilfe" initiiert. Der Behördenbestand wurde von 654 Behörden im Jahr 1998 um 92 auf 562 reduziert. Gleichzeitig wurden über 100 Bundesbehörden neu strukturiert.
In den Bundesministerien wurde die Gesamtzahl der Abteilungen um 8 auf 110, die der Unterabteilungen um 26 auf 217 reduziert. Auf Grund der eigenen Erkenntnis, dass alle bisherigen Bemühungen, den Bestand an Gesetzen und Vor-

---

[216] König/Füchtner, „Schlanker Staat", S. 38

[217] Dass dies ein internationales Phänomen ist, zeigt ein aktuelles Beispiel aus Frankreich, wo die französische Regierung mit ihrem Vorhaben gescheitert ist, die Häufung von politischen Ämtern zu verbieten. Der Widerstand der politischen Elite Frankreichs gegen Strukturveränderungen war zu groß. FAZ vom 11.03.2000, S. 3

[218] Statt vieler Berger, „Sachverständigenrat", S. 24,
Schlanker Staat, „Materialband", S. 24

[219] Hill in Hill/Klages (Hrsg.), „Reform", S. 111

[220] Schily, Otto, in FAZ vom 16.01.2001", S. 2

[221] Unterausschuss „Allgemeine Verwaltungsorganisation" des Arbeitskreises VI der Innenministerkonferenz, „Staats- und Verwaltungsmodernisierung", S. 219

schriften spürbar und dauerhaft zu verringern, gescheitert seien, weil nicht hinreichend methodisch vorgegangen wurde, wird bei der angestrebten Deregulierung nicht flächendeckend vorgegangen, statt dessen wurde etwa ein Handbuch zur Gesetzesfolgenabschätzung erarbeitet, das zusammen mit einem entsprechenden Leitfaden an insgesamt 8 Gesetzen bzw. Rechtsetzungsvorhaben verschiedener Ressorts getestet wird. Ein wichtiges Ziel stellt weiter die elektronische Verwaltung dar. Mit der im November 2001 gestarteten E-Government-Initiative Bund-Online 2005 verpflichtete sich die Bundesregierung, alle internetfähigen Dienstleistungen der Bundesverwaltung bis zum Jahr 2005 online bereit zu stellen.[222] 18 Modellprojekte auf Bundesebene hatten den Beweis erbracht, dass E-Government die damit verbundenen Erwartungen erfüllen kann.[223]

Die bisherige Realisierungsphase des Modernisierungsprogramms machte jedoch auch deutlich, dass auf wichtigen Modernisierungsfeldern nicht mit schnellen Erfolgen gerechnet wird. So stellte etwa die Dienstrechtsnovelle ein Leitprojekt dar, das bis Mitte 2001 abgeschlossen sein sollte, was jedoch nicht gelang.[224] Der Bundesminister des Innern wies dazu auf beträchtliche Widerstände im öffentlichen Dienst hin. Diesbezüglich solle man sich keine Illusionen machen.[225] An anderer Stelle hob er hervor: „Wir haben es hier mit gewachsenen Strukturen zu tun, und die Bereitschaft zur Änderung ist gering.“[226]

Eine Korrektur anfänglich bestehender Vorstellungen erfolgte auch bei den Strukturen zur Umsetzung der Modernisierungsprojekte. So erklärte Otto Schily noch im Sommer 1998, die Widerstände aus der Verwaltung wüchsen mit zunehmendem Druck der Realisierung. Deshalb werde die SPD vor allem Strategien zur Umsetzung der Verwaltungsmodernisierung entwickeln. Nach seiner Vorstellung solle eine „Stabsstelle“ gebildet werden, die einem Kabinettsausschuss unter Vorsitz des Bundeskanzlers verantwortlich sei oder die auf andere Weise durch eine hochrangige politische Leitung, etwa durch eine Zuordnung zum Kanzleramt, die Durchsetzung politischer Ziele gegenüber den Ressorts gewährleiste.[227] Statt einem Kabinettsausschuss unter Vorsitz des Bundeskanzlers wurde ein Staatssekretärsausschuss unter Vorsitz der Innenstaatssekretärin Brigitte Zypries eingesetzt, der auch die neue Stabsstelle zugeordnet wurde.[228]

---

[222] Unterausschuss „Allgemeine Verwaltungsorganisation“ des Arbeitskreises VI der Innenministerkonferenz, a.a.O., S. 230

[223] FAZ vom 12.03.2002, Verlagsbeilage Bund, S. B 13

[224] Bundesministerium des Innern, „Staatsmodernisierung“, S. 19

[225] Schily, Otto, in: Handelsblatt vom 11./12.02.00, S. K 3

[226] Zitiert bei Ranft, Ferdinand, in: Die Zeit vom 09.03.00, S. 13-16

[227] FAZ vom 27.07.1998, S. 12

[228] Kritisch gegenüber dieser Zuordnung Reichard, „Agenda“, S. 21

Die sich bietende Möglichkeit, die Bedeutung des Modernisierungsprozesses für die Bundesregierung durch die Anbindung an das Bundeskanzleramt deutlich zu machen und so ein entscheidendes Signal zu geben, wurde damit vergeben.

# Kapitel 4: Verwaltungswissenschaftliche Prämissen

## 4.1 Aufgabenbezug von Verwaltungsorganisationen

Die Funktion der öffentlichen Verwaltung besteht in der Erfüllung ihrer Aufgaben. Deshalb legitimieren sich Verwaltungsinstitutionen durch ihre Aufgaben und Leistungen. Aufgaben werden der öffentlichen Verwaltung zumeist durch Gesetze und Verordnungen von Bund und Land zugewiesen. Nach dem heute anerkanntermaßen geltenden Prinzip der „offenen Staatsaufgaben" entscheidet der demokratische Gesetzgeber prinzipiell selbst nach eigenem Ermessen darüber, welche Aufgaben und ggf. in welcher Form er diese wahrnehmen will. Es gibt keine einhelligen, endgültigen oder auch verfassungsrechtlich durchgreifenden Kriterien für eine Bestimmung der Staatsaufgaben. Was die öffentliche Hand tun und was sie lassen soll, kann nur aus aktuellen und zukünftigen Herausforderungen abgeleitet werden. Das „Ob" und das „Wie" muss letztlich im politischen Prozess konkretisiert werden.[229] Die angestrebte „Verschlankung des Staates" heißt vor allem Reduzierung und Begrenzung der Staatsaufgaben. Vor diesem Hindergrund wird deutlich, dass eine durchdachte Verwaltungsstrukturreform stets mit Aufgabenkritik verbunden sein muss.[230]

## 4.2 Notwendigkeit einer Gesamtbetrachtung

Verwaltungsreformen sind Systemreformen, die sich nicht auf einzelne Funktionen, Elemente und Beziehungsstrukturen reduzieren lassen, auch wenn klar ist, dass sie sich nur in Segmenten und pragmatisch umsetzen lassen. Es ist deshalb nur von partiellem Nutzen, Reformüberlegungen auf einzelne Systembestandteile zu beschränken. Damit werden Blickfeld und Handlungsraum verengt.[231] Dies hat auch Auswirkungen auf die aktuelle Diskussion um die Umstrukturierung der Landesverwaltungen im Allgemeinen und der Mittelinstanzen im Besonderen. Die Mittelinstanzen der öffentlichen Verwaltung, seien sie Regierungen, Bezirksregierungen, Kreisregierungen, Regierungspräsidien oder Regierungsbezirke benannt, sind die am meisten abgeschafften - und dann doch beibehaltenen oder immer wieder von neuem eingeführten Verwaltungsinstanzen der deutschen Verwaltungsgeschichte.[232] Die Argumente, die in den Diskussionen

---

[229] Böhret. „Modernisierung", S. 14
[230] Schoch, „Verwaltungsstrukturen", S. 9
[231] Müller, „Gestaltungsmuster", S. 533 f.
[232] Wahl, „Verwaltungsorganisation", S. 106

für oder gegen die Institution „Allgemeine Mittelinstanz“ angeführt werden, haben sich im Vergleich zu der Debatte in den 70er Jahren wenig verändert.[233]

Dementsprechend gibt es auch heute noch ein differenziertes Bild zu der Frage der Notwendigkeit der allgemeinen staatlichen Mittelinstanz. So kommen etwa mehrere der in den vergangenen Jahren zum Thema „Effiziente Landesverwaltung“ vorgelegte Gutachten im Ergebnis zu einem positiven Votum für die staatliche Bündelungsinstanz in der Fläche.[234] Die Unternehmensberatungsgesellschaft Zündel & Partner, die die Regierungspräsidien in Nordrhein-Westfalen untersucht hat, fasste ihr Ergebnis in dem Satz zusammen: Wenn es regionale Bündelungsbehörden nicht gäbe, müsste man sie erfinden.[235] Die von externen Gutachtern betreute Erhebung über die staatliche Mittelinstanz in Baden-Württemberg führte zu der Feststellung, dass die Kernfunktion der Bündelung verschiedener Fachaufgaben durch die Mittelbehörde nach wie vor unverzichtbar sei. Die Regierungspräsidien könnten zum Modellfall einer modernen, herkömmliches Kästchendenken überwindenden Organisation der öffentlichen Verwaltung werden.[236] Diesen Befund bestätigt eine Untersuchung des Tübinger Politikwissenschaftlers Hans-Georg Wehling. Der Frage nachgehend, ob die verwaltete Welt die Regierungspräsidien wirklich brauche, kommt er zu dem Ergebnis: „Als Inbegriff einer wirksamen Staatsverwaltung, die über den lokalen Interessen steht, ist das Regierungspräsidium unverzichtbar.“[237]
Die vom Bundesminister für Wirtschaft eingesetzte Unabhängige Expertenkommission zur Vereinfachung und Beschleunigung von Planungs- und Genehmigungsverfahren, der für ihre Arbeit zahlreiche Anregungen von Verbänden, Organisationen und Unternehmen zugeleitet wurden, verbindet ihr Plädoyer für die Stärkung der Planungs- und Genehmigungszuständigkeiten der staatlichen Mittelbehörden mit einer ausdrücklichen Anregung an Länder ohne Bezirksregierungen und Stadtstaaten. Diese sollen durch eigene organisatorische Vorkehrungen ebenfalls für eine Koordinierung und Bündelung in Planungs- und Genehmigungsverfahren sorgen.[238]

Dieses positive Bild wird von einer großen Zahl kritischer Stimmen getrübt, die gravierende Funktionsdefizite der allgemeinen staatlichen Mittelinstanz in den Mittelpunkt der Betrachtung stellen. So heißt es etwa, dass die Bündelungsfunktion immer mehr nur noch auf dem Papier stehe, mehr ein Wunschtraum sei als Realität. Das Nebeneinander rangiere vor dem Miteinander, die Routine der

---

[233] Stöbe/Brandel, „Bezirksregierungen“, S. 22
[234] Blenke u.a., „Aufgabenanalyse“, S. 3 ff.
[235] Zündel & Partner, Unternehmensberatung GmbH, „Organisation“.S.
[236] Baden-Württembergischer Staatsanzeiger vom 04.09.1993 (Nr. 70), S. 1
[237] Wehling, Hans-Georg, in: FAZ vom 15.02.97, S. 12
[238] Bundesministerium für Wirtschaft, „Investitionsförderung“, S. 247

Abteilungen und die ihnen innewohnende Hierarchie behinderten Kooperation und erschwerten Koordination.[239] Gerade die Unterschiedlichkeit der im bürokratischen Kern der Mittelbehörden abzuarbeitenden Aufgaben wird als Störfaktor herausgestellt. Die Behördengröße in Verbindung mit der streng hierarchischen Ordnung behindere die notwendigen Koordinationsleistungen, erschwere der Behördenleitung den Überblick und vermindere ihre Chance, in wichtigen Fällen selbst Bündelungsfunktionen wahrzunehmen.[240] Hervorgehoben wird die Inflexibilität der Mittelinstanz mit Schwierigkeiten in der internen und externen Zusammenarbeit. „Konflikte würden nicht entschieden, Flächennutzungspläne genehmigt, ohne dass zuvor die widerstreitenden Sach- und Behördenmeinungen koordiniert worden seien, immer häufiger würden unmittelbar außerhalb des Dienstwegs die Ministerien unter Umgehung des Regierungspräsidenten angegangen, Entscheidungen der Bezirksregierungen dauerten zu lange und würden dann noch nicht einmal alle betroffenen kommunalen Körperschaften einbeziehen, die aktuelle Information der Landkreise und Gemeinden im Bezirk über Vorhaben, Absichten und Maßnahmen der Landesregierung erfolge immer weniger durch die Landesbehörde Bezirksregierung und immer häufiger statt dessen durch die Interessen- und Spitzenverbände".[241]

Schwierigkeiten dieser Art werden durch Funktionenvermischungen zwischen den verschiedenen Verwaltungsebenen und die damit verbundenen unklaren Verhältnisse hervorgerufen und verstärkt: Auf der einen Seite findet sich durch die Ausdifferenzierung der Ministerien auch dort zunehmend spezialisierter Sachverstand. Der auch dadurch begünstigte Drang der Ressorts, ihre Fachpolitiken ungeschmälert bis zur örtlichen Ebene durchzusetzen, unterläuft die klassische Aufgabenteilung zwischen Regieren auf Landesebene und Vollzug in der Region.[242] Auf der anderen Seite ist die staatliche Mittelinstanz nicht mehr die überlegene Behörde gegenüber dem kommunalen Bereich. Stadt- und Kreisverwaltungen sind ausgebaut worden und verfügen ihrerseits über spezialisiertes Personal. Die zum Teil sehr formal ausgeübte Fach- und Rechtsaufsicht durch die Mittelinstanz führt zu unnötigen Schwierigkeiten für den Vollzug von Verwaltungsentscheidungen.

Im öffentlichen Bewusstsein sind die Mittelbehörden prinzipiell nur schwach verankert und haben ein entsprechend beschränktes Ansehen.[243] Dass sie als Aufsichtsbehörde rechtlich korrekte, aber politisch umstrittene Entscheidungen

---

[239] Freudenberg, „Bezirksregierung", S. 235
[240] Ellwein, „Neuordnung", S. 63 f.
[241] Seipa, Axel in der Wiedergabe bei Freudenberg, „Bezirksregierung", S. 235
[242] Freudenberg, a.a.O., S. 234
[243] Baron, „Mittelinstanz", S. 914
Rosellen, „Reform", S. 51 ff., 91

zu treffen und durchzusetzen haben, macht sie bei den politischen Kräften in der Region nicht gerade beliebter.[244] Der staatlichen Mittelinstanz fehlt die Trägerschaft öffentlicher Einrichtungen. Publikumsbezogene Zuständigkeiten sind eher selten. Mit dem Durchschnittsbürger haben die Behörden kaum Kontakt. Eigeninitiative kann der Regierungspräsident nur in begrenztem Umfang entfalten. Auch das Moment der Repräsentation des Bezirks ist zum Teil nur schwach ausgeprägt. Dementsprechend laufen dann auch in politisch brisanten Angelegenheiten die Kontaktstränge statt über die Mittelbehörde häufig direkt von den Kommunen zu den Ministerien. Allenfalls erfolgt eine formelle Einschaltung. Dies gilt besonders seitens der großen kreisfreien Städte mit ihrer starken Verwaltung, ihrem ausgeprägten Selbstbewusstsein und ihren oft besonders gelagerten Problemen.[245]

Vielfach wird auch der enge Kontakt zwischen den Fachreferenten von Mittelinstanz und Ministerium kritisiert, der zur Ausprägung vertikaler Kommunikationsstränge führt, von Frido Wagener als vertikale Fachbruderschaften bezeichnet.[246] Diese bedenkliche Praxis, die sowohl der Bündelungs- als auch der Entlastungsfunktion der Mittelinstanz entgegenwirkt, führt in der Konsequenz zu einer Beschneidung von Entscheidungsmöglichkeiten innerhalb der Mittelbehörde und damit zu ihrer Schwächung. So wird nachvollziehbar, wenn in einer zusammenfassenden Bewertung die Mittelbehörden als vielfach angeleitete und gesteuerte, weniger anleitende und steuernde Behörden bezeichnet werden, deren Beobachter- und Mittlerfunktion stark eingeschränkt sei und die an der eigentlichen politischen Gestaltung im Lande wenig Anteil hätten.[247]

Vor dem Hintergrund dieser Kritik werden die in der Entwicklungsgeschichte der Mittelbehörden immer wieder vorgebrachten Reformforderungen verständlich, die sich auf drei große Themenkomplexe beziehen lassen: Die Existenz der Mittelinstanz überhaupt, ihr Aufgabenzuschnitt und ihre demokratische Legitimation. Daraus leitet sich die Frage nach alternativen Möglichkeiten der Neuordnung von Mittelbehörden ab. Bei der Suche nach Alternativen sind auch die Ministerialebene und der kommunale Bereich in den Blick zu nehmen.[248] Gerade bei der Suche nach neuen Strukturen und Organisationsformen mit einem höheren Maß an Effizienz und Flexibilität bei gleichzeitiger Sicherung von Rechtmäßigkeit und demokratischer Kontrolle der Verwaltung muss der Zusammenhang mit der gesamten Verwaltungsstruktur eines Landes herausgestellt wer-

---

244 Freudenberg, „Bezirksregierung“, S. 234 f.
245 Staatsministerium des Innern des Landes Sachsen, „Kommunalaufsicht“, S. 5
246 Wagener, „Regierungsbezirke“, S. 156
247 Woike, „Bezirksregierungen“, S. 38
248 Blenke u.a., „Aufgabenanalyse“, S. 155

den.[249] Zu betonen ist auch, dass die aktuelle wie zukünftige Stellung der staatlichen Mittelinstanzen in ihrer Verflochtenheit mit politischen Fragestellungen insgesamt gesehen werden muss.[250]

## 4.3 Grundstrukturen der Aufbauorganisation

### 4.3.1 Kontinuität von Verwaltungsstrukturen

Bestehende Institutionen der öffentlichen Verwaltung mögen „zweckrationale Schöpfungen der Verwaltungskunst" sein.[251] Aber diese Erkenntnis sagt doch immerhin aus, dass die vorhandenen Verwaltungsstrukturen rational begründet sind und Bewährungsproben hinter sich haben. Verliert man diese Kontinuität nicht ganz aus dem Auge, wird deutlich, dass die bestehende Verwaltungsorganisation durchaus langfristige Konstanten aufweist.[252] Neben der prinzipiellen Bewährung des Grundmodells der staatlichen Organisation auch unter veränderten Rahmenbedingungen kann diese Erkenntnis auch bedeuten, dass äußere Verwaltungsorganisation bei allen Variationsmöglichkeiten nicht wesentlich anders machbar ist. Insbesondere gibt es Grenzen für die Vereinfachung von Verwaltung. Eines der wesentlichen und damit identitätsstiftenden Unterscheidungsmerkmale im Verwaltungsaufbau der Länder ist die Anzahl der Verwaltungsebenen, die entweder mit einer oberen und einer unteren Ebene nur zwei oder durch die Einführung einer allgemeinen Mittelinstanz drei Stufen umfasst. Aus dem Vorstehenden folgt, dass für die organisatorische Grundentscheidung eines Bundeslandes, seine Verwaltung zwei- oder dreistufig aufzubauen, nicht einfach das Prädikat „richtig" oder „falsch" vergeben werden kann. Geboten für eine sachliche Bewertung ist vielmehr eine differenzierte und länderspezifische Betrachtungsweise.

### 4.3.2 Aufbauorganisatorische Optimierungsstrategien

Soll die Verwaltung systematisch reformiert werden, damit der Staat insgesamt überhaupt noch arbeitsfähig bleibt und seinen gesellschaftlichen Entwicklungsauftrag erfüllen kann, gilt es aufbauorganisatorisch Optimierungsstrategien in dem vorgegebenen Rahmen zu verfolgen. In der verwaltungswissenschaftlichen Diskussion, bei der Prüfung von Landesverwaltungen durch Unternehmensbera-

---

[249] Kienbaum-Unternehmensberatung GmbH, „Sächsisches Staatsministerium des Innern", S. 201

[250] Mecking, „Regionalebene", S. 130

[251] So Leidinger, „Kreisgeschichte", S. 83

[252] Schoch, „Verwaltungsstrukturen", S. 8

tungsgesellschaften, in Gutachten zu einzelnen verwaltungsorganisatorischen Fragen und in Stellungnahmen von Fachverbänden (Kommunale Spitzenverbände, Deutscher Industrie- und Handelstag) wird ein Kanon von Maßnahmen deutlich, der weitgehend unstreitig den einzuschlagenden Weg beschreibt. Soll staatliche Verwaltung schlanker und effizienter gemacht werden, sind folgende Maßnahmen notwendig:

- die Zahl der Ressorts verringern,
- Sonderverwaltungszweige und Fachbehörden horizontal und vertikal reduzieren,
- die Einheit der Verwaltung wieder deutlich betonen,
- die Einräumigkeit der Verwaltung sichern,
- möglichst viele Aufgaben auf ortsnahe Träger, insbesondere Kreisverwaltungen und Gemeinden, dezentralisieren oder dekonzentrieren.[253]

Vorrangiges Ziel kann dabei nur sein, die bestehende Systemdifferenzierung durch Reduktion von Ebenen in einzelnen Fachverwaltungszweigen und durch die Bündelung von Organisationseinheiten zurückzuführen. Das damit angesprochene Problem der richtigen Aufgabenzuordnung setzt Klarheit über die potentiellen Zuordnungsadressaten voraus.

#### 4.3.2.1 Oberste Landesbehörden

Die unmittelbare Verwaltung der Länder auf oberster Stufe und die politische Führung liegen organisatorisch bei den Landesregierungen, die nach Fachressorts in Ministerien gegliedert sind. Diese sollen die Landespolitik einheitlich im Land und gegenüber anderen Ländern, dem Bund und der EU vertreten. In zentraler Zuständigkeit für das ganze Land nehmen die Ministerien die Leitungs-, Lenkungs- und Oberaufsichtsfunktion für ihr jeweiliges Ressort war. Dementsprechend ist es ihr primärer Auftrag, Politik zu entwerfen, die entsprechenden Entscheidungen auf Regierungs- und Parlamentsebene herbeizuführen und für deren Umsetzung zu sorgen, alsdann über die Aufgabenerfüllung Rechenschaft abzulegen und der Finanzkontrolle durch Rechnungshof und Parlament standzuhalten. Mit einer so definierten zentralen Steuerungsfunktion ist es im Grundsatz nicht vereinbar, darüber hinaus Aufgaben des Verwaltungsvollzugs zu übernehmen.[254] Idealtypisch sollen auf Vollzug angelegte Einzelfallentscheidungen nur bei Angelegenheiten von besonderer politischer Relevanz,

---

[253] Vgl. statt vieler Jann, „Moderner Staat", S. 1 ff.
Sachverständigenrat „Schlanker Staat", "Abschlußbericht", S. 1 ff.
Deutscher Industrie- und Handelstag, „Anregungen", S. 2 ff.
Müller, „Gestaltungsmuster", S. 533 f.

[254] Statt vieler Jann, „Moderner Staat", S. 23 ff.
Deutscher Industrie- und Handelstag, „Anregungen", S. 5 ff.

Komplexität oder Seltenheit getroffen werden.[255] Die gleichwohl zu beobachtende Praxis häufiger Einzelfallentscheidungen steht im Widerspruch zu den für die Verwaltungsmodernisierung maßgeblichen Grundsätzen der Subsidiarität und der immer wieder geforderten Bürgernähe.
Beherzigenswert ist, was zur ministeriellen Ebene Ernst Forsthoff schon im Jahr 1973 schreibt:
„Ein weiterer Mißstand, seit langem beklagt, ist die Belastung der Ministerien mit Verwaltungsgeschäften. Sie führt nicht nur zu einer ungesunden Aufblähung der Ministerialinstanz und damit zum Zentralismus, sondern verwischt auch die Grenze zwischen Regieren und Verwalten und birgt die Gefahr in sich, daß die Ministerien ihre eigentliche Regierungsaufgabe verfehlen .... Ging die absolutistische Verwaltung davon aus, daß grundsätzlich alle Angelegenheiten der Zentralregierung zukommen und daß die unteren Instanzen nur erledigen dürfen, was ihnen ausdrücklich zugewiesen ist, so setzte sich im 19. Jahrhundert der Grundsatz durch, daß die örtliche Instanz in erster Linie zuständig ist und die höhere nur dann, wenn es das Gesetz ausdrücklich so regelt. Es wäre nicht zum Vorteil der Verwaltung, wenn diese Linie der Kompetenzverteilung verlassen würde."[256]

#### 4.3.2.2 Staatliche Sonderbehörden

Die Staatsverwaltung der Länder wird traditionell auch durch die ressortgebundenen Sonderbehörden der Mittel- und Unterstufe repräsentiert.[257] Diese erfüllen ihre spezielle Funktion durch eine eigene Organisation in räumlicher Dekonzentration. Die staatlichen Sonderbehörden der Mittelstufe sind unmittelbar einem Ministerium unterstellt und nehmen wie auch die unteren Sonderbehörden primär gesetzesausführende, auf Entscheidungen in Spezialmaterien gerichtete Vollzugsfunktionen wahr. In den Sonderbehörden werden als Ausdruck interadministrativer Arbeitsteilung spezieller Sachverstand und eine ausgeprägte technische Infrastruktur vereinigt. Durch die Ausgliederung aus der Hierarchie der allgemeinen Verwaltung sollen Spezialmaterien aus einem Ressort zur effizienteren und eigenständigen Bearbeitung konzentriert werden. Die weitgehend rein fachliche Ausrichtung lässt die Sonderverwaltungen auf der einen Seite eine besondere Beweglichkeit und Schlagkraft aufweisen. Auf der anderen Seite stehen jedoch die mit der Spezialisierung verbundenen Probleme.

Die Organisationsentwicklung in den letzten Jahren ist gekennzeichnet durch ein ständiges Anwachsen der Sonderbehörden zu Lasten der „klassischen" all-

[255] Müller, „Gestaltungsmuster", S. 538
Wahl, „Ministerialorganisation", S. 383 ff.
[256] Forsthoff, „Verwaltungsrecht", S. 469
[257] Allgemein dazu Fonk, „Sonderbehörden", S. 9 ff.

gemeinen Verwaltung. Der hohe Grad technischer und nichttechnischer Spezialisierung in einer Vielzahl von Fachgebieten des Verwaltungsvollzuges und die fachliche Spezialisierung der Ministerien bergen die Gefahr eines Auseinanderfallens der staatlichen Verwaltungsorganisation in untereinander beziehungslose Systeme differenzierter Zuständigkeiten. Damit einher geht der Verlust der Einheit, Einräumigkeit und Transparenz der Verwaltung. Eine hochspezialisierte Verwaltung neigt überdies dazu, übergeordnete Aspekte zu vernachlässigen und die Notwendigkeit ganzheitlicher Zusammenarbeit zu leugnen.[258] Die Fachbezogenheit sonderbehördlicher Arbeit steht immer in der Gefahr, die Orientierung an übergeordneten Verwaltungszielen, am Ganzen, zu verlieren.[259] Die zunehmende Systemdifferenzierung führt zu einer den Bürger verwirrenden Vielfalt staatlicher Behörden und Einrichtungen, lässt Fachinteressen unkoordiniert bis in die örtliche Verwaltungsebene durchschlagen und erschwert die Wahrnehmung eines „allgemeinen" Verwaltungsauftrages (Sicherstellung der staatlichen Repräsentanz in der Fläche und zusammenführende Berücksichtigung fachlicher und regionaler Belange) in der Ebene unterhalb der Landesregierungen.

Dieser Trend zur Desintegrierung ist umso bedenklicher, als wichtige zu bewältigende Verwaltungsaufgaben, wie z.B. Umweltschutz, Landes- und Stadtentwicklung, Agrarreform etc., administrative Querschnittsaufgaben sind, die verwaltungsmäßig wegen ihrer hohen sachlichen Verflechtung und der starken Wechselbeziehungen zu anderen Fachbereichen nur in ständiger Koordination und in sachkundigem Zusammenwirken verschiedenster Zweige der Verwaltung bewältigt werden können.

Eine zu starke fachliche und organisatorische Spezialisierung vermindert auch die Effektivität der Verwaltung. Dementsprechend haben empirische Untersuchungen gezeigt, dass die deutsche Verwaltung vor allem dort Schwächen hat, wo aus Gründen der Aufgabenwahrnehmung verschiedene Verwaltungsstellen miteinander kooperieren müssen.[260]

Von Bedeutung ist in diesem Zusammenhang weiter, dass die Wahrnehmung zentraler und bedeutsamer Aufgaben durch eine Sonderverwaltung ohne Einbindung in den allgemeinen Verwaltungsaufbau regelmäßig landespolitischen Bedenken begegnet.[261] Da die Koordinierung mehrerer Einzelbehörden und Zuständigkeiten selbst durch neue Verfahrens- und Managementtechniken nur ansatzweise erfolgreich sein kann, ist es konsequent, die Entscheidung zur weite-

[258] Mecking, „Regionalebene", S. 104

[259] Wahl, „Verwaltung", S. 236

[260] Ellwein, „Neuordnung", S. 4

[261] Kienbaum-Unternehmensberatung GmbH „Sächsisches Staatsministerium des Innern", S. 194

ren Zersplittung der Verwaltung zurückzudrehen zu einer übersichtlicheren und einfacheren Verwaltungsstruktur.
Ein zentraler Gedanke, von dem Abhilfe erwartet werden kann, ist die Maxime, möglichst viele Entscheidungskompetenzen auf einer Verwaltungsebene zusammenzufassen (horizontale Konzentration) und die Rolle der Sonderbehörden, soweit ihr Fortbestehen sachlich begründet ist, auf eine verfahrensdienliche gutachtliche Beteiligung zu beschränken.
Dementsprechend wird, soweit es sich um Vollzugsaufgaben handelt, in aller Regel die Eingliederung von Sonderbehörden in die allgemeine innere Verwaltung der Schaffung oder Erweiterung zentraler Sonderbehörden vorzuziehen sein.[262]

### 4.3.2.3 Regionalämter

Zwei grundlegende Befunde staatlicher Verwaltung, zum Einen die zunehmende Differenzierung und Spezialisierung staatlicher Verwaltung und ihr Auseinanderfallen in allgemeine Verwaltung und Sonderverwaltung, zum Anderen Prozesse der Regionalisierung von Aufgabenbereichen, waren Anlass für die Kreation des sog. Regionalamtsmodells.[263] Das Regionalamt soll die Aufgaben der mittleren und unteren staatlichen Verwaltungsbehörden aus den drei Verwaltungsräumen Regierungsbezirk, Region und Kreis wahrnehmen. In den Blick genommen wird dabei ausdrücklich nur die dekonzentrierte staatliche Behördenorganisation. Kommunale Aufgabenträger und Organisationseinheiten einschließlich der Regionalen Planungsgemeinschaften oder Planungsverbände sowie der Aufgabenbestand von Kreisverwaltungen als Kommunalbehörden sollen grundsätzlich unberührt bleiben.[264] Grundintention des Modells stellt es dar, die starke horizontale und vertikale Zersplitterung der Verwaltung in Sonderverwaltungen und Fachbehörden zu reduzieren, die Einheit der Verwaltung wieder deutlicher zu betonen, die Einräumigkeit der Verwaltung zu sichern sowie möglichst viele Aufgaben auf ortsnahe Träger, insbesondere Kreisverwaltung und Gemeinden, zu dezentralisieren und zu dekonzentrieren.[265] Für die innere Organisation des Regionalamtes ist die Festlegung von Bedeutung, dass ressortbezogene Abteilungen vorgesehen sind.[266]

[262] Statt vieler Bundesministerium für Wirtschaft, „Investitionsförderung", S. 249
Kommission „Zukunft des öffentlichen Dienstes", Schlußbericht, S. 55
Ganßer, „Verwaltungsreform", S. 103 f.
[263] Vgl. dazu Müller, „Gestaltungsmuster", S. 541 ff.
[264] Müller, a.a.O., S. 541
[265] Müller, a.a.O., S. 540 ff.
[266] Vgl. dazu auch Sonderarbeitskreis der Ständigen Konferenz der Innenminister der Länder:„Mittelinstanzbericht", S. 14

Die horizontale Konzentration von Vollzugsbehörden unter dem Dach der allgemeinen und inneren Verwaltung in Gestalt des Regionalamtes würde einen deutlichen Schritt hin zu einer einheitlicheren Verwaltungsorganisation bedeuten. In zentralen Aufgabenfeldern würden Verwaltungsebenen und Verwaltungsräume auf das mögliche Minimum reduziert und damit ein Beitrag zur Einheit der Verwaltung geleistet. Indem die räumlichen Zuständigkeiten überschaubarer werden, würde auch ein größeres Maß an Transparenz erreicht. Die Bündelung sehr unterschiedlicher Aufgabenbereiche unter einem einheitlichen Dach leistete auch einen Beitrag zur Verschlankung der Verwaltung.[267] Zum Teil wird im Vergleich zu der traditionellen staatlichen Mittelinstanz auch die größere Orts- und Bürgernähe des Regionalamtes herausgestellt.[268]

Diesen positiven Gesichtspunkten steht eine Reihe von kritischen Faktoren gegenüber. So wird schon im Mittelinstanzbericht auf das Problem der sehr weit gefassten Bündelung von erstinstanzlichen Aufgaben mit Aufsichts-, Ordnungs- und Planungsfunktion unter dem Dach einer Behörde hingewiesen.[269] Dies könne entweder die örtlichen oder die überörtlichen Belange beeinträchtigen.
Fraglich ist auch, ob die angestrebte Optimierung der Bündelungsfunktion durch Integration von Sonderbehörden im Hinblick auf die geplante ressortbezogene interne Gliederung der Regionalämter überhaupt erreichbar ist. Hier besteht die Gefahr, dass eine derartige Aufbauorganisation die Festschreibung der Mängel induziert, die sonderbehördlichen Verwaltungssträngen mit Vollzugskompetenzen in ihrem Verhältnis zur allgemeinen Verwaltung eigen sind, vor allem die Gefahr, dass Ressortinteressen mehr oder weniger ungebremst auf die kommunale Ebene durchschlagen.[270] Um effektiv auf der Regionalebene bündeln, Zielkonflikte sachbezogen austragen und Entscheidungen aus den Wirkungsbeziehungen politischer und wirtschaftlicher Interessenlagen heraushalten zu können, ist eine Abteilungsstruktur zu präferieren, die die aufsichtliche Unterstellung der einzelnen Abteilungen unter jeweils nur ein Ministerium und damit ein Durchregieren vermeidet. Nur dadurch besteht ein Korrektiv zu den hinlänglich beschriebenen Ressortegoismen und vertikalen Fachbruderschaften.[271]
Nachteilig für die Bündelungsfunktion wäre auch die Weiternutzung vorhandener Behördenstandorte durch die Bildung von Außenstellen des Regionalamtes. Hier ergäben sich Probleme bei der Steuerung der Verwaltungsabläufe, denen

[267] Zur Bewertung des Regionalamtsmodells insgesamt vgl. Helbing, „Neuordnung“, S. 61-64, 175-183

[268] Miller, „Regionalisierung“, S. 53

[269] Sonderarbeitskreis der Ständigen Konferenz der Innenminister der Länder.„Mittelinstanzbericht“, S. 15

[270] Helbing, „Neuordnung“, S. 176

[271] Sonderarbeitskreis der Ständigen Konferenz der Innenminister der Länder, a.a.O., S. 15

mit den Mitteln moderner Informations- und Kommunikationstechnik und den Instrumenten neuer Steuerungsmittel entgegen gewirkt werden müsste.[272] Ein problematischer Faktor ist weiter die Größe der Regionalämter und ihr breites Aufgabenspektrum als Regionalbehörden. Im Zusammenhang mit der ressortbezogenen inneren Struktur bergen diese die Gefahr, dass Probleme der Überschaubarkeit entstehen und die notwendige Flexibilität bei der Wahrnehmung der Aufgaben nicht in ausreichendem Maße besteht.[273] Schließlich besteht auch die begründete Vermutung, dass durch das Herabzonen der Ebene der Mittelbehörden auf die Regionalebene ernsthafte nachteilige Auswirkungen auf die Wahrnehmung der überörtlichen Selbstverwaltungsaufgaben der Landkreise und kreisfreien Städte eintreten.[274]

### 4.3.2.4 Regionalkreise

In der Diskussion um die Modernisierung öffentlicher Verwaltungen taucht als weitere Alternative zur bestehenden Aufbauorganisationen der Länder das Regionalkreismodell auf. Die Diskussion hierüber ist keinesfalls neu, sie wurde Ende der 60er und Anfang der 70er Jahre insbesondere für Bundesländer mit hoch verdichteten Räumen wie Baden-Württemberg und Nordrhein-Westfalen intensiv geführt.[275] Eine Neuauflage hat die Diskussion in den 90er Jahren in Hessen[276] und in Nordrhein-Westfalen[277] gefunden. Die nordrhein-westfälische Landesregierung erteilte den Bestrebungen zur Bildung von Regionalkreisen inzwischen eine eindeutige Absage.[278] Auch in Baden-Württemberg hat die wieder aufgeflammte Diskussion inzwischen ein politisches Ende gefunden, nachdem die Landesregierung die Abschaffung der Landkreise und ihre Ersetzung durch Gebilde regionalen Zuschnitts ausdrücklich ablehnte.[279]

Das Bestreben, bestehende Schwächen in der Koordination verschiedener Verwaltungen zu überwinden, war auch Anlass für den ehemaligen rheinland-pfälzischen Regierungspräsidenten Rund, anstelle der bestehenden Landkreise und der aufzulösenden Bezirksregierungen im Land Rheinland-Pfalz die Bil-

---

[272] Helbing, a.a.O., S. 64
[273] Helbing, a.a.O., S. 176 f.
[274] Helbing, „Neuordnung“, S. 64
[275] Vgl. nur Schnur, „Regionalkreise“, S. 1 ff.
Schmidt-Aßmann, „Städteverband“, S. 109 ff.
[276] Lange, „Regionalkreisbildung“, S. 684 ff.
[277] Schink, „Region“, S. 233 ff.
Leidinger, „Region“, S. 331 f.
Wittkämper, „Verwaltungsstruktur“, S. 165
Mombaur, „Reform“, S. 167
[278] Kniola, „Verwaltungsstrukturreform“, S. 137
[279] Vetter, „Verwaltung“, S. 5

dung von Regionalkreisen vorzuschlagen.[280] Kern seines regional-integrativen Modells ist die Zusammenfassung der bisherigen drei Bezirksregierungen mit einem großen Teil der Sonderbehörden, den 5 Regionalen Planungsgemeinschaften, bestimmten Verwaltungsaufgaben der Ministerien und den bisher von den 24 Landkreisen wahrgenommenen staatlichen Aufgaben. Darüber hinaus sollen auch die Aufgaben mit inter- oder überkommunalem Bezug unter dem Dach der neu gestalteten regionalen Mittelinstanzen zusammengeführt werden.[281] Die 6 neuen Regionalkreise sollen die Rechtsform von Gebietskörperschaften haben, die zwischen den obersten Landesbehörden und der Ortsstufe angesiedelt sind. Um ihre demokratische Legitimität von Regionalkreisen zu gewährleisten, ist die Bildung von Regionalparlamenten vorgesehen.

Als Ziele dieses exemplarischen Reformvorschlags, der der weiteren Betrachtung zu Grunde gelegt wird, werden herausgestellt:

- Der kaum noch zu überschauenden horizontalen und vertikalen Zersplitterung der Verwaltung Einhalt zu gebieten und Entscheidungshierarchien zu verkürzen,
- kürzere und schnellere Verwaltungswege zu schaffen und die Ressourcen an Personal- und Haushaltsmitteln effizienter einzusetzen,
- die demokratische Mitwirkung und Kontrolle zu stärken und ein höheres Maß an Bürgernähe und Identifikation zu erreichen,
- soziale, kulturelle, wirtschaftliche und ökologische Kompetenz und Verantwortung wirkungsvoller als bisher zusammen zu führen.[282]

Bei einer Bewertung dieser modellhaften Vorstellungen ist zunächst als Vorteil herauszustellen, dass eine Koordinierung regionaler Planungs-, Durchführungs- und Finanzierungsaufgaben erfolgt und die Verwaltungsorganisation vereinfacht wird.[283] Zu erwarten ist auch eine bessere Lösung der Stadt-Umland-Probleme, worauf bei der Diskussion von alternativen Gestaltungsmöglichkeiten für die allgemeine Mittelinstanz schon im Mittelinstanzbericht hingewiesen wurde.[284] Verfügen die Regionalkreise über eigene Stellenpläne und einen eigenen Globalhaushalt, sind gute Voraussetzungen für eine erhöhte Flexibilität des neuen Behördentyps gegeben. Dieser wird dadurch in die Lage versetzt, sich rascher auf neue Anforderungen einzustellen.[285] Ob die neue Struktur zu einem

---

[280] Rund, „Regionalkreis“, S. 15 ff.

[281] Rund, a.a.O., S. 18

[282] Rund, „Regionalkreis“, S. 16

[283] Lange, „Regionalkreisbildung“, S. 684
Vgl. dazu auch Hillmann, „Regierungspräsident“, S. 263

[284] Sonderarbeitskreis der Ständigen Konferenz der Innenminister der Länder: „Mittelinstanzbericht“, S. 13

[285] Helbing, „Neuordnung“, S. 153 f.

insgesamt effizienteren Finanzeinsatz führt, ist jedoch offen. Führt doch die Einsparung einer Verwaltungsebene nicht automatisch zu Kostenreduzierungen, vielmehr bedarf es dazu betriebswirtschaftlich optimaler Schnittstellenbildungen sowie auch der Konzentration auf Kernaufgaben.[286] Zweifelhaft ist weiter, ob das Nebeneinander von staatlichen sowie Selbstverwaltungsaufgaben ein höheres Maß an Transparenz mit sich bringt. Gerade der apokryphe Charakter der konzipierten Regionalkreise erscheint wenig geeignet, die Überschaubarkeit im Nebeneinander der Verwaltungsstränge zu erhöhen.[287]

Hinzuweisen ist auch auf rechtliche Strukturbedingungen, die jeder Verwaltungsreform Grenzen setzen. So besteht für die Landkreise durch Artikel 28 Abs. 2, S. 2 in Verbindung mit Abs. 1, S. 2 Grundgesetz eine institutionelle Garantie, aus der sich Konsequenzen für die Diskussion um die Bildung von Regionalkreisen ergeben. Zwar dürften diese nicht von vornherein verfassungsrechtlich unzulässig sein, wenn sie eine bestimmte Größe nicht überschreiten.[288] Aber da für kommunale Gebietskörperschaften das Prinzip der Überschaubarkeit herrscht, wären jedenfalls Regionalkreise von der Größe von Regierungspräsidien deutlich jenseits der Grenze der Überschaubarkeit und ließen sich mit der institutionellen Garantie des Landkreises als Verwaltungsträger nicht vereinbaren.[289]

Die Komplexität des den Regionalkreisen zugewiesenen Aufgabenkreises aus staatlichen und originären kreislichen Selbstverwaltungsaufgaben begründet die Gefahr der Überforderung der Regionalkreisverwaltungen. So kann es nicht als gewährleistet angesehen werden, dass eine einheitliche Behördenleitung die organisatorischen Mängel fortlaufender Spezialisierung überwindet.[290] Nicht sicher scheint auch, ob die mit den Regionalkreisen angestrebte größere Orts- und Bürgernähe mit der angedachten komplexen Struktur- und Aufgabenstellung erreichbar ist. So wird zum Teil gerade die Großflächigkeit der Regionalkreise als Hinderungsgrund für die unmittelbar bürgerbezogene Aufgabenwahrnehmung angesehen mit der Folge der weitgehenden Anonymität der Regionalkreise.[291] Problematisch erscheint auch das Kriterium der demokratischen Kontrolle der Regionalkreise. So sollen anstelle von 24 Kreistagen insgesamt nur 6 Regionalparlamente die Interessen ihrer Wähler wahrnehmen. Hier besteht die Gefahr, dass die Parlamentsmitglieder über Belange zu entscheiden haben, die den kommunalen Maßstab der Überörtlichkeit übersteigen. Die sich hier abzeich-

---

[286] Helbing, a.a.O., S. 155
[287] Helbing, „Neuordnung“, S. 153
[288] Leidinger, „Region“, S. 331 f.
[289] Schmidt-Aßmann: „Selbstverwaltung“, S. 93
[290] Helbing, a.a.O., S. 152
[291] Landkreistag Rheinland-Pfalz, „Regionalkreise“, S. 1

nende Zentralisierung würde dem Erfordernis nach dezentralen, überschaubaren Strukturen und räumlichen Zuschnitten zuwiderlaufen und kann als ein Verlust an Demokratie bezeichnet werden.[292]

Schließlich ist auf die Akzeptanzproblematik hinzuweisen. Die Bildung von Regionalkreisen stellt gewachsene Strukturen und Bezüge in Frage. Kommunale Gebietskörperschaften wie die Kreise sind auf ausreichenden Kontakt mit ihren Einwohnern angewiesen.[293] Die Bildung von Regionalkreisen würde eine erneute Gebietsreform im Land bedeuten.[294] Im Hinblick darauf ist es in Zweifel zu ziehen, dass eine Reform im Sinne der Regionalkreise auf die gewünschte und für ihr Funktionieren erforderliche Akzeptanz bei den Einwohnern des Landes stößt.[295]

#### 4.3.2.5 Kommunale Behörden

Für die Erreichung des Zieles der Verschlankung der Landesverwaltungen durch Verzicht auf Formen staatlicher Mittelinstanz wie Bezirksregierungen oder Regionalämter kommt auch die weitgehende Zuordnung staatlicher Aufgaben zur kommunalen Ebene in Betracht. Zuordnungsadressaten können dabei die Kreisverwaltungen und die Verwaltungen der kreisfreien Städte sein.[296] Bei diesen Verwaltungen die Zuständigkeit für den staatlichen Gesetzesvollzug und die Durchführung von Verwaltungsverfahren zu konzentrieren, soweit nicht besondere Gründe dagegen sprechen, würde die Prinzipien der vertikalen Dekonzentration und Dezentralisation erfüllen, zugleich auch das Postulat der Bürgernähe, der möglichst leichten örtlichen Zugänglichkeit von Behörden. Ausgenommen von der Aufgabenzuweisung müssen daher Aufgaben sein, die zwingend einer überkreislichen oder regionalen Zuständigkeit bedürfen. Dies gilt etwa für staatliche Aufsichtsfunktionen sowie einzelne Genehmigungszuständigkeiten.[297] Daraus folgt, dass auch bei dem Ziel der weitgehenden Kommunalisierung bisher von staatlichen Mittelinstanzen wahrgenommenen Aufgaben einzelne Aufgabenfelder an andere Zuordnungsadressaten, wie oberste oder obere Landesbehörden, übertragen werden müssen.[298]

Ist es auch unter dem Gesichtspunkt demokratischer Kontrolle positiv zu bewerten, dass durch Aufgabenübertragung auf Landkreise und kreisfreie Städte für

---

[292] Helbing, a.a.O., S. 158
[293] Siedentopf, „Verwaltungsreform", S. 375
[294] Schoch, „Verwaltungsstrukturen", S. 15
[295] Helbing, „Neuordnung", S. 159
[296] Vgl. zu einem ähnlichen modellhaften Ansatz Helbing, „Neuordnung", S. 184 ff.
[297] Schoch, a.a.O., S. 13
[298] In diesem Sinne auch Rund, „Regionalkreis", S. 9

Kreistage und Stadträte Kontrollmöglichkeiten begründet werden, gibt es doch eine Reihe von aus staatlicher Sicht nachteiligen Gesichtspunkten bei einer weitgehenden Kommunalisierung. So kann es bedenklich für die Funktionsfähigkeit des Staates werden, wenn Aufgabenzusammenhänge nicht mehr berücksichtigt werden und wenn der Staat faktisch seine Einwirkungsmöglichkeiten auf die rechtmäßige Aufgabenerfüllung verliert. Angesprochen ist damit die Gefahr der Aushöhlung der Landesstaatsgewalt. Es ist notwendig, die verfassungsmäßigen Rechte des Landtags sowie die Verantwortung der Landesregierung für die Verwirklichung der landespolitischen Entscheidungen und die Durchführung der Gesetze zu erhalten. Bei einer zu weit reichenden Kommunalisierung läuft das parlamentarische Prinzip in Gestalt der politischen Verantwortlichkeit der Exekutivspitze leer oder ist nur mit Mühen durchzusetzen.[299]

Diese Problematik ist nicht nur theoretischer Natur. Die verwaltungsmäßige Behandlung des bundesweit bekannt gewordenen Falles Yves Roche (Kunstsekt), bei dem das Mittel der Weisung gegenüber einer aus im wesentlichen sachfremden Erwägungen handlungsunwilligen Kreisverwaltung durch die staatliche Mittelinstanz eingesetzt werden musste, stellt einen exemplarischen Belegfall dar. Ein weiterer Beleg ist die von der rheinland-pfälzischen Landesregierung wieder auf die Ebene der Mittelinstanz hochgezonte Zuständigkeit zur Ausweisung von Naturschutzgebieten. Die Delegation dieser Aufgabe auf die kommunale Ebene hatte zur Folge, dass Naturschutzgebiete nicht mehr ausgewiesen wurden. In diesem Fall stellt es eine naheliegende Erklärung dar, dass Umweltbelange wirtschaftlichen Erwägungen offensichtlich untergeordnet wurden.

Ein weiterer Kritikpunkt ergibt sich unter dem Gesichtspunkt der Rechtmäßigkeit des Verwaltungshandelns. Die Verlagerung von Aufgaben aus wenigen Mittelinstanzen auf eine große Zahl von kommunalen Selbstverwaltungskörperschaften kann zu Problemen bei der Erfüllung des verfassungsgemäßen Auftrags nach einheitlicher Rechtsanwendung führen.[300] Von Bedeutung ist ferner der Umstand, dass die Verwaltungskraft der Landkreise und kreisfreien Städte sehr unterschiedlich ist. Dies führt zu der Feststellung, dass die Koordinationsleistungsfähigkeit der Gebietskörperschaften in ihrem derzeitigen Zuschnitt und bei dem zu übertragenden Aufgabenbestand jedenfalls zum Teil überspannt würde. Die Folge davon wäre, dass Entscheidungen, die bei Vorhandensein einer Mittelinstanz dort zumindest vorbereitet würden, nunmehr auf der Ressortebene herbeigeführt werden müssten.[301]

---

[299] Müller, „Gestaltungsmuster", S. 536
[300] Helbing, „Neuordnung", S. 198
[301] Vgl. dazu Helbing, „Neuordnung", S. 196

Weiter ist der Hinweis erforderlich, dass die staatliche und die kommunale Interessenlage nicht immer kongruent sind. Davon gehen auch die rheinland-pfälzischen Kommunalen Spitzenverbände aus, wenn sie neben der Notwendigkeit von Bündelungsbehörden auf kommunaler Ebene ebenfalls die Notwendigkeit solcher Behörden auf regionaler Ebene bejahen.[302] In diesem Zusammenhang erwähnenswert ist auch eine Äußerung des rheinland-pfälzischen Ministerpräsidenten Beck, die sich auf die Grenzen der Delegation von Aufgabenwahrnehmung bezieht. Für das Prinzip, Aufgaben möglichst nahe am Bürger wahrzunehmen, gebe es Grenzen, die mit der Objektivität der Entscheidung zu tun hätten. Gehe man zu weit vor Ort, sei fraglich, ob bei schwierigen Abwägungsfragen noch objektiv genug entschieden werden könne.[303]

#### 4.3.2.6 Weitere Modernisierungsvarianten

Das Spektrum alternativer Gestaltungsmöglichkeiten für die mittlere staatliche Verwaltungsebene der Länder wird abgerundet durch einige weitere innovative Vorstellungen. Zu diesen gehört die von dem ehemaligen Düsseldorfer Regierungspräsidenten Behrens vorgeschlagene Mittelinstanz neuen Typs, die staatliche Aufgaben und kommunale Aufgaben mit überörtlichem Charakter unter dem Dach einer staatlichen Mittelbehörde zusammenfasst und Strukturen von Kommunalverbänden und Bezirksregierungen miteinander verbindet. Um einer zu starken staatlichen Dominanz in einem solchen Modell entgegen zu wirken, sollen die Bezirksregierung als Trägerin staatlicher Aufgaben und ein Bezirksverband als Träger inter- oder überkommunaler Aufgaben nebeneinander bestehen. Das Bindeglied zwischen diesen beiden Aufgabenträgern soll ein mittelbar gewähltes Gremium sein, das unvoreingenommen als Makler die Einzelinteressen im Bezirk zusammenführt und zu einem Gesamtkonzept bündelt.[304]

Ein anderer Vorschlag sieht eine Harmonisierung der Einrichtungen und Verwaltungsräume in der Region nach dem Vorbild der Kreisebene und Kreisstruktur durch Zusammenlegung oder Verschmelzung bei gleichzeitiger Deckung der Zuständigkeitsgebiete vor.[305] Dadurch entstünde eine Region als kommunale Gebietskörperschaft mit verbandlichen Elementen, deren Gebiet gleichzeitig den Bezirk der mittleren staatlichen Verwaltungsbehörde bilden würde. Die bisherigen Mittelbehörden entsprächen dann im Wesentlichen dem staatlichen Zweig der Kreisverwaltung. Die jetzt noch durch regionale Kommunalverbände wahrgenommenen Aufgaben würden dem Selbstverwaltungsbereich entsprechen. Auch die regionalplanerischen Querschnittsaufgaben müssten der Region

---

[302] Landkreistag Rheinland-Pfalz, „Bezirksregierung", S. 1
[303] Beck, „Effizienz", S. 44 f.
[304] Behrens, „Reform", S. 320 f.
[305] Mecking, „Regionalebene", S. 342

zur Erledigung zugewiesen werden. Bei diesem Integrationsmodell handelt es sich um keine völlig neue Vorstellung. Vergleichbare Ansätze haben Mitte der 60er Jahre etwa Frido Wagener, Alfons Galette und Rüdiger Göb jeweils an abgelegener Stelle und kaum begründet angesprochen.[306]

Schließlich sei auf Reformvorschläge hingewiesen, die die bestehende Verwaltungsstruktur in den Grundzügen unverändert lassen. Hierzu gehört zunächst der von Ellwein für Nordrhein-Westfalen unterbreitete Neuordnungsvorschlag für die mittlere staatliche Verwaltungsebene, der als Schwerpunkte den Aufgabenverzicht und die Organisationsvereinfachung aufweist.[307] Andere votieren für eine grundlegende Modernisierung der staatlichen Mittelinstanz und ihre Umwandlung von der Hoheitsbehörde zu einer Einrichtung für regionales Management. Damit auch eine Entscheidungskompetenz in Fragen besteht, die die regionale Entwicklung betreffen, soll der reformierten Mittelinstanz ein politisches Gremium zur Seite gestellt werden.[308] Der Kreis schließt sich durch Reformvorschläge für die staatliche Mittelinstanz, die sich im Wesentlichen auf Neustrukturierung und damit verbundene Verschlankung konzentrieren.[309]

## 4.4 Zusammenfassende Einschätzung

Verwaltungsinstitutionen repräsentieren in besonderem Maße den staatlichen Aspekt der Ordnung und setzen der Dynamik des Wandels nicht selten ein besonderes Beharrungsvermögen entgegen. Da die bereits existierenden Organisationsformen von ihrer Struktur her zur Bewältigung anstehender neuer Aufgaben zum Teil nicht in der Lage waren, kam es zur Ausdifferenzierung neuer, modernerer Organisationsformen bei weitgehendem Fortbestand der herkömmlichen. So wurde und wird die Zahl der Elemente immer größer.[310] Die Schwächen des deutlich an Verwaltungstraditionen anknüpfenden, aber zunehmend zersplitterten Verwaltungsaufbaus der mittleren staatlichen Verwaltungsebene haben in allen Ländern die Frage nach einer optimalen Struktur des Verwaltungsaufbau erneut aufgeworfen. Dies hat inzwischen zu einer Vielzahl von Vorschlägen geführt, mit denen die jeweiligen Autoren die von ihnen festgestellten Defizite auszugleichen versuchen.

---

[306] Wagener, „Verwaltung“, S. 226 f.
Galette, „Raumplanung“, S. 44
Göb, „Verwaltungsstruktur“, S. 160

[307] Ellwein, „Neuordnung“, S. 235 ff.

[308] Stöbe/Brandel, „Bezirksregierung“, S. 95 f.

[309] Vgl. nur Bitter, „Regionale Bündelungsbehörden“, S. 860 ff.

[310] Müller, „Entwicklung“, S. 593

Der Überblick über die diskutierten Varianten mit ihren jeweiligen Vor- und Nachteilen, ihren unterschiedlichen Chancen und Risiken zeigt, dass eine eindeutige Antwort auf die Frage nach einer optimalen Struktur der Landesverwaltung nicht möglich ist. So sind auch die Bezirksregierungen als allgemeine staatliche Mittelinstanz demnach weder als das nachgewiesen optimale noch als das objektiv unbrauchbare, sondern vielmehr als ein mögliches Modell für die Aufbaustruktur in Flächenländern zu betrachten.[311] Die „richtige“ Verwaltungsstruktur für ein Land hängt vor allem von der jeweiligen politischen Schwerpunktsetzung im Prozess der Verwaltungsmodernisierung ab. Den spezifischen Gegebenheiten in den Ländern kommt daher eine entscheidende Bedeutung zu.[312]

---

[311] Stöbe/Brandel, „Bezirksregierung“, S. 22

[312] Vgl. dazu auch Mecking, „Regionalebene“, S. 335

# Kapitel 5: Verwaltungsmodernisierung in Landesverwaltungen

## 5.1 Allgemeines

Der Verwaltungsaufbau, die Politik und der verwaltungstypische Stil der deutschen Länder ist durch föderale Vielfalt geprägt. Dementsprechend variiert die Verwaltungsmodernisierung von Land zu Land und es zeigt sich inzwischen ein breites Spektrum von Modernisierungsansätzen.[313] Dieses ist durch unterschiedliche Intensität der Modernisierungsaktivitäten, unterschiedliches Tempo und unterschiedliche Methoden geprägt. Die bisherigen Erfahrungen mit den Reformprojekten in der Praxis zeigen, dass es ein auf alle Verwaltungseinheiten anwendbares Patentrezept zur Modernisierung nicht gibt. Jede Verwaltung muss vielmehr für sich selbst den eigenen richtigen Weg der Modernisierung finden.[314] Gleichwohl zeigen sich in fast allen Ländern gemeinsame Grundmotive, aber auch Grundprobleme.[315]

So war etwa in etlichen Ländern die schwierige Finanzlage, die sich insbesondere nach 1990 noch deutlich verschlechterte,[316] der Auslöser für Verwaltungsreformen.[317]
Auch wenn in manchen Ländern die Finanznot nicht als Grundanlass für Modernisierungsaktivitäten herausgestellt wurde, entspricht es doch fast überall den Erwartungen der Politiker, dass Reformen schnelle Ergebnisse und vor allem spürbare Einsparungen im Personal- und Sachhaushalt bringen. Diese Erwartung wird eine richtig verstandene Reform aber nicht erfüllen können, im Gegenteil sind die meisten Reformen mit einem finanziellen Aufwand verbunden, verlangen sie doch Investitionen sowohl in die technische Ausstattung als auch und vor allem in die Fortbildung der Mitarbeiterinnen und Mitarbeiter.

Einen in allen Modernisierungskonzepten herausgestellten Grundsatz stellt es dar, die Beschäftigten als die wichtigste Ressource im Reformprozess zu begreifen und deren aktive Beteiligung am Reformprozess als eines der elementaren Prinzipien auszugeben. In der Modernisierungswirklichkeit aber droht diese po-

---

[313] Böhret, „Chancen“, S. 327 ff.

[314] Bürsch/Müller, „Verwaltungsreformen“, S. 6

[315] Vgl. dazu Hill, „Management“, S. 132 ff.

[316] Vgl. nur Landesregierung Nordrhein-Westfalen, „Zukunftsfähige Verwaltung“, S. 16
Stoiber, „Wettbewerb“, S. 8
Stabsstelle für Verwaltungsreform im Innenministerium Baden-Württemberg, „Wandel“, S. 26 f.

[317] Zu dem weiterbestehenden finanzpolitischen Handlungsbedarf vgl. Lohmann, „Modernisierung“, S. 75

litisch korrekte Partizipationsrhetorik systematisch unterminiert zu werden durch das andere, de facto vorrangige Ziel der Senkung der Personalkosten. So wurden und werden in den meisten Ländern vom Parlament oder von der Regierung konkrete Einsparziele oder -quoten zum Personalabbau vorgegeben.[318]
Diese Verknüpfung von Personalabbau und Reform führt zu dem Dilemma, das Verwaltungsreform vielfach nur als begrifflicher Deckmantel für rigide Einsparprogramme mit der Folge nachhaltiger Arbeitsverdichtungen für die Beschäftigten verstanden wird.[319] Gleichwohl gehören Reformieren und Einsparen sicherlich auch zukünftig zusammen und müssen konzeptionell wie psychologisch miteinander verknüpft werden.
Tendenziell wird in den letzten Jahren in mehreren Ländern im Bereich Personal eine Schwerpunktverlagerung deutlich. Während Maßnahmen lange Zeit in erster Linie auf Kostensenkung zielten und mithin primär quantitativ orientiert waren, werden zunehmend immer stärker mitarbeiterorientierte Momente wie Fort- und Weiterbildung sowie Personalentwicklung und -management mitbestimmend.[320]

Im Prozess der Verwaltungsmodernisierung ist die Aufgabenkritik sowohl unter dem Aspekt, welche Aufgaben die öffentlichen Verwaltungen wahrnehmen sollen, als auch im Hinblick darauf, wie sie diese Aufgaben erfüllen sollen, eines der entscheidenden Instrumente. Dementsprechend wurden in den meisten Bundesländern in Ministerien und in nachgeordneten Bereichen Arbeitsorganisation und -abläufe aufgabenkritisch überprüft und eine Vielzahl brauchbarer Verbesserungsvorschläge erarbeitet.[321] An die Aufgabenkritik aber schließt sich die Entscheidung an, welche Verbesserungsvorschläge und Veränderungen umgesetzt werden sollen. Während Effizienzsteigerung und Binnenoptimierung von Verwaltungsabläufen in begrenztem Ausmaß von den Mitarbeitern selbst aus eigener Kraft erreicht werden können, ist bei der Frage, welche Aufgaben in welcher Leistungstiefe erledigt werden sollen, die Politik gefordert. Hier zeigte sich in der Vergangenheit eine unterschiedlich ausgeprägte Neigung, solche nicht unbedingt populären Entscheidungen zu treffen.[322]

---

[318] Vgl. nur Niedersächsische Staatskanzlei, „Meilensteine", S. 2
Faltlhauser, „Verwaltung", S. 3
Stabsstelle für Verwaltungsreform im Innenministerium Baden-Württemberg, „Wandel", S. 28 ff.

[319] Bürsch/Müller, „Verwaltungsreformen", S. 7

[320] Vgl. Sächsisches Staatsministerium des Innern, „Verwaltungsreform", S. 2;
Clement, „Leitbild", S. 11
Niedersächsische Landesregierung, „Landesverwaltung", S. 14 f.

[321] Vgl. nur Stabsstelle für Verwaltungsreform im Innenministerium Baden-Württemberg, a.a.O., S. 81 ff.
Innenministerium Nordrhein-Westfalen, „Verwaltung", S. 14 f.

[322] Bürsch/Müller, „Verwaltungsreformen", S. 9

Ein wesentlicher Unterschied in der Vorgehensweise der Länder besteht darin, dass einige in hohem Maße externe Beratung hinzuziehen, während andere in Eigenregie und mit eigenen Ressourcen Aufgabenkritik üben. Unterschiede ergeben sich auch bezüglich der Breite der Organisationsuntersuchungen. Während etwa Nordrhein-Westfalen mittlerweile nahezu sämtliche Ressorts einschließlich des nachgeordneten Bereichs zum Gegenstand von Organisationsuntersuchungen gemacht hat, setzen andere Länder wie Sachsen[323] oder Niedersachsen auf Untersuchungen nur einzelner Ressorts.[324] In Baden-Württemberg haben Behördenwettbewerbe einen hohen Stellenwert, es werden Selbststeuerungseffekte aus der Veröffentlichung von Best Practices erwartet.[325]
Die besten Umsetzungserfahrungen wurden mit ressortübergreifenden Lenkungs- bzw. Projektgruppen gemacht, die die Durchsetzung von Ressortegoismen und Partikularinteressen von vorneherein ausschließen. Insgesamt zeigt die Aufgabenkritik in den Ländern ein deutliches Übergewicht der Binnenmodernisierung gegenüber der politischen Kritik der Staatsaufgaben. Bei aller Anerkennung der Effizienzsteigerung durch Binnenoptimierung von Verwaltungsabläufen ist jedoch klar herauszustellen, dass für einschneidende Veränderungen in jedem Falle die Mitwirkung der Politik erforderlich ist.[326]

Zahlreiche Länder sind initiativ geworden, um die Flut von Gesetzen und Vorschriften einzudämmen. So nimmt etwa Bayern das Einrichten der Datenbank „Bayernrecht" zum Anlass, die Gesetze und Vorschriften des Landes zu überprüfen.[327] Baden-Württemberg und Niedersachsen haben eine bundesweite Deregulierungsoffensive gestartet, mit der die einzelnen Länder solche Regelungen des Bundes und der EU zusammentragen sollen, die sie in ihren Reformbemühungen behindern, nicht mehr zeitgemäße Vorgaben enthalten oder im Übermaß reglementieren.[328]
In die Kritik geraten ist auch die große Zahl der Verwaltungsvorschriften. Mehrere Länder haben sich vorgenommen, sämtliche Verwaltungsvorschriften auf den Prüfstand zu stellen und deren Zahl deutlich zu reduzieren. Beispielhaft seien hier Nordrhein-Westfalen[329] und Hessen[330] genannt.

---

[323] Sächsisches Staatsministerium des Innern, „Verwaltungsreform", S. 3

[324] Niedersächsisches Innenministerium, „Verwaltungsreform Niedersachsen", S. 4

[325] Vgl. dazu Staatsministerium Baden-Württemberg, „Voneinander lernen", S. 6 ff.

[326] Bürsch/Müller, a.a.O., S. 10

[327] Vgl. dazu Stoiber, „Wettbewerb", S. 10

[328] Vgl. nur Stabsstelle für Verwaltungsreform im Innenministerium Baden-Württemberg, „Wandel", S. 89 ff.

[329] Ministerium für Inneres und Justiz des Landes Nordrhein-Westfalen, „Eckpunktepapier", S. 1 ff.

[330] Hessischer Minister für Bundes- und Europaangelegenheiten und Chef der Staatskanzlei, „Bilanz", S. 2

Sämtliche Länder haben während der vergangenen Jahre Elemente des neuen Steuerungsmodells mit unterschiedlichen Akzentuierungen ein- bzw. fortgeführt. Hessen etwa legt den Schwerpunkt auf die konsequente Trennung von Steuerung und Vollzug und lässt sich somit vom Prinzip der Dezentralisierung leiten.[331] Niedersachsen verfolgt das Ziel, Programmhaushalte einzuführen, wählte für dieses Reformprojekt allerdings den Namen „Neue Steuerungsinstrumente", um die Suggerierung systematischer Geschlossenheit zu vermeiden, die der Begriff „Neues Steuerungsmodell" beinhaltet.[332] In nahezu allen Ländern steht die Entwicklung der Kosten-Leistungs-Rechnung immer noch weit oben bei den Reformprioritäten. Gleiches gilt für die Budgetierung, die zum Teil noch in der Erprobungsphase ist, zum Teil jedoch bereits flächendeckend eingeführt wird.
Allerdings macht sich bei den Ländern, die Elemente des neuen Steuerungsmodells übernommen haben, inzwischen schon eine gewisse Ernüchterung breit. Nach den jetzigen Erfahrungen kostet die Einführung von Kosten-Leistungs-Rechnungen und Controlling über einen längeren Zeitraum erheblich mehr, als sie an Einsparungen erzielen hilft.[333] Auch die Definition der Verwaltungsaufgaben als „Produkte" ist für Beschäftigte, Führungskräfte und Politik zuweilen schwierig.

Ein zentrales Thema ist in vielen Ländern, insbesondere in Flächenländern mit dreistufigem Verwaltungsaufbau, auch die institutionelle Seite der Verwaltungsvereinfachung. Vielfältige Reformbemühungen betreffen dabei gerade die Mittelinstanzen. So wird in einigen Ländern eine Binnenmodernisierung der mittleren Verwaltungsebene betrieben, in anderen ist die Auflösung ihrer bisherigen Organisationsstruktur in der Diskussion. In Sachsen-Anhalt, Nordrhein-Westfalen und Rheinland-Pfalz wird vor dem Hintergrund der Möglichkeiten der modernen Informations- und Kommunikationstechnologie und der damit verbundenen Ubiquität von Informationen der Weg der Neustrukturierung begangen. Dabei wird die regionale Organisationsstruktur in stärkerem Maße als bisher von einer funktionalen überlagert.[334]

Im Hinblick auf die Vergleichbarkeit der Flächenländer mit dreistufigem Verwaltungsaufbau sollen im Folgenden die Modernisierungsaktivitäten in diesen Ländern im Einzelnen dargestellt werden. Den inhaltlichen Schwerpunkt bilden dabei die strukturellen Reformen.

---

[331] Hessischer Minister für Bundes- und Europaangelegenheiten und Chef der Staatskanzlei, „Bilanz", S. 1 f.

[332] Niedersächsische Staatskanzlei, „Staatsmodernisierung", S. 6 ff.

[333] Bürsch/Müller, „Verwaltungsreformen", S. 12

[334] Konzendorf, „Mittelinstanz", S. VII

## 5.2 Baden-Württemberg

### 5.2.1 Aktuelle Modernisierungsphase

Mit dem Bericht der Kommission „Neue Führungsstruktur Baden-Württemberg“, der im Juli 1985 Ministerpräsident Späth übergeben wurde, wurde zum ersten Mal der Versuch unternommen, ein zukunftsorientiertes Gesamtkonzept für die Reform der Ministerialstruktur eines Bundeslandes zu entwerfen. Der Auftrag der Kommission ließ zwar einen Schwerpunkt bei der Ministerialorganisation erkennen, doch kam auch den Regierungspräsidien als Teil des Führungssystems dabei eine nicht unerhebliche Rolle zu.[335] Die Empfehlungen der Kommission, die aus je zwei Vertretern von Verwaltung und Wirtschaft bestand, beschrieben optimale Vorstellungen für moderne Führungsstrukturen in Baden-Württemberg, ohne auf Fragen der Umsetzbarkeit, der Organisation des Reformprozesses oder der Beteiligung der Beschäftigten näher einzugehen.[336] In der Folge wurden nur wenige Vorschläge der Kommission vollständig realisiert.[337] Immerhin kam es in den Ministerien zu einer Straffung der Organisation durch den Wegfall von Abteilungen und die Auflösung von Referaten.[338]

Den zweiten Anlauf unternahm die Landesregierung 1988 mit dem Projekt „Verwaltung 2000“. Darin wurde Verwaltungsreform als eine permanente Aufgabe des Staates definiert, um gesellschaftliche Veränderungen vorausschauend aufzugreifen und die Verwaltung den neuen Entwicklungen anzupassen. Als Pilotvorhaben wurden etwa 70 Einzelprojekte auf den Weg gebracht, die sich u.a. mit folgenden Arbeitsbereichen befassten: Aufgabenanalyse, Aufgabenverlagerung/Privatisierung, Rechtsvereinfachung, Verfahrensbeschleunigung, Optimierung der Aufbau- und Ablauforganisation, Wirtschaftlichkeit, Einsatz von IuK-Technik, Personalmanagement.[339]

Neue Impulse erhielt die Diskussion um die Strukturen und die Funktion der Landesverwaltung im Anschluss an die baden-württembergischen Landtagswahlen von 1992. In ihrer Vereinbarung erklärten die beiden Partner der großen Koalition aus CDU und SPD die „Notwendigkeit durchgreifender Strukturreformen im Verwaltungsaufbau des Landes“ zu einer fundamentalen Aufgabe.[340] In diesem Sinne kündigte Ministerpräsident Teufel in seiner Regierungserklä-

---

[335] Burkard, „Organisationsentwicklung“, S. 261

[336] Vgl. zu den Empfehlungen insgesamt Bulling/Teufel/Kohler, „Regierungsreform“, S. 43 ff.

[337] Miller, „Vorstudien“, S. 554

[338] Menz/Andriof/Kohler/Teufel, „Erneuerung“, S. 460 ff.

[339] Bürsch/Müller, „Verwaltungsreformen“, S. 13

[340] Burkard, „Organisationsentwicklung“, S. 262

rung vom 17.07.1992 an, die neue Landesregierung strebe als einen Schwerpunkt ihrer Arbeit eine Ergänzung der Verwaltungsgebietsreform der 70er Jahre durch eine Funktionalreform an. Kernpunkte dieser Reform seien, staatliche Aufgaben, wo möglich, abzubauen, erstinstanzliche Aufgaben grundsätzlich auf die untere Verwaltungsebene zu delegieren; die Mittelinstanzen sollten sich auf eine Bündelung der Aufgaben beschränken; die Ministerien sollten Führungssysteme der Regierung sein und sowenig Einzelfälle wie möglich bearbeiten.[341] Wo die Belange der Bürger und der gewerblichen Wirtschaft berührt sind, sollten Einheit und Einräumigkeit der Verwaltung angestrebt werden.[342]

Wichtige Reformvorhaben, darunter vor allem die gründliche und aufgabenkritische Untersuchung aller Schwerpunktbereiche der Landesverwaltung, wurden in der Folge auf den Weg gebracht, konnten teilweise aber erst in der 12. Legislaturperiode von 1996 - 2001 umgesetzt werden.[343] Die Grundlage dafür bildeten insgesamt 14 in Auftrag gegebene Organisations- und Wirtschaftlichkeitsuntersuchungen. Untersuchungsgegenstände waren die Vermessungsverwaltung, die landwirtschaftliche Bezirksverwaltung, die landwirtschaftlichen Versuchsanstalten, die Straßenbauverwaltung, die Verwaltung für Flurneuordnung und Landentwicklung, die Schulverwaltung, die Hochbau- und Liegenschaftsverwaltung, die Landesforstverwaltung, die Regierungspräsidien, das Landesamt für Besoldung und Versorgung, das Statistische Landesamt, die Versorgungsverwaltung, die Staatsanwaltschaften, der Justizvollzug, die Gerichtsbarkeit und die Steuerverwaltung.[344] Für die Aufgabenkritik wurde sowohl auf der ministeriellen Ebene als auch bei den Regierungspräsidien ein zweistufiges Verfahren gewählt. In einer ersten Stufe wurde eine kurzfristig leistbare, summarische Aufgabenkritik durchgeführt, um erste schnelle Ergebnisse zu erzielen. Danach erfolgte in einer zweiten Stufe eine vertiefte Aufgabenkritik.[345]

---

[341] Staatsministerium Baden-Württemberg, „Verwaltungsreform", Anlagenband, Ziffer 2

[342] Stabsstelle für Verwaltungsreform im Innenministerium Baden-Württemberg, „Wandel", S. 171

[343] Stabsstelle für Verwaltungsreform im Innenministerium Baden-Württemberg, a.a.O., S. 24

[344] Stabsstelle für Verwaltungsreform im Innenministerium Baden-Württemberg, a.a.O., S. 12

[345] Miller, „Vorstudien", S. 424

Grundlage für die Reformarbeit in der 12. Legislaturperiode war die Koalitionsvereinbarung von 1996, die der Verwaltungsreform ein eigenes Kapitel widmete. Diese sah eine Reihe von konkreten Reformmaßnahmen vor, die unter die Oberthemen

- Neuordnung von Behörden und Verschlankung der Verwaltung,
- Aufgabenabbau und Privatisierung,
- Verfahrensbeschleunigung und Deregulierung,
- Personalmanagement und Qualitätsverbesserung sowie
- Verwaltungsökonomie

gefasst werden können und so auch Eingang in das Arbeitsprogramm der Landesregierung gefunden haben.[346] Als politisches Leitziel wurde von Ministerpräsident Teufel erneut das Prinzip der Subsidiarität genannt, wonach der Staat nur Aufgaben von großem öffentlichen Interesse wahrnehmen solle, die durch andere nicht oder nicht in dem gewünschten Ausmaß gewährleistet und erfüllt werden könnten. Zu der Existenzberechtigung der Regierungspräsidien stellte er klar, dass ein Flächenland wie Baden-Württemberg auch weiterhin Regierungspräsidien benötige, diese müssten jedoch verschlankt und auf ihre zentrale Bündelungs- und Koordinierungsfunktion zurückgeführt werden.[347]

### 5.2.2 Steuerung des Reformprozesses

Zur Organisation des Reformprozesses beschloss der Ministerrat am 21.07.1992 die Einsetzung einer Regierungskommission Verwaltungsreform unter Vorsitz des damaligen Ministers im Staatsministerium Vetter. Diese wurde von der beim Innenministerium eingerichteten Stabsstelle „Verwaltungsstruktur, Information und Kommunikation“ und von einer Koordinierungsgruppe im Staatsministerium unterstützt.[348] Seit dem Beginn der 12. Legislaturperiode ist die Verwaltungsreformkommission bei dem Innenministerium angesiedelt. Unter der Leitung des Innenministers gehören der Reformkommission als Mitglieder die beiden Amtschefs des Finanz- und des Wirtschaftsministeriums, ein Abteilungsleiter des Staatsministeriums, ein Regierungspräsident, die Präsidenten der Kommunalen Landesverbände und der Präsident des Rechnungshofs Baden-Württemberg an. Je nach Themenstellung nehmen Externe oder die entsprechenden Ressortvertreter als Gäste an den Beratungen teil.[349] Die Aufgabe der

---

[346] Stabsstelle für Verwaltungsreform im Innenministerium Baden-Württemberg, „Wandel“, S. 25
Zur Umsetzung generell vgl. Weller, „Verwaltung“, S. 202 ff.

[347] Teufel, „Verwaltungsreform“, S. 10

[348] Burkard, „Organisationsentwicklung“, S. 262

[349] Stabsstelle für Verwaltungsreform im Innenministerium Baden-Württemberg, „Wandel“, S. 26

Geschäftsstelle der Verwaltungsreformkommission wird von der Stabsstelle für Verwaltungsreform im Innenministerium Baden-Württemberg wahrgenommen. Deren Mitarbeiter erstellen Konzepte, sind mit der Steuerung des Reformprozesses beauftragt und beraten die Ressorts und einzelne Behörden bei der Umsetzung von Reformprojekten und bei der Modernisierung ihrer Binnenstrukturen.[350]

### 5.2.3 Strukturreformen

Die Aufgabenkritik und die zahlreichen Organisationsuntersuchungen mündeten in die Umstrukturierung verschiedener Verwaltungsbereiche. Von Bedeutung für die mittlere staatliche Verwaltungsebene war zunächst das Ergebnis der Aufgabenkritik auf der Ministerialebene. Diese ergab schon in der ersten Stufe insgesamt 170 Aufgaben, die nicht der originären Leitungsfunktion eines Ministeriums entsprachen und deshalb auf den nachgeordneten Bereich delegiert wurden.[351]

Die Mittelinstanz in Baden-Württemberg wurde umfassend reorganisiert. Dabei standen die vier Regierungspräsidien in Baden-Württemberg erneut im Mittelpunkt der Reformmaßnahmen. So wurden den Regierungspräsidien schon seit Beginn der 90er Jahre mehrere konkrete Stelleneinsparungen auferlegt, zunächst 8 % in den Jahren 1992 - 1996 und weitere 12 % von 1997 bis 2002. Diese konkreten Einsparauflagen wurden durch die Zielvorgabe der Koalitionsvereinbarung vom 04.05.1996 überlagert, ein Drittel des Stellenbestandes auf der Basis des Jahres 1993 bis zum Ende der Legislaturperiode einzusparen.[352] Die Grundlage dafür stellte eine intensive Aufgabenkritik dar. Von den Regierungspräsidien selbst wurden 220 Vorschläge entwickelt, wie ihr Aufgabenbestand entsprechend den Zielvorgaben der Verwaltungsreform reduziert, kommunalisiert, privatisiert oder vereinfacht werden könnte. 63 Vorschläge davon wurden sofort umgesetzt. Die Regierungspräsidien erarbeiteten ferner 159 Vorschläge zur Aufgabenverlagerung, davon 51 Vorschläge zur Verlagerung von Aufgaben der Ministerien auf die Regierungspräsidien, 86 Vorschläge zur Verlagerung von Aufgaben der Präsidien auf die unteren Verwaltungsbehörden und 22 Vorschläge zur Verlagerung von Förderkompetenzen auf die unteren Verwaltungsbehörden. Davon wurden 40 Vorschläge als unumstritten unmittelbar umgesetzt.[353]

---

[350] Bürsch/Müller, „Verwaltungsreformen", S. 14

[351] Staatsministerium Baden-Württemberg, „Verwaltungsreform", S. 66

[352] Stabsstelle für Verwaltungsreform im Innenministerium Baden-Württemberg, a.a.O., S. 58

[353] Staatsministerium Baden-Württemberg, „Verwaltungsreform", S. 74 f.

In der zweiten Stufe der Aufgabenkritik, die mit externer Unterstützung erfolgte, wurde der Abbau von Aufgaben fortgesetzt. Hinzu trat als neues Instrument der Modernisierung die Forderung, Geschäftsprozesse zu optimieren. Insgesamt ist für die Regierungspräsidien die Feststellung geboten, dass der Aufgabenabbau zwar voranschreitet und die Regierungspräsidien auch entlastet. Es besteht jedoch zwischen Aufgabenabbau und Stellenabbau eine erhebliche zeitliche Verschiebung, die die Regierungspräsidien vor große Probleme stellt. Während von dem vom Ministerrat beschlossenen Aufgabenabbau von insgesamt 368 Arbeitskapazitäten (1 AK = Arbeitskapazität einer Vollzeit-Arbeitskraft) bis Ende 1999 Aufgaben von ca. 132 AK abgebaut waren, schreitet der Stellenabbau wegen der nicht erfolgenden Nachbesetzung von nahezu allen freiwerdenden Stellen zügig voran. Die Aufgaben sind somit zunehmend von weniger Bediensteten zu erledigen, was in einigen Organisationseinheiten bereits zu erheblichen Engpässen geführt hat.[354]

Als wesentliche Einzelmaßnahmen bei den Regierungspräsidien sind hervorzuheben:

- Organisationsstruktur: Zum 01.07.1998 wurde eine neue Aufbauorganisation eingeführt; danach sind für jedes Regierungspräsidium fünf Abteilungen (bisher sieben bzw. acht) und 28 Referate (bisher in der Regel 40) sowie insgesamt vier weitere Vor-Ort-Referate vorgesehen. Durch die Neuorganisation wurde insgesamt die Zahl der Abteilungen von 29 auf 20 und die der Referate von 166 auf 116 reduziert.

- Widerspruchsverfahren: Die Abschaffung von Widerspruchsverfahren auf den Rechtsgebieten, auf denen die Regierungspräsidien auch die Ausgangsentscheidung treffen, wurde durch das vom Landtag am 28.04.1999 beschlossene Gesetz zur Entlastung der Regierungspräsidien umgesetzt; das Gesetz trat am 01.07.1999 in Kraft.[355]

- Förderverfahren: Die Standardisierung und Vereinfachung von Förderverfahren wurde weitgehend umgesetzt.[356]

- Geschäftsprozessoptimierung: Beispielhaft sind hier die Straffung von Widerspruchsverfahren bei Baugenehmigungen, die Einsetzung vorhabensbezogener Projektgruppen bei immissionsschutzrechtlichen Genehmigungsver-

[354] Stabsstelle für Verwaltungsreform im Innenministerium Baden-Württemberg, „Wandel“, S. 59

[355] GBl. S. 173

[356] Vgl. dazu auch Hueber, „Neuorganisation“, S. 12

fahren und die Zusammenführung der Zuständigkeiten bei verkehrsbezogenen Planfeststellungsverfahren zu nennen.[357]

Organisatorische Veränderungen betrafen auch andere Behörden der mittleren Verwaltungsebene. So wurde schon in der Koalitionsvereinbarung von 1996 festgelegt, das Landesbergamt und das Geologische Landesamt zusammenzulegen.
Die Forstdirektionen Stuttgart und Karlsruhe wurden zum 01.10.2000 aufgelöst. Gleichzeitig erfolgte eine interne Neuorganisation der verbleibenden Forstdirektionen in Tübingen und Freiburg.[358] Für die Vermessungsverwaltung wurde durch Ministerratsbeschluss vom 14.07.1997 entschieden, das Landesvermessungsamt organisatorisch zu straffen. Die Reduktion auf nur noch vier Abteilungen - Verwaltung, Liegenschaftskataster, Geodäsie und Kartographie - mit insgesamt 19 Referaten sowie einer Stabsstelle ist abgeschlossen. Dadurch wurden eine Abteilung und fünf Referate abgebaut.[359]
Bei den Landwirtschaftlichen Forschungs- und Versuchsanstalten erfolgte die Zusammenführung der Landesanstalt für Pflanzenschutz Stuttgart, der Landesanstalt für Pflanzenbau Forchheim und der Staatlichen Untersuchungs- und Forschungsanstalt Karlsruhe-Augustenberg zu einer integrierten Landesanstalt (Pflanzenbauliches Kompetenzzentrum) am Standort Karlsruhe-Augustenberg.[360]

Die Straßenbauverwaltung erfuhr organisatorische Veränderungen durch die Verlagerung der Baustoff- und Bodenprüfstellen bei den Regierungspräsidien zu den Straßenbauämtern sowie die Übertragung weiterer Aufgaben einschließlich des zugehörigen Personals von den Regierungspräsidien auf die Straßenbauämter. Der künftige Zuschnitt der Abteilungen Straßenwesen bei den Regierungspräsidien und die künftige Aufgabenabgrenzung zwischen Regierungspräsidien, dem Landesamt für Straßenwesen und den Ämtern der Straßenbauverwaltung ist derzeit noch Gegenstand einer intensiven Prüfung durch das Ministerium für Umwelt und Verkehr. Dabei wird in Betracht gezogen, das erst 1987 neu geschaffene Landesamt für Straßenwesen wieder aufzulösen.[361]

Die Steuerverwaltung mit insgesamt drei Oberfinanzdirektionen erfuhr durch die Auflösung der Oberfinanzdirektion Freiburg zum 01.08.1998 eine organisa-

---

[357] Stabsstelle für Verwaltungsreform im Innenministerium Baden-Württemberg, „Wandel“, S. 60
[358] Stabsstelle für Verwaltungsreform im Innenministerium Baden-Württemberg, a.a.O., S. 57
[359] Stabsstelle für Verwaltungsreform im Innenministerium Baden-Württemberg, a.a.O., S. 34 f.
[360] Stabsstelle für Verwaltungsreform im Innenministerium Baden-Württemberg, a.a.O., S. 40
[361] Vgl. dazu Menz/Andriof/Kohler/Teufel, „Erneuerung“, S. 462

torische Veränderung. Die Behörde in Freiburg wurde in eine Außenstelle der Oberfinanzdirektion Karlsruhe umgewandelt.[362]
Für den Bereich der Polizei diskutierten externe Gutachter neue Aufbaustrukturen bis hin zu einer Auflösung der Landespolizeidirektionen und der Zusammenlegung von Polizeidirektionen. Die Landesregierung entschied sich für ein optimiertes Status-quo-Modell und hielt damit am 3-Ebenen-Modell fest. Hervorgehoben wurde jedoch die Stärkung der Eigenverantwortung der Polizeipräsidien und Direktionen durch eine umfassende Delegation von Kompetenzen, insbesondere im Bereich der Personal- und Wirtschaftsverwaltung, von den Landespolizeidirektionen auf die Kreisdienststellen.[363]
Zu der Neuorganisation der Mittelbehörden gehört weiter die Reduzierung der drei Landesoberkassen auf eine Landesoberkasse mit einer Außenstelle sowie die Bildung von vier integrierten regionalen Untersuchungsämtern, in denen die Einrichtungen zur Lebensmittelüberwachung zusammengefasst wurden.

## 5.3 Bayern

### 5.3.1 Aktuelle Modernisierungsphase

Mit einer Reform der öffentlichen Verwaltung haben sich in Bayern in den vergangenen Jahrzehnten schon mehrfach Kommissionen befasst. Der große Durchbruch blieb diesen Reformbemühungen jedoch versagt.[364] Die aktuelle Phase der Modernisierung wurde durch die aufgrund eines Landtagsbeschlusses vom 12.02.1992 von der Staatsregierung eingesetzte Kommission „Zukunft des öffentlichen Dienstes" eingeleitet. Diese im September 1992 konstituierte Kommission aus Vertretern der Staatsverwaltung und der Personalvertretungen sowie externen Experten formulierte in ihrem Schlussbericht Anfang Januar 1994 folgende Eckpunkte einer Verwaltungsreform: Aufgabenkritik und Erfolgskontrollen, Aufgabenverlagerung auf nachgeordnete Behörden, vereinfachte Verwaltungsabläufe, eine verbesserte Informations- und Kommunikationstechnologie sowie Maßnahmen zur Erhöhung der Mitarbeitermotivation.[365] Die Kommission befasste sich auch mit der Verwaltungsorganisation und der Aufgabenzuordnung und gab zahlreiche Empfehlungen.[366] Diese wurden jedoch nur zum Teil umgesetzt.

---

[362] Stabsstelle für Verwaltungsreform im Innenministerium Baden-Württemberg, „Wandel", S. 67
[363] Stabsstelle für Verwaltungsreform im Innenministerium Baden-Württemberg,a.a.O., S. 71
[364] Ganßer, „Verwaltungsreform", S. 103
[365] Miller, „Vorstudien", S. 566 ff.
[366] Kommission „Zukunft des öffentlichen Dienstes", „Schlußbericht", S. 51 ff.

Parallel zu der Initiative des Landtags initiierte der damalige Innenminister Stoiber 1992 das Projekt „Abbau normativer und administrativer Hemmnisse“, mit dem eine stringente Rückbesinnung auf die eigentlichen Kernaufgaben des Staates, vor allem im Baurecht, verbunden war.[367] Eine umfassende Verwaltungsreform wurde von Ministerpräsident Stoiber in der Regierungserklärung vom 30.06.1993 angekündigt.[368] Dies wurde durch die Regierungserklärung „Mut zu Neuem“ vom 08.12.1994 dahingehend konkretisiert, dass die „Dynamisierungskur für unseren Staat“ durch drastischen Aufgabenabbau, deutliche Straffung und Kürzung von Verwaltungsverfahren, Organisationsabläufen und Organisationswegen und weitere Verbesserung der Motivation der Mitarbeiter im öffentlichen Dienst fortzusetzen sei.[369]

Am 08.10.1996 beschloss die Staatsregierung das Gesamtkonzept „Verwaltungsreform in Bayern“, mit dem bis zum Jahr 2000 eine Strukturreform in der Staatsverwaltung insgesamt durchgeführt werden sollte. Als Ziel wurde herausgestellt, eine deutliche Straffung der Verwaltungsverfahren durchzuführen und mit dem damit verbundenen Aufgabenabbau die Stellen in Ministerien, Regierungen und einer Reihe von Sonderbehörden bis zum Jahr 2000 um 10 % zu reduzieren.[370] Das Gesamtkonzept „Verwaltungsreform in Bayern“ enthält die drei Programmelemente „20-Punkte-Aktionsprogramm“, „Dachkonzept - Reform von Staat und Verwaltung“ sowie „Leitlinien zur Verwaltungsreform“. Das 20-Punkte-Aktionsprogramm fußt auf den bisher von der bei der bayerischen Staatskanzlei eingerichteten Projektgruppe Verwaltungsreform auf den Weg gebrachten Maßnahmen. Die einzelnen Reformvorhaben orientieren sich an dem Dachkonzept, das Ziele und Maßnahmen in folgenden fünf Bereichen festlegt: Aufgabenüberprüfung, Organisationsreform, Deregulierung, Dienstrechtsreform und „Innere Reform“.[371]
Die bayerische Staatsregierung verfolgt insgesamt eine Konzentration auf Kernkompetenzen zur Stärkung der eigentlichen Aufgaben der öffentlichen Verwaltung. Es werden effiziente Organisationsstrukturen angestrebt, die ausreichend flexibel auf die sich ändernden Aufgaben reagieren können. Zentrales Anliegen ist die „Einheit der Verwaltung“. Um zu verhindern, dass partikulare Fachinteressen mit Absolutheitsanspruch vertreten werden, sollen daher Fachbehörden in die Behörden der allgemeinen inneren Verwaltung eingegliedert werden, wenn dadurch eine optimierende Gesamtsicht und Entscheidungskom-

---

[367] Weidinger, „Methodenvielfalt“, S. 15
[368] Weidinger, a.a.O., S. 16
[369] Vgl. dazu Faltlhauser, „Verwaltung“, S. 1
[370] Faltlhauser, „Verwaltungsreform Bayern“, S. 1
[371] Bayerische Staatsregierung, „Kabinettsbeschluss“, S. 2 ff.

petenz geschaffen wird.[372] Ein weiteres Ziel ist Subsidiarität, d.h. eine weitgehende Selbstverantwortung der unteren Ebenen.[373]

Von herausragender Bedeutung im Reformprozess war daher eine systematische Aufgabenkritik. Diese begann am 01.05.1995 bei den 7 bayerischen Bezirksregierungen. Dabei wurde auf professionelle externe Beratung verzichtet, da die Fragen, welche Aufgaben in einem demokratischen Staatswesen mit ausgeprägter kommunaler Selbstverwaltung der Staat selbst erfüllen muss oder soll und auf welcher Stufe der Verwaltung sie dann zu erfüllen sind, sich nicht auf Wirtschaftlichkeitserwägungen reduzieren lassen.[374] Die Beschäftigten in den Regierungen ermittelten rd. 1.000 Aufgaben, die abgebaut, privatisiert, delegiert oder zumindest vereinfacht werden können. Die Vorschläge wurden noch durch Beiträge von Kammern und Verbänden ergänzt. Rund 60 % der Vorschläge wurden umgesetzt, nachdem das Kabinett die entsprechenden Beschlüsse gefasst hatte.[375]

Nach dieser ersten Reformstufe „Aufgabenkritik" wurde in einer zweiten Stufe die Organisation der Bezirksregierungen überprüft. Dazu bediente sich das Innenministerium eines Beratungsunternehmens. Dessen Organisationsgutachten wurde zum Jahresende 1996 vorgelegt. Zu dessen Umsetzung verabschiedete der Ministerrat im April 1997 ein Rahmenkonzept zur Neuorganisation der Regierungen.[376]

Bei den obersten Landesbehörden wurde mit der Aufgabenkritik erst im Jahr 1996 begonnen. Hier stand die Konzentration auf Führungs-, Planungs- und Kontrollaufgaben und das Sich-lösen von Vollzugsaufgaben mit Einzelfallentscheidungen im Vordergrund. Dies erfordert die Abgabe von Aufgaben an die Mittelstufe der Verwaltung und die Bereitschaft, deren Eigenverantwortung zu erhöhen.[377]

### 5.3.2 Steuerung des Reformprozesses

Initiativen, Koordination und Moderation des Reformprozesses erfolgen durch die Projektgruppe Verwaltungsreform, die Ministerpräsident Stoiber im Jahr 1993 eingesetzt hat. Diese stand bis Oktober 1994 unter der politischen Leitung

---

[372] Beckstein, „Dynamisierung", S. 11 f.
[373] Stoiber, „Wettbewerb", S. 9
[374] Weidinger, „Methodenvielfalt", S. 17
[375] Beckstein, a.a.O., S. 11
[376] Weidinger, „Methodenvielfalt", S. 17
[377] Ganßer, „Verwaltungsreform", S. 103

des Innenministers Beckstein. Seitdem wird die Aufgabe der politischen Leitung von dem Leiter der Staatskanzlei wahrgenommen. Mitglieder der Projektgruppe sind Abteilungs- oder Sachgebietsleiter der verschiedenen Ressorts.[378] Die Projektgruppe Verwaltungsreform befasst sich mit allen Ebenen der bayerischen Staatsverwaltung. Ihre Arbeitsmethode besteht nicht darin, ein theoretisches „Gesamtkonzept" in einer gutachtlichen Form zu erstellen, sondern vielmehr darin, die Reform durch abgrenzbare Teilprojekte voranzubringen. So wurden seit 1993 in über 40 Arbeitskreisen vielfältige Themen untersucht. Dabei zieht die Projektgruppe zu den Reformvorhaben Vertreter der betroffenen Behörden, Verbände, Personalvertretungen und bei Bedarf auch externe Sachverständige hinzu.[379] Zur Umsetzung vorbereitete Reformschritte werden sofort dem Kabinett zur Beschlussfassung vorgelegt.[380] Die Projektgruppe Verwaltungsreform wird durch eine in der Staatskanzlei eingerichtete Geschäftsstelle unterstützt.

Die CSU-Landtagsfraktion begleitet den Reformprozess durch eine von ihr eingesetzte Arbeitsgruppe „Schlanker Staat". Diese unterstützt einerseits die Reformvorhaben der Regierung, initiiert andererseits aber auch eigene Modernisierungsmaßnahmen.[381]

### 5.3.3 Strukturreformen

Die insbesondere mit dem 20-Punkte-Aktionsprogramm eingeleitete koordinierte Verwaltungsreform erfasste alle Verwaltungsbereiche von den Ministerien abwärts und betraf daher insgesamt ca. 1.500 Behörden. Nach dem Abschluss der durchgeführten umfassenden Aufgaben- und Organisationsuntersuchungen in den Staatsministerien und der Staatskanzlei im Januar 1998 beschloss der Ministerrat am 28.04.1998 ein Maßnahmenpaket zur Umsetzung der Verwaltungsreform in der Staatskanzlei und den Ministerien mit Auswirkungen für den nachgeordneten Verwaltungsbereich.[382] Ursache dafür war die angestrebte Konzentration der Ministerialebene auf Kernaufgaben und die Verlagerung operativer Aufgaben auf den nachgeordneten Bereich.
Parallel zu den internen und externen Untersuchungen waren die Beschäftigten in die Aufgabenkritik eingebunden und unterbreiteten insgesamt rd. 4.000 Vorschläge. Rund 3.300 Vorschläge (82,5 %) wurden positiv bewertet und an-

---

[378] Weidinger, „Methodenvielfalt", S. 16
[379] Bürsch/Müller, „Verwaltungsreformen", S. 19
[380] Bayerische Staatsregierung, „Kabinettsbeschluss", S. 10
[381] Vgl. dazu Kupka, „Verwaltungsreform", S. 266 ff.
[382] Faltlhauser, „Verwaltungsreform Bayern", S. 1

schließend umgesetzt. Hiervon entfielen auf Aufgabenwegfall 21 %, Aufgabenprivatisierung und -verlagerung 64 % und Rationalisierung 15 %.[383]
Gegenstand von Strukturreformen waren vor allem die 7 bayerischen Regierungen. Da diese nach Ansicht der bayerischen Staatsregierung regionale Vielfalt repräsentieren, bei Entscheidungen Ortsnähe garantieren und durch ihre Bündelungs- und Koordinierungsfunktion entscheidend zur Entlastung der Ministerialverwaltung beitragen, wird deren Existenz nicht in Frage gestellt.[384] Die Regierungen sind jedoch von einer Aufgaben- und Organisationsreform betroffen, die im Jahr 2000 abgeschlossen wurde. Der Abbau von Aufgaben und das Straffen von Verwaltungsabläufen bildeten die Grundlagen für die Reduzierung von 25 % der Sachgebiete und 10 % des Personals. Der Aufgabenabbau erfolgte auf verschiedenen Wegen. So wurden etwa die Ortsplanungsstellen bei den Bezirksregierungen aufgelöst, deren Aufgaben wurden privaten Planungsbüros überlassen.[385]

Konzentriert wurde die Zuständigkeit für Planfeststellungsverfahren nach dem Luftverkehrsgesetz bei zwei Bezirksregierungen (Luftämter).[386] Gebrauch gemacht wurde auch von der Möglichkeit der Delegation von Aufgaben. So wurden die Zuständigkeiten für den Vollzug des Abfallrechts weitgehend auf die Kreisverwaltungsbehörden übertragen. Routinemäßige Aufgaben der Gewässergüteerhebung werden zukünftig von den Wasserwirtschaftsämtern wahrgenommen. Eine Delegation auf eine außerstaatliche Verwaltung stellt die Übertragung der Festsetzung der Entschädigung nach dem Tierseuchengesetz auf die bayerische Tierseuchenkasse dar.[387]

Eine erhebliche Entlastung erfuhren die Bezirksregierungen durch die Reform des Prüfungs- und Förderwesens, mit dem die Regierungen bis zu 20 % ihres Personals ganz oder teilweise beschäftigten.[388] Aufgabenabbau erfolgte weiter durch die Abschaffung des Widerspruchsverfahrens in 13 verschiedenen Fällen, u.a. auf dem Gebiet des Immissionsschutzes und im Abfallrecht, sofern die Regierungen Ausgangsbehörde sind. Durch das Zweite Verwaltungsreformgesetz, das am 15. April 2000 in Kraft getreten ist,[389] und das am 01.01.2002 in Kraft getretene Dritte Verwaltungsreformgesetz[390] wurde das Widerspruchsverfahren

---

383 Faltlhauser, „Verwaltungsreform a.a.O., S. 2
384 Projektgruppe Verwaltungsreform Bayern „Regierungen“, S. 1
385 Stoiber, „Wettbewerb“, S. 10
386 Projektgruppe Verwaltungsreform Bayern, a.a.O., S. 5
387 Projektgruppe Verwaltungsreform Bayern, a.a.O., S. 5
388 Bürsch/Müller, „Verwaltungsreformen“, S. 20
389 Bayerisches Gesetz- und Verordnungsblatt Nr. 8/2000, S. 136 ff.
390 Vgl. dazu Unterausschuss Allgemeine Verwaltungsorganisation des Arbeitskreises VI der Innenministerkonferenz „Staats- und Verwaltungsmodernisierung“, S. 18

in weiteren Fällen abgeschafft. Dadurch entfallen jährlich etwa 5.500 Widerspruchsentscheidungen bei den Bezirksregierungen.[391]

Auch andere Mittelbehörden wurden in Bezug auf Aufgaben, Strukturen und Personalausstattung auf den Prüfstand gestellt. Dies hatte für die Bergverwaltung eine Zuständigkeitskonzentration zur Folge. Schon durch Ministerratsbeschluss vom 13.07.1994 wurde das Oberbergamt aufgelöst. Die drei bestehenden Bergämter wurden in die Regierungen von Oberfranken und Oberbayern eingegliedert.[392] Über den Vollzug des Bundesberggesetzes hinaus obliegt den beiden Bezirksregierungen auch der Vollzug sonstiger Vorschriften (Immissionsschutz, Baurecht) bei Betrieben, die dem Bergrecht unterliegen.[393]

Die Direktionen für ländliche Entwicklung setzen den Abbau von 25 % (500) ihrer Stellen bis Ende 2005 unter gleichzeitiger Anpassung der Organisation und Aufgabenstraffung fort. Insbesondere werden bisher aufgeteilte Zuständigkeiten in der Dorferneuerung bei den Direktionen für ländliche Entwicklung zusammengeführt.[394] Die Staatsforstverwaltung hat seit den Beschlüssen der Staatsregierung von 1995 eine unternehmerische Ausrichtung. Es ist beabsichtigt, die Zahl der Forstdirektionen von 6 auf 3 und damit auf ein betriebswirtschaftliches Optimum zu reduzieren. Dies soll mit einem Stellenabbau um ca. 25 % verbunden sein.[395] In der Gewerbeaufsicht wurde durch die Einführung der Zweistufigkeit eine Hierarchieebene eingespart.[396]

In der Wasserwirtschaftsverwaltung erfolgten organisatorische Straffungen am Landesamt für Wasserwirtschaft und den Wasserwirtschaftsämtern. So wurden Aufgabenschwerpunkte beim Landesamt für Wasserwirtschaft konzentriert.[397] Die Wasserwirtschaftsämter können sich nach der Übertragung der Vollzugsaufgaben auf die Landratsämter auf ihre Fachaufgaben konzentrieren.[398] Durch diese Maßnahmen sollen bis zum Jahr 2007 ca. 150 Stellen am Landesamt für Wasserwirtschaft sowie ca. 390 Stellen (13 %) an den Wasserwirtschaftsämtern und den Flussmeisterstellen abgebaut werden.
Die Verteidigungslastenverwaltung wurde als Sonderbehörde aufgelöst und in die Steuerverwaltung eingegliedert.[399] Zum 01.01.1998 wurden die mit Angele-

---

[391] Projektgruppe Verwaltungsreform Bayern, „Regierungen", S. 4
[392] Kupka, „Verwaltungsreform", S. 267
[393] Projektgruppe Verwaltungsreform Bayern, „Regierungen", S. 4
[394] Projektgruppe Verwaltungsreform Bayern, „Mittelbehörden", S. 1
[395] Bürsch/Müller, a.a.O., S. 20
[396] Projektgruppe Verwaltungsreform Bayern, a.a.O., S. 1
[397] Projektgruppe Verwaltungsreform Bayern, „Mittelbehörden", S. 2
[398] Unterausschuss Allgemeine Verwaltungsorganisation des Arbeitskreises VI der Innenministerkonferenz „Staats- und Verwaltungsmodernisierung", S. 18
[399] Projektgruppe Verwaltungsreform Bayern, a.a.O., S. 2

genheiten des Kriegsfolgenrechts betrauten Ausgleichsämter aufgelöst und in einem zentralen Ausgleichsamt mit 13 Außenstellen mit dem Ziel konzentriert, bis 2005 insgesamt 73 % des Personals abzubauen.[400]

Konzeptionell vorbereitet wird, die Staatliche Ernährungsberatung auf eine subsidiäre Funktion zu reduzieren und beim Staatsministerium für Ernährung, Landwirtschaft und Forsten zu konzentrieren. In diesem Zusammenhang werden die Verwaltungsstrukturen gestrafft und regionalisiert.[401] Beabsichtigt ist weiterhin die Vereinheitlichung der Zuständigkeit der Heimaufsicht, nachdem bislang bei regionalen Trägern das Landratsamt und bei überregionalen Trägern die Bezirksregierung zuständig ist.[402] Aktuelle Reformüberlegungen beziehen sich auf die Schulverwaltung[403] sowie die Bezirksfinanzdirektionen, neue Projekte sind die Reformen der Denkmalschutz- und der Straßenbauverwaltung.[404]

## 5.4 Hessen

### 5.4.1 Aktuelle Modernisierungsphase

In Hessen gab im Jahr 1994 die Landesregierung den erneuten Anstoß zur Verwaltungsmodernisierung. Durch Kabinettsbeschluss vom 28.06.1994 wurden die Ziele der Verwaltungsreform festgelegt und ein Konzept für Pilotprojekte zur Verwaltungsreform beschlossen. Die von regierungsinternen Arbeitsgruppen unter Federführung der Staatskanzlei erarbeiteten Leitlinien für die Reform wurden vom Kabinett unter dem Titel „Eckpunkte eines neuen Qualitätsbegriffs für die hessische Landesverwaltung „Hessische Landesverwaltung 2000" am 17.01.1995 verabschiedet.[405] Ziel war die Umwandlung der Verwaltung in ein kunden- und ergebnisorientiertes Dienstleistungsunternehmen, in dem auf motivierte, qualifizierte Beschäftigte, eine kooperative Führung sowie ergebnis- und kostenorientiertes Arbeiten Wert gelegt wird. Besonders hervorgehoben wurde die Notwendigkeit einer Aufgabenkritik und Aufgabenvollzugskritik.

Aufbauend auf diesen Vorgaben erarbeitete der im Januar 1995 beim Minister des Innern und für Landwirtschaft, Forsten und Naturschutz gebildete zentrale Arbeitsstab Verwaltungsreform detaillierte „Handlungsvorschläge zur Moderni-

---

400 Bürsch/Müller, „Verwaltungsreformen", S. 20
401 Bürsch/Müller, a.a.O., S. 20
402 Heider, „Modernisierung", S. 16
403 Vgl. dazu Heider, a.a.O., S. 15
404 Stoiber, „Wettbewerb"., S. 10
405 Staatsanzeiger vom 13.02.1995, S. 430

sierung der hessischen Landesverwaltung".[406] Die Handlungsvorschläge beruhten auf der Erkenntnis, dass die angestrebte Modernisierung zum Teil nur in einem auf mehr als ein Jahrzehnt hin angelegten Prozess zu erreichen sein werde. Handlungsbedarf wurde u.a. auch bei der Aufbauorganisation gesehen. Als wesentliche Grundsätze wurden herausgestellt, dass kein Zweig der Landesverwaltung im Verwaltungsaufbau mehr als drei Stufen haben und es unterhalb der Zentralstufe (Ministerien) nur noch eine Fach- und Dienstaufsichtsinstanz geben solle. Im inneren Verwaltungsaufbau sollten Landesbehörden nicht mehr als drei Ebenen haben. Für den Reformbereich „Aufgabenkritik" wurde betont, dass Einzelfallentscheidungen mit Außenwirkung grundsätzlich die ortsnahen Landes- und Kommunalbehörden allein und abschließend treffen sollten. Ministerien sollten sich grundsätzlich auf die zentrale politische Steuerung des Geschäftsbereiches und ihre Funktion als oberste Fach-, Dienst- und Rechtsaufsichtsbehörde beschränken. Wesentlich für die Behördenorganisation war der Handlungsvorschlag, dass bei Notwendigkeit des Zusammenwirkens von zwei oder mehreren Fachverwaltungen für eine Einzelfallentscheidung die erforderliche Fachkompetenz in einer Behörde angesiedelt werden solle (Bündelung).[407]

Die Handlungsvorschläge wurden durch Kabinettsbeschluss vom 12.03.1996 verabschiedet und mit Beschluss vom 14.07.1998 weiterentwickelt.[408] Die Grundintention der Verwaltungsreform wurde auch nach dem Regierungswechsel im April 1999 mit einigen Modifikationen aufrecht erhalten. So ist auch für die neue Landesregierung Verwaltungsreform in erster Linie Staatsaufgabenreform. Besonderes Augenmerk gilt der Frage, welche bisher von staatlichen Behörden wahrgenommenen Aufgaben privatisierbar sind. Den Grundsatz der Subsidiarität betonend, sollen alle Aufgaben daraufhin überprüft werden, ob sie vor Ort oder jedenfalls auf einer nachgeordneten Ebene wahrgenommen werden können. Es wird ein zweistufiger Verwaltungsaufbau zur Aufgabenerledigung angestrebt. Weiter wird von dem Grundsatz ausgegangen, dass staatliche Sonderbehörden in die allgemeine Landesverwaltung einzugliedern sind, soweit nicht ihre Aufgaben privatisiert werden können oder ihre Notwendigkeit als Sonderbehörde nachgewiesen wird.[409]

### 5.4.2 Steuerung des Reformprozesses

Innerhalb der Landesregierung besaß zunächst der Minister des Innern und für Landwirtschaft, Forsten und Naturschutz die Federführung für die Verwaltungs-

[406] Staatsanzeiger vom 22.04.1996, S. 1286
Vgl. dazu auch Freudenberg, „Steuerungsmodell", S. 76 ff.
[407] Staatsanzeiger vom 22.04.1996, S. 1288
[408] Bürsch/Müller, „Verwaltungsreformen", S. 46
[409] Koalitionsvereinbarung zwischen CDU und F.D.P. vom 19.03.1999, S. 13 f.

reform. Der zu seiner Unterstützung gebildete zentrale Arbeitsstab Verwaltungsreform bündelte und verstärkte die Reformaktivitäten. Während die Umsetzung von Reformprojekten generell in der fachlichen und politischen Verantwortung der jeweiligen Ressorts lag, führte der zentrale Arbeitsstab Verwaltungsreform über Soll-Ist-Vergleiche ein Umsetzungscontrolling durch. In Pilotprojekten wurde die Einführung des neuen Steuerungsmodells betrieben.[410]

Nach dem Regierungswechsel im Jahr 1999 wurde die Steuerung des Reformprozesses grundlegend verändert. Auf Grund des Beschlusses der Landesregierung vom 14.04.1999 liegt nunmehr die zentrale Steuerung und Koordinierung der Verwaltungsreform und Verwaltungsvereinfachung bei der Staatskanzlei. Zentrales politisches Steuerungs- und Lenkungsgremium ist der Kabinettsausschuss „Verwaltungsreform“. Ihm gehören unter dem Vorsitz des Chefs der Staatskanzlei die Staatssekretäre des Ministeriums des Innern und für Sport, des Ministeriums der Finanzen, des Ministeriums der Justiz und des Ministeriums für Wirtschaft, Verkehr und Landesentwicklung an. Vorgaben für den Reformprozess trifft der Kabinettsausschuss „Verwaltungsreform“ in der Regel durch sog. Politische Steuerungspapiere. Diese enthalten für jedes Projekt die vorgesehenen Ziele, Maßnahmen mit detailliertem Zeitplan und die erwarteten Einsparungen. Die Umsetzung findet in den Ressorts statt. Dort werden Lenkungsausschüsse und Projektgruppen zur Vorbereitung der Willensbildung der Hausleitungen gebildet.[411]

Beibehalten wurden dagegen die für zentrale Bereiche der Verwaltungsreform bestehenden besonderen Steuerungseinrichtungen. So erfolgt nach wie vor die zentrale Vorschriftenprüfung durch die in der Staatskanzlei eingerichtete Arbeitsgruppe „Verwaltungsvereinfachung“. Als Kompetenzzentrum zur Reform des Haushaltsrechts hat der Finanzminister die „Zentrale Koordinierungsstelle Reform des Haushalts- und Rechnungswesens“ eingesetzt. Der Landtag begleitet den Modernisierungsprozess durch den Ausschuss für Informationsverarbeitung, Datenschutz und Verwaltungsreform.[412]

### 5.4.3 Strukturreformen

In der gesamten hessischen Landesverwaltung sind die Aufgaben mit Ausnahme der Aufgaben der Justizgewährung inzwischen systematisch erhoben worden. Dies hatte Funktionalreform, Delegation und Hierarchieabbau zur Folge,

[410] Konzendorf, „Verwaltungsmodernisierung“, S. 25

[411] Unterausschuss Allgemeine Verwaltungsorganisation des Arbeitskreises VI der Innenministerkonferenz „Staats- und Verwaltungsmodernisierung“, S. 74

[412] Bürsch/Müller, „Verwaltungsreformen“, S. 47

seit Beginn der Verwaltungsreform wurden in Hessen inzwischen 192 Dienststellen aufgelöst.[413]
Der Grundlinie bei der Funktionalreform folgend, Aufgaben so weit wie möglich nach unten zu verlagern, wurden zwischenzeitlich 220 Zuständigkeiten aus der Ministerialebene auf die Regierungspräsidien verlagert. Dies reicht von der Delegation personalrechtlicher Befugnisse über eine Reihe von kommunalrechtlichen Genehmigungen bis hin zu Aufgaben in den Bereichen Straßenverkehr, Luftverkehr, Eisenbahnwesen und Arbeitsschutz. Aus den Regierungspräsidien wurden Aufgaben auf die Kreisebene übertragen.[414]

Grundlegend neu strukturiert wurde die Schulverwaltung. Die Zahl der Instanzen (Staatliches Schulamt, Regierungspräsidium, Kultusministerium) wurde auf 2 (Staatliches Schulamt, Kultusministerium) reduziert. Die Auflösung der Schulabteilungen bei den Regierungspräsidien und die Zusammenlegung von 24 Schulämtern zu 15 ermöglichte die Einsparung von 225 Stellen. Das hessische Institut für Bildungsplanung und Schulentwicklung, das hessische Institut für Lehrerfortbildung, die Staatliche Landesbildstelle Hessen und die hessische Erwachsenenbildungsstätte Falkenstein wurden am 01.08.1997 zum hessischen Landesinstitut für Pädagogik zusammengeführt. Diese Bündelung verband sich mit einer gleichzeitigen Regionalisierung auf 14 Standorte.[415] Am 02.04.2001 beschloss der Landtag das Gesetz zur Einrichtung des Amtes für Lehrerfortbildung.[416]

Die Umweltverwaltung in Hessen wurde durch die Eingliederung staatlicher Umweltbehörden in die Regierungspräsidien gestrafft. So wurde in den drei Regierungspräsidien Darmstadt, Gießen und Kassel je eine „Abteilung Staatliches Umweltamt“ errichtet.[417] Diese bestehen aus den bisherigen Umweltdezernaten der Regierungspräsidien, die für Immissionsschutz (ohne Arbeitsschutz), Strahlenschutz, Gentechnik, Wasserwirtschaft, Abfallbeseitigung und Altlasten zuständig waren, und aus den 8 Wasserwirtschaftsämtern, dem Oberbergamt mit 3 Bergämtern sowie den 5 Staatlichen Ämtern für Immissionsschutz und Strahlenschutz einschließlich der 2 Außenstellen. Dadurch werden die Zuständigkeiten für den Schutz des Bodens, des Wassers und der Luft vor schädlichen Um-

---

[413] Hessisches Ministerium des Innern und für Landwirtschaft, Forsten und Naturschutz, „Verwaltungsreform“, S. 35

[414] Hess.Ministerium des Innern und für Landwirtschaft, Forsten und Naturschutz, a..a.O.,S 41

[415] Hessisches Ministerium des Innern und für Landwirtschaft, Forsten und Naturschutz, „Verwaltungsreform“, S. 55,
vgl. dazu auch Bode, „Modernisierung“, S. 19

[416] Unterausschuss Allgemeine Verwaltungsorganisation des Arbeitskreises VI der Innenministerkonferenz „Staats- und Verwaltungsmodernisierung“, S. 84

[417] Gesetz über die Eingliederung staatlicher Umweltbehörden in die Regierungspräsidien vom 15.07.1997, GVBl. I S. 233

welteinwirkungen und den Gefahren bestimmter Anlagen in eine Hand gelegt. Darüber hinaus wird die Trennung von Fach- und Vollzugsbehörden sowie Genehmigungs- und Aufsichtsbehörden aufgehoben. Anstelle von bisher 20 Behörden bestehen nunmehr nur noch 3 Behörden an 8 Standorten.

Reformgegenstand war auch die hessische Polizeiverwaltung. Die Neuorganisation der Polizeidezernate der Regierungspräsidien im Jahr 1997 bezweckte eine Entlastung von operativen Aufgaben und eine Konzentration der Regierungspräsidien auf die Dienst- und Fachaufsicht.[418] Zum 01.11.1997 wurde durch Landesgesetz das Hessische Polizeiverkehrsamt errichtet.[419] Diese obere Polizeibehörde integrierte das Hessische Wasserschutzpolizeiamt, die Fernmeldeleitstelle der hessischen Polizei, die Polizeiautobahnstationen der Regierungspräsidien und die Polizeihubschrauberstation des Regierungspräsidiums Darmstadt und bündelte damit die überregionale Aufgabenwahrnehmung auf den Bundesautobahnen und -wasserstraßen bei der Bekämpfung der Umweltdelikte und in Bezug auf den Transport gefährlicher Güter.
Diese organisatorische Lage wurde grundlegend durch die „Organisationsreform Polizei 2001“ verändert. Der Koalitionsvereinbarung von CDU und F.D.P. folgend, wonach ein Landespolizeipräsidium geschaffen und die Polizei aus der allgemeinen Verwaltung herausgelöst werden solle, steht seit 01.01.2001 ein Landespolizeipräsidium an der Spitze der äußeren Organisationsstruktur der hessischen Polizei. Ihm nachgeordnet sind 11 Polizeibehörden: 7 Polizeipräsidien, das Landeskriminalamt, das Bereitschaftspolizeipräsidium, 1 Präsidium für Polizeitechnik, Logistik und Verwaltung sowie die Polizeischule. Das hessische Polizeiverkehrsamt und das Polizeiverwaltungsamt wurden aufgelöst, ihre Aufgaben wurden teilweise von Bereichspräsidien bzw. anderen Behörden wahrgenommen.[420] Es wurde ein neues siebtes Polizeipräsidium für Osthessen mit Sitz in Fulda geschaffen. Die Bereitschaftspolizei erhielt mit der Eingliederung der Wasserschutzpolizei und der Polizeihubschrauberstation Egelsbach neue Aufgaben. Erstmals wurden die Bereiche Technik und Logistik landesweit in einer Behörde, dem Präsidium für Technik, Logistik und Verwaltung, gebündelt. Die Herauslösung der Polizei aus der allgemeinen inneren Verwaltung und damit den Regierungspräsidien hatte zur Folge, dass etwa 200 Polizeibeamte und Angestellte nunmehr den Flächenpräsidien zugeteilt wurden.

Organisatorische Veränderungen erfolgten auch im Bereich „Landwirtschaft, Forsten und Natur“. So wurden nach der Bündelung von Zuständigkeiten der bisherigen Ämter für Regionalentwicklung, Landschaftspflege und Landwirt-

---

[418] Hessisches Ministerium des Innern und für Landwirtschaft, Forsten und Naturschutz, a.a.O., S. 56

[419] Gesetz zur Errichtung des Hess, Polizeiverkehrsamtes vom 04.11.1997 (GVBl. I S. 379)

[420] Pressemitteilung des hessischen Innenministers Bouffier vom 31.03.2000

schaft sowie einzelner forsthoheitlicher Aufgaben auf der Ebene der staatlichen Landräte die verbleibenden 7 landwirtschaftlichen Sonderbehörden, die Aufgaben des Naturschutzes sowie im wesentlichen nicht hoheitliche Aufgaben des bisherigen Landesamtes für Regionalentwicklung und Landwirtschaft und der Ämter für Regionalentwicklung, Landschaftspflege und Landwirtschaft in einem neuen „Hessischen Dienstleistungszentrum für Landwirtschaft, Gartenbau und Naturschutz" als Fachanstalt mit Hauptsitz Kassel zusammengefasst.[421] Die hessische Landesanstalt für Umwelt und das hessische Landesamt für Bodenforschung wurden zusammengelegt,[422] wobei Aufgaben insbesondere im Bereich der Labortätigkeiten privatisiert werden sollen.[423]
Bei den Regierungspräsidien wurden gemeinsame Abteilungen für Landwirtschaft, Forsten und Naturschutz gebildet. Hierdurch wurde eine Konzentration hoheitlicher Aufgaben bei den Regierungspräsidien erreicht. Den erwerbswirtschaftlichen Besonderheiten der Forstverwaltung wurde durch die Einrichtung eines Landesbetriebs „Hessen-Forst" Rechnung getragen. Ihm wurden Aufgaben der Forstabteilung des Ministeriums für Umwelt, Landwirtschaft und Forsten und der Regierungspräsidien sowie der Hessischen Landesanstalt für Forstverwaltung, Waldforschung und Waldökologie ebenso wie die 85 Forstämter mit Nebenbetrieben, wie Maschinenbetriebe und die Aus- und Fortbildungsstätte Schotten zugeordnet.[424]
Das Weinbauamt mit Weinbauschule in Eltville wurde beim Regierungspräsidium in Darmstadt, die Dezernate „Markt und Ernährung" und „Pflanzenschutz" sowie weitere hoheitliche Aufgaben des Hessischen Landesamtes für Regionalentwicklung und Landwirtschaft wurden beim Regierungspräsidium in Gießen und die Oberen Fischereibehörden bei den drei Regierungspräsidien angesiedelt.[425]

Die Aufgabenverteilung im öffentlichen Vermessungswesen zwischen dem hessischen Landes- und Vermessungsamt und der Katasterverwaltung wurde durch eine Konzentration auf die hoheitlichen Aufgaben neu geregelt. Dabei wird eine weitgehende Privatisierung der Aufgaben angestrebt.[426]

Auf Grund des Beschlusses des Kabinettsausschusses „Verwaltungsreform" vom 08.12.2000 wurde das Landesamt für Versorgung und Soziales als eigen-

---

[421] Pressemitteilung der hessischen Staatskanzlei vom 25.02.2000

[422] Unterausschuss Allgemeine Verwaltungsorganisation des Arbeitskreises VI der Innenministerkonferenz „Staats- und Verwaltungsmodernisierung", S. 82

[423] Koalitionsvereinbarung zwischen CDU und F.D.P. vom 19.03.1999, S. 15

[424] Unterausschuss Allgemeine Verwaltungsorganisation des Arbeitskreises VI der Innenministerkonferenz „Staats- und Verwaltungsmodernisierung", S. 81

[425] Hessischer Minister für Bundes- und Europaangelegenheiten und Chef der Staatskanzlei: "Reform", S. 1 f.

[426] Koalitionsvereinbarung zwischen CDU und F.D.P. vom 19.03.1999, S. 15

ständige Landesmittelbehörde aufgelöst und mit den unverzichtbaren Kernaufgaben zum 31.12.2000 in das Regierungspräsidium Gießen eingegliedert. Auch die Hessische Arbeitsschutzverwaltung wurde als Sonderverwaltung aufgelöst und in die Regierungspräsidien integriert.[427]

Bezüglich der Regierungspräsidien zeigte die Koalitionsvereinbarung die Tendenz, diese deutlich zu verschlanken.[428] Nachdem die CDU ursprünglich beabsichtigt hatte, die Mittelinstanzen ganz abzuschaffen und deren Bündelungsfunktionen auf die kommunale Ebene zu verlagern, die F.D.P. dagegen für die Beibehaltung der Regierungspräsidien eintrat, weil sie sich im Prinzip bewährt hätten,[429] enthielt die Koalitionsvereinbarung damit einen typischen Koalitionskompromiss. Die dargestellten Detailmaßnahmen mit Auswirkungen für die Regierungspräsidien zeigen indes, dass neben einem partiellen Aufgabenabbau auch vielfältige Aufgabenzuwächse zu verzeichnen waren, die die Bedeutung der Regierungspräsidien für das Land Hessen deutlich machen.

## 5.5 Niedersachsen

### 5.5.1 Aktuelle Modernisierungsphase

Auslöser des aktuellen Modernisierungsprozesses waren ein Beschluss des Landeskabinetts vom 11.01.1994, dessen Bestätigung durch die Regierungserklärung von Ministerpräsident Gerhard Schröder vom 23.06.1994,[430] der die Verwaltungsreform zur zentralen Aufgabe der Legislaturperiode erklärte sowie Kabinettsbeschlüsse zum Start des Vorhabens Verwaltungsreform und ersten Projekten vom 12.07.1994. Die Regierung wählte von Anfang an einen betont praxisorientierten Ansatz. Statt zunächst ein Gesamtkonzept der Reform zu erarbeiten, setzte sie auf Einzelprojekte in den Ressorts, in denen verschiedene Lösungsansätze erprobt wurden. Inhaltliche Schwerpunkte der Reform sollen in folgenden Bereichen liegen: Flächendeckende Einführung neuer Steuerungsinstrumente, flächendeckende Personalentwicklung, Leistungsvergleiche und Qualitätsverbesserungen, Deregulierung, länderübergreifende Zusammenarbeit bei der Aufgabenerledigung, Aufgabenkritik und gesellschaftlicher Diskurs.

Für Organisation und Struktur der Landesverwaltung galt die Prämisse, diese den sich ändernden gesellschaftlichen Leistungsansprüchen im Sinne eines

---

[427] Unterausschuss Allgemeine Verwaltungsorganisation des Arbeitskreises VI der Innenministerkonferenz, a.a.O., S. 81

[428] Koalitionsvereinbarung zwischen CDU und F.D.P. vom 19.03.1999, S. 16

[429] FAZ vom 22.04.1999

[430] Schröder, „Regierungserklärung“, S. 31 ff.

„Schlanken Staates" anzupassen. Dabei sollen die Grundsätze der maximalen Aufgabenbündelung im Sinne ganzheitlicher Aufgabenwahrnehmung mit größeren Organisationseinheiten, der minimalen Organisation mit möglichst geringer Arbeitsteilung und Spezialisierung sowie wenig Instanzen, der Flexibilität, der optimalen Leitungsspanne und des Kongruenzprinzips durch Übereinstimmung von Aufgaben, Entscheidungskompetenz und Verantwortung Berücksichtigung finden. Am dreistufigen Verwaltungsaufbau soll grundsätzlich festgehalten werden, wenn auch im Interesse einer ökonomischen Aufgabenwahrnehmung oder besonderer organisatorischer Bedürfnisse auch ein zweistufiger Verwaltungsaufbau in Betracht kommen kann. Insgesamt soll eine Stärkung der allgemeinen Verwaltungsbehörden insbesondere auch durch Aufgabenverlagerung auf die Kommunen gegenüber den staatlichen Sonderbehörden erfolgen, soweit damit eine effektivere und kostengünstigere Aufgabenwahrnehmung verbunden ist.[431]

Für eines der zentralen Projekte der Verwaltungsreform hält die Landesregierung die Verschlankung der Ministerialverwaltung. Diese soll durch Aufgabenreduzierung in den Ministerien nach Überprüfung der Aufbauorganisation, durch Verlagerung der Aufgaben an nachgeordnete Behörden sowie den Abbau von Genehmigungsvorbehalten erfolgen.

Dem bedeutsamen Anliegen einer realistischen Aufgabenkritik wurde durch die Einsetzung einer besonderen „Arbeitsgruppe Aufgabenkritik" Rechnung getragen.[432] Bevor deren Vorschläge im Februar 1997 vorgelegt wurden,[433] hatten die beiden unabhängigen Mitglieder der Kommission ihre Mitarbeit aufgekündigt. Der Journalist und Verwaltungsfachmann Rieger und der Geschäftsführer des Niedersächsischen Landkreistages Schlebusch waren zu der Überzeugung gelangt, dass eine schonungslose Analyse und entsprechende radikale Vorschläge von der Landesregierung nicht erwünscht seien. Diese Einschätzung wurde durch die ablehnende Haltung von Ministerpräsident Schröder gegenüber konkreten Forderungen der Arbeitsgruppe an die Regierung bestätigt. Konkrete Anregungen wurden als Vorschläge für eine gesellschaftliche Diskussion relativiert.[434] Dieser Grundintention entsprechend wurden die Anregungen der Arbeitsgruppe Aufgabenkritik nur teilweise aufgegriffen.

In der Regierungserklärung vom März 1998 verkündete der damalige Ministerpräsident Schröder die Ausweitung der Verwaltungsreform zur „Staatsmodernisierung", die sein Nachfolger im Amt des Ministerpräsidenten, Glogowski, in

[431] Niedersächsisches Innenministerium, „Verwaltungsreform Niedersachsen", S. 32
[432] Schröder, „Aktiver Staat", S. 10
[433] Arbeitsgruppe Aufgabenkritik, „Vorschläge", Band I, S. 1 ff.
[434] Dietrich, Stefan, in: FAZ vom 15.02.97

einer Regierungserklärung im Oktober 1998 bekräftigte. Da Niedersachsen ein „aktivierender Staat“ sein soll, ein Staat, der auf Gegenseitigkeit setzt, soll es um mehr als um eine Reform bestehender Verwaltungsstrukturen gehen. Deshalb wurde der Begriff „Verwaltungsreform“ durch das Ziel „Staatsmodernisierung“ ersetzt. Im Vorhaben Staatsmodernisierung werden die bisherige Verwaltungsreform, die Aufgabenkritik und der gesellschaftliche Diskurs weitergeführt und konzentriert.[435] Ziel des Diskursprozesses soll es sein, Vorschläge von außen zur weiteren Modernisierung der Verwaltung zu sammeln und zu einem gesellschaftlichen Konsens zu kommen, wie die Verwaltung sich ändern muss, welche Aufgaben der Staat künftig erfüllen soll und welche Aufgaben privat übernommen werden.[436] Der Einstieg in eine Aufgabenreduzierung und die Neubestimmung der Schnittstelle zwischen Staat und Gesellschaft durch einen breit angelegten bürgerschaftlichen Diskurs stellt einen bundesweit einmaligen Ansatz dar.
Ministerpräsident Gabriel machte in seiner Regierungserklärung vom 15.12.1999 deutlich, dass die Staatsmodernisierung in Niedersachsen fortgesetzt wird und insofern eine Kontinuität mit den bisherigen Landesregierungen besteht.[437]

### 5.5.2 Steuerung des Reformprozesses

Zentrales Entscheidungsgremium unterhalb der Kabinettsebene war zunächst ein Kabinettsausschuss aus Innenministerium, Finanzministerium und Staatskanzlei, dem als beratendes Gremium ein Sachverständigenrat aus externen Fachleuten aus Wirtschaft, Wissenschaft, Medien und Verwaltungspraxis zur Seite stand. Dieser Rat stellte seine Arbeit Anfang 1997 nach Meinungsverschiedenheiten ein.[438] Anlass dafür war die von den Mitgliedern des Rates getroffene Feststellung, es fehle an Unterstützung der Ressortminister für eine grundlegende Durchforstung staatlicher Aufgaben. Insbesondere werde die notwendige Geschlossenheit und Entschlossenheit zur Durchsetzung der Verwaltungsreform vermisst. Als besonders hinderlich erwiesen sich zunehmend Fraktionsarbeitskreise, die häufig ihre Ressorts intensiver verteidigten als die Ressorts selbst.[439]

Die Entscheidungen des Kabinettsausschusses wurden von einem Staatssekretärsausschuss aus Innenministerium, Finanzministerium und Staatskanzlei vor-

---

[435] Niedersächsische Staatskanzlei, „Staatsmodernisierung“, S. 3
[436] Niedersächsische Landesregierung, „Landesverwaltung“, S. 30
[437] Niedersächsisches Innenministerium, „Reform in Niedersachsen“, S. 1
[438] Niedersächsische Landesregierung, a.a.O., S. 11
[439] FAZ vom 14. März 1996, S. 4 und vom 27. März 1996, S. 6

bereitet, dem beratend ein Regierungspräsident, die Kommunalen Spitzenverbände sowie die Gewerkschaften DAG, DBB und DGB/ÖTV angehörten. Begleitung, Koordination und Controlling einzelner Projekte sowie das zentrale Management lagen bei der Geschäftsstelle Verwaltungsreform im Innenministerium, die über den Arbeitskreis der Reformbeauftragten mit allen Ressorts verbunden war.
Die Gesamtsteuerung des Modernisierungsprozesses wurde im Jahr 1999 einem vom Ministerpräsidenten berufenen „Beauftragten für Staatsmodernisierung" übertragen, der mit seinem 10-köpfigen Team zur Staatskanzlei gehört.[440]

Die Neustrukturierung des Reformprozesses zum 01.01.2001 hatte zur Folge, dass die Zuständigkeit für die Verwaltungsreform im Innenministerium zusammengeführt wurde. Ausgenommen davon waren die betriebswirtschaftlichen und haushaltsrechtlichen Bestandteile der neuen Steuerungsmodelle, für die das Finanzministerium weiterhin federführend bleibt. Bei dem Beauftragten für Staatsmodernisierung in der Staatskanzlei sind unverändert die Lenkungsaufgaben für den Gesamtprozess (Formulierung der Ziele der Staatsmodernisierung, Steuerung des Gesamtprozesses, Koordinierung der mit der Verwaltungsreform zusammenhängenden Aufgaben und die Umsetzung des Gender-mainstriaming-Ansatzes im Reformprozess) verblieben.[441] Darüber hinaus wurden ein Steuerkreis Verwaltungsreform mit den Gewerkschaften und dem Beamtenbund und je ein Arbeitskreis Land/Kommunen sowie Wirtschaft eingerichtet.[442]

Der Landtag begleitete den Reformprozess bis März 1998 durch den Unterausschuss Verwaltungsreform des Innenausschusses. Der gestiegenen Bedeutung der Verwaltungsmodernisierung entsprechend wurde zu Beginn der neuen Legislaturperiode am 30.03.1998 ein selbständiger Landtagsausschuss für Verwaltungsreform und öffentliches Dienstrecht eingerichtet.

### 5.5.3 Strukturreformen

Nachdem das Kabinett Richtlinien zur Unterscheidung zwischen ministeriellen und nichtministeriellen Aufgaben erlassen hatte, erfolgte ab 1995 in den Ministerien eine Aufgabenreduzierung. Neben dem ersatzlosen Wegfall von Aufgaben wurden nichtministerielle Tätigkeiten auf die mittlere staatliche Verwal-

[440] Niedersächsische Staatskanzlei, „Meilensteine", S. 3
[441] Unterausschuss Allgemeine Verwaltungsorganisation des Arbeitskreises VI der Innenministerkonferenz „Staats- und Verwaltungsmodernisierung", S. 106
[442] Niedersächsisches Innenministerium, „Reform in Niedersachsen", S. 7

tungsebene übertragen. Dadurch wurden die Ministerien von etwa 3.000 Beschäftigten auf ca. 2.500 reduziert.[443]
Im Zuge der Verwaltungsreform wurde die Auflösung von 150 Behörden beschlossen und inzwischen weitgehend vollzogen. 56 davon wurden in Außenstellen der Bezirksregierungen in Braunschweig, Hannover, Lüneburg und Weser-Ems umgewandelt.[444] Von der Auflösung war am 01. Januar 1998 auch das Landesverwaltungsamt betroffen, das für die Landesvermessung, die Denkmalpflege und für die Beamtenbesoldung und -versorgung zuständig und die personalstärkste niedersächsische Behörde war. Die einzelnen Abteilungen dieses Amtes wurden zum Teil in Landesbetriebe, wie den Landesbetrieb Landesvermessung und Geobasisinformation Niedersachsen und den Landesbetrieb Informatikzentrum Niedersachsen, umgewandelt, zum Teil anderen Behörden, wie dem Landesamt für Denkmalpflege, zugeschlagen oder in ein neues Landesamt für Bezüge und Versorgung überführt.[445] In diesem neuen Landesamt wurden über 30 Dienststellen, die bisher mit der Bezügeberechnung befasst waren, zusammengefasst.[446]

Den Behördenauflösungen steht die Gründung von insgesamt 12 neuen Landesbetrieben seit 1995 gegenüber. Damit erhöht sich die Zahl der selbständigen Landesbetriebe auf insgesamt 30. Verschiedene Verwaltungsbereiche, z.B. die Straßenbau-, die Kataster- und die Sozialverwaltung, wurden neu strukturiert. So wurde das Landesamt für Straßenbau insgesamt neu organisiert.[447] Im Bereich der Sozialverwaltung wurden die mittel- und oberbehördlichen Aufgaben im Landesamt für Zentrale soziale Aufgaben in Hildesheim zusammengefasst, Versorgungsämter und Außenstellen dafür geschlossen.[448] Grundlegend neu organisiert wurde auch die Landesforstverwaltung. Nach der Zusammenfassung von Leitungsaufgaben im Ministerium wurde ein zweistufiger Verwaltungsaufbau für den Forstbetrieb sowie ein dreistufiger Verwaltungsaufbau für allgemeine Wald-, Forst- und Jagdangelegenheiten beschlossen und zum Teil bereits realisiert.[449]

Von den strukturellen Änderungen waren in besonderer Weise die vier Bezirksregierungen betroffen. Nachdem sich die Landesregierung im Kabinettsbeschluss vom 07.02.1995 ausdrücklich für den Bestand der Bezirksregierungen ausgesprochen hatte und dabei bekräftigte, dass in einem Flächenland wie Nie-

---

443 Niedersächsisches Innenministerium, a.a.O., S. 4
444 Niedersächsische Landesregierung, „Landesverwaltung“, S. 19
445 Niedersächsische Landesregierung, a.a.O., S. 19
446 Bürsch/Müller, „Verwaltungsreformen“, S. 57
447 Niedersächsisches Innenministerium, „Projekte“, S. 41
448 Niedersächsisches Innenministerium, a.a.O., S. 30
449 Niedersächsisches Innenministerium, a.a.O., S. 46

dersachsen die Bezirksregierungen durch keine bessere Einrichtung ersetzt werden könnten, wurde die Zielrichtung einer Modernisierung der Bezirksregierungen in einem vom Kabinett am 29.04.1997 beschlossenen Strategiepapier des niedersächsischen Innenministeriums definiert.[450] Eine Zwischenbilanz zum Strategiepapier zeigt folgende strukturellen Veränderungen: Die 49 Schulaufsichtsämter mit 9 Außenstellen sind zum 01.02.1997 aufgelöst worden. Sie sind bei gleichzeitiger Verlagerung ihrer Aufgaben auf die Bezirksregierungen Außenstellen der Bezirksregierungen geworden. Zwischenzeitlich ist eine erhebliche Verringerung der Standorte der Schulbehörden erfolgt, die Anzahl der Außenstellen wurde auf 24 reduziert.[451] In den Außenstellen werden nur noch schulfachliche Aufgaben erledigt; alle Verwaltungsaufgaben werden von den Bezirksregierungen in der „Zentrale" wahrgenommen.
Zum 01.01.1998 sind die 11 staatlichen Ämter für Wasser und Abfall aufgelöst worden. Die von ihnen bis dahin wahrgenommenen abfallwirtschaftlichen Aufgaben sind auf die staatlichen Gewerbeaufsichtsämter übergegangen. Wasserwirtschaftliche Aufgaben im Bereich Grundwasserschutz, Wasserversorgung, Gewässerschutz, Abwassertechnik und Gewässerausbau sind dagegen auf die Bezirksregierungen übertragen worden. Mit der Auflösung der staatlichen Ämter für Wasser und Abfall sind 9 Außenstellen der Bezirksregierungen an den ehemaligen Amtsstandorten zur Wahrnehmung wasserwirtschaftlicher Aufgaben gebildet worden.[452] Die Besoldungsdezernate der Bezirksregierungen wurden zum 01.01.1998 aufgelöst und in das neu gegründete Landesamt für Bezüge und Versorgung integriert. Zum 01.07.1999 ist das niedersächsische Landesjugendamt als eigenständige Behörde aufgelöst und in die Bezirksregierung Hannover eingegliedert worden, die die Aufgaben des Landesjugendamtes nunmehr als Vorortaufgabe landesweit wahrnimmt. Mit der Bildung eines Gemeindeverbandes „Region Hannover" werden Aufgaben der Bezirksregierung Hannover aus den Bereichen Landesplanung, Naturschutz, Wasserwirtschaft und Baurecht auf diesen übertragen.[453]
Zum 01.02.1998 wurden die insgesamt 8 Vorprüfungsstellen, wovon 4 bei den Bezirksregierungen bestanden, aufgelöst. Ihre Aufgaben sind auf die zu diesem Zeitpunkt gebildeten 5 Staatlichen Rechnungsprüfungsämter, die der Dienst- und Fachaufsicht des Niedersächsischen Landesrechnungshofes unterstehen, verlagert worden.[454]

Mit den genannten Organisationsmaßnahmen war auch die Reduzierung erstinstanzlicher Aufgaben der Bezirksregierungen oder deren Verlagerung auf

---

[450] Niedersächsisches Innenministerium, „Strategiepapier", S. 1 ff.
[451] Lasius, „Neuorganisation", S. 26
[452] Niedersächsisches Innenministerium, „Reform in Niedersachsen", S. 5
[453] Niedersächsisches Innenministerium, a.a.O., S. 6
[454] Lasius a.a.O., S. 27

Kommunen bzw. staatliche Behörden der Ortsstufe verbunden. In dieser Reduzierung oder Verlagerung erstinstanzlicher Aufgaben bei den Bezirksregierungen wird eine Daueraufgabe gesehen.

Ein neuer Akzent für die Bezirksregierungen wurde durch das Konzept zur Einführung eines Regionalmanagements gesetzt, dem die Landesregierung am 30.01.2001 zustimmte. Ziel ist die Einrichtung eines aktiven Managements bei den Bezirksregierungen für die Regionen, das aus der Mittelinstanz heraus die regionale Entwicklung wirkungsvoll verstärkt. Diesbezüglich werden seit Juli 2001 bei den 4 Bezirksregierungen in landesweit Prüfprojekten erste konkrete Erfahrungen gesammelt.[455]

Auch die Binnenorganisation der Bezirksregierungen ist Gegenstand der Modernisierung. So wurde die Aufbauorganisation dadurch verschlankt, dass die Dezernate der Bezirksregierungen zu insgesamt 4 Abteilungen zusammengefasst wurden.[456]

## 5.6 Nordrhein-Westfalen

### 5.6.1 Aktuelle Modernisierungsphase

Am 05. November 1987 legte die vom Hauptausschuss des Landtags eingesetzte Reformkommission ihren Bericht „Effizienzsteigerung der Landesverwaltung“ vor und löste damit die aktuelle Phase der Verwaltungsreform in Nordrhein-Westfalen aus.[457] Zu den Vorschlägen dieser sog. Burger-Kommission im Bereich Verwaltungsorganisation gehörte u.a. die Empfehlung, von den obersten Landesbehörden nur die originären Aufgaben der Leitung, Steuerung und Kontrolle der nachgeordneten Behörden wahrnehmen zu lassen. Eine von der Landesregierung eingesetzte Projektgruppe untersuchte in 7 obersten Landesbehörden insgesamt über 3.000 Teilaufgaben daraufhin, ob sie an untere Verwaltungseinheiten delegiert werden oder völlig entfallen können. Die Projektgruppe unterbreitete der Regierung eine Reihe von Vorschlägen zur Entlastung der Ministerialebene, die in der Folgezeit allerdings nur in begrenztem Umfang realisiert wurden.[458]
Breiten Raum nahm im Bericht der Reformkommission der Komplex „Aufgabenkritik“ ein, da in einer dauerhaft institutionalisierten Aufgabenkritik eine

---

[455] Unterausschuss Allgemeine Verwaltungsorganisation des Arbeitskreises VI der Innenministerkonferenz „Staats- und Verwaltungsmodernisierung“, S. 111 ff.
[456] Niedersächsisches Innenministerium, „Reform in Niedersachsen“, S. 6
[457] Landtags-Drucksache 10/1292
[458] Bürsch/Müller, „Verwaltungsreformen“, S. 61

wesentliche Voraussetzung für effektiven Personaleinsatz und damit auch für eine effiziente Verwaltung gesehen wurde. Die Landesregierung machte sich diese Betrachtungsweise zu eigen und setzte 1989 einen Arbeitsstab Aufgabenkritik beim Finanzministerium ein, der mit der umfassenden Überprüfung der Organisation der Landesverwaltung beauftragt wurde. Zwischenzeitlich wurden auf dessen Initiative 88 Organisationsgutachten quer durch die gesamte Landesverwaltung erstellt.[459]
In der Koalitionsvereinbarung vom 01. Juli 1995 bekundete die Koalition aus SPD und BÜNDNIS 90/DIE GRÜNEN, dass sie das bis dahin verfolgte Reformkonzept mit den Organisationsuntersuchungen als wesentliche Grundlage fortsetzen wolle. Die weitere Reorganisation und die Verbesserung der Effektivität und Effizienz der Landesverwaltung gehöre zu den herausragenden politischen Zielen in der neuen Legislaturperiode.[460] Zur organisatorischen Grundstruktur der Landesverwaltung wurde vereinbart, den dreistufigen Verwaltungsaufbau mit einer staatlichen Mittelinstanz als Bündelungsbehörde beizubehalten. Sonderbehörden sollten nicht mehr errichtet werden. Zu prüfen sei, ob vorhandene Sonderbehörden zusammengefasst oder den Bezirksregierungen angegliedert werden können.[461]

Nach dem Wechsel im Amt des Ministerpräsidenten im Mai 1998 wurde auch durch den neuen Ministerpräsidenten Clement die besondere Bedeutung der Verwaltungsreform für Nordrhein-Westfalen hervorgehoben. So kündigte er in seiner Regierungserklärung vom 17. Juni 1998 eine umfassende Reform von Regierung und Verwaltung an, der erste Schritt war die Verkleinerung des Kabinetts von 12 auf 8 Ministerien,[462] wobei zwischenzeitlich wieder die Zahl von 10 Ressorts erreicht ist.[463] Dieser politischen Prioritätensetzung lag die Erkenntnis zugrunde, dass der bis dahin erwirtschaftete Modernisierungsmehrwert aus zehn Jahren Verwaltungsreform auch in Nordrhein-Westfalen die allseits formulierten Erwartungen noch nicht erfüllt hatte.[464] Der für die Verwaltungsreform zuständige Innenminister Behrens konkretisierte die Zielsetzungen zur Modernisierung der Landesverwaltung durch die Nennung folgender Handlungsfelder: Konsequente Aufgabenkritik und Vorschriftenüberprüfung, Binnenmodernisierung der Behörden, Optimierung des Verwaltungsaufbaues und der Behördenstrukturen und Unterstützung der Kommunen in ihren Reformbe-

---

[459] Behrens, „Verwaltungsmodernisierung“, S. 7
[460] Landesregierung Nordrhein-Westfalen, „Zukunftsfähige Verwaltung“, S. 18 f.
[461] Landesregierung Nordrhein-Westfalen , a.a.O.
[462] Clement, „Leitbild“, S. 8
[463] U.a. eine Folge der Entscheidung des nordrhein-westfälischen Verfassungsgerichtsbeschlusses betreffend die Zusammenlegung von Innen- und Justizressort
[464] Behrens, a.a.O., S. 5

mühungen.[465] Mit seinem „Eckwertepapier“ wurden die bisherigen Ergebnisse des Arbeitsstabes Aufgabenkritik und der ressorteigenen Verwaltungsreformprojekte aufgegriffen, die einzelnen Reformfelder sollten zu einer Gesamtheit zusammengefügt sowie zeitlich und inhaltlich vernetzt werden.[466] Die Umsetzung erfolgte vor allem durch die zwei Gesetze zur Modernisierung von Regierung und Verwaltung in Nordrhein-Westfalen in den Jahren 1999 und 2000.[467]

### 5.6.2 Steuerung des Reformprozesses

Bis 1995 erfolgte die Steuerung des Verwaltungsmodernisierung ausschließlich über Beschlüsse des Kabinetts bzw. der Staatssekretärskonferenz und durch Entscheidungen der Ressorts für ihren Geschäftsbereich.[468] Eine zentrale, ressortübergreifende Steuerung der Reformen institutionalisierte das Kabinett Ende 1995 mit der „Steuerungsgruppe Verwaltungsreform“, eine Staatssekretärskonferenz unter Leitung des Staatssekretärs des Innenministeriums mit Arbeitsebene und Geschäftsstelle. Diese beschäftigt sich mit übergreifenden strukturellen Fragen, u.a. mit dem Ausbau der Beteiligungsrechte der Beschäftigten, der Optimierung des Personalmanagements, der Verbesserung der Verwaltungsstrukturen, der Vollzugskritik und der Einführung neuer Steuerungsmodelle.[469]
Aus dem zur Begleitung der beiden Modernisierungsgesetze eingerichteten „Arbeitsstab Verwaltungsmodernisierung“ ging inzwischen eine neu orientierte Arbeitseinheit „Prozessmanagement Verwaltungsmodernisierung“ (PVM) hervor, die als Clearingstelle den weiteren internen Modernisierungsprozess in der Landesverwaltung unterstützt. Sie wird begleitet von einer „Kontaktgruppe“ unter Leitung des Staatssekretärs des Innenministeriums, um Verbindung zu den Gewerkschaften und den Interessenverbänden zu halten.[470]
Der Landtag begleitet den Reformprozess seit Januar 1993 mit dem Ausschuss für Innere Verwaltung und Verwaltungsstrukturreform.

### 5.6.3 Strukturreformen

Der Arbeitsstab Aufgabenkritik hat systematisch den Sachverstand privater Beratungsunternehmen für die Optimierung der Erledigung öffentlicher Aufgaben

[465] FAZ vom 12.11.1998, S. 3
[466] Behrens, „Verwaltungsmodernisierung“, S. 9 f.
[467] GV.NRW. 1999, S. 386,
GV.NRW. 2000, S. 462
Zur Situation nach dem 1. und 2. Modernisierungsgesetz vgl. generell Burgi, „Verwaltungs-Organisation“, S. 1 ff.
[468] Konzendorf, „Verwaltungsmodernisierung“, S. 39
[469] Bürsch/Müller, „Verwaltungsreformen“, S. 62
[470] Innenministerium Nordrhein-Westfalen, „Bericht“, S. 13

eingesetzt. Auf der Grundlage der Organisationsuntersuchungen haben Landtag und Landesregierung große Verwaltungsbereiche mit erheblichen Auswirkungen auf die betroffenen Beschäftigten und Standorte neu geordnet. Das vom Landtag am 19.12.1993 verabschiedete Erste Gesetz zur Verwaltungsstrukturreform enthielt im Wesentlichen eine Neuordnung von Behördenstrukturen in den Bereichen des technischen Umweltschutzes, des Arbeitsschutzes, indirekt auch des „grünen" Umweltschutzes und schließlich der staatlichen Bauverwaltung.[471] Im technischen Umweltschutz wurden die Aufgaben des Landesamtes für Wasser und Abfall, der Landesanstalt für Immissionsschutz, der für Bodenschutz zuständigen Abteilung der Landesanstalt für Ökologie, Landschaftsentwicklung und Forstplanung, des Bodenschutzzentrums und des Fachinformationszentrums für gefährliche und umweltrelevante Stoffe in einem neuen Landesumweltamt zusammengefasst. Die beiden staatlichen Gewerbeärzte und die Zentrale Stelle für Sicherheitstechnik, Strahlenschutz und Kerntechnik gingen in der Landesanstalt für Arbeitsschutz auf. Die Landesanstalt für Ökologie, Landschaftsentwicklung und Forstplanung, die Landesanstalt für Forstwirtschaft, die Landesanstalt für Fischerei sowie die Forschungsstelle für Jagdkunde und Wildschadenverhütung wurden zu einer neuen Landesanstalt für Ökologie, Bodenordnung und Forsten zusammengeführt. Das Landesamt für Agrarordnung wurde organisatorisch mit dieser Anstalt verbunden.[472]

Ein verwaltungspolitisches Dauerthema in Nordrhein-Westfalen ist seit vielen Jahren die Frage nach der Struktur der mittleren Verwaltungsebene. Das Verhältnis der Bezirksregierungen als Bündelungsbehörden zu den Landschaftsverbänden Rheinland und Westfalen-Lippe sowie zum Kommunalverband Ruhrgebiet als höheren Kommunalverbänden gehört zu den landesspezifischen Besonderheiten der Verwaltungsstruktur.[473] Umfangreiche Vorschläge für Organisationsvereinfachungen in der Zwischenebene enthielt das Gutachten von Ellwein aus dem Jahr 1993 zur „Neuordnung der staatlichen und kommunalen Arbeitsebene zwischen der Landesregierung und den Städten und Kreisen des Landes Nordrhein-Westfalen".[474] Während Ellwein von einer Auflösung der Landschaftsverbände abriet[475], wurde immerhin ein Verzicht auf die Bezirksregierungen diskutiert.[476] Vehement für die Beibehaltung der Bezirksregierungen trat die Beratungsfirma Zündel & Partner in dem sog. „Zweiten Arnsberg-Gutachten"[477] ein.

---

[471] Erstes Verwaltungsstrukturreformgesetz vom 19.12.1993, GVBl. Nr. 80, S. 987 ff.
[472] Vgl. zum Ganzen Miller, „Vorstudien", S. 431 ff.
[473] Kniola, „Steuerung", S. 10
[474] Ellwein, „Neuordnung", S. 1 ff.
[475] Ellwein „Neuordnung", S. 196 ff.
[476] Ellwein, a.a.O., S. 188 ff.
[477] Zündel & Partner Unternehmensberatung GmbH, „Organisation", S. 1 ff.

Im Januar 1999 unternahm die Landesregierung den Versuch einer grundlegenden Neuordnung mit der Überlegung, die Aufgaben der Landesober- und Landesmittelbehörden mit den überörtlichen kommunalen Aufgaben in sog. „Regionalen Dienstleistungszentren“ zusammenzuführen. So hatte sich das Kabinett darauf verständigt, regionale Dienstleistungszentren an die Stelle der Bezirksregierungen, der Landschaftsverbände und des Kommunalverbandes Ruhr treten zu lassen. In diesen Dienstleistungszentren sollten darüber hinaus möglichst alle Sonderbehörden der Landesverwaltung konzentriert werden.[478] Der Widerstand gegen dieses Integrationsmodell war so stark, dass die Landesregierung ihr Vorhaben im Mai 1999 wieder aufgab.[479] Nunmehr lautet der Kurs „strikte Trennung von staatlichen und kommunalen Behörden, Beseitigung von Schnittstellen und Konzentration auf den staatlichen Bereich“.[480] Dieser Linie folgend hat der Landtag mit dem am 09.06.1999 verabschiedeten Ersten Gesetz zur Modernisierung von Regierung und Verwaltung die Voraussetzungen für die Stärkung der kommunalen Selbstverwaltung und die Beschleunigung von Verwaltungsverfahren geschaffen.[481]

Mit dem am 13.04.2000 vom Landtag beschlossenen Zweiten Gesetz zur Modernisierung von Regierung und Verwaltung[482] wurde die Verwaltung auf allen drei Ebenen neu geordnet.[483] Die wichtigsten Punkte dieses Reformvorhabens waren

- die Neuordnung der Landesoberbehörden,
- die Bündelung von staatlichen Sonderverwaltungen in der staatlichen Mittelebene,
- die Verlagerung von Aufgaben aus dem staatlichen in den kommunalen und aus dem kommunalen in den staatlichen Bereich sowie schließlich
- die Organisation einer Nachfolge für den Kommunalverband Ruhrgebiet und die internationale Bauausstellung Emscher Park.

Von den ehemals 14 Landesoberbehörden blieben danach lediglich 5 bestehen: das Landeskriminalamt, das Landesamt für Besoldung und Versorgung, das Landesumweltamt, das Rechenzentrum der Finanzverwaltung sowie das neu strukturierte Landesamt für Ökologie, Bodenordnung, Forsten, Ernährungswirtschaft und Landesentwicklung. 40 Behörden mit rd. 5.000 Stellen wurden zu

---

[478] Winkel, „Reform“, S. 6 ff.

[479] Vgl. nur Teppe, Karl, in: FAZ vom 08.04.99, S. 11 und Hoffmann, Wolfgang, in: Die Zeit vom 15.04.99, S. 28

[480] Winkel, a.a.O., S. 8

[481] Clement, „Leitbild“, S. 9

[482] GV. NRW. 2000, S. 562, das Gesetz ist in seinen wesentlichen Teilen am 01.01.2001 in Kraft getreten.

[483] Vgl. dazu generell Behrens, „Verwaltungsreform“, S. 5 ff.

Landesbetrieben umgewandelt bzw. werden zukünftig nach betriebswirtschaftlichen Grundsätzen geführt. Betroffen davon sind das Landesvermessungsamt, das Landesamt für Datenverarbeitung und Statistik, die Eichverwaltung und die Bauverwaltung.

Sechs Landesoberbehörden mit ihren insgesamt 25 nachgeordneten Dienststellen und 3 Seemannsämter wurden in die bestehenden 5 Bezirksregierungen in Arnsberg, Detmold, Düsseldorf, Köln und Münster integriert. Betroffen davon sind u.a. das Landesoberbergamt, das Landesversicherungsamt, das Geologische Landesamt, das Landesamt für Ausbildungsförderung, das Landesversorgungsamt und das Landesamt für Agrarordnung. Vor allem auf der mittleren Verwaltungsebene sollte dadurch der Aspekt der Konzentration verwirklicht werden. Da diese Konzentration jedoch nicht dazu führen durfte, dass die einzelnen Ressorts ihrer politischen Verantwortung nicht mehr gerecht werden können, wurden Dezernate, die Aufgaben aus dem Geschäftsbereich eines Ministeriums wahrnehmen, in ressortorientierten Abteilungen zusammengefasst.
Von diesen Umwandlungsprozessen waren mehr als 70 bisher selbständige Behörden mit über 10.000 Beschäftigten betroffen.[484] Auch der Bereich der Straßenbauverwaltung ging vollständig von den Landschaftsverbänden auf staatliche Verwaltung über. Dabei wurden die Bezirksregierungen überwiegend für die Gesamtverkehrsplanung zuständig. Die operativen Aufgaben des Straßenbaus gingen auf den Landesbetrieb „Straßenbau NRW“ über.[485] Damit wurde der mit der Verwaltungsneuordnung bezweckten klaren Trennung von staatlichen und kommunalen Aufgaben Rechnung getragen. Die Zentralisierung der gesamten Straßenbauverwaltung bei den staatlichen Regionaldirektionen in Köln und Münster folgte dem überwiegend großräumigen Charakter der Planung und des zu verwaltenden Straßennetzes.[486] Solche Vor-Ort-Zuständigkeiten einzelner Regionaldirektionen sogar für das ganze Land bestehen auch für Aufgaben der Berg-, der Agrarordnungs- und der Versorgungsverwaltung.

In staatlichen Aufgabenbereichen mit unmittelbaren regionalen Auswirkungen, an denen ein nachvollziehbares kommunales Interesse besteht, erfolgte eine verbesserte demokratische Teilhabe an und Einflussnahme der Kommunen auf staatliche Entscheidungen. So wurden den Bezirksregierungen regionale Räte zugeordnet, deren Mitglieder von den kommunalen Vertretungen entsandt werden. Sie treten an die Stelle der bisherigen Bezirksplanungsräte, wurden aber in ihrer Rechtsstellung deutlich gestärkt. Neben den Aufgaben der Regionalplanung erhielten sie weitgehende Mitwirkungsrechte an regional bedeutsamen

[484] Innenministerium Nordrhein-Westfalen, „Verwaltung“, S. 11
[485] Innenministerium Nordrhein-Westfalen, „Bericht“, S. 10
[486] Behrens, „Verwaltungsmodernisierung“, S. 13

Planungen, im Bereich der regionalisierten Strukturpolitik und der Verkehrsinfrastrukturplanung.[487]

Nach der Veränderung der äußeren Verwaltungsstruktur durch die beiden Modernisierungsgesetze liegt nach dem Koalitionsvertrag für die laufende 13. Legislaturperiode der Schwerpunkt des Modernisierungsprozesses auf der Binnenmodernisierung der Verwaltung.[488] Als Aufgabe der „Inneren Verwaltungsreform" steht dabei im Vordergrund, die Angehörigen der öffentlichen Verwaltung auf dem Weg vom obrigkeitsstaatlichen Aufseher zum Dienstleister zu unterstützen. Für die neuen Handlungsfelder stehen beispielsweise die Begriffe „Selbstverständnis", „Leitbild", „Kundenorientierung" und „Verwaltungskultur".[489]

## 5.7 Sachsen

### 5.7.1 Aktuelle Modernisierungsphase

Für eine Verwaltungsreform nach dem Vorbild westlicher Bundesländer war in Sachsen in den Anfangsjahren nach 1990 weder Zeit noch Gelegenheit; im Mittelpunkt stand vielmehr die Herstellung der Funktionsfähigkeit der Verwaltung.[490] Dem entsprechend wurde der im Jahre 1993 einsetzende Reformprozess nicht als Weg zum Umbau oder zur erneuten grundlegenden Umstrukturierung des öffentlichen Bereiches, sondern vielmehr als die Fortführung des begonnenen Neuaufbaus verstanden.[491]
Ausgangspunkt der Reformaktivitäten war der Kabinettsbeschluss vom 26.01.1993, alle Bereiche der Staatsregierung einer kritischen Aufgaben- und Organisationsanalyse zu unterziehen. Die ausschließlich externen Organisationsuntersuchungen waren auf die Bereiche Aufgabenbestand, Aufbauorganisation, Ablauforganisation und Personalwirtschaft konzentriert.[492] Da Artikel 83 Abs. 1 und Artikel 85 Abs. 1 der Sächsischen Verfassung den Subsidiaritätsgrundsatz innerhalb der öffentlichen Verwaltung und zu Gunsten der Träger der

---

487 Clement, „Leitbild", S. 10; Winkel, „Mittelebene", S. 37
Eine kritische Würdigung der Strukturreformen erfolgte durch den Landkreistag NRW, vgl. dazu Schink, „Modernisierung", S. 19

488 Unterausschuss Allgemeine Verwaltungsorganisation des Arbeitskreises VI der Innenministerkonferenz „Staats- und Verwaltungsmodernisierung", S. 122

489 Innenministerium Nordrhein-Westfalen, „Bericht", S. 13

490 Konzendorf, „Verwaltungsmodernisierung", S. 49

491 Hardrath, „Sachsen", S. 6

492 Vgl. etwa Kienbaum Unternehmensberatung GmbH, „Sächsisches Staatsministerium des Innern, S. 1 ff.

Selbstverwaltung normieren, legte die Staatsregierung am 25.08.1993 zusätzlich ein Privatisierungskonzept vor. Darin wurde das Ziel definiert, staatliche Aufgaben auf das absolut notwendige Maß zu reduzieren und geeignete Aufgaben und Dienstleistungen zu privatisieren.[493] Dabei soll der Privatisierung dann der Vorzug gegeben werden, wenn dies für die öffentliche Hand nicht zu Mehrausgaben führt, Versorgungssicherheit gewährleistet ist, Monopolbildung vermieden wird und der Bürger die Leistung weiterhin gegen ein sozialverträgliches Entgelt in Anspruch nehmen kann.[494] Auch sogenannte „Kernstaatliche Aufgaben" - beispielsweise bei der Polizei - sollen dabei nicht von vorneherein ausgenommen werden.[495]
Für Aufgaben, die weder aus dem öffentlichen Bereich gänzlich wegfallen noch einer Privatisierung zugeführt werden, soll das Prinzip der Neuzuordnung auf die für eine zweckentsprechende Erledigung geeignete Verwaltungsebene und die Schaffung effizienter Verfahrensstränge gelten. Hierbei gilt ein Vorrang der Kommunalisierung, wenn die Aufgabe bürger- und ortsnah erfüllt werden soll und kann, Interessenkonflikte vermeidbar sind und eine effektive Wahrnehmung der Aufgabe durch die Leistungsverwaltung der kommunalen Ebene gewährleistet ist.[496]

Zur Struktur der staatlichen Verwaltung in Sachsen insgesamt wurde durch den sächsischen Innenminister die Beibehaltung der Dreistufigkeit hervorgehoben. Dabei sollen jedoch die in den Ministerien wahrgenommenen Vollzugsaufgaben auf die Regierungspräsidien oder Landratsämter übertragen werden.[497] Die gegen die erheblichen Widerstände der Landkreise installierten Regierungspräsidien in Chemnitz, Dresden und Leipzig sollen als Bündelungsbehörden gestärkt werden.[498] Als Mittelstufe der staatlichen Verwaltung sollen sie in erster Linie Aufsichtsfunktionen sowie zweitinstanzliche Aufgaben und Aufgaben überörtlichen Charakters wahrnehmen. Darüber hinaus sollen Sonderbehörden weitestgehend in die Regierungspräsidien eingegliedert werden.[499]

### 5.7.2 Steuerung des Reformprozesses

Die erste organisatorische Konsequenz der Grundentscheidung, die Verwaltung zu reformieren, stellte die im Sommer 1993 durch Ministerpräsident Biedenkopf

---

[493] Hegele, „Privatisierung", S. 208
[494] Hardrath, „a.a.O., S. 10
[495] FAZ vom 18.11.1999
[496] Hardrath, a.a.O.,S. 11
[497] Hardrath, „Sachsen", S. 10
[498] In diesem Sinne auch Noltze/Jaeckel, „Regierungspräsidien", S. 19
[499] Vgl. dazu auch Siedentopf, „Funktionalreform", S. 215

gebildete Privatisierungskommission dar. Deren Aufgabe unter Leitung der Staatskanzlei war es, das Potential von öffentlichen Leistungen aufzulisten, die für eine Privatisierung in Frage kämen. Die Kommission legte dem Kabinett am 19.12.1995 einen Privatisierungsbericht sowie am 21.05.1996 einen Zwischenbericht vor.[500]

Im Frühjahr 1996 wurde im sächsischen Staatsministerium des Innern die Stabsstelle für Verwaltungsreform etabliert. Bei der Stabsstelle wurden mehrere Projektgruppen eingerichtet, u.a. für die Aufgabenfelder Kommunalreform, Aus- und Fortbildung sowie Personal. Von besonderer Bedeutung waren die Projektgruppen für die Themenfelder „Funktionalreform“ und „Organisation und Controlling“. Diese beschäftigten sich vor allem mit der wirtschaftlichen und wirksamen Aufgabenerfüllung, der optimalen Behörden- und Aufgabenstruktur sowie der Optimierung der Binnenstrukturen.[501] Die Zuständigkeiten der Privatisierungskommission wurden auf die Stabsstelle Verwaltungsreform übertragen.[502]
Für die Organisation des Reformprozesses wurde darüber hinaus inzwischen eine ressortübergreifende, monatlich tagende Koordinierungsgruppe eingerichtet, der die Organisationsreferenten der Ministerien angehören. Federführend ist das Finanzministerium.[503]
Die Stabsstelle Verwaltungsreform wird durch einen Lenkungsausschuss auf Staatssekretärsebene, dem die Staatssekretäre der Staatskanzlei, des Finanz- und des Innenministeriums angehören, sowie durch eine Sachverständigenkommission aus Wirtschaft, Politik und öffentlichem Dienst unterstützt.[504]

### 5.7.3 Strukturreformen

Die externe Untersuchung der Personal- und Verwaltungsstruktur in den Ressorts der Landesregierung hatte zahlreiche Empfehlungen der Gutachter zur Folge. Diese sowie die Anregungen der Privatisierungskommission waren Anlass zu vielfältigen Reformen bei der Ablauf- und Aufbauorganisation. So wurden etwa Kantinenbetriebe sowie Pforten- und Reinigungsdienste privatisiert, es wurde die private Bewirtschaftung von etwa 5.700 landeseigenen Wohnungen eingeführt, es erfolgte die Streichung von Hierarchieebenen z. B. bei den Gewerbeaufsichtsämtern, die Verminderung von Behörden z.B. bei der Straßen-

---

[500] Vgl. dazu Hegele, „Privatisierung“, S. 208
[501] Sächsisches Staatsministerium des Innern, „Verwaltungsreform“, S. 2
[502] Konzendorf, „Verwaltungsmodernisierung“, S. 50
[503] Bürsch/Müller, „Verwaltungsreformen“, S. 78
[504] Konzendorf, „Verwaltungsmodernisierung“, S. 50

bauverwaltung sowie die Umwandlung von Teilen der unmittelbaren Staatsverwaltung in Staatsbetriebe.[505]

Die sächsische Schulverwaltung wurde durch die Reduzierung der Schulaufsichtsbehörden von 23 auf 5 ab dem 01.01.1999 grundlegend reformiert. Die 20 Schulämter als untere Schulaufsichtsbehörden wurden mit den 3 Oberschulämtern als obere Schulaufsichtsbehörden zu 5 Regionalschulämtern verschmolzen, die unmittelbar dem Sächsischen Staatsministerium für Kultus nachgeordnet sind. Damit wurde eine Verwaltungsebene im Bereich der Schulaufsicht eingespart.[506]

Reformgegenstand ist auch die Vermessungsverwaltung. Diese wurde auf Kernaufgaben beschränkt, antragsbezogene Katastervermessungen wurden auf öffentlich bestellte Vermessungsingenieure als Beliehene übertragen.[507] Das Landesvermessungsamt wurde zum 01.04.1999 reorganisiert und dabei von 5 auf 3 Abteilungen reduziert.[508]

Am 01.06.1996 wurde im Landesbau die zweistufige Verwaltungsorganisation mit dem Finanzministerium als obere und den Staatshochbauämtern als untere Ebene eingeführt. Mit Beginn des Jahres 1998 wurde auch in der staatlichen Liegenschaftsverwaltung die Zweistufigkeit eingeführt. Die Verwaltungsaufgaben werden seitdem nur noch von dem Finanzministerium und staatlichen Liegenschaftsämtern wahrgenommen. In der Folge wurde die Einräumigkeit der staatlichen Liegenschafts- und Hochbauverwaltung durch die Fusion der bisher 4 staatlichen Liegenschafts- und 8 Hochbauämter angestrebt. Dazu wurden im Oktober 1998 im Rahmen eines Pilotprojektes die Staatlichen Vermögens- und Hochbauämter Chemnitz und Zwickau eingerichtet. Auf Grund einer positiven Bilanz dieses Projektes wurden mit Wirkung vom 01.07.1999 die Staatlichen Vermögens- und Hochbauämter Bautzen, Dresden, Leipzig und Radeberg gebildet. Staatliche Liegenschaftsämter bestehen auf Grund der Zusammenlegung nicht mehr.[509]

Die 3 Regierungspräsidien in Chemnitz, Dresden und Leipzig gerieten trotz des eindeutigen Bekenntnisses des Innenministers zu ihrer Notwendigkeit wieder erneut in der Diskussion. Da die CDU-Fraktion im sächsischen Landtag für die Auflösung der Regierungspräsidien votierte, sollte bis zum 31.12.2001 entschieden werden, ob die Regierungspräsidien über das Jahr 2004 hinaus beste-

---

[505] Bürsch/Müller, „Verwaltungsreformen", S. 78 f.
[506] Sächsisches Staatsministerium des Innern, „Verwaltungsreform", S. 14
[507] Sächsisches Staatsministerium des Innern, „Verwaltungsreform", 14
[508] Leitbild, „Mittelinstanz", S. 63
[509] Pressemitteilung des Sächsischen Staatsministeriums der Finanzen vom 30.06.1999

hen sollten.[510] Diese Entscheidung wurde in einem für die Regierungspräsidien positiven Sinne durch die im Januar 2000 von der sächsischen Staatsregierung beschlossenen Leitlinien zur Verwaltungsreform sowie die im Juli 2000 beschlossenen Maßnahmen insbesondere zur Eingliederung von Sonderbehörden getroffen.
In Umsetzung dieser Grundentscheidungen werden die Aufgaben der staatlichen Umweltfachämter auf die drei Regierungspräsidien übertragen, soweit sie nicht auf das Landesamt für Umwelt und Geologie übergehen. Für die Gewerbeaufsicht ist ein zweistufiger Verwaltungsaufbau durch Integration der Gewerbeaufsichtsämter in die drei Regierungspräsidien vorgesehen. Das sächsische Landesinstitut für Arbeitsschutz und Arbeitsmedizin wird aufgelöst, dessen Aufgaben werden auf die Regierungspräsidien sowie andere Behörden unter Ausschöpfung möglicher Privatisierungspotentiale übertragen.[511]

Für die Binnenorganisation der Regierungspräsidien wurde eine Zielplanung entwickelt, die auf der Grundlage einer angemessenen Leitungsspanne sowohl die Zusammenlegung von Abteilungen als auch von Referaten vorsieht. Mit der schrittweisen Realisierung dieser Zielplanung wurde begonnen.[512]

Weiterer Handlungsbedarf besteht noch im Hinblick auf die angestrebte Übertragung zusammenhängender Aufgabenbereiche auf die örtlichen Träger der Verwaltung.[513]

## 5.8 Sachsen-Anhalt

### 5.8.1 Aktuelle Modernisierungsphase

Mit der unveränderten Übernahme westdeutscher Struktur- und Verfahrensmodelle und der Einbeziehung unterschiedlicher regionalpolitischer Interessen entstand zunächst eine uneinheitliche und deshalb kaum zukunftsfähige Organisation. Daher wurde schon seit 1991 jenseits von Kreis- und Gemeindegebietsreformen systematisch über Neuorganisation und Reform der Landesverwaltung nachgedacht. Im Mittelpunkt stand dabei vor allem die Mittelinstanz. Neben den drei Regierungspräsidien in Magdeburg, Halle und Dessau, deren Einrichtung von Anbeginn umstritten war, fanden sich in der Mittelinstanz eine Viel-

---

[510] Konzendorf, „Mittelinstanz", S. 96

[511] Unterausschuss Allgemeine Verwaltungsorganisation des Arbeitskreises VI der Innenministerkonferenz „Staats- und Verwaltungsmodernisierung", S. 162 f.

[512] Sächsisches Staatsministerium des Innern, „Verwaltungsreform", S. 14

[513] Siedentopf/Laux, „Funktionalreform", S. 3 ff.

zahl von Landesämtern mit jeweils eigenem Behördenunterbau, die jedenfalls zum Teil wie die Regierungspräsidien Bündelungsfunktion hatten.[514]

Bereits im März 1992 legte eine im Ministerium des Innern angesiedelte Arbeitsgruppe einen Mittelinstanzbericht mit zahlreichen Empfehlungen für aufbauorganisatorische Veränderungen vor, die einen weitgehenden Verzicht auf Sonderbehörden und deren Eingliederung in die bestehenden Regierungspräsidien vorsahen.[515] Von März 1993 bis April 1994 beschäftigte sich die im Ministerium des Innern eingesetzte Kommission „Aufgabenverlagerung" damit, Vorschläge für eine funktionsgerechte Verteilung der staatlichen Aufgaben auf die verschiedenen Verwaltungsebenen des Landes einschließlich der Kommunen zu erarbeiten. Die Umsetzung eines Großteils der Vorschläge ist in der Folgezeit unterblieben.[516]

Neben der Landesregierung beschäftigte sich auch der Landtag mit der Frage nach der zweckmäßigsten Aufgabenverteilung in der Landesverwaltung. Er setzte am 14.01.1993 eine Enquête-Kommission ein, deren Auftrag es war, Kriterien für eine leistungsfähige und bürgernahe Verwaltung des Landes zu entwickeln und anhand dieser Kriterien die bestehenden Verwaltungsstrukturen zu untersuchen sowie Vorschläge für eine Neuorganisation zu unterbreiten. Die Enquête-Kommission „Verwaltungsreform" legte im Mai 1994 ihren Abschlussbericht vor, der ein umfassendes Konzept mit 136 Vorschlägen zur Neuorganisation der Landesverwaltung enthielt.[517] Als Leitlinien der Verwaltungsreform empfahl die Kommission u.a. dezentrale Ressourcenverwaltung, regelmäßige Aufgabenanalysen, die Berücksichtigung festzulegender Anforderungen an die IuK-Technik, die Delegation von Vollzugsaufgaben aus den Ministerien sowie die Zusammenarbeit in Projektgruppen.

Nach der Landtagswahl am 26. Juni 1994 vereinbarten die Koalitionsparteien von SPD und BÜNDNIS 90/DIE GRÜNEN, die Verwaltung zu reformieren. Aus der Koalitionsvereinbarung ließen sich die Hauptziele Verbesserung der Wirtschaftlichkeit, Gewährleistung der Bürgerorientierung, Stärkung der kommunalen Selbstverwaltung und Stärkung der Motivation und Leistungsfähigkeit der Beschäftigten ableiten. Mittel hierfür sollten vor allem die Verlagerung und der Verzicht auf öffentliche Aufgaben sowie die Privatisierung der Aufgabener-

---

[514] Höppner, „Bewährtes", S. 10

[515] Miller, „Vorstudien", S. 495
Landtag von Sachsen-Anhalt, „Große Anfrage", S. 8

[516] Höppner, „Bewährtes", S. 10

[517] Landtag von Sachsen-Anhalt: „Enquête-Kommission", S. 38 ff.

ledigung sein, wobei als Leitprinzip der Aufgabenzuweisung das Subsidiaritätsprinzip gelten sollte.[518]
Die Regierungskoalition sagte zu, bei der Fortführung der Verwaltungsreform die Vorschläge der Enquête-Kommission zu berücksichtigen. Mit Kabinettsbeschluss vom 23.08.1994 wurde in der Staatskanzlei eine Projektgruppe Verwaltungsreform eingerichtet. Unter Einbeziehung der Ergebnisse der Enquête-Kommission und der Kommission „Aufgabenverlagerung" legte die Projektgruppe am 12. Dezember 1995 einen Katalog von insgesamt 133 Reformmaßnahmen vor, deren Umsetzung das Kabinett am 19.12.1995 billigte.[519] Diese betrafen im Wesentlichen die Bereiche Aufgabenkritik, Aufgabenverlagerung/Privatisierung und Optimierung von Ablauf- und Aufbauorganisation.
Die dritte Legislaturperiode (1998 - 2002) wurde maßgeblich durch das zentrale Vorhaben der Verwaltungsmodernisierung geprägt, die Reform der Mittelinstanz.[520] Der Landtag Sachsen-Anhalts stimmte am 17.01.2002 einem Entschließungsantrag zu, der das Konzept zur Verwaltungsmodernisierung/Funktionalreform bis zum Jahr 2005 enthält und somit die Eckpunkte zur Fortsetzung der Reform durch die Landesregierung bestätigt.[521]

Im Hinblick auf den Regierungswechsel durch die Landtagswahl am 21.04.2002 ist derzeit nicht absehbar, ob der bisherige Reformweg weiter beschritten wird. Ersten Verlautbarungen zufolge will die CDU die große Gebiets- und Verwaltungsreform nicht uneingeschränkt fortführen, obwohl sie auch von deren Kommunalpolitikern nicht abgelehnt wurde.[522]

### 5.8.2 Steuerung des Reformprozesses

Erstes Steuerungsinstrument war die am 23.08.1994 eingerichtete Projektgruppe Verwaltungsreform in der Staatskanzlei. Diese erarbeitete ihre Reformvorschläge in enger Zusammenarbeit mit dem Ministerium der Finanzen, dem Ministerium des Innern und dem jeweils betroffenen Fachressort. Um eine reibungslose Zusammenarbeit zu gewährleisten, bestellte jedes Ministerium einen Projektbeauftragten, der als Ansprechpartner für die Projektgruppe zur Verfügung stand. Zur Erörterung von Grundsatzfragen und zur Vorbereitung von Entscheidungen zur Umsetzung der Verwaltungsreform wurde ein Beirat gebildet, dem Mitglieder der Landesverwaltung, die Geschäftsführer der kommunalen Spitzenverbände, Gewerkschafts- sowie Parteienvertreter angehörten. Dieser Beirat ver-

[518] Ministerium des Innern Sachsen-Anhalt, „reform Info", S. 2
[519] Höppner, „Bewährtes", S. 10
[520] Bürsch/Müller, „Verwaltungsreformen", S. 81
[521] Landtag Sachsen-Anhalt, „Verwaltungs- und Funktionalreform", S. 1 - 15
[522] FAZ vom 14.05.2002, S. 14

ständigte sich am 07.06.1995 auf „Leitlinien für die Neuorganisation der Landesverwaltung in Sachsen-Anhalt".[523]
Die Arbeit der Projektgruppe Verwaltungsreform wurde seit Februar 1996 durch eine Stabsstelle Verwaltungsreform im Ministerium des Innern fortgeführt.[524] Auch die Arbeit dieser Stabsstelle wurde wiederum durch einen Beirat unterstützt, der jedoch zum Ende der zweiten Legislaturperiode im Jahr 1998 aufgelöst wurde.[525]
Seit Juni 1998 koordiniert die „Zentrale Stelle für Organisation", die beim Innenministerium angesiedelt ist, die Verwaltungsreform in Sachsen-Anhalt. Sie löste die Stabsstelle Verwaltungsreform ab und übernahm deren Aufgaben vollständig.[526]

### 5.8.3 Strukturreformen

Das im Jahr 1994 von der Landesregierung vorgefundene unsystematische Nebeneinander von drei Regierungspräsidien, vier Landesoberbehörden mit eigenem nachgeordneten Bereich und 11 Landesoberbehörden ohne nachgeordneten Bereich führte zunächst zu der von der Landesregierung am 19.12.1995 beschlossenen Konsequenz, den drei Regierungspräsidien, wo dies sinnvoll und zweckmäßig erschien, weitere Aufgaben zuzuweisen.[527] Dies beruhte auf der Erkenntnis, dass angesichts des damaligen Zuschnitts der Landkreise ein dreistufiger Verwaltungsaufbau mit einer Bündelungsbehörde in der Mittelinstanz weiterhin erforderlich sei.[528] Da daneben die von den Regierungspräsidien wahrgenommenen Vollzugsaufgaben auf das notwendige Maß beschränkt werden sollten, wurden über 30 Zuständigkeiten auf kommunale Behörden übertragen.[529]

In der zweiten Legislaturperiode wurde die Diskussion über die Mittelinstanz fortgeführt und die Alternative eines einzigen Landesverwaltungsamtes mit in die Betrachtung einbezogen. Das Ergebnis der Überlegungen stellte der Kabinettsbeschluss vom 04.02.1997 dar, in einem gestuften Verfahren die drei Regierungspräsidien durch ein Landesverwaltungsamt zu ersetzen.

---

[523] Ministerium des Innern Sachsen-Anhalt, „reform-Info", S. 2
[524] Konzendorf, „Verwaltungsmodernisierung", S. 54
[525] Landtag von Sachsen-Anhalt, „Große Anfrage", S. 12
[526] Bürsch/Müller, „Verwaltungsreformen", S. 81
[527] Ministerium des Innern des Landes Sachsen-Anhalt, „Leitbild", S. 4
[528] Höppner, „Bewährtes", S. 11
Vgl. dazu auch Kilian, „Mittelinstanzen", S. 243 ff.
[529] Staatskanzlei des Landes Sachsen-Anhalt, „Verwaltung"., S. 3

Der Kabinettsbeschluss wurde zwischenzeitlich durch das Zweite Vorschaltgesetz zur Kommunalreform[530] und Verwaltungsreform umgesetzt, das am 15.05.2001 in Kraft trat.[531] Die Zeitachse wurde dahin konkretisiert, dass die Regierungspräsidien Dessau, Halle und Magdeburg bis zum Ablauf des 31.12.20004 aufgelöst werden und spätestens ab dem Jahr 2005 ein funktionsfähiges Landesverwaltungsamt bestehen soll.[532]

Ein Teil dieser Neukonzeption war bereits mit der 1995 erfolgten Herauslösung der Polizei aus den Regierungspräsidien realisiert. Unterhalb des Ministeriums des Innern waren in der Mittelinstanz mit den Polizeidezernaten in den drei Regierungspräsidien und 6 Polizeiinspektionen zwei Führungsebenen vorhanden. Durch die Polizeistrukturreform wurden die Polizeidezernate und die Polizeiinspektionen abgeschafft und durch 6 Polizeidirektionen ersetzt.[533]

Ein weiterer Schritt zur Realisierung der Konzeption war die am 01. August 1997 in Kraft getretene Reform der Schulaufsichtsverwaltung. Die bislang in den drei Regierungspräsidien und den Landkreisen und kreisfreien Städten mit insgesamt 24 Schulaufsichtsämtern wahrgenommenen Aufgaben wurden den neu geschaffenen staatlichen Schulämtern übertragen. Mit dieser Neugestaltung wurde die dreistufige durch eine zweistufige Schulaufsicht ersetzt.[534] In der Folge wurden die Regierungspräsidien bis Ende 1997 von fünf auf vier Abteilungen verringert.
Hinzu kam die Herauslösung der Katasterverwaltung. Während im Jahr 1996 zunächst auf die Wahrnehmung der Vermessungs- und Katasterangelegenheiten in den Regierungspräsidien Magdeburg und Halle mit der Folge einer Vor-Ort-Aufgabe im Regierungspräsidium Dessau verzichtet wurde, erfolgte zum 01.05.1997 auch die Herauslösung der Aufgaben aus dem Regierungspräsidium Dessau. Die Vermessungs- und Katasterverwaltung ist seither zweistufig aufgebaut.[535]
Die Bezirksbezugsstellen wurden zum 01.01.2002 aus den Regierungspräsidien herausgelöst und in den Geschäftsbereich der Oberfinanzdirektion Magdeburg eingegliedert. Dies erfolgte in der Form, dass sie zunächst als Außenstellen der Oberfinanzdirektion an ihren bisherigen Standorten Dessau, Halle und Magde-

---

[530] Zur Bedeutung der kommunalen Ebene im Reformprozess vgl. Polte, „Chance“, S. 30
[531] GVBL LSA 19/2001, S. 168
[532] Vgl. dazu auch Höppner, „Regierungserklärung“, S. 1,
zum Reformprozess in Sachsen-Anhalt vgl. generell Püchel, „Reform“, S. 4 - 6
[533] Höppner, a.aO., S. 11
[534] Höppner, „Bewährtes“, S. 11
[535] Landtag von Sachsen-Anhalt, „Große Anfrage“, S. 13

burg erhalten bleiben, jedoch in einem späteren Schritt die Aufgaben am Standort Dessau konzentriert werden sollen.[536]

Die Weiterentwicklung der vorgelegten Konzeption wurde durch die Eingliederung des Landesamtes zur Regelung offener Vermögensfragen in das Regierungspräsidium Halle zum 01.07.1999 fortgesetzt. Auch mit der angesprochenen Zentralisierung von Aufgaben wurde begonnen. So sind z.B. die drei Regierungsbezirkskassen zum 01.01.1999 zu einer Landeszentralkasse in Dessau zusammengeführt worden.[537]
Darüber hinaus gibt es bereits jetzt zahlreiche Fachaufgaben, die bei einem der drei Regierungspräsidien als sog. Vor-Ort-Aufgaben zentralisiert sind. Die Anzahl dieser Aufgaben soll im Rahmen der Neuorganisation in einem kontinuierlichen Prozess ständig erweitert werden. So wurden z.B. im Zuge der Umsetzung der bisherigen Projekte bereits diverse Zuständigkeiten nach der Gewerbeordnung, der Handwerksordnung und dem Schornsteinfegergesetz einem Regierungspräsidium zur landesweiten Erledigung zugewiesen.[538] Auch der ökologische Landbau wurde zum 01. November 1996 als Vor-Ort-Aufgabe in das Regierungspräsidium Dessau eingegliedert.

Auch die Umweltverwaltung in Sachsen-Anhalt wurde im Zuge der Modernisierung der Landesverwaltung neu strukturiert. Die drei staatlichen Ämter für Umweltschutz wurden zum 01.01.2002 aufgelöst. Ihre Aufgaben wurden auf den neu gegründeten Landesbetrieb für Hochwasserschutz und Wasserstraßen, das ebenfalls neu gegründete Landesuntersuchungsamt für Gesundheits-, Umwelt- und Verbraucherschutz und die drei Regierungspräsidien übertragen, denen neben Vollzugsaufgaben auch Aufgaben als technische Fachbehörde obliegen. Vorgesehen ist diesbezüglich, den Landkreisen Zuständigkeiten des Erstvollzuges zu übertragen. Nach Einrichtung des Landesverwaltungsamtes zum 01.01.2005 soll dieses sich im Wesentlichen auf Aufsichtsfunktion beschränken.[539]

Im Landesverwaltungsamt werden alle bündelungsrelevanten nicht kommunalisierbaren Aufgaben für das gesamte Land wahrgenommen. Darüber hinaus werden dem künftigen Landesverwaltungsamt zentral zu erledigende Serviceaufgaben, z.B. Aus- und Fortbildung sowie Datenverarbeitung, übertragen. Das Lan-

[536] Unterausschuss Allgemeine Verwaltungsorganisation des Arbeitskreises VI der Innenministerkonferenz „Staats- und Verwaltungsmodernisierung“, S. 182
[537] Ministerium des Innern des Landes Sachsen-Anhalt, „Leitbild“, S. 8
[538] Ministerium des Innern des Landes Sachsen-Anhalt, „Leitbild“, S. 8, vgl. dazu auch Bock, „Landesverwaltungsamt“, S. 68
[539] Unterausschuss Allgemeine Verwaltungsorganisation des Arbeitskreises VI der Innenministerkonferenz „Staats- und Verwaltungsmodernisierung“, S. 184

desverwaltungsamt wird als obere Landesbehörde nur noch Zuständigkeiten für das gesamte Land wahrnehmen und keine Außenstellen mit regional aufgeteilten Zuständigkeiten mehr ausweisen, da eine Aufgabe künftig nicht mehr an zwei oder mehreren Orten in identischer Form bearbeitet werden soll.[540]
Damit die Konzentration von Zuständigkeiten nicht dazu führt, dass einzelne Ressorts ihrer politischen Verantwortung nicht mehr gerecht werden können, soll durch die Binnenorganisation des künftigen Landesverwaltungsamtes, etwa durch Zusammenfassen aller Aufgaben eines Geschäftsbereiches in einer Abteilung, entsprechende Vorsorge getroffen werden.[541] Der Grundkonzeption entsprechend sollen weitere Landesoberbehörden in das Landesverwaltungsamt eingegliedert werden. Außerdem sollen Sonderbehörden aufgelöst oder in Eigenbetriebe nach § 26 LHO umgewandelt werden. Insgesamt soll dadurch die Anzahl der Landesoberbehörden deutlich verringert werden.[542]

## 5.9 Thüringen

### 5.9.1 Aktuelle Modernisierungsphase

Nach der Gründung des Landes Thüringen zielten erste strukturelle Veränderungen auf eine Gebiets- und Funktionalreform. Für beide Vorhaben richtete die Landesregierung am 29.04.1992 jeweils eine Kommission beim Innenministerium ein. Die Kommission „Funktionalreform" bestand aus Wissenschaftlern, Verwaltungspraktikern auch aus dem kommunalen Bereich sowie Vertretern der kommunalen Spitzenverbände. Von der Kommission erwartete die Landesregierung Vorschläge,

- wie das Landesverwaltungsamt als staatliche Mittelbehörde gestärkt werden,
- wie die Zahl der staatlichen Sonderbehörden vermindert werden,
- wie die öffentlichen Aufgaben auf die staatlichen und die kommunalen Verwaltungsbehörden sinnvoll verteilt werden,
- wie staatliche Aufgaben auf die Ebene der Gemeinden verlagert werden können,
- welche Möglichkeiten der Privatisierung bei bislang staatlich wahrgenommenen Aufgaben bestehen.[543]

Der Grund für den gegenüber anderen Ländern engeren Ansatz für Strukturreformen lag in dem Primärziel der Landesregierung, überhaupt eine arbeitsfähige

---

[540] Landtag Sachsen-Anhalt, „Verwaltungs- und Funktionalreform", S. 6
[541] Ministerium des Innern des Landes Sachsen-Anhalt, „Leitbild", S. 9
[542] Ministerium des Innern des Landes Sachsen-Anhalt, a.a.O., S 9
[543] Sachverständigenkommission Funktionalreform, „Abschlussbericht", Vorwort

Verwaltung aufzubauen. So betonte der thüringische Ministerpräsident Vogel noch Anfang 1998, dass es in der Anfangs- und Aufbauphase undenkbar gewesen sei, sich besonders intensiv an einem auch theoretisch orientierten Diskussionsprozess über die Verwaltungsmodernisierung zu beteiligen.[544]

Wesentliche Gegenstände der Reformbemühungen waren bzw. sind das Thüringer Landesverwaltungsamt und die Aufgabenzuweisung auf die kreisfreien Städte, die Landkreise und den kreisangehörigen Raum. Die Kommission fand insgesamt einen weit verzweigten Unterbau des Landesverwaltungsamtes vor, der zudem in engem Sachzusammenhang mit den Landesämtern für Denkmalpflege, für Archäologie sowie für Soziales und Familie stand. In ihrem Bericht vom 27.08.1992 hob die Sachverständigenkommission vor allem die Bedeutung des Landesverwaltungsamtes für den dreistufigen Verwaltungsaufbau in Thüringen als Bündelungsbehörde zwischen den Ministerien und den unteren Verwaltungsbehörden hervor. Alle Vollzugsaufgaben mit einem fachübergreifenden Koordinierungsbedarf sollten dort zusammengefasst werden. Detaillierte Aussagen wurden zur Organisation und Personalausstattung des Landesverwaltungsamtes gemacht, insbesondere wurde die Auflösung aller Außenstellen und ihre Vereinigung mit der Zentrale in Weimar vorgeschlagen.[545] Die Landesregierung befasste sich zeitnah mit den einzelnen Gutachten der Sachverständigenkommission Funktionalreform. Dementsprechend liegen zu sämtlichen Teilgutachten Kabinettsbeschlüsse vor.[546]

In der zweiten Legislaturperiode von 1994 bis Herbst 1999 wurde der Fortgang der Funktionalreform sowohl in der Koalitionsvereinbarung vom November 1994 als auch im Kabinettsbeschluss zur Fortführung der Funktional- und Verwaltungsreform vom 21.02.1995 bestätigt.[547] Da Funktionalreform als Daueraufttrag verstanden wurde, sollten in dieser Legislaturperiode die nachgeordneten Bereiche des Ministeriums für Wissenschaft und Kunst und des Kultusministeriums sowie die Forstverwaltung, das Landesamt für Mess- und Eichwesen, die Ämter zur Regelung offener Vermögensfragen, die Flurneuordnungsämter, die zentrale Gehaltsstelle, die Staatskassen und die Katasterämter überprüft werden.[548] Schon im Juli 1995 wurden Abschlussberichte der Arbeitsgruppen

---

[544] Vogel B., „Verwaltung“, S. 11

[545] Sachverständigenkommission Funktionalreform, „Bericht über Thüringer Landesverwaltungsamt“, S. 24

[546] Thüringer Innenministerium, „Abschlussbericht“, S. 2

[547] Bürsch/Müller, „Verwaltungsreformen“, S. 91

[548] Thüringer Innenministerium, a.a.O., S. 2

zur Überprüfung des Polizeipräsidiums[549] und des Landesverwaltungsamtes[550] vorgelegt.

Am 25.06.2001 verabschiedete die Landesregierung das Rahmenkonzept zur Weiterentwicklung der Verwaltungsreform und der Organisation der Landesverwaltung. Dieses fasst die zentralen Handlungsprämissen der bisherigen Verwaltungspolitik in Thüringen zusammen, gibt einen Ausblick auf zukünftige Schwerpunkte und Einblicke in die angestrebte Verwaltungskultur von morgen.[551]

### 5.9.2 Steuerung des Reformprozesses

Nachdem für Verwaltungsreform im engeren Sinne in den „Aufbaujahren" keine Kapazitäten zur Verfügung standen, erfolgte die Organisation und Steuerung des Reformprozesses überwiegend dezentral, teilweise in Arbeitsgruppen.[552] Erst im Jahre 1996 richtete die Landesregierung den Beirat „Verwaltungsreform" ein, dem Vertreter der Ressorts, der Gewerkschaften, der kommunalen Spitzenverbände sowie der Hauptpersonalrat beim Innenministerium angehören. Ziel dieses Beirats ist die Einbindung aller am Reformprozess Beteiligten über die einzelnen Ressorts hinaus.[553] Inzwischen wurde eine Stabsstelle Verwaltungsreform eingesetzt, die sich in die Bereiche Organisationsstruktur und Verwaltungsmanagement einschließlich Personalmanagement gliedert. Ihre Aufgabe ist es, Modelle und Instrumente für die notwendigen Reformmaßnahmen zu entwickeln.[554]

### 5.9.3 Strukturreformen

Auf Grund der zentralen Bedeutung des Landesverwaltungsamtes als Bündelungs- und Konzentrationsbehörde mit Aufgabenwahrnehmung für insgesamt 7 Geschäftsbereiche war dieses auch Gegenstand von strukturellen Veränderungen. So folgte das Kabinett schon Ende 1992 den Anregungen der Sachverständigenkommission Funktionalreform und beschloss die Auflösung der Außen-

---

549 Arbeitsgruppe „Umstrukturierung der Thüringer Polizei", „Umstrukturierung", S. 6 ff.
550 Prüfgruppe Landesverwaltungsamt, „Landesverwaltungsamt", S. 5 ff.
551 Unterausschuss Allgemeine Verwaltungsorganisation des Arbeitskreises VI der Innenministerkonferenz „Staats- und Verwaltungsmodernisierung", S. 197
552 Konzendorf, „Verwaltungsmodernisierung", S. 61 f.
553 Bürsch/Müller, „Verwaltungsreformen", S. 91
554 Bürsch/Müller, a.a.O., S. 91

stellen des Landesverwaltungsamtes und ihre Vereinigung mit der Zentrale in Weimar.[555]

Die Konzentration des Landesverwaltungsamtes auf Verwaltungsaufgaben, die der Bündelung bedürfen, hatte zur Folge, dass das Katasterwesen und das Forstwesen herausgelöst wurden. Es kam zur Errichtung des Landesvermessungsamtes als selbständiger Behörde, daneben wurde die Landesforstdirektion als selbständige Behörde errichtet,[556] die jedoch auf Grund eines aktuellen Kabinettsbeschlusses im Rahmen der Behördenstrukturreform wieder aufgelöst werden soll.[557] Als nichtbündelungsbedürftig wurde auch der Schulbereich angesehen, so dass dem Vorschlag der Arbeitsgruppe Schule nach deren Analyse der staatlichen Schulämter und der Abteilung Schule des Landesverwaltungsamtes gefolgt wurde, die Schulaufsicht zweistufig zu organisieren. Dementsprechend beschloss die Landesregierung im April 1996 die Auflösung der Abteilung Schule im Landesverwaltungsamt.[558] Deren Aufgaben übernahmen zu 80 % die unteren Verwaltungsebenen.[559]

Auch im Zuge der Polizeireform wurde die Zweistufigkeit eingeführt. Nach einer umfangreichen Analyse der Thüringer Polizei folgte die Landesregierung den Vorschlägen der Lenkungsgruppe und löste das Polizeipräsidium zum 01. Januar 1998 auf. Seine Aufgaben wurden auf die Polizeidirektionen, das Polizeiverwaltungsamt, das Landeskriminalamt und das Innenministerium übertragen.[560]

Als bündelungsbedürftige Verwaltungsaufgaben, die zunächst noch nicht dem Landesverwaltungsamt zur Erledigung zugewiesen waren, wurden von der Landesregierung die zentrale Anlaufstelle für Asylbewerber und die Landesaufnahmestelle für Spätaussiedler erkannt. Dementsprechend wurden diese in das Landesverwaltungsamt integriert.[561]

Im Bereich der Umweltverwaltung hatte die Sachverständigenkommission Funktionalreform empfohlen, die Thüringer Landesanstalt für Umwelt (TLU) grundsätzlich beizubehalten und ihre vier Außenstellen in untere Landesbehörden (Umweltämter) umzuwandeln. Diesem Vorschlag wurde durch Kabinettsbeschluss vom 21.12.1993 entsprochen.[562] Die ebenfalls vorgeschlagene Integration der Bergverwaltung fand dagegen zunächst nicht die Zustimmung der Lan-

---

[555] Thüringer Innenministerium, „Abschlussbericht", S. 3

[556] Prüfgruppe Landesverwaltungsamt, „Landesverwaltungsamt", S. 7

[557] Unterausschuss Allgemeine Verwaltungsorganisation des Arbeitskreises VI der Innenministerkonferenz „Staats- und Verwaltungsmodernisierung", S. 201

[558] Vgl. dazu auch Müller, H. „Entwicklung", S. 619

[559] Thüringer Innenministerium, „Kabinettsache", S. 6, Bürsch/Müller, „Verwaltungsreformen", S. 92

[560] Thüringer Innenministerium, a.a.O., S. 2

[561] König, „Landesverwaltungsamt", S. 75

[562] Thüringer Innenministerium, „Abschlussbericht", S. 14

desregierung. Nach dem am 25.06.2001 von der Landesregierung beschlossenen Rahmenkonzept ist jedoch nunmehr die Eingliederung des Oberbergamtes in das Landesverwaltungsamt vorgesehen, das Bergamt Gera soll aufgelöst werden.[563] Nachdem schon im Jahr 1994 die Zusammenfassung der Aufgabengebiete Medizinal-, Veterinär- und Lebensmitteluntersuchung in einem Medizinal-, Lebensmittel- und Veterinäruntersuchungsamt als optimale Organisationsform von der Sachverständigenkommission Funktionalreform erkannt und die räumliche Verteilung dieses Landesamtes auf 5 Standorte problematisiert wurde,[564] ist nunmehr vorgesehen, dieses Amt an einem Standort zu konzentrieren.[565] Nach der Ausgliederung der Referate Pharmazie, Veterinärwesen, Lebensmittelüberwachung, Fleischhygiene sowie Rechtsangelegenheiten im Gesundheits- und Veterinärwesen aus dem Landesverwaltungsamt wurden diese Aufgaben dem Thüringer Landesamt für Lebensmittelsicherheit und Verbraucherschutz übertragen, das im Jahr 2001 aus dem Medizinal-, Lebensmittel- und Veterinäruntersuchungsamt gebildet wurde..[566]

Im Bereich der Landwirtschaft hatte die Sachverständigenkommission empfohlen, eine Thüringer Landesanstalt für Landwirtschaft zu gründen, die die bisherigen Aufgaben der landwirtschaftlichen Untersuchungs- und Forschungsanstalt Thüringen sowie die Verwaltungsaufgaben der Abteilung 8 (Landwirtschaft) des Landesverwaltungsamtes ohne Koordinierungsbedarf übernehmen sollte. Diesem Vorschlag wurde durch Kabinettsbeschluss vom 21.12.1993 gefolgt.[567] Zwischenzeitlich wurde weitergehend beschlossen, die Landwirtschaftsabteilung insgesamt aus dem Landesverwaltungsamt herauszulösen und die Landwirtschaftsverwaltung damit zweistufig zu organisieren.[568]

---

[563] Unterausschuss Allgemeine Verwaltungsorganisation des Arbeitskreises VI der Innenministerkonferenz „Staats- und Verwaltungsmodernisierung", S. 201

[564] Thüringer Innenministerium, a.a.O., S. 19

[565] Bürsch/Müller, a.a.O., S. 92

[566] Unterausschuss Allgemeine Verwaltungsorganisation des Arbeitskreises VI der Innenministerkonferenz „Staats- und Verwaltungsmodernisierung", S.199, 202

[567] Thüringer Innenministerium, „Abschlussbericht", S. 17

[568] Unterausschuss Allgemeine Verwaltungsorganisation des Arbeitskreises VI der Innenministerkonferenz, a.a.O., S. 201

# Kapitel 6: Verwaltungsmodernisierung in Rheinland-Pfalz

## 6.1 Aufbau der Verwaltung nach dem Zweiten Weltkrieg

Das Bild der öffentlichen Verwaltung im Land Rheinland-Pfalz ist seit seiner Entstehung durch Kontinuität und Veränderung bestimmt. Als eine besondere Leistung in der Aufbauphase ist die Verschmelzung bzw. die Annäherung von drei unterschiedlichen Verwaltungstraditionen anzusehen, die jede für sich eigene Ausprägungen hatte. Die nördlichen Teile des Landes, die Regierungsbezirke Koblenz, Montabaur und Trier, gehörten früher zu Preußen, der Regierungsbezirk Rheinhessen zu dem früheren Hessen (Hessen-Darmstadt) und die Pfalz zu Bayern. Die erste große verwaltungspolitische Reform in Rheinland-Pfalz war deshalb der Aufbau einer gemeinsamen und im Rahmen des Notwendigen einheitlichen Verwaltung in allen Teilen des Landes.[569] In dieser Aufbauphase wurde Verwaltungsreform im wesentlichen als Verwaltungsvereinfachung verstanden, als „eine staatspolitisch bedeutsame, in der gesetzgeberischen Arbeit des Landes in zäher fachmännischer Kleinarbeit stets im Auge zu behaltende Aufgabe“.[570]

## 6.2 Neugliederung der staatlichen und kommunalen Verwaltung

Erste Diskussionen um Verwaltungsreformen, die im Jahr 1963 einsetzten, zielten auf Auflösung und Zusammenlegung staatlicher Behörden durch Neuabgrenzung der Verwaltungsbereiche, zugleich aber auch auf die Existenzberechtigung und die Zuständigkeit der Regierungsbezirke als staatliche Mittelinstanz. Daneben wurden Rechtsbereinigung und Rechtsvereinheitlichung sowie die Verlagerung von Verwaltungs- und Entscheidungszuständigkeiten nach unten erörtert.[571]

Dem entsprechend wurde im Jahr 1965 ein Prozess der vollständigen Neuordnung der Verwaltungsorganisation in Rheinland-Pfalz eingeleitet. Mit der Regierungsvorlage und Denkschrift der Landesregierung Rheinland-Pfalz über die Verwaltungsvereinfachung[572] trat die Verwaltungsreform aus dem Stadium der Kommissionsberatungen, Sachverständigengutachten, parlamentarischen Anfragen und Antworten der Landesregierung heraus. Das in dieser Regierungsvorlage zusammengeschnürte Paket von Verwaltungsreformmaßnahmen umfasste die Neugliederung von Landkreisen und von Regierungsbezirken, die

---

[569] Siedentopf, „Verwaltungsreform“, S. 370

[570] Becker, „Verwaltungsaufbau“, S. 442

[571] Siedentopf, a.a.O., S. 372

[572] Landtagsdrucksache II/370, abgedruckt in Staatskanzlei, „Dokumentation“, Teil 1, S. 67 ff.

Auflösung des Bezirksverbandes Pfalz, die Neugliederung von Gerichtsbezirken der ordentlichen, der Arbeits-, der Verwaltungs- und der Sozialgerichtsbarkeit sowie die Änderung einer Reihe von Gesetzen mit dem Ziel der Verlagerung von Verwaltungsaufgaben nach unten.
In der beigefügten Denkschrift wurde insbesondere die Notwendigkeit von Bezirksregierungen als staatliche Mittelinstanzen begründet, die Rechtsproblematik der Auflösung des Bezirksverbandes Pfalz untersucht und eine ausführliche Begründung zu der vorgeschlagenen territorialen Verwaltungsneuordnung gegeben. Im Rahmen ihrer Organisationsgewalt kündigte die Landesregierung die Auflösung einer Vielzahl von Verwaltungsbehörden sowie die Neuordnung der Zuständigkeiten für die Erledigung von Verwaltungsaufgaben an, wobei vor allem das Ziel der Einheit der Verwaltung und damit der Auflösung und Eingliederung von Sonderbehörden in den allgemeinen staatlichen Verwaltungsaufbau sowie der Verlagerung von Verwaltungsaufgaben aus den Ministerien auf die Mittelinstanz und von dieser auf nachgeordnete Behörden ins Auge gefasst wurde.

In der Landtagssitzung vom 09.03.1965 fasste Ministerpräsident Altmeier die Vorstellungen der Landesregierung über die wesentlichsten Elemente der Verwaltungsvereinfachung zusammen:
1. Bereinigung und Modernisierung des gesamten Landesrechts,
2. sinnvolle Abgrenzung der Verwaltungsbezirke,
3. zweckmäßige Zuordnung der Verwaltungskompetenzen, und schließlich
4. Rationalisierung des Verwaltungsablaufs nach den heute für die Wirtschaft geltenden Gesichtspunkten.[573]

Die Denkschrift der Landesregierung beendete die zwischen der Regierungsmehrheit und der Opposition im Landtag Rheinland-Pfalz geführte Diskussion über Bestand und Zahl der Regierungsbezirke als staatliche Mittelinstanz. Nach dem grundlegenden Bekenntnis zur Notwendigkeit der staatlichen Mittelinstanzen in Rheinland-Pfalz wandte sich die Diskussion mehr der Frage nach der Zahl der Regierungsbezirke zu. Im Zweiten Landesgesetz über die Verwaltungsvereinfachung vom 16.07.1968[574] wurden die Regierungsbezirke Koblenz und Montabaur zum Regierungsbezirk Koblenz und die Regierungsbezirke Pfalz und Rheinhessen zum Regierungsbezirk Rheinhessen-Pfalz zusammen geschlossen.

Gegenstand der Territorialreform waren auch die Landkreise. Ihre Zahl wurde durch das Dritte Landesgesetz über die Verwaltungsvereinfachung vom

[573] Siedentopf, „Verwaltungsreform", S. 373
[574] GVBl. S. 131

12.11.1968[575] von bisher 39 auf nur noch 28 Landkreise verringert. In der Folgezeit wurde die Zahl der Landkreise noch weiter auf nunmehr 24 reduziert. Die Zahl der kreisfreien Städte blieb mit 12 vor und nach der Gebietsreform unverändert. Es ist als eine Konzession an die Verwaltungstradition in den südlichen Landesteilen zu verstehen, dass 10 von diesen 12 kreisfreien Städten allein auf den Regierungsbezirk Rheinhessen-Pfalz entfielen.[576]

In der grundsätzlichen Frage nach der zukunftsfähigen Neuordnung für die kleinen kreisangehörigen Gemeinden entschied sich das Land Rheinland-Pfalz für das gegenüber den Einheitsgemeinden weniger einschneidende Modell der Verbandsgemeinde. Die neue Verbandsgemeindeordnung bildete das Kernstück des Landesgesetzes über die Änderung kommunalverfassungsrechtlicher Vorschriften und zur Vorbereitung der Neugliederung von Gemeinden vom 16.07.1968.[577] Mit der überwiegend erhaltenen kommunalen verfassungsrechtlichen Selbständigkeit der Gemeinden realisierte das Land Rheinland-Pfalz ein Modell, das die vorhandene kommunale politische Substanz im Lande weitgehend schonte. Nach der Gebietsreform bestehen in Rheinland-Pfalz 37 verbandsfreie Gemeinden und 163 Verbandsgemeinden, die jeweils zwischen 2 und 45 Ortsgemeinden umfassen. Das Land Rheinland-Pfalz hat damit auch nach der Gebietsreform eine - im Vergleich mit anderen Bundesländern - große Anzahl von kommunalen Gebietskörperschaften.

## 6.3 Funktionalreform

Für die Landesregierung war mit der Territorialreform von Anfang an die Funktionalreform untrennbar verbunden. Die Verlagerung von Kompetenzen innerhalb der gebietlich neu gegliederten Verwaltungseinheiten zum Zwecke einer möglichst sachgerechten und bürgernahen Wahrnehmung von Verwaltungsaufgaben wurde als unverzichtbarer Bestandteil einer reorganisierten Verwaltung angesehen.[578] Die Funktionalreform musste die Versprechungen der gebietlichen Neugliederung einlösen, insbesondere eine generelle Verlagerung geeigneter Aufgabenbereiche der staatlichen Verwaltung auf untere staatliche Verwaltungsebenen oder auf kommunale Verwaltungsebenen realisieren.

In Erfüllung des § 10 des Ersten Verwaltungsvereinfachungsgesetzes vom 28.07.1966[579] legte die Landesregierung am 04.01.1971 einen Bericht zur Gesamtkonzeption der Funktionalreform vor, der eine Darstellung der Ziele und Leitsätze einer Funktionalreform enthielt.[580] Die darin geäußerten Vorstellungen

---

[575] GVBl. S. 231
[576] Siedentopf, „Verwaltungsreform“, S. 376
[577] GVBl. S. 132 ff.
[578] Kohl, „Verwaltungsreform“, S. 14
[579] GVBl. S. 203
[580] Staatskanzlei Rheinland-Pfalz, „Dokumentation“, 4. Teil, S. 438 ff.

zur Mindestgröße der kommunalen Einheiten waren maßgeblich für den Schnitt der Verbandsgemeinden und der Landkreise. Nicht allein die größere Effektivität der Verwaltung, sondern die Wahrnehmung öffentlicher Aufgaben durch leistungsfähige Behörden im demokratisch verfassten Staat zu Gunsten einer besseren Verständigung zwischen Bürger und Staat waren die Zielsetzungen der Landesregierung. Angestrebt wurde ein einfacher und übersichtlicher Aufbau der Verwaltung ohne umständliche Verfahrenswege sowie der Abbau von Zuständigkeitsüberschneidungen. Die öffentlichen Aufgaben sollten möglichst weit unten, d.h. in engster Nähe zum Bürger und zur Sache erledigt werden. Typisch für die Konzeption der Landesregierung war die Beschreibung der Aufgaben der verschiedenen staatlichen Verwaltungsebenen:
„Die Zuständigkeiten der Bezirksregierungen bestimmen sich aus ihrer Stellung als allgemeine Verwaltungsbehörde der Mittelstufe der Landesverwaltung. Sie führen die unmittelbare Dienst- und Fachaufsicht über die nachgeordneten Behörden aus und nehmen die leitenden Aufgaben des Verwaltungsvollzuges war.
Die Zuständigkeiten der Landratsämter bestimmen sich aus ihrer Stellung als untere staatliche Verwaltungsbehörden. Die allgemeine Zuständigkeitsvermutung für die Wahrnehmung der Aufgaben der Landesverwaltung soll künftig nicht mehr bei den Bezirksregierungen, sondern bei den Landratsämtern als unteren staatlichen Verwaltungsbehörden begründet werden.
Die Verbandsgemeindeverwaltungen sollen im besonderen Maße mit publikumsintensiven Aufgaben betraut werden.“[581]

Wie aus den in den Folgejahren abgegebenen Zwischenberichten der Landesregierung hervorgeht, wurden wesentliche Teile der Konzeption realisiert.[582] Dies gilt insbesondere für die Neuordnung der Zuständigkeiten und des Behördenaufbaus sowie für die Übertragung von Zuständigkeiten an die Basis. Der Schwerpunkt der Maßnahmen lag bei der aufgabenmäßigen Neuausrichtung der Kreis- und Bezirksstufe unter den Leitmotiven von Zweckmäßigkeit und Ergebniskontrolle sowie mehr Bürgerfreundlichkeit.[583]
Der Aufgabenbereich der drei Bezirksregierungen wurde durch die Verlagerung von Aufgaben aus den Ministerien und durch eine Einbeziehung von Sonderbehörden verstärkt. Insbesondere wurden die Außenstellen des Lastenausgleichsamtes und die Beschwerdestellen nach dem Lastenausgleichsgesetz in die Bezirksregierungen eingegliedert, ebenso die Bezirkspflanzenschutzämter, die Dienststellen der Reblauskommissare und die Behörden der Wiedergutmachungsverwaltung. Weiterhin wurden die Bezirksregierungen obere Flurbereinigungs- und Siedlungsbehörden. Ihre bisher nebenamtlich verwalteten Referate

---

[581] Staatskanzlei Rheinland-Pfalz, a.a.O., S. 438 ff.
[582] Vgl. etwa Drucksache 7/1462 vom 22.01.1973 sowie Drucksache 7/3641 vom 22.01.1975
[583] Miller, „Vorstudien“, S. 611

für Wasserwirtschaft wurden hauptamtlich besetzt. Schließlich übernahmen die Bezirksregierungen die Verwaltung der Planungsgemeinschaften, insbesondere die Erarbeitung und Fortschreibung der Entwürfe der regionalen Raumordnungspläne und die Führung der laufenden Geschäfte der Planungsgemeinschaften.

Die staatlichen Sonderbehörden der Bezirks-, Kreis- und Ortsstufe wurden zum Teil verringert und in ihren Dienstbezirken denen der allgemeinen Verwaltungsbehörden angepasst. So wurde das Landessozialamt, das Landesjugendamt und die bisher einer Bezirksregierung als Schwerpunktaufgabe obliegende Funktion des Oberversicherungsamtes zu einer Behörde mit der Bezeichnung Landesamt für Jugend und Soziales zusammengefasst, der das Landesgewerbeaufsichtsamt angegliedert wurde. Zudem wurden die Finanzbauämter mit den Behörden der staatlichen Hochbauverwaltung zu einheitlichen Staatsbauämtern zusammengefasst. Die Veterinärämter wurden in die Landratsämter als untere staatliche Verwaltungsbehörde eingegliedert.[584] In anderen Fällen, etwa bei dem Projekt der Eingliederung der staatlichen Gesundheitsämter in die Kreisverwaltungen, scheiterte das Vorhaben zunächst am Widerstand der betroffenen Spezialverwaltung bzw. ihres Ressorts.[585]
Der Aufgabenzuschnitt der Verwaltungsgemeinschaften und der verbandsfreien Gemeinden im Bereich der staatlichen Auftragsangelegenheiten wurde durch das 11. Gesetz über die Verwaltungsvereinfachung im Land Rheinland-Pfalz neu festgelegt.[586] Für eine Delegation schienen solche Aufgaben besonders geeignet, die sich als publikumsintensiv erwiesen, die im Zusammenhang mit Aufgaben standen, die bereits auf der unteren Ebene der Verwaltung wahrgenommen wurden und bei denen die Entscheidung bereits weitgehend auf der unteren Ebene vorbereitet wurde oder zu deren Erledigung besondere Ortskenntnisse erforderlich waren. Dementsprechend belief sich im Jahr 1973 die Aufgabenausstattung der Verbandsgemeinden und der verbandsfreien Gemeinden im Bereich der staatlichen Auftragsverwaltung auf 408 Zuständigkeiten, wovon 237 im Zuge der Funktionalreform neu übertragen worden waren. Die Schwerpunkte lagen dabei im Bereich der Ortspolizeibehörde sowie im Bereich der Landwirtschaftsverwaltung.[587]

---

584 Miller, a.a.O., S. 610

585 Vgl. dazu auch Siedentopf, „Verwaltungsreform", S. 379

586 GVBl. S. 68, geändert durch Landesgesetz vom 01.12.1971 (GVBl. S. 261)

587 Sonderarbeitskreis der Ständigen Konferenz der Innenminister der Länder: „Mittelinstanzbericht", S. 28

## 6.4 Erste aktuelle Modernisierungsphase

Nachdem die Diskussion über die Reform der öffentlichen Verwaltung in Rheinland-Pfalz Anfang der 80er Jahre „im Sande verlaufen ist"[588], waren neue Impulse erst ab dem Jahr 1987 zu verzeichnen. In der Regierungserklärung vom 23.06.1987 kündigte die Landesregierung die Weiterführung der Verwaltungsvereinfachung an. Sie bestätigte dieses Anliegen in der Regierungserklärung vom 19.01.1989. Ihre Grundintention, in welcher Weise die staatliche Leitungs- und Leistungsfähigkeit gestärkt werden solle, wurde in einem Bericht über die Fortführung der Verwaltungsvereinfachung präzisiert.[589]

### 6.4.1 Bericht der Landesregierung über die Fortführung der Verwaltungsvereinfachung

#### 6.4.1.1 Leitlinien

Hervorzuheben in diesem Bericht sind zunächst einige Grundüberlegungen, die Maßstab für Einzelmaßnahmen sein sollten. Dazu gehört die besondere Betonung des Subsidiaritätsprinzips als Leitlinie für die Aufgabenzuordnung im hierarchisch organisierten Behördenaufbau der unmittelbaren und mittelbaren Landesverwaltung. Das Subsidiaritätsprinzip soll weiter auch die Aufgabenverteilung zwischen Land und kommunalen Gebietskörperschaften prägen. Kommunale Selbstverwaltung soll durch weiteren Rückzug des Staates aus der Einwirkung auf die Gemeinden gesichert werden. Herausgestellt wird die besondere Eignung der Gemeinden, öffentliche Aufgaben bürgernah zu vollziehen. Deshalb sollen weitere Landesaufgaben zu Gunsten einer Stärkung der kommunalen Selbstverwaltung abgebaut werden.

Von Bedeutung sind auch die Leitlinien zur Behördenorganisation, die u.a. das Verhältnis der allgemeinen Verwaltungsbehörden zu den sog. Sonderbehörden zum Gegenstand haben:
Die Bündelung möglichst vieler Aufgaben in den allgemeinen Verwaltungsbehörden (Bezirksregierungen, Kreisverwaltungen, Gemeindeverwaltungen) schafft besonders günstige Voraussetzungen für allseits abgewogene, an ganzheitlicher Betrachtung orientierte integrative Entscheidungen. Sie wird dort umso dringlicher, wo die Aufgabenteilung dazu führt, dass es im Bereich der nachgeordneten Behörden keinen Ausgleich für den sektoralen Aufgabenzuschnitt auf der Ministerialebene gibt, wo also in besonderen Lagen erst der Ministerrat

[588] Böhr, Christoph, in: Die Rheinpfalz vom 13.07.94
[589] Landtag Rheinland-Pfalz, „Bericht"

erstinstanzlich umfassend zuständige Stelle für Reaktionen der Landesverwaltung ist.
Besondere Verwaltungsbehörden sollen nur noch dort fortbestehen, wo die Besonderheit der Aufgabe oder die Wirtschaftlichkeit der Verwaltung dies erfordern. Sonderbehörden sollen sich deshalb möglichst nicht mit Aufgaben befassen, die den Verwaltungsvollzug gegenüber dem Bürger betreffen; hierfür und für die daraus entstehenden Folgearbeiten (Rechtsmittelverfahren, Vollstreckung usw.) haben regelmäßig nur die allgemeinen Verwaltungsbehörden wirtschaftlich vertretbar die erforderlichen Ressourcen.
Die Eingliederung von besonderen Verwaltungsbehörden in die Behörden der allgemeinen Verwaltung bietet erfahrungsgemäß gegenüber einer nur aufsichtsmäßigen Unterstellung günstigere Voraussetzungen für die Vereinfachung komplexer Verfahrensabläufe. Bei der Einbindung besonderer Verwaltungsbehörden in allgemeine Verwaltungsbehörden sind die Belange des ländlichen Raumes, die Stabilisierung seiner Siedlungsstruktur, seiner Entwicklungschancen, die Erhaltung seiner Arbeitsplätze sowie die Bedeutung von Behördensitzen für zentral örtliche Funktionen seiner Städte zu berücksichtigen. Berücksichtigt werden auch die Belange der betroffenen Mitarbeiter, die häufig an bestehende Behördenstandorte gebunden sind.
Der integrative Ansatz bedingt jedoch nicht eine räumliche, sondern vielmehr eine organisatorische Zusammenfassung der Landesbehörden auf der unteren und mittleren Verwaltungsebene. Die Ziele der Fortführung der Verwaltungsvereinfachung, nämlich engere Zusammenarbeit sowie Beschleunigung und Vereinfachung der Arbeitsabläufe, sind mit Hilfe der neuen Informations- und Kommunikationstechnik und einer modernen Verwaltungsorganisation erreichbar. Durch das Verknüpfen des Fachwissens der Sonderverwaltung mit der Erfahrung der allgemeinen Verwaltung sowie durch konsequente innerbehördliche Delegation der Aufgaben und Befugnisse kann die Verwaltung grundsätzlich auch ohne räumliche Zusammenführung an Effizienz gewinnen.[590]

#### 6.4.1.2 Vorhaben zur Weiterführung der Verwaltungsvereinfachung

Auf der Basis der genannten Leitlinien sah die Landesregierung folgende Möglichkeiten für die Weiterführung der Verwaltungsvereinfachung in Rheinland-Pfalz, die sich auf die Behördenorganisation beziehen:
Nach der Eingliederung der Veterinärämter in die Kreisverwaltungen solle der Konzentrationsprozess auf Kreisebene durch die Eingliederung der Gesundheitsämter in die Kreisverwaltungen als untere Behörde der allgemeinen Landesverwaltung weitergeführt werden. Weiter sollten die auf den Landwirtschaftssektor bezogenen Hoheitsaufgaben zusammen mit der Durchführung der Agrarförderung den Kreisverwaltungen zugewiesen werden. Auch der schul-

[590] Landtag Rheinland-Pfalz, „Bericht", S. 3 f.

psychologische Dienst solle in die Kreisverwaltung als untere Behörde der allgemeinen Landesverwaltung eingegliedert werden.
Für den Bereich der mittleren staatlichen Verwaltungsebene wurden organisatorische Veränderungen in der Gewerbeaufsichtsverwaltung diskutiert. Ein Lösungsansatz bestand darin, die Gewerbeaufsichtsämter voll in die Bezirksregierungen zu integrieren. Ein weiterer Lösungsansatz sah die Bildung eines Gewerbeaufsichtsreferates bei den Bezirksregierungen vor, wobei die Gewerbeaufsichtsämter unter Beibehaltung ihrer derzeitigen Organisationsstruktur als selbständige Sonderbehörden der Dienst- und Fachaufsicht der Bezirksregierungen unterstellt wurden. Ein dritter Lösungsansatz enthielt die organisatorische Zusammenfassung der Gewerbeaufsichtsämter und Wasserwirtschaftsämter zu Umweltämtern als zwischen der oberen und unteren Verwaltungsstufe eingerichtete und der Dienst- sowie der Fachaufsicht der Bezirksregierungen unterstellte Sonderbehörden.
Für den Bereich der Wasserwirtschaftsverwaltung wurde in der Integration der Wasserwirtschaftsämter in die Bezirksregierungen, bei der die Leiter der Wasserwirtschaftsämter fachliche Mitreferenten in einem Wasserrechtsreferat werden, eine organisatorisch besonders günstige Lösung für die Erreichung von Effizienzsteigerungen gesehen. Hinsichtlich der Straßenverwaltung wurde die Alternative herausgestellt, ob deren Aufgaben ganz oder teilweise unter dem Gesichtspunkt der integrativen Verwaltung auf die Bezirksregierungen verlagert werden könnten, oder ob die Planfeststellung aus Gründen der Wirtschaftlichkeit und Effizienz insgesamt auf die Landesstraßenverwaltung übertragen werden solle. Für den Bereich der Bodenordnung wurde wegen der Einbindung der oberen Flurbereinigungsbehörde in die allgemeine innere Verwaltung es als naheliegend angesehen, auch die Kulturämter in die staatliche Mittelinstanz einzugliedern.

Handlungsbedarf im Sinne einer Konzentration wurde auch bei anderen Sonderbehörden gesehen. Diese sollten zusammengeführt werden, wenn sie gleiche, gleichartige oder zusammenhängende Aufgaben wahrnähmen oder mit gleichen bzw. ähnlichen sächlichen Verwaltungsmitteln ausgestattet seien. Dementsprechend wurde das Landesrechenzentrum in das Statistische Landesamt eingegliedert. Die Landesausführungsbehörde für Unfallversicherung wurde mit dem Gemeindeunfallversicherungsverband zusammengelegt.
Das Landesamt für Umweltschutz und Gewerbeaufsicht solle von der Wahrnehmung von Vollzugsaufgaben entlastet und verstärkt auf Sachverständigentätigkeit ausgerichtet werden. Auf Grund der engen sachlichen Zusammenhänge mit den Aufgaben der Wasserwirtschaftsverwaltung solle das Landesamt für Umweltschutz und Gewerbeaufsicht mit dem Landesamt für Wasserwirtschaft zusammengefasst werden.
Die vier Chemischen Untersuchungsämter sollten organisatorisch zu einem Chemischen Untersuchungsamt zusammengefasst werden. Wegen der engen

Aufgabenverzahnung solle darüber hinaus das Landesveterinäruntersuchungsamt mit dem Chemischen Untersuchungsamt zusammengeführt werden. Geprüft werden solle darüber hinaus, inwieweit eine Eingliederung der Medizinaluntersuchungsämter in das Chemische Untersuchungsamt möglich und sinnvoll erscheine. Stärker konzentriert werden sollten auch zentrale Einrichtungen der Polizei.[591]

### 6.4.2 Landtagsbeschluss über die Fortführung der Verwaltungsvereinfachung

Der Landtag forderte in seinem Beschluss zur Fortführung der Verwaltungsvereinfachung vom 23.03.1990 die seinerzeitige Landesregierung auf, die von ihr im September 1989 angekündigten Maßnahmen zur Fortführung der Verwaltungsvereinfachung in Rheinland-Pfalz zügig umzusetzen. Darüber hinaus wurde die Landesregierung aufgefordert, weitere konkrete Maßnahmen zur Verwaltungsvereinfachung einzuleiten mit dem Ziel, sie noch in der 11. Legislaturperiode umzusetzen.[592]
Dazu gehörte zunächst ein umfassender Prüfauftrag bezüglich der für eine Privatisierung in Betracht kommenden Aufgabenfelder. Einen besonderen Schwerpunkt stellte der Komplex „Aufgabenverlagerung nach unten" dar. Nach Auffassung des Landtags sollten alle Aufgaben und Zuständigkeiten der Mittelbewirtschaftung sowie der Bewilligung einschließlich der Begleitmaßnahmen für alle Förderungs-, Zuschuss- und Zuweisungsentscheidungen auf nachgeordnete Behörden übertragen werden, es sei denn, es handele sich um Schwerpunktmaßnahmen, Maßnahmen mit herausragender landespolitischer oder struktureller Bedeutung oder bezirksübergreifende Vorhaben. Dementsprechend sollten alle Fördermaßnahmen aus dem Bereich der Landwirtschaft auf die Kreisverwaltungen übertragen werden mit Ausnahme von Maßnahmen, die besonderen fachlichen Sachverstand erfordern. Die Zuständigkeit für die Wohnungsbauförderung im sozialen Wohnungsbau hinsichtlich des Eigentumsprogramms solle auf die unteren Verwaltungsbehörden übertragen werden. Darüber hinaus wurden weitere Möglichkeiten zur Aufgabenverlagerung sowohl von der Ministerialebene auf die mittlere staatliche Verwaltungsebene als auch von der staatlichen Mittelinstanz auf die Kreisstufe herausgestellt.

Nach weiteren konkreten Anregungen zum Abbau von Mitwirkungserfordernissen sowie Zustimmungs- und Genehmigungsvorbehalten äußerte sich der Landtag auch zur Behördenstruktur. Hier wurden folgende Felder genannt:

---

[591] Landtag Rheinland-Pfalz, „Bericht", S. 6 ff.
[592] Beschluß zu Drucksache 11/3843

1. Neuorganisation der Staatsbauverwaltung,
2. Neuordnung des schulpsychologischen Dienstes,
3. Zusammenfassung des Landesamtes für Umweltschutz und Gewerbeaufsicht mit dem Landesamt für Wasserwirtschaft,
4. organisatorische Zusammenfassung der vier Chemischen Untersuchungsämter zu einem Chemischen Untersuchungsamt,
5. Zusammenführung des Landesveterinäruntersuchungsamtes mit dem Chemischen Untersuchungsamt,
6. Zusammenfassung der Straßenbau- und Straßenneubauämter,
7. organisatorische Eingliederung der Gesundheitsämter in die Kreisverwaltungen als Behörden der allgemeinen Landesverwaltung,
8. Umsetzung der Agrarverwaltungsreform,
9. Überprüfung der Forstorganisation.

Als wesentlich wurde dabei vom Landtag betont, die bisherigen Behördenstandorte im ländlichen Raum beizubehalten.[593]

Insbesondere dieses Maßnahmenbündel wies zahlreiche Parallelen zu den Aufgabenzuordnungsvorschlägen auf, die von der nach dem damaligen Koblenzer Regierungspräsidenten Dr. Zwanziger benannten, von der rheinland-pfälzischen CDU eingesetzten, Kommission erarbeitet wurden. In ihrem im Oktober 1989 herausgegebenen Bericht[594] wurden die in der CDU Rheinland-Pfalz, der Kommunalpolitischen Vereinigung und der CDU-Landtagsfraktion zur Thematik der Verwaltung in Rheinland-Pfalz in den 90er Jahren geführten Diskussionen und Beratungsergebnisse aufgearbeitet, zusammengefasst und erweitert. Die Diskussion des Berichts auf dem Landesparteitag am 02. und 03. März 1990 erfolgte unter ausdrücklicher Bezugnahme auf die Ankündigungen der Landesregierung in den Regierungserklärungen vom 23.06.1987 und 18.09.1989, die staatliche Leitungs- und Leistungsfähigkeit zu stärken und dem Bürger und der Selbstverwaltung mehr Raum zu geben. Hervorgehoben wurde dabei die Notwendigkeit, einen wesentlichen Teil der Reformvorschläge noch in der 11. Legislaturperiode zu verwirklichen und damit ein deutliches Zeichen zur Verbesserung der Effizienz und Struktur der Landesverwaltung zu setzen.[595]

### 6.4.3 Kontinuität nach Regierungswechsel

Nach der Landtagswahl im Frühjahr 1991 übernahm erstmals in der Geschichte des Landes Rheinland-Pfalz eine von Sozialdemokraten und Liberalen getragene Landesregierung die Verantwortung für das Land. Schon die Koalitionsver-

---

[593] Beschluß zu Drucksache 11/3843, S. 2 ff.
[594] CDU-Landesverband Rheinland-Pfalz, „Zwanziger-Kommission“
[595] Stimme der Union Rheinland-Pfalz, „Landesparteitag“, S. 63

einbarung der die Regierung tragenden Parteien zeigte die Absicht, die Verwaltungsvereinfachung auch in der neuen Legislaturperiode fortzuführen, wenn dort ausgeführt wurde: „Die neue Landesregierung wird die Gesetze und die Behörden des Landes auf den Prüfstand stellen und sie, wo erforderlich, reformieren. Die neue Landesregierung ist entschlossen, die Einrichtungen des Landes wirksam und bürgernah zu reformieren. ... Die Landesregierung wird im Zuge der Verwaltungsvereinfachung nach einer Einzelfallprüfung Sonderbehörden in die allgemeine Verwaltung unter Aufrechterhaltung von Standorten eingliedern."[596]
Folgerichtig wurde dies auch in den Regierungserklärungen des Ministerpräsidenten Scharping vom 05.06.1991 - Auftrag zu einer neuen Politik - und vom 24.03.1993 als Ziel rheinland-pfälzischer Politik aufgenommen. Hervorgehoben wurde die Notwendigkeit, die Modernisierung der staatlichen Verwaltung insgesamt fortzusetzen und damit die Effizienz der öffentlichen Verwaltung und damit auch des Einsatzes von Steuermitteln zu steigern.[597]
Eine Große Anfrage der Fraktion der F.D.P. zum Thema „Verwaltungsvereinfachung"[598] gab der Landesregierung Anlass für eine Zwischenbilanz über konkrete Ergebnisse der Verwaltungsvereinfachung in Rheinland-Pfalz:[599]

### 6.4.3.1 Aufgabenverlagerung

Bei der Aufgabenverlagerung als Mittel der Funktionalreform wurde von dem Grundsatz ausgegangen, dass Verwaltungsangelegenheiten möglichst weit unten, d.h. in engster Nähe zum Bürger erledigt werden müssen. Aus diesem Grund sollten oberste Landesbehörden grundsätzlich keine Verwaltungsaufgaben wahrnehmen. Als Voraussetzung für eine Delegation wurde betont, dass die zu verlagernden Aufgaben nach Anzahl und Art der Leistungsfähigkeit der zukünftig zuständigen Behörden entsprächen.

Diesen Grundsätzen folgend wurden im Bereich der Personalverwaltung durch das Landesgesetz zur Änderung des Landesbeamtengesetzes und des Landesrichtergesetzes[600] und die Erste Landesverordnung zur Fortführung der Verwaltungsvereinfachung[601] zahlreiche Befugnisse auf den obersten Landesbehörden nachgeordnete Behörden delegiert. Auch im kommunalrechtlichen Bereich wurden einzelne Aufgaben vom Ministerium des Innern und für Sport auf die

---

[596] Koalitionsvereinbarung 1991, S. 2, 3, 43, zitiert nach: Staatskanzlei Rheinland-Pfalz, „Zwischenbericht 95", S. 15
[597] Zitiert nach: Staatskanzlei Rheinland-Pfalz, „Zwischenbericht 95", S. 15
[598] Landtag Rheinland-Pfalz, „Große Anfrage F.D.P."
[599] Landtag Rheinland-Pfalz, „Zwischenbilanz"
[600] vom 08. April 1991, GVBl. S. 109
[601] vom 21. Januar 1992, GVBl. S. 41

Bezirksregierungen delegiert. Beispielhaft seien genannt die Zuständigkeiten für die Entscheidung über die Änderung von Ortsgemeindenamen oder aber Entscheidungen im Zusammenhang mit der Neubildung von Ortsgemeinden.
Im Bereich staatlicher Förderung wurden im Geschäftsbereich des Ministeriums für Wirtschaft und Verkehr zahlreiche Zuständigkeiten der Mittelbewirtschaftung sowie der Bewilligung bei der Abwicklung der Förderprogramme im Bereich der regionalen Wirtschaftsförderung, der Mittelstandsförderprogramme, der Technologieförderung sowie der Förderung des öffentlichen Personennahverkehrs einschließlich des kommunalen Verkehrswegebaues auf nachgeordnete Behörden delegiert. Wirtschafts- und strukturpolitische Aufgaben bei der Anwendung der Handwerksordnung, des Gesetzes zur Bekämpfung der Schwarzarbeit, der Gewerbeordnung und gewerberechtlicher Nebengesetze, des Gaststättengesetzes sowie des Schornsteinfegergesetzes wurden auf untere Verwaltungsebenen verlagert.

Im Bereich des Verkehrsrechts erfolgten Aufgabenverlagerungen von den Bezirksregierungen auf die unteren Straßenverkehrsbehörden. Dagegen waren die Bezirksregierungen Adressat der Übertragung von Zuständigkeiten auf dem Gebiet des Luftverkehrsgesetzes. Im Bereich der Straßenverwaltung wurden die Zuständigkeiten für die Widmung, Umstufung und Einziehung von Bundesautobahnen, Bundesstraßen und Landesstraßen vom Ministerium für Wirtschaft und Verkehr auf die Straßenverwaltung Rheinland-Pfalz übertragen. Im Sozialhilferecht wurde durch Artikel 14 der Ersten Landesverordnung zur Fortführung der Verwaltungsvereinfachung[602] zum 01.07.1992 den kreisfreien Städten und Landkreisen die Durchführung aller Hilfen in besonderen Lebenslagen im Rahmen des § 100 Abs. 1 Nr. 1 BSHG übertragen, soweit sie nicht in bestimmten überregionalen Anstalten, Heimen oder gleichartigen Einrichtungen zu leisten sind. Mit der durch diese Änderung bewirkten Verlagerung von Aufgaben des Landesamtes für Jugend und Soziales Rheinland-Pfalz als die Aufgaben des überörtlichen Trägers der Sozialhilfe durchführende Zentralbehörde wurden zusätzliche Aufgaben dieser Behörde auf die Landkreise und kreisfreie Städte übertragen.

Die lebensmittelrechtliche Weinüberwachung auf der Ebene der Einzelhandelsgeschäfte und Gaststätten wurde durch Artikel 4 Abs. 2 des Ersten Landesgesetzes zur Fortführung der Verwaltungsvereinfachung[603] von den Bezirksregierungen auf die Kreisverwaltungen bzw. die Verwaltungen der kreisfreien Städte verlagert. Mit dem Landesgesetz zur Änderung des Landeswassergesetzes und

[602] vom 21.01.1992, GVBl. S. 41
[603] vom 08.04.1991, GVBl. S. 104

des Landesfischereigesetzes[604] wurden auch die Zuständigkeiten der unteren Wasserbehörden erweitert.
Auch der Bereich des Landesabfallwirtschafts- und Altlastengesetzes war Gegenstand von Delegationen. So wurden durch das Landesabfallwirtschafts- und Altlastengesetz in der Fassung vom 30.04.1991[605] die Überwachung der Getrennthaltung von Siedlungs- und Sonderabfällen, die Beseitigung illegaler Autowrackanlagen, die Beseitigung verbotswidrig entsorgter Sonderabfälle sowie die Erteilung von Ansammlungs- und Beförderungsgenehmigungen für Abfälle, deren Entsorgung von der zuständigen Körperschaft nicht ausgeschlossen ist, auf die Landkreise und kreisfreien Städte als untere Abfallbehörden übertragen. Weitere Delegationen erfolgten im Sammlungsrecht, Staatsangehörigkeitsrecht und im Landesplanungsrecht.

#### 6.4.3.2 Abbau von Mitwirkungserfordernissen, Zustimmungs- und Genehmigungsvorbehalten

Im Hinblick auf das Ziel einer größtmöglichen Verfahrensbeschleunigung wurde auch dem Thema der zwischenbehördlichen Abstimmungen Aufmerksamkeit geschenkt. Zustimmungs- und Genehmigungsvorbehalte sollten nicht als Aufsichtsmittel eingesetzt werden. Als Grundprinzip wurde betont, dass möglichst viele Entscheidungen von jeweils einer Behörde ohne Mitwirkung der nächsthöheren Ebene bzw. einer Fachbehörde getroffen werden könnten.
Dementsprechend wurden im Landesbeamtengesetz mehrere Zustimmungserfordernisse insbesondere durch den Innenminister abgebaut, in der Laufbahnverordnung wurden Mitwirkungserfordernisse vor allem oberster Landesbehörden gestrichen. Im Kommunalrecht wurde die Verpflichtung aufgehoben, nicht genehmigungsbedürftige Satzungen vor ihrer öffentlichen Bekanntmachung der Aufsichtsbehörde vorzulegen. Gleiches gilt für die in bestimmten Fällen der Veräußerung von Gemeindevermögen bestehende Verpflichtung, die Genehmigung der Aufsichtsbehörde einzuholen sowie für die Genehmigungspflicht des Höchstbetrages der Kassenkredite. Auch im Haushaltsrecht, im Verkehrsrecht und im Bauordnungsrecht wurden Genehmigungs- und Vorlagepflichten sowie Zustimmungsvorbehalte aufgehoben.

#### 6.4.3.3 Veränderung der Behördenstruktur und Verbesserung der innerbehördlichen Verwaltungsorganisation

Der diesbezüglichen Zwischenbilanz wurden einige Grundaussagen vorangestellt, die die Grundphilosophie der Landesregierung zum Ausdruck bringen:

---

[604] vom 07.12.1990, GVBl. S. 333
[605] GVBl. S. 152

- Die Bündelung möglichst vieler Aufgaben in den allgemeinen Verwaltungsbehörden, also den Bezirksregierungen, Kreisverwaltungen und den Gemeindeverwaltungen, schafft besonders günstige Voraussetzungen für allseits abgewogene, an ganzheitlicher Betrachtung orientierte Entscheidungen.
- Die Landesregierung richtet ihr Augenmerk auch auf die Eingliederung von Sonderbehörden in die Behörden der allgemeinen Verwaltung. Die Eingliederung von besonderen Verwaltungsbehörden in die Behörden der allgemeinen Verwaltung bietet erfahrungsgemäß gegenüber einer nur aufsichtsmäßigen Unterstellung günstigere Voraussetzungen für die Vereinfachung komplexer Verfahrensabläufe.
- Die Verbesserung der innerbehördlichen Verwaltungsorganisation trägt erheblich dazu bei, die Entscheidungsfähigkeit und die Verwaltungskraft der Landesbehörden zu stärken. Dazu soll die Informationstechnik verstärkt eingesetzt werden. Entscheidungsgrundlagen können durch den Technikeinsatz wesentlich verbessert werden.[606]

Aus der Vielzahl der konkreten Umsetzungsmaßnahmen sind erwähnenswert:

- Zum 01. Mai 1992 wurden die beiden Bergämter Koblenz und Bad Kreuznach zu einem Bergamt Rheinland-Pfalz mit Sitz in Koblenz zusammengefasst.
- Die für den Bereich des Landesbaues dreistufig aufgebaute Staatsbauverwaltung wurde mit Wirkung vom 01. Juli 1992 im baulichen Verfahren zweistufig organisiert. Dadurch entfiel bei der Vorbereitung und Durchführung von staatlichen Hochbaumaßnahmen des Landes die Mitwirkung der Oberfinanzdirektion Koblenz - Landesvermögens- und Bauabteilung - in Mainz als technische Aufsichtsbehörde in der Mittelinstanz. Die für Bauaufgaben des Landes zuständigen 7 Staatsbauämter wurden in baufachlichen Angelegenheiten unmittelbar dem Ministerium der Finanzen unterstellt.[607]
- Zum 01. September 1993 wurde die rheinland-pfälzische Polizei grundlegend neu organisiert. Während sie auf der Ebene des Ministeriums des Innern und für Sport und der Bezirksregierungen in die allgemeine innere Verwaltung eingegliedert blieb, wurde sie unterhalb der Bezirksregierungen unter Lösung von den Grenzen der Gebietskörperschaften nach einsatztaktischen und kriminalgeographischen Gesichtspunkten neu strukturiert. Die organisatorische Grundstruktur ist seitdem durch 5 Polizeipräsidien gekennzeichnet, denen je eine Kriminal- und Verkehrsdirektion sowie regionale Polizeidirektionen zugeordnet sind.[608]

---

[606] Landtag Rheinland-Pfalz, „Zwischenbilanz“, S. 14
[607] Landtag Rheinland-Pfalz, a.a.O., S. 14 - 16
[608] Ministerium des Innern und für Sport, „Polizeireform“

- Mit Wirkung vom 01. Oktober 1993 wurde die Investitions- und Strukturbank GmbH gegründet, die am 01. Januar 1994 ihre Geschäftstätigkeit aufnahm. Sie dient der Durchsetzung wirtschafts- und strukturpolitischer Ziele der Landesregierung. Die Finanzierungs-Aktiengesellschaft Rheinland-Pfalz und die Rheinland-pfälzische Gesellschaft für Wirtschaftsförderung mbH wurden mit der Investitions- und Strukturbank verschmolzen mit der Folge der Konzentration von Wirtschaftsförderungsaktivitäten unter einem Dach.[609]
- Auf Grund des Gesetzes über die Errichtung des Daten- und Informationszentrums Rheinland-Pfalz[610] wurden zum 01. Januar 1996 die beiden bisherigen Rechenzentren des Statistischen Landesamtes und das Rechenzentrum der Finanzverwaltung bei der Oberfinanzdirektion Koblenz unter einem einheitlichen Dach zusammengeführt. [611]

## 6.5 Zweite aktuelle Modernisierungsphase

Als zeitlicher Ausgangspunkt für die zweite Modernisierungsphase kann der im Jahr 1994 eingetretene Wechsel im Amt des Ministerpräsidenten von Rheinland-Pfalz angesehen werden. So kündigte der neue Ministerpräsident Kurt Beck in seiner ersten Regierungserklärung vom 27. Oktober 1994 eine umfassende Verwaltungsmodernisierung in Fortführung der Straffung der Regierungsarbeit an.[612] Der damit angesprochene breitere Ansatz beruhte auf der Erkenntnis, dass trotz erfolgreicher Einzelvorhaben in der Vergangenheit sich die Rahmenbedingungen für die öffentlichen Verwaltungen drastisch veränderten und es daher zusätzlicher Instrumente bedurfte, um mit der Entwicklung im Umfeld der öffentlichen Verwaltung Schritt zu halten. Als besonders wesentliche Faktoren wurden dabei die angespannte Haushaltslage, besonders die aus den Landesaufgaben resultierenden Personalhaushalte, die Mittel in der Größenordnung von über 41 % des gesamten Landeshaushalts beanspruchten, die demographische Entwicklung sowie das sich wandelnde Verständnis der Bürgerinnen und Bürger über Art und Umfang staatlicher Aufgaben herausgestellt.[613] Als neuer wichtiger Impuls war in diesem Zusammenhang die Ankündigung des Ministerpräsidenten in seiner Regierungserklärung zu sehen, eine Modernisierungskommission unter Leitung eines externen Fachwissenschaftlers zu berufen.

[609] Staatskanzlei Rheinland-Pfalz, „Zwischenbericht 95“, S. 19
[610] GVBl.1995, S. 447 ff.
[611] Staatskanzlei Rheinland-Pfalz „Bilanzierung“, S. 50 f.
[612] Staatskanzlei Rheinland-Pfalz, „Auf gutem Weg“, S. 14
[613] Rüter, „Moderne öffentliche Verwaltung“, S. 909

### 6.5.1 Verwaltungsmodernisierungskommission

Der Ankündigung des Ministerpräsidenten entsprechend konstituierte sich am 13. Dezember 1994 die Verwaltungsmodernisierungskommission (VMK) als Koordinierungs- und Bündelungsstelle der Verwaltungsmodernisierung in Rheinland-Pfalz. Zu ihren Aufgaben gehörte die Initiierung von Modernisierungsvorhaben, die kritische Begleitung von Modellprojekten, die Auswertung und der Transfer vorhandener Erfahrungen und die Evaluierung von Modernisierungsergebnissen.[614]
Die VMK wurde unmittelbar dem Ministerpräsidenten unterstellt. Sie wurde organisatorisch durch den Chef der Staatskanzlei, Staatssekretär Klaus Rüter, und fachlich/wissenschaftlich durch Universitätsprofessor Dr. Carl Böhret von der Hochschule für Verwaltungswissenschaften Speyer geleitet. Weitere Kommissionsmitglieder waren die Staatssekretäre des Ministeriums des Innern und für Sport, des Ministeriums der Finanzen, des Ministeriums für Wirtschaft, Verkehr, Landwirtschaft und Weinbau, des Ministeriums für Bildung, Wissenschaft und Weiterbildung und des Ministeriums für Kultur, Jugend, Familie und Frauen. Weitere Mitglieder waren ein Vertreter der Arbeitsgemeinschaft der Personalräte der Ministerien, Präsident der Handwerkskammer a.D. Paul Sauer, das ehemalige Vorstandsmitglied der Pfaff-AG Kurt Willenbacher, Universitätsprofessorin Gisela Färber und Universitätsprofessor Dieter Sadowsky als Vertreter der Wissenschaft, Regierungspräsident a.D. Gerhard Schwetje für den Bereich der staatlichen Mittelinstanz, Oberbürgermeister a.D. Dr. Werner Ludwig für den kommunalen Bereich sowie Dietmar Muscheid als Vertreter der Gewerkschaften.[615]

Der Kommission stand ein Beirat zur Seite, dem Vertreter/innen wichtiger gesellschaftlicher Gruppen wie z.B. der Kommunalen Spitzenverbände, der Gewerkschaften, der Arbeitgeber, der Kommunen und der Landtagsfraktionen angehörten. Über diesen Beirat erhielt die VMK wichtige Impulse. So geht etwa die Gründung der „Wissenschaftlichen Dokumentations- und Transferstelle für Verwaltungsmodernisierung in den Ländern“ am Forschungsinstitut für öffentliche Verwaltung bei der Hochschule für Verwaltungswissenschaften Speyer auf eine Anregung des Beirates zurück, die von der Kommission aufgegriffen wurde.[616]

Zur geschäftsmäßigen Bewältigung der Aufgaben der VMK wurde bei der Staatskanzlei eine Geschäftsstelle gebildet, die für spezielle Untersuchungsaufträge auf dem Abordnungswege personell verstärkt wurde. Um vorhandenes

[614] Landtag Rheinland-Pfalz, „Verwaltungsmodernisierung“, S. 1
[615] Staatskanzlei Rheinland-Pfalz, „VMK“, S. 2
[616] Staatskanzel Rheinland-Pfalz, „Dokumentations- und Transferstelle“, S. 1 f.

Modernisierungs-Know how besser zu nutzen, unterhielt die Geschäftsstelle Kontakte zu den entsprechenden Stellen anderer Landesregierungen sowie zu der Wissenschaftlichen Dokumentations- und Transferstelle in Speyer. In den verschiedenen Ressorts sowie bei den Bezirksregierungen unterstützten Modernisierungsbeauftragte die VMK und ihre Geschäftsstelle.

Die VMK griff neben der Empfehlung konkreter Modernisierungsmaßnahmen, wie z.B. Erleichterungen im Meldewesen oder Vereinfachung des Reisekostenrechts, [617] auch grundsätzliche Probleme innerhalb der nachstehenden Modernisierungsfelder auf:

- Aufgabenkritik und Aufgabenumbau;
- Fortsetzung der Rechtsvereinfachung und Einführung von Gesetzesfolgenabschätzung;
- Rationalisierung von Entscheidungsstrukturen unter besonderer Berücksichtigung des politischen Controlling, Verbesserung der internen Verfahren und der angemessenen Restrukturierung der Landesverwaltung;
- zweckmäßige Einführung/Verbreitung neuer Steuerungsinstrumente (Budgetierung, Controlling, Total quality Management);
- weitere Verbesserung des leitbildorientierten Personalmanagements (insbesondere Personalmobilität, zielorientierte Führung, projektorientierte Fortbildung, Rationalisierung des Dienstrechts).[618]

In ihren Arbeitsgruppen „Verfahrensbeschleunigung" (gemeinsam mit der Zukunftsinitiative Rheinland-Pfalz), „Haushaltsflexibilisierung", „Implementation Leitbild" sowie „Aufgabenkritik" wurden Ausgangspositionen für den Modernisierungsprozess erarbeitet. Zum Thema Verfahrensbeschleunigung gab die VMK darüber hinaus die konkrete Empfehlung, zur Optimierung des innerbehördlichen Verfahrensablaufs für größere Verfahren bei den staatlichen Stellen verantwortliche Projektleiter mit Koordinations- und Weisungsbefugnissen einzusetzen.[619]

Aus den zahlreichen Initiativen[620] der VMK müssen einige hervorgehoben werden, die als zentrale Projekte der Verwaltungsmodernisierung in Rheinland-Pfalz bezeichnet werden können.

[617] Vgl. dazu näher Staatskanzlei Rheinland-Pfalz, „Beschlüsse der VMK", S. 1 f.
[618] Rüter, „Moderne öffentliche Verwaltung", S. 909
[619] Staatskanzlei Rheinland-Pfalz, a.a.O., S. 2
[620] Staatskanzlei Rheinland-Pfalz, „VMK", S. 3

### 6.5.2 Zentrale Projekte der Verwaltungsmodernisierung

#### 6.5.2.1 Leitbild

Leitbilder gehören zu den sog. weichen Faktoren der Verwaltungsmodernisierung. Sie beschreiben in knapper Form das Selbstverständnis einer Organisation in Form einer Leitidee. Diese wird durch das Leitbild in drei Richtungen transportiert:

1. Ableitung von Leistungs- und Entwicklungszielen für die Organisation selbst;
2. Darstellung von Zielen für das Verhalten und das Handeln der Organisationsmitglieder;
3. Erhöhung der Akzeptanz der Organisation gegenüber dem Umfeld.[621]

Auf Initiative der VMK wurden zunächst in Form von Pilotprojekten ressortbezogene Leitbilder erstellt. Diese Pilotprojekte wurden im Ministerium für Umwelt und Forsten, in dessen Geschäftsbereich „Forsten" bereits ein Leitbild existierte, sowie im Ministerium für Arbeit, Soziales und Gesundheit durchgeführt. Die Erarbeitung sowie die Implementation der Leitbilder bestätigte zunächst die Erfahrung, dass bereits der Prozess der Leitbilderstellung zu einer unter den schwierigen Rahmenbedingungen der Verwaltungsmodernisierung nicht leichten, aber sehr fruchtbaren Diskussion innerhalb der Verwaltung führte.[622]
Deutlich wurde darüber hinaus, dass Leitbilder besonders erfolgreich im Rahmen eines umfassenden Modernisierungsprozesses eingeführt werden können, da sich dann die Wirkungen der verschiedenen Maßnahmen gegenseitig verstärken und darüber hinaus den Modernisierungsprozess verstetigen. Dieser Effekt trat sehr deutlich beim Leitbilderstellungsprozess im Ministerium für Arbeit, Soziales und Gesundheit zutage. Hierbei war besonders bemerkenswert, dass der Prozess einerseits zur Entwicklung einer Gesamtkonzeption zur Verbesserung der Führungsstruktur im Ministerium für Arbeit, Soziales und Gesundheit, andererseits aber auch zur Ableitung eines Leitbildes für den nachgeordneten Geschäftsbereich führte.[623]
Im Bereich der Landesforstverwaltung war das bereits bestehende Leitbild ein wesentlicher Faktor bei der Einführung des neuen Steuerungsmodells, was als Beleg für die Breitenwirkung dieses Instrumentes gewertet werden kann.

Die positiven Erfahrungen mit den Pilotprojekten veranlasste die VMK, der Staatskanzlei, der Vertretung des Landes beim Bund sowie allen Ministerien die

---

[621] Rüter, „Verwaltungsmodernisierung", S. 20
[622] Rüter, a.a.O., S. 21
[623] Staatskanzlei Rheinland-Pfalz, „Leitbilder", S. 9

Entwicklung und Einführung spezifischer Leitbilder zu empfehlen.[624] Dies führte in der Folgezeit zur Entwicklung weiterer Leitbilder etwa im Ministerium des Innern und für Sport sowie für die rheinland-pfälzische Polizei.[625]
Die rheinland-pfälzischen Beispiele zeigen, dass es für die Entwicklung und Einführung von Leitbildern durchaus unterschiedliche Wege geben kann. Eine Voraussetzung erscheint allerdings unabdingbar: Die Entwicklung von erfolgreichen Leitbildern setzt einerseits die intensive Beteiligung der Mitarbeiterinnen und Mitarbeiter voraus, andererseits muss sich aber auch die Behördenleitung zu deren Inhalten bekennen. Insofern muss der Leitbilderstellungsprozess sowohl eine bottom-up- als auch eine top-down-Komponente umfassen.[626]

#### 6.5.2.2 Gesetzesfolgenabschätzung

Die Gesetzesfolgenabschätzung (GFA) hat auf dem Feld der Gesetzgebungslehre in den vergangenen Jahren sehr an Bedeutung gewonnen. Sie soll einen Beitrag zur Optimierung des Rechtssetzungsprozesses leisten.[627] Ein hoher Stellenwert kommt ihr insbesondere in Form der prospektiven Gesetzesfolgenabschätzung zu, durch die die Wirksamkeit und die Folgen, die über die Wirksamkeit im engeren Sinne hinausgehen, mittels eines interdisziplinären Forschungsansatzes multidimensional erfasst und bewertet werden. Dies erfolgt durch eine Ex-ante-Analyse und die Bewertung der Auswirkungen von Regelungsalternativen bereits in einem sehr frühen Stadium des Gesetzgebungsverfahrens. Die Methodik der prospektiven Gesetzesfolgenabschätzung beruht in erster Linie auf der Szenario-Technik, die bereits für die Technikfolgenabschätzung erfolgreich eingesetzt wurde. Wesentliche Komponenten des Verfahrens sind:
- Analyse und Beurteilung des Problemfeldes,
- Ableitung des Regelungsbedarfs,
- Generierung verschiedener Regelungsalternativen (einschließlich des Status quo),
- Bestimmung der Regelungsfolgen und
- Prüfung der Vollziehbarkeit und Praktikabilität der Regelungen.[628]

Auf Empfehlung der VMK im Dezember 1995 wurde in Zusammenarbeit mit der Hochschule für Verwaltungswissenschaften Speyer das Instrument der prospektiven Gesetzesfolgenabschätzung am Beispiel des Zeugenschutzes theoretisch durchgespielt. Die allgemeine Methodik der Gesetzesfolgenabschätzung

---

[624] Staatskanzlei Rheinland-Pfalz, „Leitbilder", S. 9
[625] Abgedruckt in Staatskanzlei Rheinland-Pfalz, „Leitbilder", S. 56
[626] Staatskanzlei Rheinland-Pfalz, a.a.O., S. 42
[627] Zur Ableitung der Pflicht zur GFA aus Verfassungsrecht vgl. Köck, „Gesetzesfolgenabschätzung", S. 20
[628] Rüter, „Verwaltungsmodernisierung", S. 12 f.

wurde damit erstmals an einem konkreten Beispiel auf ihre Praxistauglichkeit hin überprüft. Auf die Erkenntnisse, die aus dieser beispielhaft durchgeführten Gesetzesfolgenabschätzung abzuleiten waren,[629] konnte der Minister des Innern und für Sport bei dem im April 1998 vorgestellten Entwurf eines Zeugenschutzgesetzes zurückgreifen. Mit diesem Gesetzentwurf befasste sich der Ministerrat in seiner Sitzung am 05. Mai 1998 und beschloss die Einbringung im Bundesrat.[630]

Das Ministerium für Umwelt und Forsten führte die prospektive Gesetzesfolgenabschätzung pilotweise am Beispiel des Landeswaldgesetzes durch. Dieses Projekt fand die ausdrückliche Zustimmung der beim Ministerium gebildeten Deregulierungskommission, die sich aus Vertretern der rheinland-pfälzischen Industrie, der Gewerkschaften und der Berufsgenossenschaften zusammensetzte, sowie der Arbeitsgemeinschaft der rheinland-pfälzischen Handwerkskammern.

Für die prospektive Gesetzesfolgenabschätzung am Vorhaben Landeswaldgesetz ließen sich drei wirkungs- und folgenanalytisch gestützte potentielle Regelungsalternativen identifizieren und beschreiben. Die entwickelten Alternativen wurden von unabhängigen Experten in einem ersten Schritt auf ihre innere Konsistenz überprüft und in einem zweiten Schritt in Gruppengesprächen in den Bereichen Ökologie, Ökonomie, Gesellschaft und Organisation bewertet. Die von den Experten in einem Punkt veränderte erste Programmalternative passte sich am besten in die systematische Entwicklung zur transindustriellen Gesellschaft ein, verhielt sich kohärent zu den politischen Zielen und ließ das günstigste Kosten-Effektivitäts-Verhältnis erwarten. Auf der Grundlage dieses Ergebnisses der prospektiven Gesetzesfolgenabschätzung wurde der Referentenentwurf auf der Grundlage der ersten Regelungsalternative erarbeitet. Nach der Erarbeitung des Referentenentwurfs wurden mehrere Vorschriften mit Methoden der begleitenden Gesetzesfolgenabschätzung (u.a. Nutzwertanalyse, Kostenanalyse, Leistungsanalyse, Schnittstellenanalyse) geprüft, wobei z.B. Kostenentwicklungen, Zielerreichungsgrad und Praktikabilität als Prüfziele bestimmt wurden. Als Fazit dieses Pilotprojektes, das durch erstmalige Integration von prospektiver und begleitender Gesetzesfolgenabschätzung gekennzeichnet war, lässt sich festhalten, dass die Gesetzesfolgenabschätzung bei der Erstellung des Entwurfs hilfreich war.[631]

Nach der erfolgreichen Erprobung der prospektiven Gesetzesfolgenabschätzung an den beiden Beispielen „Zeugenschutzgesetz“ und „Landeswaldgesetz“ er-

---

[629] dargestellt in Staatskanzlei Rheinland-Pfalz, „Gesetzesfolgenabschätzung“, S. 8 ff.
[630] Staatskanzlei Rheinland-Pfalz, „Einführung“, S. 1
[631] Staatskanzlei Rheinland-Pfalz, „Bilanzierung“, S. 45 f.

stellte die Landesregierung in Zusammenarbeit mit der Deutschen Hochschule für Verwaltungswissenschaften Speyer einen Leitfaden als Arbeitshilfe für die Anwendung dieser Methode. Zwischenzeitlich wurde die Gesetzesfolgenabschätzung auf der Basis der positiven Erfahrungen in der gemeinsamen Geschäftsordnung für die Ministerien, die Vertretung des Landes Rheinland-Pfalz beim Bund und die Staatskanzlei verankert.[632]
Die institutionalisierte Gesetzesfolgenabschätzung leistet einen wesentlichen Beitrag zur Optimierung des Gesetzgebungsverfahrens. Bei dieser Bewertung darf jedoch nicht verkannt werden, dass der politische Prozess der Gesetzesfindung, hingewiesen sei nur auf die Durchführung eines Vermittlungsverfahrens oder aber die Befassung eines Koalitionsausschusses, seine eigenen Gesetzlichkeiten hat, die nicht immer mit rationaler oder gar wissenschaftlicher Elle zu messen sind.[633]

### 6.5.2.3 Senkung von Standards

Im Zusammenhang mit den Bemühungen zur Reform der öffentlichen Verwaltung wurden in den vergangenen Jahren eine Vielzahl von Maßnahmen zur Reduzierung der Regelungsdichte, insbesondere von Verwaltungsvorschriften und Standards, durchgeführt. Unter dem Begriff „Standard" werden dabei Vorschriften verstanden, die Mindestvoraussetzungen oder bestimmte Bandbreiten qualitativer oder quantitativer Anforderungen für die Erstellung bestimmter Produkte oder Leistungen beinhalten.[634] Die überwiegende Zahl der Standards wird auf Länderebene definiert, da die Länder die Bundesgesetze ausführen und die vom Bund vorgegebenen Maßgaben teilweise sehr unbestimmt sind und daher einer Konkretisierung bedürfen. Da etwa 80 % aller Standards durch Verwaltungsvorschriften festgeschrieben werden, ist die kritische Überprüfung aller Verwaltungsvorschriften ein zentrales Anliegen der Verwaltungsmodernisierung in Rheinland-Pfalz. Angestrebt wird, die in Rheinland-Pfalz geltenden Verwaltungsvorschriften auf ihren unabdingbaren Kernbestand zurückzuführen, die verbleibenden Verwaltungsvorschriften von überhöhten Standards zu befreien und beim Erlass neuer Vorschriften strengere Maßstäbe anzulegen.

Zur Erreichung dieses Zieles wurde durch die VMK zunächst vorgeschlagen, die Ministerien aufzufordern, als Beitrag zur Deregulierung je drei Verwaltungsvorschriften aufzuheben und weitere drei für die Dauer eines Jahres auszusetzen. Die Umsetzung dieses ersten Vorschlages scheiterte zunächst an den

[632] GGO vom 25.09.2000, Min.Bl. 2000, S. 350
[633] In diesem Sinne auch Rüter, „Verwaltungsmodernisierung", S. 13 f.
[634] Staatskanzlei Rheinland-Pfalz, „Verwaltungsvorschriften und Standards", S. 16

Bedenken der Ressortvertreter. Diese sahen sich außer Stande, mehrere Verwaltungsvorschriften jeweils für ein Jahr bzw. für immer außer Kraft zu setzen.[635] Dies führte zu dem weitergehenden Vorschlag der VMK, eine Arbeitsgruppe „Verwaltungsvorschriften und Standards" einzurichten. Dieser Anregung folgend, beschloss der Ministerrat die Einrichtung dieser Arbeitsgruppe in seiner Sitzung am 21. Januar 1997 und beauftragte die Arbeitsgruppe mit der Überprüfung aller rheinland-pfälzischen Verwaltungsvorschriften und der darin enthaltenen sowie der in Rechtsvorschriften des Landes niedergelegten Standards.[636] Nachdem bereits in den Jahren 1980 bis 1982 eine umfangreiche Bereinigung der Verwaltungsvorschriften in Rheinland-Pfalz stattgefunden hatte, bei der die Zahl von etwa 6.000 auf weniger als 1.100 reduziert werden konnte, war die Zahl der Verwaltungsvorschriften bei Arbeitsaufnahme der Arbeitsgruppe im Februar 1997 auf 772 gesunken.[637] Die Konzeption zur Einrichtung der Arbeitsgruppe sah vor, dass am 01. Januar 1997 geltende und im amtlichen Gültigkeitsverzeichnis rheinland-pfälzischer Verwaltungsvorschriften enthaltene Vorschriften, soweit sie zur Ausführung von Rechtsvorschriften erlassen wurden, spätestens mit Ablauf des 31. Dezember 1999 und alle übrigen Verwaltungsvorschriften mit Ablauf des 31. Dezember 1998 außer Kraft treten. Diese Automatik kann dann unterbrochen werden, wenn die Verwaltungsvorschrift und die darin enthaltenen Standards von der Arbeitsgruppe überprüft und akzeptiert werden. Der Arbeitsgruppe gehören Vertreterinnen und Vertreter der Staatskanzlei, der Ministerien des Innern und für Sport, der Finanzen und der Justiz sowie im Bedarfsfall weitere Sachverständige an. Das für die Verwaltungsvorschrift verantwortliche Ressort hat bei der Entscheidung der Arbeitsgruppe ebenfalls Stimmrecht. Den Vorsitz hat die Staatskanzlei inne, die Geschäftsführung obliegt dem Ministerium des Innern und für Sport. Sofern das betroffene Ressort die Anregungen der Arbeitsgruppe nicht aufgreift, wird der Ministerrat mit dieser Angelegenheit befasst. Dabei ist es in den bisherigen Fällen der Vorlage an den Ministerrat bemerkenswert, dass dieser jeweils den Deregulierungsaspekt ausdrücklich unterstützte.[638]

Die Arbeitsgruppe hat inzwischen mehr als 250 Verwaltungsvorschriften auf ihre Notwendigkeit im Ganzen und die Notwendigkeit der darin enthaltenen Standards überprüft. Die Zahl der im amtlichen Gültigkeitsverzeichnis enthaltenen rheinland-pfälzischer Verwaltungsvorschriften hat sich seit der Konstituierung der Arbeitsgruppe von 772 auf 597[639] verringert. Zu zahlreichen Verwal-

---

[635] Rüter, „Verwaltungsmodernisierung", S. 5
[636] Staatskanzlei Rheinland-Pfalz, „Verwaltungsvorschriften und Standards", S. 34
[637] Staatskanzlei Rheinland-Pfalz, a.a.O., S. 30
[638] Rüter, „Verwaltungsmodernisierung", S. 6
[639] Stand 01.01.1999; zu den in der Folgezeit erzielten Arbeitsergebnissen vgl. Frank, „Verwaltungsvorschriften", S. 152 - 156

tungsvorschriften gab die Arbeitsgruppe Änderungsempfehlungen oder stimmte einer Verlängerung nur mit Verkürzung der Gültigkeitsdauer zu. Bei der Überprüfung durch die Arbeitsgruppe wurde nach Personal-, Sach- und Verfahrensstandards unterschieden. Beispielsweise konnten Senkungen von komplizierten Verfahrensstandards (z.B. mehrstufige Bewilligungsverfahren) erreicht werden, die gemeinsam mit den Ressorts auf das notwendige Maß zurückgeführt wurden.[640]

Insgesamt erwies sich die Konzeption zur Einrichtung der Arbeitsgruppe „Verwaltungsvorschriften und Standards“ als ein wirksames Mittel zur Reduzierung von Verwaltungsvorschriften und Standards. Darüber hinaus wurden von verschiedenen Ministerien unter Hinweis auf den Modernisierungsschwerpunkt in eigener Initiative Verwaltungsvorschriften aufgehoben oder aber Entwürfe von neuen Vorschriften nicht weiter verfolgt. Die ausführliche Diskussion der Vorschriften bei den Sitzungen der Arbeitsgruppe mit den Ressortvertretern transportierte das Modernisierungsanliegen und führte zu einer Sensibilisierung der Mitarbeiter.[641]

#### 6.5.2.4 Budgetierung und Controlling

Vor dem Hintergrund der Erfolge des neuen Steuerungsmodells auf kommunaler Ebene wurde auch auf Länderebene zunehmend nach neuen Wegen gesucht, den Einsatz öffentlicher Mittel wirtschaftlicher und effizienter zu gestalten. Der durch die Orientierung von Ausgaben ausschließlich an isolierten fachpolitischen Interessen und Eigengesetzlichkeiten ohne ausreichende Rückkoppelung an die Einnahmen eingetretenen strukturellen Schieflage der öffentlichen Haushalte solle daher mit dem Übergang zur Budgetierung begegnet werden.[642]
Budgetierung bedeutet ein System dezentraler Verantwortung einer Organisationseinheit für ihren Finanzrahmen

- bei festgelegtem bedarfsgerechten Leistungsumfang,
- mit einem in zeitlicher und sachlicher Hinsicht selbst zu bestimmenden Mitteleinsatz,
- bei grundsätzlichem Ausschluss der Überschreitung des vorgegebenen Finanzvolumens.[643]

---

[640] Staatskanzlei Rheinland-Pfalz, „Bilanzierung“, S. 44
[641] Staatskanzlei Rheinland-Pfalz, a.a.O., S. 44
[642] Deubel, „Budgetierung“, S. 19
[643] Vgl. nur Staatskanzlei Rheinland-Pfalz, „Budgetierung und Controlling“, S. 8, zu den Auswirkungen der Budgetierung auf das Parlament vgl. Hill, „Parlamentarisches Budgetrecht“, S. 793 ff. sowie Hebeler, „Budgetierung“, S. 76 ff.

Die Landesregierung erprobte mit Unterstützung der VMK u.a. in der Forstverwaltung, im Polizeipräsidium Trier und im Landesvermessungsamt Koblenz funktionsbezogene Budgetierungsverfahren.
Angestrebt wurde dabei, durch die Einführung dieses Instruments die Flexibilität der Verwaltung erheblich zu erhöhen und den bisher erforderlichen Aufwand bei der Erstellung und Durchführung der Haushaltspläne zu reduzieren. Darüber hinaus sollte durch die Budgetierung die weitere Delegation von Kompetenz und Verantwortung an die operativ tätige Ebene der Landesverwaltung unterstützt werden.[644] Für die vorgesehenen staatlichen Projekte wurde eine Experimentierklausel in § 6 Abs. 1 Landeshaushaltsgesetz 1996[645] vorgesehen.

Dem Polizeipräsidium Trier wurden Haushaltsmittel zur eigenverantwortlichen Bewirtschaftung im Bereich der Haushaltsstellen der Hauptgruppen 5 (Sachmittel) und 8 (Investitionen) zugewiesen, bei denen über die bestehenden Regelungen zur Deckungsfähigkeit von Haushaltsansätzen hinaus das Ministerium der Finanzen allgemein seine Einwilligung zu überplanmäßigen Ausgaben gemäß § 37 Abs. 1 Landeshaushaltsordnung erteilte, sofern eine gleich hohe Einsparung im Budgetierungsbereich nachgewiesen werden konnte. Dieses neue Bewirtschaftungssystem in seiner modifizierten Ausgestaltung führte zu erheblichen Zeitersparnissen bei der Haushaltssachbearbeitung. Darüber hinaus ergaben sich allein durch die Änderung der haushaltsrechtlichen Bestimmungen, insbesondere das Einbeziehen von Einnahmetiteln in das Budgetierungsverfahren und den Verzicht auf die Jährlichkeit des Haushaltes, weitergehende Gestaltungs- und Einsparungsmöglichkeiten.[646]
Eine Vorreiterrolle übernahm das Land Rheinland-Pfalz mit der Budgetierung der Personalkosten, zunächst in ausgewählten Pilotprojekten in den Einzelplänen des Ministeriums des Innern und für Sport, des Ministeriums der Justiz, des Ministeriums für Wirtschaft, Verkehr, Landwirtschaft und Weinbau und des Ministeriums für Umwelt und Forsten. Am Anfang der Erprobung im Jahr 1996 standen umfassende Deckungsfähigkeits- und teilweise Übertragbarkeitsvermerke als neue, flexible Budgetierungsinstrumente. Im Jahr 1997 ließ die Landesregierung durch eine erweiterte Experimentierklausel die selbstgesteuerte Bewirtschaftung der Personalausgaben der Hauptgruppe 4 flächendeckend mit dem Ziel zu, die Personalentwicklung der Einnahmeentwicklung anzunähern. Dabei wurde den Ressorts ein bestimmtes Mittelkontingent zugewiesen, für deren Einhaltung die Dienststelle im Rahmen der dezentralen Ressourcenverantwortung zuständig war. Gleichzeitig wurden die Personalausgaben innerhalb

[644] Landtag Rheinland-Pfalz, „Verwaltungsmodernisierung", S. 11
[645] GVBl. 1996, S. 2
[646] Staatskanzlei Rheinland-Pfalz, „Bilanzierung", S. 60

eines jeden Kapitels für gegenseitig deckungsfähig erklärt, um so auf dieser Ebene Synergieeffekte nutzen zu können.[647]

Die ersten Ergebnisse der Personalausgabenbudgetierung waren positiv zu bewerten, vor allem vor dem Hintergrund der objektiv schlechten Bilanz der Personalwirtschaftskonzepte der Landesregierung. Diese hatte im Jahr 1994 beschlossen, bis zum Jahr 2001 3.500 Stellen einzusparen, beginnend im Jahr 1995 mit 500 Stellen.[648] Eine Zwischenbilanz des Finanzministeriums Ende 1996 zeigte jedoch, dass statt eines jährlichen Abbaues von 500 Stellen in den vergangenen 5 Jahren im Saldo die Zahl der Landesbediensteten um insgesamt 5.000 gestiegen war.[649] Demgegenüber wurden durch die Ressorts nach Einführung der Personalkostenbudgetierung nicht nur übereinstimmend die Einhaltung der jeweils vorgegebenen Budgetrahmen in den Quartalsberichten prognostiziert, sondern darüber hinaus in 1997 18,3 Mio. DM im Personalbereich weniger investiert als das ohnehin schon reduzierte Budget vorgesehen hatte und insgesamt 596 Zahlfälle abgebaut.[650]
Die positive Entwicklung in den Pilotprojekten wurde vom Landtag zum Anlass genommen, den Budgetierungsgedanken im Jahr 1998 erneut weiter zu entwickeln. So wurden durch die Übertragbarkeit von Mehr- und Minderausgaben die Einführung eines Bonus-/Malus-Systems ermöglicht und damit verstärkt Anreize für die Ressorts geschaffen, die konsumtiven Aufgaben weiter zurückzuführen sowie die Einnahmen zu steigern, um so den Haushalt weiter konsolidieren zu können.[651] Insgesamt führte die Begrenzung des Personalkostenanstieges, innerhalb dessen auch der Aufbau des Pensionsfonds für neu eingestellte Beamte erfolgen muss, zu Kostendruck und einem verstärkten Kostenbewusstsein.[652]

Da die mit der Einführung der Budgetierung grundsätzlich erschlossene Effizienzsteigerung in der öffentlichen Verwaltung dauerhaft nur dann Erfolge zeigen wird, wenn die Budgetierung durch ein Controlling unterstützt wird, wurde auch dieser Bereich Gegenstand von Initiativen. Controlling stellt ein Steuerungsinstrument dar, das die für optimale Steuerung erforderliche Transparenz des Leistungserstellungsprozesses erzeugt und die Entscheidungsträger in die Lage versetzt, Abweichungen von der Zielerreichung früh und mit der Option auf gezielte Steuerungseingriffe zu erkennen. Gleichzeitig erzwingt die Konstruktion eines Controllingsystems eine Besinnung auf die jeweiligen Ziele der

[647] Deubel, „Budgetierung“, S. 20
[648] Ministerium des Innern und für Sport: „Modernisierung der Verwaltung“, S. 7
[649] Zitiert nach FAZ vom 26.06.1996
[650] Deubel, a.a.O., S. 20
[651] Staatskanzlei Rheinland-Pfalz, „Budgetierung und Controlling“, S. 21
[652] Mittler, „Personaleinsatz“, S. 2

Verwaltung und erleichtert den Haushaltsgesetzgebern die Kontrolle über die zielführende Verwendung der bewilligten Budgets.[653]
Pilotprojekte zur Entwicklung eines Verwaltungscontrollings fanden beim Ministerium für Umwelt und Forsten sowie beim Ministerium der Finanzen statt. Damit war die Erwartung verbunden, dass die dabei entstehenden, an Produkten der Verwaltung orientierten Kennzahlensysteme zu einer erheblich verbesserten Kostentransparenz führten, auf deren Basis eine betriebswirtschaftliche Ausrichtung des Verwaltungshandelns wesentlich erleichtert werde.[654]
Da die Bereitstellung von Kosten- und Leistungsinformationen die Grundlage für Planung, Realisation und Kontrolle in der Leistungs- und Finanzsphäre öffentlicher Verwaltungen darstellt, wurde auch die Kosten- und Leistungsrechnung als wichtiger Eckpunkt für die Verwaltungsmodernisierung angesehen, mit dem zahlreiche Modernisierungsprojekte wirkungsvoll verstärkt werden können. Insbesondere kann durch die Kosten- und Leistungsrechnung die Einführung der Steuerungsinstrumente Budgetierung und Controlling in der Landesverwaltung nachhaltig unterstützt werden, da ansonsten eine dezentrale Budgetverantwortung nur teilweise erreicht werden kann.[655] Diese Erkenntnis veranlasste das Ministerium der Finanzen auf der Basis einer Umfrage über den Stand der Einführung des Controllings Ansatzpunkte für die Konzeption einer Kosten- und Leistungsrechnung zu entwickeln. Die VMK nahm die Initiative des Ministeriums der Finanzen zustimmend zur Kenntnis und unterstützte die Einführung einer Kosten- und Leistungsrechnung in der Landesverwaltung.[656]

Der Verwaltungsbereich mit den intensivsten Erfahrungen mit Budgetierung und Controlling ist die Landesforstverwaltung. Um eine bessere Ergebnis- und Kundenorientierung bei den Mitarbeitern der Landesforstverwaltung zu erreichen, wurde schon im Jahre 1994 mit Unterstützung eines Unternehmensberaters mit der Erarbeitung eines Verfahrens des Betriebscontrolling begonnen. Im Jahr 1996 wurden für den Forstbetrieb des Staatswaldes die Budgetierung, das Kontraktmanagement und das Controlling eingeführt. Dadurch konnte erreicht werden, dass noch vorhandene Rationalisierungsreserven ausgeschöpft wurden. Durch die Möglichkeit der Bildung von Rücklagen bei den Forstämtern bei guter Wirtschaftsführung wurde ein Leistungsanreiz für die Mitarbeiterinnen und Mitarbeiter geschaffen. Die durch die Budgetierung erhöhte Flexibilität der Forstämter führte in den Jahren 1996 bis 1998 zu wesentlich verbesserten Betriebsergebnissen.[657]

---

[653] Vgl. nur Deubel, „Budgetierung", S. 9
[654] Landtag Rheinland-Pfalz, „Verwaltungsmodernisierung", S. 12
[655] Staatskanzlei Rheinland-Pfalz, „Bilanzierung", S. 62
[656] Staatskanzlei Rheinland-Pfalz, „Kosten- und Leistungsrechnung", S. 2
[657] Staatskanzlei Rheinland-Pfalz, „Bilanzierung", S. 61

Auf der Grundlage des Betriebscontrollings wurde ein Verfahren des Verwaltungscontrollings mit dem Ziel erarbeitet, die vorgegebene Personaleinsparungsauflage ohne Effizienzverlust aufzufangen und neue auf die Landesforstverwaltung zukommende Aufgaben wahrnehmen zu können. Bei diesem Verfahren werden nach einer vorausgegangenen Aufgabenkritik die verschiedenen Verwaltungsprozesse optimiert und danach die Prozesskosten ermittelt. Mit Hilfe von standardisierten Prozesskosten erfolgt später die Budgetvereinbarung zwischen den Forstämtern und der vorgesetzten Verwaltungsebene.[658]

Nachdem das Konzept des neuen Steuerungsmodells in der Forstverwaltung zunächst mit großer Zurückhaltung aufgenommen wurde, nimmt die Akzeptanz inzwischen deutlich zu. Nach zunehmender Beherrschung der Regeln des Budgetierens und des Controlling sind inzwischen viele Mitarbeiter davon überzeugt, dass die eingeräumte größere Flexibilität bessere Lösungsmöglichkeiten für die bestehenden Probleme bietet als die traditionellen Instrumente.[659]
Auf Grund der Erfahrung, dass die gleichzeitige Entwicklung von Budgetierung und Controlling zu erheblichen Synergieeffekten führt und Vorbehalten gegen einen Verlust an „Haushaltsklarheit" wirkungsvoll entgegen wirkt, sollen nach dem Willen der Landesregierung Budgetierung und Controlling als durchgängiges Prinzip in die Landesverwaltung eingeführt werden.[660]

---

[658] Staatskanzlei Rheinland-Pfalz, a.a.O., S. 61
[659] Staatskanzlei Rheinland-Pfalz, „Budgetierung und Controlling", S. 55
[660] Rüter, „Verwaltungsmodernisierung", S. 15

### 6.5.2.5 Organisationsstrukturelle Veränderungen

#### 6.5.2.5.1 Kabinettsreform

Mit der Übernahme des Amtes als Regierungschef am 27.10.1994 verringerte Ministerpräsident Beck die Zahl der Ministerien von 11 auf 8. Das Ministerium für Bundesangelegenheiten und Europa, das Ministerium für Landwirtschaft, Weinbau und Forsten und das Ministerium für die Gleichstellung von Mann und Frau wurden aufgelöst.
Die Aufgabenbereiche des ehemaligen Ministeriums für Bundesangelegenheiten und Europa wurden dem Ministerpräsidenten zugeordnet. Die Wahrnehmung der damit verbundenen Aufgaben wurde dem Vertreter des Landes beim Bund übertragen.
Dem Ministerium für Wirtschaft und Verkehr, dem Ministerium für Umwelt und dem Ministerium des Innern und für Sport wurden die Aufgabenbereiche des Ministeriums für Landwirtschaft ,Weinbau und Forsten zugeordnet.
Die Aufgabenbereiche des Gleichstellungsministeriums wurden dem Ministerium für Kultur, Jugend, Familie und Frauen übertragen. Durch diese Kabinettsreform sollte ein Zeichen gesetzt werden, dass die Modernisierung der Verwaltung nicht nur von „unten nach oben" erfolgen darf.[661]

#### 6.5.2.5.2 Forstorganisationsreform

Ziel der im Jahr 1995 eingeleiteten Reform war, die Landesforstverwaltung durch Effizienzsteigerung und Flexibilisierung zu einer modernen Dienstleistungseinheit zu entwickeln, die sich an den Grundsätzen des nachhaltigen Wirtschaftens und der naturnahen Waldwirtschaft orientiert.[662] Die eingeleiteten Organisationsmaßnahmen bezogen sich sowohl auf die Aufbauorganisation der örtlichen Verwaltungsebene (Forstämterebene), als auch auf Maßnahmen und Projekte im Rahmen der Ablauforganisation. In aufbauorganisatorischer Hinsicht sollte durch weitgehende Beachtung des Grundsatzes der Einräumigkeit der Verwaltung die Verbindung der Landesforstverwaltung mit anderen Teilen der Landesverwaltung sichergestellt werden.[663]
Im Ergebnis wurde die Zahl der Forstämter von 106 auf 88 reduziert. Dabei wurden strukturpolitische Gesichtspunkte und der Gesichtspunkt der Einräumigkeit der Verwaltung vorrangig beachtet. Die forstbetriebliche Datenverarbeitung wurde in einem Zentrum für Benutzerservice und Informationstechnik in Emmelshausen konzentriert. Die Aus- und Fortbildungsanstalt der Landesforstverwaltung in Trippstadt wurde mit der Landeswaldarbeitsschule zu dem

[661] Staatskanzlei Rheinland-Pfalz, „Zwischenbericht 95", S. 21
[662] Landtag Rheinland-Pfalz, „Verwaltungsmodernisierung", S. 6
[663] Staatskanzlei Rheinland-Pfalz, „Bilanzierung", S. 28

„Forstlichen Bildungszentrum Rheinland-Pfalz“ in Hachenburg zusammen gelegt. Bei der forstlichen Versuchsanstalt wurde eine neue Abteilung „Kommunikation und Marketing“ eingerichtet. Bezüglich der Optimierung der Ablauforganisation ist auf die Teilfunktionalisierung von Aufgaben auf der Forstrevierebene hinzuweisen.[664]

#### 6.5.2.5.3 Neuorganisation des öffentlichen Gesundheitsdienstes und der Sozialverwaltung

Die Neuausrichtung von Zielen und Aufgaben des öffentlichen Gesundheitsdienstes an die heutigen Anforderungen, insbesondere an den Grundsatz der Subsidiarität, die Förderung des umweltbezogenen Gesundheitsschutzes und der Beratung der Bevölkerung führte zu einer Reforminitiative des Ministeriums für Arbeit, Soziales und Gesundheit. In deren Folge wurde durch das Landesgesetz zur Neuordnung des öffentlichen Gesundheitsdienstes und zur Errichtung des Landesamtes für Soziales, Jugend und Versorgung und des Landeskrankenhauses - Anstalt des öffentlichen Rechts -[665] die bisher 26 staatlichen Gesundheitsämter des Landes kommunalisiert. Darüber hinaus wurden Aufgaben der Gesundheitsämter auf ehrenamtliches Personal übertragen.

Wesentliches Merkmal der Neuorganisation der Sozialverwaltung in Rheinland-Pfalz war die Bildung eines Landesamtes für Soziales, Jugend und Versorgung am 01.01.1996, in dem die Aufgaben der beiden bisherigen Ämter (Landesamt für Jugend und Soziales Rheinland-Pfalz und Landesversorgungsamt Rheinland-Pfalz) gebündelt und weiterentwickelt wurden. Auf dieses neue Landesamt wurden auch Aufgaben des Verwaltungsvollzugs, die bislang vom Ministerium wahrgenommen wurden, delegiert. Hierzu gehörten u.a. das Landesprüfungsamt für Studierende der Medizin und der Pharmazie sowie der Prüfdienst der Kranken- und Pflegeversicherung in Rheinland-Pfalz, die Aufsicht über die Unfallkasse Rheinland-Pfalz, die Aufsicht über Versicherungsämter und landesunmittelbare Versicherungsträger, die Durchführung der Maßnahmen der Arbeitsmarktpolitik und die Durchführung des Landesgesetzes über die Weiterbildung in Gesundheitsfachberufen.[666] Durch diese Delegation sollte die Programmfunktion des Ministeriums für Arbeit, Soziales und Gesundheit gestärkt werden.[667]

Die VMK unterstützte diese Modernisierungsvorhaben in ihrer Sitzung am 25.04.1995 durch einen insgesamt zustimmenden Beschluss. Dieser enthielt jedoch bezüglich der neuen Struktur des Landesamtes für soziale Angelegenhei-

---

[664] Staatskanzlei Rheinland-Pfalz, a.a.O., S. 29
[665] vom 27. November 1995, GVBl. S. 485 ff.
[666] Staatskanzlei Rheinland-Pfalz, „Bilanzierung“, S. 26
[667] Landtag Rheinland-Pfalz, „Verwaltungsmodernisierung“, S. 6

ten die Einschränkung, dass nicht sicher abgeschätzt werden könne, ob die Schaffung eines neuen Landesamtes im Vergleich zur Wahrnehmung der Aufgaben in der allgemeinen inneren Verwaltung die sinnvollere Lösung darstelle. Aus diesem Grunde wurde die Landesregierung durch die VMK gebeten, spätestens innerhalb von 5 Jahren zu überprüfen, ob die Aufgaben auf Dauer vom Landesamt wahrgenommen werden sollen.[668]

### 6.5.3 Koalitionsvereinbarung für die 13. Wahlperiode

#### 6.5.3.1 Weiterentwicklung der Landes-Verwaltungsorganisation und Auflösung der Bezirksregierungen

Die „Vereinbarung zur Zusammenarbeit in einer Regierungskoalition für die 13. Wahlperiode des rheinland-pfälzischen Landtags 1996 - 2001" zwischen den rheinland-pfälzischen Landesverbänden der Sozialdemokratischen Partei Deutschlands und der Freien Demokratischen Partei enthält in dem Abschnitt „Verwaltungsmodernisierung" zur Verwaltungsorganisation nachfolgende wesentliche Aussagen:

„Die Koalitionspartner sind der Auffassung, daß die gesamte staatliche Verwaltungsorganisation unterhalb der Ministerialebene neu gegliedert und gestrafft werden muß, um die Effizienz zu steigern.
Die knapper gewordenen öffentlichen Mittel müssen optimal eingesetzt werden. Bei der notwendigen umfassenden Aufgabenkritik muß geprüft werden, welche Aufgaben wegfallen können und in welchen Bereichen eine Privatisierung möglich ist. Im übrigen gilt auch hier der Grundsatz der Subsidiarität, das heißt, es muß geprüft werden, in welchem Umfang die verbleibenden Aufgaben delegiert oder kommunalisiert werden können.
Soweit Verwaltungsverfahren mehrere Verwaltungsstufen beinhalten, soll eine Überprüfung mit dem Ziel erfolgen, eine Verwaltungsstufe einzusparen.
Bei dieser notwendigen Neuorganisation besteht Übereinstimmung, daß die historisch gewachsene Struktur der Bezirksregierungen den heutigen Anforderungen nicht mehr entspricht. Die bisherigen Bezirksregierungen in Trier, Neustadt/Weinstraße und Koblenz sollen daher aufgelöst werden. Die Standorte sollen für zukünftige Verwaltungsstrukturen bevorzugt wieder genutzt werden.
Bei der notwendigen Neuorganisation sind sich die Koalitionspartner einig, daß in einigen Bereichen schon kurzfristig Verlagerungen möglich sind und durchgeführt werden sollen.
Die Koalitionspartner sind der Auffassung, daß als erste Phase der Umorganisation zügig folgende Schritte einzuleiten sind:

---

[668] Staatskanzlei Rheinland-Pfalz, a.a.O., S. 28

- Die derzeit von den Bezirksregierungen wahrgenommenen Aufgaben im Polizeibereich werden auf die Polizeipräsidien übertragen. Einzelne Zuständigkeiten mit Aufsichtsfunktionen werden dem Ministerium zugeordnet.
- Die Wirtschaftsförderung wird zukünftig vollständig von der Investitions- und Strukturbank (ISB) bzw. dem Ministerium wahrgenommen.
- Die Aufgaben der Vermessungsreferate der Bezirksregierungen werden in das Landesvermessungsamt überführt. Soweit unbedingt erforderlich, wird ein beschränkter Teil der Zuständigkeiten dem Ministerium zugeordnet. In diesem Zusammenhang ist auch zu prüfen, inwieweit Aufgaben von den Ministerien auf das Landesvermessungsamt delegiert werden können.
- Die derzeit von den Bezirksregierungen wahrgenommenen Zuständigkeiten im Bereich des Straßenbaues werden - soweit rechtlich möglich - auf die Landesstraßenverwaltung übertragen.
- Die Aufgaben der Heimaufsicht sollen von den Bezirksregierungen auf die Kreisverwaltungen und die kreisfreien Städte verlagert werden. In den Fällen, in denen Aufsicht und Trägerschaft zusammenfallen, ist zu prüfen, ob und gegebenenfalls wie eine rechtlich einwandfreie organisatorische Trennung innerhalb der jeweiligen Verwaltung sichergestellt werden kann.

Die Koalitionspartner sind sich einig, daß bei der Wahrnehmung von Aufgaben mit erheblichem behördlichen Abstimmungsverfahren bzw. komplexen Genehmigungsverfahren die Bündelungsfunktion der Verwaltung erhalten werden muß.
Soweit bestimmten Aufgabenstellungen ein regionaler Bezug zugemessen werden kann, sollen sie nach Möglichkeit in der jeweiligen Region wahrgenommen werden.
Soweit anderen Aufgabenstellungen kein unmittelbarer regionaler Bezug zugeordnet werden kann, soll die Wahrnehmung jeweils an einem Standort erfolgen.

Soweit nicht in der ersten Phase der Umorganisation bereits Aufgabenverlagerungen durchgeführt werden können, soll die weitere Umorganisation vorbereitet werden. Dabei ist die Struktur der staatlichen Sonderbehörden einzubeziehen. Die Selbständigkeit von Fachbehörden ist kritisch zu überprüfen.
In eine zu berufende Expertenkommission sollen externe Sachverständige ebenso einbezogen werden wie Vertreter der betroffenen Behörden und des Personals. Die Koalitionspartner werden diese Kommission paritätisch besetzen. Die Ressorts haben dieser Kommission zuzuarbeiten. Die Ergebnisse sollen innerhalb von zwei Jahren vorliegen.
Bis zu einer Neuorganisation der Mittelinstanz findet keine Verlagerung neuer Aufgaben auf die Bezirksregierung statt.“

Nach Abschluss der Koalitionsvereinbarung erfolgten durch Ministerpräsident Beck nachfolgende Konkretisierungen:

- Die Optimierung und Neuorganisation der Landesverwaltung muss alle Verwaltungsstufen - die Ministerialebene eingeschlossen - umfassen.
- Die gesamte rheinland-pfälzische Verwaltung muss eine umfassende Aufgabenkritik durchführen.
- Bei mehrstufigen Verwaltungsverfahren soll mindestens eine Verwaltungsstufe eingespart werden. Dies soll alle Ebenen der Landes- und Kommunalverwaltung einschließen.
- Durch die Neuorganisation der Verwaltung sollen Einspareffekte eintreten.
- Durch die Modernisierung soll die rheinland-pfälzische Verwaltung noch stärker auf die Bedürfnisse der Bürgerinnen und Bürger und der Wirtschaft zugeschnitten werden.
- Es muss eine staatliche Repräsentanz in der Fläche geben.[669]

Im Mittelpunkt der vielfältigen öffentlichen Reaktionen auf die Koalitionsvereinbarung stand das als herausragender Punkt des neuen Regierungsprogramms bezeichnete Vorhaben, die drei Bezirksregierungen in Koblenz, Trier und Neustadt abzuschaffen. Diese „größte Überraschung" im Koalitionsvertrag wurde allgemein als ein Erfolg der F.D.P. gewertet, die dadurch dem neuen Regierungsbündnis ihren Stempel aufgedrückt habe.[670] Da der Anstoß zur Auflösung der Bezirksregierungen nicht aus der Verwaltung selbst kam, wurden bezüglich des Entscheidungswegs starke Merkmale einer Bombenwurfstrategie identifiziert.[671] Diese Bewertungen legen es nahe, den Weg bis zum Auflösungsbeschluss nachzuzeichnen.

#### 6.5.3.2 Der Weg zum Auflösungsbeschluss

Die rheinland-pfälzische F.D.P. stellte in der Diskussion um die Einsparung von jährlich 500 Stellen in der Landesverwaltung die Bezirksregierungen bereits im Jahr 1993 zur Disposition. Dabei wurde eine teilweise Aufgabenverlagerung in die Kreisverwaltungen oder in die Ministerien für möglich gehalten. In Einzelfällen erschien auch die Einrichtung von Landesämtern vorstellbar. Als Alternative zum gänzlichen Wegfall der Behörden wurde auch die alleinige Auflösung der Bezirksregierung Trier ins Spiel gebracht, da ebenso wie für die Region Rheinhessen-Pfalz auch für den nördlichen Landesteil eine Bezirksregierung ausreichend sei. Hingewiesen wurde zu diesem Zeitpunkt darauf, dass diese Fragen erst in der nächsten Legislaturperiode aktuell seien.[672]
Diese Reformvorstellungen wurden im September 1994 durch den Vorsitzenden der F.D.P.-Landtagsfraktion Dieckvoß weiter konkretisiert. Danach strebte die

---

[669] Zitiert nach Bitter, „Regionale Bündelungsbehörden", S. 856
[670] Bahner, Andreas, in: Die Rheinpfalz vom 26./27.04.96, S. 6
[671] Bolz, „Direktionenmodell", S. 41
[672] Trierischer Volksfreund vom 24.11.1993

F.D.P. für Rheinland-Pfalz eine Verwaltungsstruktur an, die auf die Mittelinstanz Bezirksregierung gänzlich verzichtete. Dies wurde als ein mittelfristiges Ziel bezeichnet, für das politischer Konsens gefunden und das in einem Stufenplan umgesetzt werden solle.[673]
Diese Vorstellungen wurden durch die Aussage ergänzt, im Falle einer erneuten Regierungsverantwortung der F.D.P. nach den Wahlen 1996 die Abschaffung der Bezirksregierungen im Koalitionsvertrag festzuschreiben, was 1991 noch nicht gelungen sei.[674] Dem vorsichtigen Versuch des F.D.P.-Kreisverbandes Ludwigshafen-Land, die parteiinterne Diskussion um die Auflösung der Bezirksregierungen in eine andere Bahn zu lenken, war kein Erfolg beschieden. Der Parteitag des F.D.P.-Bezirks Rheinhessen-Vorderpfalz änderte mit großer Mehrheit den Vorschlag des Kreisverbandes ab, eine Kommission zur Neuordnung der Bezirksregierungen mit dem Ziel einzusetzen, deren Effizienz zu steigern. Damit wurde einer Mahnung insbesondere des Landesvorsitzenden Brüderle entsprochen, sich an das Votum des Landesparteitags zu halten, der im Vorjahr die stufenweise Abschaffung der Bezirksregierungen als Beitrag zur Verwaltungsreform beschlossen hatte.[675] Die erkennbare klare Strategie der F.D.P. wurde erneut in einer Sitzung des Innenausschusses am 06.02.1996 bestätigt, in der eine Große Anfrage der Fraktion der F.D.P. und die Antwort der Landesregierung zum Thema „Aufgabenwahrnehmung durch die Bezirksregierungen“ erörtert wurden.[676]

Die Forderung der F.D.P. nach einer Auflösung der Bezirksregierungen stieß zunächst auf klare Ablehnung der SPD. So bezeichnete der Chef der Staatskanzlei, Staatssekretär Rüter, im Januar 1994 die Abschaffung der Bezirksregierungen in Übereinstimmung mit dem SPD-Landesvorsitzenden und designierten Ministerpräsidenten Beck als kontraproduktiv. Diese Mittelinstanzen seien unabdingbar nötig. Fielen diese Behörden weg, müssten die Abstimmungen zwischen allen Sonderbehörden letztlich im Kabinett in Mainz vorgenommen werden, was nicht sinnvoll sei.[677]
Diese feste Haltung wurde geringfügig im September 1994 relativiert. Zwar verwies der SPD-Fraktionsvorsitzende Beck in einer Erklärung zur F.D.P.-Forderung nach Auflösung der Bezirksregierungen auf deren Bündelungsfunktion und weitere wichtige, unverzichtbare Aufgaben. Wer Änderungsvorschläge mache, müsse auch den Nachweis erbringen, wie die Aufgaben der Bezirksregierung zu erfüllen seien. Hervorgehoben wurde aber auch, dass die Forderung

---

673 Vgl. dazu im Einzelnen F:D.P.-Fraktion im Landtag Rheinland-Pfalz, „Bezirksregierungen“, S. 1 - 8
674 Zitiert nach Winkler, Joachim, in: TV vom 09.09.96, S. 4
675 Die Rheinpfalz vom 13.03.1995
676 Drucksachen 12/4811/5081/5359/7944
677 Zitiert nach Karle, Wolf-Jürgen, in: Rheinzeitung vom 11.01.94

nach Auflösung der Bezirksregierungen nicht Gegenstand der Koalitionsvereinbarung und daher auch nicht Thema dieser Legislaturperiode sei.[678] Zu einer eindeutigen Haltung kehrte Ministerpräsident Beck im Frühjahr 1995 zurück und legte ein klares Bekenntnis zum Fortbestand der drei rheinland-pfälzischen Bezirksregierungen ab. Eventuell könne man jedoch über eine neue Zuordnung von Aufgaben nachdenken. Die Bezirksregierung Trier werde auf jeden Fall bestehen bleiben.[679]

Diese Haltung wurde im Oktober 1995 durch den Landtagspräsidenten und stellvertretenden SPD-Landesvorsitzenden Grimm bestätigt. Dieser bezeichnete die Bezirksregierungen als unverzichtbar, weil sie den Problemen in den Regionen näher seien als die Mainzer Ministerien, weil sie besser als Fachbehörden geeignet seien, widersprüchliche politische Zielvorstellungen im Einzelfall auszugleichen und weil sie in größerer Unabhängigkeit von örtlichen Interessen handeln könnten. Allerdings seien die Bezirksregierungen in ihrer Organisationsstruktur und bei der Definition ihrer Aufgaben reformbedürftig.[680] Im gleichen Sinne äußerten sich anlässlich von Gesprächen der Deutschen Verwaltungsgewerkschaft Rheinland-Pfalz mit den Landtagsfraktionen die Vertreter des Arbeitskreises „Innenpolitik“ der SPD-Landtagsfraktion. Die Auflösung der Mittelinstanzen mache keinen Sinn. Die Bezirksregierungen hätten wichtige Bündelungsfunktionen und seien Dienstleistungsbehörden für die nachgeordneten Kommunalverwaltungen. Die strukturellen Probleme durch die Abschaffung der Bezirksregierungen seien vorhersehbar. Die in der Diskussion vorgebrachten Gegenargumente seien populäre Forderungen von Kommunalpolitikern, die aufsichtsbehördliche Funktionen aus kommunalpolitischer Sicht negativ bewerteten.[681]

Die rheinland-pfälzische CDU betrachtete von Beginn der Diskussion an die Abschaffung der Bezirksregierungen als den falschen Weg. Ein möglicherweise notwendiges Landesverwaltungsamt bezeichnete der Vorsitzende der Landtagsfraktion Böhr als undurchschaubare Einrichtung.[682] Durch die Delegation von Aufgaben von der Ministerialverwaltung und durch Eingliedern von Sonderverwaltungen könnten die Bezirksregierungen sogar aufgewertet werden.[683] Diese eindeutige Haltung wurde im Landtagswahlkampf im Frühjahr 1996 durch den CDU-Landesvorsitzenden Johannes Gerster bekräftigt. Es sei für die Identität der Regionen in Rheinland-Pfalz wichtig, die drei Bezirkshauptstädte zu erhalten. Sie dienten dazu, das nach dem Krieg willkürlich zusammengewürfelte

---

678 SPD-Landtagsfraktion Rheinland-Pfalz, „Auflösung der Bezirksregierungen“
679 TV 22.03.1995
680 Grimm, „Bezirksregierungen“
681 Zitiert nach Deutsche Verwaltungsgewerkschaft Rheinland-Pfalz, „Gespräche“, S. 2 f.
682 Zitiert nach Winkler, Joachim, in: TV vom 09.09.96, S. 4
683 Lechner, Kurt, in: Die Rheinpfalz vom 21.11.94

Rheinland-Pfalz zusammen zu halten. Ihr Verlust sei ein zu hoher Preis. Indessen werde es bei der von der CDU angestrebten Verwaltungsreform auch in den Bezirksregierungen zu Umschichtungen kommen.[684]

Für die Landtagsfraktion von BÜNDNIS 90/DIE GRÜNEN war im Frühjahr 1996 ein Sinneswandel zu konstatieren. So betonte der Abgeordnete Seibel in der öffentlichen Sitzung des Innenausschusses am 06.02.1996 noch die aus der Sicht der Fraktion BÜNDNIS 90/DIE GRÜNEN notwendige Auflösung der Bezirksregierungen. Demgegenüber konkretisierten die Vertreter der Fraktion im Gespräch mit der Deutschen Verwaltungsgewerkschaft Rheinland-Pfalz im März 1996 ihre Haltung dahingehend, dass vor einer Entscheidung über Veränderungen gutachtlich zu prüfen sei, ob Reformen der Mittelinstanz Bezirksregierung möglich seien. Dazu zähle beispielsweise die Prüfung des Umfanges der Aufgabenerledigung, aber auch die Anzahl der Abteilungen bei den Bezirksregierungen. Für ihre Partei gebe es keinen Programmpunkt betreffend die Abschaffung der Bezirksregierungen, jedoch den Programmpunkt der Verwaltungsreform.[685]

Die dargestellten gegensätzlichen Auffassungen der beiden Regierungsparteien SPD und F.D.P. waren die Ursache dafür, dass neben dem Abstimmungsverhalten im Bundesrat die Zukunft der Bezirksregierungen zu den strittigsten Themen der 9-tägigen Koalitionsverhandlungen gehörte. In den Verhandlungen der zuständigen Unterkommission hatte sich die SPD den Auflösungswünschen des Koalitionspartners bis zuletzt widersetzt. Erst in der Gesamtkommission beugte sich die SPD dem beharrlichen Verlangen der F.D.P.[686] Von Seiten einzelner Verhandlungsteilnehmer hieß es, dieser Erfolg der F.D.P. sei möglich gewesen, weil auch die SPD am Ende nicht für den Erhalt der Bezirksregierungen gekämpft habe.[687] Mit ursächlich war sicher auch das Landtagswahlergebnis, das für die Sozialdemokraten mit 5 % Verlust und für die F.D.P. mit 3 % Zugewinn verbunden war. Dementsprechend äußerte sich Ministerpräsident Beck zu dem Eindruck, die Liberalen hätten sich in den Koalitionsgesprächen durchgesetzt, er habe nicht die Illusion gehabt, ein Wahlergebnis weg zu verhandeln. Jeder müsse wissen, wo die Schmerzstellen des Koalitionspartners seien, sonst „krache es im Bündnis", beschrieb er seine Philosophie.[688]
Der Zusammenhang mit dem für die Sozialdemokraten enttäuschenden Wahlergebnis wurde auch durch den stellvertretenden SPD-Landesvorsitzenden Grimm hergestellt. Nach dessen Auffassung hätten die Sozialdemokraten sich gerade

---

[684] Die Rheinpfalz vom 02.03.1996
[685] Deutsche Verwaltungsgewerkschaft Rheinland-Pfalz, „Gespräche", S. 11
[686] Deckers, Daniel. in: FAZ vom 16.12.96
[687] Bahner, Andreas, in: Die Rheinpfalz vom 26./27.04.96, S. 6
[688] Pfälzischer Merkur vom 09.05.1996

auch aus diesem Grund in den Koalitionsverhandlungen unter Wert verkauft und „strategisch falsch verhandelt“. Die von den Liberalen ideologisch verfochtene Auflösung der Bezirksregierungen habe man sich „um die Ohren schlagen lassen“, obwohl Theorie und Praxis für eine Mittelinstanz sprächen. Die „Reformpartei“ SPD sei gerade im Bereich Verwaltungsmodernisierung „ohne schlüssiges eigenes Konzept“ auf dem falschen Fuß erwischt worden.[689]

### 6.5.3.3 Reaktionen

Nach dem Koalitionsbeschluss erneuerten insbesondere die beiden Oppositionsparteien ihre Kritik an der Auflösung der Bezirksregierungen. Statt demokratische Entscheidungsstrukturen für eine eigenständige Regionalentwicklung aufzubauen, bleibe die Koalition bei einem gehaltlosen Auflösungskonzept stehen, betonten BÜNDNIS 90/DIE GRÜNEN. Abteilungen würden verschoben und zum Teil konzentriert, ohne den speziellen Problemen der Region Rechnung zu tragen.[690] Die Fraktionsvorsitzende Thomas warf der Regierung vor, mit den Bezirksregierungsplänen die notwendige Reform der Landesverwaltung zu blockieren.[691]

Der rheinland-pfälzische CDU-Vorsitzende Gerster betonte, statt einer Verwaltungsvereinfachung werde ein Etikettenschwindel geboten. Die Auflösung der Bezirksregierungen sei falsch, da jede einseitige Zentralisierung der Landesverwaltung die Regionen des Landes schwäche. Das Thema „Bezirksregierungen“ lenke von der Tatsache ab, dass die Koalitionsvereinbarung kein Konzept für eine durchgängige Verwaltungsreform vorweisen könne.[692]
Vielfältige Kritik erfuhr der Auflösungsbeschluss, wie zu erwarten war, von den Mitarbeitern der drei Bezirksregierungen. Aus dem vielfältigen Meinungsspektrum ist die Auffassung des Koblenzer Regierungspräsidenten Danco exemplarisch. Dieser bezeichnete den Weg, eine Entscheidung vorzugeben und ihre Begründung dann erst zu suchen, als sachlich falsch, politisch gefährlich und intellektuell unredlich, da erst zukünftig über die Aufgabenkritik diskutiert werde, während das vorgegebene Ergebnis bereits feststehe.[693]

---

[689] TV vom 24.04.1997
[690] TV vom 30.04.1996
[691] Die Rheinpfalz vom 05.05.1997
[692] CDU Rheinland-Pfalz, „Landtagswahl“, S. 3
[693] Bezirksregierung Koblenz „Mittelinstanz“

Zustimmung zu dem Auflösungsbeschluss kam dagegen u.a. von dem rheinland-pfälzischen Städte- und Gemeindebund[694] sowie von der Industrie- und Handelskammer für die Pfalz.[695]

### 6.5.3.4 Interpretationsprobleme der Koalitionspartner

Bereits zwei Wochen nach dem Koalitionsbeschluss wurden erste Differenzen über die zutreffende Interpretation des Beschlossenen deutlich. So hob Ministerpräsident Beck zwar hervor, es werde kein zentrales Verwaltungsamt geben. Für bestimmte Bereiche wie etwa den Schulbereich seien aber auch weiterhin, wenn auch verschlankte, Mittelinstanzen nötig.[696] Der stellvertretende SPD-Landesvorsitzende und Parlamentspräsident Grimm entnahm der Koalitionsvereinbarung keinesfalls den erklärten Willen, den aus Preußens Zeiten stammenden Institutionen mit ihren etwa 2.000 Beamten und Angestellten kurzen Prozess zu machen. „Es wird weiterhin Bezirksregierungen geben, mit neuen Zuständigkeiten und verändertem Aufgabenprofil, auch wenn sie nicht mehr Bezirksregierungen heißen dürfen“, sagte Grimm in einem Zeitungsgespräch.[697] Diese Aussage wurde zu einem späteren Zeitpunkt dahingehend präzisiert, dass die Bezirksregierung mit ihrer Allzuständigkeit keine Zukunft habe.[698] Der Vorsitzende der SPD-Landtagsfraktion Mertes mahnte anlässlich einer Demonstration von über 1.200 Behördenmitarbeitern anlässlich der konstituierenden Sitzung des Landtages: „Packen wir's miteinander an, durch Leistung zu belegen, dass wir die Mittelinstanz an diesen drei Standorten brauchen.“[699]

Diese Äußerungen führten zu sofortigen Reaktionen der F.D.P. Da habe Grimm etwas falsch interpretiert, sagte der neue Vorsitzende der Landtagsfraktion der F.D.P., Bauckhage. Angesichts der Finanzmisere sei die Verschlankung des Staatsapparates weiter das Gebot der Stunde. „Etikettenschwindel“ werde es mit der F.D.P. nicht geben. Auch der F.D.P.-Landesvorsitzende und stellvertretende Ministerpräsident Brüderle beharrte auf einer Auflösung der Bezirksregierungen. Die F.D.P. sei ein verlässlicher Koalitionspartner, und sie könne erwarten, „dass das auch für die SPD gilt.“[700]

---

[694] Meldung SWR 1 am 05.06.1996

[695] Die Rheinpfalz vom 14.05.1996

[696] Pfälzischer Merkur vom 09.05.1996

[697] TV vom 14.05.1996

[698] TV vom 06.05.1997

[699] Die Rheinpfalz vom 21.05.1996

[700] Kauntz, Eckhart, in: FAZ vom 20.05.96, S. 4
Vgl. dazu auch Bahner, Andreas, in: Die Rheinpfalz vom 21.05.96

Diese offenkundigen Differenzen stellten eine Hypothek für die Arbeit der in der Koalitionsvereinbarung angekündigten Expertenkommission dar, deren Auftrag es war, einen Vorschlag für die Neuorganisation der gesamten Landesverwaltung zu erarbeiten.

### 6.5.4 Erste Umsetzungsstufe

Die in der Koalitionsvereinbarung enthaltenen Aufträge sollten in zwei Stufen umgesetzt werden.[701] Zur ersten Stufe gehörte die Herauslösung der von den Bezirksregierungen wahrgenommenen Aufgaben im Polizeibereich. Diese erfolgte durch Änderung des Polizei- und Ordnungsbehördengesetzes vom 18.03.1997.[702] Die Aufgabe der Dienst- und Fachaufsicht sowie weitere koordinierende und kontrollierende Steuerungsfunktionen über die Polizeipräsidien wurden überwiegend dem Ministerium des Innern und für Sport übertragen. Demgegenüber gingen alle „polizeiverwaltenden" Tätigkeiten mit Ausnahme der Bekleidungswirtschaft auf die Polizeipräsidien über. Dazu gehörten Aufgaben aus dem Bereich der Personalverwaltung, die Funktion der Einleitungsbehörde nach dem rheinland-pfälzischen Dienstordnungsgesetz, die Funktion der Widerspruchsbehörde in polizei- und dienstrechtlichen Angelegenheiten sowie Zuständigkeiten für die grenzüberschreitende Zusammenarbeit.[703]
Die im Bereich Wirtschaftsförderung von den Bezirksregierungen wahrgenommenen Aufgaben wurden der Investitions- und Strukturbank Rheinland-Pfalz übertragen.[704]

Mit der vereinbarten Herauslösung der Vermessungsreferate aus den Bezirksregierungen ging eine umfassende Neuorganisation der Kataster- und Vermessungsverwaltung einher, die auch die Ministerialebene einschloss. Durch das am 15.04.1997[705] in Kraft getretene Gesetz zur Änderung vermessungs- und katasterrechtlicher Vorschriften gingen die Aufgaben der Vermessungsreferate der Bezirksregierungen auf das Landesvermessungsamt Rheinland-Pfalz über. Auf Grund der Erwägung, das Ziel der Konzentration von Aufgabenwahrnehmung und Personal der oberen Katasterbehörde beim Landesvermessungsamt Rheinland-Pfalz ausschließlich am Dienstort Koblenz aus Gründen der Sozialverträglichkeit und der notwendigen Vor-Ort-Präsenz für die Umsetzung der Neustrukturierung der Katasterämter erst langfristig erreichen zu können, wurde für den südlichen Landesteil in Neustadt an der

[701] Vgl. dazu Marx, „Neuorganisation", S. 45
[702] GVBl. S. 65
[703] Unveröffentlichter Vermerk der Polizeiabteilung des Ministeriums des Innern und für Sport vom 04.10.1996
[704] Marx, a.a.O., S. 45
[705] GVBl. 1997, S. 49

südlichen Landesteil in Neustadt an der Weinstraße eine Außenstelle des Landesvermessungsamtes mit besonderer landesweiter Aufgabenstellung eingerichtet. Der Standort Trier wurde demgegenüber aufgegeben.[706] Bis zum Zeitpunkt der Übernahme der Aufgaben der oberen Katasterbehörde war das Landesvermessungsamt in 5 Abteilungen gegliedert. Die Aufgabenübertragung wurde zum Anlass genommen, die interne Aufbauorganisation auf 3 Abteilungen sowie eine Stabsstelle zu reduzieren.

In einem zweiten Reformschritt wurde die Aufbauorganisation der Vermessungs- und Katasterverwaltung durch eine umfassende Neustrukturierung der Katasterämter optimiert. Dabei wurden die bisherigen 42 Katasteramtsbezirke durch 20 völlig neu zugeschnittene Bezirke ersetzt. Den 20 neuen Katasterämtern wurden 14 Außenstellen als Anlaufstellen zugeordnet.[707] Auf der Ebene des Ministeriums des Innern und für Sport wurde die Vermessungsabteilung auf 3 Referate reduziert. Daneben wurden wesentliche Aufgaben von der Ministerialebene in das Landesvermessungsamt verlagert.[708]

Die gleichfalls kurzfristig umzusetzende Verlagerung der Aufgaben der Heimaufsicht von den Bezirksregierungen auf die Kreisverwaltungen und kreisfreien Städte erwies sich aus rechtlichen Gründen als nicht realisierbar. Die Prüfung der Frage, welche Behörde zukünftig diese Aufgabe wahrnehmen solle, wurde daher der Expertenkommission zur Neuorganisation der Landesverwaltung übertragen.[709]

Da eine umfassende Modernisierung der Landesverwaltung jede Mitarbeiterin und jeden Mitarbeiter sowohl mittelbar deren Angehörige tangiert, legte die Landesregierung großen Wert auf die Einbeziehung der Gewerkschaften und Personalvertretungen in das Modernisierungsvorhaben. Mit der gemeinsamen Erklärung zur Reform und Modernisierung der rheinland-pfälzischen Landesverwaltung setzte sie in diesem Sinne eindeutige Zeichen.[710] Ziel dieser gemeinsamen Erklärung war es, den Beschäftigten Skepsis und Angst vor den anstehenden Änderungen zu nehmen und sie zu motivieren, den Modernisierungsprozess auch als Chance für eine gesicherte persönliche, berufliche und gesellschaftliche Zukunft zu begreifen. Diesem Anliegen diente auch eine umfassende und zeitnahe Information der Mitarbeiterinnen und Mitarbeiter über konkrete Modernisierungsvorhaben, wie sie durch die Modernisierungszeitung der

---

706 Staatskanzlei Rheinland-Pfalz, „Bilanzierung", S. 31

707 Staatskanzlei Rheinland-Pfalz, a.a.O., S. 32

708 Marx, „Neuorganisation", S. 45

709 Schreiben der Staatskanzlei vom 23.07.1996 an MdL Dr. Mertes

710 Landesregierung Rheinland-Pfalz, „Gemeinsame Erklärung", S. 374 - 377

Staatskanzlei sowie die Schriften zur Verwaltungsmodernisierung in Rheinland-Pfalz „Voran“ erfolgt.[711]

### 6.5.5 Zweite Umsetzungsstufe: Expertenkommission zur Neuorganisation der Landesverwaltung (EKo)

#### 6.5.5.1 Auftrag

In der Koalitionsvereinbarung wurde im Kapitel „Weiterentwicklung der Landes-Verwaltungsorganisation“ die Berufung einer paritätisch besetzten Expertenkommission angekündigt, was in der Regierungserklärung von Ministerpräsident Beck am 22.Mai 1996 bekräftigt und konkretisiert wurde.[712]
Diese Kommission hatte den Auftrag, einen Vorschlag für die Neuorganisation der gesamten Landesverwaltung zu erarbeiten. Dabei waren neben anderen Kriterien vor allem die Bündelungsfunktion der Verwaltung, das Erfordernis des regionalen Bezuges und die Erhaltung der bisherigen Standorte der Bezirksregierungen besonders zu berücksichtigen. Ebenso war die Selbständigkeit von Fachbehörden kritisch zu prüfen.[713] Die Kommission sollte spätestens nach zwei Jahren konkrete Ergebnisse vorlegen.[714]

#### 6.5.5.2 Mitglieder

Die Mitglieder der Expertenkommission zur Neuorganisation der Landesverwaltung wurden mit Schreiben vom 26.09.1996 durch Ministerpräsident Beck ad personam berufen. Der Expertenkommission gehörten an:

Hans Hermann Dieckvoß,
Vors. Richter am Verwaltungsgericht a.D.

Staatssekretär Günter Helmut Eymael,
Ministerium für Wirtschaft, Verkehr,
Landwirtschaft und Weinbau

Staatssekretär Harald Glahn,
Ministerium für Bildung, Wissenschaft und
Weiterbildung

---

711 Staatskanzlei Rheinland-Pfalz, „Budgetierung und Controlling“, S. 8
712 Staatskanzlei Rheinland-Pfalz: „Mit Mut entscheiden“, S. 15
713 SPD/F.D.P.-Landesverbände: „Koalitionsvereinbarung“, S. 82 f.
714 Staatskanzlei Rheinland-Pfalz: a.a.O., S. 15

Dr. Winfried Hirschberger,
Landrat des Landkreises Kusel

Herbert Mertin,
Mitglied des rheinland-pfälzischen Landtages

Dieter Mutscheid,
Mitglied des rheinland-pfälzischen Landtages

Staatssekretär Klaus Rüter,
Chef der Staatskanzlei Rheinland-Pfalz

Staatssekretär Dr. Ernst Theilen,
Ministerium des Innern und für Sport

**sowie die externen Experten**

Universitätsprofessor Dr. Carl Böhret,
Hochschule für Verwaltungswissenschaften
Speyer und fachwissenschaftlicher Leiter der
Verwaltungsmodernisierungskommission Rheinland-Pfalz

Elke Weber-Braun,
Geschäftsführende Gesellschafterin der Arthur
Andersen & Co. GmbH

Dr. Axel G. Koetz,
Kienbaum Unternehmensberatung GmbH

Universitätsprofessor Dr. Jürgen Weber,
Wissenschaftliche Hochschule für Unter-
nehmensführung (WHU), Vallendar

**und als Vertreter der
Personalräte der Bezirksregierungen**

Hans-Joachim Fuchs,
Bezirksregierung Rheinhessen-Pfalz

Ursula Krieg,
Bezirksregierung Koblenz

Hermann-Josef Momper,
Bezirksregierung Trier

**sowie als Verwaltungsvertreter der Bezirks-regierungen**

Wilhelm Herm,
Leiter der Zentralabteilung der Bezirksregie-rung Koblenz[715]

Ursula Krieg schied im Frühjahr 1997 als Mitglied der EKo aus, als Nachfolger wurde im Juni 1997 Arno Audehm, neuer Vorsitzender des Personalrates der Bezirksregierung Koblenz, berufen.

Die Vorsitzenden der drei Personalräte sowie der Verwaltungsvertreter der Bezirksregierungen nahmen an den Sitzungen der EKo mit beratender Stimme teil. Den Vorsitz in der EKo führten Staatssekretär Klaus Rüter sowie Vorsitzender Richter am Verwaltungsgericht a.D. Hans-Hermann Dieckvoß gemeinsam. Dass dem Chef der Staatskanzlei mit Hans-Hermann Dieckvoß der ehemalige Vorsitzende der F.D.P.-Landtagsfraktion an die Seite gestellt wurde, führte zu einer zumindest atypischen Situation. Diese kann wohl nur mit dessen besonderer Affinität für den Auflösungsbeschluss - er gilt sogar als der Initiator - und entsprechendem Druck seitens der F.D.P. erklärt werden.[716]
Die Expertenkommission wurde von der in der Staatskanzlei angesiedelten Geschäftsstelle der VMK unterstützt.[717]

### 6.5.5.3 Organisatorische Ausgangslage

Die Grundstruktur des damaligen Status quo der Organisation der rheinland-pfälzischen Landes- und Kommunalverwaltung ist aus der nachfolgenden Übersicht ersichtlich:

[715] Staatskanzlei Rheinland-Pfalz, „Expertenkommission", S. 2
[716] Fröhlingsdorf. Michael, in: TV vom 04.12.96, S. 8
[717] Rüter, „Expertenkommission", S. 1

## Landesregierung

| Minister-präsident - Staats-kanzlei und Vertretung des Landes Rheinland-Pfalz beim Bund - | Ministe-rium des Innern und für Sport | Ministe-rium der Finanzen | Ministe-rium der Justiz | Ministe-rium für Arbeit, Soziales und Gesundheit | Ministe-rium für Wirtschaft, Verkehr, Landwirt-schaft und Weinbau | Ministe-rium für Kultur, Jugend, Familie und Frauen | Ministe-rium für Bildung, Wissen-schaft und Weiter-bildung | Ministe-rium für Umwelt und Forsten |
|---|---|---|---|---|---|---|---|---|

| **ZENTRALE LANDESÄMTER** | **OBERE BEHÖRDEN der allgemeinen Landes-verwaltung** | **BES. OBERE LANDESBEHÖRDEN** |
|---|---|---|
| z.B.<br>Statistisches Landesamt<br>Geologisches Landesamt<br>Landesamt für Wasserwirtschaft<br>Landesamt für Denkmalpflege<br>Landesarchivverwaltung<br>Forstliche Versuchsanstalt<br>Landesveterinäruntersuchungsamt | 3 Bezirksregierungen | z.B.<br>Oberfinanzdirektion Koblenz (Mittelbehörde)<br>Landesvermessungsamt<br>Landesamt für Soziales, Jugend und Versorgung<br>Oberbergamt Rheinland-Pfalz/ Saarland<br>Landespflanzenschutzamt<br>Landeskriminalamt<br>Landesamt für Umweltschutz und Gewerbeaufsicht<br>Landesamt für Straßen- und Verkehrswesen<br>5 Polizeipräsidien<br>Wasserschutzpolizeiamt |

| | **UNTERE BEHÖRDEN** | **BES. UNTERE LANDESBEHÖRDEN** |
|---|---|---|
| 12 Stadtverwaltungen kreisfeier Städte (staatliche Aufgaben werden als Auftrags-angelegenheiten wahrgenommen) | der allgemeinen Landesverwaltung zugleich Verwaltungs-behörden der Landkreise als kommunale Gebietskörperschaften<br><br>24 Kreisverwaltungen<br><br>einschließlich der ab 01.01.1997 eingegliederten Gesund-heitsämter und deren Nebenstellen | z.B.<br>37 Finanzämter<br>7 Staatsbauämter<br>20 Katasterämter<br>5 Staatl. Gewerbeaufsichts-ämter<br>6 Staatl. Ämter für Wasser- und Abfallwirtschaft<br>9 Straßen- und Verkehrsämter<br>90 Forstämter<br>9 Kulturämter<br>5 Eichämter<br>4 Ämter für soziale Angelegenheiten<br>5 Landeslehranstalten<br>4 Chemische Untersuchungs-ämter<br>1 Autobahnamt<br>3 Straßenprojektämter<br>3 Ämter für Verteidigungslasten |
| | 37 Stadt- und Gemeindeverwaltungen verbandsfreier Gemeinden | 163 Verbandsgemeinden |

Die Binnenstruktur der drei Bezirksregierungen zeigte folgendes Bild:

**Organisationsplan der Bezirksregierungen in Rheinland-Pfalz**

Aus dem Vorstehenden wird deutlich, dass die Bezirksregierungen auf der mittleren Ebene der Landesverwaltung zahlreiche Aufgaben in sich vereinigten, andererseits aber auch einige durchgängige Fachstränge vorhanden waren.
Durch die Existenz von Bezirksregierungen an den Standorten Koblenz, Neustadt an der Weinstraße und Trier war die überwiegende Zahl der Staatsaufgaben mit Ausnahme einiger weniger sog. Vor-Ort-Funktionen, bei denen eine Bezirksregierung eine bestimmte Aufgabe landesweit wahrnahm, regional angesiedelt. Dies war nicht nur eine Folge sachlicher Notwendigkeiten, sondern in einer Vielzahl von Fällen gerade auch eine Konsequenz dieser Organisationsstruktur. Denn die regional verankerte Institution „Bezirksregierung“ bildete einen geeigneten Rahmen zur Ansiedlung zahlreicher staatlicher Aufgaben, die weder der ministeriellen noch der kommunalen Ebene zugeordnet werden konnten.[718] Viele dieser Aufgaben standen in einem inneren Zusammenhang, so dass sich aus dieser Aufgabenkonzentration auch Synergieeffekte ergaben. Allerdings bestand nicht bei allen Aufgaben, die die Bezirksregierungen wahrnahmen, ein Bündelungszusammenhang. Vor diesem Hintergrund wird verständlich, dass eines der zentralen Probleme der Expertenkommission die Abgrenzung und Neuzuordnung der Aufgaben mit Bündelungsfunktion und/oder regionalem Bezug wurde.

#### 6.5.5.4 Kommissionsberatungen

##### 6.5.5.4.1 Konstituierende Sitzung am 31.10.1996

In der 1. Sitzung erfolgte zunächst eine Konkretisierung des Arbeitsauftrages der Kommission. Nachdem es in der Koalitionsvereinbarung hieß, dass die gesamte staatliche Verwaltungsorganisation **unterhalb** der Ministerialebene neu gegliedert und gestrafft werden müsse, wurde klar gestellt, dass die Arbeit der EKo auch Auswirkungen auf die ministerielle Ebene haben könne. Lediglich Ministerien als solche stünden nicht zur Disposition.
Ausdrücklich betont wurde die schwierige Situation, in der sich die Vertreter der Personalräte der Bezirksregierungen sowie der Behördenvertreter befanden, die sich bis zum Koalitionsbeschluss für einen Erhalt der Bezirksregierungen eingesetzt hatten. Dies führte bezüglich der für die Arbeit der EKo vereinbarten Vertraulichkeit der Arbeit und der Arbeitsergebnisse in der Kommission zu einer Konzession gegenüber den Personalratsvorsitzenden. Deren Hinweis, dass Informationspflichten gegenüber den Mitarbeiterinnen und Mitarbeitern beständen, wurde dadurch entsprochen, dass der Kommunikationsbedarf in Absprache mit den Vorsitzenden der Kommission befriedigt werden durfte.

[718] Staatskanzlei Rheinland-Pfalz, „Neuorganisation“, S. 15

Auf der Grundlage des konkreten Auftrages und in Anerkennung des Grundsatzes, dass sich eine Verwaltungsorganisation von den wahrzunehmenden Aufgaben abzuleiten hat, wurde durch die EKo ein erster Prüfauftrag erteilt:

Danach waren die Aufgaben der Bezirksregierungen und einer Reihe von Sonderbehörden daraufhin zu untersuchen, ob hierbei

1. eine Bündelungsfunktion gegeben und ein unmittelbarer regionaler Bezug vorhanden sei
2. eine Bündelungsfunktion gegeben und ein unmittelbarer regionaler Bezug nicht vorhanden sei
3. eine Bündelungsfunktion nicht gegeben und ein unmittelbarer regionaler Bezug vorhanden sei
4. eine Bündelungsfunktion nicht gegeben und ein unmittelbarer regionaler Bezug nicht vorhanden sei.

Darüber hinaus sollte geklärt werden, bei welchen Aufgaben der Bezirksregierungen eine erstinstanzliche Zuständigkeit bestehe und bei welchen Aufgaben eine Aufsichtsfunktion gegeben sei.[719]

### 6.5.5.4.2 Zweite Sitzung am 20.12.1996

Im Mittelpunkt dieser Sitzung stand die Diskussion des auf Grund des Ersten Prüfauftrages durch die Geschäftsstelle der VMK erstellten Berichts. Diese wurde dabei durch Vertreter aller Ministerien unterstützt. Die Klassifizierung der Aufgaben der Bezirksregierungen erfolgte durch das Ministerium des Innern und für Sport unter Mitwirkung von Mitarbeitern der Bezirksregierungen. Deren Arbeitsergebnisse wurden den Fachressorts zur Stellungnahme zugeleitet, was zu teilweise abweichenden Klassifizierungen führte. In einzelnen Zuordnungsfragen zeigten sich auch Divergenzen zwischen der Bewertung durch ein Fachressort und der Bewertung durch die Geschäftsstelle der VMK.
Die Gründe für die unterschiedlichen Beurteilungen der Ressorts und der Geschäftsstelle lagen im Wesentlichen in dem unterschiedlichen Verständnis der Begriffe „Bündelung“ sowie „Regionaler Bezug“, obwohl diese Begriffe vor Beginn der Aufgabenklassifizierung wie folgt definiert wurden:

Durch das verwaltungsorganisatorische Instrument der Bündelung wird die Einheit der Verwaltung gesichert. Dies erfolgt, indem die bündelnde Behörde etwa die Ministerien auf die fehlende Abstimmung oder auf Widersprüche ihrer Maßnahmen hinweist, ggf. die Koordination selbst vornimmt oder andererseits bei komplexen Maßnahmen durch Integration der Fachbereiche und einheitliche Willensbildung im eigenen Haus die nachgeordneten Behörden koordiniert.

[719] Expertenkommission, „Ergebnisniederschrift 1“

Dadurch kann eine Übereinstimmung und gemeinsames Handeln verschiedener, auch nicht nachgeordneter Sonderbehörden und ggf. der kommunalen Behörden erleichtert oder herbeigeführt werden.
Bei Aufgaben, die den Geschäftsbereich mehrerer Verwaltungen berühren, besteht grundsätzlich Bündelungsbedarf.

Für eine Aufgabe ist ein regionaler Bezug gegeben, wenn sie als Folge ihrer Eigenart sinnvollerweise nicht von einer zentralen Stelle für das gesamte Landesgebiet wahrgenommen werden kann. Ein regionaler Bezug liegt insbesondere dann vor, wenn

- die Aufgabe in nur einer Region vorkommt,
- die Wahrnehmung der Aufgabe als Folge signifikanter Unterschiede in den Regionen differenziert werden muß,
- die Wahrnehmung der Aufgabe einen intensiven Kontakt zu den Bürgerinnen und Bürgern der Region erfordert,
- ein überörtlicher Interessenausgleich auf der Ebene der Region erforderlich ist."[720]

Bei der Aufgabenklassifizierung wurde Bündelung teilweise mit Koordination im Fachstrang gleichgesetzt oder mit der Koordination des Zusammenwirkens von Behörden unterschiedlicher Geschäftsbereiche verbunden. Soweit dies der Fall war, wurde diese Einschätzung korrigiert.
Bei dem Charakteristikum „Regionaler Bezug" zeigten sich verschiedene Varianten. Teilweise wurde der Regionalbezug nur dann angenommen, wenn eine Aufgabe nur in einer Region wahrzunehmen war oder wegen erheblicher Unterschiede zwischen einzelnen Regionen nur von einer jeweils dort ansässigen Behörde wahrgenommen werden soll. Dies stellte ein zu enges Verständnis des Begriffs dar, weil bei dieser Interpretation insbesondere die Aspekte der Bürgernähe und des überörtlichen Interessenausgleichs nicht berücksichtigt wurden.[721]

Für die streitigen Zuordnungsfragen unterbreitete die Geschäftsstelle Lösungsvorschläge, die in die abschließende Bewertung Eingang fanden. Diese stellte sich wie folgt dar:

**1. Aufgaben der Bezirksregierungen sowie Sonderbehörden mit der Charakteristik „Bündelung/regionaler Bezug"**
**Aufgaben der Bezirksregierungen**

- Brand-, Katastrophenschutz und zivile Verteidigung
- Enteignungen

[720] Geschäftsstelle der VMK Rheinland-Pfalz, „Erster Prüfauftrag", S. 7
[721] Geschäftsstelle der VMK Rheinland-Pfalz, a.a.O., S. 4

- Lebensmittelüberwachung/Veterinärwesen
- Raumordnung und Landesplanung
- Bau- und Denkmalwesen
- Verkehr
- Landwirtschaft und Weinbau
- Landeskulturverwaltung/ländliche Bodenordnung
- Umwelt

**Sonderbehörden**

- Landesamt für Straßen- und Verkehrswesen
- Landesamt für Denkmalpflege
- Autobahnamt Montabaur
- Staatliche Gewerbeaufsichtsämter
  - Genehmigung von Feuerungsanlagen, Kraftwerken
- Kulturämter
- Straßenprojektämter
- Straßen- und Verkehrsämter

**2. Aufgaben der Bezirksregierungen sowie Sonderbehörden mit der Charakteristik „Bündelung/kein regionaler Bezug“**

**Aufgaben der Bezirksregierungen**

- keine -

**Sonderbehörden**

- Landesamt für Umweltschutz und Gewerbeaufsicht
  - Vollzug des Gentechnikgesetzes
- Oberbergamt für das Saarland und Rheinland-Pfalz
- Bergamt Rheinland-Pfalz
- Forstämter
  - Forstrechtliche Anordnungen

**3. Aufgaben der Bezirksregierungen sowie Sonderbehörden mit der Charakteristik „keine Bündelung/regionaler Bezug“**

**Aufgaben der Bezirksregierungen**

- Kommunalaufsicht
- Gesundheit und Pharmazie
- Soziales, Jugend, Familie, Sport und Freizeit
- Schulverwaltung
- Kulturförderung
- Wirtschaftsrecht

**Sonderbehörden**

- Landesarchivverwaltung
- Pädagogisches Zentrum des Landes Rheinland-Pfalz
- Staatliche Studienseminare für die Lehrämter an den Schulen
- Eichämter
- Forstämter
- Staatliche Gewerbeaufsichtsämter (mit Ausnahme Genehmigung von Feuerungsanlagen und Kraftwerken)
- Medizinaluntersuchungsämter
- Schulpsychologische Beratungsstellen
- Staatliche Ämter für Wasser- und Abfallwirtschaft
- Staatliche Lehr- und Versuchsanstalten für Landwirtschaft, Weinbau und Gartenbau
- Versorgungsämter
- Verwaltung der Staatlichen Weinbaudomänen Niedernhausen-Schloßböckelheim

## 4. Aufgaben der Bezirksregierungen sowie Sonderbehörden mit der Charakteristik „keine Bündelung/kein regionaler Bezug“

**Aufgaben der Bezirksregierungen**

- Personalverwaltung
- Zentrale Beihilfeberechnung
- Regierungshauptkassen
- Sparkassenaufsicht
- Hoheitsangelegenheiten und Verteidigungslasten
- Öffentliches Ordnungswesen
- Liegenschaften
- Forstwirtschaft

**Sonderbehörden**

- Eichdirektion Rheinland-Pfalz
- Landesamt für Umweltschutz und Gewerbeaufsicht (mit Ausnahme Vollzug Gentechnikgesetz)
- Bildungsseminar für die Agrarverwaltung
- Forstliches Bildungszentrum Rheinland-Pfalz
- Forstliche Versuchsanstalt Rheinland-Pfalz
- Geologisches Landesamt Rheinland-Pfalz
- Landesamt für Soziales, Jugend und Versorgung
- Landesamt für Wasserwirtschaft
- Landesanstalt für Pflanzenbau und Pflanzenschutz
- Zentrum für Benutzerservice und Informationstechnologie der Landesforstverwaltung Rheinland-Pfalz (ZeBIT)
- Landesmedienzentrum Rheinland-Pfalz

- Landesveterinäruntersuchungsamt
- Staatliches Institut für Lehrerfortbildung
- Statistisches Landesamt
- Ämter für Verteidigungslasten
- Amt für Wiedergutmachung
- Aufnahmeeinrichtung für Asylbegehrende
- Chemische Untersuchungsämter
- Genetische Beratungsstelle
- Heimatauskunftstelle Übriges Europa und Vorort für Betriebsvergleiche beim Landesausgleichsamt Rheinland-Pfalz
- Landesanstalt für Bienenzucht
- Landesanstalt für Rebenzüchtung
- Landesanstalt für Tierzucht und Qualitätsprüfung
- Landesdurchgangswohnheim
- Landesgestüt Zweibrücken
- Luftbild- und Rechenstelle der Landeskulturverwaltung Rheinland-Pfalz
- Gewahrsamseinrichtung für Ausreisepflichtige[722]

In der sich an die Präsentation des Berichts anschließenden Diskussion äußerten sich die Personalratsvertreter kritisch zu der Klassifizierung der Aufgaben. Sie verwiesen auf umfangreiche Materialien, die unter Beteiligung aller Mitarbeiter der Bezirksregierungen erarbeitet worden seien und zum Teil von den Vorschlägen der Geschäftsstelle begründet abwichen.[723] Dem daraus abgeleiteten Vorschlag, diese Klassifizierung zum Maßstab der Diskussion zu machen, wurde nicht gefolgt. Statt dessen wurde mehrheitlich entschieden, zwei bis drei Modelle für die künftige Organisation der Landesverwaltung zu entwerfen. Dabei solle implizit eine Aufgabenkritik erfolgen, darüber hinaus sollten Verfahrensstufen und Mitwirkungserfordernisse reduziert werden. Für die Zuordnung von Verwaltungsaufgaben sollten nachfolgende Kriterien Beachtung finden:

- Möglichkeit der Entstaatlichung
- Effektivität
- Effizienz
- Qualität
- Bürgernähe
- Mitarbeiterorientierung
- Schnittstellen innerhalb der Verwaltung
- Einbezug höherer Stellen
- Umsetzbarkeit.

---

722 Geschäftsstelle der VMK Rheinland-Pfalz, „Erster Prüfauftrag“, S. 86 - 89

723 Vgl. dazu Bitter, „Regionale Bündelungsbehörden“, S. 860

Die bestehenden Divergenzen bezüglich der Klassifizierung einzelner Aufgaben sollten bei der Erörterung der neuen Modelle diskutiert werden.

Die Expertenkommission nahm den Ergebnisbericht zum ersten Prüfauftrag unter Berücksichtigung der Diskussionsergebnisse zur Kenntnis. Darüber hinaus wurde ein zweiter Prüfauftrag mit folgendem Inhalt erteilt:

„Die EKo beauftragt die Geschäftsstelle, insbesondere unter Berücksichtigung der Ergebnisse der Diskussion zur Einordnung der Aufgaben, alternative Vorschläge für die künftige Organisation der Landesverwaltung zu entwickeln und diese jeweils nach den besprochenen Kriterien zu bewerten. Hierbei soll der Zusammenfassung von Behörden, die in einem Bündelungszusammenhang stehen, dem Abbau von Verwaltungsebenen, der Straffung von Verwaltungsverfahren, etwa durch Entfallen von Mitwirkungserfordernissen, und der Beschleunigung insbesondere von Verwaltungsverfahren besonders Rechnung getragen werden."[724]

### 6.5.5.4.3 Dritte Sitzung am 04.03.1997

Zur Vorbereitung dieser Sitzung legte die Geschäftsstelle der VMK im Februar 1997 einen Ergebnisbericht zum zweiten Prüfauftrag der Expertenkommission vor.[725] Bei der Präsentation der Arbeitsergebnisse wies der Leiter der Geschäftsstelle darauf hin, dass eine abschließende Bearbeitung aller Aspekte des Prüfauftrages nicht habe geleistet werden können. Während die Frage der Delegation von Aufgaben sowie die Auswirkungen der unterschiedlichen Organisationsmodelle auf die Behördenstandorte noch grundsätzlich hätten thematisiert werden können, seien Aussagen zur Aufgabenkritik und zur Personaleinsparung nicht darstellbar gewesen.[726]

Der Expertenkommission wurden sodann vier Organisationsmodelle vorgestellt, die in ihren wesentlichen Ausprägungen im Folgenden vergleichend dargestellt werden:

[724] Expertenkommission zur Neuorganisation der Landesverwaltung, „Ergebnisniederschrift 2"
[725] Geschäftsstelle der VMK Rheinland-Pfalz, „Zweiter Prüfauftrag"
[726] Expertenkommission zur Neuorganisation der Landesverwaltung, „Ergebnisniederschrift 3", S. 2

| Modell 1 | Modell 2 | Modell 3 | Modell 4 |
|---|---|---|---|
| - Bildung von drei Regionalverwaltungen | - Verteilung der Aufgaben der ehemaligen Bezirksregierungen auf bestehende Behörden, Körperschaften d.ö.R. und andere Einrichtungen | - Bildung von drei Regionalverwaltungen | - Bildung von drei Regionalverwaltungen |
| - Integration unterer Landesbehörden in die Regionalverwaltungen | | - Integration unterer Landesbehörden in die Regionalverwaltungen | - Integration unterer Landesbehörden in die Regionalverwaltungen |
| - Bildung von drei bis fünf Schulämtern | | - Bildung von drei bis fünf Schulämtern | - Bildung von drei bis fünf Schulämtern |
| | - Bildung eines Landesforstamtes | - Bildung eines Landesforstamtes | - Bildung eines Landesforstamtes |
| - Bildung eines Landesuntersuchungsamtes | | | |
| - Integration unterer Landesbehörden in das Landesuntersuchungsamt | | | |
| - Bildung von drei + eins Umweltämtern | - Bildung von drei + eins Umweltämtern | - Bildung von drei + eins Umweltämtern | - Bildung eines Landesumweltamtes |
| - Integration unterer Landesbehörden in die Umweltämter | - Integration unterer Landesbehörden in die Umweltämter | -Integration unterer Landesbehörden in die Umweltämter | |
| | | | - Bildung von fünf Umweltämtern |
| - Übertragung verschiedener Aufgaben der ehemaligen Bezirksregierungen auf bestimmte Sonderbehörden | | - Übertragung verschiedener Aufgaben der ehemaligen Bezirksregierungen auf bestimmte Sonderbehörden | - Übertragung verschiedener Aufgaben der ehemaligen Bezirksregierungen auf bestimmte Sonderbehörden |

Bei den Modellen 1, 3 und 4 wurde von der Grundannahme ausgegangen, dass zahlreiche Aufgabenbereiche am zweckmäßigsten in einer Regionalbehörde wahrgenommen werden können. In der entsprechenden Begründung für die Modelle wurde hervorgehoben, dass gerade durch die Bildung von drei Regionalverwaltungen der Koalitionsvereinbarung in den Punkten

- Erhaltung der Bündelungsfunktion (mit Ausnahme der Genehmigungsverfahren im Umweltbereich, der Verwaltung bei der Wahrnehmung von Aufgaben mit erheblichem behördlichen Abstimmungsbedarf bzw. komplexen Genehmigungsverfahren),
- Wahrnehmung von Aufgaben mit regionalem Bezug in der jeweiligen Region und
- bevorzugte Wiedernutzung der Standorte der ehemaligen Bezirksregierungen für zukünftige Verwaltungsstrukturen

Rechnung getragen würde.[727]

Das grundlegende Alternativmodell dazu stellte das Modell 2 dar. Durch die Verteilung aller Aufgaben der Bezirksregierungen auf Ministerien, andere obere Landesbehörden, Kreisverwaltungen und kreisfreie Städte, Investitions- und Strukturbank sowie Planungsgemeinschaften entfiel die Ebene der Bezirksregierungen ersatzlos. Dabei wurde bei der Modellkonzeption die in der Übernahme von Vollzugsaufgaben durch Ministerien verbundene Problematik gesehen. Dementsprechend erfolgte in der Begründung der Hinweis, bei einer detaillierten Ausarbeitung dieses Modells darauf zu achten, dass der Umfang der auf die ministerielle Ebene übertragenen Aufgaben möglichst gering bleibe.[728]

Der von der Geschäftsstelle vorgelegte Modellentwurf 2 enthielt keinen Vorschlag für die Neuorganisation der Schulverwaltung. Die diesbezüglichen Vorstellungen des Ministeriums für Bildung, Wissenschaft und Weiterbildung wurden erst durch eine von Staatssekretär Glahn eingebrachte Tischvorlage für die Sitzung deutlich. Die Charakteristika des Vorschlags waren:

Die Verantwortung für die Schulen wird weitestgehend auf die Schulleitungen übertragen. Die Dienst- und Fachaufsicht wird vom Ministerium direkt ausgeübt.
Zur Unterstützung der Arbeit beruft das Ministerium Ministerialbeauftragte, die in Kreisen und kreisfreien Städten eine beratende, koordinierende und ordnende Funktion für die Schulen wahrnehmen. Die Ministerialbeauftragten sind in der Regel Schulleiterinnen oder Schulleiter. Die schulübergreifenden Aufgaben in

[727] Geschäftsstelle der VMK Rheinland-Pfalz, „Zweiter Prüfauftrag", S. 12, 22 f., 27 f.
[728] Geschäftsstelle der VMK Rheinland-Pfalz, „Zweiter Prüfauftrag", S. 15

Kreisen und kreisfreien Städten organisieren und verwalten die Schulen durch eine gemeinsame Geschäftsstelle selbst. Die Geschäftsstelle unterstützt die Ministerialbeauftragten sowie die Schulleitungen. Die schulartübergreifende Abstimmung erfolgt in der Konferenz der Schulleiter. Der schulpsychologische Dienst wird arbeitsorganisatorisch der Geschäftsstelle angeschlossen. Verwaltungsorganisatorisch erfolgt entweder eine Anbindung an das Staatliche Institut für Lehrerfort- und -weiterbildung (SIL) oder aber die Übertragung auf Kreise und Städte.[729]

Carl Böhret stellte ein zusätzliches Organisationsmodell vor. Auf dem Hintergrund einer verantwortungsbewussten Entstaatlichung von Aufgaben müsse die Frage nach den zentralen Feldern der öffentlichen Verwaltung in den nächsten Jahren gestellt werden. Diese seien aus seiner Sicht:

- Umwelt, wobei davon ausgegangen werden könne, dass diese in den kommenden 10 Jahren als Fachstrang an Bedeutung verlieren werde;
- Aufsicht und Genehmigungen (einschl. interministerieller Koordination) in den Regionen;
- wirtschaftliche Entwicklung und Struktur;
- Schule.

Diese zentralen Felder der öffentlichen Verwaltung sollten durch entsprechende organisatorische Strukturen abgebildet werden. Die Aufsichtsfunktionen, Genehmigungen und die interministerielle Koordination sollten dabei von drei regionalen Funktionszentren übernommen werden. Dabei sei darauf zu achten, dass die neuen Behörden unter Beachtung moderner Organisationsprinzipien gebildet würden.

In der Diskussion wurde von einigen Teilnehmern auf die in der Ausbildung von Fachsträngen liegende Gefahr hingewiesen, dass dadurch die Gesamtschau bei der Bearbeitung komplexer Verwaltungsverfahren verloren gehe. Es gelte zu vermeiden, dass eine Koordination der Landesverwaltung nur noch durch das Kabinett wahrgenommen werden könne. Demgegenüber wurde gerade durch die Vertreter der F.D.P. betont, Bündelung finde auch in Fachsträngen statt. Es müsse nicht dauerhaft eine Bündelungsbehörde vorgehalten werden, wenn der gleiche Effekt durch Projektorganisation sichergestellt werden könne. In dieser Meinungsäußerung wurde die generelle Strategie der rheinland-pfälzischen F.D.P. deutlich, das Maximalziel einer ersatzlosen Auflösung der drei Bezirksregierungen nicht aus dem Auge zu verlieren.
Weiterer Diskussionsgegenstand waren die Teilprobleme Umweltverwaltung, Forstverwaltung und Schulverwaltung. Zur Organisation der Umweltverwaltung

[729] Glahn, „Tischvorlage"

wurde es als problematisch angesehen, einen eigenen isolierten Fachstrang Umwelt zu bilden. Dazu wurde klargestellt, dass die Fachressorts auch nach der weitgehenden Kommunalisierung von Aufgaben die Möglichkeit hätten, im Wege der Fachaufsicht auf die Tätigkeit der Kreisverwaltungen und der Verwaltungen der kreisfreien Städte einzuwirken. Als Alternative zu einem eigenen Fachstrang wurde die Integration eines Teils der Aufgaben der Umweltverwaltung (große Infrastrukturinvestitionen) sowie der geplanten Umweltämter in die Regionalverwaltungen als regionale Managementinstanz gesehen, wobei diese durch spürbare Verlagerungen auf die Kreisverwaltungen weiter von Aufgaben entfrachtet werden sollten.

Bezüglich der Forstverwaltung wurden viele Gesichtspunkte gesehen, die für die Bildung eines Landesforstamtes sprächen. Daneben solle das Gemeinschaftsforstamt als untere staatliche Behörde erhalten bleiben. Die hoheitlichen Aufgaben könnten überwiegend von den Forstämtern und in geringem Umfange vom Ministerium wahrgenommen werden. Die Vertreter der Personalräte wiesen auf die Möglichkeit hin, Land- und Forstwirtschaft in einer gemeinsamen Abteilung bei den Bezirksregierungen zusammenzuführen.[730]

Im Bereich Schule stand das Modell von Staatssekretär Glahn den Überlegungen zur Bildung von drei bis fünf Schulämtern, über die eine zumindest teilweise Wiedernutzung der Standorte der Bezirksregierungen und der regionale Bezug gewährleistet werden könnten, gegenüber. Einvernehmen bestand darüber, dass die Herauslösung der Schulabteilungen aus den Bezirksregierungen im Vergleich zu anderen Aufgabenverlagerungen unproblematisch sei. Unter dem Gesichtspunkt der Stärkung der Schulleitungen könnten zahlreiche Aufgaben auf die Ebene der Schulen delegiert werden. Kontrovers wurde die Frage der Übernahme von Aufgaben der Bezirksregierungen durch das Ministerium diskutiert. Dabei wurde insbesondere auf die umfangreiche Personalverwaltung und die Schulaufsicht verwiesen. Einvernehmlich wurde entschieden, den Organisationsvorschlag in einer weiteren Sitzung zu diskutieren.[731]

[730] Vgl. dazu auch Bitter, „Regionale Bündelungsbehörden, S. 862

[731] Vgl. insgesamt Expertenkommission zur Neuorganisation der Landesverwaltung, „Ergebnisniederschrift 3“

### 6.5.5.4.4 Vierte Sitzung am 06.05.1997

Grundlage dieser Sitzung war eine von der Geschäftsstelle der VMK erarbeitete Diskussionsunterlage zu den Themenkomplexen Umweltverwaltung, Schulverwaltung und Forstverwaltung.[732]

Darin wurden für den Umweltbereich nach der Darstellung des Status quo und einem Abriss über die Probleme der aktuellen Organisation Lösungsansätze für die künftige Organisation der Umweltverwaltung dargestellt. Dabei reagierte die Geschäftsstelle auf die schon in der dritten Sitzung der Expertenkommission gegenüber den bisher von ihr vorgelegten Modellen zur Umweltverwaltung geäußerte Kritik, dass die Umweltverwaltung in allen Modellen als eigener Fachstrang ausgewiesen sei. Daher wurde nunmehr hervorgehoben, dass durch den Aufbau der Umweltverwaltung sowie die Ausstattung anderer Verwaltungen, etwa der Straßen- und Forstverwaltung, mit umweltbezogenem Sachverstand in der Vergangenheit erhebliche Überschneidungen entstanden seien, deren Rückführung in einer künftigen Organisationsstruktur angelegt sein solle.

Diese Erwägungen führten zu dem Vorschlag, Fach- und Vollzugsverwaltung im Umweltbereich nicht in einem Sonderstrang zu isolieren, sondern in eine umfassend zuständige regionale Genehmigungsbehörde zu integrieren. Dieser Behörde solle das gesamte für umweltrechtliche Verfahren zuständige Vollzugspersonal des Landesamtes für Umweltschutz und Gewerbeaufsicht, der Staatlichen Ämter für Gewerbeaufsicht sowie der ehemaligen Bezirksregierungen zugeführt werden. Für umweltrechtliche Genehmigungsverfahren seien dann nur noch diese regionalen Behörden sowie die Kreisverwaltungen und Verwaltungen der kreisfreien Städte zuständig. Bei konkreten Genehmigungsverfahren würden Fach- und Vollzugskompetenz im Rahmen einer Projektorganisation zusammengeführt.
Die Umweltverwaltung könne wie folgt organisiert werden:

- Zusammenführung des Landesamtes für Umweltschutz und Gewerbeaufsicht sowie des Landesamtes für Wasserwirtschaft in Oppenheim.
- Zusammenführung der 6 Staatlichen Ämter für Abfall- und Wasserwirtschaft sowie der 5 Staatlichen Gewerbeaufsichtsämter zu 5 in das neue Landesamt integrierten Umweltämtern. Diese Ämter sollten als Außenstellen des Landesamtes in der Fläche verbleiben.
- Integration des Fachpersonals (Umwelt) der Bezirksregierungen in die neu organisierte Umweltverwaltung.[733]

[732] Geschäftsstelle der VMK Rheinland-Pfalz, „Diskussionsunterlage“
[733] Geschäftsstelle der VMK Rheinland-Pfalz, „Diskussionsunterlage“, S. 3 - 10

Für den Bereich der Schulverwaltung konkretisierte die Geschäftsstelle die in der Tischvorlage von Staatssekretär Glahn enthaltene Grundstruktur einer Schulverwaltung ohne mittlere Verwaltungsebene. Um dieses Modell zu realisieren, wurde eine umfangreiche Delegation von Aufgaben auf die Schulen für notwendig gehalten. Schulorganisatorische Aufgaben (Lehrerbedarfserhebung, Verteilung der Ressourcen, Errichtung von Schulen, Schulbezirken und Einzugsbereichen), die Förderung der Privatschulen sowie die Fachaufsicht über die Schulen sollten nach einer Aufgabenkritik vom Ministerium für Bildung, Wissenschaft und Weiterbildung wahrgenommen werden. Die Personalbewirtschaftung der Schulbehörden solle künftig von den (regionalen) Projekt- und Verwaltungsämtern als Servicefunktion übernommen werden. Bei diesem Vorschlag knüpfte die Geschäftsstelle ausdrücklich an die von Carl Böhret geäußerten organisatorischen Vorstellungen an.
Bezüglich des schulpsychologischen Dienstes wurde eine Übertragung auf die Landkreise und kreisfreien Städte vorgeschlagen.[734]

Für den Bereich der Forstverwaltung wurde als wesentliche Entscheidungsgrundlage herausgestellt, dass als Folge einer weitgehenden Delegation von hoheitlichen Aufgaben auf die örtliche Ebene der Schwerpunkt der Aufgaben der Forstabteilungen der Bezirksregierungen im forstbetrieblichen Bereich liege. Insofern werde die Arbeit der Forstabteilungen nicht durch Bündelung von Aufgaben geprägt. Ein regionaler Bezug bestehe indes über das sogenannte Gebietsreferentensystem. Die Gebietsreferenten nähmen gegenüber den Forstämtern ihres Gebietsreferates insbesondere Führungs- und Sozialverantwortung wahr. Dieses Gebietsreferentensystem rechtfertige jedoch keinesfalls die Vorhaltung von drei dezentralen forstlichen Mittelinstanzen.

Nachdem schon bei den ersten modellhaften Vorstellungen für eine Neuorganisation der Forstverwaltung diese in drei von vier Modellen als eigenständige Behörde dargestellt war, wurde dies nunmehr bekräftigt. Vorgeschlagen wurde, die Forstverwaltung auf der mittleren Ebene in Form eines Landesforstamtes zu organisieren. Die hoheitlichen Aufgaben der Bezirksregierungen könnten überwiegend auf die Forstämter übertragen werden. Die verbleibenden Restaufgaben würden der umfassend zuständigen regionalen Genehmigungsbehörde zugeführt. Auch an dieser Stelle wurde damit an die organisatorischen Vorstellungen von Carl Böhret angeknüpft.[735]

Die Diskussion in der Expertenkommission machte erneut die „Schlüsselstellung“ der Umweltverwaltung für die Neuorganisation der Landesverwaltung insgesamt deutlich. Das in der Expertenkommission vorhandene Meinungs-

---

[734] Geschäftsstelle der VMK Rheinland-Pfalz, „Diskussionsunterlage“, S. 10 f.
[735] Geschäftsstelle der VMK Rheinland-Pfalz, „Diskussionsunterlage“, S. 8 - 13

spektrum führte zu einer erneuten intensiven Auseinandersetzung über die Frage des richtigen theoretischen Ansatzes für die Neuorganisation. Die Auffassungen reichten, den jeweiligen Grundeinstellungen folgend, von der Bildung regionaler Genehmigungsbehörden bis zum generellen Verzicht auf solche Einrichtungen. Auf dieser heterogenen Grundlage wurden sodann die Einzelvorschläge der Geschäftsstelle der VMK behandelt:

Bezüglich der Umweltverwaltung bestand Einvernehmen, Fach- und Vollzugsverwaltung nicht innerhalb eines isolierten Fachstranges zusammen zu fassen. Genehmigungsverfahren im Umweltbereich wurden als bündelungsrelevant charakterisiert. Daher wurden nachfolgende drei Organisationsvarianten in Betracht gezogen:

- Integration der Umweltverwaltung in eine regionale Bündelungsbehörde;

- Übertragung der Vollzugskompetenz von den Bezirksregierungen auf die Umweltverwaltung;

- weitgehende Delegation der bisher von den Bezirksregierungen im Vollzugsbereich wahrgenommenen Aufgaben auf die Kreisverwaltungen und die Verwaltungen der kreisfreien Städte.

Für den Bereich der Forstverwaltung gelangte die Expertenkommission zu der Auffassung, dass die Aufgaben der drei Forstdirektionen künftig an einer Stelle konzentriert werden könnten. Bei der Weiterverfolgung dieses Ansatzes solle auch die Frage von Aufgabenprivatisierungen untersucht werden.

Das für die Schulverwaltung vorgestellte Modell von Staatssekretär Glahn wurde bezüglich der vorgesehenen Schulleiterkonferenz und der Personalbewirtschaftung problematisiert. Einvernehmen bestand, dass zur sachlichen Erörterung dieser Fragen eine Vertiefung der Vorstellungen des Ministeriums erforderlich sei, die von Staatssekretär Glahn in Aussicht gestellt wurde.

Abschließend wurden der Geschäftsstelle der VMK nachfolgende Arbeitsaufträge erteilt:

1. Durchführung einer Aufgabenkritik unter den Gesichtspunkten:
    - Welche Aufgaben können privatisiert werden?
    - Welche Aufgaben können entfallen?
2. Inwieweit ist eine weitere Kommunalisierung von Aufgaben der Landesverwaltung insbesondere im Umweltbereich möglich und sinnvoll?
3. Darstellung von Delegationsmöglichkeiten von Aufgaben der Ministerien auf den nachgeordneten Bereich.

4. Darstellung von Einsparpotentialen in der Landesverwaltung.
5. Beispielhafte Darstellung einer modernen Behördenorganisation.
6. Erarbeitung eines detaillierten Forstorganisationsmodells.
7. Erarbeitung eines detaillierten Organisationsmodells für die Schulverwaltung unter Berücksichtigung einer dislozierten Schulaufsicht. Dabei solle auch das Modell „Glahn“ vertieft dargestellt werden.
8. Darstellung der künftigen Organisation der Kommunalaufsicht.[736]

### 6.5.5.4.5 Ergebnisbericht zum Prüfauftrag vom 06.05.1997

Der Prüfauftrag führte zu einem umfangreichen Ergebnisbericht, der noch im Juni 1997 fertiggestellt wurde.[737] Im Hinblick auf die kurze Bearbeitungszeit war die Feststellung der Geschäftsstelle im Vorwort nicht überraschend, dass die Bearbeitung des Prüfauftrages angesichts seiner Breite in der zur Verfügung stehenden Zeit nicht die wünschenswerte Tiefe erreichen konnte. Die Ausführungen und Vorschläge im Einzelnen wurden durch den ausdrücklich formulierten Vorbehalt einer weiteren intensiven Prüfung unter Beteiligung des Sachverstandes der betroffenen Ministerien relativiert.
Nach der Feststellung, dass eine baldige Entscheidung über die Grundstruktur der zukünftigen Landesverwaltung den Prozess der Aufgabenkritik zusätzlich unterstützen könne, wurden in einem Katalog konkrete Maßnahmen der Aufgabenkritik und des Aufgabenumbaues genannt.
Diese bezogen sich auf den Wegfall von Aufgaben bei den Bezirksregierungen, die Vereinfachung von Aufgaben, Delegation von Aufgaben und Privatisierung von Aufgaben.

Als mögliche Privatisierungsfelder wurden Teile der Forstwirtschaft, der Vermessungsbereich, die Beihilfen- und Reisekostenbearbeitung, die Staatlichen Weinbaudomänen sowie die Chemischen Untersuchungsämter und Medizinaluntersuchungsämter genannt.[738]

Einer weiteren Kommunalisierung von Aufgaben stand die Geschäftsstelle der VMK insgesamt sehr zurückhaltend gegenüber. Im Mittelpunkt ihrer Darstellung standen Bedenken gegen eine weitere Kommunalisierung. So wurde die Übertragung von Aufgaben von den drei Bezirksregierungen auf 36 Kreisverwaltungen und Verwaltungen kreisfreier Städte mit der Folge, dass entsprechend qualifizierter Sachverstand überall vorzuhalten sei, als insgesamt unwirtschaftlich bezeichnet. Die sich anbietende Alternativlösung von „Schwerpunkt-

---

[736] Expertenkommission zur Neuorganisation der Landesverwaltung, „Ergebnisniederschrift 4“

[737] Geschäftsstelle der VMK Rheinland-Pfalz, „Dritter Prüfauftrag““

[738] Vgl. zu dem Aufgabenkatalog insgesamt Geschäftsstelle der Verwaltungsmodernisierungskommission Rheinland-Pfalz, „Dritter Prüfauftrag“, S. 7 - 12

kreisverwaltungen“ stieß auf rechtliche Bedenken. Als Möglichkeit angesprochen wurden „Task forces“, die nach dem Baustellenprinzip bedarfsgerecht eingesetzt werden könnten.[739]

Bezüglich der Delegation von in den Ministerien wahrgenommenen Aufgaben auf den nachgeordneten Bereich wurde die Abhängigkeit des Delegationspotentials von der konkreten Ausgestaltung der mittleren Verwaltungsebene herausgestellt. Da das künftige „Design“ der Landesverwaltung noch offen war, beschränkte man sich auf die Darstellung von zwei delegationsfähigen Aufgabenbereichen. Dabei handelte es sich um den Bereich der staatlichen Zuwendungen und um die Bereiche Personalbewirtschaftung/Mittelbewirtschaftung.[740]

Zu den Einsparpotentialen in der Landesverwaltung erfolgte der Hinweis, dass das größte Einsparpotential durch die Beschränkung auf staatliche Kernaufgaben erschlossen werden könne.
Insgesamt wurden zu konkreten Einsparungseffekten nur sehr zurückhaltende Aussagen getroffen. So kam die Geschäftsstelle bei der Betrachtung der in den vier verschiedenen Organisationsmodellen enthaltenen zwei Grundvarianten ohne und mit regionalen Bündelungsbehörden nur zu der vagen Aussage, „alles in allem dürfte ein Einsparungseffekt eintreten“.[741] Eine Quantifizierung von Kosten sei nur mit einem erheblichen Verwaltungsaufwand möglich. Gleiches gelte für die Verluste an Synergieeffekten bei Wegfall der Bezirksregierungen sowie die bei Aufgabenverlagerungen entstehenden neuen Synergieeffekte. Schließlich erfolgte der konkrete Hinweis, dass die bestehenden Rechtsverordnungen und Tarifverträge für die Beschäftigten bei Organisationsmaßnahmen Umzugskostenvergütungen, Trennungsgelder etc. vorsähen, die einen erheblichen Kostenfaktor darstellten.

Der Vorschlag für die künftige Organisation der Landesforstverwaltung war durch die Trennung von Programm- und Vollzugsaufgaben auf der ministeriellen Ebene geprägt. Dies bedinge die Verlagerung aller Vollzugsaufgaben der Abteilung 5 - Forsten - des Ministeriums für Umwelt und Forsten in den nachgeordneten Bereich. Dagegen solle beim Ministerium eine Stelle „politisches Controlling“ neu angesiedelt werden, um unterjährig die Verwirklichung der forstpolitischen Ziele der Landesregierung verfolgen und ggf. nachsteuern zu können.
Für die mittlere Ebene der Landesforstverwaltung wurde vorgeschlagen, die aus der Zuständigkeit des Ministeriums zu verlagernden Vollzugsaufgaben sowie die Aufgaben, die bisher bei den drei Forstdirektionen in den Bezirksregierun-

---

[739] Geschäftsstelle der VMK Rheinland-Pfalz, „Ergebnisbericht“, S. 13 - 15
[740] Geschäftsstelle der VMK Rheinland-Pfalz, a.a.O., S. 16
[741] Geschäftsstelle der VMK Rheinland-Pfalz, „Ergebnisbericht“, S. 18

gen angesiedelt waren, in einer Zentralstelle landesweit zusammenzufassen. Um den Vorgaben der Koalitionsvereinbarung Rechnung zu tragen, solle diese Zentralstelle an einem Standort der bisherigen Bezirksregierungen eingerichtet werden. Als Aufgaben dieser Zentralstelle gegenüber den Forstämtern wurden definiert:

- Die Vorgabe strategischer und operativer Ziele,
- soweit erforderlich eine entsprechende Koordination sowie
- die Wahrnehmung der erforderlichen Aufsicht und Kontrolle.

Die Zentralstelle solle nicht in die operative und dispositive Kompetenz und Verantwortung der Forstämter auf der unteren Verwaltungsebene eingreifen, die sich grundsätzlich bewährt hätten und als Organisationsstandard beibehalten werden sollten. Die Entwicklung der Forstämter zu forstlichen Leistungszentren solle durch eine weitere Verlagerung von Aufgaben der ehemaligen Bezirksregierungen auf die untere Verwaltungsebene zusätzlich unterstützt werden.[742]

Nachdem der dreistufige Aufbau der Kommunalaufsicht in Rheinland-Pfalz - Kreisverwaltungen, Bezirksregierungen, Ministerium des Innern und für Sport - durch die Koalitionsvereinbarung in Frage gestellt wurde, wurden Alternativlösungen dargestellt. Falls es zur Bildung regionaler Genehmigungsbehörden komme, biete es sich an, die kommunalaufsichtlichen Aufgaben der ehemaligen Bezirksregierungen dort anzusiedeln. Für das Alternativszenario, dass keine regionalen Genehmigungsbehörden gebildet würden, wurde die Einrichtung einer organisatorisch an das Ministerium des Innern und für Sport angebundenen Landesoberbehörde „Kommunalaufsicht“ in Betracht gezogen. Durch eine solche Lösung könne vermieden werden, dass das Ministerium mit Vollzugsaufgaben überfrachtet werde. Auf diese Folge wurde auch bei der weiteren denkbaren Lösung, die kommunalaufsichtlichen Aufgaben der ehemaligen Bezirksregierungen durch das Ministerium wahrnehmen zu lassen, hingewiesen. Eine solche Lösung stehe allerdings im Widerspruch zu dem ebenfalls in der Koalitionsvereinbarung enthaltenen Prinzip, die Ministerien von Vollzugsaufgaben zu entlasten.[743]

---

[742] Geschäftsstelle der VMK Rheinland-Pfalz, „Ergebnisbericht“, S. 25 - 36

[743] Geschäftsstelle der VMK Rheinland-Pfalz, a.a.O., S. 37 - 39

#### 6.5.5.4.6 Fünfte Sitzung am 02.07.1997

Der externe Sachverständige Dr. Koetz berichtete zunächst über eine Besprechung aller externen Sachverständigen am 27.06.1997, anlässlich derer ein alternatives Organisationskonzept „Mittlere staatliche Ebene" entwickelt worden sei, wofür folgende Kriterien maßgeblich waren:

- Umsetzung des relevanten Bündelungsbedarfs
- Keine parallelen Fachstränge in Bereichen mit Bündelungsbedarf
- Verzicht auf Bereiche ohne Bündelungsbedarf (Schule, Polizei)
- Integration der Funktion bisheriger Fachbehörden (mit Bündelungsbedarf)
- Umsetzung überkommunaler Strukturen
- Der Staat bleibt in der Fläche
- Relativierung der „Entfernungs"-Diskussion
- Nutzung der Möglichkeiten moderner I-K-Medien
- Ausrichtung auf die Büroorganisation des 21. Jahrhunderts
- Möglichkeit von „Telearbeit"
- Einführung mobiler Teamstrukturen
- Möglichkeit des Dezentralitätsausgleiches

Das Konzept enthielt folgende Strukturelemente:

**Service-Center:**
- Organisatorische Zusammenfassung von Dienstleistungsfunktionen
- Teilzentralisierung (nach Bedarf)

**Aufsichts-Center**
- Zusammenfassung aufsichtlicher Funktionen
- Bildung von Teilgruppen:
    - Kommunal/Finanzaufsichtliche Funktionen
    - Ordnungsfunktionen
    - Technisch-Bauliche Funktionen
- Dislozierung von Aufsichtsgruppen
- Mobile Teams

**Infrastruktur / Genehmigungs-Center**
- Kaderstruktur mit „Projektleitern"
- Aufbau projektbezogener mobiler Arbeitsteams
- Aufgabe: Professionelles Verfahrensmanagement mit dem Ziel der positiven Erledigung
- Zugeordnetes Grundlastpersonal
- Rückgriff auf Teammitglieder aus dem Aufsichts-Center

| Rheinland-Pfalz-Konzept | Service-Center | Aufsichts-Center | Infrastruktur/ Genehmigungs-Center |
|---|---|---|---|
| Aufgabe | Umsetzung zentraler Servicefunktionen für die Landesverwaltung (Economies of Scale) | Aufsicht über die kommunale Ebene, Planungs- und Genehmigungsverfahren auf kommunaler Ebene 1. Widerspruchsinstanz | Betreuung von Planungs- und Genehmigungsverfahren mit überkommunaler Wirkung |
| Zugeordnete Bereiche (Bsp.) | Personalverwaltung<br>Haushalt<br>Labore | Fachaufsicht Verwaltung/Finanzen<br><br>Fachaufsicht Ordnungswesen<br>Fachaufsicht Umwelt/Technik | Projektmanager<br>Projektteams werden aus Angehörigen der Aufsichts-Center gebildet |
| Dislozierung | Zentralisierung von Administrationsaufgaben in Randregionen<br><br>Dezentrale Strukturen, soweit sinnvoll | Zentrale in Randregionen plus dislozierte Büros, ggf. mit mobilen Einsatzteams | Zentraler Standort als „Heimat“ der Projektmanager<br><br>Dezentrale Teams werden nach Bedarf gebildet[744] |

Die Mitglieder der Expertenkommission begrüßten einhellig die Initiative der externen Sachverständigen. Die Diskussion des Alternativmodells ergab, dass dieses ggf. den Rahmen für die Lösung der noch bestehenden offenen Fragen darstellen könne. Besonders hervorgehoben wurde, dass dadurch die Berücksichtigung der Behördenstandorte Koblenz, Neustadt und Trier bei der Neuorganisation der Landesverwaltung möglich werde. Akzeptanz fand auch der Ansatz, im Rahmen von Genehmigungsverfahren Bündelungsaspekte zu berücksichtigen.

Die beiden Vorsitzenden der Expertenkommission wiesen darauf hin, dass innerhalb der Kommission eine divergierende Grundausrichtung bestehe, die auf eine unterschiedliche Interpretation der Koalitionsvereinbarung zurückzuführen sei. Insofern sei die Bearbeitung von Teilaspekten der Neuorganisation der

---

[744] Expertenkommission zur Neuorganisation der Landesverwaltung, „Alternatives Organisationskonzept“, S. 1 - 3

Landesverwaltung bisher sinnvoll und richtig gewesen. Nach einer noch zu erfolgenden Abstimmung würden diese Arbeiten eine gute Basis für den zügigen Fortgang der Kommissionsarbeit darstellen. Staatssekretär Rüter kündigte an, dass diese Abstimmung bis zur nächsten Sitzung der Expertenkommission am 23.09.1997 stattgefunden haben werde.

Die zur Thematik der Kommunalisierung von Aufgaben im Bereich der Umweltverwaltung von der Geschäftsstelle der VMK vertretene restriktive Haltung wurde von der Expertenkommission nicht geteilt.

Zu dem in dem Ergebnisbericht nur relativ abstrakt dargestellten Thema der Einsparpotentiale in der Landesverwaltung brachte der Mitvorsitzende der Expertenkommission Hans-Hermann Dieckvoß eine eigene Tischvorlage ein.[745] Darin wurden auf der Basis referatsbezogener Einzelprüfungen Einsparpotentiale geschätzt. Bemerkenswert an diesem Papier war die Tatsache, dass bei dieser Schätzung eigene organisatorische Vorstellungen zum Maßstab gemacht wurden. So beruhte das für die Regierungshauptkassen geschätzte Einsparpotential von 31 - 41 Vollzeitstellen auf einer Zusammenlegung der Regierungshauptkassen mit dem Rechenzentrum der Oberfinanzdirektion. Das geschätzte Einsparpotential für die Bereiche Kommunal- und Sparkassenaufsicht war die Folge einer geplanten Verlagerung der Kommunalaufsicht in das Ministerium des Innern und für Sport und der Sparkassenaufsicht in das Ministerium für Wirtschaft, Verkehr, Landwirtschaft und Weinbau.
Im Bereich Katastrophenschutz und zivile Verteidigung wurde auf originäre Zuständigkeiten der Gemeinden und Landkreise verwiesen. Überregionaler Koordinierungsbedarf könne durch das Ministerium des Innern und für Sport befriedigt werden, was eine Personalreduzierung von 50 - 60 % möglich mache.
Die Berechnungstechnik wurde besonders deutlich bei der Betrachtung der Schulabteilungen der drei Bezirksregierungen. Hier könne bei der Übertragung von weitreichender Verantwortung auf die Schulleitungen von einer erheblichen Personaleinsparung ausgegangen werden. So könnten für die verwaltungsmäßige Betreuung der Lehrer von den bisher vorhandenen ca. 210 Vollzeitstellen der Bezirksregierungen ca. 90 - 100 Vollzeitstellen eingesetzt und ca. 110 - 120 Vollzeitstellen wieder dem Schuldienst zugeordnet werden.
Insgesamt wurde in der Tischvorlage bei einem angenommenen Vollzeitstellenbestand der drei Bezirksregierungen von 1.540 Stellen von einem geschätzten, langfristig orientierten Einsparungspotential von 586 - 673 Vollzeitstellen ausgegangen.[746]

745 Dieckvoß, „Personaleinsparung“

746 Dieckvoß, „Personaleinsparung“, S. 8

Wenn in der Vorbemerkung der Tischvorlage festgestellt wurde, dass eine qualifizierte Aufgabenkritik in den bisher von den Bezirksregierungen bearbeiteten Aufgabenfeldern noch nicht erfolgt sei und bei der „groben Einschätzung“ der Einsparpotentiale „weitgehend der Synergieeffekt und die noch vorhandenen Leistungsreserven der Mitarbeiter zum tragenden Entscheidungsgrund“ würden, belegt dies die wahre Aussagekraft des Inhaltes der Tischvorlage. Die Feststellungen stellten sich insgesamt als bloße Behauptungen dar, die jeder sachlichen Grundlage entbehrten. Um solche Aussagen zu treffen, wären konkrete Arbeitsplatzuntersuchungen notwendig gewesen, die nicht stattgefunden hatten. Jedenfalls erscheint es unzulässig, in undifferenzierter Form Leistungsreserven der Mitarbeiter zu unterstellen. Wenn formelhaft auf den Synergieeffekt abgehoben wurde, ist der Hinweis geboten, dass durch die angestrebte Zerschlagung der Bezirksregierungen als Bündelungsbehörden auch zahlreiche Synergieeffekte wegfallen würden. Auch dies hätte in Rechnung gestellt werden müssen. Die Tischvorlage stellte demnach keine taugliche Grundlage für organisatorische Entscheidungen dar.[747]

Die Expertenkommission verzichtete zunächst auf eine detaillierte Diskussion und stellte diese bis zur nächsten Sitzung zurück. Diese karge Formulierung in der Ergebnisniederschrift lässt nicht erkennen, dass es nach der Präsentation des Einsparpapiers zu heftigen Auseinandersetzungen zwischen den beiden Vorsitzenden der Expertenkommission kam.[748] Diese machten erneut die grundlegenden Differenzen zwischen den beiden Koalitionspartnern über den bei der Neuorganisation einzuschlagenden Weg deutlich.
Der detaillierte Vorschlag der Geschäftsstelle zur zukünftigen Organisation der Landesforstverwaltung wurde überwiegend als akzeptabel bewertet. Es wurde der Auftrag erteilt, die Frage von Privatisierungsmöglichkeiten bei dem Forstbetrieb und der Forsteinrichtung nochmals vertieft zu behandeln. Eine endgültige Entscheidung über den Organisationsvorschlag wurde zurückgestellt.
Zum Bereich Schulverwaltung legte Staatssekretär Glahn wiederum eine Tischvorlage vor, die jedoch noch kein abschließendes Modell für die künftige Organisation der Schulverwaltung darstelle.[749] In dieser Vorlage wurde die nach Auffassung des Ministeriums für Bildung, Wissenschaft und Weiterbildung grundsätzlich bestehende Möglichkeit, eine Schulverwaltung ohne Mittelbehörde zu realisieren, am Beispiel einiger Schwerpunktaufgaben (z.B. Personalzuweisung, Personalverwaltung, Schulaufsicht, Schulbau- und Schulentwicklungsplanung)

[747] In diesem Sinne auch Thomas, Ise, Fraktionsvorsitzende BÜNDNIS 90/DIE GRÜNEN, in Landtag Rheinland-Pfalz „Verwaltung 2000“, S. 3356
[748] Winkler, Joachim, in: TV vom 26./27.07.97
[749] Glahn, „Schulverwaltung“

dargestellt. Die Diskussion der Tischvorlage wurde für die nächste Sitzung der Expertenkommission vorgesehen.[750]

### 6.5.6 Modifikation des Modernisierungsprozesses

Insbesondere die Diskussion in der 5. Sitzung der Expertenkommission führte zu der Erkenntnis, dass zur Klärung der mit der Auflösung der Bezirksregierungen verbundenen schwierigen Fachfragen eine präzisierende Aussage der Koalitionspartner zu Art und Umfang der Bündelungsfunktion sowie der Notwendigkeit eines regionalen Bezuges erforderlich war.[751] Bewegten sich doch die in der Kommission vertretenen Grundpositionen nach insgesamt 5 Sitzungen immer noch zwischen zwei Extremen: Einerseits der Vorstellung, eine Mittelinstanz gleich welcher Art zu erhalten und andererseits der Idee, sämtliche Aufgaben der Bezirksregierungen auf bestehende Behörden zu verteilen, wie dies vor allem Grundintention der Tischvorlage der F.D.P. zum Einsparpotential bei den Bezirksregierungen war. Die in diesen konträren Positionen zum Ausdruck kommende unterschiedliche Interpretation der Koalitionsvereinbarung machte eine verwaltungspolitische Unterstützung der Kommissionsarbeit notwendig.[752] Nur eine politische Nachsteuerung in dieser für die Neuorganisation der Landesverwaltung so wesentlichen Frage erschien als erfolgversprechender Weg aus der „Sackgasse", in die die bisherigen Diskussionen geführt hatten.[753]

Die verwaltungspolitische Intervention bestand zunächst in einem Spitzengespräch zwischen Ministerpräsident Beck (SPD) und dessen Stellvertreter, Wirtschaftsminister Brüderle (F.D.P.). Dieses Spitzengespräch brachte keine Einigung, sondern endete mit der bekannten gegenseitigen Blockade: „Die SPD will eine Behörden-Reform, die F.D.P. das Behörden-Aus."[754] Die weitere Planung sah eine Klausurtagung der Koalitionspartner am 12.09.1997 vor. Dabei wurde bereits die Möglichkeit in Betracht gezogen, dass der Koalitionsausschuss vor dem nächsten Sitzungstermin der Expertenkommission am 23.09.1997 auch ein weiteres Mal tagen müsse, um einen Weg aus der Sackgasse zu finden.[755]
Wie der weitere zeitliche Ablauf zeigt, sollten sich die Erwartungen auf eine schnelle Einigung nicht erfüllen. Die nächste Sitzung der Expertenkommission fand nicht, wie geplant, am 23.09.1997, sondern vielmehr erst am 22.01.1998

[750] Expertenkommission zur Neuorganisation der Landesverwaltung, „Ergebnisniederschrift 5"
[751] Staatskanzlei Rheinland-Pfalz, „Neuorganisation", S. 14
[752] Bolz, „Direktionenmodell", S. 42
[753] In diesem Sinne Winkler, Joachim, in: TV vom 26./27.07.97
Rheinzeitung vom 29.07.1997
[754] Rheinzeitung vom 29.07.1997;
TV vom 26./27.07.1997
[755] Rheinzeitung vom 29.07.1997

statt. Der ursprüngliche Zeitplan der Expertenkommission, der Sitzungen im September, November und Dezember 1997 vorsah,[756] wurde daher verfehlt.

Die Zeit bis zur 6. Sitzung der Expertenkommission im Januar 1998 war durch eine Reihe von Initiativen und Aktivitäten gekennzeichnet. Selbst Mitglieder der Expertenkommission nutzten die entstandene ergebnisoffene Situation, um eigene Lösungswege vorzustellen. Diese Lösungsansätze sowie der Diskussionsprozess innerhalb der Koalition werden im Folgenden dargestellt:

#### 6.5.6.1 Denkmodell „Verwaltung 2000"

Die drei Personalratsvorsitzenden der Bezirksregierungen stellten im August 1997 ihre Konzeption für die Neuorganisation der Landesverwaltung vor.[757] Unter ausdrücklicher Betonung der politisch noch nicht entschiedenen Frage, welchem der beiden Grundmodelle - Bündelungsbehörde oder Sonderbehörde - der Vorzug gegeben werde, wurde grundlegend für den Erhalt einer regionalen staatlichen Bündelungsbehörde votiert. Bezüglich des Aufgabenbestandes wurde an den von der Expertenkommission bereits erhobenen Bestand von regionalen Aufgaben mit Bündelungsbezug angeknüpft. Dieser Aufgabenbestand müsse jedoch um weitere Aufgaben erweitert werden, die sich aus dem als Anlage 1 dargestellten Organigramm ergeben.[758] Hierzu gehörten insbesondere auch die Bereiche Schule und Forsten.

Bei der Vorlage ihres Konzepts betonten die Personalratsvorsitzenden ihre Verantwortung für eine Modernisierung der Landesverwaltung. Ausdrücklich sicherten sie ihre Unterstützung für eine Neustrukturierung der gesamten Landesverwaltung zu, die sich an verwaltungswissenschaftlichen Prämissen orientiere.[759]

Auf Antrag der Fraktion der CDU[760] wurden die konzeptionellen Vorstellungen Gegenstand einer Landtagsdebatte. Diese Gelegenheit wurde genutzt, um die weitgehende Übereinstimmung der rheinland-pfälzischen CDU mit der Auffassung der Personalräte über eine modifizierte Mittelinstanz zu dokumentieren.

---

[756] Expertenkommission zur Neuorganisation der Landesverwaltung, „Ergebnisniederschrift 2"

[757] Audehm/Fuchs/Momper, „Verwaltung 2000"

[758] Vgl. zu einem ähnlichen organisatorischen Ansatz Bitter, „Regionale Bündelungsbehörden", S. 863

[759] Audehm/Fuchs/Momper, Verwaltung 2000", S. 11
Vgl. dazu auch Die Rheinpfalz vom 12.09.1997

[760] Drucksache 13/2088

Das Konzept decke sich in der Richtung und in vielen Details mit den Leitlinien der Christdemokraten, äußerte der Fraktionsvorsitzende Böhr.[761]
Das Grundanliegen der CDU-Fraktion, die Ergebnisse des Konzepts „Verwaltung 2000" in die Arbeit der Expertenkommission einzubeziehen, wurde auch von der Fraktion BÜNDNIS 90/DIE GRÜNEN unterstützt.[762] Für die Fraktion der F.D.P. dankte der Abgeordnete Mertin den Mitarbeitern der Bezirksregierungen und den Personalräten für ihre Vorschläge, die ausgewertet und in die Überlegungen mit einbezogen würden.[763]

Eine insgesamt positive Bewertung erfuhr die Initiative der drei Personalratsvorsitzenden auch durch den Minister des Innern und für Sport Walter Zuber. Dieser stellte jedoch klar, dass die einzelnen Vorschläge nicht übernommen werden könnten, da das Konzept im Wesentlichen lediglich auf den Erhalt der bisherigen Strukturen abstelle. Immerhin wurde in Aussicht gestellt, einzelne Reformansätze auch in der neuen Verwaltungsstruktur zu realisieren. Darüber hinaus wurde die Erwartung geäußert, dass sich auch die Expertenkommission mit dem Papier befassen werde.[764] Diese Erwartung erfüllte sich nicht, so dass dem Denkmodell „Verwaltung 2000" im Ergebnis jeglicher Erfolg versagt blieb.

### 6.5.6.2 Theilen-Papier

Ein weiteres Reformmodell wurde durch den Staatssekretär im Ministerium des Innern und für Sport Dr. Ernst Theilen, ebenfalls Mitglied der Expertenkommission, in die Diskussion eingebracht. In seiner „Ideenskizze" für die staatliche Mittelinstanz vertrat er die Auffassung, dass nach einer strengen Aufgabenkritik ein bestimmter Prozentsatz von bei den Bezirksregierungen wahrgenommenen Aufgaben ersatzlos gestrichen werden könne. Nach einer Delegation von Aufgaben auf den nachgeordneten Bereich werde sich ein erheblich reduzierter Aufgabenbestand herauskristallisieren, für den eine Bündelung erforderlich (z.B. Umweltverwaltung) oder bei dem eine überregionale Serviceleistung betriebswirtschaftlich sinnvoll sei. In eine derart verschlankte Mittelbehörde, in der die drei bisherigen Bezirksregierungen aufgehen sollten, sollten weitgehend auch die rheinland-pfälzischen Sonderbehörden eingegliedert werden. Diese neue Mittelinstanz mit Sitz in Koblenz oder Neustadt an der Weinstraße könne als einheitliches Landesamt unter der Leitung eines Präsidenten organisiert werden. Die Verzahnung dieser neuen Mittelinstanz mit der Landesregierung könne durch Teilnahme des Präsidenten an den Staatssekretärskonferenzen er-

[761] Vgl. dazu auch Mümpfer, Klaus, in: Allgemeine Zeitung vom 15.09.97
[762] Landtag Rheinland-Pfalz, „Verwaltung 2000", S. 3357
[763] Landtag Rheinland-Pfalz, a.a.O., S. 3358
[764] Landtag Rheinland-Pfalz, a.a.O., S. 3359

folgen. Die beiden übrigen ehemaligen Standorte der Bezirksregierungen würden Außenstellen des Landesamtes, jeweils von einem Vizepräsidenten geleitet. Für die Realisierung dieses Modells wurde ein Zeitraum von 10 bis 15 Jahren als notwendig angesehen.[765]

Während dieser Vorschlag aus der Spitze des Innenministeriums zum Teil als Rückzug der Koalition auf Raten interpretiert wurde[766], waren die Reaktionen doch überwiegend durch Widerspruch gekennzeichnet. Vehemente Kritik an den Vorstellungen Theilens zur Reform der Mittelinstanz äußerte der F.D.P.-Fraktionsvorsitzende Hans-Arthur Bauckhage. Unter Berufung auf die Koalitionsvereinbarung erklärte er, es könne keinen Zweifel an der Auflösung der Bezirksregierungen geben. Gleichzeitig erteilte er einem „trägen und bürgerfernen Landesverwaltungsamt" mit Sitz in Neustadt oder Koblenz eine deutliche Absage.[767] Seine Fraktion werde sich für eine neue und effiziente Verwaltungsstruktur mit Auflösung der Bezirksregierungen einsetzen. Ein Landesverwaltungsamt könne er sich nur für bestimmte Bereiche wie etwa die Schulverwaltung oder bündelungsbedürftige Aufgaben vorstellen.[768]
Auch die Opposition im rheinland-pfälzischen Landtag äußerte sich negativ. In einer durch Chaos und Stillstand im Streit um Auflösung oder Reform der Mittelinstanz geprägten Zeit werde mit dem Vorschlag eines Landesverwaltungsamtes „ein Ladenhüter aus dem Hut gezaubert, der in anderen Bundesländern längst auf dem Müllhaufen gelandet sei." Ein Landesverwaltungsamt - so Fraktionsvorsitzender Christoph Böhr - führe nur zu Aufblähung der Verwaltung, zum Rückzug aus der Fläche sowie zu ortsfremden Entscheidungen. Solche Pläne seien abenteuerlich und zeugten von wenig Sachverstand.[769]
Insgesamt kann zu der Ideenskizze festgestellt werden, dass sie in der Folgezeit nicht mehr Gegenstand intensiver Diskussion war und letztlich für die Neuorganisation der Landesverwaltung ohne Bedeutung blieb.

---

[765] Theilen, „Mittelinstanz", S. 4
[766] Winkler, Joachim, in: TV vom 22.07.97
[767] Die Rheinpfalz vom 24.07.1997
[768] TV vom 23.07.1997
[769] Die Rheinpfalz vom 24.07.1997

### 6.5.6.3 Koalitionsausschusssitzung am 12.09.1997

Der erste Versuch, die grundlegenden Differenzen über den bei der Neuorganisation der Landesverwaltung einzuschlagenden Weg zu überwinden, stellte eine Sitzung des Koalitionsausschusses am 12.09.1997 dar. Dass es eines politischen Abstimmungsprozesses bedurfte, um den Stillstand in der Expertenkommission zu beenden, war auch von Ministerpräsident Beck anlässlich der Verabschiedung des Trierer Regierungspräsidenten Blankenburg am 08.09.1997 thematisiert worden. Dabei teilte er mit, dass in den nächsten Wochen eine Entscheidung getroffen werde, die sich an dem orientiere, was sich die Koalitionäre bei der Neuorganisation der Verwaltung vorgenommen hätten.[770]
Die insgesamt 7-stündigen Verhandlungen der Koalitionspartner über die unterschiedlichen Vorstellungen zur Abschaffung der Mittelinstanz führten noch nicht zu einer Einigung über die Zukunft der Bezirksregierungen.[771] Obschon in einzelnen Gesprächspunkten Fortschritte erzielt worden seien, seien noch weitere Gespräche notwendig, da noch viel Beratungsbedarf bestehe, hieß es aus Teilnehmerkreisen.[772] Von Seiten des Fraktionsvorsitzenden der F.D.P. Bauckhage verlautete, es gebe noch „Knackpunkte“ zwischen den Koalitionspartnern, doch sie seien lösbar.[773]

Dass in der Koalitionsausschusssitzung noch kein übereinstimmendes Ergebnis erzielt werden konnte, wurde auch in der in der Folgezeit in der Öffentlichkeit geführten Diskussion zwischen einzelnen Repräsentanten der SPD und der F.D.P. deutlich. So sah der Abgeordnete Dieter Muscheid, ebenfalls Mitglied der Expertenkommission, als mögliches Ergebnis des Diskussionsprozesses ein regionales Management, eine regionale Bündelungsbehörde mit zeitlich befristeten Arbeitsgruppen. Insgesamt müsse die Landesverwaltung so neuorganisiert werden, dass 30 Prozent des Personals entbehrlich würden.[774]
Der Vorsitzende der SPD-Fraktion Mertes erklärte, man sei sich mit der F.D.P. darüber einig, dass die Bündelungsfunktion der Mittelinstanz an den Standorten erhalten bleibe. Diskutiert würden sogen. Center, die sich aufgabengebunden oder zeitlich begrenzt den Genehmigungsverfahren widmen sollten. Unstreitig sei mittlerweile auch, dass es keine Flucht in Sonder- und Fachbehörden geben werde. Da habe die SPD bei den Liberalen allerdings erst „Problembewusstsein“ schaffen müssen. Eine „Bezirksregierung light“ werde es jedoch nicht ge-

---

[770] Die Rheinpfalz vom 09.09.1997
[771] TV vom 13./14.09.1997
[772] Die Rheinpfalz vom 12.09.1997
[773] Die Rheinpfalz vom 13.09.1997
[774] Rheinzeitung vom 17.09.1997

ben. Die Lösung könne in der Schaffung von Behörden mit einer starken Bündelungsfunktion an den bisherigen Standorten bestehen.[775]

„Mit Unverständnis" reagierte der Vorsitzende der F.D.P.-Fraktion Bauckhage in einer Pressemitteilung auf diese Äußerungen seines Kollegen Mertes. Mertes gehe zu weit, wenn er sich darauf festlege, wo, wie und wann Verwaltungsaufgaben gebündelt werden sollten. Der Koalitionsvereinbarung zufolge sei es unstrittig, dass die Bezirksregierungen in ihrer heutigen Form abgeschafft würden, erinnerte Bauckhage den Koalitionspartner. Ausdrücklich räumte er dabei ein, dass es auch unstrittig sei, bestimmte Bündelungsfunktionen weiter wahrnehmen zu müssen.[776]

Die Formulierung „Abschaffung in ihrer jetzigen Form" wurde bei der Berichterstattung über den offenen Streit zwischen SPD und F.D.P. als Indiz dafür gewertet, dass inzwischen auch die F.D.P. eine Verwaltungs-Mittelinstanz für einzelne Funktionen für notwendig halte.[777] Während noch im Juli 1997 der Mitvorsitzende der Expertenkommission Dieckvoß bei geringsten „Aufweichungstendenzen" der harten Linie in den F.D.P.-Reihen mit eindeutigen Parteitagsbeschlüssen gedroht habe[778], belegten die moderateren Formulierungen die sich auch in der F.D.P. mehrenden Zweifel gegenüber einer vollständigen Streichung der Mittelinstanzen.[779]

Die offenkundigen Meinungsverschiedenheiten waren auch Anlass zu einer von der Fraktion BÜNDNIS 90/DIE GRÜNEN durchgesetzten aktuellen Stunde im Landtag zu den „Differenzen in der Landesregierung über die Zukunft der Bezirksregierungen" am 17.09.1997.[780] Die aktuelle Stunde wurde von der Fraktionsvorsitzenden von BÜNDNIS 90/DIE GRÜNEN dazu genutzt, die Vielfalt der zwischenzeitlich diskutierten Reformmodelle kritisch zu würdigen. Im Zentrum der Argumentation stand der Vorwurf gegenüber der F.D.P., Reformfortschritte und sinnvolle Veränderungen seit 1 ½ Jahren aus ideologischen Gründen zu blockieren.[781]
Ministerpräsident Beck nutzte die Gelegenheit, erneut die ursprüngliche Position der SPD zu beschreiben. So bezeichnete er es als eher wahrscheinlich, dass die SPD ohne die Entschlossenheit der F.D.P. sich wohl für eine generelle grundsätzliche Reform der Bezirksregierungen ausgesprochen hätte. Zur Bedeu-

[775] Die Rheinpfalz vom 01.10.1997
[776] Die Rheinpfalz vom 01.10.1997
[777] Die Rheinpfalz vom 01.10.1997
[778] Winkler, Joachim, in: TV vom 26./27.07.97
[779] Winkler, Joachim, a.a.O. vom 22.07.97
[780] Antrag der Fraktion BÜNDNIS 90/DIE GRÜNEN, Drucksache 13/2055
[781] Drucksache 13/3041

tung der Expertenkommission zur Neuorganisation wies Beck darauf hin, dass die Endverantwortung der Regierung für das Funktionieren der Landesbehörden es notwendig mache, immer wieder politische Erörterungen in den Meinungsbildungsprozess einzuflechten. Die gegenwärtige Diskussion zwischen den Koalitionspartnern bezeichnete Beck als die Endphase eines Diskussionsprozesses. Man werde ein Ergebnis erreichen, das sich an dem Anspruch der Bürgerfreundlichkeit und des Servicecharakters zu messen haben werde. Zugleich werde auch Orientierungspunkt sein, die Interessen der Regionen, in denen bisher Bezirksregierungen bestanden hätten, nicht aus dem Auge zu verlieren.[782]

### 6.5.6.4 Koalitionsausschusssitzungen am 15.10. und 24.11.1997

Die beiden folgenden Koalitionsausschusssitzungen wurden dazu genutzt, die bereits bestehenden organisatorischen Vorstellungen unter Beteiligung der externen Experten weiter zu konkretisieren. Dies hatte bezüglich des Behördentyps „Genehmigungscenter" die Folge, dass man sich auf die Bildung von zwei Struktur-/Genehmigungs-Centern mit Standorten in Koblenz und Neustadt einigte. In dieses Center sollten die 6 Staatlichen Ämter für Wasser- und Abfallwirtschaft sowie die 5 Gewerbeaufsichtsämter integriert werden.
Für den Standort Trier wurde die Bildung eines Aufsichts-/Service-Centers vorgesehen. In dieses Center sollten die drei Ämter für Verteidigungslasten sowie die Genetische Beratungsstelle integriert werden. Bezüglich der umstrittenen Frage der sachgerechten Organisation der Schulverwaltung fand der Gedanke, 3 bis 5 Ämter auf der mittleren Ebene der Schulverwaltung zu bilden, keine Zustimmung. Statt dessen wurde die Integration der Schulverwaltung in das Aufsichts-/Service-Center für die sachgerechtere Lösung gehalten.
Bezüglich des Bereiches Forst wurde den Vorschlägen im Bericht der Geschäftsstelle zum Prüfauftrag zur künftigen Organisation der Forstverwaltung grundsätzlich zugestimmt.[783] Für die Bereiche Lebensmittelüberwachung und Veterinärwesen wurde unter Eingliederung der 4 Chemischen Untersuchungsämter die Bildung eines Landesuntersuchungsamtes erwogen.

Nach den unter Beteiligung der externen Experten erfolgten Festlegungen wurden der Geschäftsstelle der Verwaltungsmodernisierungskommission mehrere Arbeitsaufträge erteilt, die vor allem die detaillierte Darstellung der neuen Behördentypen mit Aufgabenbestand, Personalausstattung sowie möglichen Einsparpotentialen zum Gegenstand hatten. Zum weiteren Verfahren bestand Übereinstimmung darüber, die Eckpunkte der Neuorganisation in einer Koalitionsrunde am 12.12.1997 zu beschließen.

---

[782] Drucksache 13/3048 - 3049

[783] Geschäftsstelle der VMK Rheinland-Pfalz, „Dritter Prüfauftrag", S. 25 - 36

Um einerseits auf das große öffentliche Interesse an den Verhandlungen des Koalitionsausschusses zu reagieren, andererseits jedoch Spekulationen über die Besprechungsinhalte möglichst wenig Nahrung zu bieten, wurde eine gemeinsame Presseerklärung von SPD und F.D.P. für den 25.11.1997 vereinbart. Das angestrebte Ziel wurde durch eine 11-zeilige Pressemitteilung erreicht, die inhaltlich als „nebulöse Allgemeinplätze" bezeichnet wurde.[784] Im Zentrum der Berichterstattung stand dann auch die Tatsache, dass noch keine endgültige Einigung über den einzuschlagenden Weg erzielt sei.[785] An anderer Stelle hieß es: „Bezirksregierungen - die Koalition schweigt."[786]

### 6.5.6.5 Ergebnisbericht zum Prüfauftrag vom 24.11.1997

Den Prüfauftrag nahm die Geschäftsstelle der VMK zum Anlass, die der Center-Idee zugrunde liegende Philosophie zu erläutern. Dabei nahm sie ausdrücklich Bezug auf die Zusammenarbeit mit den externen Experten, die das Center-Modell initiiert hätten, um die in der Kommission entstandene Pattsituation durch einen qualitativen Sprung zu überwinden.[787]
Der Center-Idee liege ein funktionaler Organisationsansatz zugrunde, der sich signifikant von der institutionellen Betrachtungsweise unterscheide, die zur Einrichtung der Bezirksregierungen geführt habe. Den Centern könnten weder beliebige Aufgaben zugeführt werden, noch könnten durch organisatorische Verknüpfungen die Bezirksregierungen alter Art restauriert werden.
Wie der Leiter der Geschäftsstelle der VMK an anderer Stelle präzisierte, sei zunächst die Grundidee einer Entfrachtung der Bezirksregierungen von allen nicht bündelungsrelevanten Aufgaben, wie beispielsweise der Beihilfe und der Regierungshauptkassen, entstanden. Im Prinzip seien danach die Bezirksregierungen „durchgeschnitten" worden. So sollten alle Aufgaben mit Genehmigungs- und Strukturrelevanz in einem neuen Behördentyp namens Struktur-Genehmigungscenter an zwei Standorten wahrgenommen werden. Diese Standorte entsprächen den industriellen Schwerpunkten in Rheinland-Pfalz, die im Südteil (Bereich Neustadt) und im Raum Koblenz konzentriert seien. Der Raum Trier mit geringerer industrieller Ansiedlung solle von Koblenz aus betreut werden. Die verbleibenden Aufgaben sollten in einem Aufsichts- und Dienstleistungscenter landesweit zentriert werden.[788]

---

[784] Rheinzeitung vom 26.11.1997

[785] Die Rheinpfalz vom 26.11.1997

[786] Rheinzeitung vom 26.11.1997

[787] In diesem Sinne Bolz, „Direktionenmodell", S. 42

[788] Bolz, „Direktionenmodell", S. 42 f.

### 6.5.6.5.1 Struktur-/Genehmigungs-Center

In Umsetzung dieses funktionalen Ansatzes solle in zwei Struktur-/Genehmigungs-Centern mit den Standorten Koblenz und Neustadt an der Weinstraße künftig eine wirksame Bündelung der staatlichen Aufgaben erfolgen, die für schnelle und qualitativ hochwertige Genehmigungsverfahren bedeutsam seien. Durch die Integration der 6 Staatlichen Ämter für Wasser- und Abfallwirtschaft sowie der 5 Gewerbeaufsichtsämter werde in diesem Bereich auf eine Verwaltungsebene vollständig verzichtet. Ebenso entfielen dort die Reibungsflächen zwischen Fach- und Vollzugsbehörden, die in der Vergangenheit häufig zu langwierigen Genehmigungsverfahren und widersprüchlichen Äußerungen von Behörden gegenüber den Bürgerinnen und Bürgern sowie der Wirtschaft geführt hätten. Die Zahl der Genehmigungsbehörden werde durch diese Maßnahmen reduziert. Insgesamt werde hierdurch eine wirksame Strukturpolitik erleichtert und der Wirtschaftsstandort Rheinland-Pfalz nachhaltig gestärkt.[789]

Der geplante konkrete Aufgabenbestand der Struktur-/Genehmigungs-Center an den Standorten Koblenz und Neustadt ist aus den Abbildungen in Anlage 2 und 3 ersichtlich. Die Zahlenangaben entsprechen der Stellenausstattung bei den Bezirksregierungen bzw. integrierten Behörden (Status quo im November 1997).

### 6.5.6.5.2 Aufsichts-/Service-Center

Da der sich abzeichnende Rückzug des Staates auf Kernaufgaben künftig eine noch wirksamere Fachaufsicht voraussetze, solle die Aufsichtsfunktion in einem zentralen Aufsichts-/Service-Center wahrgenommen werden. Dies gewährleiste gleichzeitig einen effizienten Ressourceneinsatz. Wegen des erforderlichen regionalen Bezuges müsse das Center in Koblenz und Neustadt an der Weinstraße je eine Außenstelle für die Geschäftsbereiche

- Kommunalaufsicht einschließlich kommunaler Zuwendungen
- Schule
- Regierungshauptkassen
- Beihilfe

haben. Diese Außenstellen sollten über modernste Kommunikationssysteme mit der Zentrale kommunizieren und könnten daher sehr schlank sein. In das Aufsichts-/Service-Center sollten die drei Ämter für Verteidigungslasten sowie die Genetische Beratungsstelle integriert werden mit der Folge, dass in diesen Ge-

[789] Geschäftsstelle der VMK Rheinland-Pfalz, „Dritter Prüfauftrag", S. 3

schäftsbereichen künftig eine Verwaltungsebene entfalle. Bei den Geschäftsbereichen Beihilfe und Regierungshauptkassen komme langfristig auch eine andere Zuordnung außerhalb des Aufsichts-/Service-Centers in Betracht.

Der geplante Aufgabenbestand und die konkreten Mitarbeiterzahlen des neuen Aufsichts-/Service-Centers sind aus der Abbildung in Anlage 4 ersichtlich.

Die Geschäftsstelle hob in ihrem Bericht hervor, dass die Bildung von zwei Struktur-/Genehmigungs-Centern und einem Aufsichts-/Service-Center dem Ziel, die bisherigen Standorte der Bezirksregierungen für neue Verwaltungsstrukturen bevorzugt zu nutzen, hervorragend Rechnung trage und eine gleichwertige Berücksichtigung der Regionen des Landes bei der Behördenausstattung gewährleiste.[790]

### 6.5.6.5.3 Forsten

Für den Bereich Forsten wurde betont, dass durch die Zusammenfassung der

- Betriebsreferate der Abteilung 5 (Forsten) des Ministeriums für Umwelt und Forsten,
- Referate 40 - 46 der Bezirksregierungen,
- Forstlichen Versuchsanstalt Rheinland-Pfalz,
- Zentrums für Benutzerservice und Informationstechnologie,
- Forstlichen Bildungszentrums Hachenburg,

zu einer forstlichen Zentralstelle eine sehr wirkungsvolle Straffung der Forstverwaltung erfolge. Aus Gründen der gleichmäßigen Ausstattung der Standorte der ehemaligen Bezirksregierungen mit neuen Verwaltungsstrukturen solle das neue Landesforstamt in Neustadt an der Weinstraße angesiedelt werden. Gegebenenfalls könne der Bereich Forsteinrichtung mit 71 Stellen zum Ausgleich eventuell vorhandener größerer Disparitäten auch für den Standort Koblenz vorgesehen werden.[791]

[790] Geschäftsstelle der VMK Rheinland-Pfalz, „Dritter Prüfauftrag", S. 3
[791] Geschäftsstelle der VMK Rheinland-Pfalz, „Dritter Prüfauftrag", S. 10

Die folgende Übersicht zeigt die geplante neue Struktur der Landesforstverwaltung:

| Landesforstamt | |
|---|---|
| Stellen insgesamt | 248 |
| Betriebsreferate der Abteilung 5 (Forsten) des Ministeriums für Umwelt und Forsten | 12 |
| Referate 40 - 46 der Bezirksregierung | 154 |
| Integration | |
| Forstliche Versuchsanstalt Rheinland-Pfalz | 49 |
| Zentrum für Benutzerservice und Informationstechnologie | 12 |
| Forstliches Bildungszentrum Hachenburg | 21 |

### 6.5.6.5.4 Lebensmittelüberwachung und Veterinärwesen, Gesundheit und Pharmazie

Für die Aufgabenbereiche Lebensmittelüberwachung und Veterinärwesen wurde durch die Geschäftsstelle die Zusammenlegung der vier Chemischen Untersuchungsämter mit dem Landesveterinäruntersuchungsamt in Koblenz zu einem Landesuntersuchungsamt vorgeschlagen. Um Synergieeffekte aus der Zusammenfassung von Fach- und Vollzugsbehörden zu erschließen, könnten auch die Aufgaben der Bezirksregierungen diesem neuen Amt übertragen werden. Weitere Synergieeffekte, insbesondere im Bereich der Untersuchungen, könnten durch die Eingliederung des Geschäftsbereichs „Gesundheit und Pharmazie" der Bezirksregierungen sowie der drei Medizinaluntersuchungsämter in das Landesuntersuchungsamt erschlossen werden.

Aus den Vorschlägen ergab sich nachfolgende Struktur des Landesuntersuchungsamtes:

Landesuntersuchungsamt
(529)

---

Landesveterinäruntersuchungsamt
(110)

Integration der

---

4 Chemische Untersuchungsämter
(267)

---

3 Medizinaluntersuchungsämter
(116)

---

- Lebensmittelüberwachung und Veterinärwesen ( 11)

---

- Gesundheit und Pharmazie ( 25)

## 6.5.6.5.5 Einsparpotentiale

In einem eigenen Abschnitt widmete sich die Geschäftsstelle dem Thema der möglichen Einsparungen durch eine neue Verwaltungsstruktur. Dabei wurden die durch die Bildung von Centern sich ergebenden Einsparmöglichkeiten geschätzt. Grundlage dieser nicht mit den Fachressorts abgestimmten Schätzungen war die Erwartung, dass sich auf Grund der Synergieeffekte durch die Konzentration von Dienststellen, durch Abbau und Delegation von Aufgaben sowie durch das Entfallen von Leitungsstellen Einsparpotentiale ergäben. Dabei ergab sich folgende zusammenfassende Betrachtung der Einsparpotentiale:

| | |
|---|---|
| Aufsichts-/Service-Center : | ca. 240 Stellen |
| Struktur-/Genehmigungs-Center Koblenz : | ca. 65 Stellen |
| Struktur-/Genehmigungs-Center Neustadt : | ca. 50 Stellen |
| Forstverwaltung : | ca. 55 Stellen |
| Zwischensumme : | ca. 410 Stellen |
| Entfallende Leitungsstellen (einschl. Sekretariate) | ca. 40 Stellen |
| Summe : | ca. 450 Stellen[792] |

[792] Geschäftsstelle der VMK Rheinland-Pfalz, „Dritter Prüfauftrag“

### 6.5.6.6 Koalitionsausschusssitzung am 12.12.1997

Bereits im Vorfeld dieser Koalitionsausschusssitzung ließ Ministerpräsident Beck verlauten, die Koalition sei sich über die Verwaltungsreform, die die Zukunft der Bezirksregierungen regele, so gut wie einig. Die Koalitionspartner seien „so nahe beisammen", dass eine Entscheidung unmittelbar vor oder nach Weihnachten anstehe. Der Koalitionsausschuss werde sich auf die politischen Vorgaben einigen, die dann in einem Gesetz umzusetzen seien. Es werde kein von der Reform betroffener Beschäftigter entlassen, zurückgestuft oder unmäßig weit versetzt. Die Verwaltungsreform sei neben der Forschung Hauptschwerpunkt des Jahres 1998. Ministerpräsident Beck deutete auch den inhaltlich zu beschreitenden Weg an, indem er ausführte, künftig werde es eine „dislozierte, völlig neue Verwaltungsstruktur geben".[793]
Die F.D.P. war vor der entscheidenden Koalitionsausschusssitzung nochmals Adressat der Forderung, endlich den Mut aufzubringen, eine einmal getroffene Fehlentscheidung über die Bezirksregierungen zurückzunehmen. Dies würde ihr mehr Respekt einbringen, als „weiter den Amtsschimmel in eine Sackgasse zu hetzen." Die SPD wurde ermahnt, sich vom kleineren Koalitionspartner in dieser entscheidenden Frage nicht auf einen Irrweg lotsen zu lassen.[794]

Die Koalitionsausschusssitzung am 12.12.1997 brachte dann den entscheidenden Durchbruch.[795] In einer anschließenden Pressekonferenz stellten Ministerpräsident Beck sowie der stellvertretende Ministerpräsident Brüderle das gemeinsam Vereinbarte der Öffentlichkeit vor.[796] Nach einer intensiven wie kreativen Diskussion seien SPD und F.D.P. in Zusammenarbeit mit Sachverständigen aus Verwaltung, Wissenschaft und Wirtschaft überein gekommen, eine völlig neue Grundstruktur der Verwaltung mit zwei Struktur- und Genehmigungs-Centern (Nord und Süd) sowie einem Aufsichts- und Service-Center mit Sitz in Trier zu schaffen. Die Landesverwaltung orientiere sich damit nicht mehr an historischen Bezirksgrenzen, sondern an den Zukunftsaufgaben, die in einer hochtechnisierten Industrie- und Dienstleistungsgesellschaft zu bewältigen seien.[797]

Inhaltlich wurden im Wesentlichen die von der Geschäftsstelle der VMK erarbeiteten Grundstrukturen übernommen. Diese wurden jedoch in wenigen Punkten modifiziert. So wurde dem Vorschlag zur Bildung eines Landesforstamtes

---

[793] Die Rheinpfalz vom 09.12.1997
[794] Müller, Jürgen, in: Die Rheinpfalz vom 12.09.97
[795] Vgl. dazu Bahner, Andreas, in: Die Rheinpfalz vom 13.12.97
Winkler, Joachim, in: TV vom 15.12.97
[796] Vgl. dazu u.a. Müller, Jürgen, a.a.O. vom 15.12.97 sowie FAZ vom 15.12.1997, S. 6
[797] Beck/Brüderle, „Neuorganisation", S. 1

nicht gefolgt. Stattdessen sollten im Bereich Forsten die bisherigen Aufgaben der Bezirksregierungen, der Forstlichen Versuchsanstalt, des Forstlichen Bildungszentrums Hachenburg und des Zentrums für Benutzertechnologie und Informationstechnologie organisatorisch zusammengefasst und dem Struktur- und Genehmigungs-Center Süd in Neustadt an der Weinstraße zugeordnet werden. Die Forsteinrichtung solle dagegen im Hinblick auf die gute technische Ausstattung in Koblenz verbleiben.
Eine weitere Modifikation der Vorschläge der Geschäftsstelle stellte die Zuordnung der Beihilfestellen und der Regierungshauptkassen zur Oberfinanzdirektion Koblenz dar. Dabei sollten jedoch die bisherigen Standorte als Außenstellen erhalten bleiben.
Vollständig gefolgt wurde dem Vorschlag, die vier Chemischen Untersuchungsämter, drei Medizinaluntersuchungsämter sowie die Aufgaben der drei Bezirksregierungen im Bereich „Gesundheit und Pharmazie" sowie „Lebensmittelüberwachung und Veterinärwesen" im Landesveterinäruntersuchungsamt Koblenz zu konzentrieren.

Die beiden Koalitionspartner wiesen darauf hin, dass durch die Neuorganisation sozialverträglich mittelfristig 750 Stellen eingespart würden. Dies entspräche mehr als einem Drittel der Stellen der Behörden, die von der Bildung der Center unmittelbar betroffen seien. Die Zahl 750 ergebe sich aus dem von der Geschäftsstelle geschätzten Einsparpotential durch die Neuorganisation zuzüglich der durch eine im Juni 1997 beschlossene Reform der Katasterverwaltung einzusparenden Stellen.[798] Durch die Neuorganisation werde insgesamt die Zahl der Behörden um 25 verringert. Der Reformprozess werde durch den Einsatz modernster Kommunikationssysteme („Televerwaltung") unterstützt. Die Realisierung des bundesweit beispielhaften Vorhabens werde durch eine dauerhafte Aufgabenkritik begleitet. Bei der Umsetzung des Beschlusses der Koalitionsparteien werde die Arbeit der Expertenkommission zur Neuorganisation der Landesverwaltung mit einbezogen. Diese werde im ersten Quartal des nächsten Jahres den Abschlussbericht vorlegen. Zum weiteren Zeitplan wurde darauf hingewiesen, dass im Laufe des Jahres 1998 ein Organisationsgesetz auf den parlamentarischen Weg gebracht werde, das auch den Zeitpunkt der Auflösung der Bezirksregierungen bestimme. Zur Umsetzung der Neuorganisation werde eine Projektgruppe gebildet. Bezüglich der weitreichenden Auswirkungen auf die Mitarbeiterinnen und Mitarbeiter verwiesen die beiden Koalitionspartner auf ihre soziale Verantwortung[799] und stellten besonders heraus, dass es keine Entlassungen als Folge der Verwaltungsmodernisierung geben werde.[800]

---

[798] Geschäftsstelle der VMK Rheinland-Pfalz, „Dritter Prüfauftrag", S. 16
[799] Vgl. dazu Landesregierung Rheinland-Pfalz, „Gemeinsame Erklärung"
[800] Beck/Brüderle, „Neuorganisation", S. 1 - 3

Die wesentlichsten Inhalte der vereinbarten neuen Verwaltungsstruktur lassen sich wie folgt schematisch darstellen:

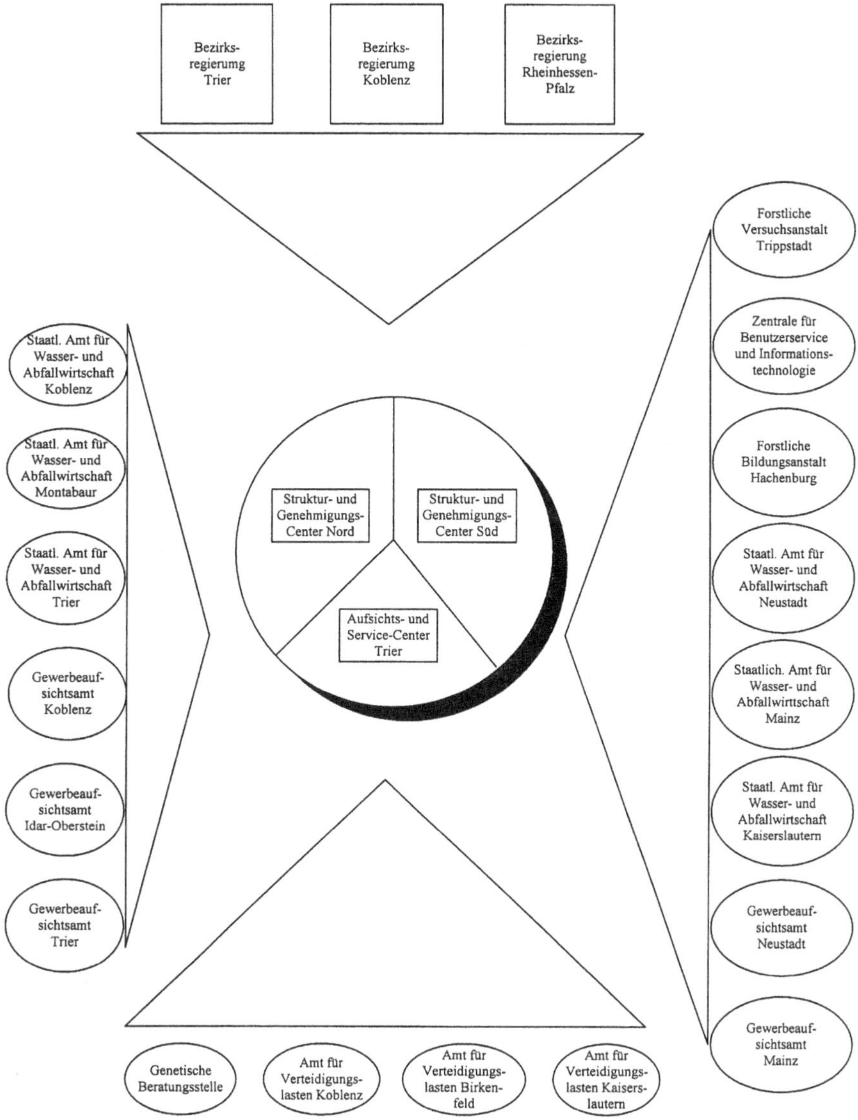


[801]

[801] Staatskanzlei Rheinland-Pfalz, „Landesverwaltung", S. 3

### 6.5.6.7 Konkretisierung der neuen Organisationsstruktur

Eine erste Konkretisierung des von den Koalitionspartnern Vereinbarten erfolgte durch ein Schreiben des Chefs der Staatskanzlei vom Januar 1998 an die Ressorts der Landesregierung.[802] Zum Bereich Forsten wurde präzisiert, dass die Aufgabe Forsteinrichtung unter der Leitung der Zentrale im Struktur- und Genehmigungs-Center für das ganze Land in Koblenz wahrgenommen werde. Zur Frage der Aufsicht über die Struktur- und Genehmigungs-Center und das Aufsichts- und Service-Center wurde klargestellt, dass die Dienstaufsicht dem Ministerium des Innern und für Sport obliege, die Fachaufsicht dagegen bei den fachlich zuständigen Ministerien verbleibe. Bezüglich des Landesuntersuchungsamtes liege die Dienstaufsicht beim Ministerium für Umwelt und Forsten, die Fachaufsicht bei den zuständigen Fachministerien.
Die Anlaufstellen der Schulaufsicht an den Standorten der Struktur- und Genehmigungs-Center sollten dem erforderlichen regionalen Bezug Rechnung tragen. Innerhalb dieses Rahmens sollten jedoch möglichst viele Zuständigkeiten (Personal, Organisation, Haushalt etc.) im Aufsichts- und Service-Center in Trier konzentriert werden.
Die „Regionale Servicestelle der Kommunalaufsicht" beim Struktur- und Genehmigungs-Center Süd stelle keine eigenständige Entscheidungsebene dar.

Für die Umsetzung der Neuorganisation wurde die Federführung des Ministeriums des Innern und für Sport festgelegt. Die konkreten Fragen im Zusammenhang mit der Neuorganisation sollten von vier Projektgruppen zu den Schwerpunkten Recht, Personal, Organisation und Haushalt bearbeitet werden. Diese Projektgruppen würden durch einen noch zu benennenden Koordinator gesteuert. Ausdrücklich Bezug genommen wurde sodann auf die Expertenkommission zur Neuorganisation der Landesverwaltung. Diese werde in ihrer nächsten Sitzung am 22.01.1998 aufbauend auf den Eckpunkten die Erstellung ihres Abschlussberichtes in die Wege leiten.[803]

---

[802] Chef der Staatskanzlei Rheinland-Pfalz, „Eckpunkte"
[803] Chef der Staatskanzlei Rheinland-Pfalz, a.a.O., S. 1 - 4

### 6.5.7 Fortsetzung der Beratungen der Expertenkommission

#### 6.5.7.1 Sechste Sitzung am 22.01.1998

Einleitend bat Staatssekretär Rüter die Mitglieder der Expertenkommission um Verständnis für den großen zeitlichen Abstand zu der letzten Sitzung im Juli 1997. Dieser sei erforderlich gewesen, um die offenen Fragen bei der Interpretation der Koalitionsvereinbarung zu klären. Im Anschluss daran berichtete er über den Inhalt der Koalitionsgespräche, die nach der 5. Sitzung der Expertenkommission stattgefunden hätten. Sein Bericht zeigte das deutliche Bemühen, die Bedeutung der Mitwirkung der Expertenkommission an der Erarbeitung der neuen Verwaltungsstruktur angemessen herauszustellen. So wurde ausdrücklich betont, der Koalitionsausschuss habe bei seinen Beratungen auf die Überlegungen in der 5. Sitzung der Expertenkommission zurückgegriffen, in deren Mittelpunkt die Bildung von „Centern" gestanden habe. Nach der Darstellung des Verhandlungsergebnisses wurde der längerfristig durch die strukturellen Veränderungen erzielbare Abbau von 750 Stellen herausgestellt, der zu einer Einsparung von jährlich 75 Mio. DM führen könne. Hinzuzurechnen seien noch entsprechende Einsparungen bei den Sachmitteln in Höhe von 10 bis 15 % der Personalausgaben. Bei dieser Darstellung gab Staatssekretär Rüter jedoch bereits zu erkennen, dass in der Anfangsphase zusätzliche Aufwendungen für Abordnungen, Umzüge, Anpassung der Infrastruktur etc. anfallen würden. Da die Expertenkommission eine weitere Vertiefung des vereinbarten Organisationsrahmens nicht leisten könne, müsse nun in Arbeitsgruppen auf der Basis der getroffenen verbindlichen Vereinbarungen die Detailarbeit beginnen.

Auch der anschließende Beitrag des 2. Vorsitzenden der Expertenkommission Dieckvoß war durch das Bemühen geprägt, die Bedeutung der Expertenkommission für die nunmehr gefundene Lösung zu betonen. Als besonders wesentlich hob er dabei das Einsparpotential von ca. 750 Stellen hervor, das in dieser Höhe den Vorstellungen der F.D.P. entspreche. Hierbei knüpfte Dieckvoß im Ergebnis an seine umstrittene Tischvorlage an, in der ebenfalls ein Einsparvolumen in ähnlicher Größenordnung auf der Basis völlig anderer organisatorischer Vorstellungen errechnet wurde. [804]

In der folgenden Aussprache wurde die Tatsache einer siebenmonatigen „Auszeit" für die Expertenkommission nicht problematisiert. Stattdessen standen einige Details des von den Koalitionären Vereinbarten sowie die möglichen Folgen der Neuorganisation im Mittelpunkt der Erörterungen.

---

[804] Dieckvoß, „Personaleinsparung", S. 8

Von Carl Böhret erfolgte der Hinweis, dass die neue Organisationsstruktur unter staatstheoretischen Gesichtspunkten das Modell des funktionalen Staates stütze und damit „zukunftsfest“ sei. Nachdrücklich bat er darum, darauf zu achten, dass bei der Umsetzung der Neuorganisation das gefundene Gesamtkonzept nicht durch zahlreiche Änderungen in Detailfragen beschädigt werde.

Bezüglich des weiteren zeitlichen Ablaufs wurde entschieden, den Schlussbericht der Expertenkommission in der nächsten Sitzung am 20.03.1998 zu verabschieden. Der bereits vorliegende, von der Geschäftsstelle der VMK erarbeitete Entwurf des Abschlussberichtes vom 14.01.1998 wurde als grundsätzlich geeignete Unterlage dazu angesehen. Dieser Vorentwurf solle von der Geschäftsstelle weiter ausgearbeitet werden. Auf der Basis des Abschlussberichtes werde eine Ministerratsvorlage für die Umsetzung der Neuorganisation der Landesverwaltung erarbeitet. Diese solle noch in der ersten Jahreshälfte 1998 im Kabinett behandelt werden. Das zu erarbeitende Organisationsgesetz solle Ende 1998 auf den parlamentarischen Weg gebracht werden. Die Auflösung der Bezirksregierungen könne dann eventuell schon im Frühjahr des Jahres 1999 erfolgen.[805]

### 6.5.7.2 Abschlusssitzung am 20.03.1998

Der Vereinbarung in der 6. Sitzung der Expertenkommission entsprechend erfolgte zunächst eine Aussprache zur geplanten Neuorganisation der Schulverwaltung. Im Mittelpunkt stand dabei die Frage der Aufgabenzuordnung zwischen dem Aufsichts- und Service-Center in Trier und dessen Außenstellen bei den Struktur- und Genehmigungs-Centern Nord und Süd. Als Ergebnis einigte man sich bezüglich der Außenstellen auf eine neue Formulierung: „Wegen der bestehenden regionalen Bezüge sollte die Schulaufsicht bei den Struktur- und Genehmigungs-Centern Nord und Süd durch jeweils eine Außenstelle regional mit der Funktionalität verankert werden, die Schulaufsicht hat. Es darf dadurch keine neuen Instanz entstehen.“[806] Diese Präzisierung beruhte auf der Befürchtung, der bislang dreistufigen Schulverwaltung (Schulen, Bezirksregierungen, Ministerium für Bildung, Wissenschaft und Weiterbildung) nunmehr noch eine vierte Stufe dadurch hinzuzufügen, dass an die Stelle der Bezirksregierungen die beiden Außenstellen des Aufsichts- und Dienstleistungs-Centers Trier sowie deren Zentrale träten.

Einer Anregung von Staatssekretär Glahn aus dem Ministerium für Bildung, Wissenschaft und Weiterbildung folgend wurde zugestimmt, einen Hinweis auf

---

[805] Expertenkommission zur Neuorganisation der Landesverwaltung, „Ergebnisniederschrift 6“

[806] Expertenkommission zur Neuorganisation der Landesverwaltung, „Ergebnisniederschrift 7“, S. 2

dessen Vorschlag zur Neuorganisation der Schulverwaltung in den Text des Abschlussberichtes aufzunehmen.[807] Staatssekretär Glahn setzte sich auch mit seinem weiteren Anliegen durch, seine von dem Vereinbarten abweichenden organisatorischen Vorstellungen nochmals als Anlage dem Abschlussbericht der Expertenkommission beizufügen.[808] Beide Anliegen zeigten deutlich Akzeptanzprobleme bezüglich der in der Expertenkommission gefundenen Lösung für die Schulverwaltung. Dieser Eindruck bestätigte sich im Laufe der weiteren Diskussionen auf dem Weg zur Realisierung der Neuorganisation.

Im Folgenden wurde dann der vorgelegte Entwurf des Abschlussberichtes der Expertenkommission diskutiert. Dabei wurde einvernehmlich entschieden, die Notwendigkeit der Delegation von Aufgaben von der ministeriellen Ebene auf das Aufsichts- und Service-Center noch deutlicher zum Ausdruck zu bringen. Geringfügig modifiziert wurden die Aussagen zu den Beihilfestellen und Regierungshauptkassen. Diese Modifizierung bestand in der Einschränkung, die bisherigen Standorte nach Zuordnung der Aufgaben zur Oberfinanzdirektion Koblenz nicht generell, sondern nur „zunächst" beizubehalten. Bezüglich weiterer fachlicher Fragen bestand Einvernehmen, diese von den einzurichtenden Projektgruppen erörtern zu lassen.

Im Anschluss an die Diskussion fasste die Kommission den Beschluss:
„Die Expertenkommission zur Neuorganisation der Landesverwaltung stimmt dem vorliegenden Entwurf des Abschlussberichtes unter der Maßgabe zu, dass die erörterten Ergänzungen noch aufgenommen werden. Sie bittet die Vorsitzenden, den Bericht der Landesregierung in ihrem Auftrag zu überreichen.
Die Kommission sieht damit ihren Auftrag, einen Vorschlag für die Neuorganisation der Landesverwaltung zu erarbeiten, als erfüllt an."[809]

Nach dieser Beschlussfassung trug der Neustädter Personalratsvorsitzende Fuchs eine vorbereitete gemeinsame Erklärung der drei Personalratsvorsitzenden vor, in der bereits einleitend deren fehlendes Stimmrecht in der Expertenkommission hervorgehoben wurde.[810] Weiter wurde betont, es sei für die drei Personalratsvorsitzenden nicht nachvollziehbar, wie Zuständigkeiten verlagert, zentralisiert oder „im Land verstreut" würden. Eine vorherige Aufgabenkritik, die bei einer professionellen Verwaltungsreform der erste Schritt sein müsse, habe nicht stattgefunden. Es würden Einsparpotentiale aufgezeigt, deren Be-

---

[807] Vgl. dazu Glahn, „Tischvorlage"

[808] Expertenkommission zur Neuorganisation der Landesverwaltung, „Abschlußbericht", S. 13, und Anlage 11, S. 57 f.

[809] Expertenkommission zur Neuorganisation der Landesverwaltung, „Ergebnisniederschrift 7", S. 3

[810] Audehm/Fuchs/Momper, „Gemeinsame Erklärung", S. 1

zugsgrößen nicht nachvollziehbar seien und denen keine erkennbaren Bedarfsanalysen zu Grunde lägen.
Grundlegend wurde von den drei Personalratsvorsitzenden der Weg kritisiert, auf dem die neue Verwaltungsstruktur entwickelt worden sei. So sei das Center-Modell in der Expertenkommission nur einmal am Rande der 5. Sitzung am 02.07.1997 als „Brainstorming-Ergebnis" der Experten in Form von drei Overheadfolien vorgestellt, jedoch nie diskutiert worden. Seitdem habe bis zur Vorstellung des Center-Modells am 13.12.1997 durch Ministerpräsident Kurt Beck und Staatsminister Rainer Brüderle keine EKo-Sitzung mehr stattgefunden. Die Personalratsvorsitzenden seien damit in der wesentlichen Phase der Entscheidungsfindung seit dem 02.07.1997 nicht mehr in den Prozess eingebunden gewesen. Daraus wurde die Forderung abgeleitet, nunmehr an dem weiteren Verfahrensablauf, d.h. an den beim Ministerium des Innern und für Sport zu bildenden Projektgruppen, beteiligt zu werden. Am Schluss der gemeinsamen Erklärung wurden erhebliche Zweifel artikuliert, dass die von der Landesregierung vorgegebenen Ziele „Effektivierung der Landesverwaltung, Kostenersparnis und Bürgernähe" mit dem Center-Modell erreicht werden könnten. Dies führte zu dem Fazit: „Hätte man uns ein Stimmrecht eingeräumt, würden wir den vorgelegten Abschlussbericht ablehnen."[811]

Diese Einwände der drei Personalratsvorsitzenden wurden in der Abschlusssitzung nicht mehr inhaltlich diskutiert. Stattdessen wurde durch Staatssekretär Rüter in seinen abschließenden Worten der hervorragende Anteil gerade der externen Experten am Modell zur Neuorganisation der Landesverwaltung hervorgehoben. Aufschlussreich in diesem Zusammenhang war dann der anschließende Beitrag des 2. Vorsitzenden der Expertenkommission Dieckvoß. Dieser schloss sich ausdrücklich den Worten von Staatssekretär Rüter an, hob jedoch dann erneut die Bedeutung der EKo-Sitzung vom 02.07.1997 hervor, in der in Form des von den externen Experten vorgeschlagenen Center-Modells das Fundament für den Erfolg gelegt worden sei.[812]
Gerade diese sich mehrfach wiederholende Betonung der 5. Sitzung der Expertenkommission und ihres zeitlichen Vorlaufs lässt es gerechtfertigt erscheinen, diese als die entscheidende Weichenstellung im Prozess der Meinungsbildung innerhalb der Expertenkommission zur Neuorganisation der Landesverwaltung zu bezeichnen.

[811] Audehm/Fuchs/Momper, „Gemeinsame Erklärung", S. 2
[812] Expertenkommission zur Neuorganisation der Landesverwaltung, „Ergebnisniederschrift 7", S. 4 f.

### 6.5.7.3 Abschlussbericht der Expertenkommission

In dem Abschlussbericht der Expertenkommission vom 20.03.1998 wurde die Kommissionsarbeit sowie deren Ergebnis dokumentiert. Neben der Darstellung der einzelnen Arbeitsschritte sowie der der Center-Idee zugrunde liegenden Philosophie standen dabei die Vorschläge für die zukünftige Organisationsstruktur der Landesverwaltung von Rheinland-Pfalz im Mittelpunkt. Die Expertenkommission unterbreitete der Landesregierung folgende Vorschläge:

- Bildung von zwei Struktur- und Genehmigungs-Centern Nord und Süd mit den Standorten Koblenz und Neustadt
- Bildung eines Aufsichts- und Service-Centers mit Sitz in Trier
- Bildung einer Zentralstelle der Forstverwaltung beim Struktur- und Genehmigungs-Center Süd in Neustadt
- Bildung eines Landesuntersuchungsamtes
- Integration der Beihilfestellen und der Regierungshauptkassen in die Oberfinanzdirektion Koblenz[813]

Nach diesen Vorschlägen, die sich inhaltlich vollständig mit dem in der gemeinsamen Pressekonferenz von Ministerpräsident Beck und Minister Brüderle verkündeten Verhandlungsergebnis[814] deckten, sah sich die Expertenkommission zu einer Klarstellung veranlasst. Da nur ein Rahmen für die Neuorganisation der Landesverwaltung abgesteckt worden sei, würden bei der Umsetzung der Eckpunkte eine große Zahl weiterführender Probleme zu klären sein, die gegebenenfalls in Einzelfällen zu einer leichten, funktional begründeten Modifikation der vorgeschlagenen Zuordnungen führen könnten. Diesbezüglich sei durch die Landesregierung besonders darauf zu achten, dass das schlüssige Gesamtkonzept für die Neuorganisation der Landesverwaltung nicht beeinträchtigt werde. Die dem Center-Modell zugrunde liegende Idee unterscheide sich so grundsätzlich von dem bisherigen Verwaltungsmodell, dass ihre Umsetzung hohen gedanklichen Aufwand und Umdenken erfordere. Daher sei die Gefahr groß, dass von vielen Seiten in bester Absicht „Anpassungen en détail“ vorgeschlagen würden, die in der Summe wieder zu alten Strukturen zurückführten.[815]

Die Kommission verband ihre Vorschläge abschließend mit weiterführenden Empfehlungen an die Landesregierung. So sollten die wegen der Unklarheit über die künftigen Verwaltungsstrukturen teilweise zurückgestellten Überlegungen betreffend Aufgabenverzicht, Delegation von Aufgaben auf den nach-

---

[813] Expertenkommission zur Neuorganisation der Landesverwaltung „Abschlußbericht“, S. 16 - 20

[814] Beck/Brüderle, „Neuorganisation“

[815] Expertenkommission zur Neuorganisation der Landesverwaltung, „Abschlußbericht“, S. 23

geordneten Bereich sowie die weitere Kommunalisierung von Aufgaben unverzüglich wieder aufgegriffen und mit großem Nachdruck umgesetzt werden. In diesem Zusammenhang wurde die organisatorische Verankerung einer permanenten Aufgabenkritik und des daraus folgenden Aufgabenumbaues für zweckmäßig gehalten. Schließlich empfahl die Expertenkommission der Landesregierung, beim Umbau der Landesverwaltung insbesondere folgende Modernisierungsgrundsätze aufzugreifen und neben der permanenten Aufgabenkritik in einem Organisationsgesetz festzuschreiben:

- Einführung eines leitbildorientierten Personalmanagements;
- flächendeckende Einführung neuer Steuerungsinstrumente, insbesondere Programmplanung, Budgetierung, Controlling, Leistungs- und Kostenrechnung;
- Bildung flacher Hierarchien;
- Einbau neuer Arbeits- und Entscheidungsstrukturen, insbesondere Projektmanagement, Vor-Antrags-Konferenz, Sternverfahren, Vorbescheid;
- angemessene innere Deregulierung.

Abschließend bewertete die Expertenkommission ihre Vorschläge als politisch-administrative Innovation mit beachtlichem und vorbildhaftem Effekt für die gesamte Staatsreform. Sie biete die Gewähr dafür, dass die Landesverwaltung auch unter künftig vielleicht noch ungünstigeren Rahmenbedingungen ihre zentralen Aufgaben wirkungsvoll wahrnehmen könne.[816]

### 6.5.8 Enquete-Kommission 13/2 „Verwaltungsmodernisierung in Rheinland-Pfalz"

#### 6.5.8.1 Auftrag

Der rheinland-pfälzische Landtag setzte auf Antrag der Fraktion der CDU[817] und auf Grund des Änderungsantrages der Fraktionen der SPD, CDU, F.D.P. und BÜNDNIS 90/DIE GRÜNEN[818] am 20.06.1996 einstimmig die Enquete-Kommission „Verwaltungsmodernisierung in Rheinland-Pfalz" (Entbürokratisierungskommission) ein.[819] In dem Einsetzungsbeschluss wurde als Anlass für die Einsetzung die Notwendigkeit betont, die Verwaltung des Landes Rheinland-Pfalz wirtschaftlicher und leistungsfähiger zu organisieren, Verwaltungsentscheidungen und Abläufe bürgernäher und transparenter zu gestalten, Be-

---

[816] Expertenkommission zur Neuorganisation der Landesverwaltung, a.a.O., S. 24
[817] Drucksache 13/61
[818] Drucksache 13/101
[819] Vgl. Plenarprotokoll 13/5, S. 285

nachteiligungen von Frauen in den Verwaltungen abzubauen sowie Möglichkeiten elektronischer Medien zur Verbesserung der Verwaltungsleistungen besser als bisher zu nutzen.

Die Enquete-Kommission bestand aus 15 Mitgliedern, 9 Abgeordneten und 6 weiteren stimmberechtigten Mitgliedern (Sachverständige), die nicht dem Landtag angehörten.[820]

In ihrer konstituierenden Sitzung am 11.09.1996 wählte die Kommission den Abgeordneten Dieter Muscheid (SPD) zum Vorsitzenden und den Abgeordneten Heinz-Hermann Schnabel (CDU) zum stellvertretenden Vorsitzenden.[821]

### 6.5.8.2 Beratungen

In der ersten Sitzung wurde durch Landtagspräsident Grimm schon in seiner Einführung auf den „bekannten politischen Hintergrund" der Enquete-Kommission hingewiesen. Dass damit die geplante Neuorganisation der Verwaltung unter Auflösung der drei Bezirksregierungen gemeint war, wurde in den weiteren Ausführungen deutlich. So betonte der Landtagspräsident, dass „eine solche sehr wichtige politische Frage nicht ohne das Parlament entschieden werden solle."
Es würden von der Enquete-Kommission eine kommentierende und untersuchende Begleitung durch Hinweise und Vorschläge erwartet, die sich auf die Erfahrung und die Sachkunde der berufenen Mitglieder der Enquete-Kommission stützen könnten.[822]

In der folgenden Aussprache zum Auftrag und zu den Zielen der Enquete-Kommission wurde durch Vertreter der CDU die Thematik der Auflösung der Bezirksregierungen zu einem Schwerpunktthema erklärt. Dies löste bei dem Abgeordneten Pörksen als Vertreter der SPD eine spontane Gegenreaktion aus. Er konstatierte ein Spannungsverhältnis zum Inhalt der Koalitionsvereinbarung, die eine Vorgabe für die Regierung enthalte. „Man solle nicht dem Irrtum unterliegen, dass diese Enquete-Kommission einen Gegenpol einnehme, sondern diese begleite und liefere Informationen für diejenigen, die die Entscheidung zu treffen hätten. Die Enquete-Kommission sei keine Einrichtung, mit der man das unterlaufen könne, was die Regierung möglicherweise beschließe."[823]

---

[820] Sachverständige waren: Prof. Dr. Horst Albach, Prof. Dr. Heribert Bickel, Prof. Dr. Gisela Färber, Landrat Rainer Kaul, Bürgermeister Winfried Manns, Landrat Peter Paul Weinert

[821] Landtag Rheinland-Pfalz, „Einsetzung einer Enquete-Kommission", S. 2 f.

[822] Enquete-Kommission 13/2 „Verwaltungsmodernisierung in Rheinland-Pfalz", „Protokoll 1", S. 1

[823] Enquete-Kommission 13/2, a.a.O.,. S. 3

Die Abgeordnete Thomas von BÜNDNIS 90/DIE GRÜNEN hielt es für wichtig, dass die Enquete-Kommission frühzeitig und möglichst parallel über die Arbeit der Expertenkommission zur Neuorganisation der Landesverwaltung unterrichtet werde. Es mache keinen Sinn, wenn zwei Kommissionen, die eine mit parlamentarischer Beteiligung, die andere unter Regierungsbeteiligung, Themen bearbeiteten und es keine Rückkoppelung und keine Informationsebene gebe. Dies veranlasste den Vorsitzenden Muscheid zu dem Hinweis, dass die Rückkoppelung von der Expertenkommission zur Enquete-Kommission auch ein Anliegen von Ministerpräsident Beck sei. Deswegen gehörten der Abgeordnete Mertin und er selbst auch der Expertenkommission als Mitglieder an. Dies biete Gewähr für den notwendigen Informationsfluss.[824]

Die Enquete-Kommission verschaffte sich in ihren ersten Sitzungen einen Überblick über die Aufgaben der Landesverwaltung. Ab der 5. Sitzung am 12.05.1997 bis zur 9. Sitzung am 03.11.1997 verlagerte sich dann der Schwerpunkt der Beratungen hin zum Thema „Verbesserung der Leistungsfähigkeit der Landesverwaltung durch Änderung des Behördenaufbaues“. Dazu ließ sich die Enquete-Kommission durch den Sachverständigen Dr. Helbing Bericht erstatten über ein Forschungsprojekt der Hochschule für Verwaltungswissenschaften in Speyer über „Alternative Möglichkeiten der Neuordnung von Mittelbehörden“.[825] Dessen Votum beinhaltete im Ergebnis ein Bekenntnis zur Beibehaltung der vorhandenen Strukturen. Die Bezirksregierungen seien jedoch zu optimieren und zu regionalen Kompetenzzentren weiter zu entwickeln. Ergänzend wies der Sachverständige darauf hin, dass für Rheinland-Pfalz auch andere Lösungen denkbar seien, bei deren Realisierung jedoch immer der erhebliche Umstellungsaufwand in finanzieller Hinsicht in Rechnung gestellt werden müsse..[826]
In der 6. Sitzung am 23.Juni1997 sowie der 7. Sitzung am 21.Juli1997 erfolgten weitere Anhörungen insbesondere zu der Frage, ob, und wenn ja, in welcher Form, die Beibehaltung staatlicher Mittelinstanzen mit Bündelungsfunktion vergleichbar den Bezirksregierungen in Rheinland-Pfalz erforderlich sei.

### 6.5.8.3 Zwischenbericht vom 16.01.1998

In die 9. Sitzung der Enquete-Kommission am 03. November 1997 brachte die Fraktion BÜNDNIS 90/DIE GRÜNEN den Antrag ein, einen Zwischenbericht über die Beratungen und Beratungsergebnisse zum Gegenstand „Vorschläge zur Verbesserung der Leistungsfähigkeit der Landesverwaltung durch Änderung des Behördenaufbaues sowie der Personalstruktur unter besonderer Einbezie-

[824] Enquete-Kommission 13/2, a.a.O., S. 5
[825] Enquete-Kommission 13/2, „Verwaltungsmodernisierung in Rheinland-Pfalz“, „Protokoll 5“, S. 1 - 15
[826] Enquete-Kommission 13/2, „Verwaltungsmodernisierung in Rheinland-Pfalz“, a.a.O., S. 11

hung der betroffenen Beschäftigten, der Personal- und Berufsvertretungen" - hier insbesondere zu Empfehlungen über den Aufbau der Landesverwaltung und die Bedeutung bündelnder, regionaler Mittelinstanzen in Zukunft - vorzulegen.
Der Antrag war durch die Ankündigungen der Landesregierung veranlasst, noch im Jahr 1997 ein erstes Ergebnis über ihre Beratungen zum Themenbereich „Auflösung der Bezirksregierungen" vorzulegen, und sollte die Ergebnisse der durchgeführten Anhörung zum Thema „Mittelinstanz" zusammenfassen sowie Empfehlungen der Enquete-Kommission als eines parlamentarischen Gremiums zum zukünftigen Aufbau der Landesverwaltung und dem notwendigen Reformprozess beinhalten.[827] Diesem Antrag wurde „mit den Stimmen der CDU-Fraktion und der Vertreter der Fraktion BÜNDNIS 90/DIE GRÜNEN sowie der Sachverständigen Professor Dr. Bickel und Manns gegen die Stimmen der Vertreter der SPD-Fraktion und des Vertreters der F.D.P.-Fraktion bei Stimmenthaltung der Sachverständigen Professor Dr. Färber und Dr. Borchers" zugestimmt. [828]

Nachdem die SPD-Fraktion einen Zwischenbericht für verfrüht gehalten hatte, weil die bisherigen Beratungsgrundlagen nicht ausreichten, um Empfehlungen hinsichtlich eines zukunftsgerichteten Instanzenaufbaus der Landesverwaltung abzugeben, wurde nunmehr offen eine „Abstimmungspanne" eingeräumt.[829] Die Mitglieder der CDU-Fraktion waren der Auffassung, nunmehr müsse der Landtag die Möglichkeit erhalten, über einen Zwischenbericht seiner Kommission zu diskutieren. Um zu vermeiden, dass in anderen Gremien bereits die Weichen zur Zukunft der Bezirksregierungen gestellt würden, werde Ministerpräsident Beck darum gebeten, vor diesen Landtagsberatungen keine vollendeten Tatsachen zu schaffen.[830] Sollten SPD und F.D.P. bereits über eine Abschaffung der Bezirksregierungen beschließen, bevor die Enquete-Kommission ihren Zwischenbericht vorgelegt habe, stelle dies eine Brüskierung und Desavouierung des Parlaments dar.[831]
SPD und F.D.P. in der Enquete-Kommission sei es nicht gelungen, „der Landesregierung einen Freifahrtschein für die Auflösung der Bezirksregierungen zu erteilen", kommentierte die Fraktionsvorsitzende von BÜNDNIS 90/DIE GRÜNEN, Ise Thomas. „Wir erwarten, dass die Landesregierung das Votum

---

[827] Thomas, „Enquete-Kommission", S. 9
[828] Enquete-Kommission 13/2, „Verwaltungsmodernisierung in Rheinland-Pfalz", „Protokoll 9"
[829] TV vom 07.11.1997
[830] Die Rheinpfalz vom 04.11.1997
[831] Schnabel/Leonhard/Thelen, „Mittelinstanz", S. 5

der Parlamentsenquete zur Verwaltungsmodernisierung abwartet, bevor die Entscheidung über die Zukunft der Bezirksregierungen getroffen wird."[832]

Dass diese zum Ausdruck gebrachte Skepsis durchaus berechtigt war, lässt sich durch einige Meinungsäußerungen sowie den weiteren Geschehensablauf belegen. So erklärte der SPD-Fraktionsvorsitzende Mertes nach der Abstimmungsniederlage, die Enquete-Kommission versuche, der Koalition „ein Luftanhalten vorzuschreiben".[833] Während Mertes noch ausdrücklich offen ließ, wann die Koalition ein Ergebnis präsentieren könne, verlautbarte der Fraktionsvorsitzende der F.D.P. Bauckhage, er gehe davon aus, dass das Regierungskonzept stehe, bevor der Zwischenbericht vorliege.[834] Wenige Wochen später hieß es aus Koalitionskreisen, man wolle sich von dem angekündigten Zwischenbericht der Enquete-Kommission nicht beeindrucken lassen.[835]

Die Enquete-Kommission hatte den Termin für die Beratung und Beschlussfassung über den Zwischenbericht auf den 15.12.1997 festgesetzt. Die Abgabe der Stellungnahme der Fraktionen war auf den 08.12.1997 terminiert. Jedoch schon am 13.12.1997 gaben Ministerpräsident Beck und der stellvertretende Ministerpräsident Brüderle in einer gemeinsamen Pressekonferenz das Ergebnis der Koalitionsberatungen über die Neuorganisation der Landesverwaltung bekannt. Bezüglich der Enquete-Kommission des Landtages wurde dabei betont, dass deren Arbeit bei der Umsetzung des Beschlusses der Koalitionsparteien mit einbezogen werde.[836]

In dem Zwischenbericht der Enquete-Kommission vom 16.01.1998 wurden zum Thema „Mittelinstanz" nachfolgende Empfehlungen gegeben:

„ 1. Feststellungen kann die Enquete-Kommission nur treffen, soweit sie durch die bisher vorgenommenen Untersuchungen untermauert werden können. Die bisherigen Beratungen haben die Position der Bezirksregierungen in Rheinland-Pfalz im System „Landesverwaltung" aber nur anreißen können.
Der aktuelle Beratungsstand in der Enquete-Kommission macht es nicht möglich, eine Stellungnahme dazu abzugeben, in welchem Umfang und wie Aufgaben der Landesverwaltung in einer modernen Verwaltungsstruktur wahrgenommen werden können. Die bisherigen Untersuchungen bilden kein ausreichendes Fundament für konkrete Empfehlungen zu der Frage, ob eine Mittelinstanz im Bereich der allgemeinen Landesverwaltung verzichtbar ist.

---

[832] Die Rheinpfalz vom 04.11.1997
[833] TV vom 07.11.1997
[834] TV vom 07.11.1997
[835] TV vom 26.11.1997
[836] Beck/Brüderle, „Neuorganisation"

2. Die bisherigen Beratungen deuten darauf hin, daß die Bezirksregierungen in ihrer historisch gewachsenen Form überlebt sind. Dies gilt für die Position dieser Behörden im Verwaltungsaufbau des Landes, für die dort wahrgenommenen Aufgabenstrukturen, aber gerade auch für die Arbeitsweise der Dienststellen.

3. Die Enquete-Kommission hält es für erforderlich, den weiteren Auftragsgegenstand umfassend zu diskutieren und jenseits bisheriger Strukturen Wege zur Effektivierung und Effizienzsteigerung aufzuzeigen.“[837]

Da in der Sitzung der Enquete-Kommission am 15.12.1997 die Beschlussempfehlungen der Fraktionen der SPD und F.D.P. mit Mehrheit verabschiedet wurden und damit diese Mehrheitsempfehlungen in den Zwischenbericht aufzunehmen waren, sahen sich die Vertreter der CDU und von BÜNDNIS 90/DIE GRÜNEN zu abweichenden Stellungnahmen veranlasst.

Die Vertreter der CDU kritisierten, der „Mehrheitsbericht“ ignoriere das Grundthema der Zwei- oder Dreistufigkeit der rheinland-pfälzischen Verwaltung. Die zu diesem Problemkreis durchgeführte Anhörung habe ein eindeutiges Ergebnis gehabt: Kein einziger Sachverständiger habe für einen zweistufigen Verwaltungsaufbau der Landesverwaltung votiert. Die Beschlussempfehlung bestärke den in dem gesamten Sitzungsablauf gewonnenen Eindruck, dass der mit Stimmenmehrheit gegen das Votum von SPD und F.D.P. gefasste Beschluss der Enquete-Kommission über die Erstellung eines Zwischenberichtes ins Leere laufen solle, um Zeit zu gewinnen, weil die parallel arbeitenden Gremien von Landesregierung und Regierungskoalition bisher nicht in der Lage gewesen seien, diesen Problemkreis abschließend aufzuarbeiten..[838]

Die Vertreterin von BÜNDNIS 90/DIE GRÜNEN nutzte die abweichende Stellungnahme zum Zwischenbericht dazu, ihre Kritik an der bisherigen Arbeit der Enquete-Kommission zu artikulieren. So würden die Bemühungen von BÜNDNIS 90/DIE GRÜNEN und der CDU, zu einem strukturierten und lösungsorientierten Verlauf der Sitzungen beizutragen, durch die defensive Beteiligung der F.D.P.- und SPD-Fraktion und die verzögernde Leitung der Kommission gebremst. Weder würden die in der Sachverständigenanhörung mehrheitlich vorgetragenen Empfehlungen, auch in Rheinland-Pfalz im Aufbau der Landesverwaltung an einer bündelnden staatlichen Mittelinstanz festzuhalten, aufgegriffen, noch würden die Bedenken am Vorgehen erwähnt, die während der Anhörung mehrfach geäußert worden seien, eine Reform der Landesverwaltung

[837] Enquete-Kommission, „Verwaltungsmodernisierung in Rheinland-Pfalz“, „Zwischenbericht“, S. 3
[838] Schnabel/Leonhard/Thelen u.a., „Enquete-Kommission“, S. 6 f.

mit einer Änderung der Aufbaustruktur zu beginnen. Insgesamt werde die Enquete-Kommission von der Mehrheit dazu benutzt, ein eigenständiges Votum des parlamentarischen Gremiums Enquete-Kommission in der Frage nach der zukünftigen Aufbauorganisation der Landesverwaltung zu verhindern. Ein in großen Teilen gemeinsamer Zwischenbericht sei auf dieser Basis nicht möglich und mache daher ein Minderheitenvotum des Inhalts erforderlich, dass in einem Flächenland wie Rheinland-Pfalz eine staatliche Mittelinstanz mit Bündelungsfunktion unverzichtbar sei und die Bündelungsfunktion regional raumbezogen wahrgenommen werden müsse.[839]

### 6.5.9 Modernisierungsmanagement

#### 6.5.9.1 Verwaltungsmodernisierung als Prozess

Wie die zweite aktuelle Phase der Verwaltungsmodernisierung in Rheinland-Pfalz zeigt, muss Modernisierung als ein „Prozess" der Veränderung verstanden werden, der einen Zeitraum benötigt und über diesen Zeitraum hinweg gut gesteuert werden muss, wenn er nicht aus dem Ruder laufen oder versanden soll. Die zentrale Folgerung aus dieser grundlegenden Erkenntnis ist, dass Verwaltungsmodernisierung prozesshaft implementiert werden muss.[840] Will man mit hoher Sicherheit in dem Veränderungsprozess erfolgreich sein, bedarf es einer Prozessplanung und eines speziellen Prozessmanagements. Prozessplanung beinhaltet die Planung von Phasen und Schritten, die gut miteinander vernetzt sein müssen, damit im Prozess auftretende komplexe Probleme mit einem ausreichend großen Lösungspotential abgearbeitet werden können.
Prozessmanagement heißt vor allem, dass man für den Modernisierungsprozess eine spezielle Organisation und auch Arbeitskapazität braucht, die über längere Zeit hinweg für den Zweck der Modernisierung zur Verfügung steht. Es bedarf daher Steuerungsgruppen, Arbeitsteams, Koordinatoren und Moderatoren.[841]

Bis in die erste Hälfte der 90er Jahre fand Verwaltungsmodernisierung in Rheinland-Pfalz im Wesentlichen in den Ressorts statt. Beispiele dafür sind u.a. die Agrarverwaltungsreform, das Finanzamt 2000, die Neuorganisation der Straßenverwaltung, die Polizeireform, die Reform der Kulturverwaltung und die Reform der Staatsbauverwaltung.[842] Die Wahrnehmung der Modernisierungsaufgabe wurde durch die Einberufung der VMK im Jahre 1994 professionalisiert. Diese Kommission war Koordinations- und Bündelungsstelle der Verwaltungsmodernisierung in Rheinland-Pfalz. Zu ihren Aufgaben gehörte es, Mo-

---

[839] Thomas, „Enquete-Kommission", S. 9 - 11
[840] In diesem Sinne auch Klages, „Modernisierung als Prozeß", S. 65
[841] Klages, a.a.O., S. 66
[842] Vgl. dazu Beck, „Modernisierung", S. 9

dernisierungsinitiativen zu ergreifen, zusammen mit den Ministerien Modernisierungsmaßnahmen zu formulieren und ihre Umsetzung zu begleiten. In ihren Arbeitsgruppen erarbeitete die Kommission tragfähige Ausgangspositionen für den Modernisierungsprozess.[843] Die mit dem Beginn der 13. Legislaturperiode im Jahre 1996 verbundene Intensivierung der Verwaltungsmodernisierung veränderte das Aufgabenspektrum der VMK und hatte darüber hinaus eine Veränderung des Prozessmanagements zur Folge.
Insbesondere die Vereinbarung über die Auflösung der Bezirksregierungen erwies sich als Vorgabe, die den Modernisierungsprozess in Rheinland-Pfalz in der Folgezeit stark prägte. So führte diese Vereinbarung zur Bildung der Expertenkommission zur Neuorganisation der Landesverwaltung, deren Aufgabe es war, einen Vorschlag für die Neuorganisation der Landesverwaltung unter Berücksichtigung der Auflösung der Bezirksregierungen zu unterbreiten. Die in dem Auflösungsbeschluss enthaltene politische Brisanz auf Grund der in der rheinland-pfälzischen Parteienlandschaft zur Existenzberechtigung und Zukunftsfähigkeit der Bezirksregierungen vertretenen unterschiedlichen Auffassungen führte daneben im Jahre 1996 zur Einsetzung der Enquete-Kommission „Verwaltungsmodernisierung in Rheinland-Pfalz“ (Entbürokratisierungskommission) durch den Landtag. Die Koalitionsvereinbarung hatte damit eine vorübergehende Ausrichtung der Verwaltungsmodernisierung auf die Neustrukturierung der mittleren Ebene der Landesverwaltung zur Folge.[844] Wenn diese Fokussierung auf die Neustrukturierung der mittleren Ebene der Landesverwaltung auch den breiten Ansatz der Verwaltungsmodernisierung, wie er durch die VMK abgedeckt wurde, unberührt lassen sollte,[845] so zeigte doch das Arbeitsprogramm der VMK, dass diese Erwartung nicht ganz erfüllt werden konnte. So konnten etwa die konkreten Modernisierungsvorhaben der VMK „Aufgabenkritik und Aufgabenumbau auf der mittleren Ebene der Landesverwaltung“ und „Flächendeckende Einführung der Budgetierung und des Controlling“ nicht vollständig realisiert werden.

Als Modifikation des Prozessmanagements kann auch der Weg bezeichnet werden, der nach der in der Arbeit der Expertenkommission in der 2. Jahreshälfte 1997 eingetretenen partiellen Handlungsunfähigkeit beschritten wurde. Die siebenmonatige Unterbrechung der Kommissionsarbeit auf Grund parteipolitischer „Verhärtungen“ und fehlender Konsensfähigkeit wegen extrem divergierender Grundauffassungen führten de facto dazu, dass die Eckpunkte für die neue Verwaltungsstruktur in Rheinland-Pfalz im Koalitionsausschuss unter maßgeblicher Beteiligung der externen Experten festgelegt wurden. Bezeichnend ist in diesem Zusammenhang, dass den Mitgliedern der Expertenkommission nach

[843] Vgl. dazu insgesamt Staatskanzlei Rheinland-Pfalz, „Bilanzierung“, S. 20 ff.
[844] Vgl. dazu Rüter, „13. Legislaturperiode“, S. 1
[845] Rüter, „Zukunft der VMK“, S. 2

der Einigung im Koalitionsausschuss am 12.12.1997 die Ergebnisse per Fax am 13.12.1997 in Form einer Tischvorlage zur Pressekonferenz mitgeteilt wurden.[846]

### 6.5.9.2 Temporäre Parallelität von Verwaltungsmodernisierungskommission, Expertenkommission und Enquete-Kommission

Die drei Kommissionen arbeiteten über mehrere Jahre hinweg parallel an den ihnen zugewiesenen Untersuchungsgegenständen. Die VMK stellte ihre Arbeit endgültig im Zusammenhang mit einer bundesweit konzipierten Tagung „Voran in Rheinland-Pfalz - Reform im Staat durch effiziente und bürgergerechte Verwaltung“ am 25.03.1999 in Mainz ein.[847] Die Expertenkommission zur Neuorganisation der Landesverwaltung beendete ihre Tätigkeit mit der Vorlage ihres Abschlussberichtes im März 1998. Die Enquete-Kommission legte im August 2000 ihren Abschlussbericht vor[848] und wurde nach dessen Diskussion in der 121. Plenarsitzung[849] am 16.11.2000 aufgelöst.

Diese Organisation des Modernisierungsprozesses war vielfach Gegenstand von Kritik. So wurde gegenüber der Landesregierung der pauschale Vorwurf erhoben, Effizienz in der Verwaltung durch ineffektive Organisation erreichen zu wollen.[850] Auch die Landtagsfraktion von BÜNDNIS 90/DIE GRÜNEN rügte ein „unproduktives Nebeneinander“ von drei Kommissionen.[851]. Ihre von den organisatorischen Vorstellungen der Landesregierung abweichende Auffassung wurde erfolglos in einem Entschließungsantrag zu dem Gesetzentwurf der Landesregierung - Drucksache 13/700 - Landeshaushaltsgesetz 1997 konkretisiert. Danach sollte die Arbeit der VMK, der Expertenkommission zur Neuorganisation der Landesverwaltung und der Modernisierungsbeauftragten zu einem institutionellen Steuerungszentrum zusammengefasst werden. Gleichzeitig sollte die Zusammenarbeit mit der Enquete-Kommission 13/2 „Verwaltungsmodernisierung in Rheinland-Pfalz“ optimiert werden.[852]

---

[846] Expertenkommission zur Neuorganisation der Landesverwaltung, „Ergebnisniederschrift 6“, S. 2

[847] Staatskanzlei Rheinland-Pfalz, „Bilanzierung“, S. 8

[848] Enquete-Kommission „Verwaltungsmodernisierung in Rheinland-Pfalz“, „Abschlußbericht“, S. 1 ff.

[849] Vgl. Plenarprotokoll 13/121, S. 9127 ff.

[850] Fröhlingsdorf, Michael, in: TV vom 04.12.96, S. 8
Vgl. auch Rheinzeitung vom 24.04.1997

[851] TV vom 18.03.1997

[852] Fraktion BÜNDNIS 90/DIE GRÜNEN, „Entschließung“
Vgl. dazu auch Die Rheinpfalz vom 17.06.1997

Die Landesregierung räumte mehrfach selbst ein, den Prozess der Verschlankung der öffentlichen Verwaltung „kompliziert konstruiert" zu haben.[853] Sie rechtfertigte dies jedoch mit der Schwierigkeit des Verwaltungsmodernisierungsprozesses sowie der dadurch begründeten Notwendigkeit, komplexen Verwaltungsstrukturen zumindest vorübergehend gerecht werden zu müssen. Diese Strukturen müssten jedoch mit sich einstellenden Erfolgen bei der Umsetzung bald zurückgefahren werden. Sie dürften sich nicht dauerhaft etablieren.[854]

Misst man die Landesregierung an diesen selbst formulierten Erwartungen, ist festzustellen, dass sowohl die VMK als auch die Expertenkommission zur Neuorganisation der Landesverwaltung ihre Tätigkeit nach Abarbeitung jeweils klar umrissener Aufgaben eingestellt haben. Was die inhaltliche Abgrenzung der Kommissionsarbeiten anbelangt, ist das Verhältnis zwischen der Expertenkommission und der VMK als unproblematisch zu bezeichnen. Die Expertenkommission bearbeitete „unter dem Dach" der VMK[855] ihren spezifischen Auftrag und wurde dabei durch die Geschäftsstelle der VMK unterstützt. In der praktischen Arbeit wurden keine Interessenkollisionen deutlich.

Das Verhältnis zwischen der Expertenkommission zur Neuorganisation der Landesverwaltung und der Enquete-Kommission des Landtages muss diesbezüglich jedoch eine andere Bewertung erfahren. Nachdem die durch die Enquete-Kommission durchgeführte Anhörung von Experten zum Thema „Mittelinstanz" zu dem überwiegenden Ergebnis geführt hatte, dass eine staatliche Mittelinstanz auch in Rheinland-Pfalz erforderlich sei, bestand bei den Vertretern von CDU und BÜNDNIS 90/DIE GRÜNEN ein erhebliches Interesse an der Dokumentation dieser Erkenntnis in einem Zwischenbericht. Da dieser Zwischenbericht auf Grund einer „Abstimmungspanne" von den Vertretern der SPD und F.D.P. nicht verhindert werden konnte, wurden verschiedene Strategien angewandt, um die Erreichung der selbst gesteckten Ziele nicht zu gefährden. Zunächst wurde ein Zwischenbericht erarbeitet, der nicht die Billigung der Vertreter von CDU und BÜNDNIS 90/DIE GRÜNEN fand und diese sogar zu abweichenden Voten veranlasste. Darüber hinaus wurden die Zeitplanung für die Koalitionsberatungen und die Publikation von Ergebnissen Ende 1997 so gestaltet, das der Zwischenbericht der Enquete-Kommission bis dahin noch nicht vorliegen konnte. Als wenig tröstlich erwies sich in diesem Zusammenhang für die Mitglieder der Enquete-Kommission, dass in der Pressekonferenz des Ministerpräsidenten Beck und des stellvertretenden Ministerpräsidenten Brüderle in nur einem Satz auf die Arbeit der Enquete-Kommission Bezug genommen wurde, deren Arbeitsergebnisse bei der weiteren Umsetzung mit berücksichtigt werden

---

[853] Vgl. nur Beck, „Modernisierung", S. 10
[854] Rüter, „Verwaltungsmodernisierung", S. 4
[855] Rüter, „13. Legislaturperiode", S. 2

sollten. Nachdem die Koalitionspartner ausdrücklich nicht den Weg der ersatzlosen Auflösung der Mittelinstanz in Rheinland-Pfalz beschritten, war dadurch zwar die Brisanz der Diskussion um die Neuorganisation der Landesverwaltung reduziert. Gleichwohl hätte es nahe gelegen und wäre es ohne Gesichtsverlust der Landesregierung möglich gewesen, aus Respekt vor der vom Landtag eingesetzten Enquete-Kommission deren Zwischenbericht abzuwarten, bevor eigene Ergebnisse verkündet wurden.

### 6.5.9.3 Zusammenfassende Bewertung

Die in Rheinland-Pfalz zur Erreichung der Modernisierungsziele beschrittenen unterschiedlichen Wege belegen, dass es kein feststehendes Ablaufschema des Modernisierungsprozesses gibt, das als Standardmodell verwendet werden könnte.[856] Dementsprechend wird von der Landesregierung selbst eingeräumt, den Modernisierungsprozess in der konkreten Form nicht von Anfang an so antizipiert zu haben, wie er sich später eingestellt habe.[857]

Die Beschlüsse zur Kabinettsreform durch Verkleinerung der Landesregierung um drei Ministerien sowie zur Auflösung der Bezirksregierungen entstanden außerhalb der Verwaltung. Sie waren daher nicht das Ergebnis einer verwaltungsinternen Meinungsbildung. Dieser Entscheidungsprozess und der sich anschließende Geschehensablauf können als Beleg für die These angeführt werden, dass grundsätzliche und sehr weitreichende Modernisierungsentscheidungen dadurch erleichtert werden, dass sie zunächst außerhalb der Verwaltung initiiert und dann verwaltungspolitisch konsequent aufgegriffen und fortgeführt werden. Da flexible Modernisierungsstrategien unter einer wirkungsvollen Kombination internen und externen Fachverstandes der Komplexität des Modernisierungsprozesses am ehesten gerecht werden, war die Organisation eines zielgerichteten Zusammenwirkens der administrativen und politischen Ebene eine vordringliche Aufgabe rheinland-pfälzischer Verwaltungspolitik. Diesbezüglich bot die Ansiedlung der VMK bei der Staatskanzlei und die Übertragung des gemeinsamen Vorsitzes an den Chef der Staatskanzlei, Staatssekretär Klaus Rüter, sowie Universitätsprofessor Carl Böhret von der Deutschen Hochschule für Verwaltungswissenschaften Speyer, Gewähr sowohl für eine enge Verzahnung zwischen Verwaltung und Wissenschaft als auch für eine jederzeit mögliche politische Steuerung des Modernisierungsprozesses.
Diese enge Verbindung zwischen Verwaltung, Wissenschaft und Politik, die als Innovationsbündnisse auf Zeit bezeichnet werden können[858], wurde bei der Expertenkommission zur Neuorganisation der Landesverwaltung fortgesetzt, bei

[856] In diesem Sinne auch Klages, „Modernisierung als Prozeß", S. 77
[857] Rüter, „Verwaltungsmodernisierung", S. 2
[858] In diesem Sinne Böhret, „Anmerkungen", S. 10

deren Tätigkeit immer wieder eine politische Nachsteuerung in Fragen erforderlich wurde, die auf der Ebene der Verwaltung nicht abschließend geklärt werden konnten. Insbesondere der in der Phase der temporären Entscheidungsunfähigkeit der Expertenkommission beschrittene Weg zur Bereinigung der eingetretenen Konfliktsituation machte deutlich, dass die „Politik hinter der Verwaltungsmodernisierung" stand und dies in wichtigen Fällen zur Überwindung kritischer Situationen auch öffentlich darstellte. Als positiv für die Moderation des Modernisierungsprozesses erwies sich auch die modifizierte Übernahme der „Doppelspitze" der VMK in die personelle Besetzung der Expertenkommission. Die „politischen Twins" in Gestalt des Chefs der Staatskanzlei (SPD) und des damaligen Vorsitzenden der F.D.P.-Landtagsfraktion boten die Gewähr für die jederzeitige Rückkoppelung der Arbeit der Expertenkommission mit Fraktionen und Parteien.[859]

Die Erkenntnis, dass eine erfolgreiche Verwaltungsreform nicht gegen, sondern nur mit den Mitarbeitern als der wichtigsten Ressource der Verwaltung durchgeführt werden kann, fand ihren Niederschlag in der personellen Besetzung sowohl der VMK als auch der Expertenkommission zur Neuorganisation der Landesverwaltung. Bemerkenswert und kritisch zu bewerten ist jedoch der Umstand, dass die drei Vorsitzenden der Personalräte sowie der allgemeine Vertreter der Bezirksregierungen in der Expertenkommission nur mit beratender Stimme teilnehmen durften. Das Verweigern eines Mitentscheidungsrechts mag zwar durch die Befürchtung erklärbar sein, dass insbesondere Personalvertreter ihr Abstimmungsverhalten mehr an den persönlichen Belangen der von ihnen vertretenen Mitarbeiter als an sachlichen Notwendigkeiten ausrichten. Im Rückblick erweist sich diese Beschränkung indes als eine unnötige und nicht zu akzeptierende „Vorsichtsmaßnahme", da auch ein insgesamt ablehnendes Votum gegenüber dem konkreten Weg der Neuorganisation den Modernisierungsprozess nicht aufgehalten hätte. Die Gleichberechtigung der 3 Personalratsvertreter sowie des allgemeinen Vertreters der drei Bezirksregierungen mit den übrigen Mitgliedern der Expertenkommission wäre im Hinblick auf die vielfältige Skepsis gegenüber dem Modernisierungsprozess ein positiver Beitrag für das Modernisierungsklima gewesen.

---

[859] Vgl. dazu auch Böhret, a.a.O., S. 10

## 6.6 Dritte aktuelle Modernisierungsphase

### 6.6.1 Ministerratsbeschluss vom 21.04.1998

#### 6.6.1.1 Politische Grundentscheidung

Der Ministerrat machte sich in seiner Sitzung vom 21.04.1998 die Vorschläge der Expertenkommission zur Neuorganisation der Landesverwaltung vorbehaltlich der Prüfung einiger Detailfragen zu eigen und leitete damit die dritte Phase der Verwaltungsmodernisierung ein.[860] Unter ausdrücklicher Bezugnahme auch auf die Beratungen des Koalitionsausschusses beinhaltete der Beschluss zur Ablösung der Institution „Bezirksregierung" und von Sonderbehörden die Bildung eines Aufsichts- und Service-Centers in Trier, eines Struktur- und Genehmigungs-Centers Nord in Koblenz, eines Struktur- und Genehmigungs-Centers Süd in Neustadt an der Weinstraße sowie eines Landesuntersuchungsamtes in Koblenz. Die von der Expertenkommission vorgeschlagene Aufgabenzuweisung und Integration von bisherigen Sonderbehörden in die neuen Center sowie das Landesuntersuchungsamt erfuhr nur nachfolgende wenige Änderungen bzw. Ergänzungen:

- Eingliederung der Genetischen Beratungsstelle in das Landesuntersuchungsamt.
- Eingliederung der Staatlichen Lehranstalten für technische Assistenten der Medizin in Koblenz und Trier und für pharmazeutisch-technische Assistenten in Trier in das Landesuntersuchungsamt.
- Übertragung des Aufgabenbereichs Verkehr auf das Landesamt für Straßen- und Verkehrswesen.[861]

Ministerpräsident Beck bewertete die durch umfangreiche Eingliederungen von Sonderbehörden gekennzeichnete neue Organisationsstruktur als „großen Wurf". Rheinland-Pfalz beschreite bei der Neuorganisation seiner Landesverwaltung neue, innovative und zukunftsorientierte Wege. Dadurch erhalte der Modernisierungsprozess im eigenen Land weitere wichtige Impulse, die sicher auch in anderen Ländern ihre positiven Wirkungen entfalten würden. Der Ministerpräsident hob dabei hervor, dass durch die weitestgehende Beibehaltung der Standorte der bisherigen Sonderbehörden die Zahl der Versetzungen von

---

[860] Staatskanzlei Rheinland-Pfalz, „Bilanzierung", S. 12

[861] Ministerium des Innern und für Sport Rheinland-Pfalz, „Ministerratsbeschluß 21.04.1998", S. 1

Beschäftigten minimiert werde, was ihm unter dem Gesichtspunkt der Sozialverträglichkeit besonders am Herzen liege.[862]

Die Federführung für die Umsetzung der Neuorganisation wurde dem Minister des Innern und für Sport übertragen. Beim Ministerium des Innern und für Sport sollten dazu für die Aufgabenbereiche Organisation, Personal, Haushalt und Recht Arbeitsgruppen gebildet werden, die unmittelbar nach dem Grundsatzbeschluss des Ministerrates ihre Tätigkeit aufzunehmen hätten. Die Arbeitsgruppen könnten zur Lösung komplexer oder fachspezifischer Fragen Unterarbeitsgruppen bilden, beispielsweise für die Bereiche Schule oder Landesuntersuchungsamt. Die Tätigkeit der Arbeitsgruppen sollte von einem Koordinator, dem früheren Präsidenten des Bundesamtes für die Anerkennung ausländischer Flüchtlinge, Dr. Gerhard Groß, geleitet und aufeinander abgestimmt werden.

Bezüglich der Arbeit in den einzelnen Arbeitsgruppen wurde festgelegt, dass der Minister des Innern und für Sport über den Vorsitz in den einzelnen Arbeitsgruppen entscheide. In den Arbeitsgruppen sollten die von der Neuorganisation betroffenen Ressorts und die Bezirksregierungen ständig vertreten sein. Teilweise könnten auf Vorschlag der Fachressorts auch Vertreter der unteren Verwaltungsebene in den Arbeitsgruppen mitwirken. Aus arbeitsökonomischen Gründen sollte eine Arbeitsgruppe grundsätzlich aus nicht mehr als 10 Personen bestehen. Bezüglich der Mitwirkung der Personalvertretungen, der Schwerbehindertenvertretungen und der Gleichstellungsbeauftragten wurde im Hinblick auf die große Zahl der von der Neuorganisation betroffenen Dienststellen festgelegt, dass in jeder Arbeitsgruppe je eine Person aus dem Kreis der Personalvertretungen,der Schwerbehindertenvertretungen und der Gleichstellungsbeauftragten ständig mitwirken sollte.

Mit der Entscheidung des Ministerrates, parallel zur Ausarbeitung einer detaillierten Konzeption der Neuorganisation eine weitere Arbeitsgruppe zur Durchführung einer Aufgabenkritik einzusetzen, wurde eine zentrale Empfehlung der Expertenkommission zur Neuorganisation der Landesregierung aufgegriffen.[863] Abschließend wurde durch den Ministerrat entschieden, dass die Neuorganisation durch ein Organisationsreformgesetz gesetzlich festzuschreiben sei, wofür das Ministerium des Innern und für Sport einen Gesetzentwurf zu erarbeiten habe.[864]

---

[862] Staatskanzlei Rheinland-Pfalz, „Umsetzung“, S. 2

[863] Staatskanzlei Rheinland-Pfalz, a.a.O., S. 3

[864] Staatskanzlei Rheinland-Pfalz, „Umsetzung“, S. 3

### 6.6.1.2 Prüfaufträge

Der Ministerrat erteilte den Arbeitsgruppen und Unterarbeitsgruppen nachfolgende Prüfaufträge:

„1. Untersuchung der Möglichkeit, diejenigen Beamtinnen und Beamten vorzeitig zur Ruhe zu setzen, deren Stellen als Folge der Neuorganisation kostenwirksam eingespart werden können.
2. Mit positiver Tendenz ist zu prüfen, ob für die Center und das Landesuntersuchungsamt der „durchlaufende Haushalt" eingeführt werden soll.
3. Soweit die Ämter für Verteidigungslasten nur noch Reisekosten, Trennungsgeld und Umzugskosten berechnen, ist zu prüfen, ob sie zweckmäßiger Weise der Oberfinanzdirektion zuzuordnen sind.
4. Zuordnung des Bereichs „Denkmalschutz und Denkmalpflege".
5. Zuordnung der Heimaufsicht über die Kindertagesstätten und der damit in Zusammenhang stehenden Aufgaben.
6. Für die Durchführung größerer Projekte ist ein Verfahrensmanagement festzulegen, das in dem zu erlassenden Organisationsreformgesetz festgeschrieben werden soll.
7. Prüfung der Vorschläge des Ministeriums für Arbeit, Soziales und Gesundheit, abweichend vom Votum der Expertenkommission
   - die Heimaufsicht nach dem Heimgesetz über die Alten- und Pflegeheime (Vorschlag Expertenkommission: Aufsichts- und Service-Center Trier) und
   - die Aufgabenbereiche Gesundheit und Pharmazie (Vorschlag Expertenkommission: Landesuntersuchungsamt)

   auf das Landesamt für Soziales, Jugend und Versorgung zu übertragen.
8. Prüfung der vom Ministerium für Arbeit, Soziales und Gesundheit aufgeworfenen Frage der Koordinierung im Bereich des Arbeitsschutzes in den Struktur- und Genehmigungs-Centern.
9. Übertragung der baufachlichen Prüfung der Zuwendungsanträge und der Mittelverwendung im Rahmen der Finanzierung des Krankenhausbaues von der Oberfinanzdirektion auf die Struktur- und Genehmigungs-Center.
10. Erarbeitung von Zuordnungsvorschlägen für die Bereiche Wirtschaftsrecht, Preisüberwachung, Vergabeprüfstelle und Landwirtschaft.
11. Übertragung der Zuständigkeit der Beihilfe-Festsetzungsstellen des Oberlandesgerichts Zweibrücken und des Finanzministeriums auf die Oberfinanzdirektion".[865]

---

[865] Ministerium des Innern und für Sport Rheinland-Pfalz, „Ministerratsbeschluß 21.04.1998", S. 1 - 3

### 6.6.2 Arbeitsgruppe Organisation

Die Arbeitsgruppe Organisation, die vorrangig die Grundlagen für die Tätigkeit der Arbeitsgruppen Personal, Recht und Haushalt zu schaffen hatte, konstituierte sich am 05.05.1998. Vor der Diskussion inhaltlicher Fragen wurde von einzelnen Mitgliedern die Zusammensetzung der Arbeitsgruppe problematisiert, die aus Vertretern sämtlicher Ressorts der Landesregierung, ausgenommen das Ministerium der Justiz, der drei Bezirksregierungen, dem Vorsitzenden des Hauptpersonalrates beim Ministerium des Innern und für Sport, der vom Ministerium für Kultur, Jugend, Familie und Frauen vorgeschlagenen Gleichstellungsbeauftragten der Bezirksregierung Trier sowie dem von der Landesregierung benannten Koordinator Dr. Groß gebildet worden war. Den konkret geäußerten Wünschen nach Beteiligung zusätzlicher Personalratsvertreter, Verbands- und Gewerkschaftsvertreter wurde nicht entsprochen. Konzediert wurde lediglich, zusätzliche Personalvertreter anlassbezogen zu einzelnen Fachfragen in die Erörterungen einzubinden und diese insbesondere in Unterarbeitsgruppen zu beteiligen.[866]

Nachdem bereits die Expertenkommission in ihrem Abschlussbericht hervorgehoben hatte, dass bei der Umsetzung ihrer Eckpunkte eine größere Zahl weiterführender Probleme zu klären sei,[867] spezifizierte die Arbeitsgruppe Organisation eine Reihe von Detailfragen, die über die vom Ministerrat erteilten Prüfaufträge hinaus für klärungsbedürftig gehalten wurden. Nach Festlegung der Federführung und des Beratungszeitpunktes für die einzelnen Fragen in der Arbeitsgruppe Organisation, in der die Organisationsreferentin des Ministeriums des Innern und für Sport, Ruth Marx, den Vorsitz hatte, wurden Unterarbeitsgruppen für die Aufgabengebiete Landesuntersuchungsamt (Federführung beim Ministerium für Umwelt und Forsten), Umwelt (Federführung beim Ministerium für Umwelt und Forsten) und Schulaufsicht (Federführung beim Ministerium für Bildung, Wissenschaft und Weiterbildung) gebildet. Zur personellen Besetzung der Unterarbeitsgruppen wurde entschieden, dies dem federführenden Ressort zu überlassen. Bezüglich des Status der Unterarbeitsgruppen wurde Einvernehmen darüber erzielt, dass deren Ergebnisse in die Arbeitsgruppe Organisation eingebracht und von dieser gebilligt werden müssten.[868]

Die Arbeitsgruppe Organisation bearbeitete ihren Aufgabenkreis in insgesamt 25 Sitzungen. Nach Klärung der Detailfragen befasste sie sich ergänzend mit der Binnenstruktur der neuen Behörden sowie der Frage der sachgerechten Per-

[866] Vgl. dazu auch Marx, „Neuorganisation", S. 46
[867] Expertenkommission zur Neuorganisation der Landesverwaltung, „Abschlußbericht", S. 23
[868] Ministerium des Innern und für Sport Rheinland-Pfalz, „AG Organisation 1", S. 2 f.

sonalverteilung. Die von der Arbeitsgruppe erzielten Ergebnisse werden im Folgenden dargestellt:

### 6.6.2.1 Grenzüberschreitende Zusammenarbeit

Die Staatskanzlei unterbreitete einen Vorschlag für die Anbindung dieser Aufgabe in den neuen Behörden. Da sich die grenzüberschreitende Zusammenarbeit im Bereich Oberrhein und in der Großregion Saar-Lor-Lux-Rheinland-Pfalz-Wallonie-Französische/Deutschsprachige Gemeinschaft Belgiens unterschiedlich gestalte, sollten zentrale Ansprechpartner in Neustadt und in Trier vorhanden sein. Dem aus dem Raum Koblenz geltend gemachten Einwand, die grenzüberschreitende Zusammenarbeit vollziehe sich auch in Fachfragen, vornehmlich in Fragen der Raumordnung und Landesplanung, der Bauleitplanung sowie in allen umweltrelevanten Bereichen und mache daher auch die Ansiedlung eines Ansprechpartners bei dem Struktur- und Genehmigungs-Center Nord in Koblenz notwendig, wurde im Ergebnis nicht Rechnung getragen. Hervorgehoben wurde dabei, dass Koblenz lediglich durch den Landkreis Birkenfeld in die grenzüberschreitende Zusammenarbeit eingebunden sei, dessen Belange könnten durch das Aufsichts- und Dienstleistungs-Center in Trier wahrgenommen werden. [869]

### 6.6.2.2 ZBau-Aufgaben

Für die Aufgabe, die sparsame und zweckentsprechende Verwendung von Zuschüssen für Baumaßnahmen auf der Handlungsgrundlage der ZBau (Baufachliche Ergänzungsbestimmungen zu § 44 LHO) zu überprüfen, bestanden Zuständigkeiten bei den Bezirksregierungen und der Staatsbauverwaltung. Das federführende Finanzministerium und das Ministerium für Arbeit, Soziales und Gesundheit, dessen Förderschwerpunkt im Krankenhausbau liegt, nahmen die Neuorganisation zum Anlass, die von ihnen beklagte Zersplitterung der Aufgaben mit der Folge von Reibungsverlusten durch eine neue Struktur zu beseitigen. Der gemeinsame Vorschlag beinhaltete die Ansiedlung der ZBau-Aufgaben bei den Struktur- und Genehmigungs-Centern und die Einrichtung einer Außenstelle in Mainz mit betriebstechnischem Sachverstand.[870]

In einer streitigen Diskussion wurde von dem Vertreter der Staatskanzlei die Zuordnung der Aufgaben auf das Aufsichts- und Service-Center Trier vorgeschlagen, da bei dem Aufgabenkreis die Aufsichtsfunktion im Vordergrund stehe. Die Arbeitsgruppe Organisation entschied sich im Ergebnis für die Zuordnung der Aufgaben zu den beiden Struktur- und Genehmigungs-Centern, wobei die dort bereits wahrgenommenen baufachlichen Aufgaben das Hauptargument

---

[869] Ministerium des Innern und für Sport Rheinland-Pfalz, „AG Organisation 2“, S. 2

[870] Ministerium der Finanzen Rheinland-Pfalz, „ZBau-Aufgaben“, S. 6

dafür darstellten. Ausdrücklich abgelehnt wurde der Vorschlag zur Errichtung einer Außenstelle in Mainz. Verwiesen wurde diesbezüglich zur Begründung auf die vom Ministerrat akzeptierte Grundphilosophie der Expertenkommission, auf Außenstellen grundsätzlich zu verzichten.[871]

### 6.6.2.3 Preisüberwachung, Vergabeprüfstellen, Wirtschaftsrecht

Für die Zuordnung dieser Aufgabenbereiche erfolgte ein Vorschlag des Ministeriums für Wirtschaft, Verkehr, Landwirtschaft und Weinbau. Danach sollten die Preisüberwachungsstellen den Genehmigungs-Centern in Koblenz und Neustadt zugeordnet werden. Begründet wurde dies mit praktischen Erwägungen, insbesondere mit der bereits bestehenden Organisationsstruktur. Bezüglich der Vergabeprüfstellen erfolgte unter regionalen Gesichtspunkten der Vorschlag, diese in allen drei Centern einzurichten.[872]
Die Arbeitsgruppe Organisation folgte diesen Vorschlägen nicht. Wegen des überwiegenden Aufsichtscharakters der Aufgaben wurden diese dem Aufsichts- und Service-Center Trier zugeordnet. Gleiches gilt für das Aufgabenfeld des Wirtschaftsrechts, wobei dies auch dem Vorschlag des Fachressorts entsprach.[873]

Die lange Zeit in der AG Organisation streitige Frage der Zuordnung der VOB-Stelle wurde erst in der 14. Sitzung entschieden. Einem neuen Vorschlag des Ministeriums für Wirtschaft, Verkehr, Landwirtschaft und Weinbau folgend, das ursprünglich eine Zuordnung zum Struktur- und Genehmigungs-Center Nord favorisiert hatte, wurde die VOB-Stelle dem Aufsichts- und Dienstleistungs-Center Trier zugeordnet, wobei der langjährige Standort Koblenz zunächst beibehalten werden solle.[874] Entscheidend für diese Zuordnung war die Erwägung, dass es sich materiell um eine staatliche Aufsichtsangelegenheit handele und wegen der Vergaben durch kommunale Gebietskörperschaften vielfältige Berührungspunkte mit der ebenfalls im Aufsichts- und Service-Center angesiedelten Kommunalaufsicht bestünden.[875] Einigkeit bestand darüber, die Ansiedlung der VOB-Stelle in Koblenz, der neuen Vergabekammer in Mainz sowie der Vergabeprüfstelle in Trier zu einem späteren Zeitpunkt aufgabenkritisch zu überdenken.[876]

---

[871] Ministerium des Innern und für Sport Rheinland-Pfalz, „AG Organisation 2“, S. 2
[872] Ministerium für Wirtschaft, Verkehr, Landwirtschaft und Weinbau Rheinland-Pfalz, „Neuorganisation“, S. 1 f.
[873] Ministerium des Innern und für Sport Rheinland-Pfalz, a.a.O., S. 3
[874] Ministerium des Innern und für Sport Rheinland-Pfalz, „AG Organisation 14“, S. 2
[875] Ministerium des Innern und für Sport Rheinland-Pfalz, „AG Organisation 3“, S. 2
[876] Ministerium des Innern und für Sport Rheinland-Pfalz, „AG Organisastion 13“, S. 6

### 6.6.2.4 Aufsicht über Kindertagesstätten, Alten- und Pflegeheime

Auf Grund der von der Expertenkommission vorgesehenen Zuordnung des Bereichs „Soziales“ zum Aufsichts- und Service-Center Trier wurde von dem Vertreter der Bezirksregierung Trier die Zuordnung des gesamten Aufgabenbereiches zum Aufsichts- und Service-Center Trier vorgeschlagen. Gegenteiliger Ansicht waren die Vertreter der Ministerien für Arbeit, Soziales und Gesundheit sowie Kultur, Jugend, Familie und Frauen, die übereinstimmend die Zuordnung zum Landesamt für Soziales, Jugend und Versorgung als angemessene Lösung favorisierten.[877]

Dieser grundlegende Dissens war Anlass für eine streitige Diskussion, aus der sich die Notwendigkeit ergab, den Präsidenten des Landesamtes für Soziales, Jugend und Versorgung als Sachverständigen zu dem Themenkreis anzuhören.[878] Nach dessen Anhörung wurde entschieden, die Heimaufsichten insgesamt dem Landesamt für Soziales, Jugend und Versorgung mit der Maßgabe zuzuordnen, dass die Aufgaben überwiegend von den dem Landesamt nachgeordneten vier Versorgungsämtern in Mainz, Koblenz, Trier und Landau wahrzunehmen seien.[879] Maßgeblich für diese Aufgabenzuweisung war die Erwägung, dass das Landesamt mit den ihm nachgeordneten Versorgungsämtern die notwendige regionale Präsenz gewährleisten könne. Hinzu kam die Intention, mit einer Zuordnung der Aufgaben zum Landesamt die fachlich unbefriedigende Aufgabentrennung zwischen der bisher im Landesamt wahrgenommenen Aufsicht über die Sonderkindergärten, integrativen Kindergärten sowie integrativ geführten Gruppen an Regelkindergärten und der in den Bezirksregierungen wahrgenommenen Aufsicht über die sog. Regelkindergärten zu überwinden. Die Aufgabenzuweisung zum Landesamt beendete auch die bislang bestehende geteilte Zuständigkeit zwischen den Bezirksregierungen für Altenheime, Altenwohnheime, Altenpflegeheime und gleichwertige Einrichtungen einerseits sowie dem Landesamt für die Behinderteneinrichtungen andererseits. Die Zusammenführung der Heimaufsichten wurde als realistische Möglichkeit zur Qualitätssteigerung angesehen, die über die Bündelung von Kompetenzen hinausgehe.[880]

---

[877] Ministerium für Arbeit, Soziales und Gesundheit Rheinland-Pfalz, „Heimaufsicht“, S. 4 - 7
Ministerium für Kultur, Jugend, Familie und Frauen Rheinland-Pfalz, „Neuorganisation“, S. 4

[878] Ministerium des Innern und für Sport Rheinland-Pfalz, a.a.O., S. 3

[879] Ministerium des Innern und für Sport Rheinland-Pfalz, „AG Organisation 7“ S. 1 f.

[880] Vgl. dazu Landesamt für Soziales, Jugend und Versorgung Rheinland-Pfalz, „Neuorganisation“, S. 1 - 3

### 6.6.2.5 Regionale Servicestelle der Kommunalaufsicht

Der Aufgabenbestand für die Regionale Servicestelle der Kommunalaufsicht in Neustadt an der Weinstraße wurde unter Beteiligung eines Vertreters der Kommunalabteilung des Ministeriums des Innern und für Sport diskutiert. Nach streitiger Diskussion, in der insbesondere der Vertreter der Bezirksregierung Rheinhessen-Pfalz die Notwendigkeit von Entscheidungskompetenzen der Regionalen Servicestelle und von Zuständigkeiten für die kommunale Finanzaufsicht betonte, wurde entschieden, auf Grund der politischen Bedeutung und der zum Teil intensiven Einschaltung der Abteilungs- und ggfls. Behördenleitung die Aufgabenbereiche

- Kommunale Finanzaufsicht einschließlich kommunales Förderwesen
- Kommunale Personalaufsicht und
- Zweckverbandsrecht

dem Aufsichts- und Service-Center Trier insgesamt zuzuordnen.
Für die Regionale Servicestelle wurden demgegenüber folgende Aufgaben vorgesehen:

- Beratung der kommunalen Gebietskörperschaften,
- Bearbeitung von Aufsichtsbeschwerden,
- Beanstandungen nach § 121 GemO, § 64 LKO
- Anordnungen nach § 122 GemO, 65 LKO,
- Entscheidungen über Gebietsänderungen sowie Verleihung und Änderung von Gemeindenamen,
- Genehmigung zur Änderung vorhandener sowie zur Einführung neuer Wappen und Flaggen,
- Verleihung der Freiherr-vom-Stein-Plakette,
- Auswertung der Prüfungsergebnisse des Rechnungshofes und der Gemeindeprüfungsämter,
- Aufgaben der oberen Kommunalaufsicht (zweite Instanz über der Kreisverwaltung) im Bereich der allgemeinen Kommunalaufsicht,
- Entscheidungen über Widersprüche i.R. d. § 126 GemO, § 69 LKO.

Der Regionalen Servicestelle sollten diese Aufgaben zunächst für eine dreijährige Pilotphase übertragen werden, nach deren Ablauf zu evaluieren und ggfls. zu korrigieren sei. Dem Vorschlag zur dargestellten Aufgabenzuteilung wurde mehrheitlich zugestimmt.[881]

[881] Ministerium des Innern und für Sport Rheinland-Pfalz, „AG Organisation 4", S. 1 - 3

### 6.6.2.6 Forstverwaltung

Dem Ministerratsbeschluss vom 21.04.1998 entsprechend waren die drei Forstdirektionen mit der an ihren Standorten verbleibenden forstlichen Versuchsanstalt, dem forstlichen Bildungszentrum und dem Zentrum für Benutzerservice und Informationstechnologie der Landesforstverwaltung zur Zentralstelle der Forstverwaltung zusammenzufassen und beim Struktur- und Genehmigungs-Center Süd anzusiedeln.[882] Nachdem die räumliche Angliederung der eine Außenstelle des Struktur- und Genehmigungs-Centers Süd darstellenden Forsteinrichtung an das Struktur- und Genehmigungs-Center Nord bereits vorgegeben war, unterbreitete das Ministerium für Umwelt und Forsten für den Aufbau der Zentralstelle der Forstverwaltung einen detaillierten Vorschlag.[883] Dieser beinhaltete eine Unternehmensleitung, der eine Stabsstelle zugeordnet war, die die Aufgaben des strategischen Controllings, des Qualitätsmanagements sowie des Projektmanagements wahrnehmen sollte. Unterhalb der Unternehmensleitung waren die 5 Fachbereiche Produktion, Marketing, Dienstleistung, Ressourcenverwaltung und Gebietsreferate vorgesehen. Im Fachbereich Dienstleistung sollten auch die Hoheitsaufgaben der oberen Forstbehörde und der oberen Jagdbehörde wahrgenommen werden. Der Fachbereich Gebietsreferate sollte die bis zu 6 Gebietsreferenten koordinieren.
Die Besonderheit der „Ansiedlung" der Zentralstelle der Forstverwaltung beim Struktur- und Genehmigungs-Center Süd kam in zwei grundlegenden Forderungen des Ministeriums für Umwelt und Forsten zum Ausdruck. So wurde bezüglich des Personals der Zentralstelle der Forstverwaltung die Zuständigkeit des Leiters der Zentralstelle der Forstverwaltung hervorgehoben. Dieser habe in Personalangelegenheiten lediglich das Benehmen mit dem Leiter des Struktur- und Genehmigungs-Centers Süd herzustellen. Daneben wurde wegen der politischen Verantwortung des Fachressorts gegenüber dem Landtag die Konzentration der Dienstaufsicht über das Personal der Zentralstelle der Forstverwaltung beim Ministerium für Umwelt und Forsten für notwendig erklärt.[884]

In der Diskussion dieses Vorschlags in der Arbeitsgruppe Organisation wurde die besondere Aufgabenstellung der forstlichen Zentralstelle und die daraus resultierende Sonderstellung akzeptiert. Dies wirkte sich auch auf die Abgrenzung der Zuständigkeiten zwischen dem Leiter des Struktur- und Genehmigungs-Centers Süd und dem Leiter der Zentralstelle der Forstverwaltung aus. Diesbezüglich wurde entschieden, dass der Leiter des Centers dem Leiter der Zentralstelle dienstlich vorgesetzt sei, der Leiter der Zentralstelle jedoch die alleinige Verantwortung für forstfachliche Entscheidungen habe. Bezüglich der Perso-

---

[882] Ministerium des Innern und für Sport Rheinland-Pfalz, „Ministerratsbeschluß 21.04.1998"
[883] Ministerium für Umwelt und Forsten Rheinland-Pfalz, „Forstverwaltung", S. 3 - 9
[884] Ministerium für Umwelt und Forsten Rheinland-Pfalz, „Forstverwaltung", S. 3 f.

nalverwaltung wurde nach eingehender streitiger Diskussion Einvernehmen darüber erzielt, dass der Leiter der Zentralstelle der Forstverwaltung die dem Struktur- und Genehmigungs-Center Süd obliegenden Personalangelegenheiten für das Personal der Zentralstelle der Forstverwaltung wahrzunehmen und diesbezüglich das Einvernehmen mit dem Leiter des Centers Süd herzustellen habe. Im Übrigen wurde der Vorlage des Ministeriums für Umwelt und Forsten zugestimmt. Die Zustimmung der Vertreter des Ministeriums für Umwelt und Forsten selbst erfolgte unter dem Vorbehalt, dass sie dabei von einer Ansiedlung der obersten Dienstaufsicht beim Ministerium für Umwelt und Forsten ausgingen.[885]

### 6.6.2.7 Landwirtschaft und Weinbau

Nachdem die Zuordnung der Bereiche Landwirtschaft und Weinbau zum Aufsichts- und Service-Center Trier schon Gegenstand des Ministerratsbeschlusses über die Neuorganisation war, sollte die Arbeitsgruppe Organisation lediglich noch offene Detailfragen klären. Die diesbezüglich vom Ministerium für Wirtschaft, Verkehr, Landwirtschaft und Weinbau erarbeitete Vorlage wurde diesem Anspruch nicht gerecht. Das Fachressort unternahm den Versuch, seine eigenen, grundlegend anderen Vorstellungen über die Neuorganisation durch Zuordnungsvorschläge zur Geltung zu bringen, indem etwa die vollständige Verlagerung der bisher in den Referaten 50 und 52 (Landwirtschaft, Weinbau, Agrarrecht, Markt- und Ernährungswirtschaft) wahrgenommenen Aufgaben auf Landwirtschaftliche Landes- und Lehranstalten vorgeschlagen wurde.[886]
Diese Vorstellungen stießen auf erheblichen Widerspruch in der Arbeitsgruppe Organisation. Insbesondere der Vertreter des Ministeriums für Bildung, Wissenschaft und Weiterbildung stellte heraus, dass nach der Grundkonzeption der Neuorganisation es keine Stärkung von Sonderbehörden geben dürfe. Er betonte die Gefahr, dass bei einem erfolgreichen Unterlaufen der Grundkonzeption durch ein Ressort dies auch in anderen Ressorts als positives Signal verstanden werden könne, eigene, von der Grundkonzeption abweichende Vorstellungen zu realisieren. Ausdrücklich verwies er in diesem Zusammenhang auf die in seinem Ressort bereits diskutierte Variante der Errichtung von selbständigen Schulämtern anstelle einer Aufgabenkonzentration bei dem Aufsichts- und Service-Center Trier.
Da diese Auffassung in der Arbeitsgruppe Organisation mehrheitlich geteilt wurde, führten weitere Beratungen zu einem grundlegend veränderten Organisationsvorschlag. Dieser beinhaltete, die bisher in den Referaten 50 und 52 wahrgenommenen Fachaufgaben der Landwirtschaft und des Weinbaus dem

[885] Ministerium des Innern und für Sport Rheinland-Pfalz, „AG Organisation 5", S. 3
[886] Ministerium für Wirtschaft, Verkehr, Landwirtschaft und Weinbau Rheinland-Pfalz, „Landwirtschaft und Weinbau", S. 1 f.

Aufsichts- und Service-Center Trier zuzuordnen. Die weinbaulichen Anbauregelungen sollten als Auftragsangelegenheiten der Landwirtschaftskammer übertragen werden, da bei dieser bereits Aufgaben dieses Sachbereichs angesiedelt seien (z.B. Weinbaukartei, Hektarhöchstertragsregelung). Die Weinkontrolleure sollten in das Landesuntersuchungsamt eingegliedert werden.
Die Arbeitsgruppe Organisation stimmte diesem Vorschlag einvernehmlich zu.[887]

Hinsichtlich der Zuständigkeit für die Agrarförderung (vormals Referate 51 der Bezirksregierungen) wurde entschieden, diese dem Aufsichts- und Service-Center Trier zuzuweisen, wobei jedoch die Erstellung der einzelbetrieblichen Förderungsanträge einschließlich Beratung durch die Staatlichen Lehr- und Versuchsanstalten und die Bewilligung einschließlich administrativer Betreuung durch die Kulturämter erfolgen solle.[888]

### 6.6.2.8 Ländliche Bodenordnung und Flurbereinigungsplanung

Nach der ursprünglichen Konzeption der Expertenkommission sollte die Ländliche Bodenordnung dem Aufsichts- und Dienstleistungs-Center, die Flurbereinigungsplanung den Struktur- und Genehmigungs-Centern Süd und Nord zugeordnet werden. Bei der Diskussion dieser Ausgangslage wurde Einigkeit darüber erzielt, dass es auf Grund der Komplexität dieser Strukturaufgabe zur Entwicklung des ländlichen Raumes vermieden werden müsse, die Aufgaben in Teilbereiche aufzutrennen. Keine Einigung in der Arbeitsgruppe Organisation wurde indes bezüglich der Zuordnung erreicht. Das Ministerium für Wirtschaft, Verkehr, Landwirtschaft und Weinbau unterbreitete diesbezüglich den Vorschlag, den Aufgabenkreis insgesamt den Struktur- und Genehmigungs-Centern zuzuweisen, weil es sich um eine vernetzte Aufgabe mit engen Verflechtungen zu den Belangen der Landespflege, der Wasserwirtschaft und den sonstigen regionalen Planungsaufgaben handele.[889] Die Vertreter der Bezirksregierung Trier reklamierten demgegenüber die Zuständigkeit des Aufsichts- und Dienstleistungs-Centers. Sie verwiesen auf die Gesamtintention der Expertenkommission, die Landwirtschaft als Ganzes dem Aufsichts- und Dienstleistungs-Center zuzuweisen. Neben fachlichen Gründen spreche dafür auch der Gesichtspunkt des Kapazitätsausgleichs zwischen den neuen Behörden. Die streitige Zuordnungsfrage musste letztlich vom Ministerrat entschie-

[887] Ministerium des Innern und für Sport Rheinland-Pfalz, „AG Organisation 6“, S. 4
[888] Ministerium des Innern und für Sport Rheinland-Pfalz, a.a.O., S. 5
[889] Ministerium für Wirtschaft, Verkehr, Landwirtschaft und Weinbau Rheinland-Pfalz, „Organisation 2“, S. 5

den werden. Dieser ordnete die Aufgabe insgesamt dem Aufsichts- und Dienstleistungs-Center Trier zu.[890]

### 6.6.2.9 Schulaufsicht

Die Komplexität des Bereichs „Schulaufsicht" machte es notwendig, hierfür eine eigene Unterarbeitsgruppe einzusetzen. Diese legte einen Neuorganisationsvorschlag vor, der drei Funktionsbereiche umfasste:

- Übertragung von Aufgaben administrativer Art vom Ministerium für Bildung, Wissenschaft und Weiterbildung auf die Zentralstelle Trier der neu geordneten Schulaufsicht,
- die Verteilung von Aufgaben der Schulaufsicht unterhalb der Ebene des Ministeriums zwischen Zentralstelle in Trier und Außenstellen in Koblenz und Neustadt an der Weinstraße,
- die Übertragung von Aufgaben der Schulaufsicht auf die Schulleitungen.[891]

Als konfliktträchtig erwies sich die Aufteilung der Aufgaben zwischen der Zentralstelle und den Außenstellen in den Aufgabenbereichen der bisherigen Referate 20 (Allgemeine Schulverwaltung, Kulturförderung und Kirchenrecht) und 21 (Personalverwaltung und Schulrecht) der Bezirksregierungen. So sollten die Außenstellen für Schulorganisation und Schulbau zuständig werden, im personellen Bereich wurde zwar eine Zuständigkeit der Zentrale in Trier für Grundsatzfragen konzediert, dagegen sollten jedoch weitgehende Personalentscheidungen wie Beurlaubungen, Abordnungen und Versetzungen auch von den Außenstellen abschließend bearbeitet werden können.

Während die Vertreter aus Koblenz und Neustadt an der Weinstraße sowie die Vertreter des Ministeriums stärker die selbständige Handlungsfähigkeit der Außenstellen akzentuierten, wurde durch die Vertreter der Bezirksregierung Trier insbesondere die Einheit der Behörde in den Vordergrund gestellt. Nachdem sich ein Konsens nicht abzeichnete und bereits die Möglichkeit einer Ministerratsentscheidung in Betracht gezogen wurde, unterbreitete der von der Landesregierung benannte Koordinator Dr. Groß zum Verhältnis zwischen Außenstellen und Zentrale nachfolgenden Kompromissvorschlag:

> „Die Außenstellen in Neustadt und Koblenz sind Teile einer Behörde, des Aufsichts- und Service-Centers (ASC). Die Verantwortung für das Verwal-

---

[890] Ministerium des Innern und für Sport Rheinland-Pfalz, „AG Organisation 13", S. 1
Ministerium des Innern und für Sport Rheinland-Pfalz, „Ministerratssache 1998", S. 34

[891] Ministerium für Bildung, Wissenschaft und Weiterbildung Rheinland-Pfalz, „Schulaufsicht 1", S. 1 - 17

tungshandeln dieser Behörde trägt die Leitung des ASC. Die Leitung des ASC hat auch dann die Letztverantwortung für das Verwaltungshandeln der Behörde, wenn bestimmte Aufgaben den Außenstellen - etwa im Bereich der Personalverwaltung - zur Erledigung übertragen werden. Deshalb muss die Leitung des Centers auch insoweit die Möglichkeit haben, potentiell fehlerhafte Entscheidungen, die bei

a) Abweichungen von der allgemeinen Verwaltungspraxis und/oder
b) rechtlich problematischen Fällen

nicht auszuschließen sind, zu erkennen und ihnen entgegenzuwirken.
Es ist keine Frage der Zuordnung von Entscheidungskompetenz, wo - in Trier oder in den Außenstellen - eine Entscheidung unterschrieben wird, da es sich jeweils um die Entscheidung der Leitung des Centers in Vertretung oder im Auftrag handelt."[892]

Nach ausführlicher Diskussion stimmte die Arbeitsgruppe Organisation mehrheitlich dem durch den Kompromissvorschlag von Dr. Groß modifizierten Vorschlag der Unterarbeitsgruppe Schulaufsicht vom 30.06.1998[893] zu.[894]

### 6.6.2.10 Kulturpflege

Das Ministerium für Kultur, Jugend, Familie und Frauen unterbreitete für den Aufgabenbereich der Kulturpflege den Zuordnungsvorschlag, die Aufgabe den beiden Struktur- und Genehmigungs-Centern zuzuweisen. Begründet wurde dieser Vorschlag damit, es handele sich um förmliche Genehmigungsverfahren, die einen sehr starken regionalen Bezug hätten.[895] Nachdem dieser Begründung in der Arbeitsgruppe Organisation widersprochen wurde, da die Struktur- und Genehmigungs-Center nur für komplexe Genehmigungsverfahren zuständig sein sollten, wurde eine Länderumfrage für notwendig gehalten. Diese ergab, dass in 10 von 16 Bundesländern die Bewilligungen und die Abwicklung der Förderung einschließlich der Prüfung der Verwendungsnachweise in den Ministerien erfolgt.[896] Danach wurde in der Arbeitsgruppe Organisation entschieden, die Aufgabe zentral beim Aufsichts- und Service-Center Trier mit der Maßgabe wahrnehmen zu lassen, dass die Aufgabenwahrnehmung in Anlehnung an die

---

892 Ministerium für Bildung, Wissenschaft und Weiterbildung Rheinland-Pfalz, „Schulaufsicht 2", S. 2

893 Ministerium für Bildung, Wissenschaft und Weiterbildung Rheinland-Pfalz, „Schulaufsicht 1", S.6 - 16

894 Ministerium des Innern und für Sport Rheinland-Pfalz, „AG Organisation 7", S. 2

895 Ministerium für Kultur, Jugend, Familie und Frauen Rheinland-Pfalz, „Neuorganisation", S. 5

896 Ministerium für Kultur, Jugend, Familie und Frauen Rheinland-Pfalz, „Kulturpflege", S. 3

Aufgabenverteilung zur Schulaufsicht in Trier und bei den beiden Außenstellen in Koblenz und Neustadt an der Weinstraße erfolge.[897]

### 6.6.2.11 Personalverwaltung

Bezüglich der Personalverwaltung in den Struktur- und Genehmigungs-Centern wurde einvernehmlich folgende Lösung für sachgerecht gehalten:

- Alle dienstrechtlichen Zuständigkeiten für das gesamte Personal der Struktur- und Genehmigungs-Center - ausgenommen die statusrechtlichen Zuständigkeiten - werden analog den derzeit gültigen Delegationsverordnungen den Struktur- und Genehmigungs-Centern zugeordnet.
- Die statusrechtlichen Maßnahmen für das gesamte Personal der Struktur- und Genehmigungs-Center werden bis einschließlich des gehobenen Dienstes - incl. der vergleichbaren Angestellten und Arbeiter - den Struktur- und Genehmigungs-Centern zugeordnet.
- Zuständigkeit des Ministeriums des Innern und für Sport für die Center-Leitung im Einvernehmen mit den betroffenen Fachressorts.

Bezüglich der Personalverwaltung im Aufsichts- und Service-Center Trier war die Frage der Zuordnung der Personalzuständigkeit für die Mitarbeiter in den Aufgabenbereichen Landwirtschaft und Ländliche Bodenordnung umstritten. Das Ministerium für Wirtschaft, Verkehr, Landwirtschaft und Weinbau unterbreitete diesbezüglich den Vorschlag, die Personalverwaltung für die Mitarbeiter des einfachen, mittleren und gehobenen Dienstes auf die untere Verwaltungsebene zu übertragen. Die Realisierung dieses Vorschlages hätte im Ergebnis zur Folge gehabt, dass etwa die Landesanstalt für Tierzucht und Qualitätsprüfung in Münchweiler-Alsenz mit 24 Bediensteten oder das Landgestüt in Zweibrücken mit 11 Bediensteten für die Personalverwaltung zuständig geworden wären. Nachdem in der Arbeitsgruppe zu diesem Themenkreis keine Einigung zu erzielen war, bedurfte es einer Ministerratsentscheidung. Danach wurde die Zuständigkeit für die Verwaltung des Personals in den unteren Landwirtschaftsbehörden sowie den Kulturämtern dem Aufsichts- und Dienstleistungs-Center übertragen. Maßgeblich dafür waren vor allem Wirtschaftlichkeits- und Zweckmäßigkeitserwägungen.[898]

---

[897] Ministerium des Innern und für Sport Rheinland-Pfalz, a.a.O., S. 2

[898] Ministerium des Innern und für Sport Rheinland-Pfalz, „AG Organisation 13“, S. 1
Ministerium des Innern und für Sport Rheinland-Pfalz, „Ministerratssache 1998“, S. 34

Insgesamt war danach für das Aufsichts- und Service-Center Trier eine den Struktur- und Genehmigungs-Centern entsprechende Lösung gefunden. Einvernehmlich wurde diese Regelung auch auf das Landesuntersuchungsamt übertragen.

Keine Einigung konnte in der Arbeitsgruppe Organisation bezüglich des Vorschlags des Ministeriums des Innern und für Sport erzielt werden, das Recht zur Ausübung der dienst- bzw. arbeitsrechtlichen Entscheidungsbefugnisse über die Angehörigen des höheren Dienstes bis einschließlich Besoldungsgruppe A 15 der Center, des Landesuntersuchungsamtes und etwaiger nachgeordneter Dienststellen auf die Center bzw. das Landesuntersuchungsamt zu delegieren. Auf Grund der dazu bestehenden divergierenden Auffassungen bedurfte es ebenfalls der Entscheidung des Ministerrats. Dieser stimmte einer Delegation der Entscheidungsbefugnisse über die Angehörigen des höheren Dienstes bis einschließlich Bes.Gr. A 14 zu. Maßgeblich dafür war die Erwägung, die Center und das Landesuntersuchungsamt in ihrer Stellung zu stärken und gleichzeitig die Fachressorts von nicht ministeriellen Aufgaben freizustellen. Ausgenommen von dieser Regelung wurde der Bereich der Grundschulen, für die es bei der Zuständigkeit des Ministeriums bleiben solle. Von einer Delegation auch der Zuständigkeiten für die Beamten der Bes.Gr. A 15 wurde im Ergebnis u.a. deshalb Abstand genommen, weil in Folge der Zuständigkeit des Ministerpräsidenten für die Angehörigen des höheren Dienstes der Bes.Gr. A 16 und höher den einzelnen Fachressorts bei einer anderen Regelung keine Kompetenz für den höheren Dienst mehr verblieben wäre.[899]

### 6.6.2.12 Dienstaufsicht

Für die regelungsbedürftige Frage der Dienstaufsicht über die neuen Behörden unterbreitete das Ministerium des Innern und für Sport einen Vorschlag, in dem zunächst der Begriff der Dienstaufsicht definiert wurde. Die allgemeine Dienstaufsicht (Organaufsicht) umfasse danach folgende Segmente:

- innere Organisation,
- allgemeine Geschäftsführung bzw. den Erlass von Geschäftsordnungen,
- Sicherstellung der ordnungsgemäßen Ausstattung mit Personal und Sachmitteln und
- Entscheidungsbefugnis in dienstrechtlichen Angelegenheiten bzw. das Recht zur Delegation dieser Befugnis.[900]

Das Segment „Sicherstellung der ordnungsgemäßen Ausstattung mit Personal und Sachmitteln“ und damit das haushaltsrechtliche Bewirtschaftungsrecht

[899] Ministerium des Innern und für Sport Rheinland-Pfalz, „AG Organisation 13“, S. 2
[900] Ministerium des Innern und für Sport Rheinland-Pfalz, „Dienstaufsicht“, S. 2 f.

(§ 34 LHO) werde als Folge des durchlaufenden Haushalts ungeachtet der grundsätzlichen Regelung der Dienstaufsicht auf diejenigen Ressorts übergehen, die die Mittel und Stellen für die Bediensteten in den nachgeordneten Behörden in ihren Einzelplänen auszuweisen hätten.
Für klärungsbedürftig wurde die Frage gehalten, wie bei der künftigen Wahrnehmung der „Entscheidungsbefugnis in dienstrechtlichen Angelegenheiten" auch den Interessen der Fachressorts Rechnung getragen werden könne. Dazu wurde vorgeschlagen, den Fachressorts (als Teil der Dienstaufsicht) die Entscheidungsbefugnisse über die dienstrechtlichen Angelegenheiten „ihrer" Bediensteten in den Centern zu übertragen, wobei die Fachressorts die dienstrechtlichen Entscheidungsbefugnisse im Einvernehmen mit dem Ministerium des Innern und für Sport auszuüben hätten. Die übrigen Segmente der Dienstaufsicht (innere Organisation und allgemeine Geschäftsführung bzw. Erlass von Geschäftsordnungen) sollten dagegen beim Ministerium des Innern und für Sport verbleiben.

Bei der Diskussion dieses Vorschlags in der Arbeitsgruppe Organisation begründeten die Vertreter des Ministeriums für Umwelt und Forsten die ihrer Auffassung nach bestehende Notwendigkeit, dienstaufsichtliche Maßnahmen im Bereich innere Organisation und Geschäftsordnung durch das Ministerium des Innern und für Sport an das Einvernehmen des Fachressorts zu binden. Die streitige Diskussion darüber führte zu folgendem, von dem Koordinator Dr. Groß formulierten und von der Arbeitsgruppe gebilligten Kompromissvorschlag:

„Die Dienstaufsicht über die innere Organisation und allgemeine Geschäftsführung einschließlich Erlass von Geschäftsordnungen liegt beim ISM (Ministerium des Innern und für Sport). Fachliche Notwendigkeiten sind vom ISM zu berücksichtigen. In diesen Fällen beschränkt sich die Dienstaufsicht des ISM auf die ressortübergreifende Regelung von Sachverhalten aus wichtigen Gründen der Funktionalität."[901]

Bezüglich der Dienstaufsicht über das Landesuntersuchungsamt wurde eine modifizierte Regelung getroffen. Danach solle die Dienstaufsicht über die innere Organisation und allgemeine Geschäftsführung einschließlich Erlass von Geschäftsordnungen beim Ministerium für Umwelt und Forsten liegen. Bei der Ausübung dieser Dienstaufsicht habe das Ministerium für Umwelt und Forsten fachliche Notwendigkeiten zu berücksichtigen, soweit wichtige Gründe der Funktionalität nicht entgegenstehen. Dem Ministerium für Arbeit, Soziales und Gesundheit und dem Ministerium für Wirtschaft, Verkehr, Landwirtschaft und Weinbau sollten (als Teil der Dienstaufsicht) die Entscheidungsbefugnisse über

[901] Ministerium des Innern und für Sport Rheinland-Pfalz, „AG Organisation 7", S. 3

die dienst- und arbeitsrechtlichen Angelegenheiten der Bediensteten aus ihren Geschäftsbereichen übertragen werden. Beide Ministerien sollten die Entscheidungsbefugnisse im Einvernehmen mit dem Ministerium für Umwelt und Forsten ausüben.[902]

### 6.6.2.13 Behördenbezeichnung

Die von der Expertenkommission zur Neuorganisation der Landesverwaltung als Arbeitstitel verwendeten Bezeichnungen „Aufsichts- und Service-Center" sowie „Struktur- und Genehmigungs-Center" wurden in der Arbeitsgruppe Organisation problematisiert. Dabei wurde deutlich, dass insbesondere wegen der Verwendung des Begriffs „Center" auch im nichtöffentlichen Bereich Akzeptanzprobleme bestanden. Als Alternative unterbreitete der Koordinator Dr. Groß den Vorschlag, den Begriff „Center" durch „Direktion" zu ersetzen. Nach eingehender Aussprache wurde entgegen dem Votum des Ministeriums für Bildung, Wissenschaft und Weiterbildung, das sich für die Bezeichnung „Zentrum" aussprach, diesem Vorschlag zugestimmt. Die neuen Bezeichnungen sollten daher Aufsichts- und Dienstleistungsdirektion Trier (ADD), Struktur- und Genehmigungsdirektion Süd (SGD Süd) und Struktur- und Genehmigungsdirektion Nord (SGD Nord) lauten.[903]

### 6.6.2.14 Sonstige Einzelfragen

- Die Zuordnung der Aufgaben im Bereich des Brand- und Katastrophenschutzes, der Zivilen Verteidigung, der Ernährungssicherstellung, der Ernährungsvorsorge und der Strahlenschutzvorsorge erfolgte auf der Grundlage der Ergebnisse einer im Ministerium des Innern und für Sport gebildeten Arbeitsgruppe. Diese sah die Konzentration der Aufgaben bei einer zentralen Stelle, dem Aufsichts- und Service-Center Trier, als geeignet an, die Aufgabenerledigung zu verbessern sowie Reibungsverluste und aufwendige Abstimmungsverfahren zu vermeiden.[904]

- Auf Grund der Konzentration der Aufgaben der Raumordnung und Landesplanung in den Struktur- und Genehmigungs-Centern wurde es als notwendig angesehen, in Trier für die Regionale Planungsgemeinschaft eine Geschäftsstelle einzurichten.[905]

---

902 Ministerium des Innern und für Sport Rheinland-Pfalz, „Ministerratssache 1998", S. 16 f.
903 Ministerium des Innern und für Sport Rheinland-Pfalz, „AG Organisation 9", S. 2
904 Ministerium des Innern und für Sport Rheinland-Pfalz, „AG Organisation 5", S. 2
905 Ministerium des Innern und für Sport Rheinland-Pfalz, „AG Organisation 6", S. 1

- Die Zuordnung des Bereichs „Gesundheit und Pharmazie“ war Gegenstand von Beratungen der „Unterarbeitsgruppe Landesuntersuchungsamt“. Diese kam zu einem einvernehmlichen, von der Arbeitsgruppe Organisation akzeptierten[906] Lösungsvorschlag, wonach die Aufgaben der bisherigen Referate 16 (Gesundheit und Pharmazie) der Bezirksregierungen überwiegend dem Landesamt für Soziales, Jugend und Versorgung zugeordnet, einige Teilaufgaben entsprechend der bestehenden Ressortzuständigkeit jedoch dem Landesuntersuchungsamt übertragen werden sollten.[907]

- Bezüglich der Staatlichen Untersuchungsstelle für Blutalkohol, die unmittelbar dem Ministerium des Innern und für Sport unterstand und in den Räumlichkeiten des Instituts für Rechtsmedizin der Johannes-Gutenberg-Universität in Mainz untergebracht war, wurde einvernehmlich entschieden, die Aufgabe dem Fachbereich Rechtsmedizin der Universität Mainz als Dienstaufgabe zu übertragen.[908]

- Die Zuordnung des Aufgabenbereichs „Sparkassenaufsicht“ wurde von der Arbeitsgruppe Organisation zunächst als klärungsbedürftig angesehen. Eine Erörterung der Thematik und ein Beschluss der Arbeitsgruppe Organisation wurden jedoch durch eine „politische Einigung“ über diese Frage entbehrlich., wonach der Bereich dem Ministerium für Wirtschaft, Verkehr, Landwirtschaft und Weinbau zugeordnet werden solle.[909]

- Bezüglich der Ansiedlung der bisher bei den Bezirksregierungen wahrgenommenen Aufgaben im Bereich des Friedhofs- und Bestattungswesens wurde dem Vorschlag des Ministeriums für Arbeit, Soziales und Gesundheit gefolgt, die Zuständigkeiten zukünftig in der Aufsichts- und Dienstleistungsdirektion Trier zu konzentrieren.[910] Ausschlaggebend dafür war der Umstand, dass vielfach Kommunen die Adressaten staatlicher Zuwendungen in diesem Bereich sind und dadurch eine Verbindung zu den in der Aufsichts- und Dienstleistungsdirektion wahrzunehmenden Aufgaben der Kommunalaufsicht und der kommunalen Zuwendungen besteht.

---

[906] Ministerium des Innern und für Sport Rheinland-Pfalz, „AG Organisation 6“, S. 2

[907] Ministerium für Arbeit, Soziales und Gesundheit Rheinland-Pfalz, „Gesundheit und Pharmazie“, S. 4 - 6

[908] Ministerium des Innern und für Sport Rheinland-Pfalz, „AG Organisation 15“, S. 1

[909] Ministerium für Wirtschaft, Verkehr, Landwirtschaft und Weinbau Rheinland-Pfalz, „Neuorganisation“, S. 2

[910] Ministerium für Arbeit, Soziales und Gesundheit Rheinland-Pfalz, „Neuorganisation“, S. 1, Ministerium des Innern und für Sport Rheinland-Pfalz, „AG Organisation 2“, S. 3

- Der Prüfauftrag bezüglich der Zuordnung der Ämter für Verteidigungslasten zur Oberfinanzdirektion, soweit sie nur noch Reisekosten, Trennungsgeld und Umzugskosten berechnen, wurde von der Vertreterin des Ministeriums des Innern und für Sport für gegenstandslos erklärt.[911] Es blieb demnach bei der ausschließlichen Zuordnung der Ämter für Verteidigungslasten zur Aufsichts- und Dienstleistungsdirektion Trier.

- Nach einer Überprüfung im Ministerium des Innern und für Sport wurde die Aufsicht über den Bildschirmstaatsvertrag und die Datenverarbeitung im privaten Bereich der Aufsichts- und Dienstleistungsdirektion Trier zugeordnet.[912]

- Einem mit dem Ministerium der Justiz abgestimmten Vorschlag des Ministeriums der Finanzen[913] folgend wurde die Übertragung der Zuständigkeiten der Beihilfestellen des Finanzministeriums, der Bezirksregierungen und des Oberlandesgerichts Zweibrücken auf die Oberfinanzdirektion Koblenz beschlossen, wobei die Standorte Neustadt an der Weinstraße und Trier zunächst erhalten bleiben sollten. Dabei wurde in der Diskussion darüber hervorgehoben, dass trotz der dadurch eintretenden Zentralisierung der Aufgabenwahrnehmung im Hinblick auf den betroffenen Personenkreis - Teilzeitkräfte und Bedienstete in unteren Besoldungs- oder Vergütungsgruppen - eine sozialverträgliche Lösung angestrebt werden solle.[914]

- Hinsichtlich der Zuweisung des Aufgabenkreises Denkmalschutz und Denkmalpflege wurde dem Vorschlag des zuständigen Ministeriums für Kultur, Jugend, Familie und Frauen gefolgt, diesen Aufgabenkreis der Aufsichts- und Dienstleistungsdirektion Trier zuzuordnen.[915] Ausschlaggebend dafür war die Erwägung, dass es sich bei den bisher durch die drei Bezirksregierungen wahrgenommenen Aufgaben vorwiegend um solche handele, die im weitesten Sinne dem Aufsichtsbereich zuzuordnen seien und weniger um solche, die im Rahmen förmlicher Genehmigungsverfahren wahrgenommen würden.[916]

- Bezüglich der Zuordnung der gentechnischen Genehmigungsverfahren wurde entschieden, diese der Struktur- und Genehmigungsdirektion Süd zu übertragen. Generell wurde zum Verhältnis zwischen dem Landesamt für Umwelt

---

911 Ministerium des Innern und für Sport Rheinland-Pfalz, „AG Organisation 3", S. 3
912 Ministerium des Innern und für Sport Rheinland-Pfalz, a.a.O., S. 1
913 Ministerium der Finanzen Rheinland-Pfalz, „Beihilfefestsetzungsstellen"
914 Ministerium des Innern und für Sport Rheinland-Pfalz, a.a.O., S. 2
915 Ministerium des Innern und für Sport Rheinland-Pfalz, a.a.O., S. 2
916 Ministerium für Kultur, Jugend, Familie und Frauen Rheinland-Pfalz, „Neuorganisation", S. 4

und Gewerbeaufsicht und den beiden Struktur- und Genehmigungsdirektionen klargestellt, dass die Dienst- und Fachaufsicht des Landesamtes über die Gewerbeaufsichtsämter durch deren Integration in die Struktur- und Genehmigungsdirektionen entfalle. Hervorgehoben wurde, dass das Landesamt zukünftig gegenüber den beiden Direktionen beratende, unterstützende und gutachterliche Funktionen als Fachbehörde wahrzunehmen habe.[917]

- Die Neuorganisation im Bereich der Gewerbeaufsicht, des Arbeits- und Umweltschutzes begründete nach Auffassung des Ministeriums für Arbeit, Soziales und Gesundheit einen Koordinationsbedarf für den Arbeitsschutz. Diesbezüglich wurde einvernehmlich entschieden, dass diese Koordinierungsaufgabe von beiden Struktur- und Genehmigungsdirektionen, nach Fachgebieten aufgeteilt, wahrgenommen werden solle.[918]

- Bezüglich der Zuordnung des Fischereiwesens wurde dem Vorschlag des Ministeriums für Umwelt und Forsten gefolgt, wonach auf Grund der fachlichen Berührungspunkte zur Wasserwirtschaft, Jagd und Landespflege die Zuordnung zu den Struktur- und Genehmigungsdirektionen sinnvoll sei.[919]

- Für den Aufgabenbereich des Ordnungswesens wurde unter Hinweis auf die generellen Zielvereinbarungen der Expertenkommission zur Neuorganisation der Landesverwaltung einvernehmlich festgelegt, dass die Aufsichts- und Dienstleistungsdirektion Trier als Landesordnungsbehörde funktional an die Stelle der bisherigen Bezirksordnungsbehörden trete. Die Sonderordnungsbehörden sollten hiervon unberührt bleiben.[920]

- Die Aufgabe der Luftverkehrsaufsicht wurde auf Vorschlag des Ministeriums des Innern und für Sport dem Landesamt für Straßen- und Verkehrswesen Rheinland-Pfalz in Koblenz übertragen.[921]

- Bezüglich der Zuordnung von Sonderbehörden im Aussiedler- und Asylbereich wurde entschieden, die Aufnahmeeinrichtung für Asylbegehrende und das Landesdurchgangswohnheim in die Aufsichts- und Dienstleistungsdirektion zu integrieren, die Gewahrsamseinrichtung jedoch als nachgeordnete Dienststelle zu führen.[922] Nachgeordnet werden solle darüber hinaus die in die

[917] Ministerium des Innern und für Sport Rheinland-Pfalz, „AG Organisation 4“, S. 3
[918] Ministerium des Innern und für Sport Rheinland-Pfalz, a.a.O., S. 3
[919] Ministerium des Innern und für Sport Rheinland-Pfalz, a.a.O., S. 4
[920] Ministerium des Innern und für Sport Rheinland-Pfalz, a.a.O., S. 4
[921] Ministerium des Innern und für Sport Rheinland-Pfalz, „AG Organisation 8“, S. 6
[922] Ministerium des Innern und für Sport Rheinland-Pfalz, „AG Organisation 10“, S. 3

Landesunterkunft Rheinland-Pfalz umgewandelte ehemalige Aufnahmeeinrichtung für Asylbegehrende Ingelheim.[923]

- Die streitige Frage der Bewilligungskompetenz für die kommunale Förderung (Investitionsstock, Dorferneuerung und Städtebau) musste im Ministerrat entschieden werden. Danach war die Verteilung der Aufgaben zwischen den Fachressorts (Ministerium für Wirtschaft, Verkehr, Landwirtschaft und Weinbau sowie Ministerium des Innern und für Sport) und den Direktionen so festzulegen, dass die Entscheidungsbefugnisse bei den Fachressorts verblieben und lediglich auf der Ebene der Mittelinstanz fachlich und administrativ vorgearbeitet werden solle. Unter Berücksichtigung dieser Aufgabenzuweisung wurde zusätzlich beschlossen, dass in den beiden Struktur- und Genehmigungsdirektionen Arbeitssitze als Teil der ADD mit jeweils vier Bediensteten für die baufachlichen Aufgaben eingerichtet werden sollten. Diese Organisationsstruktur solle in einer Pilotphase von drei Jahren auf ihre Geeignetheit hin überprüft werden.[924]

- Im Zusammenhang mit den in den Struktur- und Genehmigungsdirektionen wahrzunehmenden Aufgaben der Landespflege wurde die Zuordnung der Wettbewerbe „Vorbildlich ökologische Gemeinde“ und „Vorbildliche Campingplätze“ diskutiert. Im Ergebnis wurden die Wettbewerbe einvernehmlich den beiden Struktur- und Genehmigungsdirektionen mit der Maßgabe übertragen, dass dann eine Kooperation mit der Aufsichts- und Dienstleistungsdirektion zu erfolgen habe, wenn der dort wahrgenommene Aufgabenkreis der Dorferneuerung tangiert sei.[925] Folgerichtig wurde die Zuständigkeit für den Wettbewerb „Unser Dorf soll schöner werden“ der Aufsichts- und Dienstleistungsdirektion übertragen.[926]

- Auf Grund einer Anregung des Ministeriums für Wirtschaft, Verkehr, Landwirtschaft und Weinbau wurde vom Ministerrat am 12.10.1999 entschieden, in der ADD Trier ein zusätzliches Referat für Sonderkontrolldienste auszuweisen. Aufgabe dieses Referates solle die Kontrolle der durch die EU finanzierten und ko-finanzierten Förderverfahren in der Landwirtschaft und im Weinbau beim Zuwendungsempfänger, den übrigen am Prämiensystem beteiligten und den antragsbearbeitenden bzw. bewilligenden Stellen sein.[927]

---

[923] Ministerium des Innern und für Sport Rheinland-Pfalz, „AG Organisation 14“, S. 3

[924] Ministerratsbeschluß vom 22.06.1999, zitiert nach Ministerium des Innern und für Sport Rheinland-Pfalz, „AG Organisation 23“, S. 2

[925] Ministerium des Innern und für Sport Rheinland-Pfalz, „AG Organisation 16“, S. 2

[926] Ministerium des Innern und für Sport Rheinland-Pfalz, „AG Organisation 5“, S. 1

[927] Ministerium des Innern und für Sport Rheinland-Pfalz, „AG Organisation 25“, S. 1

### 6.6.2.15 Binnenstruktur der Aufsichts- und Dienstleistungsdirektion

Für die Aufbauorganisation der Aufsichts- und Dienstleistungsdirektion wurde durch die Bezirksregierung Trier ein Entwurf erstellt. Dieser sah eine Gliederung in die 4 Abteilungen „Zentrale Aufgaben", Kommunales, Sicherheit und Soziales", „Schulen" und „Landwirtschaft, Weinbau, Wirtschaftsrecht und Denkmalschutz" vor. Auf die Einrichtung von Stabsstellen wurde verzichtet, weil diese zu verfahrensverzögernder Doppelbefassung führen könnten. Die Vorlage fand, abgesehen von wenigen terminologischen Korrekturen, weitgehende Akzeptanz in der AG Organisation.[928] Streitig war ausschließlich die Zuordnung des Bereichs Denkmalpflege zu der weitgehend durch landwirtschaftliche und weinbauliche Aufgaben geprägten Abteilung „Landwirtschaft, Weinbau, Wirtschaftsrecht und Denkmalschutz". Nach intensiven Diskussionen auch außerhalb der Arbeitsgruppe Organisation wurde dem Ansinnen des Ministeriums für Landwirtschaft, Weinbau und Forsten, den Aufgabenbereich Denkmalschutz aus dieser Abteilung herauszulösen, letztlich entsprochen. Dadurch wurde im Ergebnis dem Interesse des Ministeriums Rechnung getragen, in der Aufsichts- und Dienstleistungsdirektion über eine ausschließlich mit diesem Ressort zugeordneten Referaten ausgestattete Abteilung zu verfügen.[929]

Nach alledem stellte sich die Binnenstruktur der Aufsichts- und Dienstleistungsdirektion wie folgt dar:

[928] Ministerium des Innern und für Sport Rheinland-Pfalz, „AG Organisation 10", S. 3

[929] Vgl. dazu Ministerium des Innern und für Sport Rheinland-Pfalz, „AG Organisation 13", S. 6

**Aufsichts- und Dienstleistungsdirektion (ADD)
in Trier**

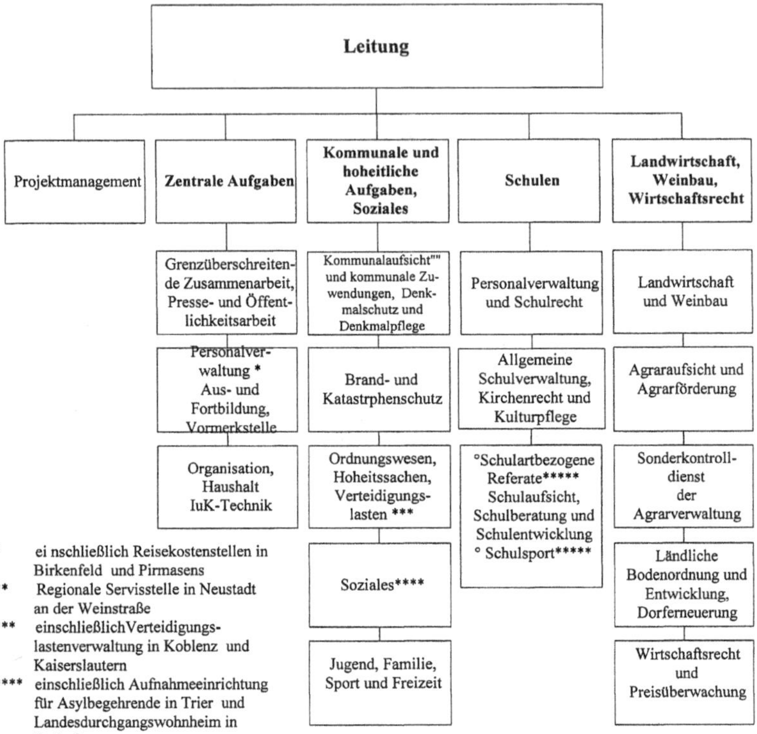


* ei nschließlich Reisekostenstellen in Birkenfeld und Pirmasens
** Regionale Servisstelle in Neustadt an der Weinstraße
*** einschließlichVerteidigungslastenverwaltung in Koblenz und Kaiserslautern
**** einschließlich Aufnahmeeinrichtung für Asylbegehrende in Trier und Landesdurchgangswohnheim in Osthofen
***** Außenstelle in Neustadt an der Weinstraße
***** Außenstelle in Koblenz

Grafik: Landesvermessungsamt Rheinland-Pfalz, Koblenz 2/2000

Nach den Beratungen der Arbeitsgruppe Organisation sowie der Entscheidung der wenigen streitigen Fragen durch den Ministerrat waren in der Aufsichts- und Dienstleistungsdirektion zukünftig die folgenden Aufgabenblöcke wahrzunehmen:

- Kommunalaufsicht einschließlich kommunaler Zuwendungen
  - Übertragung eines Aufgabenkatalogs für eine 3-jährige Pilotphase auf die Außenstelle „Regionale Servicestelle der Kommunalaufsicht" beim SGD Süd

- Brand- und Katastrophenschutz/Zivile Verteidigung, Ernährungssicherstellung, Ernährungsvorsorge, Strahlenschutzvorsorge, Verteidigungslasten
- Ordnungswesen
  - ADD tritt als „Landesordnungsbehörde“ funktional an die Stelle der Bezirksordnungsbehörden
- Hoheitssachen
  - Auszeichnungen, Ehrungen, Jubiläen und staatliche Symbole
  - Friedhofs- und Bestattungswesen
- Datenschutzaufsicht im nicht-öffentlichen Bereich
- Presserecht
- Denkmalschutz
- Sport, Freizeit
- Jugend, Familie
- Soziales
- Landwirtschaft und Weinbau
  - ohne einzelbetriebliche Förderung
  - Dorferneuerung
  - Wettbewerb „Unser Dorf soll schöner werden“
  - Wettbewerb „Vorbildliche ökologische Gemeinde“
  - Agrarstrukturförderung
- Ländliche Bodenordnung einschließlich Flurbereinigungsplanung
- Grenzüberschreitende Zusammenarbeit
  - Ansprechpartner im ADD
- Personalverwaltung einschließlich Ausbildung
  - Zuständige Stelle nach dem Berufsbildungsgesetz
  - Zuständigkeit für Personalangelegenheiten der staatlichen Bediensteten bei den Kreisverwaltungen
- Wirtschaftsrecht einschließlich Preisüberwachung und Vergabeprüfstelle
- Schulaufsicht und Kulturpflege mit Außenstellen in Koblenz und Neustadt/Weinstraße

**Integration:** 3 Ämter für Verteidigungslasten

### 6.6.2.16 Binnenstruktur der Struktur- und Genehmigungsdirektionen Nord und Süd

Für die Binnenstruktur wurden sowohl durch das Ministerium für Umwelt und Forsten als auch durch das Ministerium des Innern und für Sport Vorlagen erarbeitet, die beide im Wesentlichen durch vier große Fachbereiche gekennzeichnet waren. Als grundlegende Divergenz erwies sich die Zuordnung des Bereichs Landespflege. Die Vertreter des Ministeriums für Umwelt und Forsten hoben diesbezüglich hervor, dass es enge Bezüge der Landespflege zur Abfall- und

Wasserwirtschaft gebe. Auch sei in Zukunft durch EU-Vorgaben von einer stärkeren Anbindung der Landespflege an den Umweltbereich auszugehen. Zudem sei beabsichtigt, in den Regionalstellen Kaiserslautern, Mainz und Neustadt Landespfleger vorzusehen, die vor Ort dezentral Aufgaben wahrnehmen sollten. Im Gegensatz dazu sprachen sich die Vertreter des Ministeriums des Innern und für Sport und des Ministeriums der Finanzen dafür aus, den Bereich der Landespflege dem Fachbereich Raumordnung und Landesplanung sowie Bauwesen einzugliedern. Begründet wurde diese Forderung mit der engen fachlichen und rechtlichen Verflechtung dieser Bereiche.[930]
Kontrovers wurde auch die vom Ministerium für Umwelt und Forsten vorgeschlagene Trennung der Bereiche Wasser- und Abfallwirtschaft in zwei Fachbereiche diskutiert. Insbesondere die Vertreter des Ministeriums des Innern und für Sport votierten diesbezüglich für eine Zusammenfassung in einem Fachbereich, da es eine große Zahl fachlicher Berührungspunkte gebe.

Nachdem in der Arbeitsgruppe Organisation keine Einigung über die Streitfragen erzielt werden konnte, bedurfte es zur Problemlösung eines Gesprächs des Koordinators Dr. Groß mit der Umweltministerin. Dieses führte zu der nachfolgend dargestellten Binnenstruktur, die bezüglich der diskutierten Streitfragen durch die Integration des Bereichs Landespflege in die Abteilung Raumordnung und Bauwesen, die Zusammenfassung der Bereiche Wasserwirtschaft und Abfallwirtschaft und den Wegfall des Aufgabenbereichs Landespflege bei den Regionalstellen gekennzeichnet ist.

[930] Ministerium des Innern und für Sport Rheinland-Pfalz, „AG Organisation 12", S. 1 f.

## Struktur- und Genehmigungsdirektion Nord (SGD Nord) in Koblenz

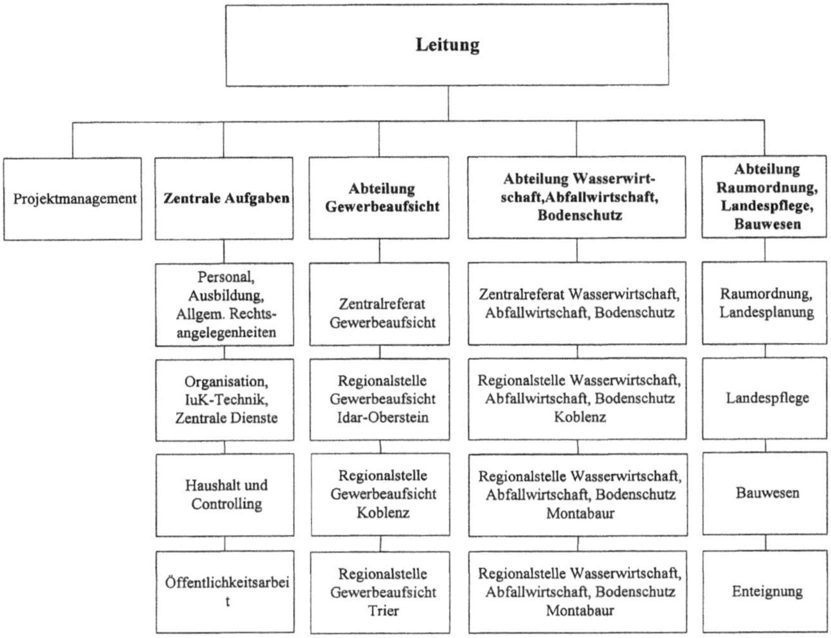


Grafik: Landesvermessungsamt Rheinland-Pfalz, Koblenz 2/2000

**Struktur- und Genehmigungsdirektion Süd (SGD Süd)**
**in Neustadt an der Weinstraße**

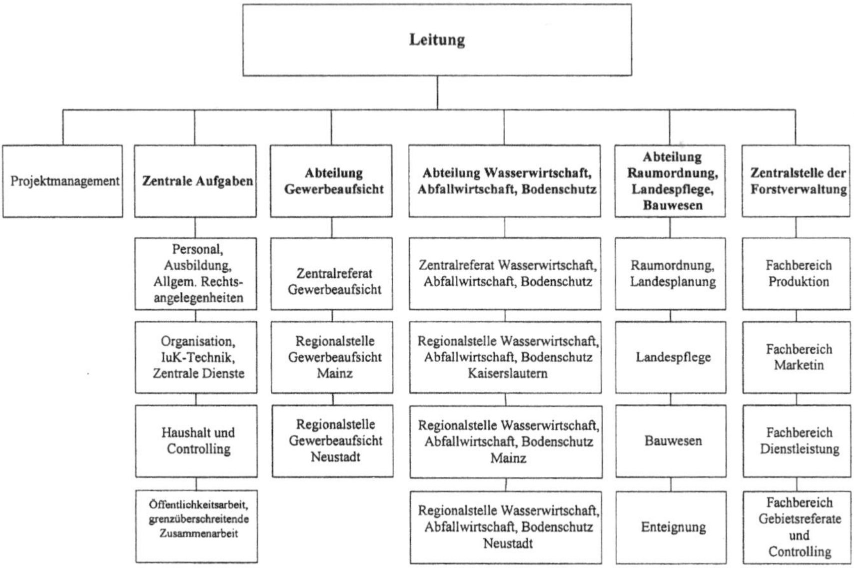


Grafik: Landesvermessungsamt Rheinland-Pfalz, Koblenz 2/2000

Die in den beiden Struktur- und Genehmigungsdirektionen wahrzunehmenden Aufgaben stellen sich zusammenfassend wie folgt dar:

**Struktur- und Genehmigungsdirektion Nord in Koblenz (SGD Nord)**

- Wasserwirtschaft und Wasserwirtschaftsrecht einschließlich Fischereiwesen
- Gewerbeaufsicht und Recht der Gewerbeaufsicht
- Abfallwirtschaft, Altlasten und Bodenschutz sowie Abfallwirtschafts-, Altlasten- und Bodenschutzrecht
- Landespflege und Landespflegerecht
- Raumordnung und Landesplanung
  - ➢ Einrichtung einer Geschäftsstelle in Trier für die Planungsgemeinschaft
- Bau-, Boden- und Planungsrecht
- Enteignungen
- Bauaufsicht und Städtebau
  - ➢ baufachliche Prüfung der Zuwendungsanträge und der Mittelverwendung im Rahmen der Finanzierung des Krankenhausbaues sowie von Alten- und Pflegeheimen etc.

**Integration:**
⇒ Staatliches Amt für Wasser- und Abfallwirtschaft Koblenz
⇒ Staatliches Amt für Wasser- und Abfallwirtschaft Montabaur
⇒ Staatliches Amt für Wasser- und Abfallwirtschaft Trier

⇒ Staatliches Gewerbeaufsichtsamt Koblenz
⇒ Staatliches Gewerbeaufsichtsamt Trier
⇒ Staatliches Gewerbeaufsichtsamt Idar-Oberstein

**Räumliche Angliederung:**
⇒ Außenstelle der Schulaufsicht der ADD
⇒ Forsteinrichtung als Teil der SGD Süd

**Struktur- und Genehmigungsdirektion Süd in Neustadt (SGD Süd)**

- Wasserwirtschaft und Wasserwirtschaftsrecht einschließlich Fischereiwesen
- Gewerbeaufsicht und Recht der Gewerbeaufsicht
- Abfallwirtschaft, Altlasten und Bodenschutz sowie Abfallwirtschafts-, Altlasten- und Bodenschutzrecht
- Landespflege und Landespflegerecht
- Gentechnische Genehmigungsverfahren
- Raumordnung und Landesplanung
- Bau-, Boden- und Planungsrecht
- Enteignungen
- Bauaufsicht und Städtebau
    - ➢ baufachliche Prüfung der Zuwendungsanträge und der Mittelverwendung im Rahmen der Finanzierung des Krankenhausbaues sowie von Alten- und Pflegeheimen etc.
- Grenzüberschreitende Zusammenarbeit
    - ➢ Ansprechpartner im SGD

Zentralstelle der Forstverwaltung
- ➢ Obere Jagdbehörde
- ➢ Forsteinrichtung in Koblenz

**Integration:**
⇒ Staatliches Amt für Wasser- und Abfallwirtschaft Mainz
⇒ Staatliches Amt für Wasser- und Abfallwirtschaft Neustadt
⇒ Staatliches Amt für Wasser- und Abfallwirtschaft Kaiserslautern
⇒ Staatliches Gewerbeaufsichtsamt Mainz
⇒ Staatliches Gewerbeaufsichtsamt Neustadt

**Räumliche Angliederung:**
⇒ Außenstelle der Schulaufsicht der ADD
⇒ Außenstelle „Regionale Servicestelle der Kommunalaufsicht“ der ADD

### 6.6.2.17 Binnenstruktur des Landesuntersuchungsamtes

Für die Binnenstruktur des Landesuntersuchungsamtes wurde von einer dafür eingerichteten Unterarbeitsgruppe ein Vorschlag erarbeitet.[931] Dieser Vorschlag, mit dem die Einheitlichkeit eines Teils der Aufgaben und die interdisziplinären Zusammenhänge zwischen diesen Aufgaben auch äußerlich erkennbar gemacht werden sollten, sah unterhalb der Amtsleitung mit Sitz in Koblenz 3 Fachbereiche - Humanmedizin, Tiermedizin und Lebensmittelchemie - mit unterschiedlichen Standorten und eine zentrale Einheit mit dem Standort Koblenz vor. In den drei Fachbereichen, ihrerseits in Institute untergliedert, waren die bisherigen Fachbehörden und Lehranstalten, je nach Aufgabenbereich, integriert:

Ein Wesensmerkmal der vorgeschlagenen neuen Struktur war die vielfältige Zentralisierung von Aufgaben durch Schwerpunktbildungen in einzelnen Instituten. Neben den drei Fachbereichen und der zentralen Organisationseinheit war eine unmittelbar an die Behördenleitung angebundene Stabsstelle Gesundheitlicher Umweltschutz mit den Aufgaben der Koordination und Bewertung vorgesehen.
In der Diskussion der vorgeschlagenen Struktur wurde insbesondere die Stabsstelle problematisiert. Mit der Begründung, dass es sich bei der Aufgabenstellung der Stabsstelle inhaltlich um Projektmanagement handele, wurde entschieden, das Aufgabenfeld in die zentrale Organisationseinheit zu integrieren. Im Übrigen fand der Vorschlag der Unterarbeitsgruppe die Zustimmung der Arbeitsgruppe Organisation.[932] Dies führte für das Landesuntersuchungsamt zu folgender Binnenstruktur:

[931] Ministerium für Umwelt und Forsten Rheinland-Pfalz, „Landesuntersuchungsamt 1", S. 1 - 6

[932] Ministerium des Innern und für Sport Rheinland-Pfalz, „AG Organisation 9", S. 2

**Landesuntersuchungsamt (LUA)**
**in Koblenz**

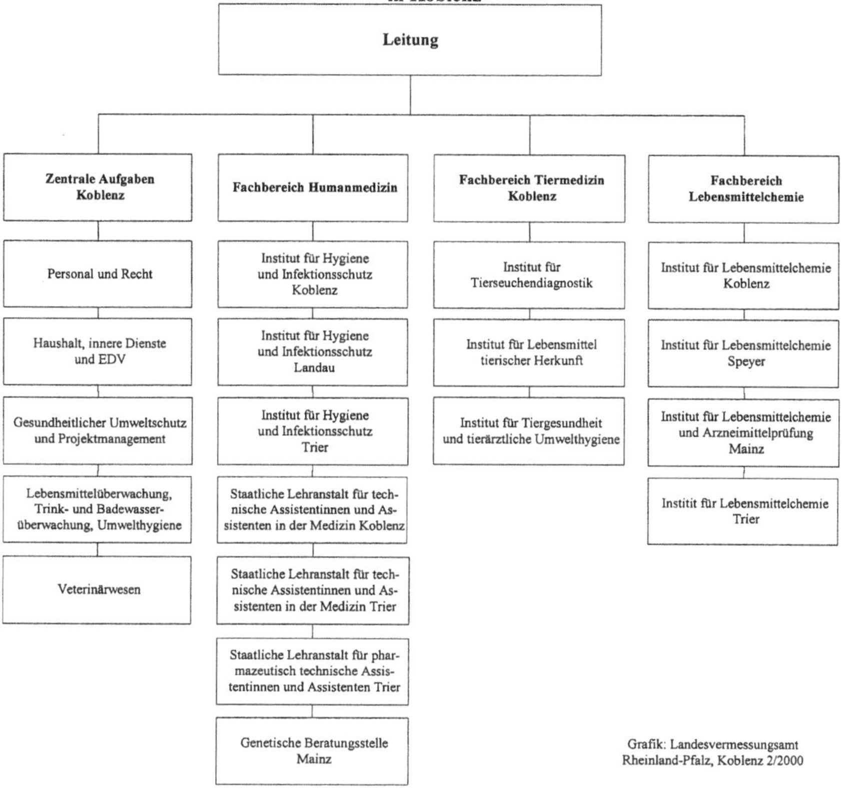


Grafik: Landesvermessungsamt Rheinland-Pfalz, Koblenz 2/2000

## 6.6.2.18 Stellenzuteilung

Für die Zuteilung von Stellen und damit die spätere Personalausstattung in den neuen Behörden wurde in der Arbeitsgruppe Organisation zunächst der Stellenplan zum Stichtag 01.01.1997 zum Maßstab gemacht. Dabei wurde in der Diskussion auf die politische Vorgabe, 750 Stellen einzusparen, hingewiesen, wobei die Vertreterin des Ministeriums des Innern und für Sport diesbezüglich auf bereits durch die Neuorganisation der Vermessungs- und Katasterverwaltung eingesparte 250 Stellen hinwies, die das zu erzielende Einsparvolumen auf ca. 500 Stellen reduzierten.[933] Der Orientierungsrahmen von 750 einzusparenden Stellen wurde in der Folgezeit mehrfach durch die Staatskanzlei bestätigt.[934] Das

[933] Ministerium des Innern und für Sport Rheinland-Pfalz, „AG Organisation 8", S. 4
[934] Ministerium des Innern und für Sport Rheinland-Pfalz, „AG Organisation 23", S. 3

Einsparungsgebot wurde dahingehend konkretisiert, dass jede neue Behörde die Einsparungsvorgabe von 20 % in einem Zeitraum von 15 Jahren zu erbringen habe.[935]

Die Ermittlung der Grundlagen für eine sachgerechte Zuteilung von Stellen für die Behörden in der neuen Struktur erfolgte in einem aufwendigen und zeitintensiven Verfahren über mehrere Monate hinweg. Ausgangspunkt für die Betrachtung war die Gesamtzahl der durch die Neuorganisation betroffenen Stellen zum Stichtag 01.01.1997 in Höhe von 2.933,99 Stellen. Während diese Zahl den Maßstab für die zu erzielende Einsparquote bildete, wurde in der AG Organisation entschieden, für die Stellenzuteilung auf die neuen Behörden die Stellensituation zum 01.01.1999 zur Grundlage zu machen, da in der Zwischenzeit bereits ein Stellenabbau erfolgt war. Maßgeblich war zu diesem Stichtag eine Stellenplanzahl von 2.893,72 Stellen.

Die von der Neuorganisation betroffenen Dienststellen waren an diesen beiden Stellenzahlen mit folgenden Anteilen beteiligt:

| **Behörde** | **Stellen** | |
|---|---|---|
| | **01.01.1997** | **01.01.1999** |
| Bezirksregierung Koblenz | 600,85 | 590,75 |
| Bezirksregierung Rheinhessen-Pfalz | 664,57 | 653,55 |
| Bezirksregierung Trier | 362,20 | 360,55 |
| Amt für Verteidigungslasten Koblenz | 28,50 | 30,50 |
| Amt für Verteidigungslasten Birkenfeld | 29,50 | 29,50 |
| Amt für Verteidigungslasten Kaiserslautern ohne Nebenstelle | 104,00 | 101,50 |
| Amt für Verteidigungslasten Kaiserslautern - Nebenstelle Pirmasens - | 37,00 | 34,50 |
| Staatliche Lehranstalt für pharmazeutisch-technische Assistenten in Trier | 17,00 | 16,00 |
| Staatliche Lehranstalten für medizinisch-technische Assistenten in Koblenz und Trier | 10,75 | 10,75 |
| Genetische Beratungsstelle Mainz | 13,25 | 11,50 |
| Medizinaluntersuchungsamt Koblenz | 45,50 | 42,50 |
| Medizinaluntersuchungsamt Landau | 43,00 | 40,00 |
| Medizinaluntersuchungsamt Trier | 35,00 | 32,00 |

[935] Ministerium des Innern und für Sport Rheinland-Pfalz, „AG Organisation 10“, S. 3

| | | |
|---|---|---|
| Staatliche Lehr- und Versuchsanstalt Neustadt an der Weinstraße | 3,00 | 3,00 |
| Staatliche Lehr- und Versuchsanstalt Oppenheim | 3,00 | 3,00 |
| Staatliche Lehr- und Versuchsanstalt Bad Kreuznach | 3,00 | 3,00 |
| Staatliche Lehr- und Versuchsanstalt Trier | 3,00 | 3,00 |
| Staatliches Amt für Wasser- und Abfallwirtschaft Kaiserslautern | 42,50 | 42,75 |
| Staatliches Amt für Wasser- und Abfallwirtschaft Mainz | 41,25 | 41,25 |
| Staatliches Amt für Wasser- und Abfallwirtschaft Neustadt an der Weinstraße | 71,75 | 72,75 |
| Staatliches Amt für Wasser- und Abfallwirtschaft Koblenz | 54,00 | 55,25 |
| Staatliches Amt für Wasser- und Abfallwirtschaft Montabaur | 45,50 | 43,00 |
| Staatliches Amt für Wasser- und Abfallwirtschaft Trier | 56,00 | 53,25 |
| Chemisches Untersuchungsamt Koblenz | 42,80 | 42,80 |
| Chemisches Untersuchungsamt Mainz | 56,75 | 55,75 |
| Chemisches Untersuchungsamt Speyer | 59,50 | 58,25 |
| Chemisches Untersuchungsamt Trier | 43,50 | 43,50 |
| Landesveterinäruntersuchungsamt Koblenz | 95,00 | 96,05 |
| Landesamt für Umwelt- und Gewerbeaufsicht Oppenheim | 17,32 | 16,27 |
| Gewerbeaufsichtsamt Koblenz | 60,50 | 60,50 |
| Gewerbeaufsichtsamt Idar-Oberstein | 26,50 | 26,15 |
| Gewerbeaufsichtsamt Mainz | 31,00 | 31,00 |
| Gewerbeaufsichtsamt Neustadt a.d.W. | 72,00 | 71,60 |
| Gewerbeaufsichtsamt Trier | 32,50 | 33,50 |
| Forstliches Bildungszentrum Hachenburg | 17,00 | 18,50 |
| Zentrum für Benutzerservice und Informations-Technologie der Landesforstverwaltung, Emmelshausen | 12,00 | 12,00 |
| Forstliche Versuchsanstalt Trippstadt | 45,50 | 44,00 |
| Z-Bau-Referate Oberfinanzdirektion Mainz | 11,00 | 10,00 |

Nach intensiven und teilweise streitigen Diskussionen, die bereits als Verteilungskämpfe bezeichnet werden können, wurde der Stellenbestand zum Stichtag 01.01.1999, orientiert am Maßstab des Aufgabenbestandes, wie folgt verteilt:

| | |
|---|---|
| Struktur- und Genehmigungsdirektion Nord | |
| Standort Koblenz | 377,21 |
| Standort Trier | 89,84 |
| Standort Idar-Oberstein | 26,09 |
| Standort Montabaur | 41,18 |
| Summe | 534,32 |
| | |
| Struktur- und Genehmigungsdirektion Süd | |
| Standort Neustadt a.d. Weinstraße | 433,19 |
| Standort Koblenz | 79,14 |
| Standort Mainz | 78,78 |
| Standort Kaiserslautern | 39,64 |
| Standort Trippstadt | 44,00 |
| Standort Hachenburg | 18,50 |
| Standort Emmelshausen | 12,00 |
| Summe | 705,24 |
| | |
| Aufsichts- und Dienstleistungsdirektion Trier | |
| Standort Trier | 380,06 |
| Standort Koblenz | 129,55 |
| Standort Neustadt a.d. Weinstraße | 116,87 |
| Standort Birkenfeld | 28,24 |
| Standort Pirmasens | 34,50 |
| Standort Kaiserslautern | 96,42 |
| Summe | 785,64 |
| | |
| Landesuntersuchungsamt | |
| Standort Koblenz | 208,12 |
| Standort Trier | 100,25 |
| Standort Mainz | 68,88 |
| Standort Landau | 40,00 |
| Standort Speyer | 61,25 |
| Summe | 478,50 |
| | |
| Kulturämter | |
| Standort Neustadt a.d. Weinstraße | 9,50 |
| Standort Mayen | 2,96 |
| Standort Trier | 5,39 |
| | |
| Landwirtschaftskammer Rheinland-Pfalz | |
| Bad Kreuznach | 1,57 |

| | |
|---|---|
| Landesamt für Straßen und Verkehrswesen Rheinland-Pfalz Koblenz | 47,75 |
| Landesamt für Soziales, Jugend und Versorgung | |
| Standort Landau | 27,08 |
| Standort Trier | 11,97 |
| Standort Koblenz | 26,64 |
| Oberfinanzdirektion Koblenz | |
| Standort Koblenz | 76,41 |
| Standort Neustadt a.d. Weinstraße | 98,05 |
| Standort Trier | 74,16 |
| Staatliches Institut für Lehrerfort- und –weiterbildung Speyer | 7,82 |
| Ministerium für Wirtschaft, Verkehr, Landwirtschaft und Weinbau | 0,70[936] |

Bezüglich der Stellenverteilung in den neuen Behörden wurde entschieden, dass auf die Zentralen Dienste ein Personalanteil von insgesamt 20 % entfallen solle.[937]

Die Aufteilung der durch die Neuorganisation betroffenen Stellen auf die ab 01.01.2000 verantwortlichen Ressorts und die Feststellung der für jeden Einzelplan geltenden Einsparauflage zeigt folgendes Bild:

[936] Ministerium des Innern und für Sport Rheinland-Pfalz, „Stellenverteilung", S. 1 - 17
[937] Ministerium des Innern und für Sport Rheinland-Pfalz, „AG Organisation 19", S. 2

Ministerium des Innern und für Sport / 03

| 1.1.97 | 1.1.99 | 20 % v. '97 | Diff. 99/97 | Künftig wegfallend (Kw) neu |
|---|---|---|---|---|
| 754,51 | 737,24 | 150,90 | - 17,28 | 133,63 |

Finanzministerium / 04

| 1.1.97 | 1.1.99 | 20 % v. '97 | Diff. 99/97 | Kw neu |
|---|---|---|---|---|
| 302,72 | 299,07 | 60,54 | - 3,65 | 56,90 |

Ministerium für Wirtschaft, Verkehr, Landwirtschaft und Weinbau / 08

| 1.1.97 | 1.1.99 | 20 % v. '97 | Diff. 99/97 | Kw neu |
|---|---|---|---|---|
| 245,01 | 232,48 | 49,00 | - 12,53 | 36,48 |

Ministerium für Arbeit, Soziales und Gesundheit / 06

| 1.1.97 | 1.1.99 | 20 % v. '97 | Diff. 99/97 | kw neu |
|---|---|---|---|---|
| 240,44 | 227,58 | 48,09 | - 12,87 | 35,22 |

Ministerium für Bildung, Wissenschaft und Weiterbildung / 15

| 1.1.97 | 1.1.99 | 20 % v. '97 | Diff. 99/97 | kw neu |
|---|---|---|---|---|
| 213,92 | 212,13 | 42,78 | - 1,79 | 40,99 |

Ministerium für Kultur, Jugend, Familie und Frauen / 09

| 1.1.97 | 1.1.99 | 20 % v. '97 | Diff. 99/97 | kw neu |
|---|---|---|---|---|
| 9,50 | 5,75 | 1,90 | - 3,75 | - 1,85 |

Ministerium für Umwelt und Forsten / 14

| 1.1.97 | 1.1.99 | 20 % v. '97 | Diff. 99/97 | kw neu |
|---|---|---|---|---|
| 1.170,88 | 1.179,46 | 234,18 | 8,58 | 242,76 |

Bezüglich der Erfüllung der Einsparauflage wurde durch die Leiterin der Arbeitsgruppe Organisation wiederholt darauf hingewiesen, dass dies dem jeweiligen Ressort obliege.[938] Für den Haushalt bedeute dies, dass den Ressorts der

[938] Ministerium des Innern und für Sport Rheinland-Pfalz, „AG Organisation 23", S. 3

Stellenbestand zum 01.01.1997 übertragen werde und entsprechende kw-Vermerke anzubringen seien.[939]
Die dargestellte Aufteilung der einzusparenden Stellen auf die Einzelpläne der Ressorts wurde vom Ministerrat am 12.10.1999 beschlossen.[940]

### 6.6.3 Arbeitsgruppe Personal

Die Arbeitsgruppe Personal konstituierte sich am 01.07.1998. Sie stand unter der Leitung des Personalreferenten des Ministeriums des Innern und für Sport, Rainer Demaré, vertreten waren alle Ressorts der Landesregierung mit Ausnahme des Justizministeriums, die drei Bezirksregierungen, der Hauptpersonalrat beim Ministerium des Innern und für Sport, darüber hinaus nahmen die Gleichstellungsbeauftragte der Bezirksregierung Rheinhessen-Pfalz sowie der Hauptvertrauensmann der Schwerbehinderten teil. Auf Grund der erheblichen personellen Auswirkungen der neuen Verwaltungsstruktur bestand die vorrangige Aufgabe der Arbeitsgruppe darin, auf der Grundlage der Ergebnisse der Arbeitsgruppe Organisation die für die Neuorganisation erforderlichen Personalmaßnahmen unter Berücksichtigung sozialverträglicher Gesichtspunkte vorzubereiten.[941] Diesem Zweck dienten nachfolgend dargestellte Maßnahmen bzw. Entscheidungen:

#### 6.6.3.1 Personaldatenbank

Zur Unterstützung der anstehenden Personalmaßnahmen entwickelte die Arbeitsgruppe eine Personaldatenbank. Diese enthielt neben Daten, die der Personalakte entnommen werden konnten, eine Reihe von „sozialen Rahmendaten", die auf freiwilliger Basis bei den Betroffenen erhoben werden sollten. Zu letzteren gehörten neben Angaben zu Wohnverhältnissen, Ehegatten, Kindern, Ehrenämtern etc. insbesondere die Verwendungswünsche bezüglich konkretem Aufgabenbereich und konkreter Dienststelle.[942]

---

939 Ministerium des Innern und für Sport Rheinland-Pfalz, „AG Organisation 22", S. 1 f.
940 Ministerium des Innern und für Sport Rheinland-Pfalz, „AG Organisation 25", S. 1
941 Ministerium des Innern und für Sport Rheinland-Pfalz, „Ministerratssache 1998", S. 29
942 Ministerium des Innern und für Sport Rheinland-Pfalz, „AG Personal 1", S. 1 f.

Eine erste Datenanalyse insbesondere zur Verifizierung des gesetzten Einsparzieles ergab, dass bis zum 31.12.2014 allein durch auf Altersabgängen beruhendes Ausscheiden (65. Lebensjahr) der Abbau von 538 Stellen - ohne die zusätzlich einzusparenden 250 Stellen bei der Vermessungs- und Katasterverwaltung - erreicht werden könne.[943]
Dieses Einsparvolumen bezog sich allein auf die Altersstruktur bei den Mitarbeitern der drei Bezirksregierungen. Nicht berücksichtigt war das im übrigen von der Neuorganisation betroffene Personal. Die Analyse zeigte allerdings auch, dass die Altersabgänge in ihren Auswirkungen unterschiedlich zu gewichten waren. Von den insgesamt 538 Stellen, die 579 ausscheidende Beamte, Angestellte und Arbeiter betrafen, waren 350 der Laufbahn „Allgemeine innere Verwaltung" zuzuordnen. Hieraus folgte, dass zur Erhaltung der Funktionsfähigkeit gerade in dieser Laufbahn ein möglichst breiter Einstellungskorridor erforderlich wurde.[944]

### 6.6.3.2 Verfahren zum Stellenabbau

Nachdem die Neuorganisation zu einer Einsparung von insgesamt 750 Stellen führen sollte, befasste sich die Arbeitsgruppe Personal auch mit den Möglichkeiten einer vorzeitigen Zurruhesetzung derjenigen Beamtinnen und Beamten, deren Stellen als Folge der Neuorganisation eingespart werden könnten. Dabei kam sie zum Ergebnis, dass die Voraussetzungen des § 35 Abs. 2 LBG Rheinland-Pfalz – Versetzung in den einstweiligen Ruhestand – gegeben seien, wenn die drei Bezirksregierungen durch das Inkrafttreten des geplanten Organisationsreformgesetzes aufgelöst würden.[945] Als weitere Möglichkeit zu einem beschleunigten Stellenabbau wurde in der Arbeitsgruppe auch die Inanspruchnahme der Altersteilzeit gesehen. Schließlich wurde auf die zusätzliche Möglichkeit der Reduzierung des Personalbestandes auch durch vorzeitige Auflösung von Arbeitsverhältnissen auf freiwilliger Basis hingewiesen. Folge davon wäre der Bezug von Altersrente wegen Arbeitslosigkeit insbesondere für Arbeitnehmerinnen und Arbeitnehmer, die älter als 58 Jahre seien.[946]

Die diskutierte Frage, ob über die Altersteilzeit hinausgehende Vorruhestandsmöglichkeiten aus haushalts- und versorgungsrechtlicher Sicht möglich seien, wurde vom Finanzministerium negativ beantwortet. Die für den Beamten- und Tarifbereich neu geschaffenen Möglichkeiten der Altersteilzeit seien so attrak-

---

[943] Ministerium des Innern und für Sport Rheinland-Pfalz, „AG Personal 5", S. 2 und Anlage 2 zum Ergebnisvermerk
[944] Ministerium des Innern und für Sport Rheinland-Pfalz, „Ministerratssache 31.05.1999", S. 10
[945] Ministerium des Innern und für Sport Rheinland-Pfalz, „AG Personal 1", S. 2
[946] Ministerium des Innern und für Sport Rheinland-Pfalz, „Ministerratssache 1998", S. 30

tiv, dass derzeit keine Veranlassung für zusätzliche Maßnahmen bestehe, zumal weitergehende Möglichkeiten weder finanzierbar noch in der Öffentlichkeit darstellbar seien. Geboten sei vielmehr die Einrichtung einer „Stellenbörse", um Bedienstete, deren Aufgaben wegfielen, auf freiwerdende und wieder zu besetzende Stellen im Landesbereich umzusetzen.[947]

### 6.6.3.3 Regelungen für Übergangs- und Überleitungsphase

Die Arbeitsgruppe diskutierte die Möglichkeiten einer gesetzlichen Überleitung des Personals, eines Überleitungstarifvertrages und der Überleitung durch Einzelfallentscheidungen. Im Ergebnis sprach sich die Arbeitsgruppe dafür aus, dass die gesetzliche Überleitung des betroffenen Personenkreises in die neuen Behörden angestrebt werden solle. Dies gelte insbesondere, soweit ganze Behörden oder Dienststellen in die neu geschaffenen Direktionen und das Landesuntersuchungsamt eingegliedert würden. Im Übrigen sollten die von der Neuorganisation betroffenen Landesbediensteten den neuen Behörden durch Einzelverfügung zugewiesen werden. Darüber hinaus wurde beschlossen, Funktionen, die durch die Neuorganisation eine wesentliche Änderung erführen, auszuschreiben.[948]
Bezüglich der Rahmenbedingungen bei notwendig werdenden Versetzungen wurde entschieden, die bereits bei früheren Organisationsänderungen praktizierten Umzugskosten- und Trennungsgeldregelungen anzuwenden. Dadurch könne unter erleichterten Bedingungen Trennungsgeld gewährt werden, wenn bestimmte persönliche oder soziale Tatbestände erfüllt seien.[949]

Hinsichtlich der personellen Nachbesetzung freiwerdender Stellen in der Übergangsphase wurde ein Kriterienkatalog erarbeitet. Danach solle vor der Entscheidung über die Nachbesetzung einer freien oder freiwerdenden Stelle bei einer von der Neuorganisation betroffenen Dienststelle zunächst geprüft werden, ob die Nachbesetzung zwingend erforderlich sei. In die Beurteilung sei auch die Frage einzubeziehen, wo die Aufgabe künftig angesiedelt sei. Soweit nach der Neuorganisation der Personalbedarf nicht fortbestehe, sollten grundsätzlich nur befristete Beschäftigungsverhältnisse eingegangen werden. Vor der

---

[947] Ministerium des Innern und für Sport Rheinland-Pfalz, „AG Personal 3", S. 3 sowie Anlage 3 zum Ergebnisvermerk

[948] Ministerium des Innern und für Sport Rheinland-Pfalz, „Ministerratssache 1998", S. 30

[949] Vgl. dazu näher Ministerium des Innern und für Sport Rheinland-Pfalz, „AG Personal 1", Anlage 4 zum Ergebnisvermerk

Begründung unbefristeter Beschäftigungsverhältnisse müsse die Versetzungsbereitschaft zu der künftig für die Aufgabe zuständigen Behörde geklärt werden.[950]

### 6.6.3.4 Staatliches Personal bei den Kreisverwaltungen

Der Vorschlag des Ministeriums des Innern und für Sport, die dienstrechtlichen Zuständigkeiten für das noch verbliebene staatliche Personal bei den Kreisverwaltungen der Aufsichts- und Dienstleistungsdirektion zu übertragen, wurde von den Vertretern der anderen Ressorts gebilligt. Darüber hinaus bestand Einvernehmen, dass die Erstattung der Pauschbeträge für die freigewordenen bzw. künftig freiwerdenden staatlichen Stellen bei den Kreisverwaltungen auch weiterhin durch das Ministerium des Innern und für Sport erfolgen solle, wobei dies allerdings nicht für die Stellen bei den Gesundheitsämtern gelte, da im Geschäftsbereich des Ministeriums für Arbeit, Soziales und Gesundheit ein spezielles Erstattungsverfahren praktiziert werde.[951]

### 6.6.3.5 Personalkonzept

Auf Grund der Analyse der in der Personaldatenbank erhobenen Daten der über 2.900 von der Neuorganisation betroffenen Mitarbeiter wurde ein Personalkonzept erarbeitet, um die Funktionsfähigkeit der neuen mittleren Verwaltungsebene zum 01.01.2000 zu gewährleisten und gleichzeitig dem Gebot der sozialverträglichen Umsetzung Rechnung zu tragen. Das Konzept hatte folgende Eckpunkte:

1. Von einer Versetzung von Beamten des einfachen und mittleren Dienstes sowie vergleichbarer Angestellter wird grundsätzlich abgesehen.
2. Fachbeamte/-angestellte folgen grundsätzlich der Aufgabe (ohne Sozialauswahl), soweit am bisherigen Dienstort keine der Qualifikation bzw. Laufbahnbefähigung entsprechende Einsatzmöglichkeit besteht. Besteht hingegen eine solche, wird unter Berücksichtigung der individuellen sozialen Rahmenbedingungen zwischen mehreren Beschäftigten ausgewählt.
3. Beamte und Angestellte der allgemeinen inneren Verwaltung (ab Bes.Gr. A 9 g.D. sowie vergleichbare Angestellte) sind aufgrund ihrer Qualifikation bzw. Laufbahnbefähigung grundsätzlich in allen Aufgabenbereichen einsetzbar und werden ausnahmslos in die Sozialauswahl einbezogen.[952]

---

950 Ministerium des Innern und für Sport Rheinland-Pfalz, „AG Personal 2", S. 4, sowie Anlage 3 zum Ergebnisvermerk

951 Ministerium des Innern und für Sport Rheinland-Pfalz, „AG Personal 3", S. 4

952 Ministerium des Innern und für Sport Rheinland-Pfalz, „AG Personal 8", S. 2

Die Arbeitsgruppe Personal beschränkte auf Grund der in der Sozialdatenbank hinterlegten Daten die „Zumutbarkeitsgrenze“ für eine Versetzung auf Ledige, soweit sie keine weiteren zu berücksichtigenden sozialen Kriterien (Kinder, anerkannte Pflegefälle, schwerwiegende Krankheit, Personalratsmitgliedschaft, geschützte kommunale Ehrenämter) aufwiesen. Dies ermögliche eine Besetzungsquote, bezogen auf das von der AG Organisation vorgegebene Stellensoll, am Standort Trier von 87 %, am Standort Koblenz von 92 % und am Standort Neustadt von 97 %.[953]
Nach mehrheitlicher Auffassung in der Arbeitsgruppe Personal stellte dies die Aufgabenerledigung in allen Bereichen sicher. Dieser Annahme lag die Erwägung zugrunde, dass die Synergieeffekte der Neuorganisation sofort und nicht erst im Laufe eines längeren Zeitraumes einträten. Die Arbeitsgruppe war sich dabei des Umstandes bewusst, dass in den zentralen Diensten der ADD Trier (Botendienst, Pforte, Schreibdienst, Registratur etc.) sogar eine Besetzungsquote von 80 % nicht erreichbar war. Daher wurde diesbezüglich davon ausgegangen, dass bei der ADD möglicherweise Einstellungen im geringen Umfange, ggfls. auf Zeit, vorgenommen werden müssten, da dem im diesem Bereich eingesetzten Personenkreis (Arbeiter, Angestellte bis Vergütungsgruppe V c BAT, Beamte des mittleren Dienstes) eine Versetzung von Koblenz oder Neustadt nach Trier aus sozialen Gesichtspunkten nicht zugemutet werden könne.[954]

Da die Arbeitsgruppe Personal im Hinblick auf die künftige Personalausstattung den dringendsten Bedarf an zusätzlichem Personal bei der ADD Trier sah, bestand Einvernehmen darüber, die 21 Absolventen des Jahrgangs 1999 der Fachhochschule für Öffentliche Verwaltung/Zentrale Verwaltungsschule zum 01.10.1999 für eine künftige Verwendung bei der ADD Trier an die Bezirksregierung Trier zu versetzen.[955]

Das nach den dargestellten Grundsätzen erarbeitete Personalkonzept wurde mit den betroffenen Ressorts erörtert und dem Hauptpersonalrat beim Ministerium des Innern und für Sport zur Mitbestimmung zugeleitet. Nachdem der Personalreferent des Ministeriums des Innern und für Sport an den von der Neuorganisation betroffenen Behördenstandorten mit positiver Resonanz Personalgespräche geführt und die von einer Versetzung mit Dienstortwechsel betroffenen Bediensteten angehört wurden, stimmte der Hauptpersonalrat dem Personalkonzept zu.[956]

---

[953] Ministerium des Innern und für Sport Rheinland-Pfalz, „AG Haushalt 3“, S. 2

[954] Ministerium des Innern und für Sport Rheinland-Pfalz, „Ministerratssache 30.11.1999“, S. 7 f.

[955] Ministerium des Innern und für Sport Rheinland-Pfalz, „AG Personal 6“, S. 5

[956] Ministerium des Innern und für Sport Rheinland-Pfalz, „AG Personal 7“, S. 2 sowie „Ministerratssache 30.11.1999“, S. 8

### 6.6.3.6 Personalvertretungsstrukturen nach der Neuorganisation

Zur personalvertretungsrechtlichen Lage nach der Neuorganisation stellte die Arbeitsgruppe Personal zunächst klar, dass infolge der Integration verschiedener Behörden in die Struktur- und Genehmigungsdirektionen Nord und Süd sowie in das Landesuntersuchungsamt Koblenz die bisher am Ort dieser neuen Behörden vorhandenen Behörden (z.B. Staatliches Amt für Wasser- und Abfallwirtschaft Koblenz, Staatliches Gewerbeaufsichtsamt Koblenz, Medizinaluntersuchungsamt Koblenz) personalvertretungsrechtlich ihre Selbständigkeit verlören, da die Voraussetzungen des § 5 Abs. 3 LPersVG nicht mehr gegeben seien. Die von den Personalvertretungen im Bereich des Ministeriums für Umwelt und Forsten erhobene Forderung, durch Interpretation oder Erweiterung der gesetzlichen Vorschriften sicherzustellen, dass die integrierten Behörden weiterhin als selbständige Dienststellen im Sinne des LPersVG gelten, wurde von der Arbeitsgruppe Personal mehrheitlich abgelehnt. Begründet wurde diese Ablehnung vor allem mit der Erwägung, dass die Integration der bisher selbständigen Behörden in die Direktionen und das Landesuntersuchungsamt bei einer personalvertretungsrechtlichen Verselbständigung gehemmt oder sogar verhindert würde.

Festgestellt wurde von der Arbeitsgruppe weiterhin, dass es auf Grund der Neuorganisation künftig bei den Struktur- und Genehmigungsdirektionen Nord und Süd keine Bezirkspersonalräte allgemeine und innere Verwaltung mehr gebe. Im Bereich Forsten trete ein Bezirkspersonalrat Forsten an die Stelle von bisher drei Bezirkspersonalräten. Der Bezirkspersonalrat beim Landesamt für Umwelt und Gewerbeaufsicht entfalle.[957]
Streitig wurde in der Arbeitsgruppe Personal die Frage der künftigen Personalvertretungsstrukturen bei den Außenstellen der Schulaufsicht in Koblenz und Neustadt an der Weinstraße diskutiert. Während insbesondere die Vertreter des Ministeriums des Innern und für Sport davon ausgingen, dass dort künftig keine den bisherigen Stufenvertretungen auf der Bezirksebene vergleichbaren Personalvertretungen (jeweils 6 Bezirkspersonalräte für die einzelnen Schularten) zu bilden seien, sprach sich der Vertreter des Ministeriums für Bildung, Wissenschaft und Weiterbildung im Ergebnis jedoch ohne Erfolg dafür aus, die bisherigen Stufenvertretungen auch bei den Außenstellen beizubehalten.[958]

Mehrheitlich sprach sich die Arbeitsgruppe dafür aus, durch eine Übergangsregelung sicherzustellen, dass die bisherigen Personalvertretungen noch für eine Übergangszeit fortbeständen. Dies sei sinnvoll, um das personalvertretungs-

---

[957] Ministerium des Innern und für Sport Rheinland-Pfalz, „AG Personal 3“, S. 4 f.
[958] Ministerium des Innern und für Sport Rheinland-Pfalz, „AG Personal 3“, S. 5, vgl. dazu auch § 97 Abs. 1 LPersVG (GVBl. 2000, S. 402 ff.)

rechtliche Beteiligungsverfahren bei den anstehenden Personalmaßnahmen im Zusammenhang mit der Neuorganisation sicherzustellen.[959]

### 6.6.4 Arbeitsgruppe Haushalt

Die Arbeitsgruppe Haushalt konstituierte sich am 13.05.1998. Unter Leitung des Haushaltsreferenten des Ministeriums des Innern und für Sport, Walter W. Brandenburg, verständigte man sich zunächst über die Aufgabenstellung der Arbeitsgruppe, in der mit Ausnahme des Justizministeriums alle Ressorts der Landesregierung und die drei Bezirksregierungen vertreten waren. Vordringliche Aufgabe sei es, die Lösungsvorschläge der Arbeitsgruppen Organisation und Personal aus haushaltsrechtlicher Sicht zu begleiten. Von zentraler Bedeutung dabei sei die, der Vorgabe des Ministerrats folgende, Einführung des sog. „durchlaufenden Haushalts", bei dem der Stellen- und Mittelbedarf, der für die Erledigung der den Direktionen und dem Landesuntersuchungsamt übertragenen Aufgaben erforderlich sei, in den Einzelplänen der jeweils fachlich zuständigen Ressorts veranschlagt und den neuen Behörden mittels Kassenanschlag zur Bewirtschaftung zugewiesen werde. Hervorgehoben wurde, dass die Möglichkeit der ressortübergreifenden Inanspruchnahme von Stellen und Haushaltsmitteln, die insbesondere von den Vertretern der Bezirksregierungen gefordert wurde, eines qualifizierten Haushaltsvermerks bedürfe.
Die Arbeitsgruppe verständigte sich darauf, dass qualifizierte Haushaltsvermerke in den Haushaltsjahren 2000 und 2001 nicht mehr zu realisieren seien, die Frage aber ein Diskussionspunkt für die Aufstellung des Doppelhaushaltes 2002/2003 sei.[960]

In der Arbeitsgruppe wurde die Einführung des durchlaufenden Haushalts für das Landesuntersuchungsamt problematisiert, da dessen Aufgaben fachaufsichtlich verschiedenen Ressorts zugeordnet seien. Diesbezüglich kam eine zu diesem Fragenkreis gebildete Unterarbeitsgruppe zum Ergebnis, dass der durchlaufende Haushalt auch für das Landesuntersuchungsamt eingeführt werden könne. Die Dienstaufsicht solle dabei dem Ministerium für Umwelt und Forsten zugeordnet werden.[961]

Die Mitglieder der Arbeitsgruppe waren sich darüber einig, dass mit der Einführung des durchlaufenden Haushalts den Fachressorts nicht nur die Aufgabenverantwortung, sondern auch die Verantwortung für die zur Aufgabenerledi-

[959] Ministerium des Innern und für Sport Rheinland-Pfalz, a.a.O., S. 5 f.
[960] Ministerium des Innern und für Sport Rheinland-Pfalz, „AG Haushalt 6", S. 3
[961] Ministerium des Innern und für Sport Rheinland-Pfalz, „UAG Haushalt" - Landesuntersuchungsamt –", S. 2

gung erforderlichen Ressourcen übertragen werde. Einigkeit bestand weiter darüber, die organisationsbedingten Ausgaben (Geschäftsbedarf, Post-/Telefon-Gebühren, Hausbewirtschaftung etc.) sowie die Ausgaben für die zentralen Dienste (Botendienst, Telefondienst, Reinigungsdienst etc.) auch künftig zentral zu veranschlagen.

Im Verlaufe des Aufstellungsverfahrens für den Doppelhaushalt 2000/2001 zeigte sich, dass die ursprünglich im Zusammenhang mit der Einführung des durchlaufenden Haushalts vorgesehene haushaltsneutrale Umsetzung von Stellen und Mitteln des Kapitels 03 03 – Bezirksregierungen – im Einzelplan 03 – Ministerium des Innern und für Sport - in die sich auf Grund der Neuorganisation ergebenden neuen Haushaltsstrukturen nur schrittweise zu erreichen war. Ursächlich dafür war, dass im Hinblick auf die angestrebte Sozialverträglichkeit von auf Grund der Neuorganisation notwendig werdenden Personalmaßnahmen noch nicht feststand, welche Stellen mit welcher Wertigkeit den neuen Direktionen bzw. dem Landesuntersuchungsamt endgültig zugewiesen würden. Um daher eine in diesem Punkt unrichtige Abbildung im Haushaltsplan zu vermeiden, wurde entschieden, zunächst das Kapitel 03 03 – Bezirksregierungen – ebenso wie alle im Landeshaushalt von der Neuorganisation betroffenen sonstigen Kapitel in der bisherigen Form beizubehalten und die sich auf Grund der Neuordnung der Mittelinstanz ergebenden Haushaltsveränderungen mit Haushaltsvermerken zu steuern. Dementsprechend solle im Vorspann zu Kapitel 03 03 und in den jeweiligen Kapiteln der anderen von der Neuorganisation betroffenen Einzelpläne ein Haushaltsvermerk ausgewiesen werden, wonach die haushaltsmäßige Umsetzung der Neuorganisation im Doppelhaushalt 2000/2001 unter Beachtung der sich bei der Zusammenführung der Aufgaben- und Ressourcenverantwortung ergebenden neuen Haushaltsstrukturen in drei Schritten erfolgen solle:

1. Veranschlagung von neuen Leerkapiteln und Leertiteln (Nullansätze) in den fachspezifischen Einzelplänen,
2. Übertragung der Bewirtschaftungsbefugnisse im Haushaltsjahr 2000 von Mitteln und Stellen auf die Direktionen sowie auf weitere, insoweit von der Neuorganisation betroffene Dienststellen,
3. Umsetzung von Mitteln und Stellen im Haushaltsjahr 2001.[962]

[962] Ministerium des Innern und für Sport Rheinland-Pfalz, „AG Haushalt 2“, S. 2; Ministerium des Innern und für Sport Rheinland-Pfalz, „Ministerratssache 30.11.1999“, S. 9 f.

### 6.6.5 Arbeitsgruppe Recht

Die Arbeitsgruppe Recht nahm am 02.09.1998 ihre Tätigkeit auf. Den Vorsitz in der Arbeitsgruppe hatte die im Organisationsreferat des Ministeriums des Innern und für Sport tätige Referentin Maria Högner. Weitere Mitglieder der Arbeitsgruppe waren Vertreter aller Ressorts der Landesregierung, der Bezirksregierung Trier, der Arbeitsgemeinschaft Schwerbehinderte und die Gleichstellungsbeauftragte des Ministeriums für Kultur, Jugend, Familie und Frauen.
Die Arbeitsgruppe konkretisierte zunächst ihren spezifischen Auftrag, das Reformkonzept der Expertenkommission und die ergänzenden Vorschläge insbesondere der Arbeitsgruppe Organisation rechtstechnisch umzusetzen. Klarstellend wurde durch die Vorsitzende darauf hingewiesen, dass kein Landesorganisationsgesetz im Sinne eines den Aufbau der gesamten Landesverwaltung beschreibenden Gesetzes geplant sei, sondern ein Artikelgesetz, mit dem die von der Landesregierung beschlossene Neuorganisation der Mittelinstanz umfassend umgesetzt werden solle.[963]
Das Gesetzgebungsvorhaben wurde in insgesamt drei Sitzungen vorbereitet und inhaltlich abgestimmt. Die Arbeitsgruppe verständigte sich auf die Bezeichnung „Landesgesetz zur Reform und Neuorganisation der Landesverwaltung". Artikel 1 des geplanten Gesetzes stellte das Verwaltungsorganisationsreformgesetz dar, das in seinem Teil 1 allgemeine Reformbestimmungen über die Gestaltung von Verfahrensabläufen, die Bildung von Projektgruppen und die Verpflichtung zu einer permanenten Aufgabenkritik enthielt. Teil 2 befasste sich mit der Bildung der neuen Mittelinstanzen unter Darstellung ihres groben Aufgabenspektrums und regelte die Auflösung der von der Neuorganisation betroffenen Behörden. Die Artikel 2 ff. des Gesetzes enthielten die auf Grund der neuen Verwaltungsstruktur notwendigen Folgeänderungen, wovon ca. 300 Gesetze und Verordnungen betroffen waren.

Die Arbeitsgruppe Recht ging zunächst davon aus, dass das Artikelgesetz als Fraktionsentwurf eingebracht werde. Dieser Auffassung lagen Zweckmäßigkeitserwägungen sowie der Gesichtspunkt eines zügigen Gesetzgebungsverfahrens zugrunde. Der Ministerrat entschied jedoch in seiner Sitzung am 15.12.1998, das Landesgesetz zur Reform und Neuorganisation der Landesverwaltung als Regierungsentwurf auf den parlamentarischen Weg zu bringen und zum 01.01.2000 in Kraft treten zu lassen. Der geplante zeitliche Ablauf, ausgehend von der Grundsatzberatung im Kabinett Anfang Februar 1999, der Durchführung eines Anhörverfahrens nach §§ 11 und 12 der Gemeinsamen Geschäftsordnung bis Mitte März 1999, der Endberatung im Ministerrat Ende März/Anfang April 1999, der Einbringung des Gesetzentwurfs in den Landtag

[963] Ministerium des Innern und für Sport Rheinland-Pfalz, „AG Recht 1 und 2", S. 2

Ende April 1999 und der Verabschiedung des Gesetzentwurfs durch den Landtag im November 1999 veranlasste die Vorsitzende der Arbeitsgruppe Recht, die für Januar 1999 vorgesehene vierte und abschließende Sitzung der Arbeitsgruppe entfallen zu lassen.[964]

### 6.6.6 Arbeitsgruppe Informations- und Kommunikationstechnik

#### 6.6.6.1 Bedeutung der Informations- und Kommunikationstechnik

Insbesondere bei den Erörterungen in der Arbeitsgruppe Organisation wurde deutlich gemacht, dass der umfassende und zielgerichtete Einsatz der Informations- und Kommunikationstechnik (IT) zur Erreichung der Ziele der Neuorganisation in der Landesverwaltung unverzichtbar sei. Die Informations- und Kommunikationstechnik sei eine Grundlage der angestrebten Modernisierung der Landesverwaltung, sie eröffne den Behörden neue Organisationsformen und Verfahrensabläufe und sei Mittel und Chance der Neuorganisation zugleich. Dies führte zur Errichtung einer eigenständigen Arbeitsgruppe „IT-Neustrukturierung", die sich unter Federführung des Ministeriums des Innern und für Sport mit diesem Aufgabenfeld konzeptionell auseinander setzte.

In der konstituierenden Sitzung konkretisierte diese Arbeitsgruppe ihren Auftrag, ein IT-Konzept für die neue Mittelinstanz in der Landesverwaltung zu erstellen.
Eine zu diesem Fragenkreis durchgeführte umfangreiche Bestandsaufnahme der IT-Verfahren und die Definition der für die künftige Organisation notwendigen Anpassungen führte zu einem vordringlich umzusetzende technische Fragen betreffenden Maßnahmenkatalog.

Da nach Auffassung der Arbeitsgruppe daneben auch die IT-Organisation als von gleichrangiger Bedeutung bewertet wurde, wurde darüber hinaus die materielle und organisatorische Verstärkung der IT-Bereiche in den Direktionen, die verstärkte Koordination des IT-Einsatzes der Direktionen und die umfassende Koordination mit den obersten Landesbehörden für notwendig gehalten. Aus

[964] Ministerium des Innern und für Sport Rheinland-Pfalz, „AG Recht Abschluß", S. 3 f., S. 4 sowie Anlage 3 zum Ergebnisvermerk

diesem Grunde wurden von der Arbeitsgruppe IT Leitlinien für die Neuorganisation in der Landesverwaltung formuliert, die die allgemein für die Landesverwaltungen geltenden IT-Regelungen[965] konkretisierten.[966]

Wegen der besonderen Bedeutung der Koordination aller Maßnahmen hielt die Arbeitsgruppe die Errichtung einer IT-Leitstelle für notwendig.[967] Diese Einschätzung wurde vom Ministerrat geteilt, der am 02.03.1999 beschloss, im Ministerium des Innern und für Sport eine „Leitstelle IT-Management" einzurichten.[968] Als deren zentrale Aufgabe wurde die Steuerung des Einsatzes der infolge der Neuorganisation benötigten Informations- und Kommunikationstechnik für die Zeit vom 01. 01.2000 bis 31.12.2003 beschrieben. Bis zum geplanten Inkrafttreten der Neuorganisation zum 01.01.2000 hatte die Leitstelle, an der neben den IT-Referenten der Bezirksregierungen das Ministerium für Umwelt und Forsten ständig sowie die betroffenen Ressorts bzw. deren Fachabteilungen fallbezogen mitarbeiteten, die Aufgabe, einen weitgehend reibungslosen Übergang zu den neuen funktionalen Zuordnungen der Direktionen und des Landesuntersuchungsamtes zu gewährleisten.[969]

### 6.6.6.2 IT-Gesamtkonzept

Die Vorarbeiten der Arbeitsgruppe IT, der IT-Leitstelle und der Stabsstelle Projekte im Ministerium des Innern und für Sport mündeten in ein Gesamtkonzept, durch das die zum Teil aus den Fachverwaltungen gewachsene und daher stark heterogene, teilweise auch veraltete IT-Landschaft bei den Fachabteilungen der Bezirksregierungen sowie bei weiteren von der Neuorganisation betroffenen Dienststellen durch eine einheitliche IT-Grundinfrastruktur der Landesverwaltung ersetzt werden sollte und für dessen Realisierung von einem Investitionsaufwand in Höhe von 30 Mio. DM ausgegangen wurde.[970]

Um in den Behörden bereits bis zum 01.01.2000 die wesentlichen Voraussetzungen für die elektronische Kommunikationsfähigkeit (Dokumentenaustausch, E-mail, Internet-Zugang) zu schaffen, sollten die lokalen IT-Systeme auf einen

---

[965] IT-Rahmenplan der Landesregierung Rheinland-Pfalz vom 14.01.1977 (Min.Bl. S. 210) IT-Leitlinien für die Behörden der Landesverwaltung und die Gerichte in Rheinland-Pfalz vom 29.09.1997 (Min.Bl. S. 459)

[966] Ministerium des Innern und für Sport Rheinland-Pfalz, „AG IT 3", S. 1 ff. sowie Tischvorlage zu TOP „IT-Leitlinien"

[967] Ministerium des Innern und für Sport Rheinland-Pfalz, „AG IT 4", S. 3 f.

[968] Ministerium des Innern und für Sport Rheinland-Pfalz, „Ministerratssache 31.05.1999", S. 28

[969] Ministerium des Innern und für Sport Rheinland-Pfalz, „IT-Konzept", S. 3 sowie Anlage 1

[970] Ministerium des Innern und für Sport Rheinland-Pfalz, „Ministerratssache 31.05.1999", S. 28

leistungsfähigen, technisch kompatiblen, d.h. weitgehend homogenen Stand gebracht werden. Dies bedeutete für jede Lokation:

- Anschluss an das rlp-Netz einschließlich einer einheitlichen technischen Adressstruktur- und –verwaltung
- Einrichtung moderner Client-Server-Systeme
- Einrichtung eines modernen lokalen Netzwerkes (LAN)
- Ausstattung der Arbeitsplätze mit PC
- Bereitstellung von Netzwerkdruckern
- Ausstattung mit einheitlicher Software für Bürokommunikation, E-mail- und Internet-Zugang

Als Voraussetzung für die Erreichung der angestrebten Ziele wurde die Komplettausstattung von ca. 1.800 PC-Arbeitsplätzen angesehen.

Nach dem Aufbau der einheitlichen Grundinfrastruktur für Büroausstattung und Kommunikation sollten in Zusammenarbeit mit den Fachbehörden Grundsätze übergreifender elektronischer Archivierungs- und Dokumenten-Management-Systeme erarbeitet, getestet und, soweit geeignet, eingeführt werden. Dies müsse mit einer möglichst weitgehenden Verknüpfung der in den Fachdienststellen benötigten Fachanwendungen und der zuvor geschaffenen allgemeinen IT-Grundinfrastruktur einhergehen.[971]

### 6.6.7 Der Weg zum Reform- und Neuorganisationsgesetz

#### 6.6.7.1 Entscheidungen des Ministerrats

Der Ministerrat nahm in seiner Sitzung am 15.12.1998 den vom Minister des Innern und für Sport erarbeiteten Bericht über die Tätigkeiten und Ergebnisse der vier zur Umsetzung eingesetzten Arbeitsgruppen zustimmend zur Kenntnis.[972] Gleichzeitig wurden die in den Arbeitsgruppen noch offen gebliebenen Fragen abschließend in der Weise geklärt, wie es aus der Darstellung der Arbeitsgruppentätigkeit im Einzelnen ersichtlich ist. Der Ministerrat hatte dadurch endgültig die grundlegende Reform der behördlichen Mittelinstanz in Rheinland-Pfalz mit der Abschaffung der drei Bezirksregierungen gebilligt. Ministerpräsident Kurt Beck sprach in diesem Zusammenhang von einer „Herkulesaufgabe“, die nunmehr ihren politischen Abschluss gefunden habe.[973]

[971] Ministerium des Innern und für Sport Rheinland-Pfalz, „IT-Konzept“, S. 2
[972] Staatskanzlei Rheinland-Pfalz, „Moderne Mittelinstanz“, S. 1
[973] Die Rheinpfalz vom 16.12.1998

Der von Innenminister Walter Zuber vorgelegte Entwurf eines Landesgesetzes zur Reform und Neuorganisation der Landesverwaltung wurde vom Ministerrat am 09.02.1999 beraten und im Grundsatz gebilligt..[974] Anschließend wurden vom Ministerium des Innern und für Sport die Gewerkschaften, die Kommunalen Spitzenverbände und sonstigen Verbände als amtlich nicht beteiligte Stellen sowie die betroffenen Personalvertretungen zu dem Entwurf angehört An drei Anhörterminen wurde die Gelegenheit genutzt, Einwände und Anregungen zum Entwurf des Landesgesetzes mit dem von Ministerpräsident Beck eingesetzten Koordinator Dr. Groß in Anwesenheit von Vertretern der Landesregierung mündlich zu erörtern. Während das Ministerium des Innern und für Sport nach den Anhörungen von einem sachlichen und konstruktiven Klima sprach, in dem zahlreiche Missverständnisse zum Reformwerk ausgeräumt und eine Reihe von Anregungen der Teilnehmer aufgenommen worden seien, wurde von anderer Seite Kritik geäußert. So monierte etwa die Vorsitzende des rheinland-pfälzischen Beamtenbundes, dass weder der Minister des Innern und für Sport noch dessen Staatssekretär an dem Erörterungstermin teilgenommen habe. Dies wurde mit inhaltlicher Kritik an der Reformkonzeption verbunden.[975]
Der Landesvorsitzende des Deutschen Gewerkschaftsbundes Peter Schmidt warf der Landesregierung mangelndes Demokratieverständnis vor. Der DGB habe kaum drei Wochen Zeit gehabt, zum Entwurf der Verwaltungsmodernisierung Stellung zu nehmen. Es stelle sich die Frage, welchen Sinn eine solche „Pseudobeteiligung" haben solle.[976]

Der Landesvorsitzende der Gewerkschaft Öffentliche Dienste, Transport und Verkehr, Dietmar Muscheid, hielt der Landesregierung vor, ihr erklärtes Ziel, die Neuorganisation der gesamten Landesverwaltung in Angriff zu nehmen, nicht mit der notwendigen Konsequenz betrieben zu haben, da sich nahezu sämtliche Modernisierungsmaßnahmen auf die Neuorganisation der Mittelinstanz konzentrierten.[977]

In ähnlicher Weise äußerte sich auch der rheinland-pfälzische Städtetag. Dessen Vorsitzender, der Landauer Oberbürgermeister Christof Wolff, kritisierte, dass statt der Überprüfung der gesamten Verwaltung auf ihre Reformbedürftigkeit hin im Wesentlichen nur die Bezirksregierungen einbezogen worden seien. Es habe keine umfassende Aufgabenkritik mit einem entsprechenden Kostenvergleich gegeben. Auch seien staatliche Sonderbehörden gestärkt worden, die ei-

---

[974] Staatskanzlei Rheinland-Pfalz, „Neuorganisation gebilligt", S. 1; TV vom 10.02.1999

[975] Stopp, Brigitte, in: durchblick, Zeitschrift für öffentlichen Dienst in Rheinland-Pfalz, Jg. 99 Nr. 5, S. 3

[976] Allgemeine Zeitung vom 25.03.1999

[977] Die Rheinpfalz vom 26.03.1999

gentlich zurückgedrängt werden sollten. Als Beispiele nannte er die Heim- und die Kindergartenaufsicht, die nach der Konzeption beim Landesamt für Soziales, Jugend und Versorgung angesiedelt werden sollten.[978]

Die sonstigen Verbände als amtlich nicht beteiligte Stellen wurden vom Ministerium des Innern und für Sport um schriftliche Stellungnahme zu dem Gesetzentwurf gebeten. Insgesamt wurden 275 verschiedene Organisationen angehört.[979]
Der Kommunale Rat nahm den Gesetzentwurf in seiner Sitzung am 22.03.1999 zur Kenntnis.[980]

Nach der abschließenden Beratung des Gesetzentwurfs im Ministerrat am 26.03.1999 wurden durch zahlreiche Stellungnahmen die unterschiedlichen Einstellungen zu dem Reformprojekt deutlich. Während die Koalitionsparteien von einem „Meilenstein“ sprachen,[981] Ministerpräsident Beck die Reform einen großen Wurf und „eines der größten Reformwerke, die bisher in Deutschland gemacht worden sind“[982] nannte, der stellvertretende Ministerpräsident und Justizminister Cäsar (F.D.P.) von einem großen Tag für die Landesregierung und für die F.D.P. sprach,[983] nutzten die Oppositionsparteien CDU und Bündnis 90/DIE GRÜNEN die abschließende Beratung im Ministerrat zu kritischen Äußerungen. Der Vorsitzende der CDU-Fraktion Böhr bezeichnete die vorgesehene Neuorganisation der Landesverwaltung als Reform „ohne Sinn und Verstand“[984], er sprach von einem „schwarzen Tag für die Regionen des Landes“.[985]
Nach Ansicht der Fraktion Bündnis 90/DIE GRÜNEN wurde die Chance für eine echte Verwaltungsreform vertan, dagegen ein Jahr-2000-Problem geschaffen. Durch die Trennung von Aufsichts- und Genehmigungsbehörden würden Verwaltungswege künftig noch länger und komplizierter werden.[986]

---

978 Die Rheinpfalz vom 26.03.1999
979 Groß, „Klausurtagung“, S. 2
980 Staatskanzlei Rheinland-Pfalz, „Gesetz zur Reform“, S. 1
981 Rheinzeitung vom 27./28.03.1999
982 Parade, Heidi, in: Generalanzeiger vom 27./28.03.99, S. 3
983 TV vom 27./28.03.1999
984 Die Rheinpfalz vom 27./28.03.1999
985 Allgemeine Zeitung vom 27.03.1999
986 Die Rheinpfalz vom 27./28.03.1999

### 6.6.7.2 Der parlamentarische Weg

#### 6.6.7.2.1 Erste Beratung

Im Anschluss an die abschließende Beratung im Ministerrat wurde der Gesetzentwurf auf den parlamentarischen Weg gebracht. Nach der Einbringung durch den Ministerpräsidenten am 31.03.1999 fand die erste Beratung des Landesgesetzes zur Reform und Neuorganisation der Landesverwaltung im Landtag am 21.04.1999 statt.
Für die Landesregierung stellte der Minister des Innern und für Sport die Grundintention des Gesetzentwurfs[987] sowie die Eckpunkte der geplanten Neuorganisation dar.[988] In der anschließenden Aussprache fasste der innenpolitische Sprecher der CDU-Fraktion die Kritik seiner Fraktion in 6 Punkten zusammen. Dem Reformprojekt der Landesregierung fehle die Aufgabenkritik, die Verlagerung von Aufgaben nach unten, die Berücksichtigung regionaler Interessen, die Gesetzesfolgenabschätzung, die Einbeziehung der Ergebnisse aus der Enquete-Kommission „Verwaltungsmodernisierung“ und die Berücksichtigung der Interessen des Personals.[989]

Die Vorsitzende der Fraktion von Bündnis 90/DIE GRÜNEN, Ise Thomas, sprach von einem Fehlstart bei dem Reformprojekt, da es eine Vorwegfestlegung gegeben habe, wie künftige Strukturen aussehen sollten, wodurch das Blickfeld unnötig eingeengt worden sei. Auch seien die vorhandenen Bedürfnisse nach regional abgestimmten und ortsnahen Verwaltungseinheiten nicht beachtet worden. Gerade unter diesem Gesichtspunkt sei es vorzuziehen, die Bezirksregierungen durch regionale Kooperations- und Kompetenzzentren abzulösen.[990]

Für die beiden Regierungsfraktionen machten der Fraktionsvorsitzende Joachim Mertes (SPD) und der Abgeordnete Herbert Mertin (F.D.P.) in ihren Beiträgen deutlich, dass der eingeschlagene Reformweg sachlich begründet sei und einen wichtigen Beitrag für die Zukunftsfähigkeit des Landes darstelle.[991]
Nach der Aussprache über den Gesetzentwurf wurde beschlossen, diesen federführend an den Innenausschuss und mitberatend an den Haushalts- und Finanzausschuss und den Rechtsausschuss zu überweisen.[992]

---

[987] Landtag Rheinland-Pfalz, „Gesetzentwurf“
[988] Landtag Rheinland-Pfalz, „Plenarprotokoll 13/82“, S. 6296 - 6300
[989] Landtag Rheinland-Pfalz, a.a.O., S. 6300
[990] Landtag Rheinland-Pfalz, a.a.O., S. 6306 f.
[991] Landtag Rheinland-Pfalz, „Plenarprotokoll 13/82“, S. 6302 – 6305, 6309 - 6312
[992] Landtag Rheinland-Pfalz, a.a.O., S. 6314

### 6.6.7.2.2 Innenausschuss

Der Innenausschuss führte am 17.06.1999 gemeinsam mit der Enquete-Kommission 13/2 „Verwaltungsmodernisierung in Rheinland-Pfalz" eine eintägige Anhörung zu dem Gesetzentwurf der Landesregierung durch.

Diese zeigte insgesamt ein sehr differenziertes Meinungsbild.[993] Konkreter Gegenstand der bewertenden Äußerungen waren dabei die Frage der Auflösung der Bezirksregierungen, das Verfahren der Verwaltungsreform, das generelle Konzept des Gesetzentwurfes, die Namensgebung für die neuen Behörden, die Bedeutung der Aufgabenkritik, der Aufgabenzuschnitt der Direktionen, der Stellenwert der Verwaltungsmodernisierung sowie Einzelfragen der Verwaltungsreform wie etwa der durchlaufende Haushalt, die für die Kommunalaufsicht gewählte Lösung, die Regelungen für die Schulverwaltung und die Forstverwaltung, schließlich die für die Dienstaufsicht in Aussicht genommene Lösung.[994]
Das Meinungsspektrum reichte von einer grundsätzlichen Ablehnung der neuen Verwaltungsstrukturen, wie sie etwa in dem Beitrag des Vorsitzenden des Hauptpersonalrates beim Ministerium des Innern und für Sport zum Ausdruck kam,[995] bis hin zu differenzierten, von konstruktiven Modifikationen des gewählten Reformweges gekennzeichneten Stellungnahmen.[996]

Der Innenausschuss diskutierte das Ergebnis der Anhörung in seiner Sitzung am 17.08.1999. Die Fraktionsvorsitzende von Bündnis 90/DIE GRÜNEN nutzte die Aussprache dazu, aus ihrer Sicht offengebliebene Fragen an die Landesregierung zu formulieren und um deren Beantwortung bis zur nächsten Sitzung des Innenausschusses zu bitten, in dem die Abstimmung über den Gesetzentwurf vorgesehen war. Für die CDU-Fraktion wies der innenpolitische Sprecher Schnabel darauf hin, dass die Ergebnisse der Anhörung insgesamt nicht so überzeugend gewesen seien, dass die Konzeption die Zustimmung der CDU-Fraktion finden könne. Im Übrigen bestünden erhebliche Bedenken, ob eine Umsetzung der Reform zum 01.01.2000 überhaupt möglich sei.[997] Für die Fraktion der F.D.P. kam der Abgeordnete Mertin zu einer insgesamt positiven Bewertung der Anhörung. Gleiches galt für den Abgeordneten Pörksen, der sich für die SPD-Fraktion äußerte. Er kündigte für die nächste Sitzung des Innenausschusses am 31.08.1999 einen Entschließungsantrag an, mit dem verschiedene Vorschläge aus der Anhörung aufgegriffen würden. Änderungen könnten je-

---

[993] Vgl. dazu insgesamt Landtag Rheinland-Pfalz, „Anhörung", S. 1 - 71
[994] Vgl. dazu Landtag Rheinland-Pfalz, „Zusammenfassung", S. 1 - 17
[995] Landtag Rheinland-Pfalz, a.a.O., S. 11
[996] Vgl. dazu etwa Winkel, in: Landtag Rheinland-Pfalz, „Anhörung", S. 48 - 51
[997] Landtag Rheinland-Pfalz, „Innenausschuss 17.08.1999", S. 33

doch nicht so weitgehend sein, dass eine neue erste Lesung des Gesetzentwurfs erforderlich werde.[998]

Die abschließende Beratung des Landesgesetzes zur Reform und Neuorganisation der Landesverwaltung im Innenausschuss erfolgte am 31.08.1999. Nach der Diskussion eines von den Fraktionen der SPD und F.D.P. eingebrachten Änderungsantrages [999] beschloss der Ausschuss abschließend mit den Stimmen der Vertreter der Fraktionen der SPD und F.D.P. gegen die Stimmen der Vertreter der Fraktionen der CDU und des Bündnis 90/DIE GRÜNEN, dem Landtag die Annahme des Gesetzentwurfs der Fraktionen der SPD und F.D.P. – Drucksache 13/4168 – unter Berücksichtigung der beschlossenen Änderungen[1000] zu empfehlen.[1001]

### 6.6.7.2.3 Haushalts- und Finanzausschuss

Der Haushalts- und Finanzausschuss befasste sich mit dem Gesetzentwurf in seiner 56. Sitzung am 16.09.1999. Im Mittelpunkt der Diskussion stand ein von der Fraktion Bündnis 90/DIE GRÜNEN eingebrachter Änderungsantrag.[1002] Mit der Begründung, das Landesgesetz zur Reform und Neuorganisation der Landesverwaltung beinhalte grundlegende Änderungen im Verwaltungsaufbau und im Verwaltungsablauf, wurde darin die Ergänzung des Gesetzentwurfs durch eine Verpflichtung der Landesregierung zur Gesetzesfolgenabschätzung/Gesetzescontrolling für notwendig erachtet, die sich vor allem mit der Überprüfung des gewählten Verwaltungsaufbaues und der Auswirkungen und Konsequenzen des verstärkten Einsatzes der IuK-Technik befassen solle. Dieser Argumentation wurde von dem Vertreter der CDU-Fraktion Bischel zugestimmt. Der Änderungsantrag wurde jedoch mit den Stimmen der Vertreter der Fraktionen der SPD und F.D.P. abgelehnt. Zur Begründung wurde darauf hingewiesen, dass im Gesetzentwurf selbst Berichtspflichten begründet werden sollten, wodurch dem Anliegen der Fraktion Bündnis 90/DIE GRÜNEN bereits voll entsprochen werde. Im Übrigen solle der Gesetzentwurf bereits in der folgenden Woche in zweiter Lesung beraten werden. Abschließend beschloss der Haushalts- und Finanzausschuss mit den Stimmen der Vertreter der Fraktionen der SPD und F.D.P. gegen die Stimmen der Vertreter der Fraktionen der CDU und Bündnis 90/DIE GRÜNEN, sich der Empfehlung des federführenden In-

---

998 Landtag Rheinland-Pfalz, a.a.O., S. 37
999 Landtag Rheinland-Pfalz, „Vorlage 13/3270", S. 1 ff.
1000 Landtag Rheinland-Pfalz, „Vorlage 13/3275", S. 1 f.
1001 Landtag Rheinland-Pfalz, „Innenausschuss 31.08.1999", S. 2, sowie „Beschlussempfehlung Innenausschuss"
1002 Landtag Rheinland-Pfalz, „Vorlage 13/3314"

nenausschusses, den Gesetzentwurf – Drucksache 13/4168 – mit den sich aus der Vorlage 13/3275 ergebenden Änderungen anzunehmen, anzuschließen.[1003]

### 6.6.7.2.4 Rechtsausschuss

Der Rechtsausschuss diskutierte den Gesetzentwurf der Landesregierung in seiner 29. Sitzung am 16.09.1999. Dabei verwies die Vertreterin der Fraktion Bündnis 90/DIE GRÜNEN erneut auf den schon im Haushalts- und Finanzausschuss eingebrachten Änderungsantrag ihrer Fraktion, wonach in das Gesetz eines Gesetzesfolgenabschätzung aufgenommen werden solle. Demgegenüber wurde von dem Abgeordneten Pörksen für die SPD-Fraktion eingewandt, die Annahme des Änderungsantrags habe die Zurückverweisung an den federführenden Innenausschuss zur Folge, was von seiner Fraktion nicht mitgetragen werden könne.

Der Minister der Justiz Cäsar stellte auf Nachfrage erneut heraus, dass durch die neue Verwaltungsstruktur unter Auflösung der Bezirksregierungen Artikel 78 Abs. 1 der Landesverfassung nicht verletzt werde, da diese Vorschrift keine verfassungsrechtliche Bestandsgarantie für die Regierungsbezirke darstelle.

Im Ergebnis lehnte der Rechtsausschuss mit den Stimmen der Vertreter der Fraktionen der SPD, CDU und F.D.P. gegen die Stimme der Vertreterin der Fraktion Bündnis 90/DIE GRÜNEN zunächst den Änderungsantrag der Fraktion Bündnis 90/DIE GRÜNEN bezüglich der Gesetzesfolgenabschätzung ab. Mit den Stimmen der Vertreter der Fraktionen der SPD und F.D.P. gegen die Stimmen der Vertreter der Fraktionen der CDU und Bündnis 90/DIE GRÜNEN wurde anschließend beschlossen, sich der Empfehlung des federführenden Innenausschusses, den Gesetzentwurf – Drucksache 13/4168 – mit den sich aus der Vorlage 13/3275 ergebenden Änderungen anzunehmen, anzuschließen.[1004]

### 6.6.7.2.5 Zweite Beratung und Schlussabstimmung

Die zweite Beratung des Landesgesetzes zur Reform und Neuorganisation der Landesverwaltung im Landtag erfolgte in der 92. Sitzung am 22.09.1999. Grundlage der zweiten Beratung waren neben dem Gesetzentwurf der Landesregierung[1005] die Beschlussempfehlung des Innenausschusses, Änderungsanträge der Fraktionen der SPD und F.D.P. sowie der Fraktion Bündnis 90/DIE GRÜNEN sowie Entschließungsanträge der Fraktion der SPD und der Fraktion Bündnis 90/DIE GRÜNEN.

---

[1003] Landtag Rheinland-Pfalz, „Haushalts- und Finanzausschuss 16.09.1999“

[1004] Landtag Rheinland-Pfalz, „Rechtsausschuss 16.09.1999“, S. 13 f.

[1005] Landtag Rheinland-Pfalz, „Gesetzentwurf“, S. 1 ff.

Die Beschlussempfehlung des federführenden Innenausschusses, den Gesetzentwurf mit wenigen Änderungen anzunehmen, beruhte auf den Beratungen in vier Sitzungen sowie der durchgeführten Anhörung.[1006] Der Änderungsantrag der Fraktionen der SPD und F.D.P. enthielt Änderungsvorschläge zu Artikel 53 (das Personalvertretungsgesetz betreffend) und Artikel 161 des Gesetzentwurfs (das Stiftungsgesetz betreffend)[1007]
Mit dem von der Fraktion Bündnis 90/DIE GRÜNEN eingebrachten Änderungsantrag strebte die Fraktion die Einführung eines neuen § 5 in den Gesetzentwurf der Landesregierung an, mit dem die Landesregierung nach Ablauf von drei Jahren nach Inkrafttreten des Gesetzes zu einer Gesetzesfolgenabschätzung im Sinne eines Gesetzescontrollings sowie zu dem Bericht der Ergebnisse gegenüber dem Landtag veranlasst werden sollte.[1008]

Der Entschließungsantrag der Fraktion der SPD enthielt grundlegende Feststellungen zum gesellschaftlichen Wandel, zur sich verändernden Rolle des Staates sowie zur Notwendigkeit einer Reform der öffentlichen Verwaltung als Teil einer umfassenden Reform des Staates. Darüber hinaus solle die Landesregierung durch den Landtag aufgefordert werden, bei der Umsetzung des Gesetzes zur Reform und Neuorganisation der Landesverwaltung einige Aspekte (z.B. Dezentralisierung der Mittelbewirtschaftung, Verbesserung der Bürgerbeteiligung, weitere Kommunalisierung von Aufgaben) besonders zu berücksichtigen:.[1009]
In ihrem Entschließungsantrag zum Gesetzentwurf der Landesregierung brachte die Fraktion Bündnis 90/DIE GRÜNEN ihre grundlegende Kritik an dem von der Landesregierung gewählten Weg der Verwaltungsreform zum Ausdruck. Im Mittelpunkt stand die Forderung, den gesamten Reformprozess erneut aufzunehmen und dabei die von der Fraktion Bündnis 90/DIE GRÜNEN formulierten detaillierten Leitlinien zu berücksichtigen.[1010]

Die Aussprache wurde nach einer kurzen Einführung durch den Berichterstatter, den CDU-Abgeordneten Dieter Schmitt, durch den innenpolitischen Sprecher der CDU-Fraktion Schnabel eröffnet. Dieser warf der Landesregierung Ignoranz vor, eine grundsätzliche und so weitreichende Organisationsänderung der Landesverwaltung ohne eine breite Basis im Landtag und gegen den Rat zahlreicher Experten sowie ohne die Einbeziehung des betroffenen Personals durchzuführen. Er prognostizierte, dass die geplante Verwaltungsneuorganisation nicht

---

[1006] Landtag Rheinland-Pfalz, „Innenausschuss 16.09.1999“, S. 1 f.
[1007] Landtag Rheinland „Änderungsantrag SPD und F.D.P.“, S. 1
[1008] Landtag Rheinland-Pfalz, „Änderungsantrag Bündnis 90/DIE GRÜNEN“, S. 1
[1009] Landtag Rheinland-Pfalz, „Entschließungsantrag SPD“, S. 1 - 3
[1010] Landtag Rheinland-Pfalz, „Entschließungsantrag Bündnis 90/DIE GRÜNEN“, S. 1 - 4

funktionieren werde und ihr Inkrafttreten am 01. Januar 2000 zu einem Chaos führen müsse.[1011]

Für die SPD-Fraktion äußerte sich der Abgeordnete Carsten Pörksen. Er begründete im Einzelnen die Grundintention des Reformvorhabens. Ausdrücklich bezog er sich auf die in den Anhörungen zu Wort gekommenen positiven Stimmen von Experten, die zwar nicht dem Projekt in allen Einzelheiten, wohl aber in der Tendenz, zugestimmt hätten. Gegenüber der CDU-Opposition erhob er den Vorwurf, keine Alternativanträge gestellt zu haben. Abschließend wurde betont, dass mit dem Reformgesetz kein Endpunkt bei der Verwaltungsmodernisierung erreicht sei, vielmehr diese als ein Prozess zu begreifen sei, der ständig fortentwickelt werden müsse.[1012]

Für die Fraktion Bündnis 90/DIE GRÜNEN machte deren Vorsitzende Ise Thomas in ihrem Beitrag das Grundanliegen ihrer Fraktion zum Thema Verwaltungsmodernisierung deutlich. Kennzeichnend dafür war das Bekenntnis zu regional verankerten Strukturen mit weitreichenden Entscheidungsmöglichkeiten. Die Reform bezeichnete Frau Thomas insgesamt als „misslungen und verpatzt".[1013]

Die Auffassung der F.D.P.-Fraktion zu dem eingeschlagenen Weg der Verwaltungsreform wurde durch den Vorsitzenden Kuhn vorgetragen. Die Reform beinhalte die Konzentration staatlichen Handelns auf Kernaufgaben, eine Beschleunigung von Verfahren, die Delegation von Entscheidungen und Verantwortung nach unten und trage auf Grund eintretender Synergieeffekte auch langfristig zu einer Entlastung der Haushalte bei. Mit dem Reformprojekt sei die Koalition insgesamt ihrer Verantwortung gerecht geworden, überkommene Strukturen zu reformieren.[1014]

Für die Regierung beteiligte sich zunächst der für das Reformgesetz federführende Minister des Innern und für Sport Walter Zuber an der Aussprache. Auch er hob die Grundanliegen und wesentlichen Regelungen für die neue Verwaltungsstruktur hervor. Den generellen Vorwurf der Oppositionsparteien, dass eine umfassende Aufgabenkritik nicht durchgeführt worden sei, wies Minister Zuber vor allem mit dem Argument zurück, dass eine umfassende Aufgabenkritik einen Zeitraum von mehreren Jahren beansprucht hätte. Aus diesem Grunde habe die Landesregierung den Erfolg versprechenderen Weg zunächst noch pauschaler, aufgabenkritischer Überlegungen eingeschlagen. Aufgabenkritik

---

[1011] Landtag Rheinland-Pfalz, „Zweite Beratung", S. 6954 f.
[1012] Landtag Rheinland-Pfalz, a.a.O., S. 6958 f.
[1013] Landtag Rheinland-Pfalz, „Änderungsantrag Bündnis 90/DIE GRÜNEN"
[1014] Landtag Rheinland-Pfalz, „Zweite Beratung", S. 6963 - 6965

werde als eine auf Dauer angelegte, stets aktuelle Aufgabe verstanden und zur Pflichtaufgabe gemacht. Auch Staatsminister Zuber bezog sich auf die im Rahmen der Anhörungen abgegebenen positiven Voten externer Sachverständiger und gab seiner Überzeugung Ausdruck, dass sich die neue Behördenstruktur bewähren werde.[1015]

Der Bedeutung des Beratungsgegenstandes entsprechend folgte eine weitere Diskussionsrunde, an der sich neben dem Berichterstatter Schmitt alle Fraktionsvorsitzenden beteiligten. Ministerpräsident Beck nutzte anschließend die Gelegenheit, neben der Verdeutlichung des Grundanliegens der Landesregierung detailliert auf die Sozialverträglichkeit der Reform einzugehen. So sei bewusst ein langer Realisierungszeitraum für die Reform gewählt worden, um Wege zu finden, die Versetzung von älteren Mitarbeitern zu vermeiden und ihnen an ihren bisherigen Dienstorten eine sinnvolle Entwicklungsmöglichkeit zu geben. Dabei nehme man bewusst in Kauf, dass bestimmte Effizienzschritte erst zeitverzögert eintreten würden. Soziale Verantwortung werde „großgeschrieben“, so dass im Zweifelsfall für die soziale Komponente entschieden werde.[1016]

In der an die zweite Beratung des Gesetzentwurfs folgenden Abstimmung wurde zunächst der Änderungsantrag der Fraktionen der SPD und F.D.P.[1017] mit den Stimmen der SPD und F.D.P. gegen die Stimmen der CDU bei Stimmenthaltung des Bündnis 90/DIE GRÜNEN angenommen. Der Änderungsantrag der Fraktion Bündnis 90/DIE GRÜNEN[1018] wurde mit den Stimmen der SPD, der CDU und der F.D.P. gegen die Stimmen des Bündnis 90/DIE GRÜNEN abgelehnt.
Die Beschlussempfehlung des Innenausschusses[1019] wurde unter Berücksichtigung der beschlossenen Änderungen mit den Stimmen der SPD und der F.D.P. gegen die Stimmen der CDU und des Bündnis 90/DIE GRÜNEN angenommen.

Über den Gesetzentwurf[1020] wurde in zweiter Beratung auf Grund eines Antrags der CDU-Fraktion namentlich abgestimmt. Von 98 abgegebenen und gültigen Stimmen waren 52 Ja-Stimmen und 46 Nein-Stimmen. Damit war der Gesetzentwurf in zweiter Beratung angenommen.
In der anschließenden Schlussabstimmung wurde der Gesetzentwurf mit den Stimmen der SPD und der F.D.P. gegen die Stimmen der CDU und Bündnis 90/DIE GRÜNEN angenommen.

---

[1015] Landtag Rheinland-Pfalz, „Zweite Beratung“, S. 6965 - 6970
[1016] Landtag Rheinland-Pfalz, „Zweite Beratung“, S. 6981 f.
[1017] Landtag Rheinland-Pfalz, „Änderungsantrag SPD und F.D.P.“
[1018] Landtag Rheinland-Pfalz, „Änderungsantrag Bündnis 90DIE GRÜNEN“
[1019] Landtag Rheinland-Pfalz, „Innenausschuss 16.09.1999“
[1020] Landtag Rheinland-Pfalz, „Gesetzentwurf“

Abstimmungsgegenstand waren sodann noch die beiden eingebrachten Entschließungsanträge. Während der Entschließungsantrag der SPD[1021] mit den Stimmen der SPD und der F.D.P. gegen die Stimmen der CDU und des Bündnis 90/DIE GRÜNEN angenommen wurde, wurde der Entschließungsantrag der Fraktion Bündnis 90/DIE GRÜNEN[1022] mit den Stimmen der SPD, der CDU und der F.D.P. gegen die Stimmen des Bündnis 90/DIE GRÜNEN abgelehnt.[1023]
Nach der Verabschiedung des Landesgesetzes zur Reform und Neuorganisation der Landesverwaltung durch den Landtag am 22.09.1999 wurde das Gesetz am 12.10.1999 vom Ministerpräsidenten ausgefertigt und am 21.10.1999 verkündet.[1024]

Das am 01.01.2000 in Kraft getretene Landesgesetz mit 279 Artikeln enthält in Artikel 1 das Verwaltungsorganisationsgesetz (VwORG). Das VwORG sieht in Teil 1 allgemeine Reformbestimmungen vor und regelt in Teil 2 die Auflösung der Bezirksregierungen sowie die Errichtung neuer oberer Verwaltungsbehörden, Teil 3 umfasst Übergangs- und Schlussbestimmungen. Damit stellt das VwORG, das als Anlage 5 abgedruckt ist, das Kernstück der Neuregelungen dar.

Die weiteren Artikel enthalten vorwiegend Vorschriften zur Änderung der von der Reform im einzelnen betroffenen Gesetze und Verordnungen des Landes. Diese Folgeänderungen sind zuständigkeitsbegründende Regelungen. Durch sie wurden die Aufgaben der Bezirksregierungen und der eingegliederten Behörden grundsätzlich den neuen Behörden übertragen. Hiervon ausgenommen sind unter anderem die Bereiche Verkehr (Landesamt für Straßen- und Verkehrswesen Rheinland-Pfalz) sowie Heimaufsicht und Kindertagesstättenaufsicht (Landesamt für Soziales, Jugend und Versorgung). Die große Zahl der von der Neuorganisation betroffenen Aufgaben hatte Rechtsänderungen von erheblichem Umfang zur Folge. Daher sind im VwORG nur die das jeweilige Behördenbild prägenden Aufgabenbereiche genannt, ohne damit die Regelung sachlicher Zuständigkeiten zu verbinden. In den die neuen Behörden betreffenden Vorschriften des VwORG wird dies durch die Formulierung „.... übernimmt nach Maßgabe der Rechts- und Verwaltungsvorschriften des Landes insbesondere folgende Aufgaben ...“ verdeutlicht. Zuständigkeitsbegründend sind im VwORG lediglich die Regelungen zur örtlichen Zuständigkeit der neuen Behörden.

---

[1021] Landtag Rheinland-Pfalz, „Entschließungsantrag SPD“
[1022] Landtag Rheinland-Pfalz, „Entschließungsantrag Bündnis 90/DIE GRÜNEN
[1023] Vgl. dazu insgesamt Landtag Rheinland-Pfalz, „Zweite Beratung“, S. 6986
[1024] GVBl. S. 325

### 6.6.8 Umsetzungsmanagement

Der Übergang auf die neuen Verwaltungsstrukturen wurde durch ein Umsetzungsmanagement unterstützt. Dazu waren Aufbaustäbe in den Bezirksregierungen mit der Vorbereitung organisatorischer Einzelheiten beauftragt, wozu die Klärung von Raumfragen, die umfangreiche Verlagerung von Akten, das künftige Erscheinungsbild der Direktionen im Schriftverkehr und die Unterrichtung der Beteiligten in noch nicht abgeschlossenen Verfahren über die neuen Zuständigkeiten gehörten.
Die Aufbaustäbe wurden von einer Lenkungsgruppe unter der Gesamtleitung des Koordinators Dr. Groß geführt.[1025] Um die beim Beginn der Neuorganisation zu erwartenden Umstellungsprobleme zu minimieren, wurde für das Umsetzungsmanagement entschieden, dieses während des 1. Quartals des Jahres 2000 fortzusetzen. Darüber hinaus beabsichtigte das Ministerium des Innern und für Sport, die Öffentlichkeit über die neuen Behörden und ihre Zuständigkeiten durch die Herausgabe einer Broschüre, eine Darstellung im Internet und durch geeignete Pressearbeit zu informieren.[1026]

Das Umsetzungsmanagement für das neue Landesuntersuchungsamt oblag dem Landesveterinäruntersuchungsamt in Zusammenarbeit mit dem Ministerium für Umwelt und Forsten, dem Ministerium für Arbeit, Soziales und Gesundheit, dem Ministerium für Wirtschaft, Verkehr, Landwirtschaft und Weinbau, den Bezirksregierungen und den betroffenen staatlichen Ämtern. Die Aufgabe der Information der Behörden, Betriebe und der Öffentlichkeit über die neue Landesbehörde und ihre Aufgaben wurde durch das Ministerium für Umwelt und Forsten wahrgenommen.[1027]

---

[1025] Vgl. dazu Ministerium des Innern und für Sport Rheinland-Pfalz, „Lenkungsgruppe 1“ sowie „Lenkungsgruppe 2“

[1026] Ministerium des Innern und für Sport Rheinland-Pfalz, „Ministerratssache 30.11.1999“, S. 5

[1027] Ministerium des Innern und für Sport Rheinland-Pfalz, a.a.O., S. 6

# Kapitel 7: Evaluation

## 7.1 Kriterien

Bei jedem Projekt der Verwaltungsmodernisierung, insbesondere jedoch bei einem so umfassenden Vorhaben wie der rheinland-pfälzischen Neuorganisation der Landesverwaltung stellt sich das Problem, Kriterien für die Bewertung des gewählten Reformweges zu definieren. In den vergangenen Jahren wurden dazu verschiedene Ansätze gewählt. So arbeitete Frido Wagener in seinem Werk über die Gliederung öffentlicher Aufgaben und ihrer Träger einen sehr ausdifferenzierten Katalog von Maßstäben für den optimalen Aufbau der Verwaltung heraus. Als Hauptkriterien gelten dabei zum einen die auf Effektivität gerichteten technischen Maßstäbe Wirtschaftlichkeit und Leistungsfähigkeit, zum anderen die auf den Integrationswert Festigung der Demokratie sowie Sicherung der Rechtmäßigkeit gerichteten politischen Maßstäbe.[1028] Ein in „politische" Kriterien (Legitimität/Akzeptanz/Stärken der Selbstverwaltung), Effizienz (Aufgabenträgerschaft/Planung, Umsetzung, Kontrolle/Kooperation von staatlicher und kommunaler Verwaltung) und Identität (regionale, räumliche/historische, kulturelle/europäische) aufgegliedertes Raster von Bewertungskriterien legten Heinrich Siedentopf und Carl Böhret ihre Untersuchung und Bewertung von Organisationsmodellen für die Region Pfalz zugrunde.[1029] In ihrem Gutachten zu Effizienzeffekten der Verwaltungsreform arbeiteten Peter Eichhorn und Heinrich Siedentopf unter dem Aspekt der Effizienzanalyse 6 Einzelziele von Verwaltungsreformen heraus: Sparsamkeit bzw. Ausgabensenkung der Verwaltung, Arbeitszufriedenheit bzw. Verbesserung des Betriebsklimas, Einfachheit und Übersichtlichkeit, Qualität der Aufgabenerfüllung, verwaltungsexterne Ersparnisse sowie politische Integration.[1030]
Unter dem thematischen Bezug der Neuordnung der öffentlichen Verwaltung in Nordrhein-Westfalen stellte dagegen Thomas Ellwein folgende Kriterien für den Prozess der Verwaltungsmodernisierung in den Vordergrund: Rechtmäßigkeit, Zweckmäßigkeit, Wirtschaftlichkeit, Bürgernähe, Dezentralisierung, Aufgabenbündelung sowie Willensbildung und Kontrolle.[1031]

Bereits dieser kurze Überblick zeigt, dass es einen unstreitigen und allgemeingültigen Kriterienkatalog für die Bewertung von Reformprojekten nicht geben kann. Gerade bei der Entscheidung über die Neuorganisation oder Auflösung von Bezirksregierungen gerät bei den zu diesen bestehenden vielfältigen Bezie-

---

[1028] Wagener, „Verwaltung", S. 284 ff.
[1029] Siedentopf, Böhret: „Region Pfalz", S. 108
[1030] Eichhorn/Siedentopf, „Effizienzeffekte", S. 31
[1031] Ellwein, „Neuordnung", S. 159 ff.

hungen ein komplexes Geflecht von unterschiedlichen Interessen in den Blick. Die dabei erkennbaren politischen, administrativen oder gesellschaftlichen Standpunkte und Interessen können sehr stark divergieren, so dass eine Entscheidung darüber zu treffen ist, welche Sicht zum Maßstab einer Bewertung gemacht werden soll. Da die Entscheidung für ein konkretes Verwaltungsreformmodell demnach keine rein verwaltungstechnische oder reformtechnische, vielmehr eine reformpolitische Frage ist,[1032] sollen die von der rheinland-pfälzischen Landesregierung intendierten Ziele und Effekte der Neuorganisation zum Maßstab der Bewertung gemacht werden. Da das Konzept der rheinland-pfälzischen Landesregierung im Wesentlichen auf den Arbeitsergebnissen der Expertenkommission zur Neuorganisation der Landesverwaltung beruht, sind daher zunächst die im Abschlussbericht der Kommission formulierten Ziele und Effekte der Neuorganisation zu nennen:

1. Die Funktionalität des Center-Modells[1033] garantiert hohe Effizienz und hohe Effektivität der öffentlichen Verwaltung; die Wirtschaftlichkeit der Aufgabenwahrnehmung wird erhöht.

2. Die Aufgabenverteilung gewährleistet die erforderliche Bündelung von Aufgaben sowie einen angemessenen regionalen Bezug.

3. Das Center-Modell stellt einen gesamtstaatlichen, ressortübergreifenden Interessenausgleich sicher.

4. Die Bildung von 2 Struktur- und Genehmigungscentern mit der Bündelung der für die Durchführung von Genehmigungsverfahren wichtigen Geschäftsbereiche erleichtert eine wirksame Strukturpolitik und stärkt nachhaltig den Wirtschaftsstandort Rheinland-Pfalz. Die Verfahren werden transparenter, einfacher, schneller und bürgerfreundlicher sein. Die verfahrensbezogene, ggf. zeitlich befristete Zusammenführung von Experten aus verschiedenen Fachgebieten wird erleichtert.

5. Die Integration der 6 Staatlichen Ämter für Wasser- und Abfallwirtschaft sowie der 5 Gewerbeaufsichtsämter führt zu zusätzlichen Synergieeffekten zwischen Fach- und Vollzugsverwaltung, erleichtert die flexible Bildung von Projektgruppen und verringert die Zahl der Genehmigungsbehörden. Es entfällt in genehmigungsrelevanten Geschäftsbereichen eine Verwaltungsebene. Die Zusammenarbeit von Fach- und Vollzugsverwal-

[1032] Klages, „Neuorganisation“, S. 2

[1033] Erst in den Arbeitsgruppenberatungen wurde der Begriff „Center“ durch den Begriff Direktion“ ersetzt; vgl. AG Organisation 9, S. 2

tung wird erheblich erleichtert, was zu einer weiteren Verbesserung des Dienstleistungscharakters der öffentlichen Verwaltung führt.

6. Große Flexibilität der Arbeitsabläufe innerhalb der Center ermöglicht eine hohe Reaktionsgeschwindigkeit auch bei außergewöhnlichen Problemlagen.

7. Es wird eine wirkungsvolle staatliche Aufsicht gewährleistet.

8. Die Integration der Ämter für Verteidigungslasten und der Genetischen Beratungsstelle in das Aufsichts- und Service-Center Trier unter Beibehaltung ausgelagerter Standorte führt langfristig zu Synergieeffekten.

9. Die Umsetzung des Center-Modells erleichtert die Einführung modernster Informations- und Kommunikationstechnologien.

10. Bei der Einführung der neuen Struktur können Modernisierungsgrundsätze berücksichtigt, zum Teil erst ermöglicht werden: Insbesondere

    - Bildung flacher Hierarchien
    - Projektmanagement
    - Anwendung neuer Steuerungsinstrumente
    - Qualitätsmanagement
    - leitbildorientierte Personalführung.

11. Größere Kompetenzräume in den Centern bilden die Grundlage für einen Motivationsschub bei den Beschäftigten; die Perspektive, in einer einmalig modernen Landesverwaltung beschäftigt zu sein, ist eine hervorragende Motivationsgrundlage. Die Notwendigkeit, sich in neue Aufgabenfelder einzuarbeiten, erzeugt eine mentale Mobilität, die zu einer Verbesserung der Qualität der Verwaltungsleistungen beitragen wird.

12. Mit der Aufgabenkonzentration in den Centern wird der Koordinierungsaufwand, den die jeweils betroffenen Ministerien bisher gegenüber den Bezirksregierungen zu betreiben hatten, deutlich verringert.

13. Die Abschichtung von Vollzugsaufgaben von der ministeriellen Ebene auf den nachgeordneten Bereich wird wesentlich erleichtert.

14. Die Neuorganisation stellt eine politisch-administrative Innovation mit beachtlichem und vorbildhaftem Effekt für die gesamte Staatsreform dar. Sie bietet Gewähr, dass die Landesverwaltung auch unter künftig viel-

leicht noch ungünstigeren Rahmenbedingungen ihre zentralen Aufgaben wirkungsvoll wahrnehmen kann.[1034]

Dem Abschlussbericht der Expertenkommission hatte der Ministerrat mit Beschluss vom 21.04.1998 vorbehaltlich der Klärung von Detailfragen zugestimmt.[1035] Auch in der Folgezeit wurde in vielfältiger Weise und in zahlreichen Verlautbarungen auf diese Zielformulierungen durch die Expertenkommission verwiesen, wodurch sich die Landesregierung diese Ziele zu eigen machte.

Ergänzend sind für eine Bewertung die in Teil 1 des VwORG enthaltenen allgemeinen Reformbestimmungen in den Blick zu nehmen, in denen der Gesetzgeber den Zweck des Reformgesetzes definierte, die Vorstellungen über die Gestaltung von Verfahrensabläufen unter Nutzung von Systemen der Informations- und Kommunikationstechnik sowie über Projektarbeit präzisierte und darüber hinaus die Pflicht zur permanenten Aufgabenkritik begründete.[1036]

## 7.2 Methodik

Nach dem Inkrafttreten einer grundlegenden Verwaltungsreform mit neuen Strukturen wäre es sicher wünschenswert, etwa den Wirkungsgrad der neuen Behörden im Sinne des qualitativen Erfolgs ihrer Arbeit präzise zu ermitteln. Insbesondere Effektivitätsmessungen würden dazu Kennzahlen wie etwa Fallzahlen, Zahl der Verfahren, Verfahrensdauer, Fehlerquoten, Zahl der Rechtsbehelfe, jeweils je Behörde und je Bediensteten, oder Standards wie pro-Kopf-Ausstattung oder Versorgungsgrad der Bevölkerung voraussetzen. Auf Grund der großen Zahl der von der Neuorganisation betroffenen Behörden sowie der erst kurzen „Bewährungszeit“ der neuen Struktur wurde bewusst von einem solchen Vorgehen abgesehen. Statt dessen wurde die Schaffung einer empirischen Grundlage für vorzugswürdig gehalten, um den Grad der Erreichung der mit der Reform angestrebten Ziele zu ermitteln.

Primärinstrument dazu waren Vor-Ort-Erhebungen bei den Präsidenten der Struktur- und Genehmigungsdirektionen Nord und Süd, der Aufsichts- und Dienstleistungsdirektion Trier und des Landesuntersuchungsamtes. In der Aufsichts- und Dienstleistungsdirektion Trier wurden diese Erhebungen ergänzt durch persönliche Befragung mehrerer Abteilungsleiter und der Vorsitzenden zweier Personalräte. Da in die Struktur- und Genehmigungsdirektionen eine

[1034] Expertenkommission zur Neuorganisation der Landesverwaltung (EKo), „Abschlußbericht“, S. 14 - 24

[1035] Ministerium des Innern und für Sport Rheinland-Pfalz, „Ministerratsbeschluss 21.04.1998“

[1036] GVBl. 1999, S. 325 ff.

Vielzahl von ehemals selbständigen Behörden integriert wurden, wurden Interviews mit den Leitern der Regionalstelle Wasser- und Abfallwirtschaft Trier und der Regionalstelle Gewerbeaufsicht Trier der Struktur- und Genehmigungsdirektion Nord durchgeführt.

Auf Grund des der Forstverwaltung eingeräumten Sonderstatus in der Struktur- und Genehmigungsdirektion Süd wurde der Leiter der Zentralstelle der Forstverwaltung um Stellungnahme gebeten, darüber hinaus wurden ein im Bereich Trier zuständiger Gebietsreferent sowie der Leiter des Forstamtes Trier interviewt.

Da auch in das Landesuntersuchungsamt ehemals selbständige Einrichtungen integriert wurden, wurden auch die Leiter des Instituts für Lebensmittelchemie Trier, des Instituts für Hygiene und Infektionsschutz Trier sowie der Staatlichen Lehranstalt für pharmazeutisch-technische Assistentinnen und Assistenten und Staatlichen Lehranstalt für technische Assistentinnen und Assistenten in der Medizin Trier um Stellungnahmen ersucht. Dies wurde durch ein Interview mit dem Leiter des Fachbereichs Humanmedizin im Landesuntersuchungsamt ergänzt.

Wegen der besonderen Betroffenheit des Ministeriums des Innern und für Sport sowie des Ministeriums für Umwelt und Forsten durch die Neuorganisation wurden deren Organisationsreferenten um schriftliche Stellungnahmen gebeten.

Mit dem dem Bereich des Landesamtes für Soziales, Jugend und Versorgung zuzuordnenden Leiter des Amtes für soziale Angelegenheiten Trier sowie dem dort tätigen Pharmareferenten wurden wegen deren neuen Zuständigkeiten Interviews durchgeführt.

Da die ehemalige Beihilfestelle sowie die Regierungshauptkasse der Bezirksregierung Trier in die Finanzverwaltung integriert wurden, wurden deren Leiter um eine Stellungnahme gebeten.

Den Interviews und Befragungen lagen jeweils spezifische Fragenkataloge zu Grunde, die aus den Zielprojektionen der Expertenkommission zur Neuorganisation der Landesverwaltung abgeleitet waren.

Neben diesen Vor-Ort-Erhebungen wurden Kundenbefragungen für notwendig gehalten, um aus dem Blickwinkel von antragstellenden und überwachten Unternehmen, von Abnehmern und Empfängern von Behördenleistungen, von anderen betroffenen staatlichen und kommunalen Stellen und Verbänden eine Einschätzung über die neuen Verwaltungsstrukturen zu erhalten.[1037] Dazu wurden mit den nachfolgend genannten Personen in der Zeit vom 27.03.2001 bis 01.03.2002 Interviews durchgeführt bzw. schriftliche Stellungnahmen eingeholt:

Vorsitzender des rheinland-pfälzischen Landkreistages, Landrat Dr. Winfried Hirschberger, Kusel

Vorsitzender des rheinland-pfälzischen Städtetages, Oberbürgermeister Gernot Fischer, Worms

Vorsitzender des rheinland-pfälzischen Gemeinde- und Städtebundes, Bürgermeister Ernst-Walter Görisch, Verbandsgemeinde Alzey-Land,
Verbandsdirektor Burkard Höhlein

Oberbürgermeister Helmut Schröer, Stadt Trier

Landrat Dr. Richard Groß, Landkreis Trier-Saarburg

Landrat Bertram Fleck, Landkreis Rhein-Hunsrück

Landrat Dr. Jürgen Pföhler, Landkreis Ahrweiler

Bürgermeister Bernhard Kaster, Verbandsgemeinde Trier-Land

Bürgermeister Dr. Alexander Saftig, Verbandsgemeinde Mayen-Land

Kammerdirektor Alfons Schnabel, Landwirtschaftskammer Rheinland-Pfalz, Bad Kreuznach

Stellvertretender Hauptgeschäftsführer Volker Wiese, Handwerkskammer Rheinhessen, Mainz

Hauptgeschäftsführer Hans-Hermann Kocks, Handwerkskammer Trier

Hauptgeschäftsführer Heinz Hoffmann, Handwerkskammer der Pfalz, Kaiserslautern

Hauptgeschäftsführer Karl-Jürgen Wilbert, Handwerkskammer Koblenz

---

[1037] Zur Notwendigkeit der „Kundenorientierung" der Verwaltung vgl. generell Klages „Kundenorientierung 1", S. 124 ff.

Hauptgeschäftsführer Arne Rössel, Industrie- und Handelskammer Trier

Stellvertretender Hauptgeschäftsführer Dr. Edelbert Dold, Industrie- und Handelskammer Koblenz

Geschäftsführer Markus Seltenreich, Industrie- und Handelskammer für Rheinhessen, Mainz

Hauptgeschäftsführer Dr. Andreas Herting, Industrie- und Handelskammer für die Pfalz, Ludwigshafen

Die Verlagerung der Sparkassenaufsicht auf das Ministerium für Wirtschaft, Verkehr, Landwirtschaft und Weinbau war Anlass für ein Interview mit dem Vorsitzenden des Vorstandes der Sparkasse Trier, Dieter Mühlenhoff.

Die Übertragung insbesondere umweltrechtlicher Zuständigkeiten von der Bezirksregierung Trier auf die Struktur- und Genehmigungsdirektion Nord hatte den Wechsel der Ansprechpartner für im Umweltbereich tätige Unternehmen in der Region Trier zur Folge. Um die diesbezüglichen Auswirkungen zu beleuchten, wurden Interviews mit den Geschäftsführern Michael Witzel, Heinrich Köhler Baugesellschaft mbH, sowie Johannes Gondert, Theo Steil GmbH, durchgeführt.

Hervorzuheben ist nach den Interviews und schriftlichen Stellungnahmen, dass keine der angesprochenen Stellen ablehnend auf das Auskunftsersuchen reagierte, im Gegenteil war großes Interesse an den Fragestellungen sowie eine ausgeprägte Bereitschaft zum Dialog zu verzeichnen. Bezüglich der Repräsentanten aus dem kommunalen Bereich sei darauf hingewiesen, dass hier auf parteipolitische Ausgewogenheit geachtet wurde, was wegen des parteipolitischen Dissenses über den richtigen Reformweg für Rheinland-Pfalz als zwingend erforderlich erschien.

Als zusätzliches Material für die Bewertung des Reformergebnisses wurde auf amtliche Verlautbarungen der Landesregierung, die Begründung des Gesetzentwurfs, Erfahrungsberichte, Berichte über Landtagsdebatten zum Thema Verwaltungsreform sowie Redemanuskripte zurückgegriffen.

Die folgenden Ausführungen orientieren sich aus Gründen der Übersichtlichkeit an den einzelnen Bestimmungen des VwORG. Ergänzt werden sie durch die Bewertung sonstiger wesentlicher Aufgabenzuweisungen, die durch

Artikel 2 ff. des Landesgesetzes zur Reform und Neuorganisation der Landesverwaltung erfolgten.[1038]

## 7.3 Allgemeine Reformbestimmungen

### 7.3.1 Gesetzeszweck

Im politischen Raum bestand von Beginn des Diskussionsprozesses an Einvernehmen darüber, dass ein so bedeutendes Vorhaben wie die Neuorganisation der Mittelinstanz der Landesverwaltung einer gesetzlichen Regelung bedarf und nicht etwa durch Organisationserlass realisiert werden kann. Dementsprechend stellt es das zentrale Anliegen des Artikels 1 des Landesgesetzes zur Reform und Neuorganisation der Landesverwaltung dar, die drei Bezirksregierungen in Rheinland-Pfalz aufzulösen und neue obere Landesbehörden unter Eingliederung einer großen Zahl von Sonderbehörden zu errichten.[1039] Stand damit auch die Neuorganisation der mittleren Verwaltungsebene im Mittelpunkt, stellte die im politischen Raum erhobene Forderung nach einer Auflösung der Bezirksregierungen sogar den eigentlichen Anlass für das Reform- und Neuorganisationsgesetz dar, so nutzte der Gesetzgeber doch die Chance, darüber hinaus wenige an die gesamte unmittelbare staatliche Landesverwaltung gerichtete allgemeine Reformbestimmungen zu erlassen. Adressat dieser, in den §§ 1 – 4 VwORG enthaltenen, Bestimmungen waren damit auch die von der Neuorganisation nicht betroffenen Behörden. Das gesetzgeberische Ziel, zeitgemäße Strukturen für eine kostengünstigere, leistungsfähigere und bürgerfreundliche Verwaltung zu schaffen, um dem Anspruch gerecht zu werden, Dienstleistungen für die Bürgerinnen und Bürger sowie für die Wirtschaft zu erbringen, wurde in § 1 VwORG in einen Programmsatz gekleidet. Die in der Modernisierung und Straffung der Landesverwaltung liegende Anpassung des Verwaltungshandelns an heutige und künftige Erfordernisse soll zu einer Reduzierung der Staatsquote führen, worin das generelle Anliegen der Kostensenkung zum Ausdruck kommt.

Bemerkenswert und folgenreich war das bereits in dem Programmsatz enthaltene Gebot, die Reform der Verwaltung sozialverträglich durchzuführen. In der amtlichen Begründung wurde dies dahingehend konkretisiert, dass wegen der besonderen Verantwortung des Landes als Arbeitgeber personelle Reduzierungen ausschließlich dadurch verwirklicht werden sollen, dass freiwerdende Stellen nicht wieder besetzt werden. Bei der Umsetzung der Reform würden Versetzungen oder Umsetzungen für die Beschäftigten nur in unumgänglichen Fäl-

[1038] GVBl. 1999, S. 325 ff.
[1039] Groß, „Landesgesetz", S. 2 f.

len durchgeführt; die entsprechenden Personalmaßnahmen seien im Rahmen einer gerechten Sozialauswahl zu treffen.[1040] Es sollte „Menschen nicht zugemutet werden, dass sie Aufgaben von heute auf morgen umstellen oder ihren Arbeitsort wechseln müssen“[1041].

Insbesondere diese Vorgaben des Gesetzgebers sowie die relativ umfangreiche Aufgabenverlagerung von den Bezirksregierungen auf die Aufsichts- und Dienstleistungsdirektion Trier führten dazu, dass bei der ADD zum 01.01.2000 nicht alle Stellen besetzt werden konnten. Diese Situation wurde dadurch verschärft, dass aus fachlichen Gründen eine gewisse Zeit lang Rückabordnungen von an die ADD versetzten Beschäftigten vorgenommen werden mussten, damit bei der SGD Nord und der SGD Süd Nachfolger in die jeweilige Funktion eingearbeitet werden konnten. Auch in den SGD Nord und Süd führte das Gebot der sozialverträglichen Umsetzung des Personals im ersten Halbjahr nach Inkrafttreten der Reform zu spürbaren Lücken in der Stellenbesetzung.[1042]
Eine weitere Folge der vorgegebenen Sozialverträglichkeit der Reform war die Tatsache, dass insbesondere bei der ADD neue und unerfahrene Bedienstete in für sie fremde Aufgabenbereiche eingearbeitet und geschult werden mussten. Die dadurch bedingten fachlichen Defizite führten gerade auch in der ADD im ersten Halbjahr nach Inkrafttreten der Reform zu Anlaufschwierigkeiten.[1043]

Aus dem Vorstehenden folgt, dass bei dem der Sozialverträglichkeit zugewiesenen Gewicht negative Auswirkungen auf einzelne Reformziele bewusst in Kauf genommen wurden. Dabei ist evident, dass etwa die Reformziele der Effizienzsteigerung oder der Beschleunigung von Verwaltungsverfahren bei einer nicht sachgerechten Personalausstattung nicht so erreichbar sind, wie dies bei optimalen Voraussetzungen der Fall ist. Die vom Gesetzgeber der Sozialverträglichkeit damit insgesamt beigemessene Bedeutung ist als Ausdruck einer Wertentscheidung zu akzeptieren und bei der Bewertung der Arbeit der neuen Behörden jedenfalls für eine Übergangszeit auch zu berücksichtigen.

---

[1040] Landtag Rheinland-Pfalz, „Gesetzentwurf“, S. 103
[1041] Schweitzer, in Landtag Rheinland-Pfalz, „100-Tage-Bilanz“, S. 8284
[1042] Ministerium des Innern und für Sport Rheinland-Pfalz, „Bericht 31.05.2000“, S. 5
[1043] Ministerium des Innern und für Sport Rheinland-Pfalz, a.a.O., S. 6

### 7.3.2 Informations- und Kommunikationstechnik

Der von der Landesregierung der Informations- und Kommunikationstechnik beigemessenen Bedeutung entsprechend, das IT-Konzept soll eine der tragenden Säulen der gesamten Reform sein,[1044] wurde das Gebot, adäquate Systeme der Informations- und Kommunikationstechnik einzusetzen, in § 2 VwORG als gesetzlicher Auftrag formuliert. Nachdem die IT-Ausstattung in der rheinland-pfälzischen Landesverwaltung in beträchtlichem Umfang veraltet und für die Umsetzung der Neuorganisation ungeeignet war, die 278 fachspezifischen IT-Verfahren zu Inhomogenität und technologischen Brüchen innerhalb der Behörden führten und die Planungen der Ressorts wiederholt nur unzureichend mit den IT-Entwicklungen der Behörden der Mittelinstanz in Einklang standen, sollte durch den gesetzlichen Auftrag auch der nötige Handlungsdruck zur bestmöglichen Ausstattung der Behörden mit der erforderlichen technischen Infrastruktur, zugleich auch eine maßgebliche Orientierung für den Finanzminister und den Landesrechnungshof erreicht werden.[1045]

Die bereits im Jahr 1999 eingeleitete Realisierung des IT-Gesamtkonzeptes[1046] durch die ressortübergreifende IT-Leitstelle hatte einen Innovationsschub für die gesamte öffentliche Verwaltung in Rheinland-Pfalz zur Folge. Bisher heterogen gewachsene und zum Teil veraltete Gerätebestände und Anwendungen wurden in den Direktionen, dem Landesuntersuchungsamt und den weiteren von der Neuorganisation betroffenen Dienststellen durch eine einheitliche und komplett vernetzte IT-Grundinfrastruktur ersetzt. Bereits zum Inkrafttreten des Reformgesetzes am 01.01.2000 waren die Direktionen sowie weitere 16 Dienststellen bzw. Nebengebäude auf Basis aktiver Netzkomponenten mit modernster Kategorie 6-Verkabelung grundlegend neu ausgestattet. In den Direktionen sowie den Außengebäuden wurden neue, gleichartige Inhouse-Netze (LAN), die auf moderne Client-Server-Architekturen ausgelegt sind, installiert. Die für die Kommunikation, insbesondere für den papierlosen Dokumentenaustausch, erforderlichen Mail-Server waren weitgehend schon bis Ende 1999 beschafft und im Einsatz. Dadurch wurde die grundsätzliche Kommunikationsfähigkeit (E-Mail-Dienste, Dokumentenaustausch, Internetzugang) aller von der Neuorganisation betroffenen Behörden mit Basisfunktionen erreicht.

---

1044 Theilen, „Erste Zwischenbilanz", S. 15;
zur generellen Bedeutung der IT vgl. auch Wohlfahrt, „Elektronische Verwaltung", S. 47

1045 Groß, „Landesgesetz", S. 20

1046 Zur Notwendigkeit der Integration von IT in ein Gesamtkonzept der Verwaltungsmodernisierung vgl. Groß, „Internet", S. 164; siehe dazu auch Reinermann, Internet", S. 10

Die Vernetzung der Direktionen, des Landesuntersuchungsamtes sowie aller eingegliederten Dienststellen erfolgte im 1. Halbjahr 2000 über das flächendeckende multifunktionale Hochgeschwindigkeitsnetz für Rheinland-Pfalz (rlp-Netz). Alle Behörden verfügten damit über die zentralen Dienste des rlp-Netzes (zentrales Firewall-System, X.500-Verzeichnisdienst). Gleichzeitig erfolgte die Ausstattung aller geeigneten Arbeitsplätze der Direktionen, ihrer Außen- und integrierten Regionalstellen sowie des Landesuntersuchungsamtes mit Personalcomputern neuester Technologie und integrierter Standardsoftware zur Bürokommunikation. So wurden für 41 Dienststellen bzw. Außenstellen insgesamt 1.980 Personalcomputer beschafft, die über landesweite E-Mail-Funktionen mit vorinstallierten Adressverzeichnissen sowie über das rlp-Netz geschützte Internet-Zugänge verfügen.[1047]
Seit November 1999 erfolgten Schulungen für rund 1.200 Mitarbeiterinnen und Mitarbeiter zur Grundeinweisung bzw. Auffrischung von Kenntnissen mit neuen und zusätzlichen Funktionen im Umgang mit vernetzten PC's. Die Schulungen erfolgten in Workshops sowie durch individuelle Coachings durch Fachberater. Auf der Grundlage von Anforderungen des Katastrophen- und des Strahlenschutzes wurden in den Direktionen sowie im Ministerium für Umwelt und Forsten und dem Ministerium des Innern und für Sport Videokonferenzanlagen installiert.

Bei der Umsetzung des Gesamtkonzeptes bewährte sich die Einrichtung der ressortübergreifenden IT-Leitstelle in besonderer Weise. Erstmals konnte ein IT-Projekt aus der Gesamtsicht aller Behörden entwickelt sowie in fachlicher und finanzieller Gesamtverantwortung aus einem ressortübergreifenden Budget realisiert werden. Die für die Haushaltsjahre 2000 und 2001 unter Einschluss der insgesamt 3,4 Mio. DM Vorabmittel in 1999 bereitgestellten Mittel in Höhe von 33,4 Mio. DM wurden in fachlicher Abstimmung mit den beteiligten Ressorts verausgabt. Nur die erstmals in Rheinland-Pfalz für die Leitstelle begründete Gesamtverantwortung ermöglichte es, die vielfältigen fachbezogenen Eigeninteressen ausgleichend in das Gesamtprojekt zu integrieren. Dabei wurden auch erhebliche Kostenvorteile erreicht. Als Beleg sei auf die durch die vereinheitlichte Beschaffung allein der Personalcomputer gegenüber Zug-um-Zug-Beschaffungen erreichten Kostenvorteile von mehr als 1 Mio. DM. hingewiesen. Auch die laufenden Kosten etwa für Wartung, Mailing-, Internet- und Netzbetrieb sowie Lizenzgebühren konnten durch Abschluss von Gesamtverträgen und Rahmenvereinbarungen reduziert werden.[1048]

---

[1047] Zuber, in: Landtag Rheinland-Pfalz, „100-Tage-Bilanz", S. 8291

[1048] Vgl. dazu insgesamt Ministerium des Innern und für Sport Rheinland-Pfalz, „Bericht 31.05.2000", S. 7 - 10

Nach dem Aufbau und der Vernetzung der IT-Grundinfrastruktur wurde noch im Jahr 2000 die zweite Projektphase eingeleitet, die durch die Entwicklung von übergreifenden Archivierungs- und Dokumenten-Management-Systemen (DMS) und durch Erprobung und Einführung von Systemen IT-gestützter Vorgangsbearbeitung (Workflow) geprägt ist. Diesbezüglich wurden erste vertragliche Grundlagen geschaffen,[1049] so dass im 1. Halbjahr 2002 die definierten Anforderungen in vier verschiedenen Pilotprojekten für einen flächendeckenden Einsatz getestet werden.
Ergänzt werden diese Projekte um das Vorhaben, kurzfristig die Rahmenbedingungen für die Einführung der elektronischen Signatur, die Nutzung signaturgesetzkonformer Zertifizierungsstellen und der technischen Einrichtungen im Interesse der Interoperabilität innerhalb der Landesverwaltung nach einheitlichen Vorgaben zu schaffen.[1050]

Die in § 2 Satz 2 VwORG zum Ausdruck kommende Vorstellung, dass Antragsteller ihre Anträge und Unterlagen unter Nutzung der IuK-Technik bei Behörden einreichen sowie unter Beachtung des Datenschutzes den Verfahrensablauf auf elektronischem Wege verfolgen können, wurde noch nicht umfänglich realisiert.[1051] Dass dies jedoch keine bloße Zukunftsvision mehr darstellt, zeigt das auf elektronischem Wege realisierte Verfahren zur „Beantragung von Teilzeitbeschäftigung bei Lehrkräften". In diesem Verfahren wird über das Medium Internet der Teilzeitantrag plausibilisiert und datenbankbasiert entgegengenommen. Die Beteiligung der Schulleitung und der Personalvertretung erfolgten ebenso wie die Mitteilungen über den Status des Antrages auf elektronischem Wege. Der Bescheid hingegen wird derzeit noch auf konventionelle Art in Papierform erstellt.[1052]
Dass Anfragen und Anträge über das Internet an die zuständigen Stellen gelangen und auch Antworten und Entscheidungen ganzheitlich über das Internet erfolgen, wurde indes zu Recht noch als Sollvorstellung formuliert.[1053]

Als zentrales Problem erwies sich die Zentralisierung personalrechtlicher Zuständigkeiten für den Bereich Schule in der ADD. Durch die Neuorganisation wurde das Referat 31 in Trier für die Personalverwaltung von ca. 43.000 Lehrkräften zuständig. Die dazu notwendigen Anpassungsarbeiten insbesondere zur Vereinheitlichung der Datenstrukturen in den Schulabteilungen erfolgten nach einem Maßnahmen- und Prioritätenplan mit dem Ziel, dass termingebundene schulfachliche Erfordernisse berücksichtigt und bis zum Übergang der Zustän-

---

[1049] Ministerium des Innern und für Sport Rheinland-Pfalz, „Bericht 31.10.2000", S. 5
[1050] Scherf, „ADD- IuK-Technik"
[1051] Landtag Rheinland-Pfalz, „Gesetzentwurf", S. 103
[1052] Scherf, „ADD – IuK-Technik"
[1053] Zuber, „Amtseinführung Dr. Mertes", S. 17

digkeit auf die ADD alle programmtechnisch notwendigen Anpassungen erfolgt seien.[1054]
Bei dem Transfer der lokalen Personaldatenbestände aus den früheren Bezirksregierungen Koblenz und Neustadt nach Trier ergaben sich jedoch erhebliche Probleme, die überwiegend historisch bedingt waren. Hatten sich doch in Koblenz, Neustadt und Trier unterschiedliche Verfahren und abweichende Strukturen der drei Datenbestände entwickelt, so dass diese nur auf sehr grober Ebene zu einem einheitlichen Datenbestand zusammengeführt werden konnten. Die Zusammenführung erfolgte zudem unter erheblichem Zeitdruck, da Personalvertretungen in Koblenz und Neustadt gegen die Übernahme der Personaldaten zu Testzwecken gerichtlich vorgegangen waren. Zusätzlich musste das Jahr 2000-Problem berücksichtigt werden. Im Ergebnis war daher die Zusammenführung der Daten stark fehlerbehaftet, neben einer generellen Dateninkonsistenz zeigten sich auch Inkonsistenzen innerhalb von einzelnen Datensätzen.[1055] Zwar ist auf Grund erheblicher Anstrengungen der elektronische Postweg zwischen den drei Standorten inzwischen selbstverständlich geworden,[1056] doch ist die Notwendigkeit weiterer Optimierungen des bestehenden Lehrerpersonalverwaltungssystems unstreitig.[1057]

Mit Ausnahme des beschriebenen spezifischen Problems der ADD erfährt die geschaffene IT-Struktur insgesamt eine sehr positive Bewertung. So stellte der Leiter der Zentralstelle der Forstverwaltung heraus, dass die Vernetzung aller Dienststellen der Forstverwaltung optimal sei. Die Forstverwaltung ist insgesamt in das System des Innenministeriums integriert, es besteht darüber hinaus ein Intranet der Forstverwaltung.[1058]
Für das Landesuntersuchungsamt wurde betont, dass die Kommunikation zwischen der Zentralstelle und den Instituten und staatlichen Lehranstalten regelmäßig unter Nutzung der IT-Infrastruktur erfolge. Seit 14.11.2000 besteht ein spezifisches Intranet für das Landesuntersuchungsamt, an das alle Institute angeschlossen sind.[1059]
Auch in der ADD erfolgt die Kommunikation untereinander vor allem auf elektronischem Wege, die erreichte Intensität wird mit 80 % der Gesamtkommunikation beziffert.[1060]

---

[1054] Ministerium des Innern und für Sport Rheinland-Pfalz, „Ministerratssache 30.11.1999", S. 15
[1055] Infora GmbH, „Lehrerpersonalverwaltungssystem", S. 9 f.
[1056] Aufsichts- und Dienstleistungsdirektion, „Sachstandsbericht 13.10.2000"
[1057] Vgl. dazu insgesamt Infora GmbH, „Lehrerpersonalverwaltungssystem", S. 48 ff.
[1058] Bolz, „Zentralstelle der Forstverwaltung"
[1059] Heß, „Landesuntersuchungsamt"
[1060] Mick, „ADD – Zentrale Aufgaben"

Die danach insgesamt festzustellende intensive Ausweitung der elektronischen Kommunikation führte jedoch auch zu Problemen. So wurde die Gefahr der Informationsüberflutung sowie der nicht mehr ausreichenden Differenzierung zwischen wichtigen und weniger bedeutsamen Informationen beschrieben.[1061] Daneben wurde auf die „Hierarchiefeindlichkeit" elektronischer Kommunikation verwiesen. Erhalte ein Sachbearbeiter in einem Fachreferat der ADD eine E-Mail aus einem Ministerium, werde weder Referent noch Abteilungsleiter unmittelbar darüber unterrichtet. Dies begründe die Gefahr von Informationsdefiziten mit Nachteilen für die Aufgabenwahrnehmung insgesamt. Zu Recht wurde daraus die Forderung nach Kommunikationsdisziplin bei der Nutzung elektronischer Kommunikationswege abgeleitet. Die evidenten Auswirkungen auf Ablaufprozesse sowie die behördeninterne Kommunikation insgesamt veranlasste die ADD, sich an einem diesbezüglichen Forschungsprojekt der Universität Trier, Lehrstuhl für Konsum- und Kommunikationsforschung, zu beteiligen.[1062]

Die komplette Kommunikationsfähigkeit aller Bildschirmarbeitsplätze auf einer gemeinsamen Plattform über das rlp-Netz, E-mailing, Dokumentenaustausch, eine in der Mittelinstanz landesweit einheitliche virtuelle Registratur mit Zugriffsmöglichkeiten auf Akten von jeder berechtigten Dienststelle und moderne übergreifende Workflow-Systeme wurden vor der Neuorganisation als die zu erreichenden Meilensteine beschrieben.[1063] Misst man das Erreichte und in den einzelnen Bewertungen zum Ausdruck Gekommene daran, ist die Schlussfolgerung gerechtfertigt, das mit der Verwaltungsreform die Chance einer neu und homogen strukturierten IT-Infrastruktur für die Landesverwaltung erfolgreich genutzt worden ist. In dem nicht abgeschlossenen Modernisierungsprozess sind durch die eingeleiteten neuen Projekte in der nächsten Projektstufe die richtigen Weichen gestellt.

### 7.3.3 Projektmanagement

In § 3 VwORG wird das Projektmanagement gesetzlich verankert und die Bildung von behördeninternen und behördenübergreifenden Projektgruppen vorgeschrieben, wenn dies der Verfahrensbeschleunigung bei der Bearbeitung von Anträgen dient.[1064] In den Organigrammen der neu geschaffenen Behörden wird das „Projektmanagement" als eigene Organisationseinheit dargestellt, die jeweils temporär und fallbezogen eingerichtet wird.

---

[1061] Vgl. nur Schubach, „Forstamt Trier"
[1062] Mick, „ADD – Zentrale Aufgaben"
[1063] Theilen, „Auf ein Wort", S. 257
[1064] Vgl. dazu generell Englich/Fisch, „Projektgruppen", S. 45 ff.

Die mit Projektorganisation verbundenen Vorteile, zu denen eine ganzheitliche Produktverantwortung, Eigenständigkeit, Koordination durch Teamarbeit, umfassende Sach- und Fachkompetenz durch Vertreter aller maßgeblichen Stellen, geringe Anzahl von Mitgliedern sowie unmittelbare Kommunikationswege gehören, sind zwischenzeitlich in der Verwaltungswissenschaft und der Verwaltungspraxis Allgemeingut.[1065] Da die Projektorganisation der Ergänzung des gewachsenen Organisationssystems, nicht jedoch dessen Ablösung dient,[1066] war die gewählte Form der Ausweisung in den Organigrammen der neuen Behörden naheliegend.
Dagegen ist die Frage nach der Notwendigkeit einer durch Gesetz begründeten Verpflichtung zur Einrichtung von Projektgruppen zu stellen. Dazu wurde darauf hingewiesen, dass die Begründung einer gesetzlichen Verpflichtung sicherstellen solle, dass die Bildung von Projektgruppen nicht der Zufälligkeit bzw. der Initiative Einzelner überlassen bleibe. Es solle verhindert werden, dass solche Wege der Beschleunigung und des Interessenausgleichs nur deshalb nicht beschritten würden, weil bestimmte Verwaltungs- oder Ressortinteressen einem gemeinsamen Bemühen um die sachgerechteste Entscheidung entgegenstünden.[1067] Diese Argumentation wird auf dem Hintergrund der spezifisch rheinland-pfälzischen Erfahrung verständlich, dass größere Projektgruppen bislang nur mit Zustimmung der betroffenen Ressorts gebildet werden konnten, es somit in der Vergangenheit nicht der Eigeninitiative der Bezirksregierungen oblag.[1068] Diese Einschätzung wird ausdrücklich durch den Minister des Innern und für Sport bestätigt, der das Recht und die Pflicht der Direktionen und des Landesuntersuchungsamtes, künftig selbst Projektgruppen zu bilden, als wesentlichen Baustein einer weitgehenden Kompetenzübertragung auf die Mittelbehörden bezeichnete.[1069]

Besondere Erwartungen werden mit der Einrichtung behördenübergreifender Projektgruppen verbunden. Diese sollen effektiv ein grundlegendes Ziel der Neuorganisation unterstützen, die Bündelung von Aufgaben, die in einer sachlich funktionalen Beziehung zueinander stehen.[1070] Dies ist insofern bemerkenswert, als gerade durch die Umstrukturierung der mittleren Verwaltungsebene mit der Bildung von funktional ausgerichteten Direktionen zusammengehörige Aufgaben im Interesse einer effektiven Dienstleistung für die Bürgerinnen und

[1065] Vgl. nur Böckel, „Projektmanagement“, S. 102 ff.
Bäumer, in: Landtag Rheinland-Pfalz, „Anhörung“, S. 41
[1066] Vgl. Lepper, „Projektorganisation“, S. 445
[1067] Groß, „Landesgesetz“, S. 21 f.
[1068] Groß, „Landesgesetz“, S. 23
[1069] Zuber, „Amtseinführung Dr. Mertes“, S. 28
[1070] Landtag Rheinland-Pfalz, „Gesetzentwurf“, S. 103

Bürger sowie die Wirtschaft bereits gebündelt werden sollten.[1071] Dementsprechend wurde der Gedanke der Bündelung von Aufgaben, die eine sachlich funktionelle Beziehung zueinander haben, als im Zentrum der Neuorganisation der Behörden der Mittelinstanz stehend bezeichnet.[1072] Wenn nun gleichwohl Felder notwendiger Kooperation zwischen Behörden mit der Folge der Bildung behördenübergreifender Projektgruppen gesehen werden, wird darin deutlich, dass bei der Aufgabenzuordnung nach funktionalen Kriterien auf die neuen Behörden keine „Musterlösung" erreicht wurde. So wurde ausdrücklich eingeräumt, dass die Frage „besteht hier oder dort eine sachlich funktionelle Beziehung" nicht immer eindeutig zu beantworten sei. Gesetzgebung verlange zu Lasten der Musterlösung auch den Ausgleich unterschiedlicher Interessen und Rechtspositionen. Die Vorgabe, sachlich funktionell zusammengehörige Aufgaben in den neuen Behörden zusammenzuführen, sei jedoch „im großen und ganzen" realisiert worden.[1073]

Die mit den Leitern der neuen Behörden geführten Interviews bzw. die eingeholten Stellungnahmen zeigen eine unterschiedliche Bedeutung des Projektmanagements in der Verwaltungspraxis. So waren im Bereich der Forstverwaltung im Mai 2001 12 Projektgruppen eingerichtet, die sich u.a. mit den Themen „Planung und Steuerung", „Forsteinrichtungen", „Corporate identity" und „Prozessoptimierung" befassten.[1074]

In der Struktur- und Genehmigungsdirektion Nord wurde im Hinblick auf die Komplexität des Projektes „Verlagerung des militärischen Teils des Flugplatzes Frankfurt am Main auf den Flugplatz Spangdahlem" eine behördenübergreifende Projektgruppe eingerichtet. Dabei übernimmt die SGD die Projektsteuerung und koordiniert das Zusammenwirken zahlreicher Bundes- und Landesbehörden. Projektbeauftragte in der SGD ist die Vizepräsidentin.[1075]

Im Bereich der Struktur- und Genehmigungsdirektion Süd wurde für das Projekt „Genehmigung für das Müllheizkraftwerk Mainz" eine aus 10 Personen bestehende Projektgruppe gebildet, an der auch das Landesamt für Umwelt- und Gewerbeaufsicht beteiligt war. Diese konnte das Projekt in 10 Monaten Bearbeitungszeit zum Abschluss bringen, obwohl 170 Einwender vorhanden waren. Der Behördenleiter betonte in diesem Zusammenhang die hohe Bedeutung des

[1071] Landtag Rheinland-Pfalz, a.a.O., S. 101
[1072] Groß, „Landesgesetz", S. 21
[1073] Groß, „Direktionenmodell", S. 57
[1074] Bolz, „Zentralstelle der Forstverwaltung", S. 5
[1075] Gassen, „Struktur- und Genehmigungsdirektion Nord", S. 2

gesetzlich verankerten Projektmanagements, das er ohne Beteiligung des Personalrates habe anordnen können.[1076]

Das Instrument der Projektgruppe wurde in der Aufsichts- und Dienstleistungsdirektion bisher in vielfältiger Weise eingesetzt. Behördenübergreifend existiert eine gemeinsame Projektgruppe mit der SGD Nord wegen des durch umweltrechtliche und munitionstechnische Problemstellungen gekennzeichneten Projekts Hallschlag, dem die Explosion einer Munitionsfabrik zugrunde liegt. Behördenintern wurde eine Projektgruppe „Permanente Innovation" eingerichtet, an der aus jeder Abteilung zwei Mitarbeiter beteiligt sind. Diese hat den kontinuierlichen Optimierungsprozess für die Ablauforganisation zum Gegenstand. Daneben besteht eine aus Mitarbeitern aller Referate der Schulabteilung bestehende Projektgruppe „Lehrergesundheit". Die spezifischen Probleme der Schulabteilung führten zur Bildung einer Projektgruppe aus Mitarbeitern der Zentralabteilung sowie der Schulabteilung, die sich mit notwendigen Reorganisationsmaßnahmen befasste.[1077]

Im Aufgabenbereich des Landesuntersuchungsamtes wurde bislang noch keine Projektgruppe eingerichtet.[1078]

Diese Bestandsaufnahme zeigt, dass das Instrument der Projektgruppe in Fällen evidenter Komplexität von den neuen Behörden eingesetzt wird. Die Erfahrungen mit Projektgruppenarbeit sind positiv. Wie aus dem Beitrag des Präsidenten der SGD Süd erkennbar wird, hat die Begründung einer gesetzlichen Verpflichtung im Ergebnis auch die Entscheidungsmacht der Behördenleitung vergrößert, so dass auch insofern das gesetzlich intendierte Ziel erreicht wurde.

### 7.3.4 Aufgabenkritik

Eine ständige Aufgabenkritik auf allen Ebenen der unmittelbaren Landesverwaltung wird in § 4 VwORG als konstitutives Handlungsprinzip gesetzlich verankert. Diese Daueraufgabe soll dem Zweck des Gesetzes, Verwaltungsstrukturen zu straffen sowie staatliches Verwaltungshandeln zu beschleunigen und zu vereinfachen, nachhaltig Rechnung tragen.[1079]

Diese Regelung war im Gesetzgebungsverfahren sowie in den vorgelagerten politischen Diskussionen Gegenstand zentraler Kritik insbesondere der Opposi-

[1076] Weichel, „Struktur- und Genehmigungsdirektion Süd", S. 2
[1077] Mick, „ADD – Zentrale Aufgaben"
[1078] Heß, „Landesuntersuchungsamt"
[1079] Landtag Rheinland-Pfalz, „Gesetzentwurf", S. 104

tionsparteien. Im Vordergrund stand dabei der Vorwurf, dass einem so weit reichenden Gesetzgebungsprojekt wie dem der Neuorganisation der Landesverwaltung eine umfassende Aufgabenkritik vorgeschaltet sein müsse.[1080] Die Landesregierung entschied sich dagegen bewusst für einen anderen Weg. Maßgeblich dafür war vor allem die Erwägung, dass eine umfassende Aufgabenkritik ca. 1.500 Aufgaben der Bezirksregierungen und noch zahlreiche weitere Aufgaben bei den zu integrierenden Behörden zum Gegenstand gehabt hätte. Auch seien die Ansätze für eine umfassende Aufgabenkritik von den unterschiedlichsten politischen Betrachtungen abhängig und sehr stark von den bisherigen Strukturen und deren Erhaltungsmechanismen geprägt.[1081] Zudem bestand die Befürchtung, das Gesetzgebungsprojekt bei einer vorher durchgeführten umfassenden Aufgabenkritik nicht mehr in der laufenden Legislaturperiode beenden zu können.[1082]

In der Tat erweist sich die Forderung nach einer umfassenden Aufgabenkritik vor organisatorischen Entscheidungen als Nutzung einer bekannten Verhinderungsstrategie. Wer verlangt, es müsse erst Aufgabenabbau betrieben werden, bevor man die Organisation entsprechend zurechtschneiden könne, weiß, dass die Fülle der tatsächlich erledigten Aufgaben und die Unzahl der dabei anfallenden Tätigkeiten nicht wirklich bekannt und kaum vollständig zu ermitteln sind, man vielmehr mühsam den Vorschriftenbestand und die Geschäftsverteilungspläne durchforsten, die in ihnen benutzten Diskreptoren analysieren und die jeweilige Auftragserteilung dingfest machen müsste, um dann Aufgabenkritik zu üben und zwischen notwendigen und überflüssigen Aufgaben zu unterscheiden. Die Arbeit an der Organisation wird damit auf lange Sicht vertagt und der gewünschte Verhinderungseffekt erreicht.[1083] Die Landesregierung hat sich daher zu Recht für den eingeschlagenen Weg entschieden. So lagen schon dem Modernisierungskonzept der Expertenkommission zur Neuorganisation der Landesverwaltung erste aufgabenkritische Überlegungen zugrunde und standen auch bei der Entwicklung des Direktionenmodells Pate.[1084] Konsequent wurde im Folgenden durch die Arbeitsgruppe Organisation eine aufgabenkritische Sichtung vorgenommen, die zu einem ersten Katalog aufgabenkritischer Maßnahmen führte.

Das Landesgesetz zur Reform und Neuorganisation der Landesverwaltung selbst enthält 16 aufgabenkritische Regelungen. Diese haben den Abbau von

---

[1080] Vgl. dazu nur Schnabel, in Landtag Rheinland-Pfalz, „Zweite Beratung", S. 6954 f.
[1081] Groß, „Landesgesetz", S. 25
[1082] Bolz, „Direktionenmodell", S. 43
[1083] In diesem Sinne Ellwein/Hesse, „Staatsreform", S. 121 ff.
[1084] Bolz, „Direktionenmodell", S. 43

Genehmigungsvorbehalten und Standards,[1085] Aufgabenkonzentration,[1086] die Delegation von Aufgaben[1087] sowie Kommunalisierung von Aufgaben[1088] zum Gegenstand. Dass nach diesen wenigen Einzellösungen der Prozess der Aufgabenkritik fortgesetzt wurde, wird an dem Bericht der Landesregierung an den Landtag zu dessen Beschluss vom 22.09.1999[1089] deutlich. Der Berichtspflicht gegenüber dem Landtag über die Delegation von Aufgaben im Bereich der Ministerialverwaltung folgend, werden dort, nach Ressorts getrennt, Kataloge von Delegationstatbeständen aufgeführt.[1090] Dieser Bericht zeigt eine unterschiedliche Bereitschaft zur Delegation von bisher selbst wahrgenommenen Aufgaben. Die quantitativen Schwerpunkte liegen beim Ministerium des Innern und für Sport und beim Ministerium für Wirtschaft, Verkehr, Landwirtschaft und Weinbau. Dagegen wurden in der Staatskanzlei, im Ministerium der Justiz sowie im Ministerium für Kultur, Jugend, Familie und Frauen bei der Überprüfung des eigenen Aufgabenbestandes keine Delegationsmöglichkeiten aufgefunden. Wenn es im Bericht bezüglich des letztgenannten Ministeriums heißt, die dort eingeleitete Prüfung von Delegationsmöglichkeiten dauere noch an, begründet dies im Zusammenhang mit der vorherigen Fehlanzeige bei der aufgabenkritischen Überprüfung in der Arbeitsgruppe Organisation den Verdacht, dass es offensichtlich an der notwendigen Bereitschaft mangelt., sich von Aufgaben zu trennen.

Die statuierte Berichtspflicht gegenüber dem Landtag, der nur eingeschränkte Möglichkeiten hat, den Modernisierungsprozess aktiv zu gestalten, kann eine Unterstützung von politischer Seite für den Prozess der Aufgabenkritik bewirken und zudem der potentiellen Gefahr einer Stagnation des Reformprozesses entgegentreten. Als positiver Nebeneffekt dieser Berichtspflicht wird der unmittelbaren Landesverwaltung ein geeignetes Instrument in die Hand gegeben, um periodisch den faktischen Stand der Aufgabenkritik zu überprüfen und die notwendige Selbstkontrolle ausüben zu können.[1091]

Die bisherigen Ergebnisse aufgabenkritischer Überlegungen zeigen, dass hier auch in Zukunft noch vielfältiger Handlungsbedarf besteht und die bestehenden Handlungsmöglichkeiten noch nicht ausgeschöpft sind. So erarbeiten derzeit Arbeitsgruppen aus Vertretern des Ministeriums für Umwelt und Forsten sowie

---

[1085] Artikel 172 Nr. 1 und Artikel 172 Nr. 2

[1086] Artikel 202 Nr. 2

[1087] Artikel 5 Nr. 1, Artikel 6 Nr. 1, Artikel 16, Artikel 27 Nr. 1, Artikel 170, Artikel 233 Nr. 2, Artikel 251 Nr. 2, Artikel 271, Artikel 272

[1088] Artikel 14 Nr. 11, Artikel 14 Nr. 12, Artikel 100 Nr. 4, Artikel 108 Nr. 2

[1089] Landtag Rheinland-Pfalz, „Entschließungsantrag SPD" und Plenarprotokoll 13/92, S. 6986

[1090] Landtag Rheinland-Pfalz, „Unterrichtung", S. 1 - 5

[1091] Vgl. zur Bedeutung der Berichtspflicht insgesamt John, „Verwaltungsorganisation", S. 92

der SGD Nord und Süd Vorschläge zum Aufgabenabbau und zur Aufgabenreduzierung im Bereich Wasserwirtschaft, Abfallwirtschaft und Bodenschutz. Das Landesuntersuchungsamt untersucht Möglichkeiten zur Optimierung der Aufgabenerledigung der in Koblenz ansässigen Verwaltungsbereiche, insbesondere im Bewirtschaftungs- und Beschaffungsbereich.[1092]
Exemplarisch sei in diesem Zusammenhang auch an die nach wie vor weitgehend in den Ministerien verbliebene Zuständigkeit für die abschließende Entscheidung über Förderprojekte erinnert.[1093]
Die dauerhafte aufgabenkritische Begleitung der Aufbau- und Ablauforganisation der neuen Behörden sowie des Zusammenwirkens der verschiedenen Behördenebenen ist nach alledem auch weiterhin unverzichtbar. [1094]

### 7.4 Neuorganisation der mittleren Verwaltungsebene

#### 7.4.1 Auflösung der Bezirksregierungen und Errichtung neuer Behörden

Die Neuorganisation der mittleren Verwaltungsebene in Rheinland-Pfalz ist vor allem dadurch geprägt, dass zwar mit einem erheblichen Verbalradikalismus in politischen Diskussionen die bisherigen Bezirksregierungen, nicht jedoch die staatliche Mittelinstanz „abgeschafft" wurden. Das Reformkonzept bewegt sich also innerhalb des weithin konsensuellen Bezugsrahmens einer Reform der Mittelinstanz, die als solche erhalten bleiben soll.[1095] Carl Böhret, der den rheinland-pfälzischen Weg der Verwaltungsmodernisierung maßgeblich mitgestaltete, spricht in diesem Zusammenhang von der Umgründung mittelbehördlicher Funktionen.[1096]

Nachdem der Gesetzgeber mit der Reform das Ziel verfolgt, das Verwaltungshandeln insgesamt den heutigen und künftigen Erfordernissen anzupassen, wird ein Zusammenhang mit den sich wandelnden Funktionen des öffentlichen Sektors hergestellt. Die dynamische Entwicklung der Informationsgesellschaft und die Auswirkungen der Globalisierung vor allem auf die Wirtschaft verändern die Lebensverhältnisse der Bürgerinnen und Bürger so nachhaltig, dass auch der Staat und die Verwaltung sich nicht mehr auf eine Politik des „weiter so !" zu-

1092 Ministerium des Innern und für Sport Rheinland-Pfalz, „Bericht 31.10.2000", S. 1
1093 Vgl. dazu nur Schneider-Pauly, „ADD - Kommunale und hoheitliche Aufgaben, Soziales" sowie Harwardt, „ADD – Landwirtschaft, Weinbau, Wirtschaftsrecht"
1094 Zur positiven Bewertung der Aufgabenkritik als Daueraufgabe vgl. auch Klages, „Neuorganisation", S. 3 f.
1095 Klages, „Neuorganisation", S. 3
1096 Böhret, „Anmerkungen", S. 6

rückziehen können.[1097] Am Übergang zu einer transindustriellen Wissens- und Kommunikationsgesellschaft mit neuen Produktionsweisen und Produktarten, veränderten Arbeitsformen und sich verschärfenden ökologischen Langzeitfolgen entstehen Entwicklungs- und Umsteuerungsprobleme, die eine geeignete Steuerungsinstanz erfordern. Ist mangels Alternativen dem Staat die Aufgabe der zukunftsgestaltenden Entwicklungsagentur zuzuweisen, gerät dessen „Trägersystem" modernisierte Verwaltung in den Blick.[1098] Ist der Staat bei vielen gesellschaftlichen Prozessen nur noch ein Akteur im Netzwerk, der auf Kooperation und Kommunikation angewiesen ist, nimmt der hoheitliche Teil des Verwaltungshandelns immer mehr ab, nehmen kooperatives und integratives Verwaltungshandeln zu, wird die klassische Konditionalnorm durch offene politische Programme und Leitgesetze abgelöst sowie fallweise durch Abwägung, Abstimmung und Vermittlung konkretisiert, treten Kundenorientierung und Wettbewerb zum Teil an die Stelle von hoheitlichem Vollzug, bewirkt dies einen Veränderungsdruck gerade auch für die Administration.[1099] Aus diesem Befund ist die Forderung nach einer grundlegenden Neukonzeption auch für die Bezirksregierungen abzuleiten, die den Anforderungen von Recht und Verwaltungsumwelt, aber auch den gewandelten Bedürfnissen der Mitarbeiter sowie den Anforderungen durch die Bürger und sonstigen Kunden gerecht wird.[1100]

Der rheinland-pfälzische Modernisierungsansatz rückt das Prinzip der Funktionalität in den Mittelpunkt der Reform. Der Begriff der „funktionalen Aufgabenbündelung" wird als das Schlüsselwort zum Verständnis der neuen Organisation bezeichnet.[1101] Mit der Bildung von funktional ausgerichteten Direktionen sowie der Errichtung des Landesuntersuchungsamtes sollten schlanke Behörden an die Stelle der Bezirksregierungen treten, deren Aufgabenzuschnitt sich primär aus den zentralen, künftig besonders wichtigen Verwaltungsaufgaben einer wirkungsvollen staatlichen Aufsicht und bürgernahen Dienstleistung einerseits sowie einer schnellen, für die Beteiligten transparenten und qualitativ hochwertigen Durchführung von Genehmigungsverfahren andererseits ergibt.[1102] Kennzeichnend für den gewählten Reformweg ist die Trennung der strukturbestimmenden Funktionsbereiche Aufsicht und Genehmigung, die die Funktionsbereiche der früheren Bezirksregierungen nicht vollständig abbilden, und ihre Zuweisung zu verschiedenen Behörden, was auch durch die gewählten Bezeich-

---

[1097] Vgl. dazu insgesamt Büermann, „Perspektivenwechsel", S. 1

[1098] Grundlegend zur Idee des „funktionalen Staates" Böhret, „Funktionaler Staat", S. 1 ff. sowie Böhret/Konzendorf, „Mehr sein als scheinen: Der funktionale Staat", S. 17 ff.

[1099] In diesem Sinne Hill, „Moderne Bezirksregierung", S. 7

[1100] Hill, a.a.O., S. 4

[1101] Theilen, „Neuorganisation", S. 10
vgl. dazu auch Ellwein/Hesse, „Staatsreform", S. 143

[1102] Landtag Rheinland-Pfalz, „Gesetzentwurf", S. 101

nungen Aufsichts- und Dienstleistungsdirektion sowie Struktur- und Genehmigungsdirektion zum Ausdruck kommt. An anderer Stelle wird das Prinzip der Funktionalität dahingehend interpretiert, die Verwaltungsaufgaben würden nach Grundsätzen der inneren und verfahrensmäßigen Zusammengehörigkeit zusammengefasst.[1103] Darin kann ansatzweise eine objektorientierte Segmentierung der Verwaltung gesehen werden, bei der die einzelnen Verwaltungsaktivitäten nach Aufgabenzugehörigkeit in Verantwortungszentren gebündelt werden. Dabei sollen zu einer Aufgabe gehörende Aktivitäten möglichst nicht auf mehrere Organisationseinheiten aufgeteilt, vielmehr soll ein Verantwortungszentrum möglichst sämtliche Teilaktivitäten im Sinne einer Funktionsintegration einschließen und die Zahl der Schnittstellen auf diese Weise drastisch reduzieren. Als weitere Ansatzpunkte für die objektorientierte Segmentierung der Verwaltung zeigt der rheinland-pfälzische Weg die Ausgliederung von Verwaltungstätigkeiten aus den Ministerien sowie die Rückführung von Sonderbehörden.[1104]

Neben dieser theoretischen Fundamentierung ist zum Verständnis des rheinland-pfälzischen Reformmodells die konkrete Situation in den Beratungen der Expertenkommission vor der Entwicklung des Direktionenmodells in Erinnerung zu rufen. Wie Beteiligte freimütig bekennen, war die entstandene Pattsituation in den Verhandlungen nur durch einen qualitativen Sprung zu überwinden. Deshalb entstand zunächst die Grundidee einer Entfrachtung der Bezirksregierungen von allen nicht bündelungsrelevanten Aufgaben wie beispielsweise Beihilfehilfestellen und Regierungshauptkassen. Danach wurde der Aufgabenbestand der Bezirksregierungen mit der Folge aufgeteilt, alle Aufgaben mit Genehmigungs- und Strukturrelevanz in dem Behördentyp Struktur- und Genehmigungsdirektion mit zwei Standorten unterzubringen sowie die verbleibenden Aufgaben im Wesentlichen in einer Aufsichts- und Dienstleistungsdirektion landesweit zu zentrieren.[1105]
Die Berücksichtigung der Standorte Koblenz, Neustadt und Trier entsprach einer wiederholt auch durch den Ministerpräsidenten aus Gründen der Sozialverträglichkeit und der Akzeptanz der Reform gegebenen Zusicherung, dass die Standorte der bisherigen Bezirksregierungen die Hauptstandorte der neu geschaffenen Direktionen sein würden. Mit ursächlich für die gewählte Struktur war auch der Kritikpunkt, dass in dem „verhältnismäßig kleinen Rheinland-Pfalz" jeweils an drei Standorten in Koblenz, Neustadt an der Weinstraße und Trier in den Bezirksregierungen die vielfältigsten Aufgaben zusammengefasst seien. Auch daraus resultierte die Forderung, „alles, was von einer Stelle aus geregelt werden könne, auch nur noch dort zu bearbeiten",[1106] eine Begründung

[1103] Ministerium des Innern und für Sport Rheinland-Pfalz, „Reform", S. 10
[1104] Vgl. dazu Reinermann, „Führung", S. 172 f.
[1105] Bolz, „Direktionenmodell", S. 43
[1106] Ministerium des Innern und für Sport Rheinland-Pfalz, „Reform", S. 10

für die Einführung landesweiter Zuständigkeiten insbesondere in der Aufsichts- und Dienstleistungsdirektion und in dem Landesuntersuchungsamt.[1107]

Bemerkenswert bei der bereits dargestellten konkreten Aufgabenzuweisung ist, dass dabei zum Teil von der Aufgabenklassifizierung durch die Expertenkommission auf Grund der Maßstäbe „Bündelung/regionaler Bezug" abgewichen wurde. Beispielhaft sei nur auf die Aufgabenbereiche Brand-, Katastrophenschutz und Zivile Verteidigung oder Denkmalwesen hingewiesen, für die Bündelungsnotwendigkeit und regionaler Bezug bejaht wurde, die jedoch gleichwohl der Aufsichts- und Dienstleistungsdirektion Trier zugewiesen wurden. Ähnliches gilt für die Aufgabenbereiche Kommunalaufsicht sowie Soziales, Jugend, Familie, Sport und Freizeit, für die zwar keine Bündelungsnotwendigkeit, wohl aber ein regionaler Bezug bejaht wurde. Auch diese Bereiche wurden der Aufsichts- und Dienstleistungsdirektion Trier zugewiesen, wobei für die Kommunalaufsicht noch eine regionale Servicestelle in Neustadt an der Weinstraße eingerichtet wurde. Dies gebietet auch an dieser Stelle den Hinweis, dass die Aufgabenzuweisung unter Berücksichtigung der notwendigen regionalen Bezüge nur „im Wesentlichen" nach funktionalen Kriterien erfolgte.[1108] Es kann daher nicht ausgeschlossen werden und wird Gegenstand der Einzelbetrachtung der neuen Behörden sein, dass durch die konkrete Aufgabenzuweisung auf Grund der Neuorganisation auch Zusammengehörendes funktional und räumlich getrennt wurde.

Zur generellen Reformphilosophie ist weiter darauf hinzuweisen, dass durch den gewählten Weg der Aufgabenbestand der bisherigen Mittelinstanz im ganzen nicht radikal in Frage gestellt wurde. Angestrebt wird vielmehr, dass die mittlere Ebene durch Delegation von auf ministerieller Ebene wahrgenommenen Funktionen Aufgabenzuwächse erfährt. Innerhalb des Bezugsrahmens breiter verankerter Reformüberlegungen bleibt die rheinland-pfälzische Konzeption auch insofern, als sie sich zum Prinzip der Integration staatlicher Sonderbehörden in die Mittelinstanz bekennt und darüber hinaus zum Teil nachgeordnete Behörden in die neu errichteten Behörden integriert.[1109]

Bemerkenswert ist, dass, ohne konkreten Bezug zu Rheinland-Pfalz, Herrmann Hill eine zum Teil vergleichbare Organisationsstruktur für ein Bundesland schon angedacht hat. Er hielt es für denkbar, jeweils eine bisherige Bezirksregierung mit einer Schwerpunktzuständigkeit für das gesamte Land in Form einer konzentrierten Landesoberbehörde auszustatten, um damit landesweit eine

---

[1107] Theilen, „Neuorganisation", S. 10

[1108] Vgl. dazu Landtag Rheinland-Pfalz, „Gesetzentwurf", S. 2
Groß, „Direktionenmodell",S. 57

[1109] Vgl. dazu Klages, „Neuorganisation", S. 3

Vervielfachung bestimmter Zuständigkeiten auszuschließen. Es könne auch ein eigenes Landes-Serviceamt gebildet werden, das aus den bisherigen Bezirksregierungen solche Bereiche zusammenfasste, die lediglich eine „Verwaltung der Verwaltung" darstellten. Daneben könnten dann Bezirksregierungen neuen Typs als dezentrale, der Landesregierung insgesamt oder einem Ministerium für Landesstruktur und Landesentwicklung unterstellte, regionale Steuerungseinheiten erhalten bleiben.[1110]

### 7.4.2 Struktur- und Genehmigungsdirektion Nord

#### 7.4.2.1 Aufgabenstellung

Nach der Grundintention des Reformgesetzes sollten zusammengehörige Aufgaben im Interesse einer effektiven Dienstleistung für die Bürgerinnen und Bürger sowie die Wirtschaft gebündelt werden. Diese Forderung beinhaltete für die Struktur- und Genehmigungsdirektionen die Zusammenführung aller für die Umwelt-, Arbeitsschutz- und Bauverwaltung sowie die Raumordnung wesentlichen Zuständigkeiten. Die Detailbetrachtung des Aufgabenkreises der Struktur- und Genehmigungsdirektion Nord zeigt indes, dass die angestrebte vollständige Trennung von dem der Aufsichts- und Dienstleistungsdirektion übertragenen Aufgabenbereich nicht erreicht wurde. So bestehen mehrere Felder der notwendigen Zusammenarbeit zwischen der Struktur- und Genehmigungsdirektion und der Aufsichts- und Dienstleistungsdirektion in Trier. Dies gilt etwa für das Aufgabenfeld des Hochwasserschutzes, bei dem sowohl die Abteilung Wasserwirtschaft, Abfallwirtschaft, Bodenschutz der SGD als auch das Katastrophenschutzreferat der ADD fachlich betroffen sind. Ein weiteres Beispiel stellt der konkrete Vorgang des Brandes eines Zulieferbetriebes für die Autoindustrie dar, bei dem umweltgefährdende Stoffe frei wurden. Hier waren neben anderen Behörden auch die SGD Nord wegen des Aufgabenbereichs Gewerbeaufsicht und die ADD wegen der Betroffenheit landwirtschaftlicher Flächen in die Vorgangsbearbeitung involviert, wobei die Federführung der SGD Nord oblag.[1111]
Ein weiteres gemeinsam zu bearbeitendes Feld stellt die Förderung von Sozialstationen dar. Zwar besteht hierfür die Zuständigkeit überwiegend bei der ADD, diese ist jedoch bei notwendig werdenden baufachlichen Stellungnahmen auf die Einschaltung der SGD Nord angewiesen.[1112] Die angesprochenen Beispiele belegen, dass durch die konkrete Aufgabenzuweisung zu den SGD's bzw. der ADD in wenigen Aufgabenbereichen Zusammengehöriges getrennt und damit eine partielle Entbündelung eingetreten ist.

---

[1110] Hill, „Moderne Bezirksregierung", S. 9
[1111] Gassen, „Struktur- und Genehmigungsdirektion Nord"
[1112] Gassen, a.a.O.

### 7.4.2.2 Personalausstattung

Die für die Personalentwicklung relevanten Zahlen für die SGD Nord stellen sich wie folgt dar:

| | |
|---|---|
| Personal-Soll zum 01.01.2000 | 518,50 Vollzeitstellen |
| Personal-Ist | 483,47 Vollzeitstellen |
| Personal-Soll zum 01.01.2001 | 522,00 Vollzeitstellen |
| Personal-Ist | 463,96 Vollzeitstellen |
| Personal-Soll zum 01.01.2002 | 502,75 Vollzeitstellen |
| Personal-Ist | 456,76 Vollzeitstellen[1113] |

Nachdem auf der für die Personalausstattung relevanten Basis des Stellenplan-Solls zum 01.01.1999 für die SGD Nord zunächst von einem Stellen-Soll von 541,28 Stellen ausgegangen worden war, erfolgte wegen im Kapitel 03 03 (frühere Bezirksregierungen) insgesamt 161 unbesetzter Stellen auch eine Reduzierung der für die SGD vorgesehenen Stellenzahl. Da das Personal der in die SGD integrierten Regionalstellen ohne jegliche quantitative Veränderung umgesetzt wurde, wirkte sich diese Stellenreduzierung ausschließlich auf die Personalausstattung der Abteilungen 1 und 4 sowie des Zentralreferates 31 Wasserwirtschaft, Abfallwirtschaft, Bodenschutz aus, die zunächst als angespannt bezeichnet wurde.[1114] War und ist die Wiederbesetzung freier und frei werdender Stellen im Hinblick auf zu erfüllende Einsparauflagen auch weiterhin auf Einzelfäller beschränkt, ist die Personalsituation inzwischen doch insgesamt zufriedenstellend. Verwiesen wird dabei auf noch bestehende Leistungsreserven im vorhandenen Personalkörper, so dass bei einem Aufgabenzuwachs nicht notwendigerweise Neueinstellungen erfolgen müssten.[1115]

Nimmt man die beiden Regionalstellen der SGD Nord in Trier in den Blick, zeigt sich ein anderes Bild. So wurden der Regionalstelle Wasserwirtschaft, Abfallwirtschaft, Bodenschutz in Trier zum 01.01.2000 auf Grund des Aufgabenzuwachses durch Aufgabenverlagerung aus der ehemaligen Bezirksregierung 3 zusätzliche Stellen zugewiesen. Nachdem für den neu übernommenen Aufgabenkreis in der Bezirksregierung insgesamt 9 Stellen zur Verfügung standen, erwies sich diese reduzierte Zuweisung für die Aufgabenwahrnehmung als

[1113] Gassen, „Personal"

[1114] Struktur- und Genehmigungsdirektion Nord, „Bericht 28.04.2000", S. 4

[1115] Gassen, „Struktur- und Genehmigungsdirektion Nord"

Problem.[1116] Die Regionalstelle Gewerbeaufsicht Trier nahm ihre Arbeit am 01.01.2000 mit 35 Mitarbeitern auf, die auch Ende 2001 noch unverändert tätig waren. Diesbezüglich wurde darauf hingewiesen, dass für den Bereich Gewerbeaufsicht keine Einsparauflage bestehe, da auf Grund in früheren Jahren bereits erbrachter Einsparleistungen der Gewerbeaufsichtsverwaltung nunmehr notwendige Einsparungen an anderer Stelle vorgenommen würden.[1117]

#### 7.4.2.3 Reformziele und Zielerreichung

##### 7.4.2.3.1 Allgemeines

Bezüglich der Bündelungsfunktion der SGD Nord in komplexen Verfahren wurde beispielhaft die bereits im Zusammenhang mit Projektmanagement erwähnte vollständige Verlagerung der Rhein-Main-Air-Base der US-Streitkräfte von Frankfurt nach Spangdahlem genannt. Dieses Projekt wird in der Regie der SGD Nord abgewickelt, der die Projektsteuerung obliegt und die daher das Zusammenwirken vieler Behörden koordiniert.[1118]

Während insgesamt eine Steigerung der Wirtschaftlichkeit der Aufgabenwahrnehmung nicht konstatiert wurde, wurde dagegen generell auf Synergieeffekte durch die Integration von ehemals selbständigen Fachbehörden verwiesen. Konkretisiert wurden solche Effekte durch das Beispiel gemeinsamer Kontrollen von Mitarbeitern der Bereiche Gewerbeaufsicht und Wasserwirtschaft Die durch den großen Zuständigkeitsbereich der SGD Nord entstehenden räumlichen Distanzen zu Antragstellern werden nicht als Beeinträchtigung der angestrebten Bürgernähe gesehen.[1119]

Bezüglich des durch die Reform erwarteten Motivationsschubes zeigte sich ein differenziertes Bild. Während ein Teil der Mitarbeiter durch die Neuorganisation stark motiviert wurde, gab es auch gegenteilige Entwicklungen, die jedoch nicht reaktionslos blieben. Angesprochen wurden auch negative Folgen der Sozialverträglichkeit der Reform. So mussten Mitarbeiter, die einen Ortswechsel ablehnten, aus diesem Grunde zum Teil neue Aufgaben übernehmen, was auch zu innerer Ablehnung und sogar Krankheit führen konnte.[1120]

Das Selbstbild der SGD Nord wird im Wesentlichen durch deren „Kunden“ bestätigt. So wurden teilweise Leistungssteigerungen durch die Konzentration

---

[1116] Gerke, „Regionalstelle Wasserwirtschaft Trier“
[1117] Hirsch, „Regionalstelle Gewerbeaufsicht Trier“
[1118] Vgl. dazu auch Rheinzeitung vom 19.01.2001, S. 12
[1119] Gassen, „Struktur- und Genehmigungsdirektion Nord“
[1120] Gassen, a.a.O.

von Kompetenzen festgestellt.[1121] Als repräsentatives Beispiel für die erfolgreiche Tätigkeit der SGD Nord im Raum Trier wurde die komplexe Konversionsmaßnahme „Handwerkerpark in der ehemaligen Kaserne in Feyen“ genannt. Darüber hinaus wurde eine konstruktive Zusammenarbeit im Aufgabenbereich „Wohnungsbauförderung“ anerkannt.[1122] Mit dieser Bewertung deckt sich die Resonanz der Behördenleitung der SGD Nord bei einer Informationsveranstaltung mit 50 Firmenvertretern in der IHK Trier, bei der seitens der Behörde ausführliche Beratung schon vor Antragstellung angeboten und keine Kritik an der Arbeit der Behörde geäußert wurde.[1123]

Durch die räumliche Distanz bedingte Erschwernisse in der Vorgangsbearbeitung zeigten sich jedoch im Aufgabenbereich der Landespflege, der in Koblenz zentralisiert ist und für den keine Regionalstellen eingerichtet sind. Die zu überwindenden Distanzen würden auch von den landespflegerischen Mitarbeitern aus Koblenz als Problem dargestellt.[1124] Ausdrücklich wurden diesbezüglich jedoch die sichtbaren Anstrengungen der Mitarbeiter der SGD Nord anerkannt, die Distanz nicht zum Problem werden zu lassen. Dies wurde sowohl auf die Sachbearbeiter als auch auf die Behördenleitung selbst bezogen.[1125] Dies wurde durch den Hinweis ergänzt, dass die Mitarbeiter der SGD Nord gegenüber der früher zuständigen Bezirksregierung offener für praktikable Lösungen seien.[1126] Zum Teil wurde das Problem der räumlichen Distanz unter Hinweis auf die neuen Kommunikationsmedien relativiert. Entscheidender als Präsenz vor Ort sei heute die Erreichbarkeit, so dass durch das Kommunikationsmittel etwa des E-Mails die Kundenfreundlichkeit der SGD Nord gegenüber der früheren Situation erhöht worden sei.[1127]

Ein positives Votum über die Tätigkeit der SGD Nord wurde auch durch die Planungsgemeinschaft Trier abgegeben, diese betonte die sehr gut angelaufene Zusammenarbeit mit der neuen Behörde.[1128]

Aus der Sicht des für die Aufgabenstellung der SGD bedeutsamsten Ministeriums, des Ministeriums für Umwelt und Forsten, ergab sich in den einzelnen Abteilungen nach der Bildung der beiden Struktur- und Genehmigungsdirektionen gegenüber den früheren Bezirksregierungen in vielen Fällen eine Verringerung

---

[1121] Rössel, „Industrie- und Handelskammer Trier“
[1122] Schröer, „Stadt Trier“
[1123] TV vom 31.05.2000, S. 16
[1124] Kaster, „Verbandsgemeinde Trier-Land“
[1125] TV vom 19.01.2001, S. 14 „Fast jede Woche in Trier“
[1126] Groß, „Landkreis Trier-Saarburg“
[1127] Dold, „Industrie- und Handelskammer Koblenz“
[1128] TV vom 16.11.2000, S. 14

des Koordinationsverwaltungsaufwandes. Ausdrücklich ausgenommen davon wurde der Bereich der Gewerbeaufsicht, in dem sich ein erhöhter Koordinationsaufwand sowohl für das Ministerium für Umwelt und Forsten als auch das Ministerium für Arbeit, Soziales, Familie und Gesundheit ergeben hatte. Ursächlich dafür ist der auf Grund der Neuorganisation eingetretene Wegfall der Koordinierungsfunktion des Landesamtes für Umweltschutz und Gewerbeaufsicht über die 5 Staatlichen Gewerbeaufsichtsämter.
Im Bereich Wasserwirtschaft, Abfallwirtschaft und Bodenschutz wirkte sich die Zusammenführung von Technik und Recht aus der Sicht des Ministeriums positiv aus.[1129]

#### 7.4.2.3.2 Regionalstelle Wasserwirtschaft, Abfallwirtschaft, Bodenschutz Trier

Die Integration ehemals selbständiger Staatlicher Ämter für Wasser- und Abfallwirtschaft in die Struktur- und Genehmigungsdirektionen wird nachfolgend am Beispiel der Regionalstelle Trier dargestellt. Dabei zeigten sich im Zusammenhang mit dem Aufgabenübergang von der Bezirksregierung auf die Regionalstelle, die dadurch Fachbehörde und Vollzugsbehörde wurde, positive Effekte. Die nunmehr vorhandene abschließende Zuständigkeit der Regionalstelle für Erlaubniserteilungen für Kläranlagen und Regenentlastungsbauwerke, für Ausnahmegenehmigungen in Wasserschutzgebieten und Überschwemmungsgebieten beseitigte die vor der Reform notwendige Doppelprüfung durch zwei Behörden. Dies führte auch für die früher auf gutachterliche Stellungnahmen beschränkten Mitarbeiter nach dem notwendigen Umstellungsprozess auf die neue Lage zu Motivationseffekten auf Grund der erweiterten Entscheidungsmöglichkeit.[1130]

Die neue Struktur ermöglicht auch hohe Reaktionsgeschwindigkeit bei außergewöhnlichen Problemlagen, was bei der zahlreiche fachliche Belange berührenden Erweiterung der US-amerikanischen Air-Base Spangdahlem deutlich wurde. Bei diesem komplexen Vorhaben stellten sich Fragen der Landbeschaffung und Enteignung, der Landespflege, der Raumordnung, der Abfallwirtschaft und der Wasserwirtschaft. Zur Bewältigung dieses Fragenkreises wurden zwei Projektgruppen gegründet, eine bei der SGD Nord in Koblenz unter Leitung der Vizepräsidentin und eine weitere bei der Regionalstelle in Trier. Der Projektgruppenleiter in Trier ist zugleich Mitglied in der anderen Projektgruppe, wobei die Bundesverwaltung zusätzlich involviert ist. Auf Grund dieser Organisation war es möglich, als eine Behörde zu agieren und alle bisher wahrzunehmenden

---

[1129] Molter, „Ministerium für Umwelt und Forsten", S. 1 f.

[1130] Gassen, „Struktur- und Genehmigungsdirektion Nord" sowie
Gerke, „Regionalstelle Wasserwirtschaft, Abfallwirtschaft, Bodenschutz Trier"

Aufgaben zeitgerecht auf Grund einfacher und sachangemessener Kommunikation zu bearbeiten.[1131]

Diesen Erfahrungen entspricht es, dass die Integration der vormals selbständigen Ämter auch durch kommunale Vertreter eine positive Bewertung erfährt.[1132] Konkret wurde auf herausragende Arbeitsqualität sowie kurze Bearbeitungszeiten hingewiesen. Die Regionalstelle sei beratender Partner der Kommunen, insbesondere die Bündelung der bisherigen Aufgaben der Bezirksregierung und des Amtes für Abfall- und Wasserwirtschaft reduziere bislang stets festgestellte Reibungsverluste.[1133]
In dieses insgesamt positive Bild passt die vielfach geäußerte Auffassung, dass die Zusammenarbeit mit der Regionalstelle Wasserwirtschaft, Abfallwirtschaft, Bodenschutz Trier reibungslos verlaufe.[1134]

Die bei der Regionalstelle angesiedelte Zuständigkeit für komplexe wasserrechtliche Verfahren mit Öffentlichkeitsbeteiligung macht indes die Grenzen der Leistungsfähigkeit der Regionalstelle deutlich. Zur ordnungsgemäßen Bearbeitung ist intensive juristische Begleitung notwendig, die jedoch bei der Regionalstelle nicht erfolgen kann. Der im Zentralreferat in Koblenz angesiedelte juristische Ansprechpartner wird nicht als ausreichend angesehen.[1135] Angesprochen ist damit die Aufgabenverteilung zwischen dem Zentralreferat Wasserwirtschaft, Abfallwirtschaft, Bodenschutz und der Regionalstelle in Trier. Diese Abgrenzung bietet Anlass zur Kritik. So war etwa noch im November 2001 die Zuständigkeit für die Genehmigung der auf Grund des Europäischen Abfallkatalogs notwendigen Umschlüsselung von Abfällen zwischen Zentralreferat und Regionalstelle nicht abschließend geklärt. Dies führte zu der aus Unternehmersicht berechtigten Forderung, dass gerade bei fristgebundenen Angelegenheiten die Zuständigkeiten eindeutig sein müssten.[1136] Andere betonten als ihr vordringliches Interesse die Stärkung der Fachkompetenz der Regionalstelle durch Zuweisung von Verwaltungsjuristen, um die Regionalstelle zum alleinigen Ansprechpartner von Unternehmen weiterzuentwickeln.[1137] Diesbezüglich besteht demnach noch Handlungsbedarf, der in der zuständigen Abteilung der SGD

---

[1131] Gerke, „Regionalstelle Wasserwirtschaft, Abfallwirtschaft, Bodenschutz Trier“
[1132] Saftig, „Verbandsgemeinde Mayen-Land“,
Pföhler, „Landkreis Ahrweiler“,
in diesem Sinne auch Herting, „IHK Pfalz“
[1133] Kaster, „Verbandsgemeinde Trier-Land“
[1134] Statt vieler Kocks, „Handwerkskammer Trier“
Rössel, „Industrie und Handelskammer Trier“
Groß, „Landkreis Trier-Saarburg“
[1135] Gerke, a.a.O.
[1136] Witzel, „Heinrich Köhler Baugesellschaft mbH“
[1137] Gondert, „Theo Steil GmbH“

Nord auch erkannt ist, wenn die Definition von Schnittstellen und die gerechte Verteilung von Aufgaben als Integrationsprobleme bezeichnet werden.[1138]

Wenn sich die Aufgabenabgrenzung zwischen der Zentrale in Koblenz und der Regionalstelle in fachlicher Hinsicht mit den dargestellten Einschränkungen auch überwiegend bewährt hat, so gilt dies jedoch nicht für die innerbehördlichen Zuständigkeiten der Regionalstellenleitung. Exemplarisch wird dies an einem Antrag auf Zulassung zu einer Fortbildungsveranstaltung für einen Mitarbeiter der Regionalstelle deutlich. Dieser Antrag muss über die Regionalstelle über den Fachabteilungsleiter in Koblenz zur Abteilung Zentrale Aufgaben gelangen, in der dann der für den Haushalt zuständige Mitarbeiter über die Fortbildung entscheidet. Dies stellt gegenüber der früheren Selbständigkeit einen evidenten Rückschritt dar, der auch in keiner Weise schlüssig ist. Hat doch die Regionalstelle in fachlicher Hinsicht die Kompetenz zur Verausgabung von Haushaltsmitteln in erheblichem Umfange, so dass diesbezüglich zu Recht eine Kongruenz mit den innerbehördlichen Zuständigkeiten angestrebt wird.[1139]

Bezüglich des Verhältnisses zum Ministerium für Umwelt und Forsten wurden keine Veränderungen gegenüber der früheren Selbständigkeit des Amtes konstatiert, die regelmäßige Kommunikation erfolgt über die Zentralstelle in Koblenz.[1140]

#### 7.4.2.3.3 Regionalstelle Gewerbeaufsicht Trier

Die Aufgabenstellung der Regionalstelle Gewerbeaufsicht beruht auf einem vom Ministerium für Umwelt und Forsten unter Beteiligung der Gewerbeaufsichtsämter und des Landesamtes für Umwelt und Gewerbeaufsicht erarbeiteten Aufgabenkatalog. Dabei gerät vor allem die Zuständigkeitsabgrenzung zwischen dem Zentralreferat Gewerbeaufsicht in der Abteilung Gewerbeaufsicht in Koblenz und der Regionalstelle Trier in den Blick. Danach werden die gewerberechtlichen Aufgaben überwiegend von der Regionalstelle wahrgenommen. Der Zentralstelle Gewerbeaufsicht verbleibt damit kein ausreichender Aufgabenbestand für auf Dauer angelegte qualifizierte Sachbearbeitung. Um dies auszugleichen, wurden den 7 Mitarbeitern im Zentralreferat nicht nur von der Regionalstelle Trier Vorgänge zur Bearbeitung übertragen, obwohl die Zuständigkeit der Regionalstelle gegeben war.[1141]

---

1138 Vogt, „Struktur- und Genehmigungsdirektion Nord“

1139 Gerke, „Regionalstelle Wasserwirtschaft, Abfallwirtschaft, Bodenschutz Trier“

1140 Gerke, a.a.O.

1141 Hirsch, „Regionalstelle Gewerbeaufsicht Trier“

Hier zeigt sich demnach eine vergleichbare Schnittstellenproblematik wie im Fachbereich Wasserwirtschaft, Abfallwirtschaft und Bodenschutz. Im Unterschied dazu wurden der Regionalstelle Gewerbeaufsicht Trier jedoch keine zusätzlichen Aufgaben der ehemaligen Bezirksregierung übertragen, darüber hinaus weicht die Personalausstattung des Zentralreferats Gewerbeaufsicht mit 7 Mitarbeitern wesentlich von der Personalausstattung des Zentralreferats Wasserwirtschaft, Abfallwirtschaft, Bodenschutz mit 74 Mitarbeitern ab. Dies macht den in unterschiedlicher Weise gegebenen Handlungsbedarf zur Definition eindeutiger und sachgerechter Schnittstellen deutlich.

Dass auch die Kommunikation zwischen den beiden in Trier vorhandenen Regionalstellen der SGD Nord noch verbesserungsfähig ist, zeigt der Umstand, dass bei dem gemeinsamen Projekt „Erweiterung eines Kunststoffbetriebes mit Abwasserproblemen" beide Regionalstellen involviert waren, die Bearbeitungsbeiträge aber dem Adressaten gegenüber getrennt erfolgten.[1142]

Einen Rückschritt gegenüber der früheren Selbständigkeit stellt es dar, nunmehr für die Dienstreise der Regionalstellenleiterin von Trier nach Mainz eine Dienstreisegenehmigung in Koblenz einholen zu müssen, die dort sogar vom Präsidenten unterzeichnet wird. Gleiches gilt für die Thematik der Fortbildung, bei der in jedem Einzelfall eine Genehmigung durch den Leiter der Abteilung Zentrale Aufgaben in Koblenz erforderlich ist. Aus diesem Befund wird zu Recht die Forderung abgeleitet, verstärkt Zuständigkeiten auf die Regionalstellen selbst zu übertragen.[1143]
Höhere Effizienz und höhere Effektivität sowie eine Steigerung der Wirtschaftlichkeit des Handelns der Regionalstelle Gewerbeaufsicht werden insgesamt nicht gesehen. Dem entspricht es, wenn durch die Kunden der Gewerbeaufsichtsverwaltung keine Auswirkungen der Integration in die SGD Nord festgestellt werden.[1144]

---

1142 Hirsch, a.a.O.

1143 Hirsch, „Regionalstelle Gewerbeaufsicht Trier"

1144 Statt vieler Hirschberger, „Landkreis Kusel"
Rössel, „Industrie- und Handelskammer Trier"

### 7.4.2.4 Neue Behördenidentität

Die Schaffung einer neuen Behördenidentität und eines Gemeinschaftsgefühls stellt ein wesentliches Anliegen der Leitung der SGD Nord dar. Diesem Zweck dienen u.a. häufige Besuche in den Regionalstellen, durch die insgesamt der Eindruck gewonnen wurde, dass eine neue Behördenidentität am entstehen sei. In diesem Zusammenhang wurde ein großes Betriebsfest an einem Freitag im Jahr 2000 erwähnt, an dem viele Mitarbeiter gerade auch aus den Regionalstellen teilgenommen hätten.[1145]

Aus der Sicht der Regionalstelle Wasserwirtschaft, Abfallwirtschaft, Bodenschutz Trier ist eine neue Behördenidentität erst für den Kreis der Führungskräfte entstanden. Dies wurde auch auf eine mehrtägige Führungskräfteveranstaltung zurückgeführt, die erheblich zum Zusammengehörigkeitsgefühl beitragen habe.[1146]
Demgegenüber verstehen sich die Mitarbeiter der Regionalstelle Gewerbeaufsicht Trier auch fast zwei Jahre nach Inkrafttreten der Reform noch als „Gewerbeaufsicht", lassen aber inzwischen im täglichen Sprachgebrauch den Begriff „Amt" weg. Als Grund für diese Terminologie wurde genannt, dass der Begriff „Struktur- und Genehmigungsdirektion" nur schwer nach Außen zu vermitteln sei und es Akzeptanzprobleme gebe.[1147]
Auch der Präsident der SGD Nord stellte fest, dass der Begriff Struktur- und Genehmigungsdirektion nicht optimal sei. So habe die SGD Nord ebenso wie die ADD Trier Dienstleistungsfunktionen. Darüber hinaus würden auch Aufsichtsfunktionen, etwa im Bereich Landesplanung, Bau, Abfall, Wasser, Boden, Immissionsschutz etc., wahrgenommen. Er beklagte darüber hinaus, dass die Abkürzung SGD kaum richtig verwendet werde. Als bessere Variante bezeichnete er den Begriff „Landesdirektion Rheinland".[1148] Kritisch zu der gewählten Behördenbezeichnung äußerten sich auch Vertreter von Kommunalverwaltungen.[1149] Demgegenüber wurde für die Wirtschaft im Raum Koblenz schon festgestellt, dass die SGD inzwischen zum festen Begriff geworden sei.[1150]

Für die Schaffung einer neuen Behördenidentität wurde bereits auf die besondere Bedeutung gerade auch des Behördenleiters hingewiesen. Dieser sieht sich selbst in Relation zur früheren Reputation des Regierungspräsidenten nicht als abgestuft. Er werde sogar als Nachfolger des Regierungspräsidenten behandelt,

---

[1145] Gassen, „Struktur- und Genehmigungsdirektion Nord"
[1146] Gerke, „Regionalstelle Wasserwirtschaft, Abfallwirtschaft, Bodenschutz Trier"
[1147] Hirsch, a.a.O.
[1148] Gassen, „Struktur- und Genehmigungsdirektion Nord"
[1149] Vgl. statt vieler Kaster, „Verbandsgemeinde Trier-Land"
[1150] Dold, „Industrie- und Handelskammer Koblenz"

der über einen noch wesentlich größeren Zuständigkeitsbereich verfüge.[1151] Während diese Einschätzung zum Teil ausdrücklich geteilt wird,[1152] sehen andere einen Bedeutungsverlust gegenüber der Funktion des Regierungspräsidenten. Dieser sei ein Kristallisationspunkt mit wichtigen Funktionen für Regionalgefühl und Regionalbewusstsein gewesen.[1153]

### 7.4.2.5 Abschließende Bewertung

Wie die Detailbetrachtung des Aufgabenbestandes der SGD Nord gezeigt hat, ist durch die auf Grund der Neuorganisation erfolgte Aufgabenverteilung zwischen den SGD's und der ADD eine partielle Entbündelung eingetreten, Zusammengehöriges wurde getrennt. Dem wird zum Teil durch die Bildung von Projektgruppen entgegengewirkt, es erweist sich jedoch insgesamt als nachteilig gegenüber der früheren umfassenden Zuständigkeit der Bezirksregierung.
Während die Wirtschaftlichkeit der Aufgabenwahrnehmung durch die neue Struktur noch nicht erhöht werden konnte, sind doch überwiegend Leistungssteigerungen auf Grund der Konzentration von Kompetenzen eingetreten, die auch von den Kunden anerkannt werden. Gerade die Konzentration von Fach- und Vollzugskompetenz sowie die Integration von Sonderbehörden in die neue Struktur- und Genehmigungsdirektion Nord stellt eine angemessene Reaktion auf die festgestellten Mängel der früheren Aufgabenverteilung dar. Die neue Struktur ermöglicht es, die Uneinheitlichkeit von Bearbeitungs- und Weisungssträngen abzubauen, organisatorische Trennungen von notwendigerweise Mitwirkenden aufzuheben, Koordinationsmängel zwischen Fach- und Genehmigungsbehörden sowie Doppelprüfungen, die Verfahren verzögern und verkomplizieren, abzubauen. Auch der Koordinationsaufwand des Ministeriums für Umwelt und Forsten gegenüber dem nachgeordneten Bereich konnte mit wenigen Einschränkungen verringert werden.
Der beschrittene Reformweg entspricht danach generell den mit der Reform verbundenen Erwartungen. Dazu stehen die aufgezeigten Optimierungsmöglichkeiten nicht in Widerspruch. Angemessene Reaktionen auf die dargestellten Handlungsbedarfe, vor allem eine klare Schnittstellenbildung zwischen Zentral- und Regionalstellen sowie eine verstärkte Übertragung von Verantwortung auf die Regionalstellenleiter, können im Gegenteil zu weiterer Vereinfachung und Beschleunigung von Verfahren führen.

---

[1151] Gassen, a.a.O.
[1152] Dold, a.a..O.
[1153] Saftig, „Verbandsgemeinde Mayen-Land“
Fleck, „Rhein-Hunsrück-Kreis“

### 7.4.3 Struktur- und Genehmigungsdirektion Süd

#### 7.4.3.1 Aufgabenstellung

Bezüglich der Aufgabenstellung der SGD Süd wurde die bereits bei der Untersuchung der SGD Nord getroffene Feststellung bestätigt, dass noch Kooperationsfelder mit der ADD bestehen. Dies bezieht sich auf den Bereich der Förderung von Sozialstationen, in dem sowohl das Referat 21, Kommunale Zuwendungen, der ADD als auch das Referat 43, Bauwesen, der SGD Süd Aufgaben wahrzunehmen haben. Daneben wurden auch die Bereiche Hochwasserschutz (SGD) und Katastrophenschutz (ADD) genannt.[1154]

Ein Spezifikum der SGD Süd stellt die auf Grund § 9 VwORG erfolgte Integration der Zentralstelle der Forstverwaltung dar. Die differenzierte Regelung für die Forstverwaltung ist zunächst Ausdruck des Bemühens, im Hinblick auf das generelle Anliegen der Eingliederung von Sonderbehörden im Forstbereich keine neue Sonderbehörde entstehen zu lassen. Darüber hinaus galt es jedoch, eine Sonderstellung gegenüber den anderen Abteilungen der SGD Süd zu begründen, deren Berechtigung auf der überwiegend betriebswirtschaftlichen Orientierung der Forstverwaltung beruhte.[1155] Diese Sonderstellung der Forstverwaltung war Anlass für den der Leitung der Zentralstelle eingeräumten Sonderstatus, auf Grund dessen sie in forstfachlichen Fragen gegenüber der Direktionsleitung eigenverantwortlich (§ 9 Abs. 4 VwORG) entscheidet. Die dienstrechtlichen Entscheidungen für das in der Zentralstelle und in den Forstämtern tätige Personal trifft intern ebenfalls die Leitung der Zentralstelle. Dabei ist sie jedoch auf das Einvernehmen mit der Direktionsleitung angewiesen, wobei diese die forstfachliche Eigenverantwortlichkeit der Leitung der Zentralstelle zu berücksichtigen hat (§ 9 Abs. 5 VwORG). Durch das Korrektiv des Einvernehmens soll eine einheitliche Anwendung dienst- und arbeitsrechtlicher Vorschriften in der SGD Süd und in deren nachgeordnetem Bereich sichergestellt werden.[1156]

Die zentrale Zuständigkeit der ADD für den Bereich Landwirtschaft hätte es auch vertretbar erscheinen lassen, die Zentralstelle der Forstverwaltung bei der ADD anzusiedeln.[1157] Dieser Weg wurde auf Grund der engeren fachlichen Beziehung der Forstverwaltung mit den Fachbereichen der Struktur- und Genehmigungsdirektionen jedoch bewusst nicht beschritten.[1158]

---

[1154] Weichel, „Struktur- und Genehmigungsdirektion Süd“
[1155] Groß, „Landesgesetz“, S. 6
[1156] Landtag Rheinland-Pfalz, „Gesetzentwurf“, S. 105
[1157] In diesem Sinne etwa Winkel, in Landtag Rheinland-Pfalz, “Anhörung“, S. 49
[1158] Bolz, „Zentralstelle der Forstverwaltung“

### 7.4.3.2 Personal

Die personelle Entwicklung der SGD Süd wird aus der nachfolgenden, den Forstbereich nicht beinhaltenden, Übersicht deutlich:

| | | |
|---|---|---|
| 01.01.2000 | Personal-Soll (Stellenplan) | 542,75 Vollzeitstellen |
| | Personal-Ist (besetzte Stellen) | 518,5 Vollzeitstellen |
| 01.01.2001 | Personal-Soll | 541 Vollzeitstellen |
| | Personal-Ist | 519 Vollzeitstellen |
| 01.01.2002 | Personal-Soll | 546,25 Vollzeitstellen |
| | Personal-Ist | 529,41 Vollzeitstellen |

Für die Zentralstelle der Forstverwaltung wurden folgende Zahlen genannt:

| | | |
|---|---|---|
| 01.01.2000 | Personal-Soll (Stellenplan) | 232,73 Vollzeitstellen |
| | Personal-Ist (besetzte Stellen) | 230,08 Vollzeitstellen |
| 01.01.2001 | Personal-Soll | 236,73 Vollzeitstellen |
| | Personal-Ist | 230,23 Vollzeitstellen |
| 01.01.2002 | Personal-Soll | Vollzeitstellen[1159] |
| | Personal-Ist | 230,13 Vollzeitstellen |

Ein Ungleichgewicht in der Stellenausstattung zwischen der SGD Nord und der SGD Süd hatte nach dem 01.01.2000 mehrere Stellenverschiebungen zugunsten der SGD Süd im Rahmen eines Nord-Süd-Ausgleichs zur Folge. Begünstigt wurde dadurch insbesondere die Abteilung Wasserwirtschaft, Abfallwirtschaft, Bodenschutz. Die Erhöhung des Personal-Sollbestandes zum 01.01.2002 beruht auf der Zuweisung zusätzlicher Stellen auf Grund des sog. Sicherheitspaketes, die vorwiegend der Abteilung Gewerbeaufsicht zugute kommen. Unter Berücksichtigung dieser Stellenzuwächse, die insbesondere auf Grund einer Vielzahl von zusätzlichen Überwachungstätigkeiten notwendig wurden, erfolgte in den davon nicht betroffenen Bereichen ein zum Teil deutlicher Stellenabbau.[1160]

---

[1159] Weichel, „Personal Forst“, der Stellenplan 2002 lag zum Zeitpunkt der Auskunftserteilung noch nicht vor.

[1160] Weichel, „Personal“

### 7.4.3.3 Reformziele und Zielerreichung

#### 7.4.3.3.1 Allgemeines

Zu den Reformzielen der Effizienzsteigerung und Erhöhung der Wirtschaftlichkeit wurde durch den Behördenleiter darauf hingewiesen, dass dies nicht messbar sei, da es weder vor noch nach der Verwaltungsreform eine Kosten- und Leistungsrechnung gegeben habe. Dagegen wurde ausdrücklich eine Erhöhung der Reaktionsgeschwindigkeit auch bei außergewöhnlichen Problemlagen durch die Neuorganisation bejaht. Beispielhaft wurde diesbezüglich auf die bereits im Zusammenhang mit Projektmanagement genannte Genehmigung für das Großprojekt „Müllheizkraftwerk Mainz" verwiesen.[1161]

Eine zunehmende Motivation auf Grund der Neuorganisation wurde nicht festgestellt. Diesbezüglich wurde auf eine längerfristige Perspektive verwiesen, in der sich Vertrauen in die neue Behörde herausbilden müsse. Dabei seien insbesondere auch vertrauensbildende Maßnahmen der Behördenleitung notwendig.[1162]

Die von den Kunden der SGD Süd abgegebenen Stellungnahmen zeigen ein differenziertes Bild. So wurde zum Teil hervorgehoben, dass es keine Verkürzung der Bearbeitungszeiten auf Grund der Reform gegeben habe, wobei in dem Aufgabenbereich „Stadtentwicklung" sogar längere Bearbeitungszeiten vor allem infolge aufwendiger juristischer Prüfungen eingetreten seien.[1163] Andere stellten keine Veränderungen in der Aufgabenwahrnehmung der SGD Süd gegenüber der früheren Organisationsstruktur fest, betonten aber die bestehende gute Zusammenarbeit.[1164] Erwähnt wurde daneben das intensive Bemühen der Behördenleitung um ausreichende Information gerade auch der kommunalen Partner.[1165]

Die Handwerkskammer der Pfalz konstatierte insgesamt für die SGD Süd eine gegenüber der früheren Bezirksregierung Rheinhessen-Pfalz erhöhte Entscheidungskraft.[1166] Auf Grund einer Umfrage unter Mitgliedsbetrieben der Handwerkskammer Rheinhessen erfolgte eine positive Bewertung der Aufgabenwahrnehmung der SGD Süd in den Aufgabenbereichen Umwelt und Bau. Dies wurde durch die Feststellung ergänzt, dass die Zusammenarbeit mit der neuen

---

[1161] Weichel, „Struktur- und Genehmigungsdirektion Süd"
[1162] Weichel, a.a.O.
[1163] Fischer, „Stadt Worms"
[1164] Hirschberger, „Landkreis Kusel"
[1165] Görisch/Höhlein, „Gemeinde- und Städtebund Rheinland-Pfalz"
[1166] Hoffmann, „Handwerkskammer der Pfalz"

Behörde nicht verbesserungsfähig sei, so dass es keine „Sehnsucht nach der alten Bezirksregierung“ mehr gebe. Ein positives Urteil wurde auch für die Form der Öffentlichkeitsarbeit der SGD Süd abgegeben. Dies führte zu der Schlussfolgerung, dass sich alle in der politischen Diskussion über die Reform verwandten Gegenargumente aufgelöst hätten.[1167]

#### 7.4.3.3.2 Regionalstellen Wasserwirtschaft, Abfallwirtschaft, Bodenschutz und Gewerbeaufsicht

Die Integration der vormals selbständigen Ämter in die SGD Süd wurde durch die Behördenleitung ausschließlich positiv bewertet, wobei eine klare Aufgabentrennung zwischen den Regionalstellen und den Zentralreferaten bejaht wurde. Eingeräumt wurden noch partielle Autarkiebestrebungen in den Regionalstellen, die u.a. mit einem Prestigeverlust bei den ehemals selbständigen Amtsleitern aufgrund deren neuer Funktion als Regionalstellenleiter erklärt wurden.
Diese Bewertung wurde für den Bereich Wasserwirtschaft, Abfallwirtschaft und Bodenschutz von den Vertretern der kommunalen Gebietskörperschaften bestätigt. Dazu wurde auf die Übernahme von Vollzugsaufgaben der ehemaligen Bezirksregierung durch die Regionalstelle verwiesen.[1168] Andere betonten den Wegfall der Doppelprüfung durch Bezirksregierung und Staatliches Amt für Wasser- und Abfallwirtschaft, die stets sehr zeitaufwendig gewesen sei. Die nunmehr größere Selbständigkeit der Regionalstellen führe durchweg zu schnelleren Entscheidungen etwa in Genehmigungsverfahren für die Errichtung von Rückhaltebecken oder bei der Erteilung von Einleitererlaubnissen. Die Einschätzung der Behördenleitung, dass die Aufgabenabgrenzung zwischen den Regionalstellen und den Zentralreferaten eindeutig sei, wurde indes nicht ganz geteilt. So wurde bei größeren und komplexen Verfahren noch ein erhöhter Abstimmungsbedarf zwischen dem Zentralreferat Wasserwirtschaft, Abfallwirtschaft, Bodenschutz und der Regionalstelle festgestellt, aus dem das Erfordernis weiterer Optimierung abgeleitet wurde.[1169]

---

[1167] Wiese, „Handwerkskammer Rheinhessen“
[1168] Fischer, „Stadt Worms“
[1169] Görisch/Höhlein, „Gemeinde- und Städtebund Rheinland-Pfalz“

Die Integration der Gewerbeaufsichtsämter in die SGD Süd führte dagegen zu keinen Veränderungen in der Aufgabenwahrnehmung.[1170]

### 7.4.3.3.3 Zentralstelle der Forstverwaltung

Die organisatorische Umstrukturierung sollte die notwendigen Rahmenbedingungen für die Bündelung von Aufgaben schaffen, die in sachlich funktionalem Zusammenhang stehen. Nachdem die Aufgabe, forstfachlichen Sachverstand in komplexe umweltrechtliche Verfahren sowie Raumordnungs- und Landesplanungsverfahren bei der SGD Nord einzubringen, zunächst durch den ehemaligen Abteilungsleiter der Forstdirektion Koblenz wahrgenommen wurde, musste nach dessen Ausscheiden auf die Kommunikation mit der Zentralstelle in Neustadt überwiegend durch E-Mail oder auf schriftlichem Wege umgestellt werden.[1171] Das dadurch eintretende Erschwernis wird am Beispiel der Ausweisung des Naturschutzgebietes Mattheiser Wald in Trier deutlich, das federführend von der oberen Landespflegebehörde SGD Nord betrieben wird. Nachdem es in dieser Behörde selbst keinen forstlichen Ansprechpartner mehr gibt, wird forstliche Kompetenz von der SGD Nord über die Zentralstelle der Forstverwaltung und Gebietsreferenten im Forstamt Trier nachgefragt.[1172] Eine vergleichbare Lage entstand bei dem Straßenbauprojekt „Moselaufstieg" im Raum Trier. Hier sind in fachlicher Hinsicht die Aufgabenbereiche Landwirtschaft, Forst, Landespflege und Landesplanung berührt, wodurch nunmehr mit der SGD Nord, der Zentralstelle der Forstverwaltung und der ADD drei verschiedene Behörden involviert sind.[1173] Im Hinblick auf die durch die Reform angestrebte Bündelung wurde demnach durch die neue Struktur ein erhöhter Verwaltungsaufwand mit längeren Bearbeitungszeiten verursacht.

Die Zentralisierung der Forstverwaltung in Neustadt reduzierte die regionale Repräsentanz. Dies stellte sich zwar im Hinblick auf die Kunden der Forstverwaltung, die überwiegend mit den durch die Forstorganisationsreform deutlich gestärkten Forstämtern kommunizieren, als zu vernachlässigende Größe dar.[1174] Anderes gilt jedoch für das Verhältnis der Forstämter zur Zentralstelle in Neustadt. Diesbezüglich sollen die 8 Gebietsreferenten als unmittelbar vor Ort tätige Beauftragte der Zentralstelle eine besonders effektive Verbindung der Zentralstelle zu den Forstämtern sicherstellen. Während dies durch den Leiter der Zentralstelle bestätigt wurde,[1175] wird dieses Urteil von Anderen relativiert.

---

[1170] Vgl. statt vieler Hirschberger, „Landkreis Kusel"
Görisch/Höhlein, a.a.O.
Wiese, „Handwerkskammer Rheinhessen"

[1171] Bolz, „Zentralstelle der Forstverwaltung"

[1172] Schubach, „Forstamt Trier"

[1173] Brandt, „Gebietsreferent"

[1174] Groß, „Neuorganisation", S. 7

Zentralstelle bestätigt wurde,[1175] wird dieses Urteil von Anderen relativiert. So schließe schon die Vielfalt der Fachbereiche der Zentralstelle es aus, dass die 8 Gebietsreferenten über alles Wesentliche unterrichtet seien. Dementsprechend seien sie vielfach in die Kommunikation zwischen der Zentralstelle und den Forstämtern nicht eingebunden. Dies werde sich durch die angestrebte Reduzierung der Zahl der Gebietsreferenten auf 6 im Laufe des Jahres 2002 noch verstärken, wonach jeder der 6 Gebietsreferenten für mindestens 14 Forstämter zuständig sei.[1176] Bezüglich der konkreten Arbeitssituation der Gebietsreferenten wurde weiter kritisch angemerkt, dass weder Sekretariat noch Sachbearbeiter vorhanden seien, was sich generell auf die Aktenführung oder etwa die Fertigung von Schriftgut negativ auswirke. Dem bestehenden Bedürfnis nach intensiver Einbindung der Gebietsreferenten werde durch die Zentralstelle nicht ausreichend entsprochen. Nach dem zwischenzeitlich erfolgten Wegfall des eigenständigen Fachbereichs Gebietsreferate und Controlling erfolge die notwendige Koordination überwiegend durch einen monatlichen Besprechungstermin in Neustadt, was nicht ausreichend sei.[1177]

Die Konzentration des für die mittelfristige Forstplanung zuständigen Aufgabenbereichs „Forsteinrichtung“ bei der SGD Nord in Koblenz war strukturpolitisch bedingt und zudem eine Folge der Sozialverträglichkeit der Reform. Wenn es auch unter fachlichen Gesichtspunkten näher gelegen hätte, den Aufgabenbereich in der Zentralstelle wahrnehmen zu lassen,[1178] so ergeben sich aus der gewählten Lösung doch keine Probleme für die Aufgabenwahrnehmung.[1179]
Die Auswirkungen der Neustrukturierung auf das Ministerium für Umwelt und Forsten sind zunächst durch eine deutliche Reduzierung des Koordinationsaufwandes gekennzeichnet.[1180] Dies bezog sich inhaltlich auf rechtliche und verwaltungsorganisatorische Aufgaben, die von der Zentralstelle übernommen wurden. Der Aufwand verringerte sich in Einzelfällen geschätzt bis zu ca. 20 %.[1181]

Die Betrachtung des Reformziels, die Abschichtung von Vollzugsaufgaben von der ministeriellen Ebene zu erleichtern, macht unterschiedliche Sichtweisen deutlich. Während das Ministerium selbst hier keinen großen Handlungsbedarf mehr erkannte,[1182] wurde von der Zentralstelle noch Delegationspotential gese-

---

[1175] Bolz, „Zentralstelle der Forstverwaltung“
[1176] Brandt, „Gebietsreferent“
Schubach, „Forstamt Trier“
[1177] Brandt, a.a.O.
[1178] Brandt, a.a.O.
Schubach, „Forstamt Trier“
[1179] Bolz, „Zentralstelle der Forstverwaltung“
[1180] Ministerium für Umwelt und Forsten Rheinland-Pfalz, „Bilanz nach 100 Tagen“, S. 1
[1181] Molter, „Ministerium für Umwelt und Forsten“, S. 1
[1182] Molter, a.a.O., S. 2

hen. Ausdrücklich wurden die in der Referatsgruppe Forstbetrieb des Ministeriums für Umwelt und Forsten angesiedelten forstlichen Betriebsaufgaben genannt.[1183] Die nicht bestehende Delegationsbereitschaft wurde vor allem mit der noch nicht präzise beschriebenen Schnittstelle zwischen Ministerium und Zentralstelle begründet. Die sachangemessene Würdigung der breiten strategischen Basis der Zentralstelle könne sich längerfristig durch personelle Verringerungen sowie organisatorische Veränderungen etwa durch Verringerung der Zahl der Referate auf die bisherige Struktur der Forstabteilung des Ministeriums im Sinne eines Bedeutungswandels auswirken.[1184]

Die differenzierte Verteilung von Verantwortung zwischen dem Präsidenten der SGD Süd und dem Leiter der Zentralstelle führte bislang in der Praxis noch nicht zu Problemen.[1185] Insofern hat sich die in der politischen Diskussion angesprochene Konfliktanfälligkeit der gewählten Lösung bislang nicht bestätigt.[1186]

Der durch die Reform angestrebte Motivationsschub ist noch nicht auf allen Ebenen eingetreten. Während für die Zentralstelle in Neustadt auf Grund der größeren Zuständigkeit der nunmehr für das ganze Land zuständigen Fachbereiche ein Motivationszuwachs bejaht wurde,[1187] stellt sich dies aus der Sicht des Gebietsreferenten und der Forstamtsleiter anders dar. Da in der neuen Organisationsstruktur keine evidenten Vorteile gegenüber der früheren gesehen werden, wurde hier kein Motivationsschub festgestellt.[1188]

Die Kundenreaktionen auf die neue Verwaltungsstruktur in der Forstverwaltung bestätigen die überwiegend staatsverwaltungsinterne Zielrichtung der Reform.[1189] Stellten doch überwiegend die Vertreter der kommunalen Gebietskörperschaften keine Veränderungen in der Aufgabenwahrnehmung der Forstverwaltung fest.[1190] Lediglich zwei Gesprächspartner hoben hervor, dass die Konzentration von Kompetenz in einer Zentralstelle positiv sei.[1191] Dementsprechend

---

[1183] In diesem Sinne auch Scheffer, Bund Deutscher Forstleute, Landesverwaltung Rheinland-Pfalz, in Landtag Rheinland-Pfalz, „Anhörung", S. 61

[1184] Bolz, a.a.O.

[1185] Weichel, „Struktur- und Genehmigungsdirektion Süd"

[1186] Vgl. dazu Groß, „Landesgesetz", S. 9

[1187] Bolz, a.a.O.

[1188] Brandt, „Gebietsreferent"
Schubach, „Forstamt Trier"

[1189] In diesem Sinne schon Klages, „Neuorganisation", S. 5

[1190] Vgl. statt vieler Fleck, „Rhein-Hunsrück-Kreis"
Groß, „Landkreis Trier-Saarburg"

[1191] Görisch/Höhlein, „Gemeinde- und Städtebund Rheinland-Pfalz"

wird zu Recht von einer Akzeptanz der Reform im Bereich der kommunalen Gebietskörperschaften sowie der Privatwaldbesitzer ausgegangen.[1192]

Zum 01.01.2002 trat für die gesamte Landesforstverwaltung die neue Konzeption „Landesforsten“ in Kraft, nach der die Forstverwaltung zukünftig entsprechend einem Landesbetrieb nach betriebswirtschaftlichen Grundsätzen mit eigener Betriebsbuchhaltung geführt wird.[1193] Diese Konzeption hat keine dienstrechtlichen oder organisatorischen Auswirkungen auf das Personal der Landesforstverwaltung.[1194]

#### 7.4.3.4 Neue Behördenidentität

Eine neue Behördenidentität in der SGD Süd ist nach Einschätzung des Behördenleiters noch nicht entstanden. Als notwendige Voraussetzung dafür wurde die vollständige Integration der ehemals selbständigen Fachbehörden angesehen. In diesem Zusammenhang wurde auch die Bezeichnung „Struktur- und Genehmigungsdirektion“ als untauglich und verfehlt bezeichnet. Der komplizierte Begriff sei auch inhaltlich unzutreffend, da die SGD Süd auch Aufsichts- und Dienstleistungsfunktionen habe, während auch die ADD etwa durch die dort wahrgenommene kommunale Förderung strukturpolitische Aufgaben wahrnehme.[1195]

Die von der Behördenleitung vertretene Auffassung, der Präsident der SGD Süd habe gegenüber dem früheren Regierungspräsidenten keinen Bedeutungsverlust erlitten, erfuhr nur eine teilweise Bestätigung.[1196] Andere gehen dagegen von einem evidenten Bedeutungsverlust im Hinblick auf die nicht mehr gegebene „Allzuständigkeit“ des früheren Regierungspräsidenten aus.[1197] Wenn darüber hinaus von dem Wegfall des Regierungspräsidenten als „Lebender Vaterfigur“, „Heimatfigur“ und einer feststellbaren Trauer in der Bevölkerung gesprochen wird,[1198] so stellt dies wohl nur eine nostalgische Überhöhung im Sinne von Vergangenheitsverklärung dar.

[1192] Bolz, „Zentralstelle der Forstverwaltung“
[1193] Staatszeitung Rheinland-Pfalz Nr. 47/52. Jahrgang, vom 24.12.2001
[1194] Landtagsdrucksache 14/459 vom 22.11.2001
[1195] Weichel, „Struktur- und Genehmigungsdirektion Süd“
[1196] In diesem Sinne Fischer, „Stadt Worms“ sowie Wiese, „Handwerkskammer Rheinhessen“
[1197] Görisch/Höhlein, „Gemeinde- und Städtebund Rheinland-Pfalz“
[1198] Hoffmann, „Handwerkskammer der Pfalz“

### 7.4.3.5 Abschließende Bewertung

Insgesamt zeigte sich für die SGD Süd hinsichtlich ihrer generellen Aufgabenwahrnehmung sowie der Integration ehemals selbständiger Sonderbehörden ein mit der SGD Nord vergleichbares Bild. Dies bezieht sich neben der Innen- und der Kundensicht ausdrücklich auch auf die deutlich gewordenen Handlungsbedarfe.
Eine gesonderte Betrachtung macht jedoch die für die Forstverwaltung gefundene Lösung notwendig. Die dadurch begründete Zentralisierung führt bei landwirtschaftliche, landespflegerische oder landesplanerische Belange berührenden Projekten dazu, dass nunmehr mit ADD, SGD Nord und SGD Süd mit Zentralstelle der Forstverwaltung zum Teil drei verschiedene Behörden in die Bearbeitung eines Vorgangs involviert sind. Die dadurch eintretende Erhöhung des Verwaltungsaufwandes stellt gegenüber der früheren umfassenden Zuständigkeit der Bezirksregierungen einen Rückschritt dar, der zu Optimierungsüberlegungen Anlass gibt.
Auch das System der Gebietsreferenten ist zu überdenken. Nachdem diese in fachlichen Fragen häufig nicht beteiligt werden, können sie die ihnen angedachte Funktion der Moderation zwischen der Zentralstelle in Neustadt und den Forstämtern nicht ausreichend wahrnehmen. Die angestrebte Kompensation des Wegfalls der Forstdirektionen in Koblenz und Trier durch die Gebietsreferenten macht deren stärkere Integration und Information durch die Fachbereiche der Zentralstelle in Neustadt notwendig. Diesbezüglich kommt etwa in Betracht, einen in Neustadt tätigen Gebietsreferenten mit der Koordination im Sinne eines ständigen Ansprechpartners zu betrauen.[1199] Der Koordinationsaufwand des Ministeriums für Umwelt und Forsten wurde durch die Bildung der Zentralstelle der Forstverwaltung deutlich verringert In Frage zu stellen ist jedoch die derzeitige Aufgabenabgrenzung zwischen dem Ministerium und der Zentralstelle. Deren fachliche Kompetenz lässt es vertretbar erscheinen, über das bereits auf die Zentralstelle Übertragene hinaus weiteres Delegationspotential zu ermitteln.

### 7.4.4 Aufsichts- und Dienstleistungsdirektion

### 7.4.4.1 Aufgabenstellung

In der Aufsichts- und Dienstleistungsdirektion wurden mit landesweiter Zuständigkeit staatliche Aufsichtsfunktionen sowie Dienstleistungen in einer Vielzahl von Verwaltungsbereichen, insbesondere für die Kommunen, die Schulen,

---

[1199] In diesem Sinne Brandt, „Gebietsreferent"
Schubach, „Forstamt Trier", der auch den Wegfall der Gebietsreferentenebene als Alternative ansprach.

das Ordnungswesen, den Brand- und Katastrophenschutz sowie die Landwirtschaft und den Weinbau zusammengeführt.
Die ADD stellt mit dieser konkreten Aufgabenstellung in der rheinland-pfälzischen Verwaltungslandschaft, ebenso wie dies bei den Struktur- und Genehmigungsdirektionen der Fall ist, einen neuen Behördentyp dar. So ist es nur folgerichtig, wenn der Präsident der ADD von seiner eigenen Behörde als „der zentralen Verwaltungsdirektion des Landes Rheinland-Pfalz" spricht, der mit ihren 10 Behördenstandorten bereits ohne Berücksichtigung des nachgeordneten Bereichs für die Landesverwaltung große Bedeutung zukomme.[1200] Klages verweist diesbezüglich auf die Parallele zu einem zentralen Landesverwaltungsamt nach Thüringer Modell.[1201]

Analog zu den Feststellungen bezüglich der Struktur- und Genehmigungsdirektionen wurde auch durch die Behördenleitung der ADD eingeräumt, dass durch das Aufgabensplitting zwischen ADD und SGD's eine teilweise „Entbündelung" eingetreten ist. Konkret wurde, übereinstimmend mit der Darstellung zu den beiden SGD's, der Bereich des Katastrophenschutzes genannt. Auf die Verflechtungen des Katastrophenschutzes mit dem zur Zuständigkeit der SGD's gehörenden technischen Umweltschutz wurde auch an anderer Stelle am Beispiel der Explosion einer Chemieanlage hingewiesen. In diesem Fall müssten die Mitarbeiter beider Aufgabenbereiche eng zusammenarbeiten und ihr Verhalten aufeinander abstimmen. Daraus wurde die Notwendigkeit abgeleitet, die Probleme an diesen Schnittstellen im Blick zu behalten und ggfls. organisatorisch nachzusteuern.[1202]

Auch die Zuständigkeit des Sachgebiets Grenzüberschreitende Zusammenarbeit im Referat 11 für das Gebiet „Saar-Lor-Lux-Trier-Westpfalz" macht es notwendig, in fachlichen Fragen einzelne Referate der Struktur- und Genehmigungsdirektionen zu beteiligen, wodurch ein zusätzlicher Aufwand entsteht. Daneben ist das Referat 11 der ADD in grenzüberschreitenden Angelegenheiten durch die Fachreferate der Struktur- und Genehmigungsdirektionen einzubeziehen, was noch nicht in dem erforderlichen Umfange stattfindet. Zusätzlicher Koordinierungsbedarf besteht auch auf Grund der nur noch in den Struktur- und Genehmigungsdirektionen vorhandenen Aufgabenbereiche Raumordnung und Landespflege.[1203]

Zwischen der Abteilung Landwirtschaft, Weinbau und Wirtschaftsrecht bestehen fachliche Berührungspunkte mit den SGD's im Bereich Weinbau. So sind

---

1200 Mertes, „Einführung"
1201 Klages, „Neuorganisation", S. 4
1202 Winkel, in Landtag Rheinland-Pfalz, „Anhörung", S. 52
1203 Aufsichts- und Dienstleistungsdirektion, „Erfahrungsbericht 04.05.2000", S. 2

in der Zuständigkeit der ADD liegende Zuschussgewährungen an Winzer aus einem europäischen Förderprogramm bei Umstrukturierung von Weinbergen davon abhängig, dass die mit Steinkohlenteeröl imprägnierten Rebstöcke ordnungsgemäß entsorgt werden, was als Sonderabfallproblem in die Zuständigkeit der SGD's fällt.[1204]

#### 7.4.4.2 Personal

Bezüglich der Personalausstattung der ADD wurden folgende Zahlen genannt:

| | | | |
|---|---|---|---|
| 01.07.2000 | Personal-Soll | 536 | Personal-Ist 505,08 |
| 01.01.2001 | Personal-Soll | 540,50 | Personal-Ist 518,66 |

Im Jahr 2001 wurden weitere 14 Stellen wegen des neu eingerichteten Referates 43, Sonderkontrolldienst, zugewiesen. Dem derzeitigen Stellenbestand entspricht auf Grund einer großen Zahl von Teilzeitkräften ein Personalkörper von insgesamt 887 Mitarbeitern. Deren Verteilung auf die einzelnen Dienststellen der ADD wird aus der nachfolgenden Übersicht, Stand 21.02.2002, deutlich:

| Dienststelle | Anzahl |
|---|---|
| Zentralstelle Trier | 448 |
| Außenstelle/Arbeitssitze Koblenz | 78 |
| Außenstelle/Arbeitssitze Neustadt | 96 |
| Kampfmittelbeseitigungsdienst | 16 |
| Aufnahmeeinrichtung Trier | 38 |
| Reisekostenstelle Pirmasens | 36 |
| Reisekostenstelle Birkenfeld | 25 |
| Landesdurchgangswohnheim Osthofen | 14 |
| Verteidigungslastenverwaltung Kaiserslautern | 92 |
| Verteidigungslastenverwaltung Koblenz | 27 |
| Beurlaubte Mitarbeiter/-innen | 15 |
| Von ADD abgeordnete Mitarbeiter/-innen | 2 |
| Gesamt | **887** |

Aus der Stellensituation zum 01.07.2000 ist die sich davon wesentlich unterscheidende Ausgangslage der ADD zu Beginn der Neuorganisation am 01.01.2000 nicht erkennbar. So waren zu diesem Zeitpunkt 128 Stellen über alle Laufbahngruppen hinweg nicht besetzt.[1205] Dies hatte seine wesentliche Ursache in der in § 1 VwORG ausdrücklich postulierten Sozialverträglichkeit der Re-

---

1204 Harwardt, „ADD – Landwirtschaft, Weinbau, Wirtschaftsrecht“

1205 Momper, „Einführung“, S. 7
TV vom 17.01.2000, S. 14

form, wonach Versetzungen auf das unumgängliche Maß zu beschränken und nur auf der Grundlage einer gerechten Sozialauswahl vorzunehmen waren.[1206] Die zum 01.01.2000 zur ADD versetzten Mitarbeiter aus anderen Behörden entsprachen demnach nicht dem wegen der umfangreichen Aufgabenverlagerung auf die ADD Notwendigen.[1207]

Besonders prekär wirkte sich dies in der Schulabteilung aus. In dem nunmehr für die Personalverwaltung von ca. 43.000 Lehrern in Rheinland-Pfalz zuständigen Referat 31 waren bei Arbeitsaufnahme von den 40,22 vorgesehenen Stellen im gehobenen Dienst nur 27 besetzt.[1208]
Die Situation wurde weiter dadurch verschärft, dass aus fachlichen Gründen Rückabordnungen von an die ADD versetzten Beschäftigten vorgenommen wurden, damit bei der SGD Nord und der SGD Süd Nachfolger in die jeweiligen Funktionen eingearbeitet werden konnten.[1209] Wenn auch auf Grund der sofortigen Vollziehung der Versetzungsverfügungen mit der Folge, dass Widersprüche dagegen keine aufschiebende Wirkung hatten, insbesondere jüngere Mitarbeiter auch gegen ihren Willen an den Standort Trier versetzt wurden, so war doch das vielfach vorhandene Bemühen festzustellen, wieder heimatnähere Verwendungsmöglichkeiten zu erreichen. Dies führte in der ADD zu einer überdurchschnittlichen Fluktuation, die sich auf die Arbeitsabläufe nachteilig auswirkte, da gerade eingearbeitete Mitarbeiter die ADD verließen und wiederum neue eingearbeitet werden mussten. Hinzu kam, dass die Nachbesetzung von freiwerdenden Stellen nicht immer übergangslos erreichbar war, wodurch die betroffenen Arbeitsbereiche zusätzlich belastet wurden.[1210]
Die Dimension der Fluktuation wird aus den folgenden Zahlen deutlich:

| | | |
|---|---|---|
| Jahr 2000 | 121 Personalzugänge | 48 Personalabgänge |
| Jahr 2001 | 84 Personalzugänge | 35 Personalabgänge |

Die Personalsituation Anfang des Jahres 2000 machte schnelle Reaktionen erforderlich. So wurden bis Mai 2000 40 Mitarbeiter neu eingestellt.[1211] Darüber hinaus wurden alle Beamtenanwärter, die Ende Juni 2000 ihre Ausbildung beendeten, der ADD zugewiesen.[1212] Gleichwohl machten die personellen Engpässe die Erbringung von Überstunden notwendig, die sich incl. Samstags- und

---

1206 In diesem Sinne auch Ministerium des Innern und für Sport Rheinland-Pfalz, „Bericht 31.05.2000", S. 5
1207 Momper, „ADD – Örtlicher Personalrat"
1208 Aufsichts- und Dienstleistungsdirektion, „Erfahrungsbericht 04.05.2000, S. 9
1209 Ministerium des Innern und für Sport Rheinland-Pfalz, „Bericht 31.05.2000"
1210 Aufsichts- und Dienstleistungsdirektion, „Bericht 13.10.2000", S. 3
1211 TV vom 20./21.05.2000
1212 Ministerium des Innern und für Sport, a.a.O., S. 6

Sonntagsarbeit bis September 2000 auf 10.000 Überstunden summierten.[1213] Im Hinblick auf die beschriebene personelle Situation und unter Berücksichtigung der der ADD insgesamt zugewiesenen Stellen war es nur folgerichtig, dass die Behörde keine Einsparquote zu erwirtschaften hatte.[1214]

### 7.4.4.3 Reformziele und Zielerreichung

#### 7.4.4.3.1 Allgemeines

Bezüglich der durch die Reform zu erzielenden hohen Effizienz und Effektivität sowie der Wirtschaftlichkeit der Aufgabenwahrnehmung wurde zunächst generell festgestellt, dass dies kaum messbar sei. Gleichwohl wurden Effizienzsteigerungen in der Aufgabenwahrnehmung der zur Abteilung Zentrale Aufgaben gehörenden Reisekostenstellen in Birkenfeld und Pirmasens bejaht.[1215] Diese Konzentration an zwei Standorten führte bereits im ersten Halbjahr 2000 dazu, dass reisekostenrechtliche Aufgaben für die Versorgungsverwaltung, das Ministerium für Bildung, Wissenschaft und Weiterbildung und die Eichverwaltung der Reisekostenstelle Birkenfeld zusätzlich zugewiesen wurden.[1216]

Dass die konkrete Aufgabenverteilung einen angemessenen regionalen Bezug gewährleistet, wurde von allen Gesprächspartnern aus der ADD bestätigt. Dabei wurde ausdrücklich auf die in allen wesentlichen Aufgabenfeldern vorhandenen Außenstellen sowie einzelne Arbeitssitze außerhalb des Standortes Trier verwiesen.[1217] Eingeräumt wurde dabei jedoch, dass der durch die Außenstellen und Arbeitssitze bedingte Koordinationsaufwand teilweise hoch ist.[1218] Erwähnt wurde diesbezüglich auch das permanente Bestreben, die auf Grund der Zentralisierung zum Teil bedingten größeren Entfernungen zu den Adressaten des Verwaltungshandelns durch verstärkte Dienstreisetätigkeit zu kompensieren.[1219] Dies ist mit einem signifikanten Anstieg der Reisekosten verbunden, die sich gegenüber 1999 im Jahr 2001 von 163.580,74 DM auf 542.334,92 DM erhöhten.[1220]

---

[1213] Leiter der Zentralabteilung Mick anlässlich der Evaluierungstagung an der Deutschen Hochschule für Verwaltungswissenschaften Speyer am 21.09.2000

[1214] Mick, „ADD – Abteilung Zentrale Aufgaben"

[1215] Mertes, „Aufsichts- und Dienstleistungsdirektion"
Mick, „ADD – Zentrale Aufgaben"

[1216] Aufsichts- und Dienstleistungsdirektion, „Sachstandsbericht 20.11.2000", S. 2

[1217] Mertes, a.a.O.
Harwardt, „ADD – Landwirtschaft, Weinbau, Wirtschaftsrecht"

[1218] Schneider-Pauly, „ADD – Kommunale und hoheitliche Aufgaben, Soziales"

[1219] Mick, a.a.O.

[1220] Momper, „ADD – Örtlicher Personalrat"

Diese positive Gesamteinschätzung wird durch die Kunden der ADD insgesamt bestätigt. Diese sehen überwiegend in der Zentralisierung von Aufgaben in der ADD keine negativen Auswirkungen für die erwünschte Bürgernähe der Aufgabenwahrnehmung. Auch hier wird der konkrete Aufgabenbestand der ADD in den Mittelpunkt der Argumentation gerückt, für dessen Bearbeitung die räumliche Distanz zum Adressaten überwiegend irrelevant sei. Wo dies jedoch die Aufgabenstellung erfordere, gebe es Außenstellen und Arbeitssitze.[1221]
Allgemein wurde festgestellt, dass im Verhalten der Mitarbeiter der ADD der zu früheren Zeiten dominante Behördencharakter in den Hintergrund trete. Dies sei mit einer Erhöhung der Beratungsqualität der ADD gegenüber der früheren Bezirksregierung verbunden.[1222]

Die mit der Reform verbundene Erwartung, dass das Direktionenmodell einen gesamtstaatlichen, ressortübergreifenden Interessenausgleich sicherstellen solle, hat sich für die ADD nicht erfüllt. Dabei wird zur Begründung zunächst auf den sog. durchlaufenden Haushalt verwiesen, durch den die Interessen einzelner Ressorts stark zu berücksichtigen seien.[1223] Für die ADD gelte, dass keine ressortübergreifenden Probleme zu bearbeiten seien, da die Behörde stark „versäult" sei. Auch bestünden zwischen den einzelnen Fachabteilungen nur wenige Berührungspunkte.[1224]

Die vielfältigen Zuständigkeiten der Aufsichts- und Dienstleistungsdirektion haben zur Folge, dass der Behördenleitung neben dem Gesamtpersonalrat 18 Bezirks- und örtliche Personalräte als Partner gegenüberstehen. Dies hat für die Behördenleitung, die sich dem Gebot der vertrauensvollen Zusammenarbeit verpflichtet fühlt und daher Personalräte frühzeitig in Entscheidungsprozesse einbinden möchte, erheblichen Zeitaufwand zur Folge.[1225] Bemerkenswert ist diesbezüglich weiter, dass sich die Reisekosten für die Bezirkspersonalräte von 1999 auf 2001 von 24.614,62 DM auf 428.527,90 DM erhöht haben.[1226]
Problematisch und daher Gegenstand eines Rechtsstreites sind auch unterschiedliche Zuständigkeitsregelungen für die örtlichen Personalräte. So ist der Gesamtpersonalrat der ADD zuständig für die Mitbestimmung bei Entscheidungen des Präsidenten über Personalfälle in den Außenstellen. Die örtlichen Per-

---

1221 Statt vieler Hirschberger, „Landkreis Kusel"
Görisch/Höhlein, „Gemeinde- und Städtebund Rheinland-Pfalz"
Kocks, „Handwerkskammer Trier"
Anderer Ansicht nur Kaster, „Verbandsgemeinde Trier-Land"

1222 Statt vieler Dold, „Industrie- und Handelskammer Koblenz"

1223 Mertes, „Aufsichts- und Dienstleistungsdirektion"
Schneider-Pauly, „ADD – Kommunale und hoheitliche Aufgaben, Soziales"

1224 Mick, „ADD – Zentrale Aufgaben"

1225 Mertes, „Einführung", S. 7

1226 Momper, „ADD – Örtlicher Personalrat"

sonalräte in den Außenstellen haben dagegen keine Mitbestimmungskompetenzen, als Ausgleich dafür werden sie vom Gesamtpersonalrat angehört. Demgegenüber obliegt dem örtlichen Personalrat der ADD Trier die Mitbestimmung für alle Personalmaßnahmen am Standort Trier, was insgesamt nicht schlüssig ist.[1227]

Der durch die Neuorganisation erwartete Motivationsschub für die Mitarbeiter ist für den Bereich der ADD noch nicht eingetreten.[1228] Im Gegenteil wird hervorgehoben, dass die anfangs bestehende gute Motivation auf Grund der landesweiten Zuständigkeit der ADD inzwischen auf Grund der in vielen Bereichen bestehenden Arbeitsbelastung nachgelassen habe.[1229] Die wesentlichen Ursachen für den noch nicht eingetretenen Motivationsschub wurden durch die Personalratsvertreter präzisiert. So werde von vielen Mitarbeitern der Verlust der Allzuständigkeit der Bezirksregierung sowie die Verlagerung von politischen Gestaltungsaufgaben an die Struktur- und Genehmigungsdirektionen beklagt. Auch die erhebliche Fluktuation mit der sich daraus ergebenden Folge, ständig neue Kollegen einarbeiten zu müssen, habe negative Auswirkungen. Schließlich werde auch noch nicht im erforderlichen Umfange von der Möglichkeit Gebrauch gemacht, Verantwortung auf Mitarbeiter zu delegieren.[1230] Ergänzend wurde auf die trotz der hohen Arbeitsbelastung nur sehr schlechten Beförderungsperspektiven verwiesen. So stünden im Jahr 2002 für 50 Bewerber der Besoldungsgruppe A 10 nur 6 Beförderungsstellen der Wertigkeit A 11, für 60 Bewerber der Besoldungsgruppe A 11 nur 3 A 12-Beförderungsstellen zur Verfügung.[1231]

Im Hinblick auf die angestrebte Wirtschaftlichkeit der Aufgabenwahrnehmung sind ergänzend zur dargestellten Entwicklung der Reisekosten auch die Portokosten und die Fernmeldgebühren in den Blick zu nehmen. So stiegen die Portokosten von 218.284,-- DM im Jahr 1999 auf 354.823,70 DM im Jahr 2001. Die Fernmeldegebühren entwickelten sich im gleichen Zeitraum von 107.558,67 DM auf 132.747,28 DM.[1232]

---

[1227] Vgl. dazu Emmerich, „ADD – Gesamtpersonalrat“
[1228] Mertes, „Aufsichts- und Dienstleistungsdirektion“
[1229] Mick, „ADD – Zentrale Aufgaben“
Momper, „ADD – Örtlicher Personalrat“
[1230] Emmerich, „ADD – Gesamtpersonalrat“
[1231] Momper, a.a.O.
[1232] Momper, a.a.O.

### 7.4.4.3.2 Kommunale und hoheitliche Aufgaben, Soziales

Die Konzentration in vielfältigen Aufsichts- und Förderbereichen in jeweils einem Referat in der ADD erfährt durch die mit der Wahrnehmung der Aufgaben betrauten Mitarbeiter insgesamt eine positive Beurteilung. Wenn sich auch bei dem überwiegend die Aufsicht führenden Ministerium des Innern und für Sport keine Änderungen in den Verhaltensweisen gegenüber der nunmehr einzigen oberen Kommunalaufsichtsbehörde ergeben hätten, zeigten sich doch zahlreiche sachlichen und personellen Vorteile. So habe die zentrale Aufgabenwahrnehmung der Kommunalaufsicht zu einer Gleichförmigkeit des Verwaltungshandelns im ganzen Land geführt.[1233] Es werden Effizienz- und Synergieeffekte für die Bereiche Kommunalaufsicht, Brand- und Katastrophenschutz, Ordnungsrecht und Stiftungsaufsicht sowie Aussiedler- und Asylrecht gesehen.[1234] Für den Bereich der Kommunalaufsicht habe sich die ursprüngliche Befürchtung, die kommunalen Gebietskörperschaften aus dem Bereich der Pfalz würden den direkten Weg zum Ministerium suchen, nicht bestätigt.[1235] Festgestellt wurde daneben eine Intensivierung der Personal- und Finanzaufsicht über die kommunalen Gebietskörperschaften, bei deren Wahrnehmung es keine regionalspezifischen Betrachtungsweisen mehr gebe.[1236]

Auch die kommunalen Partner der ADD bestätigen überwiegend die beschriebenen Effekte. Als Begründung dafür wurde die einheitliche Handhabung bei der Genehmigung städtischer Haushalte und die dadurch bewirkte Gleichbehandlung genannt. Diese ermögliche auch die Vergleichbarkeit von Verwaltungen im Sinne eines Benchmarking.[1237] Daneben wurde hervorgehoben, dass die zu Zeiten der Bezirksregierungen häufig feststellbare unterschiedliche Auslegung von Rechtsnormen nunmehr der Vergangenheit angehöre.[1238] Festgestellt wurde auch eine inhaltliche Intensivierung der Kommunalaufsicht.[1239] Dieses positive Gesamtbild einschränkend wurde jedoch auch auf das Problem der weiteren Wege sowie den dadurch bedingten Zeitaufwand hingewiesen. Eine weitere Folge davon stelle die Reduzierung informeller Vorgespräche bei der ADD dar, die durch häufigere telefonische Kontakte ersetzt würden.[1240]

---

[1233] Mertes, „Aufsichts- und Dienstleistungsdirektion"

[1234] Schneider-Pauly, „ADD – Kommunale und hoheitliche Aufgaben, Soziales"

[1235] Momper, „ADD – Örtlicher Personalrat"

[1236] Mertes, a.a.O.

[1237] Schröer, „Stadt Trier"

[1238] Görisch/Höhlein, „Gemeinde- und Städtebund Rheinland-Pfalz"

[1239] Fischer, „Stadt Worms", Pföhler „Landkreis Ahrweiler"

[1240] Saftig, „Verbandsgemeinde Mayen-Land"
Fischer, a.a.O.

Bezüglich der Regionalen Servicestelle Kommunalaufsicht am Standort Neustadt zeigte sich im ersten Jahr ein hoher Abstimmungsbedarf, um eine landeseinheitliche Verwaltungspraxis zu erreichen.[1241] Der ursprüngliche Aufgabenbestand der Servicestelle wurde durch Zuweisung zusätzlicher kommunalaufsichtlicher Zuständigkeiten aufgewertet, um die Auslastung der Mitarbeiter sicherzustellen.[1242] Dies kann bereits indizielle Bedeutung für die bereits bei Einrichtung der Servicestelle diskutierte Frage nach deren Existenzberechtigung auf der Basis eines dreijährigen Beobachtungszeitraumes haben.

Der Aufgabenbereich „Kommunale Zuwendungen“ wurde bereits im zweiten Jahr nach Inkrafttreten der Reform in einem von der Kommunalaufsicht abgespaltenen neuen Referat 21 b „Kommunale Entwicklung, Denkmalschutz“ zusammengefasst. Dem lag die Erwägung zugrunde, die Organisationsstruktur des Ministeriums des Innern und für Sport in der ADD abzubilden. Dabei ist generell Gegenstand der Kritik, dass trotz der Zuständigkeit einer Abteilung im Ministerium für die verschiedenen Förderbereiche unterschiedliche Bewilligungsrichtlinien bestehen. Für die Förderbereiche Städtebau und Dorferneuerung, für deren Bearbeitung Arbeitssitze in Koblenz und Neustadt eingerichtet sind, wurde ein hoher Koordinationsaufwand eingeräumt.[1243] Für kritikwürdig wurde die derzeitige Regelung der Bewilligungszuständigkeiten gehalten. So erfolgen alle Bewilligungen in den Bereichen Investitionsstock, Städtebauförderung und Dorferneuerung durch das Ministerium des Innern und für Sport. Die ADD unterbreitet Fördervorschläge und legt die Vorgänge bewilligungsreif vor. Im Aufgabenbereich Dorferneuerung wird bei der ADD sogar der Bewilligungsbescheid im Entwurf für das zuständige Referat des Ministeriums des Innern und für Sport gefertigt. Diesbezüglich wurde, auch zur Vermeidung von Doppelprüfungen, zu Recht angemahnt, die Bewilligungskompetenzen auf die ADD zu übertragen.[1244]
Beanstandenswert ist auch die unterschiedliche Praxis baufachlicher Prüfungen in der ADD. Während im Bereich des Investitionsstocks baufachliche Prüfungen nur ab einer Zuwendungshöhe von 1,5 Mio. Euro sowie bei Verwaltungsgebäuden erforderlich sind, erfolgt bei Bauvorhaben im Schulbereich eine solche baufachliche Prüfung unabhängig von der Fördersumme bei jedem Förderprojekt.[1245]

Diese berechtigte Kritik an der gegenwärtigen Förderpraxis wird auch durch die Vertreter der kommunalen Gebietskörperschaften bestätigt. Wenn auch durch

---

1241 Aufsichts- und Dienstleistungsdirektion, „Sachstandsbericht 13.10.2000“, S. 4
1242 Mertes, a.a.O.
1243 Aufsichts- und Dienstleistungsdirektion, „Sachstandsbericht 30.10.2000“, S. 4
1244 Schneider-Pauly, „ADD – Kommunale und hoheitliche Aufgaben, Soziales“
1245 Schneider-Pauly, a.a.O.

die Konzentration in der ADD das landesweit einheitliche Verwaltungshandeln begrüßt wurde,[1246] so wurde doch der durch die Arbeitssitze im Zuwendungswesen bedingte Mehraufwand mit der Folge längerer Bearbeitungszeiten beanstandet.[1247] Deutliche Kritik wurde an der Verlagerung der vormals den Bezirksregierungen obliegenden Bewilligungskompetenz im Bereich Dorferneuerung auf das Ministerium des Innern und für Sport geübt. Die bewährte interne Vorabstimmung der Projekte zwischen der Kreisverwaltung und der Bezirksregierung sei nicht mehr möglich, zum Teil seien die kreisbezogenen Mittelzuweisungen durch das Ministerium auch nicht mehr nachvollziehbar.[1248]
Insgesamt mündete diese Kritik in die Forderung, im Förderbereich die Zahl der beteiligten Behörden zu reduzieren und insbesondere Bewilligungskompetenz auf die ADD zu übertragen.[1249]

Die eigene positive Bewertung der Zentralisierung des Aufgabenbereichs „Brand- und Katastrophenschutz“[1250] in der ADD erfährt im Wesentlichen eine Bestätigung. So wurden eine verstärkte Wahrnehmung der Aufsichtsfunktion konstatiert, darüber hinaus die schnellere und unkomplizierte Bearbeitung der Vorgänge.[1251] Neben dieser positiven Veränderung der Aufgabenwahrnehmung generell wurde auch auf die jederzeitige Gewährleistung der Handlungsfähigkeit auch bei außergewöhnlichen Ereignissen und Gefahrenlagen hingewiesen. Dazu bestehe eine Ansprechstelle Katastrophenschutz, deren Erreichbarkeit jederzeit sichergestellt sei.[1252] Das Ministerium für Umwelt und Forsten stellte Synergieeffekte durch die Konzentration des Katastrophenschutzes im Bereich Strahlenschutz fest. So konnten bei Übungen zu kerntechnischen Unfällen Abstimmungen intensiviert und die Messdienste zentralisiert werden.[1253]

Im Aufgabenbereich „Ordnungswesen und Hoheitssachen“ werden von den Mitarbeitern der ADD selbst neben Effizienzeffekten vor allem die nunmehr einheitliche Auslegung von Rechtsnormen für das Land als Vorteil herausgestellt. Dem entspricht es, wenn die Tätigkeit der ADD auf diesem Feld auch von ihren Kunden als insgesamt problemlos bewertet wird.[1254] Besonders betont

---

[1246] Fleck, „Landkreis Rhein-Hunsrück“,
in diesem Sinne auch Marx, „Ministerium des Innern und für Sport“, S. 3
[1247] Fischer, „Stadt Worms“
[1248] Pföhler, „Landkreis Ahrweiler“, Groß, „Landkreis Trier-Saarburg“
[1249] Vgl. statt vieler Kaster, „Verbandsgemeinde Trier-Land“
[1250] Mertes, „Aufsichts- und Dienstleistungsdirektion“
Schneider-Pauly, „ADD – Kommunale und hoheitliche Aufgaben, Soziales“
[1251] Schröer, „Stadt Trier“
[1252] Hirschberger, „Landkreis Kusel“
[1253] Molter, „Ministerium für Umwelt und Forsten“, S. 2
[1254] Vgl. nur Fischer, „Stadt Worms“

wurden dabei eine feststellbare Zunahme an Fachkompetenz auf dem Gebiet des Waffenrechts, die Verkürzung von Bearbeitungszeiten im Ausländerrecht[1255] sowie eine Intensivierung der Aufgabe der Stiftungsaufsicht.[1256] Diese Bewertung wurde jedoch durch ein anderes Votum wieder relativiert, indem die Mitwirkung der ADD bei der Errichtung einer Stiftung als schwerfällig bezeichnet wurde.[1257]

Die Integration der vormals selbständigen Ämter für Verteidigungslasten Koblenz und Kaiserslautern in die ADD führte zu Synergieeffekten. So konnten 4 Mitarbeiter des Amtes für Verteidigungslasten Koblenz temporär dem Schulpersonalreferat zur Verstärkung zugewiesen werden.[1258] Der in der Verteidigungslastenverwaltung Koblenz vorhandene Sachverstand machte es darüber hinaus möglich, die Bearbeitung von Dienstunfällen im Schulpersonalreferat auf die Mitarbeiter in Koblenz zu übertragen.[1259] Daneben konnte durch die Konzentration zentraler Dienste (z.B. Personalverwaltung, Haushalt) Personal für anderweitige Aufgaben freigesetzt werden.[1260]

Auch die Tätigkeit des Sozialreferates erfährt insgesamt eine positive Beurteilung,[1261] die auch von den kommunalen Gebietskörperschaften geteilt wird.[1262] Konstatiert wurde eine spürbare Erhöhung der Arbeitskapazität, so dass in dem Referat zwischenzeitlich bereits die Rückstände aus dem Bereich Koblenz abgewickelt werden.[1263]

Für das Aufgabenfeld „Jugend, Familie, Sport und Freizeit" wurde in der ADD eine insgesamt zufriedenstellende Bilanz gezogen. Dabei wurde jedoch für die Sportförderung ein erhöhter Koordinationsaufwand auf Grund der auch in Koblenz und Neustadt in diesem Aufgabenfeld tätigen Mitarbeiter eingeräumt.[1264] Aus Kundensicht ist die Aufgabenwahrnehmung im Bereich Sport und Freizeit Gegenstand deutlicher Kritik. Hier werden eine nachlassende Beratungsqualität und die Zunahme bürokratischer Verhaltensweisen festgestellt. Diesbezüglich symptomatisch und in keiner Weise zu billigen ist die mit hoher Arbeitsbelas-

---

[1255] Hirschberger, „Landkreis Kusel"

[1256] Fischer, a.a.O.
In diesem Sinne auch Schneider-Pauly, a.a.O.

[1257] Görisch/Höhlein, „Gemeinde- und Städtebund Rheinland-Pfalz"

[1258] Mick, „ADD – Zentrale Aufgaben"

[1259] Mertes, „Aufsichts- und Dienstleistungsdirektion"

[1260] Marx, „Ministerium des Innern und für Sport", S. 4

[1261] Aufsichts- und Dienstleistungsdirektion, „Sachstandsbericht 13.10.2000"

[1262] Vgl. nur Schröer, „Stadt Trier"

[1263] Mertes, a.a.O.

[1264] Aufsichts- und Dienstleistungsdirektion, a.a.O.

tung begründete Aufforderung an einen Landkreis, keine Sachstandsanfrage mehr zu stellen.[1265]

### 7.4.4.3.3 Schulen

Die Situation im Bereich Schulen war von Anbeginn der Neuorganisation durch den neuralgischen Punkt der nicht ausreichenden Personalausstattung geprägt. Dies betraf insbesondere das für Personalmaßnahmen zuständige Referat 31, dessen Zuständigkeit durch die Neuorganisation erheblich ausgeweitet wurde.
Eine Folge dieser Personallage stellte es dar, dass vom Ministerium für Bildung, Wissenschaft und Weiterbildung auf die ADD delegierte Aufgaben erst sukzessive bis August 2000 übertragen werden konnten. Als problematisch infolge der Personalsituation erwies sich auch, das erheblich angestiegene Arbeitsvolumen zeitgerecht zu bewältigen. So mussten bereits zum 01.02.2000 300 Ruhestandsversetzungen, 618 Neueinstellungen von Lehrkräften und 488 Einstellungen von Lehramtsanwärtern vorgenommen werden. Bis zum 27.04.2000 wurden darüber hinaus 1.032 Vertretungsverträge abgeschlossen.[1266] Insbesondere im ersten Halbjahr 2000 führte die Aufgabenwahrnehmung durch die ADD zu vielfacher Kritik. Diese bezog sich auf zu lange Bearbeitungszeiten bei Anträgen, auf die nicht oder nicht rechtzeitige Beantwortung von Anfragen sowie auf die verspätete Zahlung von Gehalt für Vertretungslehrer.[1267] Dabei beruhte die Problematik im Zusammenhang mit den Vertretungsverträgen auf der Auftragserteilung durch die Fachaufsichtsbeamten auch in den Außenstellen in Koblenz und Neustadt, wodurch es zu Abstimmungsproblemen zwischen der Schulaufsicht und den Schulen einerseits sowie der Schulaufsicht und der Personalverwaltung innerhalb der ADD andererseits kam.[1268] Hinzu kam, dass sich auch die Oberfinanzdirektion in Koblenz in einem Umstrukturierungsprozess befand. Inzwischen wurden zwischen der ADD und der Oberfinanzdirektion Vereinbarungen getroffen, die das Verfahren wesentlich beschleunigen.[1269]
Zum Teil wurde generell eine schleppende Bearbeitung von Personalangelegenheiten gerügt,[1270] so wurde etwa das 40-jährige Dienstjubiläum einer Schulleiterin ohne Urkunde begangen, auf die 2 Monate lang vergeblich gewartet worden war.[1271]

---

[1265] Groß, „Landkreis Trier-Saarburg“
[1266] Aufsichts- und Dienstleistungsdirektion, „Erfahrungsbericht 04.05.2000“, S. 8
[1267] TV vom 23.03.2000, S. 4
TV vom 21.06.2000, S. 4
[1268] Aufsichts- und Dienstleistungsdirektion, „Re-Organisation“, S. 22
[1269] Aufsichts- und Dienstleistungsdirektion, „Sachstandsbericht 13.10.2000“, S. 6
[1270] Groß, „Landkreis Trier-Saarburg“
[1271] Saftig, „Verbandsgemeinde Mayen-Land“

Neben der Personalausstattung hatten diese auch von der Leitung der ADD selbst eingeräumten und im politischen Raum wahrgenommenen Schwierigkeiten[1272] ihre weitere Ursache darin, dass in Trier auch Rückstände aus Koblenz und Neustadt aufzuarbeiten waren. Ein weiteres Erschwernis stellte die Sachbearbeiterstruktur im Referat 31 dar, die zeitweise durch nur 10 % erfahrene gegenüber 90 % unerfahrenen Sachbearbeitern gekennzeichnet war. [1273] In diesen Zusammenhang gehören auch die auf Grund der Neuorganisation entstandenen Probleme der Informations- und Kommunikationstechnologie. Wenn auch durch die Nutzung neuer Medien die Beschleunigung von Arbeitsabläufen insgesamt bestätigt wird,[1274] so sind doch weitere Verbesserungen in technischer Hinsicht unumgänglich. Die Bedeutung dieser Fortentwicklung wird von dem Präsidenten der ADD so hoch eingeschätzt, dass er Effizienzsteigerungen und Einsparungen im Schulbereich erst nach Einführung einer neuen elektronischen Datenverarbeitung insgesamt für möglich hält.[1275] Diesbezüglich ist es notwendig, Personalverwaltungsprogramm und Planstellenverwaltungsprogramm zu verknüpfen, die Möglichkeit tagesaktueller Soll-/Ist-Vergleiche zu ermöglichen, freie, aber dauerhaft nicht wiederbesetzbare Planstellen zu dokumentieren und allen Leseberechtigten, auch an den Außenstellen, die Durchführung von Auswertungen zu ermöglichen.[1276]

Nachdem das Einstellungsverfahren für das Schuljahr 2000/2001 insgesamt noch unter erschwerten Bedingungen durchgeführt wurde, konnten die Verwaltungsabläufe zum Einstellungstermin 01.08.2001 wesentlich verbessert werden. Die zu diesem Zeitpunkt erfolgten 900 Ersteinstellungen, 1.800 vorzeitigen Verbeamtungen, 1.200 Referendareinstellungen, 850 Altersteilzeitfälle und 7.000 Vertretungsfälle wurden zur Zufriedenheit aller Beteiligten bearbeitet, was auch die entsprechende Bestätigung fand.[1277] Gleichwohl ist eine weitere Dezentralisierung von Aufgaben durch Verlagerung vom Personalreferat auf die Fachaufsichtsreferate in Trier und in den Außenstellen angedacht.[1278]

In den neu geordneten Bereichen „Allgemeine Schulverwaltung, Kirchenrecht und Kulturpflege", Referat 32, zeigten sich keine nennenswerten Probleme. Rückstände wurden indes noch in der zweiten Jahreshälfte 2000 bei der Überprüfung von Verwendungsnachweisen aus den Bereichen Kulturförderung und

[1272] Vgl. nur Zuber, in Landtag Rheinland-Pfalz, „100-Tage-Bilanz", S. 8291
[1273] Mertes, „Aufsichts- und Dienstleistungsdirektion"
[1274] Krämer, „Neuordnung der Schulaufsicht", S. 7
[1275] Mertes, „Aufsichts- und Dienstleistungsdirektion"
[1276] Aufsichts- und Dienstleistungsdirektion, „Re-Organisation", S. 19
[1277] Mertes, a.a.O.,
statt vieler Görisch/Höhlein, „Gemeinde- und Städtebund Rheinland-Pfalz"
[1278] Aufsichts- und Dienstleistungsdirektion, a.a.O., S. 24

Schulsport sowie beim Abschluss von Gestellungsverträgen bezüglich der Erteilung von Religionsunterricht durch Kirchenbedienstete festgestellt. Mit ursächlich dafür war die Personalausstattung des Referates 32, das mit 55 % der geplanten Personalausstattung seine Arbeit aufgenommen hatte.[1279] Gleichwohl erfuhr der Bereich Kulturförderung durch einzelne Zuwendungsadressaten auch eine positive Bewertung.[1280]

Die Neukonzeption der Schulaufsichtsreferate 33 – 37 in Trier und in den Außenstellen Koblenz und Neustadt, die Verantwortung für insgesamt 1.772 Schulen tragen,[1281] führte zu einer intensiveren Zusammenarbeit zwischen den Fachreferaten. Gemeinsame Dienstbesprechungen und sonstige Maßnahmen ermöglichten eine Harmonisierung verschiedener Verwaltungsvorgänge und kollegiales Zusammenwirken in den einzelnen Referaten und auch schulartenübergreifend. Die Zusammenfassung schulfachlicher Kompetenz in der ADD insgesamt führte zur Einheitlichkeit des Handelns in den verschiedenen Landesteilen. Geltend gemacht wurden auch Rationalisierungseffekte durch auf Grund Erfahrungsaustausch mögliche Auswahl des effizientesten Verfahrens z.B. für Abstimmungen zwischen den Schulen bei Schulüberweisungen oder zur Ausgestaltung schulfachlicher Gutachten bei Funktionsstellenbesetzungen.[1282] Der bezüglich der Fachaufsichtsreferate erfolgte neue regionale Zuschnitt durch erstmalige Zuweisung der Landkreise Cochem-Zell, Birkenfeld und Kusel zum Aufsichtsbereich Trier wurde insgesamt positiv aufgenommen. Der Grundstein für die Akzeptanz wurde durch Dienstbesprechungen mit Schulleitern und zahlreiche Schulbesuche gelegt.[1283]

Bei den kommunalen Vertretern erfährt die Neuorganisation der Schulverwaltung insgesamt eine positive Bewertung.[1284] Verwiesen wurde diesbezüglich auf die gute Zusammenarbeit zwischen Jugendämtern und der Schulabteilung,[1285] auf eine insgesamt gute Berücksichtigung der Schulträgerinteressen[1286] sowie auf die vielfältigen Bemühungen für eine angemessene Ausstattung der Schulen mit Lehrkräften.[1287]

---

[1279] Aufsichts- und Dienstleistungsdirektion, „Sachstandsbericht 13.10.2000“, S. 7

[1280] Vgl. dazu nur Görisch/Höhlein, „Gemeinde- und Städtebund Rheinland-Pfalz“

[1281] Krämer, Neuordnung der Schulaufsicht“, S. 6

[1282] Aufsichts- und Dienstleistungsdirektion, „Erfahrungsbericht 04.05.2000“, S. 9

[1283] Aufsichts- und Dienstleistungsdirektion, „Sachstandsbericht 13.10.2000“, S. 8 f.

[1284] Vgl. nur Fleck, „Rhein-Hunsrück-Kreis“,
Kaster, „Verbandsgemeinde Trier-Land“

[1285] Schröer, „Stadt Trier“

[1286] Hirschberger, „Landkreis Kusel“
Fischer, „Stadt Worms“

[1287] Görisch/Höhlein, a.a.O.

#### 7.4.4.3.4 Landwirtschaft, Weinbau, Wirtschaftsrecht

Die Zentralisierung aller mit Landwirtschaft, Weinbau und Wirtschaftsrecht zusammenhängenden Aufgaben in der ADD führte im Hinblick auf die vormalige Bearbeitung in drei Bezirksregierungen nach Ansicht der Behördenleitung insgesamt zu einer Verminderung von Reibungsverlusten und hatte höhere Effizienz zur Folge.[1288] Dabei zeigt die nähere Betrachtung der einzelnen Aufgabenbereiche ein differenziertes Bild.

So galt es im Bereich Landwirtschaft und Weinbau, Referat 41, vor allem, die bisherigen unterschiedlichen Maßstäbe und Verfahrensweisen der Weinkontrolle in den ehemaligen Regierungsbezirken zu vereinheitlichen. Dabei wurde inzwischen eine Harmonisierung erreicht, die auch eine positive Bewertung erfährt, wobei auf eine durch die Bündelung eingetretene bessere Zusammenarbeit und eine spürbare Verbesserung der Kommunikation mit der ADD verwiesen wird.[1289] Die Zentralisierung im Bereich Weinbau hatte daneben den weiteren positiven Effekt, auch bei außergewöhnlichen Problemlagen adäquat reagieren zu können. So sind nunmehr auch bei Problemen größeren Ausmaßes im Weinbaubereich mit strafrechtlicher Relevanz die notwendigen Abstimmungen mit dem Fachministerium sowie der Weinstaatsanwaltschaft in Bad Kreuznach zeitnah durchführbar.[1290] Die Konzentration von Zuständigkeiten hatte weiter eine wirkungsvollere Wahrnehmung der Aufsichtsfunktionen zur Folge.[1291] Eingeräumt wurden dagegen Abstimmungsprobleme mit dem Fachministerium, da dieses häufig unmittelbar mit den zahlreichen nachgeordneten Dienststellen der ADD kommuniziert und diese lediglich nachrichtlich unterrichtet wird.[1292]

In dem Bereich Agraraufsicht und Agrarförderung, Referat 42, mangelte es zunächst an verbindlichen Zuständigkeitsabgrenzungen zwischen dem Fachministerium und der ADD. Die dadurch bedingten Probleme konnten zwischenzeitlich überwunden werden, so dass die Tätigkeit der ADD uneingeschränkt positiv bewertet wird. Dabei wurde auf die zügige Bearbeitung von Förderanträgen hingewiesen.[1293] Andere hoben hervor, dass nach der Neuorganisation nunmehr Sachbearbeiter für die vielfältigen Förderprogramme vorhanden seien, die sich auf Grund der Spezialisierung durch hohe Fachkompetenz auszeichneten.[1294] Für

---

[1288] Mertes, „Aufsichts- und Dienstleistungsdirektion"
Harwardt, „ADD – Landwirtschaft, Weinbau, Wirtschaftsrecht"

[1289] Rössel, „Industrie- und Handelskammer Trier"
In diesem Sinne auch Groß, „Landkreis Trier-Saarburg"

[1290] Harwardt, a.a.O.

[1291] Harwardt, a.a.O.

[1292] Aufsichts- und Dienstleistungsdirektion, „Erfahrungsbericht 04.05.2000", S. 11

[1293] Groß, „Landkreis Trier-Saarburg"

[1294] Hirschberger, „Landkreis Kusel"

das Aufgabenfeld der Saatenanerkennung, der Öko-Kontrollstellen sowie der Anerkennung von Erzeugergemeinschaften wurde als positiv herausgestellt, nach der Zentralisierung nur noch über einen Ansprechpartner zu verfügen, der eine einheitliche Auslegung der relevanten Normen und Verwaltungsvorschriften gewährleiste.[1295]

Der Sonderkontrolldienst der Agrarverwaltung wurde erst im Laufe des Jahres 2000 eingerichtet. Seine Aufgabe ist die Kontrolle der durch die EU finanzierten und ko-finanzierten Förderverfahren in Landwirtschaft und Weinbau. Der personelle Aufbau dieses Referates 43, dessen Aufgabenbestand durch 40 verschiedene Förderprogramme sowie mehr als 2.500 durchzuführende Kontrollen gekennzeichnet ist, konnte auch im Jahr 2001 noch nicht abgeschlossen werden. Dementsprechend wurde bezüglich der Arbeit des Sonderkontrolldienstes geltend gemacht, dass die Zusammenarbeit noch nicht reibungslos verlaufe, das Personal nicht ausreichend qualifiziert sei und die Informationsweitergabe durch Prüfprotokolle nicht zeitnah genug erfolge.[1296] Dass die Probleme des Neuaufbaus inzwischen weitgehend abgebaut sind, wird durch eine weitere Meinungsäußerung deutlich, die die Bündelung der Kontrollen beim Sonderkontrolldienst gegenüber der vorher zwischen Kreisverwaltungen und Kulturämtern aufgesplitteten Zuständigkeit als ausschließlich positiv darstellt.[1297]

Die Konzentration in der ADD im Bereich Ländliche Bodenordnung und Entwicklung sowie Dorferneuerung, Referat 44, führte zu einer Harmonisierung und Intensivierung der Aufsicht über die Kulturämter.[1298] Positive Bewertungen erfuhr die neue Struktur auch durch bisher von der Aufgabenwahrnehmung betroffene Teilnehmergemeinschaften.[1299]

Im Bereich Wirtschaftsrecht und Preisüberwachung, Referat 45, zeigte sich nach der Konzentration der Zuständigkeiten, dass sich in der Vergangenheit erhebliche Unterschiede in der Verwaltungspraxis beim Vollzug der Handwerksordnung und des Berufsbildungsgesetzes entwickelt hatten. Die daher notwendige Harmonisierung wurde mit erheblichem Arbeitsaufwand betrieben und inzwischen erfolgreich abgeschlossen. Dies führte zu übereinstimmenden Bewertungen der Aufgabenwahrnehmung. Durch die Mitarbeiter der ADD selbst wurde die Zusammenarbeit mit den Kammern im Bereich des Berufsbildungsgesetzes und der Handwerksordnung als reibungslos bezeichnet. Vertreter der Kam-

[1295] Schnabel, „Landwirtschaftskammer Rheinland-Pfalz“
[1296] Fleck, „Rhein-Hunsrück-Kreis“
ebenso Hirschberger, a.a.O.“
[1297] Groß, „Landkreis Trier-Saarburg“
[1298] Harwardt, „ADD – Landwirtschaft, Weinbau, Wirtschaftsrecht“
[1299] Aufsichts- und Dienstleistungsdirektion, „Erfahrungsbericht 04.05.2000“, S. 12

mern verwiesen auf deutlich schnellere Bearbeitung von Vorgängen betreffend Berufserlaubnisse, Meisterprüfungen, Erteilung und Entzug von Lehrbefugnissen etc.[1300] Gleiches gilt für die Funktion der ADD als Widerspruchsbehörde bei Widersprüchen gegen Prüfungsentscheidungen. Hier wurde eine deutliche Effizienzsteigerung gegenüber der vormals zeitaufwendigen und formalistischen Praxis der Bezirksregierung konstatiert.[1301]

Im Bereich Vergabeprüfung und VOB-Stelle mangelte es zum Teil an den erforderlichen Fachkenntnissen in technischer oder baufachlicher Hinsicht, wobei bereits Lösungen angedacht sind.[1302] Bearbeitungsdefizite wurden für die Bereiche Datenschutz und Wirtschaftssicherstellung eingeräumt. So konnten im Jahr 2000 die nach dem Bundesdatenschutzgesetz vorgeschriebenen Prüfungen vor Ort nicht erfolgen. Auch konnte die dem Referat für das ganze Land obliegende Aufgabe der Wirtschaftssicherstellung auf Grund personeller Engpässe und anderer Prioritäten bislang nicht wahrgenommen werden.[1303]

#### 7.4.4.4 Neue Behördenidentität

Das für eine neue Behördenidentität notwendige „Wir-Gefühl" der auf zahlreiche Standorte verteilten Mitarbeiter der ADD hat sich bislang noch nicht eingestellt.[1304] Hingewiesen wurde jedoch auf vielfältige Bemühungen, hier Fortschritte zu erreichen. In diesen Zusammenhang gehört die Initiative der Behördenleitung, die landesweite Präsenz der ADD dadurch zu leben, dass einmal monatlich der Arbeitsplatz des Behördenleiters nach Koblenz und nach Neustadt an der Weinstraße verlegt wird.[1305] Angestrebt wird darüber hinaus eine weitere Verbesserung der Kommunikation zwischen der Zentrale in Trier und den als „Kompetenz-Zentren" bezeichneten Außenstellen.[1306] Die sich bei diesem Befund aufdrängende Idee, einen Leitbildprozess einzuleiten, wird in der ADD bewusst nicht aufgegriffen. Während sich der Präsident zunächst darauf beschränken möchte, selbst „mit gutem Beispiel voranzugehen",[1307] wiesen andere darauf hin, dass die Mitarbeiter auf Grund der derzeit hohen Arbeitsbelastung wohl dafür kein Verständnis aufbringen würden.[1308]

---

[1300] Hoffmann, „Handwerkskammer der Pfalz"
[1301] Wiese, „Handwerkskammer Rheinhessen"
[1302] Aufsichts- und Dienstleistungsdirektion, „Erfahrungsbericht 04.05.2000", S. 14
[1303] Aufsichts- und Dienstleistungsdirektion, a.a.O., S. 15
[1304] Emmerich, „ADD – Gesamtpersonalrat"
Harwardt, „ADD – Landwirtschaft, Weinbau, Wirtschaftsrecht"
[1305] Mertes, „Aufsichts- und Dienstleistungsdirektion"
[1306] Mertes, „Einführung", S. 5
[1307] Mertes, „Einführung", S. 8
[1308] Mick, „ADD – Zentrale Aufgaben"

Die für die Entstehung einer neuen Behördenidentität auch relevante Frage der Bedeutung der Behördenleitung gegenüber dem früheren Status des Regierungspräsidenten zeigt im Wesentlichen ein homogenes Bild. So wird sowohl innerhalb der ADD als auch bei den kommunalen Partnern infolge der nicht mehr vorhandenen Allzuständigkeit von einem Bedeutungsverlust für den Behördenleiter ausgegangen.[1309] Bemerkenswert ist indes, dass auch auf die Kompensation dieses Bedeutungsverlustes durch die Ausweitung der Zuständigkeiten der ADD auf das ganze Land hingewiesen wird. Dadurch sei im Ergebnis die Funktion des ADD-Präsidenten positiv besetzt worden.[1310]

Auf den Zusammenhang zwischen Behördenidentität und Behördenbezeichnung wurde durch Personalratsvertreter aufmerksam gemacht. So könnten sich viele Adressaten des Verwaltungshandelns der ADD nichts unter Aufsichts- und Dienstleistungsdirektion vorstellen.[1311] Auch in der politischen Diskussion wurde bereits eingeräumt, dass die gewählten Bezeichnungen ADD und SGD nicht besonders eingängig seien.[1312] Ministerpräsident Beck rief gar dazu auf, ihm Alternativvorschläge zu unterbreiten.[1313]
Wird von der nachvollziehbaren Grundforderung ausgegangen, dass der Staat nicht beliebige, nur Insidern verständliche Bezeichnungen verwenden darf, sich vielmehr – wenigstens in Grenzen – „erklären“ muss,[1314] so kämen im Hinblick auf die auch in den Struktur- und Genehmigungsdirektionen wahrgenommenen Aufsichts- und Dienstleistungsfunktionen auch andere Bezeichnungen für die ADD in Betracht. Diskutiert wurden diesbezüglich bereits die Bezeichnungen „Landeszentralverwaltung“ oder „Landesverwaltungszentrum“.[1315] Zu denken wäre darüber hinaus an die Bezeichnung „Landesverwaltungsamt“.

---

1309 Mertes, „Aufsichts- und Dienstleistungsdirektion“
Mick, „ADD – Zentrale Aufgaben“
Kaster, „Verbandsgemeinde Trier-Land“
Kocks, „Handwerkskammer Trier“

1310 Groß, „Landkreis Trier-Saarburg“

1311 Emmerich, „ADD – Gesamtpersonalrat“

1312 Pörksen, in Landtag Rheinland-Pfalz, „Zweite Beratung“, S. 6958

1313 Die Rheinpfalz vom 16.12.1998

1314 In diesem Sinne Ellwein/Hesse, „Staatsreform“, S. 135

1315 Brandel, in Landtag Rheinland-Pfalz, „Anhörung“, S. 46

### 7.4.4.5 Abschließende Bewertung

Die Detailbetrachtung des Aufgabenbestandes der ADD zeigt über das bereits bei den SGD's Angesprochene hinaus weitere Felder gemeinsamer Aufgabenwahrnehmung mit den SGD's. Diese teilweise Entbündelung erweist sich gegenüber der früheren Situation als nachteilig, sie ist im Blick zu behalten und es erscheint notwendig, unabhängig von der Einrichtung von Projektgruppen Optimierungsmöglichkeiten zu entwickeln.
Diesem evidenten Nachteil der neuen Struktur stehen zahlreiche positive Gesichtspunkte gegenüber. So sind durch die Konzentration von Zuständigkeiten in der ADD vielfältige Effizienzsteigerungen und Synergieeffekte eingetreten. Insbesondere die Integration der Ämter für Verteidigungslasten hatte solche Synergieeffekte zur Folge. In zahlreichen Aufgabenfeldern ist nunmehr landesweit einheitliches Verwaltungshandeln sichergestellt. Auf Grund der Spezialisierung stehen für die Aufgabenwahrnehmung mit hoher Fachkompetenz ausgestattete Mitarbeiter zur Verfügung. Deren von zahlreichen Kunden konstatiertes hohes Engagement bei der Aufgabenwahrnehmung hat auch zu einer deutlichen Verbesserung der Kundenorientierung sowie zu einer spürbaren Erhöhung der Entscheidungskraft gegenüber der früheren Situation geführt.
Die Konzentration von Kompetenz hatte daneben eine intensivere Wahrnehmung sowie die Harmonisierung von Aufsichtsfunktionen zur Folge. Der regionale Bezug der Aufgabenwahrnehmung wird vor allem durch die Außenstellen und die Arbeitssitze sichergestellt. Soweit in einzelnen Aufgabenbereichen diese nicht bestehen, wird dem Problem der längeren Wege auf Grund der Zentralisierung in Trier durch eine verstärkte Dienstreisetätigkeit begegnet, die jedoch mit einem erhöhten Kostenaufwand verbunden ist.

Weiteren Optimierungsbedarf weist insbesondere der Bereich Schule auf. Hier müssen wegen der weitreichenden personellen Zuständigkeiten der ADD weitere Verbesserungen in technischer Hinsicht zeitnah erreicht werden. Soweit in einzelnen Referaten auf Grund problematischer Personalausstattung noch Defizite in der Aufgabenwahrnehmung auftreten, ist personell nachzusteuern. Im Hinblick auf die Schaffung eines Zusammengehörigkeitsgefühls in einer neuen Behörde erscheint es unerlässlich, einen Leitbildprozess einzuleiten.

Bezüglich des Verhältnisses der Ministerien zur ADD ist generell festzustellen, dass das Bewusstsein, über eine für das ganze Land zuständige leistungsstarke nachgeordnete Behörde zu verfügen, noch steigerungsfähig ist. Exemplarisch kann hier auf die noch ungenutzte Möglichkeit der Übertragung von Bewilligungskompetenzen auf die ADD verwiesen werden.
Insgesamt zeigt nach alledem die Analyse der ADD, dass die mit der Reform verbundenen Erwartungen weitgehend erfüllt wurden. Im Hinblick auf die zweijährige Bewährungszeit erscheint nunmehr eine Konsolidierungsphase ohne

weitere grundlegende organisatorische Veränderungen angezeigt, die für die angesprochenen Optimierungen genutzt werden sollte.

### 7.4.5 Landesuntersuchungsamt

#### 7.4.5.1 Aufgabenstellung

Im Landesuntersuchungsamt wurden sämtliche Aufgaben auf dem Gebiet der Humanmedizin, der Veterinärmedizin und der Lebensmittelchemie zusammengefasst. Der Aufgabenbestand beinhaltet danach auch die in den ehemaligen Referaten 17, Lebensmittelüberwachung und Veterinärwesen, der Bezirksregierungen wahrgenommen Aufgaben sowie wenige Aufgaben aus den ehemaligen Referaten 16, Gesundheit und Pharmazie.[1316] Während die Vollzugsaufgaben dem Bereich Zentrale Aufgaben zugewiesen wurden, wurde das ehemalige Landesveterinäruntersuchungsamt inhaltlich unverändert als Fachbereich Tiermedizin in die neue Struktur übernommen. Die Integration der vormals selbständigen Medizinaluntersuchungsämter, Chemischen Untersuchungsämter sowie Lehranstalten führte zur Bildung zweier neuer Fachbereiche für Humanmedizin und Lebensmittelchemie.

Diese Integration erfolgte mit den zum Zeitpunkt der Neuorganisation bestehenden Aufgabenbeständen. Hervorzuheben ist diesbezüglich, dass sich an dieser Situation bis Ende 2001 nichts geändert hat. So beruht die Schwerpunktbildung zwischen den einzelnen Instituten für Lebensmittelchemie auf einer schon im Jahr 1998 getroffenen Regelung. Diese führte u.a. seinerzeit zur landesweiten Zuständigkeit des Instituts für Lebensmittelchemie Trier gemeinsam mit dem Medizinaluntersuchungsamt Trier für den Bereich gentechnisch veränderter Lebensmittel.[1317] Auch bezüglich der Institute für Hygiene und Infektionsschutz sind über die bereits bestehenden Schwerpunktbildungen hinaus keine wesentlichen Aufgabenveränderungen vorgenommen worden. Zwischenzeitlich wurde durch den neuen Fachbereichsleiter Humanmedizin ein Konzept für die Neustrukturierung der Aufgabenverteilung entworfen, dem eine weitere Schwerpunktbildung im Sinne der Konzentration von Aufgaben jeweils an einem Standort zugrunde liegt. Damit sollen eine qualitative Verbesserung der Aufgabenwahrnehmung sowie Rationalisierungseffekte erreicht werden.[1318]

---

1316 Zuständigkeiten nach §§ 11, 17 und 18 Bundes-Seuchengesetz sowie nach § 6 Landesgesetz über den öffentlichen Gesundheitsdienst

1317 Otteneder, „Institut für Lebensmittelchemie Trier“

1318 Hell/Schmitt, „Landesuntersuchungsamt“

Bezüglich der Integration der Staatlichen Lehranstalt für pharmazeutisch-technische Assistentinnen und Assistenten Trier ist bemerkenswert, dass es im Landesuntersuchungsamt, im Gegensatz zum Landesamt für Soziales, Jugend und Versorgung, keinen pharmazeutischen Sachverstand gibt. Dies hat sich bislang jedoch noch nicht als Nachteil für die Aufgabenwahrnehmung erwiesen.[1319]

Zu den ausdrücklichen Aufgaben der neu bestellten Fachbereichsleiter gehört es, Schwerpunktbildungen zu realisieren, Fortbildungen zu organisieren, Investitionsentscheidungen in den Instituten vorzubereiten und diese gegenüber dem Bereich Zentrale Aufgaben zu vertreten sowie im Falle veränderter Prioritäten die entsprechenden personellen Konsequenzen zu ziehen.[1320] Dem entspricht auch das Selbstverständnis des Fachbereichsleiters Humanmedizin, der es als seine wichtigste Aufgabe bezeichnete, bei der dislozierten Struktur seines Fachbereichs eine gewisse Einheitlichkeit herzustellen und eine Schnittstellenfunktion gegenüber dem Bereich Zentrale Aufgaben darzustellen. Damit seien auch prioritäre Entscheidungen bei Mittelanforderungen durch die Institute verbunden.[1321]

#### 7.4.5.2 Personal

Die für die Personalausstattung maßgebliche Zahl der verfügbaren Planstellen entwickelte sich wie folgt:

| | |
|---|---|
| 01.01.2000 | 480,5 Stellen |
| 01.01.2001 | 503,6 Stellen nach Zuweisung von 23 zusätzlichen Stellen, bedingt durch die politische Bedeutung der BSE-Problematik |
| 01.04.2001 | Abgang von 20 Stellen wegen der Verlagerung der Gentechnischen Beratungsstelle vom Landesuntersuchungsamt zur Universität Mainz, nunmehr mit der Bezeichnung „Molekularbiologisches Zentrum“ |
| 15.11.2002 | 493,6 Stellen |

Wie ein Blick auf die Personalausstattung des Instituts für Hygiene und Infektionsschutz Trier einerseits sowie des Instituts für Lebensmittelchemie Trier andererseits zeigt, gelten bezüglich der Personalausstattung unterschiedliche Maßstäbe. So hat sich die Stellenausstattung des Instituts für Lebensmittelchemie Trier seit dem 01.01.2000, als 49 Planstellen zur Verfügung standen, bis August 2001 nicht verändert.[1322] Im Gegensatz dazu wurde die Stellenzahl für das Insti-

---

[1319] Zimmer/Schütt, „PTA-Lehranstalt Trier“

[1320] Heß, „Landesuntersuchungsamt“

[1321] Hell/Schmitt, a.a.O.

[1322] Otteneder, Institut für Lebensmittelchemie Trier“

tut für Hygiene und Infektionsschutz Trier von 28 am 01.01.2000 über 26 am 31.12.2000 auf nunmehr 25,5 Stellen am 16.02.2002 reduziert. Dieser Stellenabbau wurde als Folge eines Rechnungshofberichtes aus den 90er Jahren bezeichnet, der ein Abschmelzen bis auf 23,8 Stellen vorgeschrieben habe, was vom Ministerium für Arbeit, Soziales und Gesundheit durch die Anbringung von kw-Stellen auch vollzogen werde.[1323] Hierin wird ein Beleg für die unterschiedliche Philosophie in den für das Amt zuständigen Ministerien bezüglich der Einsparungsthematik gesehen. Während das Ministerium für Arbeit, Soziales und Gesundheit, das für den Bereich Humanmedizin verantwortlich sei, eine rigide Sparpolitik betreibe, indem kw-Stellen nach Freiwerden konsequent wegfielen und daher Nachbesetzungen nicht möglich seien, gebe es in dem anderen Bereich, für den das Ministerium für Umwelt und Forsten zuständig sei (Tiermedizin, Chemie und Bereich Zentrale Aufgaben), bislang keine erkennbaren Einsparungen. Dies habe für das Haushaltsreferat im Bereich Zentrale Aufgaben einen erheblichen Arbeitsaufwand zur Folge.[1324]

Stark problematisiert wurde die Personalausstattung im Bereich Zentrale Aufgaben für die Referate 1.1, Personal und Recht, sowie 1.2, Haushalt, Innere Dienste und EDV. Diese beiden Referate seien trotz erheblicher Anstrengungen nach wie vor chronisch unterbesetzt.[1325] Selbst gegen Ende des Jahres 2001 verfügten die beiden Aufgabenbereiche nur über zwei Drittel des in den vergleichbaren Aufgabenbereichen der SGD Nord tätigen Personals.[1326] Augenfällig wird diese schlechte Personalausstattung dadurch, dass die Geschäftsordnung für das Landesuntersuchungsamt erst Anfang 2002 fertiggestellt werden konnte.[1327]

### 7.4.5.3 Reformziele und Zielerreichung

Die generelle Frage nach höherer Effizienz, Effektivität und Wirtschaftlichkeit in der Aufgabenwahrnehmung wurde von den befragten Behördenvertretern insgesamt negativ beantwortet.[1328] Dies wurde durch den Präsidenten des Landesuntersuchungsamtes im Hinblick auf Effizienz- und Effektivitätssteigerung nur dadurch relativiert, dass eine solche durch die erfolgte Schwerpunktbildung eingetreten sei. Nachdem die Schwerpunktbildungen jedoch aus der Zeit vor Gründung des Landesuntersuchungsamtes resultieren, ist diese Argumentation wenig

---

[1323] Hell/Schmitt, „Landesuntersuchungsamt“
[1324] Heß, „Landesuntersuchungsamt“
[1325] Eifel, „Landesuntersuchungsamt“
[1326] Heß, „Landesuntersuchungsamt“
[1327] Hell/Schmitt, „Landesuntersuchungsamt“
[1328] Otteneder, „Institut für Lebensmittelchemie Trier“
Hell/Schmitt, a.a.O.
Heß, a.a.O.

überzeugend. Geltend gemachte Effizienzsteigerungen auf dem Feld der Mikrobiologie wurden nicht näher substantiiert.

Vor diesem Hintergrund ist es nicht überraschend, dass die Repräsentanten aus dem kommunalen Bereich überwiegend keine Veränderungen in der Aufgabenwahrnehmung durch das Landesamt gegenüber dem früheren Zustand feststellten.[1329] Positive Werturteile wurden indes für die Aufgabenwahrnehmung des Landesuntersuchungsamtes bei der Bekämpfung der Schweinepest im Jahr 1999 sowie der Bewältigung der BSE-Problematik abgegeben. So wurde bezüglich der Schweinepest auf eine gute und professionelle Zusammenarbeit mit dem zuständigen Referenten des Landesuntersuchungsamtes verwiesen.[1330] Hierbei bewährte sich auch das Krisenzentrum des Landesuntersuchungsamtes, das seine Aufgaben schnell und effizient bis zum Erlöschen der Seuche wahrnahm.[1331] Andere führten die Handhabung der BSE-Problematik als Beleg dafür an, dass die neue Struktur funktioniere.[1332]

Als positives Integrationsbeispiel wurde durch das Landesamt selbst auf den „Probenplan 2000" hingewiesen, der durch zentrale Erstellung der Probenpläne für die Lebensmittelkontrolleure bei den Kreis- und Stadtverwaltungen zu optimaler Auslastung der Labors, zu Schwerpunktbildungen und weiter dazu führe, dass die fachliche Stärke der Institute eingebracht werden könne.[1333] Demgegenüber wurde jedoch eingewandt, dass die Probleme gegenüber der früheren Rechtslage mit Zuständigkeit der Bezirksregierungen zugenommen hätten. Während zu dieser Zeit über die Bezirksregierungen bei den kommunalen Behörden mit Nachdruck für die Einhaltung der Vorgaben hätte gesorgt werden können, erweise sich heute das Fehlen kommunalaufsichtlicher Durchsetzungsmöglichkeiten als schädlich. Aus der Sicht des Instituts für Lebensmittelchemie Trier zeigten sich die Kommunalverwaltungen eigenständig, „sie wollten sich nichts mehr sagen lassen".[1334]
Die Veterinäre des Landkreises Trier-Saarburg beklagten die wohl einem gesteigerten Informationsbedürfnis einzelner Mitarbeiter des Landesuntersuchungsamtes entspringende Zunahme der Statistik- und Berichtsersuchen. Während im Jahr 1999 noch 4 Statistiken im Bereich der Tierseuchenbekämpfung ausgereicht hätten, sei die Zahl im Jahr 2001 auf 10 gestiegen. Ähnliches sei auf

---

[1329] Fischer, „Neuorganisation"
Hirschberger, „Landkreis Kusel"
[1330] Fleck, „Rhein-Hunsrück-Kreis"
[1331] Schellhaas, „Landesuntersuchungsamt", S. 8
[1332] Görisch/Höhlein, „Neuorganisation"
[1333] Schellhaas, „Landesuntersuchungsamt", S. 5
[1334] Otteneder, „Institut für Lebensmittelchemie Trier"

den Gebieten des Tierschutzes, der Fleischbeschau und der Lebensmittelüberwachung festzustellen.[1335]

Trotz der formalen Integration verschiedener Fachbereiche in eine Behörde zeigen sich noch Anhaltspunkte für Spartendenken. So ist es kritikwürdig, dass es bislang noch keine Besprechung des Fachbereichsleiters 4 mit Institutsleitern gegeben hat, an der der Fachbereichsleiter 3 (Tiermedizin) oder jedoch Institutsleiter aus dessen Fachbereich, insbesondere Institut 3.2 für Lebensmittel tierischer Herkunft, teilgenommen hätten.[1336]

Wenig überzeugend ist auch die Behandlung von Anfragen des Ministeriums für Umwelt und Forsten, die von mehreren Instituten zu beantworten sind. Diese werden über die „Drehscheibe" LUA an die Institute weitergegeben, so dass die unmittelbare Kommunikation des Ministeriums mit einzelnen Instituten die Ausnahme darstellt.[1337] Das von den Instituten Erarbeitete wird in der Zentralstelle in Koblenz nicht zusammengefasst, statt dessen wird es an das Ministerium weitergeleitet mit der Folge, dass dort zum Teil widersprüchliche Stellungnahmen eingehen.[1338]

Die Haushaltsanforderungen der einzelnen Institute für Lebensmittelchemie für den Doppelhaushalt 2002/2003 wurden ohne Veränderung durch den Bereich Zentrale Aufgaben im Landesuntersuchungsamt an das Ministerium für Umwelt und Forsten weitergeleitet. Da im Landesamt keine Priorisierung und keine Korrektur von Vorstellungen erfolgte, wurde die notwendige Prioritätenliste für Projekte durch das Ministerium erstellt, wodurch auch das „Gießkannenprinzip" erneut zur Geltung kam.[1339]

Als weiterer Kritikpunkt wurde herausgestellt, dass die Institute für Beschaffungen ab einem Wert von 2.000,-- DM eine Genehmigung durch die Zentrale des Landesamtes einholen müssten, was gegenüber der früheren Selbständigkeit einen Rückschritt bedeute. Dies gelte auch für den Bereich Öffentlichkeitsarbeit insgesamt sowie Publikationen.[1340]

Auf Grund der dargestellten Situation ist es nachvollziehbar, dass der Präsident des Landesuntersuchungsamtes, abgesehen vom Teilbereich Zentrale Aufgaben, noch keine neue „Behördenidentität" für das gesamte Landesuntersuchungsamt

---

[1335] Groß, „Landkreis Trier-Saarburg"
[1336] Otteneder, a.a.O.
[1337] Hell/Schmitt, „Landesuntersuchungsamt"
[1338] Otteneder, „Institut für Lebensmittelchemie Trier"
[1339] Otteneder, a.a.O.
[1340] Zimmer/Schütt, „PTA-Lehranstalt Trier"

erkennen kann.[1341] Im Institut für Lebensmittelchemie Trier sehen sich die Mitarbeiter insgesamt nur als Teil dieser Organisationseinheit.[1342]
Die Vertreter des Fachbereichs Humanmedizin bestätigten immerhin, dass bereits in den Kategorien „Fachbereich Humanmedizin“ gedacht werde. Als Hinderungsgrund auf dem Weg zu einer neuen Identität wurde vor allem die unterschiedliche Behandlung der einzelnen Fachbereiche genannt, die bereits als Zweiklassengesellschaft bezeichnet wurde.[1343] In einer Identifikation nur mit dem Fachbereich wurde sogar eine Gefahr für das Auseinanderbrechen des gesamten Landesuntersuchungsamtes gesehen. Zwischenzeitlich wurde in Koblenz eine Arbeitsgemeinschaft Leitbild errichtet, deren Aufgabe die Erarbeitung eines spezifischen Leitbildes für das Landesuntersuchungsamt darstellt. Darüber hinaus sind keine besonderen Aktivitäten im Sinne der Förderung einer neuen Behördenidentität zu verzeichnen.

### 7.4.5.4 Abschließende Bewertung

Die gegenwärtige Struktur des Landesuntersuchungsamtes mit integrierten Einheiten, die aus strukturpolitischen Gründen und im Hinblick auf die erforderliche Sozialverträglichkeit der Reform Standortgarantie haben, wird selbst von den Behördenvertretern als nicht optimal bezeichnet. So wurde unter Hinweis auf das baden-württembergische Landesgesundheitsamt an einem Standort mit nur einer kleinen Außenstelle sowie auf die vergleichbare niedersächsische Variante die optimale Lösung in der Zusammenfassung der gesamten Fachkompetenz an einer Stelle gesehen.[1344] Auch wenn dieser Weg aus den genannten Gründen nicht gangbar ist, bestehen in der neuen Struktur Optimierungsmöglichkeiten. Dazu gehört eine gegenüber der derzeitigen Situation stärkere Vernetzung der einzelnen Fachbereiche, um interdisziplinäres Arbeiten zu erleichtern.[1345] Diesem Zweck könnte eine stärkere Verzahnung der in verschiedenen Fachbereichen angesiedelten Institute für Lebensmittelchemie sowie für Lebensmittel tierischer Herkunft dienen. Eine weitere Straffung der Organisation kann darüber hinaus durch eine Zusammenlegung der Institute für Tierseuchendiagnostik und für Tiergesundheit und tierärztliche Umwelthygiene im Fachbereich Tiermedizin erreicht werden.[1346] Bezüglich der Aufgabenverteilung erscheint es als denkbare Lösung, die bisher von allen Instituten für Lebensmittel-

---

[1341] Heß, „Landesuntersuchungsamt“
[1342] Otteneder, a.a.O.
[1343] Hell/Schmitt, a.a.O.
[1344] Heß, „Landesuntersuchungsamt“
Hell/Schmitt, „Landesuntersuchungsamt“,
in diesem Sinne auch Groß, „Landkreis Trier-Saarburg“
[1345] In diesem Sinne auch Heß, a.a.O.
[1346] Otteneder, „Institut für Lebensmittelchemie Trier“

chemie wahrgenommenen regionalen Aufgaben jeweils Schwerpunktämtern als Vor-Ort-Funktion zuzuweisen. Ohne größeren Aufwand ist die Einführung eines zentralen, fachbereichsübergreifenden Einkaufs zu ermöglichen, der bereits mehrfach, bislang ohne Erfolg, angeregt wurde.[1347] Im Hinblick auf die Genehmigungsbedürftigkeit durch den Bereich Zentrale Aufgaben schon für geringfügige Anschaffungen im Wert über 2.000,-- DM wäre eine Teilbudgetierung zu erwägen, die auch der vorhandenen Fachkompetenz vor Ort Rechnung tragen würde.

Im Ergebnis kann daher festgestellt werden, dass die erfolgte Umstrukturierung zwar die notwendigen Rahmenbedingungen für die Bündelung und Konzentration von Aufgaben sowie für die Erzielung von Synergieeffekten und Einsparpotentialen bietet.[1348] Ist insofern der eingeschlagene Weg auch positiv zu bewerten, bedarf es jedoch noch erheblicher Anstrengungen, damit sich die mit der Reform verbundenen Erwartungen auch realisieren.

### 7.4.6 Dienst- und Fachaufsicht sowie durchlaufender Haushalt

#### 7.4.6.1 Dienst- und Fachaufsicht

Innerhalb der durch die Neuorganisation geschaffenen neuen Aufgabenzuordnungen müssen im Rahmen des Verwaltungshandelns Entscheidungen nach Beliebigkeit vermieden und bis zu einem gewissen Grade Einheitlichkeit, Sach- und Fachgerechtigkeit in der Rechtsanwendung unter Wahrung des Verhältnismäßigkeitsprinzips sichergestellt werden. Da aus organisatorischer Sicht darüber hinaus der administrative hierarchische Zusammenhang zwischen den einzelnen Teilen der neuen Verwaltungsstruktur herzustellen ist, bedarf es zwingend einer Beaufsichtigung der nachgeordneten Glieder und Organe durch die ihnen Vorgesetzten.[1349] Diese in sich abgestufte Konstruktion verschiedener Aufsichtsinstanzen statuiert damit ein festgelegtes, hierarchisch strukturiertes Über- und Unterordnungsverhältnis zwischen den einzelnen Behörden verschiedener Ebenen.[1350]
Dabei ist bezüglich der für die Fachaufsicht in §§ 11 Abs. 4 sowie 13 Abs. 4 VwORG enthaltenen Lösung der Hinweis ausreichend, dass die Fachaufsichtskompetenz der jeweils fachlich zuständigen obersten Landesbehörde der traditi-

---

[1347] Hell/Schmitt, a.a.O.
vgl. dazu auch Zimmer/Schütt, „PTA-Lehranstalt Trier“
[1348] In diesem Sinne auch Brandel, in Landtag Rheinland-Pfalz, „Anhörung“, S. 46
[1349] Wolff/Bachhof, „Verwaltungsrecht II“, § 77 II a
[1350] Vgl. Maurer, „Verwaltungsrecht“, § 22 Rn. 31

onellen und in der Bundesrepublik Deutschland bekannten Aufgabenzuordnung entspricht.[1351]

Dagegen wurde für die Aufgabe der Dienstaufsicht eine von der bisherigen Aufgabenverteilung abweichende Lösung favorisiert. So wurde zwar durch § 11 Abs. 1 VwORG die Dienstaufsicht über die Direktionen in Bezug auf die innere Organisation und allgemeine Geschäftsführung einschließlich des Erlasses von Geschäftsordnungen dem für die allgemeinen Fragen der Organisation der Landesverwaltung zuständigen Ministerium, d.h. dem Ministerium des Innern und für Sport, übertragen. Bezüglich des Landesuntersuchungsamtes wurde dieser Aufgabenkreis nach § 13 Abs. 1 VwORG dem für die Umwelt zuständigen Ministerium zugewiesen. Dagegen wurde durch § 11 Abs. 2 sowie § 13 Abs. 2 VwORG die Zuständigkeit für dienst- und arbeitsrechtliche Entscheidungen für das in ihrem Stellenplan ausgewiesene Personal der Direktionen und des Landesuntersuchungsamtes der jeweils fachlich zuständigen obersten Landesbehörde zugeordnet. Deren Wahrnehmung wurde zwar durch das ebenfalls vorgeschriebene Einvernehmen mit dem für die allgemeinen Fragen der Organisation der Landesverwaltung zuständigen Ministerium des Innern und für Sport bzw. für das Landesuntersuchungsamt mit dem Ministerium für Umwelt und Forsten eingeschränkt. Gleichwohl beinhaltet diese Trennung zwischen Personaldienstaufsicht und Organisationsdienstaufsicht eine Stärkung sog. Fachressorts. Diesbezüglich wurde es als ausschlaggebende Erwägung für die Neuordnung der Dienstaufsicht bezeichnet, das verfassungspolitisch zu beachtende Prinzip der Ministerverantwortlichkeit zu stärken.[1352] Als weiterer Grund für diese Neuordnung der Dienstaufsicht wurde genannt, dass in den Struktur- und Genehmigungsdirektionen ca. 80 % des Personals dem Umweltressort zuzuordnen seien.[1353]

Ein Großteil der dienst- und arbeitsrechtlichen Entscheidungsbefugnisse der obersten Landesbehörden wurde durch eine gleichzeitig mit dem VwORG in Kraft getretene Rechtsverordnung auf die Direktionen und das Landesuntersuchungsamt delegiert.[1354] Da diese Übertragung hinsichtlich ihres Inhalts und Umfangs im Einvernehmen mit dem Ministerium des Innern und für Sport erfolgte, gilt die in § 11 Abs. 2 sowie § 13 Abs. 2 VwORG enthaltene Einvernehmensregelung nicht für Einzelentscheidungen der Direktionen und des Landesuntersuchungsamtes, die insoweit selbständig handeln können.[1355]

---

[1351] Vgl. dazu nur John, „Verwaltungsorganisation“, S. 168 ff.
[1352] Groß „Landesgesetz“, S. 16
[1353] Groß, „Vortrag bei der Hochschule“, S. 17
[1354] GVBl. 2000, S. 20
[1355] Vgl. dazu Landtag Rheinland-Pfalz, „Gesetzentwurf“, S. 106

Die Bewertung der Praktikabilität der Regelungen erfordert es, den Zusammenhang zu der Einführung des durchlaufenden Haushalts in § 14 VwORG herzustellen. So wird die in §§ 11 Abs. 5 sowie 13 Abs. 5 VwORG angesprochene Bereitstellung von Stellen und Haushaltsmitteln als Teil der Dienstaufsicht behandelt, die in § 14 VwORG eine spezielle Regelung gefunden habe.[1356] Diesem Zusammenhang entspricht es auch, dass mehrere Gesprächspartner bei dem Fragenkreis „Dienst- und Fachaufsicht" ausdrücklich auf dessen Beziehung zur Thematik des durchlaufenden Haushaltes verwiesen, da die Planstellen bei den einzelnen Ressorts veranschlagt würden.[1357] Generell wurde die aufgeteilte Dienstaufsicht jedoch als in der Praxis unproblematisch bezeichnet.[1358]

### 7.4.6.2 Durchlaufender Haushalt

Die Vorschrift des § 14 VwORG schreibt zur Zusammenführung der Aufgaben- und Ressourcenverantwortung vor, die Stellen und Haushaltsmittel, die für die Erledigung der den Direktionen sowie dem Landesuntersuchungsamt übertragenen Aufgaben erforderlich sind, in den Einzelplänen der jeweils zuständigen obersten Landesbehörden zu veranschlagen. Dies wird durch eine die Ministerien verpflichtende Regelung ergänzt, wonach den Direktionen und dem Landesuntersuchungsamt Stellen und Mittel im erforderlichen Umfang zur eigenverantwortlichen Bewirtschaftung zuzuweisen sind. Für Haushaltsmittel, die ohne fachspezifischen Bezug anfallen, erfolgt die Veranschlagung im Haushalt des Ministeriums des Innern und für Sport für die Direktionen sowie im Haushalt des Ministeriums für Umwelt und Forsten für das Landesuntersuchungsamt.[1359]

Ein zentrales, diesen Regelungen zu Grunde liegendes, Anliegen stellt es dar, die neuen Behörden in ihren Handlungsspielräumen sowie ihrer Eigenverantwortung zu stärken.[1360] Eine Stärkung der Kompetenzen der neuen Behörden wird auch durch die in § 14 S. 3 VwORG aus Gründen der Flexibilität innerhalb der Direktionen und im Landesuntersuchungsamt angesprochene Möglichkeit einer ressortübergreifenden Inanspruchnahme von Stellen und Mitteln angestrebt.[1361] Um diese Möglichkeit zu eröffnen, bedarf es eines qualifizierten Haushaltsvermerks.

---

[1356] Landtag Rheinland-Pfalz, a.a.O., S. 106

[1357] Vgl. statt vieler Emmerich, „Gesamtpersonalrat ADD"
Mick, „Abteilung 1 ADD"

[1358] Mertes, „Aufsichts- und Dienstleistungsdirektion",
Gassen, „Struktur- und Genehmigungsdirektion Nord",
Weichel, „Struktur- und Genehmigungsdirektion Süd"

[1359] Landtag Rheinland-Pfalz „Gesetzentwurf", S. 106

[1360] Groß, „Landesgesetz", S. 11

[1361] Groß, a.a.O., S. 13
Landtag Rheinland-Pfalz, a.a.O., S. 106

Bezüglich der Realisierung der mit der Vorschrift des § 14 VwORG angestrebten Ziele ist zunächst darauf hinzuweisen, dass auf Grund des dargestellten engen Zeitfensters zwischen der Verabschiedung des Reformgesetzes und dem Inkrafttreten der Ministerrat erst am 26.09.2000 und der Haushalts- und Finanzausschuss des Landtages erst am 26.10.2000 der Umsetzung von Stellen und Mitteln im Zusammenhang mit der Neuorganisation der Landesverwaltung zugestimmt haben. Dadurch wurden die mit der Neuordnung der Mittelinstanz verbundenen Aufgaben- und Organisationsveränderungen haushaltsmäßig nachvollzogen, die Stellen und Mittel wurden mit Wirkung vom 01.01.2001 in die betreffenden neuen Kapitel umgesetzt.[1362]
Schon in der zweiten Jahreshälfte 2000 wurde im Hinblick auf die bevorstehende Einzelbewirtschaftung der Stellenpläne das auch unter dem beamtenrechtlichen Aspekt der Bestenauslese bei Beförderungsentscheidungen sich ergebende Bedürfnis nach einer ressortübergreifenden Inanspruchnahme von Stellen und Haushaltsmitteln geltend gemacht. Nachdem qualifizierte Haushaltsvermerke im Sinne von § 14 Satz 3 VwORG nicht bestanden, beschloss der Ministerrat am 28.11.2000, den Direktionen im Haushaltsjahr 2001 in Ausnahmefällen eine übergreifende Bewirtschaftung ihrer Stellenpläne innerhalb der jeweiligen Fachlaufbahn im Einvernehmen mit den zuständigen Ressorts zu ermöglichen. Dadurch sollten die Präsidenten den dienstrechtlich notwendigen Gestaltungsspielraum erhalten, zugleich solle aber die Steuerungsmöglichkeit der Fachressorts durch das Einvernehmenserfordernis gewährleistet bleiben.[1363]

Mit den dargestellten Regelungen wurde jedenfalls idealtypisch wichtigen und nahezu akzeptierten Vorschlägen entsprochen, Verantwortung zu delegieren und Fach- und Ressourcenverantwortung zusammen zu führen.[1364]

Die Folgerungen für die Verwaltungspraxis sollen wegen der unterschiedlichen Ressortverantwortlichkeiten für die vier neuen Behörden getrennt dargestellt werden.

---

[1362] Ministerium des Innern und für Sport Rheinland-Pfalz, „Bericht zum 31.10.2000“, S. 4

[1363] Ministerium des Innern und für Sport Rheinland-Pfalz, a.a.O., S. 9

[1364] Vgl. Ellwein/Hesse, „Staatsreform“, S. 169,
zu einer grundsätzlich positiven Bewertung des durchlaufenden Haushalts vergleiche auch Brandel, in: Landtag Rheinland-Pfalz, „Anhörung“, S. 46

### 7.4.6.2.1 Struktur und Genehmigungsdirektion Nord

Bereits in der Vorbereitungsphase zum Beförderungstermin 18.05.2000 wurde kritisiert, dass die verschiedenen haushaltsrechtlichen Rahmenbedingungen in den Bereichen der Abteilung 1, des Referates 31 und der Abteilung 4 einerseits, der Abteilung 2 (Referate 21 – 24) andererseits und schließlich im Bereich der Regionalstellen Wasserwirtschaft, Abfallwirtschaft, Bodenschutz (Referate 32 – 34) zu separierten Beförderungsgeschehen führten. Es sei dem Gedanken der Behördeneinheit geradezu abträglich, wenn gegeneinander „abgeschottete" Bereiche personalwirtschaftlich betreut werden müssten und sie sich bereits von der Systematik her jeglicher Flexibilität entzögen.[1365] Darüber hinaus wurde die Befürchtung artikuliert, dass die getrennt zu bewirtschaftenden Stellenpläne zu Ungleichbehandlungen innerhalb der Dienststelle führten.[1366] Abgeleitet wurde daraus die Forderung, im Interesse der Eigenverantwortlichkeit der SGD Nord eine generelle übergreifende Mittelbewirtschaftung für alle Organisationseinheiten der Dienststelle zu ermöglichen.
Dementsprechend erfuhr der Ministerratsbeschluss vom November 2000 insgesamt eine positive Bewertung, verwiesen wurde jedoch auf die Notwendigkeit des qualifizierten Haushaltsvermerks, da nur dadurch die unbefriedigende Situation bereinigt werden könne.[1367]

### 7.4.6.2.2 Struktur- und Genehmigungsdirektion Süd

Für den Aufgabenbereich der Struktur- und Genehmigungsdirektion Süd wurde zunächst auf die Praxis des Ministeriums für Umwelt und Forsten hingewiesen, die in die SGD Süd integrierten Regionalstellen haushaltsmäßig wie selbständige Dienststellen zu behandeln. Die Verbindlichkeit des Kassenanschlags für jede „Organisationseinheit" und die fachliche Koordination und zentrale Bewirtschaftung etwa der Haushaltsmittel für Informations- und Kommunikationstechnologie zentral durch das Landesamt für Wasserwirtschaft, das sich mit den SGD's abzustimmen habe, seien keine geeigneten Regelungen, die Einheit der Behörde zu praktizieren und selbständig gestalterisch tätig zu werden. Vielmehr werde eine Aufgliederung in Ressortstränge festgeschrieben, was korrigiert werden müsse.[1368]
Als problematisch wurde auch die getrennte Bewirtschaftung der etwa in dem Kapitel 14 81 (Abteilung 2 - Gewerbeaufsicht - und Abteilung 3 - Abfallwirtschaft, Wasserwirtschaft und Bodenschutz -) bestehenden 7 verschiedenen Stellenpläne (Zentralreferate plus Regionalstellen) gesehen. Dies erschwere eine

---

[1365] Struktur- und Genehmigungsdirektion Nord, „Bericht 28.04.2000", S. 4 f.
[1366] Struktur- und Genehmigungsdirektion Nord, „Bericht 10.10.2000", 5
[1367] Gassen, „Struktur- und Genehmigungsdirektion Nord"
[1368] Struktur- und Genehmigungsdirektion Süd, „Bericht 31.05.2000"

problemangepasste flexible Personalbewirtschaftung für die gesamte SGD Süd. Zum Zwecke der besseren Steuerung wurde eine kapitelübergreifende Personalbewirtschaftung für notwendig gehalten. Werde diese Möglichkeit nicht eröffnet, sei innerhalb der SGD Süd eine „Abschottung“ der einzelnen Abteilungen zu befürchten, die im Hinblick auf künftige Beförderungen von Mitarbeitern auch zu Ungleichbehandlungen führen könne.[1369] Auch in der SGD Süd wurde in dem Ministerratsbeschluss vom November 2000 noch keine endgültige Problemlösung gesehen. So sei die Praktikabilität des durchlaufenden Haushalts ohne qualifizierten Haushaltsvermerk schwierig, die Spielräume für die Behördenleitung seien zu eng.[1370]

### 7.4.6.2.3 Aufsichts- und Dienstleistungsdirektion

Die Mitarbeiter der Aufsichts- und Dienstleistungsdirektion sind 5 verschiedenen Ressorts und daher Einzelplänen und Kapiteln zugeordnet:

| | |
|---|---|
| ISM | Kapitel 03 82 |
| MdF | Kapitel 04 82 |
| MASG | Kapitel 06 82 |
| MWVLW | Kapitel 08 82 |
| MBWW | Kapitel 15 82 |

Am Beispiel des Kapitels 15 82 wurde dargelegt, dass die dort geführte Schulabteilung (Abteilung 3) über insgesamt 8 Planstellen der Wertigkeit A 13 gehobener Dienst verfüge. In anderen Ressortbereichen gebe es dagegen überwiegend niedrigere Statusämter.[1371] Daraus wurde die Forderung abgeleitet, nach dem Leistungsprinzip ausgewählte, qualifizierte Mitarbeiter auch abteilungsübergreifend einsetzen und befördern zu können. Darüber hinaus solle es möglich sein, im Interesse eines optimalen Personaleinsatzes Mitarbeiter in bisher wahrgenommenen Funktionen zu belassen und für eine Beförderung, zumindest zeitweise, eine höher dotierte Stelle einer anderen Abteilung in Anspruch zu nehmen. Hingewiesen wurde auch auf einen hohen Verwaltungsaufwand in der Personal- und Mittelverwaltung auf Grund des durchlaufenden Haushaltes. So sei die Umsetzung eines Mitarbeiters von einer Abteilung in eine andere rechtlich wie eine Versetzung zwischen verschiedenen Dienststellen zu behandeln. Diesbezüglich sei dann das Einvernehmen des für den Stellenplan zuständigen Ressorts notwendig.[1372]

---

[1369] Struktur- und Genehmigungsdirektion Süd, „Erfahrungsbericht 16.10.2000“, S. 2

[1370] Weichel, „Struktur- und Genehmigungsdirektion Süd“

[1371] Vgl. dazu Schneider-Pauly, „ADD – Abteilung Kommunale und hoheitliche Aufgaben, Soziales“, S. 2

[1372] Mick, „ADD – Abteilung Zentrale Aufgaben“

Den dargestellten Problemen auf Grund des durchlaufenden Haushaltes könne nur wirksam begegnet werden, wenn die gesetzlich gleichfalls vorgesehenen Gegensteuerungselemente, namentlich der qualifizierte Haushaltsvermerk, ausreichend zum Tragen käme.[1373]

Auf einen positiven Aspekt des durchlaufenden Haushaltes wurde durch den Vorsitzenden des Gesamtpersonalrates hingewiesen. Personelle Anliegen aus dem Bereich der ADD könnten unmittelbar mit dem zuständigen Fachressort diskutiert werden, wo dann auch verbindlich entschieden werde. Dies sei ein erfolgversprechenderer Weg als der frühere, der über das Ministerium des Innern und für Sport geführt habe. Auch er betonte jedoch die Notwendigkeit eines qualifizierten Haushaltsvermerks, damit im Hinblick auf die Gesamtverantwortung des Behördenleiters Beförderungen auch unter Leistungsgesichtspunkten „säulenübergreifend" möglich seien.[1374]
Der Behördenleiter verwies auf eine Kooperationsbereitschaft für konkrete Beförderungsvorgänge bei den Fachressorts. Insgesamt sind jedoch für ihn wenig positive Aspekte mit dem durchlaufenden Haushalt verbunden, der ein ständiges Problem darstelle und arbeitsaufwendig sei. Als weiteres negatives Beispiel nannte er das Thema „Leistungsprämien", bei dem die Ressorts unterschiedliche Vorstellungen hätten. Während das Ministerium des Innern und für Sport die ADD an ihre Verpflichtung zur Zahlung von Leistungsprämien erinnert habe, gehe das Finanzministerium von einem Verbot aus.[1375]

#### 7.4.6.2.4 Landesuntersuchungsamt

Für das Landesuntersuchungsamt kam dessen Präsident bezüglich des durchlaufenden Haushaltes nicht zu einer positiven Gesamtbewertung. Er verwies dazu vor allem auf die unterschiedliche Haushaltsphilosophie in den beiden für das Amt zuständigen Ressorts, dem Ministerium für Umwelt und Forsten sowie dem Ministerium für Arbeit, Soziales, Familie und Gesundheit. Exemplarisch wurde die Stellenplanproblematik für 2 medizinisch-technische Assistenten des ehemaligen Medizinaluntersuchungsamtes Trier angesprochen, die nunmehr im Arbeitsbereich II des Instituts für Lebensmittelchemie Trier mit der Überprüfung gentechnisch veränderter Lebensmittel beschäftigt seien. Die Aufforderung des Ministeriums für Arbeit, Soziales, Familie und Gesundheit, die beiden Stellen in den Stellenplan des Ministeriums für Umwelt und Forsten zu übernehmen, sei wegen Widerständen sowohl von Seiten des Landesamtes selbst als auch von Seiten der Personalvertretungen nicht realisiert worden.[1376] Kritik wur-

---

[1373] Aufsichts- und Dienstleistungsdirektion, „Erfahrungsbericht 04.05.2000", S. 5 f.
[1374] Emmerich, „ADD – Gesamtpersonalrat"
[1375] Mertes, „Aufsichts- und Dienstleistungsdirektion"
[1376] Vgl. dazu auch Otteneder, „Institut für Lebensmittelchemie Trier"

de auch durch den Fachbereichsleiter „Humanmedizin“ geäußert, der eine einheitliche Haushaltsstruktur für vorzugswürdig hielt. Ausdrücklich unterstützte er die von dem Präsidenten für erstrebenswert gehaltene Lösung der Haushaltszuordnung zu nur einem Ressort.[1377]

### 7.4.6.2.5 Abschließende Bewertung

Wie sich aus den einzelnen Stellungnahme ergibt, wird der durchlaufende Haushalt in seiner konkreten derzeitigen Ausgestaltung überwiegend negativ beurteilt. Insbesondere wird darin, und dies zu Recht, ein Hinderungsgrund für die Realisierung des Prinzips der „Einheit der Behörde“ gesehen. Ob die reale Gefahr „der Versäulung“ der neuen Behörden durch einen qualifizierten Haushaltsvermerk im Sinne von § 14 Satz 3 VwORG endgültig gebannt wird, ist derzeit offen. Zwar ist in dem Kassenanschlag für den Doppelhaushalt 2002/03 ein Haushaltsvermerk enthalten. Dieser ermächtigt die Direktionen dazu, in Ausnahmefällen auf Grund (über die allgemeine Bewirtschaftungsbefugnis hinausgehenden) zusätzlicher besonderer Bewirtschaftungsermächtigung durch das jeweils zuständige Ministerium einzelne Stellen der gleichen Fachrichtung in den Stellenplänen, die für die jeweilige Direktion in den verschiedenen Einzelplänen veranschlagt sind, einzelplanübergreifend in Anspruch zu nehmen.[1378] Die damit intendierte weitere entscheidende Stärkung der Mittelinstanz[1379] wird indes nur dann eintreten, wenn die einzelnen Ministerien die politisch gewollte größere Verantwortung der ihnen nachgeordneten Behörden auch respektieren und durch geeignete Maßnahmen unterstützen.[1380]

## 7.4.7 Allgemeine Modernisierungsgrundsätze

Zu den mit der Verwaltungsreform verbundenen Erwartungen gehörte es, dass bei der Einführung der neuen Struktur Modernisierungsgrundsätze berücksichtigt würden. Ausdrückliche Erwähnung fanden dabei die Bildung flacher Hierarchien, das Projektmanagement, die Einführung neuer Steuerungsinstrumente insbesondere Programmplanung, Budgetierung, Controlling, Leistungs- und

---

[1377] Hell/Schmitt, „Landesuntersuchungsamt“

[1378] Vgl. nur Kassenanschlag für das Haushaltsjahr 2002, Kapitel 03 82, Aufsichts- und Dienstleistungsdirektion Trier, S. 402

[1379] In diesem Sinne Zuber, „Amtseinführung Dr. Mertes“, S. 24

[1380] Zuber, „Amtseinführung Dr. Mertes“, S. 26,
vgl. zur gleichgelagerten Problematik in Nordrhein-Westfalen auf Grund der Integration etwa des Landesversorgungsamtes in die Bezirksregierung Münster Twenhöfen/Feller-Elverfeld, „Integration von Landesoberbehörden“, S. 29. Auch hier wird zur konsequenten Umsetzung der Integration die Zusammenführung von Personalstrukturen sowie die Beseitigung der Bewirtschaftung unterschiedlicher Stellenpläne gefordert.

Kostenrechnung, das Qualitätsmanagement sowie leitbildorientiertes Personalmanagement.[1381] In diesen Zusammenhang gehört auch die in der amtlichen Begründung zum Reform- und Neuorganisationsgesetz hervorgehobene Bedeutung einer optimalen Binnenstruktur der neuen Behörden.[1382]
Im Hinblick auf diese Vorgaben ist es bemerkenswert, dass der Themenkreis bei den durchgeführten Interviews sowie den eingeholten Stellungnahmen insgesamt nur von untergeordneter Bedeutung war. Die Begründung dafür erschließt sich bei näherer Betrachtung der einzelnen Kriterien.

So ist zu dem heute als selbstverständlich geltenden Postulat nach flachen Hierarchien festzustellen, dass es keine Veränderung gegenüber der vorherigen Situation in den Bezirksregierungen gegeben hat.[1383] Die bekannte Hierarchie über Behördenleiter, Abteilungsleiter, Referatsleiter, Referent und Sachbearbeiter hat, zum Teil mit neuen Bezeichnungen, die Verwaltungsreform überlebt.[1384] Folgerichtig wird daher nach wie vor der Verwaltungsumbau in flachere Hierarchien gefordert.[1385]
Ausdrückliche Erwähnung findet dagegen als Modernisierungsfaktor die Verschlankung von Behörden. So wurde für die Aufsichts- und Dienstleistungsdirektion gegenüber der ehemaligen Bezirksregierung eine objektive Verschlankung konstatiert. Verfügte die Bezirksregierung noch über 5 Abteilungen, so sind es jetzt nur noch 4, 43 früheren Referaten stehen heute nur noch 21 gegenüber.[1386] Diese Reduzierung der Referatszahl hatte die Bildung von Großreferaten zur Folge. Beispielhaft seien hier in der ADD das Referat 31, Personalverwaltung und Schulrecht, mit 70 Mitarbeitern, das Referat 42, Agraraufsicht und Agrarförderung, mit 47 Mitarbeitern, in der SGD Nord das Referat 31, Zentralreferat Wasserwirtschaft, Abfallwirtschaft, Bodenschutz, mit 74 Mitarbeitern sowie mehrere Fachbereiche der Zentralstelle der Forstverwaltung mit bis zu 50 Mitarbeitern genannt. Durch die Einführung größerer Leitungs- und Kontrollspannen sollte gewährleistet werden, dass sich die Vorgesetzten auf ihre Führungsaufgaben beschränken und die Beschäftigten die Chance erhalten, in ihrem Zuständigkeitsbereich sachlich-fachliche Kompetenz einschließlich der damit einhergehenden beruflichen Zufriedenheit zu entfalten.[1387]
Mögliche Folgen dieser personellen Ausweitung wurden lediglich im Zusammenhang mit der Zentralstelle der Forstverwaltung diskutiert. Dabei wurde

---

[1381] Expertenkommission zur Neuorganisation der Landesverwaltung (EKo), „Abschlußbericht", S. 23 f.
[1382] Landtag Rheinland-Pfalz, „Gesetzentwurf", S. 102
[1383] Vgl. dazu nur Ellwein/Hesse, „Staatsreform", S. 169
[1384] Vgl. statt vieler Bolz, „Zentralstelle der Forstverwaltung"
[1385] Mick, „ADD – Zentrale Aufgaben"
[1386] Studentkowski/Mick, „Aufsichts- und Dienstleistungsdirektion", S. 224
[1387] Bolz, „Reform der Bezirksregierungen", S. 92

durch den Leiter der Zentralstelle auf die große Flexibilität hinsichtlich der Anpassung der Organisation an wechselnden Arbeitsanfall hingewiesen, so dass für ihn eine Rückkehr zu den früheren Kleinreferaten unter keinen Umständen mehr in Betracht komme.[1388] Andere wiesen dagegen darauf hin, dass die Größe der Fachbereiche inzwischen zu zeitintensiven Abstimmungsprozessen zwischen den einzelnen Fachbereichen führe.[1389] Im Übrigen entstand teilweise der Eindruck, dass Fachbereichsleiter nicht mehr den Gesamtüberblick über ihren Fachbereich hätten.[1390]

In binnenorganisatorischer Hinsicht wird auch von dem Präsidenten des Landesuntersuchungsamtes noch Handlungsbedarf gesehen. Dieser hielt eine stärkere Vernetzung der einzelnen Fachbereiche für notwendig, um interdisziplinäres Arbeiten zu erleichtern.[1391]

Bezüglich der Einführung neuer Steuerungsinstrumente gab es im Ergebnis durch die Verwaltungsreform keinen deutlichen Schub. So wurde für die Forstverwaltung im Wesentlichen auf bereits vor Inkrafttreten der Reform praktizierte Budgetierung, Controlling, Zielvereinbarungen und Mitarbeitergespräche verwiesen.[1392] Für das Landesuntersuchungsamt wurde die Einführung eines Controllings noch ausdrücklich als wünschenswert dargestellt.[1393] Auch ein leitbildorientiertes Personalmanagement hat sich noch nicht in nennenswertem Umfang entwickelt. Immerhin werden im Bereich des Landesuntersuchungsamtes Ansätze zur Personalentwicklung festgestellt.[1394] Von der wünschenswerten Möglichkeit, Verantwortung auf Mitarbeiter zu delegieren, wird ebenfalls noch nicht ausreichend Gebrauch gemacht, wodurch Motivationschancen vergeben werden.[1395]

Die Notwendigkeit eines effizienten Qualitätsmanagements wurde durch den Leiter der Zentralabteilung der ADD hervorgehoben. Dem Ziel der Optimierung der Ablauforganisation soll hier die hervorhebenswerte Gründung einer Ideenwerkstatt „Permanente Innovation“ dienen, die sich als die konsequente Fortsetzung der weitgehend abgeschlossenen Reform der Behördenstrukturen und der Aufbauorganisation versteht.[1396] Kennzeichnend für den nach wie vor bestehenden großen Handlungsbedarf bezüglich der Realisierung von Modernisierungs-

---

1388 Bolz, „Zentralstelle der Forstverwaltung“
1389 Brandt, „Gebietsreferent“
1390 Schubach, „Forstamt Trier“
1391 Heß, „Landesuntersuchungsamt“
1392 Bolz, a.a.O.
1393 Hell/Schmitt, „Landesuntersuchungsamt“
1394 Otteneder, „Institut für Lebensmittelchemie Trier“
1395 Vgl. nur Emmerich, „ADD – Gesamtpersonalrat“
1396 Aufsichts- und Dienstleistungsdirektion, „Permanente Innovation“

grundsätzen ist das von einem Forstamtsleiter formulierte Bedürfnis nach Prozessoptimierung, nach Optimierung der Ablauforganisation sowie nach überzeugenden Kosteneinsparungskonzepten.[1397]

## 7.5 Sonstige wesentliche Aufgabenzuweisungen

### 7.5.1 Landesamt für Soziales, Jugend und Versorgung

Dem Landesamt für Soziales, Jugend und Versorgung wurden durch die Neuorganisation die Aufgaben der früheren Bezirksregierungen für das öffentliche Gesundheitswesen, das Apothekenwesen und die Medizinprodukte[1398] sowie deren Aufgaben aus den Bereichen Kindertagesstättenaufsicht und Altenheimaufsicht übertragen. Da das Landesamt mit den ihm nachgeordneten Ämtern für soziale Angelegenheiten Koblenz, Landau, Mainz und Trier über eine regionale Struktur verfügt, wurden die Aufgaben überwiegend diesen regionalen Stellen zugewiesen. Bundesrechtliche Vorgaben machten es dabei zum Teil notwendig, bei den Ämtern für soziale Angelegenheiten Zweigstellen des Landesamtes für Soziales, Jugend und Versorgung einzurichten.[1399]

#### 7.5.1.1 Gesundheit

Für den Bereich Gesundheit ist im Hinblick auf die Organisationsstruktur zunächst darauf hinzuweisen, dass im Landesamt eine Abteilung 5 – Öffentliches Gesundheitswesen und Pharmazie – besteht, die für das öffentliche Gesundheitswesen, Ausbildungs- und Prüfungswesen in Gesundheitsfachberufen, Weiterbildung in Gesundheitsfachberufen sowie Aufgabendelegation an die Zweigstellen, zuständig ist. Bis in die zweite Jahreshälfte 2001 existierte noch keine definitive Zuständigkeitsabgrenzung zwischen dieser Kopfstelle und den Zweigstellen.[1400] Der Aufgabenkreis der Zweigstelle Trier ist vor allem durch Zuständigkeiten für das Prüfungswesen im Bereich Krankenpflege, Schwesternausbildung sowie medizinisch-technische Assistenten gekennzeichnet. Die Aufgabenwahrnehmung, zu der auch Prüfungsvorsitz, Zeugniserteilungen etc. gehören, bot Anlass zu vielfacher Kritik, wie durch die Leiterin der Staatlichen Lehranstalt für medizinisch-technische Assistenten in der Medizin Trier betont

---

[1397] Schubach, „Forstamt Trier“

[1398] Ausgenommen die Aufgaben nach §§ 11, 17 und 18 Bundes-Seuchengesetz sowie nach § 6 Landesgesetz über den öffentlichen Gesundheitsdienst, die dem Landesuntersuchungsamt zugewiesen wurden

[1399] Staatskanzlei Rheinland-Pfalz, „Landessozialverwaltung“, S. 25

[1400] Nohr, „Amt für soziale Angelegenheiten“

wurde.[1401] So erfolgt die Anerkennung von Urkunden über ausländische Bildungsabschlüsse im medizinischen Bereich nur noch in Koblenz. In der Zweigstelle werden Verwendungsnachweise für staatliche Förderung etwa an die Aids-Hilfe e.V. Trier geprüft. Die Aufgabe wird durch eine Mitarbeitern des mittleren Dienstes wahrgenommen, deren Arbeitsergebnisse jedoch in Koblenz unterzeichnet und versandt werden. Begründet wurde dies damit, dass am Standort Trier im Zusammenhang mit der Neuzuweisung von Aufgaben keine weitere medizinische Fachkraft zugewiesen worden sei.[1402]

Bezüglich der ebenfalls dem Landesamt übertragenen Aufgabe der Fachaufsicht über die Gesundheitsämter sowie der Krankenhaushygiene wurde durch Vertreter des Landesuntersuchungsamtes moniert, dass es dem Landesamt an Fachkompetenz insbesondere im Bereich Krankenhaushygiene mangele.[1403] In diesen Zusammenhang gehört auch eine durch das Gesundheitsamt Trier geäußerte Kritik bezüglich nicht ordnungsgemäßer Aktenübertragung vom ehemaligen Referat 16 der Bezirksregierung auf das Landesamt. So wurde dem Gesundheitsamt Trier gegenüber bemängelt, dass zahlreiche Krankenhäuser nicht jährlich begangen worden seien. Diese Beanstandung habe auf dem Umstand beruht, dass die existierenden Krankenhausbegehungsberichte nicht aufzufinden gewesen und daher in Kopie ein zweites Mal dem Landesamt zugesandt worden seien.[1404]

#### 7.5.1.2 Pharmazie

Dem in der Zweigstelle des Landesamtes in Trier tätigen Pharmazeuten wurde gegenüber der früheren Personalausstattung mit einer halben Sachbearbeiterstelle nunmehr ein weiterer Mitarbeiter zugeteilt, was sich positiv auf die Arbeitsqualität auswirkte. Positiv wurde darüber hinaus die neu begründete zentrale landesweite Zuständigkeit für klinische Prüfungen von Medikamenten bewertet. Die neue Struktur führte jedoch auch zur Trennung von Aufgabenbereichen, die durch gemeinsame Aufgabenwahrnehmung gekennzeichnet sind. So wurde die Wahrnehmung der gemeinsam mit den Veterinären, die in der Zentralabteilung des Landesuntersuchungsamtes ressortieren, zu übernehmenden Aufgaben im Bereich der Überwachung des Verkehrs mit Tierarzneimitteln sowie tierärztlicher Hausapotheken durch die neue Struktur insgesamt erschwert. Vor der Reform waren die zuständigen Mitarbeiter in einer Behörde und sogar in einer Abteilung tätig. Nunmehr fehle es am direkten Kontakt untereinander, einzelne Anfragen blieben monatelang unbeantwortet. Negativ wurde auch die nicht

[1401] Hell/Schmitt, „Landesuntersuchungsamt“
[1402] Nohr, „Amt für soziale Angelegenheiten“
[1403] Hell/Schmitt, a.a.O.
[1404] Groß, „Landkreis Trier-Saarburg“

mehr bestehende Nähe zum Bereich Landwirtschaft bewertet, der nunmehr insgesamt in der ADD wahrgenommen wird. Da für die Thematik „Futtermittel, Gefahrstoffe, Pflanzenschutzmittel" jetzt mit der ADD eine andere Behörde zuständig sei, müssten sich die Pharmazeuten bei der Kontrolle von Einzelhandelsgeschäften auf die Überprüfung von Sachkundenachweisen sowie die ordnungsgemäße Lagerung von Arzneimitteln beschränken. In der ehemaligen Organisationsstruktur habe man Auffälligkeiten im Bereich Gefahrstoffe und Pflanzenschutzmittel den im selben Haus tätigen Kollegen mitgeteilt, die dann ihrerseits initiativ werden konnten. Eine solche Information sei nunmehr, da der Aufgabenbereich einer anderen Behörde berührt sei, nicht mehr so naheliegend.[1405]

Auf Grund der Feststellungen zu den Bereichen Gesundheit und Pharmazie wird nachvollziehbar, dass das Ministerium für Arbeit, Soziales und Gesundheit für beide erst mittelfristig Synergieeffekte durch die Neuorganisation erwartet.[1406]

### 7.5.1.3 Altenheimaufsicht

Durch die Neuorganisation wurden die Aufgaben zur Durchführung des Heimgesetzes für alle stationären Einrichtungen der Altenhilfe sowie der Behindertenhilfe für Erwachsene im Landesamt zusammengeführt. Dies war jedoch im Bereich der Zweigstelle Trier zunächst nicht mit der notwendigen Personalausstattung verbunden. Während die Bezirksregierung Trier noch über 2 Mitarbeiter im Bereich Altenheimaufsicht verfügte, stand am 01.01.2000 zunächst nur 1 Mitarbeiter zur Verfügung. Bis August 2001 wurde der Personalkörper um 1,5 Mitarbeiter aufgestockt, so dass nunmehr 2,5 Mitarbeiter für Altenheime und Behinderteneinrichtungen zuständig sind, wodurch der Amtsleiter eine Erhöhung der personellen Flexibilität erkennt.[1407]
Dass mit der neuen Zuständigkeit nicht stets eine Optimierung der Aufgabenwahrnehmung verbunden ist, zeigt die Stellungnahme des Landrats des Rhein-Hunsrück-Kreises. Dieser konnte noch im November 2001 keine Verbesserung auf dem Feld der Heimbesichtigungen erkennen. Er habe im Juli 2001 auf Anfrage die Mitteilung erhalten, dass noch keine abschließende offizielle Regelung der regionalen Zuständigkeit der einzelnen Sachbearbeiter der Heimaufsicht erfolgt sei. Dementsprechend habe noch keine Regelbesichtigung stattgefunden, es sei beabsichtigt, Informations- und Beratungsbesuche durchzuführen.[1408]

---

[1405] Laub, „Amt für soziale Angelegenheiten"
[1406] Staatskanzlei Rheinland-Pfalz, „Landessozialverwaltung", S. 31
[1407] Nohr, „Amt für soziale Angelegenheiten"
[1408] Fleck, „Rhein-Hunsrück-Kreis", S. 4

### 7.5.1.4 Kindertagesstättenaufsicht

Für den Bereich der Kindertagesstättenaufsicht hatte die Neuorganisation zur Folge, dass die bislang für Regelkindergärten und Sonderkindergärten getrennt wahrgenommenen Vollzugsfunktionen zusammengeführt wurden. Dabei wurde die bestehende regionale Zuständigkeit für die Regelkindergärten um die Zuständigkeit für Sonderkindergärten komplettiert, die bisherige Doppelzuständigkeit für die integrativen Kindergärten entfiel. Als Kopf- und Leitstelle fungiert das neu eingerichtete Kindertagesstättenreferat in der Abteilung Landesjugendamt des Landesamtes in Mainz.
Die Stellungnahmen zu der Neuregelung aus dem kommunalen Bereich zeigen ein differenziertes Bild. So wurde teilweise beklagt, dass es in problematischen Einzelfällen leichter gewesen sei, mit „politischen Vorgesetzten" – gemeint ist offensichtlich der Regierungspräsident – zu akzeptablen Problemlösungen zu kommen.[1409] Andere bezeichneten die Zusammenarbeit mit dem Landesamt im Bereich Kindertagesstättenaufsicht generell als gut.[1410] Für den Landkreis Kusel wurde die neu begründete Zuständigkeit des Amtes für soziale Angelegenheiten in Trier unter regionalen Gesichtspunkten negativ bewertet, da der Landkreis Kusel „pfalzbezogen" sei.[1411] Gegenstand der Kritik war der bei Überbelegung einer Kindergartengruppe entstehende Verwaltungsaufwand, da das Landesamt eine solche Überbelegung genehmigen müsse. Dieser Fragenkreis sei zu Zeiten der Bezirksregierung besser und schneller bearbeitet worden. Das Landesamt verstehe sich stärker als Fachbehörde, während die Bezirksregierung früher insgesamt sowohl für den fachlichen Bereich als auch für Bau- und Personalkostenberechnung zuständig gewesen sei.[1412]

### 7.5.1.5 Abschließende Bewertung

Das Ausgeführte zeigt, dass die notwendigen personellen Voraussetzungen für eine optimale Aufgabenwahrnehmung noch nicht geschaffen sind, was auch durch die Sozialverträglichkeit der Reform bedingt ist.[1413] Dies erfordert Mitarbeiter mit Fachkompetenz, deren Zuständigkeiten eindeutig definiert sind. Dazu gehört bei der vorhandenen Struktur des Landesamtes insbesondere eine klare Aufgabenabgrenzung zwischen den für alle Fachbereiche vorhandenen Kopfstellen in der Zentrale des Landesamtes und den Zweigstellen bei den Ämtern für soziale Angelegenheiten. Insoweit ist es wenig befriedigend, in den Refe-

---

[1409] Groß, „Landkreis Trier-Saarburg"
Saftig, „Verbandsgemeinde Mayen-Land"
[1410] Fischer, „Neuorganisation"
[1411] Hirschberger, „Landkreis Kusel",S. 3
[1412] Görisch/Höhlein, „Gemeinde- und Städtebund Rheinland-Pfalz"
[1413] Nohr, „Amt für soziale Angelegenheiten"

ratsbeschreibungen die Aufgabe „Aufgabendelegation an die Zweigstellen" auszuweisen. Nicht überzeugend erscheint darüber hinaus die durch die Existenz von Kopfstellen und Zweigstellen, nachgeordnet dem Ministerium für Arbeit, Soziales und Gesundheit, bestehende „de facto" Dreistufigkeit. Der „Kunstgriff" der Einrichtung von Zweigstellen wäre entbehrlich, wenn die Ämter für soziale Angelegenheiten in das Landesamt für Soziales, Jugend und Versorgung integriert würden. Dass dies auch unter Beibehaltung von Standorten in der Region ein gangbarer Weg ist, zeigt die Integration der vormaligen Chemischen Untersuchungsämter und Medizinaluntersuchungsämter in das Landesuntersuchungsamt.

### 7.5.2 Oberfinanzdirektion Koblenz

Der Oberfinanzdirektion Koblenz wurden die Aufgaben der Regierungshauptkassen sowie der Beihilfestellen zugewiesen. Die Begründung für diese Aufgabenzuweisung reduzierte sich auf die Aussage, diese Aufgaben seien stets Fremdkörper im Aufgabenbestand der Bezirksregierungen gewesen.[1414] Während die ab 01.01.2000 neu geschaffenen Landeskassen unter der Bezeichnung „Regierungskasse" als Sachgebiete in die Finanzämter Koblenz, Trier und Neustadt/Weinstraße eingegliedert wurden, wurden die Beihilfestellen Teil der Zentralstelle für Besoldung und Versorgung (ZBV) der Oberfinanzdirektion, behielten aber als Außenstellen ihre bisherigen Standorte bei.

#### 7.5.2.1 Regierungshauptkassen

Die Integration der Regierungshauptkassen in die Finanzverwaltung wurde auf der Grundlage von Erkenntnissen aus dem Bereich der Regierungskasse Trier untersucht, was zu folgenden Ergebnissen führte:

Die Aufgabenstellung der Regierungskasse Trier ist regional orientiert, sie nimmt die Kassengeschäfte der überwiegenden Zahl der staatlichen Dienststellen im ehemaligen Regierungsbezirk Trier wahr. Derzeit werden insgesamt 110 Haushaltsmittel bewirtschaftende Stellen in 60 Dienststellen, darunter auch die Aufsichts- und Dienstleistungsdirektion Trier, das Polizeipräsidium Trier sowie die Außenstellen der Struktur- und Genehmigungsdirektion Nord und des Landesuntersuchungsamtes betreut. Die Aufgabenquantität wurde insbesondere durch die landesweite Zuständigkeit der Aufsichts- und Dienstleistungsdirektion Trier erheblich ausgeweitet. Dies bezieht sich insbesondere auf die Bereiche der Schulverwaltung, des kommunalen Finanzausgleichs, des Brand- und Ka-

---

[1414] Ministerium des Innern und für Sport Rheinland-Pfalz, „Reform", S. 10

tastrophenschutzes, der Betreuung aller Durchgangswohnheime für Aus- und Übersiedler sowie der sozialen Wohnraumförderung.

Orientiert an dem für alle von der Neuorganisation Betroffenen relevanten Maßstab des Stellen-Solls zum 01.01.1999 betrug das Stellen-Soll der Regierungskasse Trier am 01.01.2000 32,25 Stellen. Dem stand ein Personal-Ist von 26 Stellen gegenüber. Nach einer Organisationsuntersuchung durch die Oberfinanzdirektion wurde im Juli 2001 der Personalbedarf der Regierungskasse Trier auf 19,49 Stellen festgesetzt. Vergleichbare Organisationsuntersuchungen an den Standorten Koblenz und Neustadt an der Weinstraße ergaben insgesamt 9,67 Stellen bzw. 8,38 Stellen als weitere Einsparpotentiale.

Da für den Standort Trier auch der zuständige Minister der Finanzen das Prinzip der Sozialverträglichkeit der Neuorganisation stets betonte, wird zur Realisierung des Einsparpotentials von 6,51 Stellen in Trier nicht der Weg der Versetzung von Mitarbeitern an andere Standorte beschritten. Vielmehr ist geplant, ausscheidendes Kassenpersonal künftig nicht mehr zu ersetzen, bis die Zielmarke von 19,49 Stellen erreicht ist.

Synergieeffekte durch die Integration der Regierungshauptkasse in die Finanzverwaltung sind nicht eingetreten, was auf Grund der spezifischen Aufgabenstellung der Regierungskasse auch schlüssig ist. Diese weist keine Berührungspunkte zu der steuerfachlich ausgerichteten Aufgabenstellung des Finanzamtes Trier auf. Dementsprechend bestehen auch keine Ansatzpunkte für eine finanzamtsinterne Zusammenarbeit.

Die Motivationslage der in die Finanzverwaltung gewechselten Mitarbeiter der Regierungskasse Trier wird zunächst durch die vorgegebenen Einsparziele negativ geprägt. Die dies verstärkende, den Mitarbeitern gegenüber verlautbarte Auffassung, in vielen Fällen liege eine fehlerhafte tarifrechtliche Einstufung vor und es seien niedrigere Bewertungen geboten, führte zu einer negativen Arbeitseinstellung und Demotivation bei den Beschäftigten.
Auch die Ankündigung, bis zur Erreichung des anerkannten Personalbedarfs Mitarbeiter mit allgemeinen Verwaltungstätigkeiten im Finanzamt zu befassen, führte zu einer deutlichen inneren Distanz der Mitarbeiter zur Steuerverwaltung. Das im Sinne einer neuen Behördenidentität notwendige Zusammengehörigkeitsgefühl mit den übrigen Mitarbeitern des Finanzamtes hat sich daher nicht eingestellt.

Insgesamt waren nach alledem mit der Verlagerung der Regierungshauptkasse in die Finanzverwaltung keine sich aufdrängenden positiven Effekte verbunden. Wenn die Regierungshauptkasse in der politischen Diskussion als Fremdkörper in der Bezirksregierung bezeichnet wurde, so ist nach dem Ausgeführten diese Bezeichnung auch nach der Integration in das Finanzamt noch treffend.

### 7.5.2.2 Beihilfestellen

Die Aufgabenstellung der Beihilfestellen wurde durch die Reform nicht verändert. Die Personalausstattung der als Grundlage der Bewertung herangezogenen Beihilfestelle Trier wurde dagegen von einem Personal-Ist von 21,75 Stellen am 01.01.2000 auf ein Personal-Ist von 18,75 Stellen am 01.01.2002 reduziert. Dies war die Folge der Verlagerung von Arbeitsvolumina sowie dreier Mitarbeiter nach Koblenz. Die Motivationslage der Mitarbeiter der Beihilfestelle ist dadurch gekennzeichnet, dass nach anfänglichen Motivationsverlusten durch die notwendige Neuorientierung inzwischen das frühere Motivationsniveau wieder erreicht ist. Bezüglich Synergieeffekten wurde auf die optimale EDV-Ausstattung verwiesen, vor allem aber auch auf die fachliche Eingliederung der Beihilfestelle in das Beihilfenreferat der Zentralstelle für Besoldung und Versorgung. Es zeigen sich jedoch auch Verzögerungen auf Grund der räumlichen Distanz zur Zentralstelle in Koblenz und der internen Zuständigkeitsstruktur. Beispielhaft wurde hier die Widerspruchsbearbeitung angesprochen. Diese erfordert, dass jeder Widerspruch zunächst nach Koblenz zur Registrierung gesandt wird. Nach Rücklauf erfolgt dann die Bearbeitung, überwiegend noch in Abstimmung mit dem Beihilfenreferat der ZBV. Nach der Bearbeitung wird der Vorgang erneut nach Koblenz versandt, um dort ausgetragen zu werden und den Widerspruchsbescheid durch den Leiter der ZBV schlusszeichnen zu lassen. Hier wird offensichtlich, dass die internen Abläufe noch optimierbar sind.
Obwohl seit dem Inkrafttreten der Reform bereits zwei Jahre verstrichen sind, hat sich bei den Mitarbeitern der Beihilfestelle noch kein Zugehörigkeitsgefühl zur Finanzverwaltung entwickelt. Zurückgeführt wird dies u.a. auf die „Andersartigkeit“ der Verwaltungsabläufe in der Finanzverwaltung gegenüber der früheren Bezirksregierung. Insgesamt und bilanzierend kam der Leiter der Beihilfestelle Trier für die Neuorganisation zu einer positiven Bewertung. Er ergänzte dies um den Hinweis, dass keine Notwendigkeit für grundlegende Änderungen oder Fortschreibungen der Reform bestehe.[1415] Damit wird insgesamt die bereits bei den Anhörungen zum Gesetzentwurf sogar durch Personalratsvertreter geäußerte Einschätzung bestätigt, dass die Beihilfestelle nicht zu dem notwendigen Aufgabenspektrum der Mittelinstanz gehöre und daher zentralisiert werden könne.[1416]

---

[1415] Daleiden, „Beihilfestelle“, S. 1 f.

[1416] Audehm, in: Landtag Rheinland-Pfalz, „Anhörung“, S. 16

### 7.5.3 Landesamt für Straßen- und Verkehrswesen

Die den Bezirksregierungen im Bereich „Verkehr" obliegenden Aufgaben wurden dem Landesamt für Straßen- und Verkehrswesen in Koblenz zugewiesen. Wie im Einzelnen aus den Artikeln 91, 259 bis 266, 268, 270 und 271 des Landesgesetzes zur Reform und Neuorganisation der Landesverwaltung ersichtlich ist, handelte es sich dabei um vielfältige Aufgaben auf den Gebieten des Schutzes gegen Fluglärm, des Straßenrechts, des Eisenbahnrechts, des Fahrlehrerwesens, des Straßenverkehrsrechts, des Güterkraftverkehrsrechts, des Personenbeförderungsrechts, des Binnenschiffsverkehrsrechts sowie des Luftverkehrsrechts.

Diese Aufgabenzuweisung war bereits im Vorfeld Anlass zur Kritik insbesondere durch die rheinland-pfälzischen kommunalen Spitzenverbände. Während zum Teil die Aufgabenverlagerung generell mit der Begründung kritisiert wurde, dass die Aufgaben aus fachlichen Gründen auch weiterhin von den Direktionen wahrgenommen werden sollten,[1417] war an anderer Stelle von einer dramatischen Stärkung einer Sonderbehörde die Rede.[1418] Wenn auch durch die Aufgabenwahrnehmung durch das Landesamt insgesamt keine Veränderungen gegenüber der früheren Zuständigkeit der Bezirksregierungen gesehen werden,[1419] so ist doch in der Tat die gewählte Lösung des Aufgabenzuwachses für eine Sonderbehörde insofern bemerkenswert, als alle für die Erhaltung und Verbesserung der Attraktivität des Wirtschafts- und Wissenschaftsstandortes Rheinland-Pfalz besonders wichtigen Genehmigungsverfahren nach der Intention des Gesetzgebers in dem funktional ausgerichteten Behördentyp „Struktur- und Genehmigungsdirektion" bearbeitet werden sollten.[1420] Dementsprechend sollten die Verfahren in diesem Behördentyp gebündelt und damit die Voraussetzungen für eine zukunftsorientierte, innovative Strukturpolitik geschaffen werden.[1421] Dieses Anliegen hätte es nahegelegt, auch die mit dem Aufgabenbereich „Verkehr" zusammenhängenden Zuständigkeiten mit in den Blick zu nehmen. Stellt doch ein intaktes und leistungsfähiges Straßennetz eine wesentliche Grundvoraussetzung für eine für Wirtschaft und Bürger attraktive Infrastruktur dar.[1422] Die offensichtlichen Bezüge eines Straßenbauprojekts zu Aspekten der Raum- und Landesplanung, des Umweltschutzes, der Landespflege sowie forstlichen Ge-

---

[1417] Schrader, Landkreistag, in Landtag Rheinland-Pfalz, „Anhörung", S. 32

[1418] Schwarting, Städtetag, in Landtag Rheinland-Pfalz, „Anhörung", S. 33

[1419] Vgl. statt vieler Fischer, „Stadt Worms", S. 2
Hirschberger, „Landkreis Kusel", S. 3
Fleck, „Rhein-Hunsrück-Kreis", S. 4

[1420] Landtag Rheinland-Pfalz, „Gesetzentwurf", S. 101

[1421] Vgl. dazu schon Expertenkommission zur Neuorganisation der Landesverwaltung, „Abschlußbericht", S. 14

[1422] In diesem Sinne auch Verkehrsminister Hans-Arthur Bauckhage, „Landesbetrieb Straßen und Verkehr"

sichtspunkten,[1423] die sämtlich in die Zuständigkeit der Struktur- und Genehmigungsdirektionen fallen, hätte die Zusammenfassung des gesamten Aufgabenkreises in den Struktur- und Genehmigungsdirektionen zumindest diskussionswürdig erscheinen lassen.[1424] Dass auch große obere Landesbehörden, zum Teil sogar mit landesweiten Zuständigkeiten, in eine nur regional zuständige Mittelinstanz integriert werden können, zeigt das nordrhein-westfälische Beispiel. Dort wurden im Hinblick auf das Ziel der deutlichen Verringerung der Zahl von oberen Landesbehörden das Landesoberbergamt und das Landesversorgungsamt einschließlich der ihnen nachgeordneten Berg- bzw. Versorgungsämter in die Bezirksregierungen Arnsberg bzw. Münster integriert.[1425]
Solche Erwägungen werden in Rheinland-Pfalz in absehbarer Zeit nicht angestellt werden. Wurde doch das Landesamt für Straßen- und Verkehrswesen in Koblenz am 01.01.2002 in einen Landesbetrieb Straßen und Verkehr umgewandelt, der sich gegenüber der bisherigen Struktur durch größere Flexibilität auszeichnen und es ermöglichen soll, bedarfsgerechter und zeitnäher zu reagieren.[1426]

### 7.5.4 Ministerium für Wirtschaft, Verkehr, Landwirtschaft und Weinbau

Die von den früheren Bezirksregierungen wahrgenommene Aufgabe der Rechtsaufsicht über die Sparkassen in Rheinland-Pfalz wurde auf Grund einer „politischen Einigung" dem Ministerium für Wirtschaft, Verkehr, Landwirtschaft und Weinbau übertragen.
Durch diese Entscheidung wurde eine sachliche Diskussion der für diese Zuordnung maßgeblichen Erwägungen und etwaiger Alternativen verhindert. Nachdem die Notwendigkeit staatlicher Aufsicht über die Sparkassen unbestritten ist, bei einer Anhörung der Enquete-Kommission „Verwaltungsmodernisierung in Rheinland-Pfalz" wurde dies auch von dem Präsidenten des rheinland-pfälzischen Sparkassen- und Giroverbandes noch einmal ausdrücklich bestätigt,[1427] ist an dieser Stelle die Feststellung geboten, dass die Zuordnung der Aufgabe zur ministeriellen Ebene wenig sachgerecht ist. So stellt die Sparkassenaufsicht keine typische Kernaufgabe einer obersten Landesbehörde dar, die sich weitgehend von Verwaltungs- und Aufsichtstätigkeiten entlasten sollte, die von nachgeordneten Behörden besser wahrgenommen werden können. Diesbezüglich ist evident, dass die Errichtung einer landesweit zuständigen Aufsichts-

---

[1423] Dold, „IHK Koblenz"
[1424] Görisch/Höhlein, „Gemeinde- und Städtebund Rheinland-Pfalz" halten sogar die Integration der Landesstraßenverwaltung in die ADD für sinnvoll
[1425] Twenhöven/Feller-Elverfeld, „Integration von Landesoberbehörden", S. 26 f.
[1426] Bauckhage, „Landesbetrieb Straßen und Verkehr"
[1427] Enquete-Kommission 13/2 „Verwaltungsmodernisierung in Rheinland-Pfalz", „Protokoll 5", S. 19

und Dienstleistungsdirektion in Trier die Ansiedlung auch dieser speziellen Aufsichtsfunktion nahegelegt hätte.
Dabei ist auch auf die enge Verflechtung zwischen der Sparkassenaufsicht und der Kommunalaufsicht hinzuweisen. Kommunale Gebietskörperschaften oder Zweckverbände als Gewährträger haften nach dem Sparkassengesetz unbeschränkt für die Verbindlichkeiten der Sparkasse, in vielen Fällen sind sie vom Sparkassenrecht betroffen. Vielfach ist auch die Vertretung des Gewährträgers (Kreistag, Stadtrat bzw. bei Zweckverbänden Verbandsversammlung) gefordert. Dadurch ergibt sich für die Sparkassenaufsicht eine enge Beziehung zur Kommunalaufsicht. Aus diesem Grunde wurden in den Bezirksregierungen beide Aufsichtsfunktionen in einem Referat gemeinsam wahrgenommen. Die nunmehr vorgenommene Trennung zwischen Sparkassen- und Kommunalaufsicht hat zur Folge, dass die Sparkassenaufsicht keine Kompetenzen im Hinblick auf die kommunalen Organe mehr besitzt. Die in der Aufsichts- und Dienstleistungsdirektion wahrgenommene Kommunalaufsicht verfügt nicht mehr über die erforderlichen Sachinformationen im Sparkassenbereich.

Bezüglich der seit dem Aufgabenübergang geänderten Praxis der Ausübung der Sparkassenaufsicht durch das Ministerium ist die Stellungnahme des Vorstandsvorsitzenden einer großen Sparkasse erwähnenswert. Dieser bezeichnete die Beziehung zur Sparkassenaufsicht nach der Reform als formalistischer gegenüber der früheren Rechtslage. So sei etwa im Rahmen einer Schlussbesprechung eine Bemerkung der Prüfungsgesellschaft zu Überziehungsgenehmigungen nach § 18 Kreditwesengesetz bereits ausdiskutiert worden, gleichwohl habe das Ministerium später erneut um eine schriftliche Stellungnahme gebeten.[1428]

## 7.6 Einsparziel

Mit dem eingeschlagenen Weg der Verwaltungsreform war der Anspruch verbunden, unter Einbeziehung neuer Organisationsgrundsätze und moderner Informations- und Kommunikationstechnologien zeitgemäße Strukturen für leistungsfähigere, bürgerfreundlichere und zudem kostengünstigere Verwaltung zu schaffen.[1429] Dabei wurden für das Ausgangsjahr der Reform und die ersten Folgejahre zu erwartende Mehrkosten in Höhe von ca. 40 Mio. DM bewusst in Kauf genommen. Wie bereits dargestellt, entfielen davon 34 Mio. DM auf die Ausstattung der Behörden mit zeitgemäßer Informations- und Kommunikationstechnik. Hier wird zu Recht darauf hingewiesen, dass diese Kosten zu einem erheblichen Teil auch ohne die Neuorganisation angefallen wären, sie daher anlässlich der Reform lediglich früher entstanden.[1430] Stellt es doch ein seit mehre-

[1428] Mühlenhoff, „Telefoninterview", S. 1
[1429] Landtag Rheinland-Pfalz, „Gesetzentwurf", S. 1
[1430] Landtag Rheinland-Pfalz, a.a.O.., S. 2

ren Jahren verfolgtes zentrales Anliegen der Landesregierung dar, die Behörden der Landesverwaltung zur Steigerung ihrer Effizienz mit modernster Datentechnik auszustatten.[1431]

Als weitere Ausgabenpositionen wurde von der Gewährung von Trennungsgeld und Umzugkosten, der Begleichung allgemeiner Sachkosten sowie der Schaffung mobiler Führungseinheiten im Brand- und Katastrophenschutz ausgegangen. Diese realistische Annahme wird durch die bereits angesprochene Entwicklung der Portokosten, Fernmeldegebühren, allgemeinen Reisekosten sowie der Reisekosten der Bezirkspersonalräte im Geschäftsbereich der Aufsichts- und Dienstleistungsdirektion bestätigt. Den größten Anstieg verzeichneten dabei die allgemeinen Reisekosten, die von 163.580,74 DM (1999, Bezirksregierung Trier) auf 542.334,92 DM im Jahr 2001 angestiegen sind sowie die Reisekosten der Bezirkspersonalräte, die sich von 24.614,62 DM im Jahr 1999 auf 428.527,90 DM im Jahr 2001 erhöht haben.[1432]

Diesen Kostensteigerungen gegengerechnet wurden Minderausgaben infolge des sozialverträglichen Abbaus von 500 Stellen bei den von der Neuorganisation erfassten Behörden innerhalb von 15 Jahren. Zugrunde gelegt wurde dabei eine rechnerische lineare Betrachtung, wonach der jährliche Anteil der Stelleneinsparung in dem vorgesehenen Zeitraum 33,3 Stellen betrage, womit auf der Basis von 100.000 DM pro Stelle ein Finanzvolumen von ca. 3,33 Mio. DM freigesetzt werden könne. Beginnend mit einer Kostenminderung von ca. 3,33 Mio. DM im Jahr 2000 und aufsummiert zum Zieljahr 2014 sei damit eine Kostenminderung von insgesamt ca. 400 Mio. DM erreichbar.[1433] Sonstige Verlautbarungen zum Thema der Kostenreduzierungen zeigen, dass in dem beschriebenen Stellenabbau der herausragende Schwerpunkt der Kostenminderung gesehen wird.[1434]

Was die praktische Umsetzung dieser Einsparkonzeption anbelangt, wurde davon ausgegangen, dass ein streng linearer Abbau von Stellen nicht immer konsequent durchgehalten werden könne.[1435] Diese Erwartung wird durch die bei den einzelnen Behörden dargestellte unterschiedliche Entwicklung der Personalzahlen bestätigt. Diese findet ihre Entsprechung in unterschiedlich ausfallenden Bilanzen der einzelnen Ressorts über die Entwicklung der Personalkosten im Jahr 2000. So ergaben sich im Geschäftsbereich des Ministeriums des Innern

---

[1431] Vgl. dazu Heesen, „Electronic Government" B XIII

[1432] Momper, „ADD – Örtlicher Personalrat"

[1433] Landtag Rheinland-Pfalz, „Gesetzentwurf", S. 2

[1434] Vgl. dazu nur Theilen, „Neuorganisation", S. 26
Groß, „Neuorganisation", S. 6

[1435] Landtag Rheinland-Pfalz, a.a.O., S. 3

und für Sport bei den Personalausgaben des Einzelplanes 03 insgesamt Minderausgaben in Höhe von rd. 69 Mio. DM. Dagegen stiegen im Geschäftsbereich des Ministeriums für Umwelt und Forsten die Personalausgaben im Vergleich zum Jahr 1999 von rd. 335,2 Mio. DM auf rd. 340 Mio. DM im Jahr 2000. Dazu wurde erläuternd ausgeführt, diese Ausgabensteigerung mache deutlich, dass nach Inkrafttreten der Neuorganisation der Landesverwaltung eine zukunftsorientierte Neuausrichtung der Personalausstattung, orientiert an den übertragenen Aufgaben, den Zielen der Neuorganisation der Landesverwaltung und an den mittelfristigen Konsolidierungsvorgaben vorgenommen worden sei.[1436] Gleichwohl erscheint insgesamt die Erreichung des konkreten Einsparziels in dem Realisierungszeitraum bis 2014 als realistisch. Wird dieses Ziel doch durch die konkrete Einsparvorgabe von mindestens 1,5 v.H.p.a. der Personalausgaben unterstützt, die auf dem im Dienstleistungsbereich allgemein erzielbaren Produktivitätsfortschritt von mindestens 1,5 v.H. jährlich beruht.[1437]

Neben der angestrebten Reduzierung der Personalstellen bestand die Erwartung, dass durch die Reform nicht quantifizierbare Vollzugsvorteile, u.a. Vereinfachung und Beschleunigung der Verfahrensabläufe mit kürzeren Entscheidungswegen, erreichbar seien.[1438] Diese nur weitgehend abstrakt beschriebenen Vollzugsvorteile wurden konkretisiert durch die Erwartung ausgabensparender Synergieeffekte wegen des Wegfalls der für zentrale Angelegenheiten zuständigen Stellen und Abteilungen der 30 einzugliedernden Behörden. Erhebliche Kosten sollten auch durch die Zentralisierung der Personalverwaltung für die landwirtschaftlichen Dienststellen und für die Kulturämter bei der ADD sowie durch generelle Konzentration von Aufgaben eingespart werden.[1439]

---

[1436] Landtag Rheinland-Pfalz, „Personalausgabenbudgetierung“, S. 6 sowie 10
[1437] Vgl. dazu Keilmann, Personalausgabenbudgetierung“, S. 12
[1438] Landtag Rheinland-Pfalz, „Gesetzentwurf“, S. 2
[1439] Groß, „Neuorganisation“, S. 6

Die Einzelbetrachtung der neuen Behörden ergibt, dass sich diese erwarteten Einsparungen nicht quantifizieren lassen. Während zum Teil definitiv verneint wurde, dass durch die neue Verwaltungsstruktur die „Wirtschaftlichkeit" der Aufgabenwahrnehmung positiv verändert worden sei,[1440] werden überwiegend Kostenvorteile als nicht beleg- oder nicht bezifferbar bezeichnet.[1441] Deutlich wurde darüber hinaus, dass auf vielen Feldern noch konkrete Möglichkeiten zur Erhöhung der Wirtschaftlichkeit der Aufgabenwahrnehmung gesehen werden, woraus ein dringender Handlungsbedarf abgeleitet wurde.[1442]
Insgesamt stellt danach die unter Berücksichtigung der Mehrkosten von ca. 40 Mio. DM erwartete Kostenminderung von ca. 360 Mio. DM in 15 Jahren keine spezifische Folge des rheinland-pfälzischen Weges der Verwaltungsmodernisierung dar. Wie der Blick auf das Nachbarland Baden-Württemberg zeigt, in dessen Bezirksregierungen ein Drittel des bisherigen Stellenbestandes ohne grundsätzliche Strukturänderungen eingespart werden soll, handelt es sich vielmehr bei den erwarteten Kostenminderungen um Reformwirkungen allgemeiner Art, welche die Gründung spezialisierter Direktionen und des Landesuntersuchungsamtes nicht notwendigerweise vorausgesetzt hätten.[1443]

---

1440 Hirsch, „Regionalstelle Gewerbeaufsicht Trier"

1441 Mertes, „Aufsichts- und Dienstleistungsdirektion"
Gassen, „Struktur- und Genehmigungsdirektion Nord"
Weichel, „Struktur- und Genehmigungsdirektion Süd"
Heß, „Landesuntersuchungsamt"

1442 Vgl. dazu nur Otteneder, „Institut für Lebensmittelchemie Trier"
Hell/Schmitt, „Landesuntersuchungsamt"

1443 In diesem Sinne auch Klages, „Neuorganisation", S. 5

# Kapitel 8: Schlussbetrachtung

Die Neuorganisation einer Landesverwaltung in einer pluralistischen Gesellschaft mit kritischer Öffentlichkeit stellt ein Projekt dar, das nur durch effizientes verwaltungspolitisches Handeln umsetzbar ist. Da es sich inhaltlich um Reformen der Staatstätigkeit handelt und Organisationsentscheidungen zu allererst politische Entscheidungen sind,[1444] kommt der Verwaltungspolitik herausragende Bedeutung zu.
Der rheinland-pfälzische Reformweg war durch eine permanente verwaltungspolitische Steuerung gekennzeichnet. Diese reichte von der Initial- und Konzeptionsphase bis in die Durchführungs- und Transferphase, das Interesse der politisch Verantwortlichen in Rheinland-Pfalz am Reformprozess blieb auch über das Inkrafttreten der Neuorganisation hinaus auf hohem Niveau erhalten. Zahlreiche Interventionen aus dem politischen Raum im Laufe des Diskussionsprozesses sind Beleg dafür, dass mit dem Projekt der Neuorganisation in Kernbereiche vorgestoßen wurde. Im Hinblick darauf war der feste politische Wille zur Veränderung vonnöten, um der Reform die notwendige Durchschlagskraft zu geben. Dies stellt eine wesentliche Ursache dafür dar, dass die rheinland-pfälzische Reform nicht, wie dies häufig der Fall ist, im Marginalen und Punktuellen verbleibt,[1445] sondern die Verwaltungslandschaft grundlegend veränderte. Mit dem Modell der drei Direktionen samt Außenstellen, mit dem Landesuntersuchungsamt und der Integration mehrerer Sonderbehörden wurde gegenüber der vorherigen Struktur ein Aliud geschaffen. Dessen Praxisbewährung zeigt ein differenziertes und facettenreiches Bild, das im Ergebnis auch der Bewertung durch den rheinland-pfälzischen Regierungschef entspricht, der von der Beibehaltung der neuen Grundstruktur der Verwaltung ausgeht, diese aber für weiter entwicklungsbedürftig hält.[1446]

---

[1444] John, „Verwaltungsorganisation", S. 195
[1445] Vgl. dazu Mecking, „Regionalebene", S. 280
[1446] Ministerpräsident Kurt Beck anlässlich der Evaluierungstagung am 21.09.2000 an der Deutschen Hochschule für Verwaltungswissenschaften in Speyer

Stellte das Reformprojekt auch überwiegend eine staatsverwaltungsinterne Binnenmodernisierung dar,[1447] so war gleichwohl bei den befragten Kunden der neuen Behörden überwiegend eine hohe Reformakzeptanz zu verzeichnen. Der zur Normalität gehörende Widerstand von innen konnte insgesamt erfolgreich überwunden werden. Dazu trugen wesentlich die Standortgarantien sowie die dem Grundsatz der Sozialverträglichkeit bei der Umsetzung der Reform zugemessene Bedeutung bei. Dabei wurden negative Auswirkungen auf die Effizienz neuer Strukturen bewusst in Kauf genommen, worin eine hohe Wertigkeit der persönlichen Belange der Mitarbeiter durch die Landesregierung zum Ausdruck kommt.

Die mit der Reform verbundene Erwartung, der neu zu schaffende Zustand werde auf längere Sicht Bestand haben, entspricht dem von den neuen Behördenleitern artikulierten Bedürfnis nach einer längeren Konsolidierungsphase. Hierzu ist deutlich hervorzuheben, dass die erstrebte Stabilität zwingend mit Flexibilität verbunden werden muss. Das Neue darf nicht als endgültig begriffen werden, nicht als ein „Gehäuse", das lediglich anders ist als das alte und in dem man sich dann wieder behaglich einrichten kann.[1448] So werden schon konkrete Wege zur Fortführung der mit der Umbildung der Mittelinstanzen eingeleiteten Neuorganisation der Landesverwaltung angedacht. Danach sollen die beiden Struktur- und Genehmigungsdirektionen sowie die Aufsichts- und Dienstleistungsdirektion auf ihre Kernkompetenzen beschränkt und schrittweise zurückgeführt werden. Im Ergebnis soll die Aufsichts- und Dienstleistungsdirektion in ein Landesamt für zentrale Dienste übergeleitet werden. Die beiden Struktur- und Genehmigungsdirektionen sollen dagegen in eine Landesagentur für Strukturfragen überführt werden.[1449] Bereits diese hier nicht weiter zu verfolgenden Vorstellungen zeigen, dass in absehbarer Zukunft, neben den konkret beschriebenen Handlungsansätzen, weitere Modifikationen des jetzigen Status quo in die Diskussion kommen werden. Dadurch wird der Tatsache Rechnung getragen werden, dass Aufgabenbestand und Arbeitsweise permanent an sich wandelnde gesellschaftliche Anforderungen und Rahmenbedingungen angepasst werden müssen. Ziel muss daher die lernende Organisation sein, die auf den ständigen Wandel von Anforderungen und Aufgaben flexibel reagiert und ihre Aufgabenwahrnehmung kontinuierlich verbessert.[1450]

---

[1447] In diesem Sinne Klages, „Neuorganisation", S. 5
[1448] Ellwein/Hesse, „Staatsreform"
[1449] Hesse, „Regierungs- und Verwaltungsreform", S. 4
[1450] In diesem Sinne Stöbe/Brandel, Bezirksregierungen", S. 77

Die neuen Behörden können aber nur dann zu einer lernenden Organisation werden, wenn sie auch lernen dürfen. Damit ist die externe Determination der neuen Behörden durch die Landesministerien angesprochen. Die bislang engen Grenzen für dezentrale Veränderungsinitiativen vor Ort müssen erweitert werden. Dies bedingt auf ministerieller Ebene die Akzeptanz eigenständiger Handlungsspielräume für die neuen Behördenleiter. Im Mittelpunkt müssen weiter die Behördenmitarbeiter stehen, die aus Betroffenen dauerhaft zu Beteiligten gemacht werden müssen. Hier eröffnet sich ein weites Feld von Maßnahmen über Personalentwicklungskonzepte, Stärkung der Selbstverantwortlichkeit, Fortbildungsmaßnahmen und vieles mehr.

Insgesamt erweist sich nach alledem der rheinland-pfälzische Weg der Verwaltungsmodernisierung und der Neustrukturierung der mittleren staatlichen Verwaltungsebene nicht als der einzige, wohl aber als ein tauglicher Weg zur Erreichung des Zieles, die Zukunftsfähigkeit der Landesverwaltung sicherzustellen.

## Anlage 1

### Denkmodell der Personalratsvorsitzenden der Bezirksregierungen „Verwaltung 2000“

### Organisationsplan für die regionalen staatlichen Bündelungsbehörden in Rheinland - Pfalz

**Leiter**

Presse- und Öffentlichkeitsarbeit, Grenzüberschreitende Zusammenarbeit

| **Abteilung 1**<br>Allgemeine und innere Verwaltung | **Abteilung 2**<br>Bildung und Kultur | **Abteilung 3**<br>Umwelt, Bauen, Infrastruktur | **Abteilung 4**<br>Landwirtschaft und Forsten |
|---|---|---|---|
| **11** Organisation<br>Haushalt<br>Datenverarbeitung<br>Controlling | **21** Allg. Schulverwaltung<br>Schulpsych. Dienst<br>Schulsport<br>Kulturförderung<br>Kirchenrecht | **31** Wasserwirtschaft<br>Wasserrecht | **41** Landwirtschaft<br>Weinbau<br>Fischerei<br>Agrarförderung<br>Agraraufsicht |
| **12** Personal<br>Ausbildung<br>Fortbildung | **22** Personalverwaltung | **32** Abfallwirtschaft<br>Abfallrecht<br>Immissionsschutz | **42** Ländliche<br>Bodenordnung |
| **13** Beihilfestelle<br>Regierungs-<br>hauptkasse | **23** Grund-, Haupt-,<br>und Sonderschulen | **33** Landespflege | **43** Forst- und<br>Jagdhoheit |
| **14** Kommunalaufsicht<br>Stiftungsaufsicht<br>Sparkassenaufsicht | **24** Realschulen<br>Regionale Schulen | **34** Raumordnung<br>Landesplanung<br>Regionalplanung<br>-Leitender Planer- | **44** Organisation<br>Liegenschaften<br>Haushalt<br>Betriebswirtschaft<br>Controlling |
| **15** Brandschutz<br>Katastrophenschutz<br>Zivile Verteidigung<br>Hoheitssachen<br>Ordnungswesen | **25** Berufsbildende<br>Schulen | **35** Wirtschaftsrecht<br>Preisüberwachung<br>Vergabeprüfstelle<br>Enteignung | **45** Biologische<br>Produktion<br>(Waldbau,<br>Forstschutz, Jagd) |
| **16** Gesundheit<br>Pharmazie | **26** Gymnasien<br>Integrierte Gesamt-<br>schulen<br>Kollegs | **36** Verkehr | **46** Technische<br>Produktion<br>(Waldarbeit, Holzver-<br>wertung, Marketing) |
| **17** Lebensmittel-<br>überwachung<br>Veterinärwesen | | **37** Bauwesen<br>Denkmalschutz<br>Bauplanungs- und<br>Bodenrecht | **47** Forsteinrichtung |
| **18** Soziales<br>Jugend<br>Familie<br>Sport<br>Freizeit | | | |

**Anlage 2**

**Aufgabenbestand und Stellenausstattung des Struktur-/Genehmigungs-Centers Nord im Bericht der Geschäftsstelle der VMK zum Prüfauftrag des Koalitionsausschusses vom 24.11.1997**

| | |
|---|---|
| - Dienstaufsicht ISM -<br>Stellen insgesamt ca. **151** (ohne integrierte Behörden)<br>(einschließlich Außenstelle in Trier ca. 159 Stellen) | |
| • komplexe Genehmigungsverfahren Umwelt/Rechtssetzungsverfahren aus Bezirksregierung<br>- wasserrechtliche Verfahren<br>- immissionsschutzrechtliche Verfahren<br>- abfallrechtliche Verfahren<br>- naturschutzrechtliche Verfahren | 100 |
| • Raumordnung und Landesplanung | 26 |
| • Bau-, Boden- und Planungsrecht | 4 |
| • Enteignungen | 5 |
| • Bauaufsicht und Städtebau | 12 |
| • Flurbereinigungsplanung | 4 |
| | **151** |
| Integration | |
| • **Staatliches Amt für Wasser- und Abfallwirtschaft Koblenz** | * 58 |
| • **Staatliches Amt für Wasser- und Abfallwirtschaft Montabaur** | * 58 |
| • **Staatliches Amt für Wasser- und Abfallwirtschaft Trier** | * 58 |
| | **174** |
| • **Gewerbeaufsichtsamt Koblenz** | * 45 |
| • **Gewerbeaufsichtsamt Trier** | * 45 |
| • **Gewerbeaufsichtsamt Idar-Oberstein** | * 45 |
| | **135** |

| **Außenstelle Trier** | | Außenstelle Aufsichts-/Service-Center | |
|---|---|---|---|
| Bauaufsicht und Städtebau | (8) | (120) | |
| | | - Kommunalaufsicht einschl. kommunale Zuwendungen | ( 5) |
| | | - Schule einschl. Personalverwaltung | (35) |
| | | - Regierungshauptkasse | (40) |
| | | - zentrale Beihilfeberechnung | (40) |

***) Es handelt sich hierbei um Durchschnittszahlen**

## Anlage 3

**Aufgabenbestand und Stellenausstattung des Struktur-/Genehmigungs-Centers Süd im Bericht der Geschäftsstelle der VMK zum Prüfauftrag des Koalitionsausschusses vom 24.11.1997**

| - Dienstaufsicht ISM - Stellen insgesamt ca. **109** (ohne integrierte Behörden) | |
|---|---|
| • komplexe Genehmigungsverfahren Umwelt/Rechtssetzungsverfahren aus Bezirksregierung | 65 |
| - wasserrechtliche Verfahren | |
| - immissionsschutzrechtliche Verfahren | |
| - abfallrechtliche Verfahren | |
| - naturschutzrechtliche Verfahren | |
| - LfUG (Gentechnik) | 2 |
| • Raumordnung und Landesplanung | 23 |
| • Bau-, Boden- und Planungsrecht | 4 |
| • Enteignungen | 2 |
| • Bauaufsicht und Städtebau | 8 |
| • Flurbereinigungsplanung | 4 |
| • Grenzüberschreitende Zusammenarbeit | 1 |
| | 109 |
| Integration | |
| • **Staatliches Amt für Wasser- und Abfallwirtschaft Mainz** | * 58 |
| • **Staatliches Amt für Wasser- und Abfallwirtschaft Neustadt** | * 58 |
| • **Staatliches Amt für Wasser- und Abfallwirtschaft Kaiserslautern** | * 58 |
| | **174** |
| • **Gewerbeaufsichtsamt Mainz** | *45 |
| • **Gewerbeaufsichtsamt Neustadt** | *45 |
| | **90** |
| Außenstelle Aufsichts-/Service-Center | (133) |
| - Kommunalaufsicht einschl. kommunale Zuwendungen | (8) |
| - Schule einschl. Personalverwaltung | (45) |
| - Regierungshauptkasse | (40) |
| - zentrale Beihilfeberechnung | (40) |

## Anlage 4

**Aufgabenbestand und Stellenausstattung des Aufsichts-/Service-Centers Trier im Bericht der Geschäftsstelle der VMK zum Prüfauftrag des Koalitionsausschusses vom 24.11.1997**

| Aufsichts-/Service-Center Trier | |
|---|---|
| Stellen insgesamt ca. **434** (ohne integrierte Behörden) (einschl. Außenstellen in Koblenz und Neustadt (687) | |
| • Kommunalaufsicht einschl. kommunale Zuwendungen | 4 |
| • Fachaufsicht/Service | |
| - Katastrophenschutz/Zivile Verteidigung | 23 |
| - Ordnungswesen | 45 |
| - Hoheitssachen/Verteidigungslasten | 12 |
| - Denkmalpflege | 7 |
| - Sport, Freizeit | 8 |
| - Jugend, Familie | 3 |
| - Soziales | 10 |
| - Landwirtschaft, Weinbau, ländl. Bodenordnung | 140 |
| - grenzüberschreitende Zusammenarbeit | 1 |
| - Regierungshauptkasse | 20 |
| - zentrale Beihilfeberechnung | 20 |
| - Personal einschl. Ausbildung | 26 |
| | **319** |
| Schule (einschl. Personalverwaltung) | 115 |
| Integration der | |
| **Ämter für Verteidigungslasten** | **211** |
| **Genetische Beratungsstelle** | **16** |

| Außenstelle Struktur-/Genehmigungs-Center Koblenz | | Außenstelle Koblenz 120 | | Außenstelle Neustadt 133 | |
|---|---|---|---|---|---|
| Bauaufsicht und Städtebau | (8) | Kommunalaufsicht einschl. komm. Zuwendungen | 5 | Kommunalaufsicht einschl. komm. Zuwendungen | 8 |
| | | Schule einschl. Personalverwaltung | 35 | Schule einschl. Personalverwaltung | 45 |
| | | Regierungs-hauptkasse | 40 | Regierungs-hauptkasse | 40 |
| | | zentrale Beihilfe-berechnung | 40 | zentrale Beihilfe-berechnung | 40 |

## Anlage 5

# Verwaltungsorganisationsreformgesetz

Auszug aus dem Landesgesetz zur Reform und Neuorganisation der Landesverwaltung vom 12. Oktober 1999
Gesetz- und Verordnungsblatt für das Land Rheinland-Pfalz 1999, Seite 325 ff.

Artikel 1
Verwaltungsorganisationsreformgesetz
(VwORG)

Inhaltsübersicht

Teil 1
Allgemeine Reformbestimmungen



Teil 2
Neuorganisation der mittleren Verwaltungsebene



Teil 3
Übergangs- und Schlussbestimmungen

Teil 1
Allgemeine Reformbestimmungen

§ 1
Zweck

Zweck dieses Gesetzes ist es, die Landesverwaltung auf der Grundlage einer sozialverträglichen Reform zu straffen sowie staatliches Verwaltungshandeln zu beschleunigen, zu vereinfachen und nach zeitgemäßen Erfordernissen auszurichten.

§ 2
Gestaltung von Verfahrensabläufen

Bei der Gestaltung von Verfahrensabläufen in der Landesverwaltung sind geeignete Systeme der Informations- und Kommunikationstechnik einzusetzen und auf eine Kommunikation unter Berücksichtigung der Möglichkeiten des Kommunikationsnetzes des Landes (rlp-Netz) mit allen beteiligten Stellen auszulegen. Hierbei ist auch auf eine Kommunikation mit den Bürgerinnen und Bürgern über öffentlich zugängliche Netze hinzuwirken.

§ 3
Projektgruppe

Soweit mehrere Organisationseinheiten einer Landesbehörde oder mehrerer Landesbehörden an der Entscheidung über einen Antrag mitwirken, ist eine Projektgruppe zu bilden, wenn hierdurch der Verfahrensablauf beschleunigt werden kann.

§ 4
Aufgabenkritik

Im Rahmen einer ständigen Aufgabenkritik hat die Landesregierung dem Landtag zum Ende jedes dritten Kalenderjahres, erstmals zum Ende des Jahres 2004, über vollzogene und geplante Veränderungen bei der Aufgabenwahrnehmung zu berichten.

## Teil 2
## Neuorganisation der mittleren Verwaltungsebene

### § 5
### Auflösung der Bezirksregierungen

Die Bezirksregierungen Koblenz, Rheinhessen-Pfalz und Trier werden zum 1. Januar 2000 aufgelöst.

### § 6
### Errichtung der Struktur- und Genehmigungsdirektionen Nord und Süd sowie der Aufsichts- und Dienstleistungsdirektion

(1) Im Geschäftsbereich des für die allgemeinen Fragen der Organisation der Landesverwaltung zuständigen Ministeriums werden am 1. Januar 2000 als obere Landesbehörden errichtet:

1. die Struktur- und Genehmigungsdirektion Nord mit Sitz in Koblenz,
2. die Struktur- und Genehmigungsdirektion Süd mit Sitz in Neustadt an der Weinstraße sowie
3. die Aufsichts- und Dienstleistungsdirektion mit Sitz in Trier.

(2) Folgende Behörden werden eingegliedert:

1. in die Struktur- und Genehmigungsdirektion Nord:
   a) die Staatlichen Ämter für Wasser- und Abfallwirtschaft Koblenz, Montabaur und Trier,
   b) das Staatliche Gewerbeaufsichtsamt Idar-Oberstein einschließlich der Entgeltüberwachungsstelle Idar-Oberstein sowie die Staatlichen Gewerbeaufsichtsämter Koblenz und Trier,

2. in die Struktur- und Genehmigungsdirektion Süd:
   a) die Staatlichen Ämter für Wasser- und Abfallwirtschaft Kaiserslautern, Mainz und Neustadt an der Weinstraße,
   b) das Staatliche Gewerbeaufsichtsamt Neustadt an der Weinstraße einschließlich der Entgeltüberwachungsstelle Pirmasens sowie das Staatliche Gewerbeaufsichtsamt Mainz,

3. in die Aufsichts- und Dienstleistungsdirektion:
   a) das Amt für Verteidigungslasten Kaiserslautern einschließlich der Nebenstelle Pir masens sowie die Ämter für Verteidigungslasten Birkenfeld und Koblenz,
   b) die Aufnahmeeinrichtung für Asylbegehrende Trier,
   c) das Landesdurchgangswohnheim Rheinland-Pfalz in Osthofen.

§ 7
Struktur- und Genehmigungsdirektion Nord

(1) Die Struktur- und Genehmigungsdirektion Nord übernimmt nach Maßgabe der Rechts- und Verwaltungsvorschriften des Landes insbesondere folgende Aufgaben:

1. die bisherigen Aufgaben der Bezirksregierungen in den Bereichen Raumordnung und Landesplanung, Bau-, Boden- und Planungsrecht, Enteignungen, Bauaufsicht und Städtebau, Fischereiwesen, Wasserwirtschaft, Abfallwirtschaft, Landespflege und Immissionsschutzrecht sowie
2. die bisherigen Aufgaben der nach § 6 Abs. 2 Nr. 1 eingegliederten Behörden.

(2) Die Struktur- und Genehmigungsdirektion Nord ist zuständig für die Landkreise Ahrweiler, Altenkirchen (Westerwald), Bad Kreuznach, Bernkastel-Wittlich, Birkenfeld, Bitburg-Prüm, Cochem-Zell, Daun, Mayen-Koblenz, Neuwied, Rhein-Hunsrück-Kreis, Rhein-Lahn-Kreis, Trier-Saarburg und Westerwaldkreis sowie für die kreisfreien Städte Koblenz und Trier.

§ 8
Struktur- und Genehmigungsdirektion Süd

(1) Die Struktur- und Genehmigungsdirektion Süd übernimmt nach Maßgabe der Rechts- und Verwaltungsvorschriften des Landes insbesondere folgende Aufgaben:

1. die bisherigen Aufgaben der Bezirksregierungen in den Bereichen Raumordnung und Landesplanung, Bau-, Boden- und Planungsrecht, Enteignungen, Bauaufsicht und Städtebau, Fischereiwesen, Wasserwirtschaft, Abfallwirtschaft, Landespflege und Immissionsschutzrecht,
2. die Aufgaben der Landesforstverwaltung nach § 9 Abs. 2,
3.die bisherigen Aufgaben des Landesamtes für Umweltschutz und Gewerbeaufsicht in gente chnischen Genehmigungsverfahren sowie
die bisherigen Aufgaben der nach § 6 Abs. 2 Nr. 2 eingegliederten Behörden.

(2) Die Struktur- und Genehmigungsdirektion Süd ist für die Aufgaben nach Absatz 1 Nr. 2 und 3 landesweit zuständig. Im Übrigen ist sie zuständig für die Landkreise Alzey-Worms, Bad Dürkheim, Donnersbergkreis, Germersheim, Kaiserslautern, Kusel, Ludwigshafen, Mainz-Bingen, Südliche Weinstraße und Südwestpfalz sowie für die kreisfreien Städte Frankenthal (Pfalz), Kaiserslautern, Landau in der Pfalz, Ludwigshafen am Rhein, Mainz, Neustadt an der Weinstraße, Pirmasens, Speyer, Worms und Zweibrücken.

§ 9
Zentralstelle der Forstverwaltung
in der Struktur- und Genehmigungsdirektion Süd

(1) In der Struktur- und Genehmigungsdirektion Süd wird am 1. Januar 2000 durch Zusammenlegung der Forstdirektionen der Bezirksregierungen eine Zentralstelle der Forstverwaltung gebildet, in die folgende Behörden eingegliedert werden:

1. das Forstliche Bildungszentrum Rheinland-Pfalz in Hachenburg,
2. die Forstliche Versuchsanstalt Rheinland-Pfalz in Trippstadt sowie
3.das Zentrum für Benutzerservice und Informationstechnologie der Landesforstverwaltung Rheinland-Pfalz in Emmelshausen.

(2) Die Zentralstelle nimmt nach Maßgabe der Rechts- und Verwaltungsvorschriften des Landes die bisherigen Aufgaben der Forstdirektionen und der nach Absatz 1 eingegliederten Behörden wahr.

(3) Für den Aufgabenbereich Forsteinrichtung wird in Koblenz eine Außenstelle der Zentralstelle gebildet.

(4) Die Leitung der Zentralstelle entscheidet in forstfachlichen Fragen gegenüber der Direktionsleitung eigenverantwortlich.

(5) Die der Direktionsleitung übertragenen dienst- und arbeitsrechtlichen Entscheidungen für das Personal der Zentralstelle und der Forstämter trifft im Innenverhältnis die Leitung der Zentralstelle im Einvernehmen mit der Direktionsleitung; hierbei hat die Direktionsleitung die forstfachliche Eigenverantwortlichkeit der Leitung der Zentralstelle zu berücksichtigen. Die Direktionsleitung ist Dienstvorgesetzter im Sinne des § 4 Abs. 2 Satz 1 des Landesbeamtengesetzes Rheinland-Pfalz.

§ 10
Aufsichts- und Dienstleistungsdirektion

(1) Die Aufsichts- und Dienstleistungsdirektion übernimmt nach Maßgabe der Rechts- und Verwaltungsvorschriften des Landes insbesondere folgende Aufgaben:

1. die bisherigen Aufgaben der Bezirksregierungen in den Bereichen Kommunalaufsicht, kommunale Zuwendungen, Brand- und Katastrophenschutz, zivile Verteidigung, Ordnungswesen, Hoheitssachen, Verteidigungslasten, Soziales, Jugend, Familie, Sport und Freizeit, Kulturförderung und Zusammenarbeit mit den Kirchen, Schulaufsicht, öffentliche Finanzhilfe für Schulen in privater Trägerschaft, Wirtschaftsrecht, Preisüberwachung, Vergabeprüfstelle,

Denkmalschutz und Denkmalpflege, Landwirtschaft, Weinbau, ländliche Bodenordnung und Flurbereinigungsplanung sowie
2, die bisherigen Aufgaben der nach § 6 Abs. 2 Nr. 3 eingegliederten Behörden.

(2) Für den Aufgabenbereich Kommunalaufsicht wird in Neustadt an der Weinstraße eine Regionale Servicestelle als Außenstelle der Aufsichts- und Dienstleistungsdirektion gebildet.

(3) Für den Aufgabenbereich Schulaufsicht wird in Koblenz und in Neustadt an der Weinstraße jeweils eine Außenstelle der Aufsichts- und Dienstleistungsdirektion gebildet.

(4) Die Aufsichts- und Dienstleistungsdirektion ist landesweit zuständig.

§ 11
Dienst- und Fachaufsicht über die Direktionen

(1) Die Dienstaufsicht über die Direktionen in Bezug auf die innere Organisation und allgemeine Geschäftsführung einschließlich des Erlasses von Geschäftsordnungen führt das für die allgemeinen Fragen der Organisation der Landesverwaltung zuständige Ministerium. Bei der Ausübung der Dienstaufsicht sind fachliche Notwendigkeiten zu berücksichtigen, soweit wichtige Gründe der Funktionalität nicht entgegenstehen.

(2) Die jeweils zuständige oberste Landesbehörde trifft die dienst- und arbeitsrechtlichen Entscheidungen für das in ihrem Stellenplan ausgewiesene Personal der Direktionen. Diese ergehen im Einvernehmen mit dem für die allgemeinen Fragen der Organisation der Landesverwaltung zuständigen Ministerium. Soweit die jeweils zuständige oberste Landesbehörde ihre Befugnisse nach Satz 1 überträgt, gilt für Inhalt und Umfang der Übertragung Satz 2 entsprechend.
(3) Regelungen der Dienstaufsicht in anderen Rechtsvorschriften bleiben unberührt.

(4) Die Fachaufsicht über die Direktionen führt die jeweils fachlich zuständige oberste Landesbehörde.

(5) Die Bereitstellung von Stellen und Haushaltsmitteln bestimmt sich nach § 14.

§ 12
Landesuntersuchungsamt

(1) Im Geschäftsbereich des für die Umwelt zuständigen Ministeriums wird am 1. Januar 2000 als obere Landesbehörde das Landesuntersuchungsamt mit Sitz in Koblenz errichtet, in das folgende Behörden eingegliedert werden:

1. die Chemischen Untersuchungsämter Koblenz, Mainz, Speyer und Trier,
2. die Genetische Beratungsstelle des Landes Rheinland-Pfalz in Mainz,

3. das Landesveterinäruntersuchungsamt in Koblenz,
4. die Medizinaluntersuchungsämter Koblenz, Landau in der Pfalz und Trier,
5. die Staatliche Lehranstalt für pharmazeutisch-technische Assistenten in Trier,
6. die Staatlichen Lehranstalten für technische Assistenten in der Medizin in Koblenz und Trier.

(2) Das Landesuntersuchungsamt übernimmt nach Maßgabe der Rechts- und Verwaltungsvorschriften des Landes insbesondere folgende Aufgaben:

1. die bisherigen Aufgaben der nach Absatz 1 eingegliederten Behörden sowie
2. die bisherigen Aufgaben der Bezirksregierungen in den Bereichen Lebensmittelüberwachung und Veterinärwesen.

(3) Das Landesuntersuchungsamt ist landesweit zuständig.

### § 13
### Dienst- und Fachaufsicht über das Landesuntersuchungsamt

(1) Die Dienstaufsicht über das Landesuntersuchungsamt in Bezug auf die innere Organisation und allgemeine Geschäftsführung einschließlich des Erlasses von Geschäftsordnungen führt das für die Umwelt zuständige Ministerium. Bei der Ausübung der Dienstaufsicht sind fachliche Notwendigkeiten zu berücksichtigen, soweit wichtige Gründe der Funktionalität nicht entgegenstehen.

(2) Die jeweils zuständige oberste Landesbehörde trifft die dienst- und arbeitsrechtlichen Entscheidungen für das in ihrem Stellenplan ausgewiesene Personal des Landesuntersuchungsamtes. Diese ergehen im Einvernehmen mit dem für die Umwelt zuständigen Ministerium. Sofern die jeweils zuständige oberste Landesbehörde ihre Befugnis nach Satz 1 überträgt, gilt für Inhalt und Umfang der Übertragung Satz 2 entsprechend.

(3) Regelungen der Dienstaufsicht in anderen Rechtsvorschriften bleiben unberührt.

(4) Die Fachaufsicht über das Landesuntersuchungsamt führt die jeweils fachlich zuständige oberste Landesbehörde.

(5) Die Bereitstellung von Stellen und Haushaltsmitteln bestimmt sich nach § 14.

## § 14
## Durchlaufender Haushalt

Zur Zusammenführung der Aufgaben- und Ressourcenverantwortung ist ein durchlaufender Haushalt einzurichten. Danach werden die Stellen und Haushaltsmittel, die für die Erledigung der den Direktionen sowie dem Landesuntersuchungsamt übertragenen Aufgaben erforderlich sind, in den Einzelplänen der jeweils zuständigen obersten Landesbehörden veranschlagt und den Direktionen sowie dem Landesuntersuchungsamt im erforderlichen Umfang zur eigenverantwortlichen Bewirtschaftung nach Maßgabe der Landeshaushaltsordnung für Rheinland-Pfalz zugewiesen; die Stellen und Haushaltsmittel im Bereich Gewerbeaufsicht der Struktur- und Genehmigungsdirektionen werden im Einzelplan des für die Umwelt zuständigen Ministeriums veranschlagt. Die ressortübergreifende Inanspruchnahme von Stellen und Haushaltsmitteln bedarf eines qualifizierten Haushaltsvermerks.

# Teil 3
# Übergangs- und Schlussbestimmungen

## § 15
## Besondere Zuständigkeitsregelungen

§ 7 Abs. 2 und § 8 Abs. 2 Satz 2 stehen abweichenden Regelungen der örtlichen Zuständigkeit in Rechts- oder Verwaltungsvorschriften, die nach dem 31. Dezember 1999 erlassen werden, nicht entgegen.

## § 16
## Personalübergang

Mit Wirkung vom 1. Januar 2000 gelten die Beschäftigten einer nach § 6 Abs. 2, § 9 Abs. 1 Nr. 1 bis 3 und § 12 Abs. 1 Nr. 1 bis 6 eingegliederten Behörde als Beschäftigte der jeweiligen Direktion oder des Landesuntersuchungsamtes.

## § 17
## Personalvertretungen

(1) Die am 31. Dezember 1999 bei den Bezirksregierungen und den nach § 6 Abs. 2, § 9 Abs. 1 Nr. 1 bis 3 und § 12 Abs. 1 Nr. 1 bis 6 eingegliederten Behörden bestehenden Personalräte und Gesamtpersonalräte sowie Jugend- und Auszubildendenvertretungen und Gesamtjugend- und Auszubildendenvertretungen bleiben im Rahmen ihres bisherigen Geschäftsbereichs solange als Personalvertretungen der Beschäftigten der jeweiligen Direktion und des Landesuntersuchungsamtes im Amt, bis die bei diesen Behörden zu bildenden Personalvertretungen gewählt sind. Die Wahlen finden spätestens am 30. September 2000 statt. Die Sätze 1 und 2 gelten für die Bezirkspersonalräte und die Bezirksjugend- und Auszubildendenvertretungen entsprechend.

(2) Spätestens drei Monate vor dem Wahltermin sind die Wahlvorstände gemäß § 16 Abs. 2 und 3 des Personalvertretungsgesetzes zu bestellen.

§ 18

Gleichstellungsbeauftragte

Die am 31. Dezember 1999 im Amt befindlichen Gleichstellungsbeauftragten der Bezirksregierungen und der nach § 6 Abs. 2, § 9 Abs. 1 Nr. 1 bis 3 und § 12 Abs. 1 Nr. 1 bis 6 eingegliederten Behörden und deren Stellvertreterinnen bleiben im Rahmen ihres bisherigen Geschäftsbereichs solange im Amt, bis in den Direktionen und dem Landesuntersuchungsamt Gleichstellungsbeauftragte und Stellvertreterinnen bestellt werden. Die Bestellung erfolgt spätestens zum 1. Juli 2000.

§ 19

In-Kraft-Treten

Dieses Gesetz tritt am 1. Januar 2000 in Kraft.

## Literaturverzeichnis

Hinweis zur Zitierweise: Die benutzte und hier aufgeführte Literatur wurde im Text aus Raumgründen durchgehend abgekürzt zitiert. Die einzelnen Beiträge wurden in aller Regel nur mit dem Namen des Autors mit Kurztitel aufgeführt. Publizistische Beiträge oder Meldungen in Wochen- bzw. Tageszeitungen sind nur im Text angegeben.


Altehage, Markus Oliver/Morath, Frank A.: „Dilemma“
Das kulturelle Dilemma der öffentlichen Verwaltung, in: Die innovative Verwaltung, 6/1977, S. 32-34

Arbeitsgruppe Aufgabenkritik: „Vorschläge“
Vorschläge für eine Aufgabenkritik im Land Niedersachsen, Hannover, Februar 1997

Arbeitsgruppe „Umstrukturierung der Thüringer Polizei“: „Umstrukturierung“
Abschlußbericht, Erfurt 05.07.1995

Audehm, Arno/Fuchs, Hans-Joachim/Momper, Hermann-Josef: „Gemeinsame Erklärung“
Gemeinsame Erklärung zum TOP 5 der 7.Sitzung der Expertenkommission zur Neuorganisation der Landesverwaltung am 20.03.1998, abgedruckt in: Expertenkommission zur Neuorganisation der Landesverwaltung, Ergebnisniederschrift 7, Anlage

Audehm, Arno/Fuchs, Hans-Joachim/Momper, Hermann-Josef: „Verwaltung 2000“
Verwaltung 2000, Denkmodell zur Neuorganisation der Landesverwaltung, vorgelegt durch die Vorsitzenden der 3 Personalräte der Bezirksregierungen Koblenz, Rheinhessen-Pfalz und Trier, Mainz, August 1997

Aufsichts- und Dienstleistungsdirektion: „Bericht 13.10.2000“
Bericht der Aufsichts- und Dienstleistungsdirektion zur Neuorganisation der Landesverwaltung, Az.: 13–002, Trier, 13.10.2000

Aufsichts- und Dienstleistungsdirektion: „Erfahrungsbericht 04.05.2000“
Erfahrungsbericht der Aufsichts- und Dienstleistungsdirektion zur Neuorganisation der Landesverwaltung, Az.: 13-002, Trier, 04.05.2000

Aufsichts- und Dienstleistungsdirektion: „Permanente Innovation“
„Permanente Innovation“ – Leitfaden zur Fortsetzung der Verwaltungsreform in der ADD mit Hilfe einer Ideenwerkstatt -, Trier, 2002

Aufsichts- und Dienstleistungsdirektion: „Re-Organisation“
Vorschläge zur Re-Organisation der Schulabteilung der ADD, Trier, im Mai 2001

Bachmann, Udo: „Reformschritte“
Reformschritte in kleinen und mittleren Kommunen, in: VOP 7-8/1999, S. 13-16

Baier, Horst: „Vorgehensmodell“
Vorgehensmodell für die Modernisierung, Handlungsrahmen der Stadt Braunschweig bei den Reformschritten, in: VOP 3/1998, S. 13-16

Banner, Gerhard: „Effiziente Verwaltung“
Effiziente Verwaltung - Anforderungen an die Verwaltungsspitze, in: Der Landkreis 8-9/1995, S. 361-364
Banner, Gerhard/Adamaschek, Bernd: „Kernelemente“
Die drei Kernelemente der modernen Verwaltung Bürgergesellschaft, Strategisches Management und Wettbewerb, in: VOP 11/2001, S. 9-11
Baron, Jo: „Mittelinstanz“
Welche Zukunft hat die staatliche Mittelinstanz? Anmerkungen zum Mittelinstanzbericht der Innenminister-Konferenz, in: DVBl. 1973, S. 913-916
Bauckhage, Hans-Artur: „Landesbetrieb Straßen und Verkehr“
Landesbetrieb Straßen und Verkehr mit viel Energie ans Werk, in: Staatszeitung Rheinland-Pfalz vom 04.02.2002
Bayerische Staatsregierung: „Kabinettsbeschluß“
Verwaltungsreform in Bayern, - 20-Punkte-Aktionsprogramm - „Dachkonzept“ Reform von Staat und Verwaltung - Leitlinien zur Verwaltungsreform, Kabinettsbeschluß vom 08.10.1996
Beck, Kurt: „Effizienz“
Effizienz staatlichen Handelns - Basis für den Wirtschaftsstandort Rheinland-Pfalz, in: Zukunftsinitiative Rheinland-Pfalz (Hrsg.): Effizienz staatlichen Handelns, Mainz 1995, S. 33-49
Beck, Kurt/Brüderle, Rainer: „Neuorganisation“
Neuorganisation der Landesverwaltung, Tischvorlage zur Pressekonferenz am 13.12.1997, Mainz
Beck, Sabine/Conrad, Franz: „Reformprozesse“
Reformprozesse erfolgreich gestalten, in: Die innovative Verwaltung 6/1997, S. 39-43
Becker, Bernd: „Verwaltung“
Öffentliche Verwaltung: Lehrbuch für Wissenschaft und Praxis, Percha/Kempfenhausen 1989
Becker, Erich: „Verwaltungsaufbau“
Der gegenwärtige Verwaltungsaufbau in der Pfalz, in: Verfassung und Verwaltung, Festschrift für Wilhelm Laforet, S. 442 ff. München 1952,
Beckstein, Günther: „Dynamisierung“
Dynamisierung der bayerischen Verwaltung, in: VOP 9/1996, S. 10-13
Behrens, Fritz: „Reform“
Reform der allgemeinen inneren Verwaltung: Die staatliche Mittelinstanz im Verwaltungsaufbau der Zukunft, 1995, S. 315-333
Behrens, Fritz: „Verwaltungsmodernisierung“
Die Verwaltungsmodernisierung am Beispiel Nordrhein-Westfalen, Abendvortrag an der Deutschen Hochschule für Verwaltungswissenschaften Speyer am 15.12.1999, unveröffentlichtes Redemanuskript
Behrens, Fritz: „Verwaltungsreform“
Langfristig, ganzheitlich und umfeldbezogen, Interview mit dem nordrhein-westfälischen Innenminister Behrens über die Verwaltungsreform in NRW, in: Die Neue Verwaltung 2/2000, S. 5-7
Behrens, Fritz/Heinze Rolf. G/Hilbert, Josef u.a. (Hrsg.): „Staat“
Den Staat neu denken - Reformperspektiven für die Landesverwaltungen, Berlin 1995

Behrens, Fritz/Stöbe, Sybille: „Leitbilder“
Die Entwicklung von Leitbildern - Ein Instrument der Verwaltungsmodernisierung? in: Verwaltung und Management, 1995, S. 29 ff.
Bezirksregierung Koblenz: „Mittelinstanz“
Keine Schnellschüsse bei der Verwaltungsmodernisierung / Rechtssicherheit der Mittelinstanz wieder herstellen, Pressemitteilung vom14.11.1996
Bitter, Manfred: „Regionale Bündelungsbehörden“
Regionale Bündelungsbehörden: Notwendige staatliche Repräsentanz in der Fläche, in: DÖV 1997, S. 855-865
Blanke, Hermann-Josef: „Kommunale Selbstverwaltung“
Die kommunale Selbstverwaltung im Zuge fortschreitender Integration - Aspekte nationaler und supranationaler Verfassungsentwicklung, in: DVBl. 1993, S. 819-831
Blenke, Thomas/Dreyer, Silke/Fernau, Friedrich Wilhelm u.a.: „Aufgabenanalyse“
Aufgabenanalyse und Aufgabenkritik bei den Regierungspräsidien des Landes Baden-Württemberg, Schlußbericht zu Phase 2, Stuttgart u.a., 1993
Bock, Rolf: „Landesverwaltungsamt“
Von den Bezirksregierungen zum Landesverwaltungsamt in Sachsen-Anhalt, in: Konzendorf, G. (Hrsg.): Neuorganisation der Mittelinstanzen - Konzeptionen und Umsetzung, Speyerer Forschungsberichte 210, Speyer 2000, S. 65-69
Bode, Günther: „Modernisierung“
Modernisierung der Mittelinstanz in Hessen, in: Konzendorf, G. (Hrsg.): Neuorganisation der Mittelinstanzen - Konzeptionen und Umsetzung, Speyerer Forschungsberichte 210, Speyer 2000, S. 19-23
Böckel, Martin: „Projektmanagement“
Projektmanagement im Verwaltungsverfahren, DÖV 1995, S. 102-108
Böhret, Carl: „Anmerkungen“
5 erfolgreiche Jahre, Anmerkungen zur Verwaltungsmodernisierung in Rheinland-Pfalz, unveröff. Redemanuskript, 06.03.1999, Nürburg
Böhret, Carl: „Chancen“
Gewollt ist noch nicht verwirklicht - Chancen und Hemmungen bei der Modernisierung von Landesverwaltungen, in: Verwaltungsrundschau 10/96, S. 325-333
Böhret, Carl: „Funktionaler Staat“
Funktionaler Staat. Ein Konzept für die Jahrhundertwende?, Frankfurt/M., 1993
Böhret, Carl: „Innovative Verwaltungspolitik“
Innovative Verwaltungspolitik - Chancen für einen Versuch, in: Verwaltungsrundschau 2/1988, S. 46-50
Böhret, Carl: „Modernisierung“
Die Modernisierung der Staatstätigkeit als Reformaufgabe, in: Zukunftsinitiative Rheinland-Pfalz (Hrsg.): Effizienz staatlichen Handelns, , S. 10-32, Mainz 1995
Böhret, Carl/Konzendorf, Götz: „Mehr sein als scheinen“
Mehr sein als scheinen: Der funktionale Staat, in: Behrens, Fritz u.a. (Hrsg.): Den Staat neu denken – Reformperspektiven für die Landesverwaltungen, Berlin 1995, S. 17–40
Böhret, Carl/Kreyner, Volker J.: „Gesellschaft“
Gesellschaft im Übergang, Problemaufrisse und Antizipation, Baden-Baden 1995

Bogumil, Jörg: „Verwaltungsmodernisierung“
Die Umgestaltung des Verhältnisses zwischen Rat und Verwaltung – das Grundproblem der Verwaltungsmodernisierung, in: Verwaltungs-Archiv 93 1/2002, S. 129-148
Bolz, Hermann: „Direktionenmodell“
Das Direktionenmodell in Rheinland-Pfalz, in: Konzendorf, Götz (Hrsg.), Neuorganisation der Mittelinstanzen - Konzeptionen und Umsetzung, Speyerer Forschungsberichte, 210, Speyer 2000, S. 41-44
Bolz, Hermann: „Reform der Bezirksregierungen“
Reform der Bezirksregierungen in: Heinrich Siedentopf, Staatsreform/Europapolitik: Dokumentation zum 7. Deutsch-Französischen Verwaltungskolloquium der Deutschen Hochschule für Verwaltungswissenschaften Speyer und der Ecole Nationale d' Administration in Speyer am 05. und 06.06.2000, Speyer 2000
Bonorden, Volker/Rieger, Reinhard: „Dienstrechtsreform“
Dienstrechtsreform, in: Bandemer/Blanke/Nullmaier/Wewer (Hrsg.): Handbuch zur Verwaltungsreform 1998, S. 209-216
Bouffier, Volker: „Umorganisation“
Umorganisation der Polizei ist Meilenstein für Innere Sicherheit, Pressemitteilung des hessischen Innenministeriums, 159/2000 vom 20.09.2000
Bruns, Dirk/Mohnen, Elgin: “Steuerungsinstrumente“
Eine Stadt ohne Bürger? Neue Steuerungsinstrumente in Recht, Politik und Verwaltung - ein Appell für eine „bürgerbasierte“ Verwaltungsreform, in: Verwaltungsrundschau 1/1999, S. 2-10
Büermann, Wulf: „Perspektivenwechsel“
Bürgerschaftliches Engagement und der Perspektivenwechsel in der Bürgergesellschaft, unveröffentlichtes Manuskript, Mainz, 1/2002
Bürsch, Michael: „Schlanker Staat“
„Schlanker Staat“ - der Worte sind genug gewechselt: Zur Modernisierung der Bundesverwaltung, FES-Analyse, hrsg. von der Friedrich-Ebert-Stiftung, Bonn, 1998
Bürsch, Michael/Müller, Birgit: „Verwaltungsreformen“
Verwaltungsreformen in den deutschen Bundesländern, Friedrich-Ebert-Stiftung, Bonn 1999
Bull, Hans Peter: „Verwaltung“
Der tägliche Ärger mit der Verwaltung, in: Verwaltung und Management 6/1999, S. 324-328
Bulling, Manfred: „Verwaltungshandeln“
Kooperatives Verwaltungshandeln (Vorverhandlungen, Arrangements, Agreements und Verträge) in der Verwaltungspraxis, in: DÖV 1989, S. 277-289
Bulling, Manfred/Teufel, Gerhard/Kohler, Gerhard: „Regierungsreform“
Regierungsreform in Baden-Württemberg: Bericht über die Arbeit der Kommission „Neue Führungsstruktur Baden-Württemberg“, in: Verwaltungsarchiv 1977, S. 43-66
Bundesministerium des Innern, Arbeitsgruppe Verwaltungsmodernisierung: „Generalkalender Schlanker Staat“
Modernisierungsprojekte der Bundesverwaltung - Generalkalender „Schlanker Staat“ - Bonn 1998

Bundesministerium des Innern, Arbeitsgruppe Verwaltungsorganisation: „Aktionsprogramm"
Lenkungsausschuß Verwaltungsorganisation: Erster Bericht und Fortschreibung des Aktionsprogramms zur weiteren Steigerung von Effektivität und Wirtschaftlichkeit der Bundesverwaltung, Kabinettsbeschluß vom 10.02.1998, Bonn 1998

Bundesministerium des Innern, Stabsstelle Moderner Staat - Moderne Verwaltung: „Programm"
Moderner Staat - Moderne Verwaltung: Das Programm der Bundesregierung, Bonn 1999

Bundesministerium des Innern, Stabsstelle Moderner Staat - Moderne Verwaltung: "Staatsmodernisierung"
Aktivitäten zur Staats- und Verwaltungsmodernisierung in Bund und Ländern, Bonn, 5/2000

Bundesministerium für Wirtschaft (Hrsg.): „Investitionsförderung"
Investitionsförderung durch flexible Genehmigungsverfahren, Bericht der unabhängigen Expertenkommission zur Vereinfachung und Beschleunigung von Planungs- und Genehmigungsverfahren, Bonn 1994

Burgi, Martin, „Verwaltungsorganisation"
Verwaltungsorganisation und Verwaltungsmodernisierung in Nordrhein-Westfalen, in: NWVBL 1/2001, S. 1-7

Burkhard, Matthias: „Organisationsentwicklung"
Zur Organisationsentwicklung und Reform der Regierungspräsidien in Baden-Württemberg, in: Verwaltungsblätter für Baden-Württemberg 7/1994, S. 257-263

Busse, Volker: „Verfahrenswege"
Verfahrenswege zu einem schlankeren Staat, in: DÖV 1996, S. 389-396

CDU-Landesverband Rheinland-Pfalz (Hrsg.): „Zwanziger-Kommission"
Verwaltung in Rheinland-Pfalz in den 90er Jahren, Bericht der Zwanziger-Kommission, Mainz, Oktober 1989

CDU Rheinland-Pfalz: „Landtagswahl"
Landtagswahl 1996: CDU hat wieder Tritt gefaßt, in: CDU Rheinland-Pfalz, Wir - Partei und Fraktion, 2. Ausgabe, 8. Jahrgang, Juni 1996

Chef der Staatskanzlei Rheinland-Pfalz: „Eckpunkte"
Schreiben des Chefs der Staatskanzlei an die Ressorts der Landesregierung, Eckpunkte der Neuorganisation der Landesverwaltung, Januar 1998

Chef der Staatskanzlei Rheinland-Pfalz: „Zukunft der Verwaltungsmodernisierungskommission"
Antwort auf eine Kleine Anfrage des Abgeordneten Schnabel (CDU), Drucksache 13/252 vom 16.07.1996

Clauß, Thomas: „Budgetierung"
Budgetierung im Neuen Steuerungsmodell, in: Verwaltung und Management 5/1999, S. 298-300

Clement, Wolfgang: „Leitbild"
Leistungsstark, sozial und bürgernah, Leitbild für die Verwaltungsreform in Nordrhein-Westfalen, in: VOP 11/1999, S. 8-11

Deubel, Ingolf: „Budgetierung“
Die sich abzeichnende Vision neuer Gestaltungsmöglichkeiten durch die flexible Budgetierung, in: „Voran“, Schriften zur Verwaltungsmodernisierung in Rheinland-Pfalz, Heft 4, 2. Auflage 6/98, Mainz, S. 19-24

Deutsche Verwaltungsgewerkschaft Rheinland-Pfalz: „Gespräche“
Gespräche der Deutschen Verwaltungsgewerkschaft Rheinland-Pfalz mit den Landtagsfraktionen, DVG-Mitteilungen, März 1996

Deutscher Industrie- und Handelstag: „Anregungen“
Anregungen für einen schlanken Staat, Bonn 1996

Dieckvoß, Hans-Herrmann: „Personaleinsparung“
Neuorganisation der Landesverwaltung, Personaleinsparungspotentiale bei den Bezirksregierungen, Tischvorlage für die 5. Sitzung der Expertenkommission zur Neuorganisation der Landesverwaltung, Mainz, 30.06.1997

Eichhorn, Peter/Hegelan, Hans Joachim: „Struktur“
Zur zukünftigen Struktur von Bundesregierung und Bundesverwaltung, Gutachten im Auftrag der Friedrich-Ebert-Stiftung, Bonn 1993

Eichhorn, Peter/Siedentopf, Heinrich: „Effizienzeffekte“
Effizienzeffekte der Verwaltungsreform: exemplarische Ansätze einer Wirkungsanalyse der territorialen und funktionalen Verwaltungsreform in Rheinland-Pfalz, Gutachten, Baden-Baden 1976

Ellwein, Thomas: „Dilemma“
Das Dilemma der Verwaltung: Verwaltungsstruktur und Verwaltungsreformen in Deutschland, Mannheim u.a. 1994

Ellwein, Thomas: „Neuordnung“
Neuordnung der staatlichen und kommunalen Arbeitsebene zwischen der Landesregierung und den Städten und Kreisen des Landes Nordrhein-Westfalen, (Hauptband und 2 Anlagenbände, Teile A und B), Schliersee 1993

Ellwein, Thomas: „Staat“
Der Staat als Zufall und als Notwendigkeit: Die jüngere Verwaltungsentwicklung in Deutschland am Beispiel Ostwestfalen-Lippe, Bd. 2: Die öffentliche Verwaltung im gesellschaftlichen und politischen Wandel 1919 - 1990,, Opladen 1997

Ellwein, Thomas/Hesse, Joachim Jens: „Staatsreform“
Staatsreform in Deutschland - das Beispiel Hessen: Konzept für eine Regierungs- und Verwaltungsreform, Gutachten für den Bund der Steuerzahler Hessen e.V., Wiesbaden 1997

Endlein, Axel: „Schlanker Staat“
Schlanker Staat: Frischer Wind für den Standort Deutschland, in: Verwaltung und Management 6/1998, S. 332-336

Englich, Birte/Fisch, Rudolf: „Projektgruppen“
Projektgruppen in der öffentlichen Verwaltung: Aktuelle Verbreitung, Chancen, Modernisierungsaspekte, Forschungsinstitut für öffentliche Verwaltung bei der Deutschen Hochschule für Verwaltungswissenschaften Speyer, Speyerer Forschungsberichte, 198, (2. Auflage), 1999

Enquete-Kommission: „Verwaltungsmodernisierung in Rheinland-Pfalz (Entbürokratisierungskommission): „Abschlußbericht“
Bericht der Enquete-Kommission „Verwaltungsmodernisierung in Rheinland-Pfalz“ (Entbürokratisierungskommission), Landtag Rheinland-Pfalz, Drucksache 13/6223 vom 28.08.2000

Enquete-Kommission 13/2: „Verwaltungsmodernisierung in Rheinland-Pfalz“: „Anhörung Mittelinstanz“
Auswertung der Anhörung zum Thema „Mittelinstanz“, Vorlage EK 13/2-60 vom 30.09.1997, abgedruckt als Anlage 4 des Berichts der Enquete-Kommission, Drucksache 13/6223 vom 28.08.2000

Enquete-Kommission 13/2: „Verwaltungsmodernisierung in Rheinland-Pfalz“: „Protokoll 1“: Protokoll der 1. Sitzung am 11.11.1996
„Protokoll 5“: Protokoll der 5. Sitzung am 12.05.1997
„Protokoll 9“: Protokoll der 9. Sitzung am 03.11.1997

Expertenkommission zur Neuorganisation der Landesverwaltung (EKo): „Abschlußbericht“
Abschlußbericht der Expertenkommission zur Neuorganisation der Landesverwaltung (EKo), Mainz, 20.03.1998

Expertenkommission zur Neuorganisation der Landesverwaltung (EKo): „Alternatives Organisationskonzept“
Alternatives Organisationskonzept „Mittlere Staatliche Ebene“, vorgelegt von den externen Sachverständigen in der EKo-Sitzung vom 02.07.1997

Expertenkommission zur Neuorganisation der Landesverwaltung (EKo): „Ergebnisniederschriften 1-7“
Ergebnisniederschriften der Sitzungen am
1. 31.10.1996 (1. Sitzung)
2. 20.12.1996 (2. Sitzung)
3. 04.03.1997 (3. Sitzung)
4. 06.05.1997 (4. Sitzung)
5. 02.07.1997 (5. Sitzung)
6. 22.01.1998 (6. Sitzung)
7. 20.03.1998 (7. Sitzung)

Expertenkommission zur Neuorganisation der Landesverwaltung (EKo): „Vorentwurf“
Vorentwurf des Abschlußberichtes der Expertenkommission zur Neuorganisation der Landesverwaltung (EKo), Mainz, 14.01.1998

Faltlhauser, Kurt: „Verwaltung“
Bayerns gesamte Verwaltung auf dem Prüfstand, in: Bayerischer Staatsanzeiger Nr. 15 vom 12.04.1996

Faltlhauser, Kurt: „Verwaltungsreform Bayern“
Gesamtkonzept zur Reform der bayerischen Ministerien - erstmalig und einmalig in ganz Deutschland, in: Verwaltungs Reform Report 3/1998, München

F.D.P.-Fraktion im Landtag Rheinland-Pfalz: „Bezirksregierungen“
Tischvorlage zur Pressekonferenz des Vorsitzenden der F.D.P.-Landtagsfraktion Hans Hermann Dieckvoß am 08.09.1996

Fisch, Stefan: „Verwaltungskulturen“
Verwaltungskulturen – Geronnene Geschichte?, in: Die Verwaltung 33, 2000, S. 303-323

Fleischmann, Gertrud: „Reorganisationsprozeß“

Praxisbeispiel Herten – Flächendeckender Reorganisationsprozeß einer Stadt mittlerer Größenordnung, in: Hill, Hermann/Klages, Helmut (Hrsg.): Erfahrungen mit dem Modernisierungsprozeß, Speyer, 1997, S. 83-109

Fonk, Friedrich: „Sonderbehörden"
Die Problematik der Sonderbehörden: Zum Verhältnis von allgemeiner Verwaltung und Sonderverwaltung, Köln/Berlin 1969

Forsthoff, Ernst: „Verwaltungsrecht"
Lehrbuch des Verwaltungsrechts, Band 1, 10. Auflage

Franke, Rainer: „Verwaltungsvorschriften"
Dritter Erfahrungsbericht der Arbeitsgruppe Verwaltungsvorschriften und Standards, in: Verwaltungsrundschau 5/2001, S. 152-156

Fraktion BÜNDNIS 90/DIE GRÜNEN im Landtag Rheinland-Pfalz: „Entschließung"
Entschließung zu dem Gesetzentwurf der Landesregierung - Drucksache 13/700 - Landeshaushaltsgesetz 1997, Reformprozeß in der Landesverwaltung verbessern, Drucksache 13/1195 vom 27.01.1997

Freudenberg, Dierk: „Bezirksregierung"
Die kranke Bezirksregierung, in: VOP 1993, S. 234-237, 346-350, 407-413

Freudenberg, Dierk: „Steuerungsmodell"
Das Neue Steuerungsmodell in einer Landesverwaltung, Vorschläge zur Modernisierung der hessischen Landesverwaltung, in: Verwaltung und Management 2/1997, S. 76-83

Frey, Michaela: „Verwaltungskultur"
Wege einer neuen Verwaltungskultur, in: VOP 12/1997, S. 12-14

Frey, Rainer/Steffans, Dagmar: „Steuerungsmodelle"
Zur Übertragbarkeit betriebswirtschaftlicher Steuerungs- und Managementmodelle auf die öffentliche Verwaltung, in: Verwaltungsrundschau 11/1995, S. 443-447

Furch, Kristian/Hauser, Thomas/Pätzold, Erich: „Steuerung"
Ergebnisorientierte Steuerung der öffentlichen Verwaltung, in: der städtetag 4/1995, S. 230-238

Galette, Alfons: „Raumplanung"
Probleme der überörtlichen Raumplanung, in: Der Landkreis 1965, S. 40-44

Ganßer, Walter: „Verwaltungsreform"
Verwaltungsreform in Bayern auf dem Weg zu einem neuen Denken, in: Bayerische Verwaltungsblätter 4/1996, S. 102 - 107

Gensicke, Thomas: „Wandel"
Sozialer Wandel und Wertewandel in Deutschland vor und nach der Wiedervereinigung, Forschungsinstitut bei der Hochschule für Verwaltungswissenschaften Speyer, Speyerer Forschungsberichte 154, 2. Auflage, Speyer 1996

Geschäftsstelle der Verwaltungsmodernisierungskommission Rheinland-Pfalz: „Diskussionsunterlage"
Diskussionsunterlage für die 4. Sitzung der Expertenkommission zur Neuorganisation der Landesverwaltung, April 1997, Mainz,

Geschäftsstelle der Verwaltungsmodernisierungskommission Rheinland-Pfalz: „Erster Prüfauftrag"
Ergebnisbericht zum ersten Prüfauftrag der Expertenkommission zur Neuorganisation der Landesverwaltung, Dezember 1996, Mainz

Geschäftsstelle der Verwaltungsmodernisierungskommission Rheinland-Pfalz: „Zweiter Prüfauftrag"

Ergebnisbericht zum zweiten Prüfauftrag der Expertenkommission zur Neuorganisation der Landesverwaltung, Februar 1997, Mainz

Geschäftsstelle der Verwaltungsmodernisierungskommission Rheinland-Pfalz: „Dritter Prüfauftrag"
Ergebnisbericht zum Prüfauftrag der Expertenkommission zur Neuorganisation der Landesverwaltung vom 06.05.1997 (4. Sitzung der EKo), Juni 1997, Mainz

Geschäftsstelle der Verwaltungsmodernisierungskommission Rheinland-Pfalz: „Vierter Prüfauftrag"
Ergebnisbericht zum Prüfauftrag des Koalitionsausschusses in dessen Sitzung am 24.11.1997

Glahn, Harald: „Tischvorlage"
Tischvorlage „Schulverwaltung gemäß Modell 2 ohne Mittelbehörde" für die 3. Sitzung der Expertenkommission zur Neuorganisation der Landesverwaltung am 04.03.1997

Glahn, Harald „Schulverwaltung"
Schulverwaltung gemäß Modell 2 ohne Mittelbehörde, Ergänzung zur Vorlage vom 04.03.1997, 02.07.1997, Mainz

Göb, Rüdiger: „Verwaltungsstruktur"
Verwaltungsstruktur und Raumordnung, in: Der Gemeindetag 1965, S. 157-160

Grimm, Christoph: „Bezirksregierungen"
Presseerklärung des Präsidenten des rheinland-pfälzischen Landtags vom 04.10.1995

Grömig, Erko: „Verwaltungsmodernisierung"
Zum Stand der Verwaltungsmodernisierung in den Kommunen, in: das rathaus 1997, S. 132-134

Grömig, Erko/Grüner, Kersten: „Reform"
Reform in den Rathäusern, in: der städtetag, 8/1998, S. 581-587

Groß, Gerhard: „Direktionenmodell"
Das Direktionenmodell in Rheinland-Pfalz – Die gesetzliche Regelung, in: Konzendorf, Götz (Hrsg.), Neuorganisation der Mittelinstanzen – Konzeptionen und Umsetzung / Forschungsinstitut für öffentliche Verwaltung bei der Deutschen Hochschule für Verwaltungswissenschaften Speyer, Speyerer Forschungsberichte; 210, 2000, S. 53-59

Groß, Gerhard: „Klausurtagung"
Neuorganisation der Landesverwaltung in Rheinland-Pfalz, Vortrag bei der Klausurtagung der SPD-Rheinland-Pfalz am 06.03.1999, Nürburgring, unveröffentlichtes Manuskript

Groß, Gerhard: „Landesgesetz"
Landesgesetz zur Reform und Neuorganisation der Landesverwaltung, unveröffentlichtes Manuskript für Vortrag an der Deutschen Hochschule für Verwaltungswissenschaften Speyer, ohne Datum

Groß, Thomas: „Internet"
Öffentliche Verwaltung im Internet, in: DÖV 4/2001, S. 159 - 164

Große-Sender, Heinrich A. (Hrsg.): „Bericht"
Bericht: Kommission „Erhaltung und Fortentwicklung der bundesstaatlichen Ordnung innerhalb der Bundesrepublik Deutschland - auch in einem vereinten Europa", Teil I und II, Düsseldorf 1990

Haasis, Hans-Arthur/Streit, Manfred E. (Hrsg.): „Verdichtungsregionen"
Verdichtungsregionen im Umbruch: Erfahrungen und Perspektiven stadtregionaler Politik (Studien zur gesellschaftlichen Entwicklung Bd. 4), Baden-Baden 1990

Häußler, Ingrid: "Umweltverwaltung"
Reform der Umweltverwaltung, in: Verwaltung Plus, Moderne Verwaltung in Sachsen-Anhalt, 01/2000, Magdeburg
Hardrath, Klaus: „Sachsen"
Der Freistaat Sachsen zwischen den Reformen, in: VOP 8/1996, S. 6-9
Hebeler, Timo: „Budgetierung"
Die Budgetierung und das Budgetrecht, in: Verwaltungsrundschau 3/2002, S. 76-80
Heesen, Peter: „Electronic Government"
Electronic Government kostet Geld, in: Behördenspiegel 9/1999, Beilage "Effizienter Staat"
Hegele, Dorothea: „Privatisierung"
Privatisierung im Freistaat Sachsen, in: Verwaltung und Management 4/1996, S. 208-210
Hegele, Dorothea: „Verwaltungsreform"
Verwaltungsreform in Sachsen, in: Verwaltung und Management 1/1995, S. 22-25
Heider, Ralf: „Modernisierung"
Modernisierung der Regierungen in Bayern, in: Konzendorf, Götz (Hrsg.): Neuorganisation der Mittelinstanzen - Konzeptionen und Umsetzung, Speyerer Forschungsberichte; 210, Speyer 2000
Helbing, Hans: „Neuordnung"
Alternative Möglichkeiten der Neuordnung von Mittelbehörden, Forschungsinstitut für öffentliche Verwaltung bei der Hochschule für Verwaltungswissenschaften Speyer, Speyerer Forschungsberichte; 188, Speyer 1998
Henneke, Hans-Günter: „Finanzausgleich"
Der kommunale Finanzausgleich - Einer der verfassungsgerichtlich am sorgfältigsten behauenen Ecksteine der Grundlagen kommunaler Selbstverwaltung, in: DÖV 1/1994, S. 1-12
Henneke, Hans-Günter: „Organisation"
Organisation kommunaler Aufgabenerfüllung - Optimierungspotenziale im Spannungsfeld von Demokratie und Effizienz, Bericht über das Professorengespräch 1997 des Deutschen Landkreistages, in: DVBl. 1997, S. 1270-1276
Hesse, Joachim Jens: „Regierungs- und Verwaltungsreform"
Regierungs- und Verwaltungsreform in Rheinland-Pfalz, Zusammenfassung der Untersuchungsergebnisse des im Auftrag des Bundes der Steuerzahler Rheinland-Pfalz e.V. erstellten Gutachtens, Berlin, 2000
Hesse, Joachim Jens/Benz, Arthur: „Staatsorganisation"
Die Modernisierung der Staatsorganisation. Institutionspolitik im internationalen Vergleich: USA, Großbritannien, Frankreich, Bundesrepublik Deutschland, Baden-Baden 1990
Hessischer Minister für Bundes- und Europaangelegenheiten und Chef der Staatskanzlei: „Bilanz"
Jung zieht positive Bilanz der Verwaltungsreform, Pressemitteilung Nr. 56/2000 vom 09.05.2000

Hessischer Minister für Bundes- und Europaangelegenheiten und Chef der Staatskanzlei: „Reform"
Hessische Landesregierung beschließt wesentliche Grundlagen für die Reform der Flächenverwaltungen, Pressemitteilung 84/2000 vom 09.06.2000
Hessisches Ministerium des Innern und für Landwirtschaft, Forsten und Naturschutz: „Verwaltungsreform"
Verwaltungsreform in Hessen - Bilanz und Ausblick -, Wiesbaden 1998
Heun, Werner: „Finanzausgleich"
Strukturprobleme des Finanzausgleichs: Finanzverfassungsrechtliche Interpretation der neuen Bundesländer und die Frage einer Reform der grundgesetzlichen Finanzverfassung, in: Der Staat 1992, S. 205-232
Hilbertz, Hans-Joachim: „Der richtige Weg"
Der richtige Weg, aber noch nicht am Ziel! Zehn Jahre Neues Steuerungsmodell – Zwischenbilanz und Ausblick, in: VOP 10/2001, S. 9-12
Hill, Hermann: „Einführung"
Einführung eines neuen Steuerungsmodells, in: Verwaltungsorganisation 1/1995, S. 6-11
Hill, Hermann: „Erfolgsfaktoren"
Strategische Erfolgsfaktoren in der öffentlichen Verwaltung, in: Die Verwaltung 2/1993, S. 167-181
Hill, Hermann: „Good Governance"
Über Binnenmodernisierung zu Good Governance, Aktivierung und Einbeziehung gesellschaftlicher Mitglieder als Staatsaufgabe, in: VOP 12/2000, S. 9-12
Hill, Hermann: „Management"
Das Management eines Landes, in: Verwaltung und Management 3/1995, S. 132-137
Hill, Hermann: „Moderne Bezirksregierung"
Anforderungen an eine moderne Bezirksregierung, Vortrag bei der Jahreskonferenz der Regierungspräsidenten am 22.05.1995 in Ansbach
Hill, Hermann: „Moderne Verwaltung"
Eine moderne Verwaltung erfordert neues Recht, in: VOP 1-2/1997, S. 28-29
Hill, Hermann: „Multimedia"
Multimedia, Chancen und Herausforderungen für Verwaltungen und Bürger, in: Verwaltung und Management 4/1996, S. 196 – 201
Hill, Hermann: „Neue Organisationsformen"
Neue Organisationsformen in der Staats- und Kommunalverwaltung, in: ders., Verwaltung im Umbruch, 1997, S. 17 f.
Hill, Hermann: „Parlamentarisches Budgetrecht"
Zur Sicherung des parlamentarischen Budgetrechts in Neuem Steuerungsmodell, in: DÖV 19/2001, S. 793-804
Hill, Hermann: „Reformbaustelle"
Einfach politisch - Reformbaustelle Rat, in: VOP 7-8/1998, S. 20-22
Hill, Hermann: „Staatskonzeption"
Staatskonzeption - Auf dem Weg zu einem neuen Staat, in: VOP 5/1994, S. 301-309
Hill, Hermann (Hrsg.): „Umbruch"
Verwaltung im Umbruch, Textsammlung, Speyer 1997, Speyerer Arbeitsheft Nr. 109
Hill, Hermann: „Verwaltung"
Verwaltung neu denken, in: VOP 1/1993, S. 15-20
Hill, Hermann: „Zukunftsfähigkeit"

Staatliche Zukunftsfähigkeit als Gestaltungsaufgabe, Rektorratsrede anlässlich der Eröffnung des Wintersemesters 1999/2000 am 10.11.1999, Speyerer Vorträge, Heft 53
Hill, Hermann/Klages, Helmut: „Erfahrungen"
Erfahrungen mit dem Modernisierungsprozess, Speyer 1997
Hill, Hermann/Klages, Helmut: „Experimentierklausel"
Jenseits der Experimentierklausel, Tagung der Hochschule für Verwaltungswissenschaften Speyer vom 06.–08.12.1995, Stuttgart, Berlin, Bonn, Budapest, Düsseldorf, Heidelberg, Prag, Wien, 1996
Hill, Hermann/Klages, Helmut: „Kreisverwaltung"
In Verbindung mit dem Deutschen Landkreistag (Hrsg.): Kreisverwaltung der Zukunft. Vergleichende Untersuchung aktueller Modernisierungsansätze 90 ausgewählter Kreisverwaltungen, Stuttgart u.a. 1995
Hill, Hermann/Klages, Helmut: „Qualitätswettbewerb"
Speyerer Qualitätswettbewerb mit neuem Angebot, in: innovative Verwaltung 1–2/2002, S. 12-14
Hill, Hermann/Klages, Helmut (Hrsg.): „Reform"
Reform der Landesverwaltung III 1997, Speyer 1997
Hillmann, Gert: „Regierungspräsident"
Der Regierungspräsident und seine Behörde - Die allgemeine Mittelinstanz in der Verwaltungsreform, Göttingen 1969
Hoegner, Maria/Groß, Gerhard: „Reform"
Die Reform und Neuorganisation der Landesverwaltung Rheinland-Pfalz in: DÖV 2000, S. 1040-1045
Höhn, Reinhard: „Führung"
Verwaltung heute - Autoritäre Führung oder modernes Management, Bad Harzburg 1970
Höppner, Reinhard: „Bewährtes"
Auch Bewährtes mußte Neuem weichen. Erfahrungen des Landes Sachsen-Anhalt beim Neuaufbau der Verwaltung, in: VOP 12/1997, S. 9-11
Höppner, Reinhard: „Regierungserklärung"
Regierungserklärung zur Modernisierung der Verwaltung des Landes Sachsen-Anhalt, auszugsweise abgedruckt in: Verwaltung Plus, Moderne Verwaltung in Sachsen-Anhalt, 01/2000, S. 1
Hofmann, Hans: „Staatstätigkeit"
Philosophie einer neuen Staatstätigkeit, in: VOP 10/1997, S. 15-18
Hueber, Helmut: „Neuorganisation"
Neuorganisation der Mittelbehörden in Baden-Württemberg, in: Konzendorf, Götz (Hrsg.): Neuorganisation der Mittelinstanzen - Konzeptionen und Umsetzung, Speyerer Forschungsberichte; 210, Speyer 2000

IBM Deutschland: „Bezirksregierung Trier"
Dezentraler Zugriff auf IBM AS/400-Anwendungen, Stuttgart, 11/1999
Infora GmbH: „Lehrerpersonalverwaltungssystem"
Machbarkeitsstudie Erweiterung bzw. Abklärung des Lehrerpersonalverwaltungssytems der ADD Trier, Köln, 07.12.2001

Innenministerium Nordrhein-Westfalen: „Bericht“
Bericht zum Stand der Verwaltungsmodernisierung für den Ausschuss für Innere Verwaltung und Verwaltungsstrukturreform des Landtags Nordrhein-Westfalen, Düsseldorf, 21.12.2001

Innenministerium Nordrhein-Westfalen: „Verwaltung“
Moderne Verwaltung, Verwaltungsmodernisierung in Nordrhein-Westfalen, Düsseldorf 1999

Ipsen, Jörn: „Grundfragen“
Grundfragen der kommunalen Verwaltungsreform, in: Deutsches Verwaltungsblatt 15/1998, S. 801-808

Jann, Werner: „Entwicklung“
Zur Entwicklung der öffentlichen Verwaltung, in: Ellwein, Thomas und Holtmann, Everhard (Hrsg.): 50 Jahre Bundesrepublik Deutschland, Rahmenbedingungen - Entwicklungen - Perspektiven, Opladen/Wiesbaden 1999, S. 520-543

Jann, Werner: „Moderner Staat“
Moderner Staat und effiziente Verwaltung. Zur Reform des öffentlichen Sektors in Deutschland, Gutachten im Auftrag der Friedrich-Ebert-Stiftung, Bonn 1994

Jann, Werner: „Neues Steuerungsmodell“
Neues Steuerungsmodell, in: Branke, Bernhard/von Bandemer, Stephan/Nullmeier, Frank/Wewer, Göttrik (Hrsg.): Handbuch zur Verwaltungsreform, S. 70-80, Opladen 1998

Jann, Werner: „Verwaltungskulturen“
Verwaltungskulturen im internationalen Vergleich, in: Die Verwaltung 23, 2000, S. 325–349

Jann, Werner/Wewer, Göttrik: „Bilanz“
Helmut Kohl und der schlanke Staat - Eine verwaltungspolitische Bilanz, in: Wewer, Göttrik (Hrsg.): Bilanz der Ära Kohl. Christlich-Liberale Politik in Deutschland, 1982-1998, S. 229-266, Opladen 1998

John, Monika: „Verwaltungsorganisation“
Verwaltungsorganisation im Reformprozess, Der Entwurf eines Landesorganisationsgesetzes für Mecklenburg-Vorpommern, Forschungsinstitut für öffentliche Verwaltung bei der Hochschule für Verwaltungswissenschaften Speyer, Speyerer Forschungsberichte; 179, 1998

Kampmann, Brigitte: „Reformnotwendigkeit“
Zur Reformnotwendigkeit des kommunalen Haushalts- und Rechnungswesens, in: Verwaltung und Management, 4/1999, S. 231-236

Karehnke, Helmut: „Reform“
Reform der Struktur von Bundesregierung und Bundesverwaltung. Zum Dritten Bericht der Projektgruppe „Regierungs- und Verwaltungsreform“ beim Bundesminister des Innern vom November 1972, in: DÖV 1974, S. 115 - 123

Keilmann, Ulrich: „Personalausgabenbudgetierung“
Die Personalausgabenbudgetierung in Rheinland-Pfalz, in: DÖV 2000, S. 8-13

Kienbaum Unternehmensberatung GmbH: „Sächsisches Staatsministerium des Innern“
Untersuchung der Verwaltungs- und Personalstruktur im Ressortbereich des Sächsischen Staatsministeriums des Innern, Schlussgutachten, Düsseldorf/Dresden, 1994

Kilian, Michael: „Mittelinstanzen“

Die Bedeutung von Mittelinstanzen für die Verwaltung des Landes Sachsen-Anhalt, in: Vertrauen in den Rechtsstaat, Beiträge zur deutschen Einheit im Recht; Festschrift für Walter Remmers, hrsg. von Goydke, Jürgen/Rauschning, Dietrich/Robra, Rainer/Schreiber, Hans-Ludwig/Wulff, Christian, Köln, Berlin, Bonn, München 1995, S. 243-266

Kirchschläger, Rudolf: „Verwaltung"
Die Verwaltung - Dienst am Menschen und Dienst an der Gemeinschaft, in: Verwaltung und Management 4/1995, S. 196-198

Klages, Helmut: „Bürgerorientierung"
Organisatorische Voraussetzungen der Bürgerorientierung von Verwaltungen, in: Klages, Helmut (Hrsg.): Perspektiven der Wertewandelsgesellschaft. Traditionsbruch als Herausforderung, Frankfurt/M., New York 1993, S. 157-161

Klages, Helmut: „Erfolgreich führen"
Erfolgreich führen und motivieren! in: Klages, Helmut:: Verwaltungsmodernisierung: „Harte" und „weiche" Aspekte II, Speyerer Forschungsberichte; 181, Speyer 1998, S. 79-96

Klages, Helmut: „Experimentierklausel"
Jenseits der Experimentierklausel - oder zurück ins Diesseits? in: Klages, Helmut, Verwaltungsmodernisierung: „Harte" und „weiche" Aspekte, Speyerer Forschungsberichte; 172, 2. Auflage, Speyer 1998, S. 85-103

Klages, Helmut: „Good Governance"
Good Governance in entwickelten Ländern? Erfordernisse und Möglichkeitsspielräume „aktivierender Politik", in: Hill, Hermann/Klages, Helmut, Good Governance und Qualitätsmanagement – Europäische und internationale Entwicklungen -, Speyerer Arbeitsheft 132, Deutsche Hochschule für Verwaltungswissenschaften Speyer, 2000

Klages, Helmut: „Hemmschuh Politik?"
Hemmschuh Politik? in: Die innovative Verwaltung, 6/1995, S. 40

Klages, Helmut: „Kundenorientierung 1"
Kundenorientierung in der öffentlichen Verwaltung, in: Klages, Helmut, Verwaltungsmodernisierung „Harte und weiche Aspekte II", Forschungsinstitut für öffentliche Verwaltung bei der Deutschen Hochschule für Verwaltungswissenschaften Speyer, Speyerer Forschungsberichte; 181, 1998

Klages, Helmut: „Kundenorientierung 2"
Auf dem Weg zu mehr Kundenorientierung, in: VOP, 11/1998, S. 11-15

Klages, Helmut: „Modernisierung als Prozess"
Modernisierung als Prozess, in: Klages, Helmut: Verwaltungsmodernisierung: „Harte" und „weiche" Aspekte, Speyerer Forschungsberichte; 172, 2. Auflage, Speyer 1998, S. 63-83

Klages, Helmut: „Motivierungsstrategien"
Motivierungsstrategien für den Reformumbruch in der Verwaltung, in: Klages, Helmut: Verwaltungsmodernisierung: „Harte" und „weiche" Aspekte II, Forschungsinstitut für öffentliche Verwaltung bei der Hochschule für Verwaltungswissenschaften Speyer, Forschungsberichte; 181, Speyer 1998, S. 27-48

Klages, Helmut: „Neue Steuerung"
Verwaltungsmodernisierung durch neue Steuerung, in: Archiv für Kommunalwissenschaften 1995, S. 203–228

Klages, Helmut: „Neuorganisation"

Vortrag zum Thema „Neuorganisation / Auflösung der Bezirksregierung“, in Trier am 24.10.1998, unveröffentlichtes Redemanuskript

Klages, Helmut: „Öffentliche Verwaltung“
Öffentliche Verwaltung steht vor entscheidender Bewährungsaufgabe und -chance, in: Der Landkreis 1995, S. 15-18

Klages, Helmut: „Qualitätswettbewerb“
Konzept und Ergebnis des 3. Speyerer Qualitätswettbewerbs 1996, in: Klages, Helmut: Verwaltungsmodernisierung: „Harte“ und „weiche“ Aspekte, Forschungsinstitut für öffentliche Verwaltung bei der Deutschen Hochschule für Verwaltungswissenschaften Speyer, Speyerer Forschungsberichte; 172, 2. Auflage, Speyer 1998, S. 105-116

Klages, Helmut: „Traditionelle Werte“
Brauchen wir eine Rückkehr zu traditionellen Werten ? in: Beilage zur Wochenzeitung „Das Parlament“, 13.07.2001, B 29/2001, S. 7-14

Klages, Helmut: „Umbau ministerieller Strukturen“
Umbau ministerieller Strukturen, in: Klages, Helmut: Verwaltungsmodernisierung: „Harte“ und „weiche“ Aspekte II, Forschungsinstitut für öffentliche Verwaltung bei der Deutschen Hochschule für Verwaltungswissenschaften Speyer, Speyerer Forschungsberichte; 181, Speyer 1998, S. 49-66

Klages, Helmut: „Verwaltung der Zukunft“
Wie sieht die Verwaltung der Zukunft aus? in: Verwaltungsrundschau 1995, S. 1-7

Klages, Helmut: „Wandlungen“
Wandlungen im Verhältnis des Bürgers zum Staat. Thesen auf empirischer Grundlage, in: Klages, Helmut (Hrsg.): Traditionsbruch als Herausforderung: Perspektiven der Wertewandelsgesellschaft, Frankfurt/M., New York 1993, S. 79-101

Klages, Helmut: „Wertewandel“
Verwaltungsmodernisierung aus der Sicht der Wertewandelsforschung – Gesellschaftlicher Werdewandel – wesentliche Merkmale und Mentalitätswirkungen, in König/Klaus (Hrsg.), Verwaltung und Verwaltungsforschung – Deutsche Verwaltung an der Wende zum 21. Jahrhundert, Speyer 2000, S. 89-115

Klages, Helmut: „Zwischenbilanz“
Zwischenbilanz der Verwaltungsmodernisierung in Deutschland, in: Verwaltung und Management 3/1997, S. 132-139

Klie, Thomas/Meysen, Thomas: „Steuerungsmodell“
Neues Steuerungsmodell und Bürgerschaftliches Engagement, in: DÖV 11/1998, S. 452-459

Kniola, Franz: „Steuerung“
Neue Steuerung für die Landesverwaltung, in: VOP 7-8/1998, S. 8-10

Kniola, Franz: „Verwaltungsstrukturreform“
Verwaltungsstrukturreform und Aufgaben der Kreise, Eildienst Landkreistag Nordrhein-Westfalen 1996, S. 136-137

Köck, Wolfgang: „Gesetzesfolgenabschätzung“
Gesetzesfolgenabschätzung und Gesetzgebungsrechtslehre, in: Verwaltungs-Archiv 93, 1/2002, S. 1-21

König, Klaus: „Management“
Unternehmerisches oder exekutives Management - die Perspektive der klassischen öffentlichen Verwaltung, in: Verwaltungsarchiv 87 (1996), S. 19-37

König, Klaus: „Markt und Wettbewerb“

Markt und Wettbewerb als Staats- und Verwaltungsprinzipien, in: DVBl. 1997, S. 239-248
König, Klaus: „Neue Verwaltung“
Neue Verwaltung oder Verwaltungsmodernisierung: Verwaltungspolitik in den neunziger Jahren, in: DÖV 9/1995, S. 349-358
König, Klaus: „Öffentliches Management“
Öffentliches Management und Governance als Verwaltungskonzepte – Zehn Thesen“, in DÖV 15/2001, S. 617-625
König, Klaus: „Rückzug des Staates“
Rückzug des Staates - Privatisierung der öffentlichen Verwaltung, in: DÖV 22/1998, S. 963-968
König, Klaus: „Transformation“
Transformation einer real-sozialistischen Verwaltung in eine klassisch-europäische Verwaltung, Speyerer Forschungsberichte; 99, Speyer 1992
König, Klaus: „Übertragung“
Die Übertragung öffentlicher Aufgaben: Eine europäische Sicht, in: Verwaltungsarchiv 81 (1990), S. 436-449
König, Klaus: „Verwaltungsmodernisierung“
Verwaltungsmodernisierung im internationalen Vergleich - Acht Thesen -, in: DÖV 7/1997, S. 265-268
König, Klaus/Beck, Joachim: „Modernisierung“
Modernisierung von Staat und Verwaltung. Zum neuen öffentlichen Management, Baden-Baden 1997
König, Klaus/Füchtner, Natascha (Hrsg.): „Schlanker Staat“
Schlanker Staat - Verwaltungsmodernisierung im Bund, Zwischenbericht, Praxisbeiträge, Kommentare, Speyerer Forschungsberichte; 183, Speyer 1998
König, Klaus/Füchtner, Natascha (Hrsg.): „Verwaltungsmodernisierung im Bund“
Verwaltungsmodernisierung im Bund – Schwerpunkte der 13. Legislaturperiode, Forschungsinstitut für öffentliche Verwaltung bei der Deutschen Hochschule für Verwaltungswissenschaften Speyer, Speyerer Forschungsberichte; 196, Speyer 1999
König, Klaus/Siedentopf, Heinrich (Hrsg.): „Verwaltung“
Öffentliche Verwaltung in der Bundesrepublik Deutschland, Baden-Baden 1996
König, Michael: „Landesverwaltungsamt“
Modernisierung des Thüringer Landesverwaltungsamts, in: Konzendorf, Götz (Hrsg.): Neuorganisation der Mittelinstanzen - Konzeptionen und Umsetzung, Speyerer Forschungsberichte; 210, Speyer 2000
Kohl, Helmut: „Verwaltungsreform“
Verwaltungsreform in Rheinland-Pfalz - Ergebnisse, Fortführung und Abschluß in: Verwaltungsreform in Rheinland-Pfalz, Landkreistag Rheinland-Pfalz, Heft 3 der Schriftenreihe des LKT Rheinland-Pfalz zur Kommunalpolitik, S. 13-25, Mainz 1973
Kommission „Zukunft des öffentlichen Dienstes“: „Schlußbericht“
Bayerische Regierungskommission „Zukunft des öffentlichen Dienstes“, Schlußbericht, ‚Januar 1994, München

Kommunale Gemeinschaftsstelle für Verwaltungsvereinfachung: „Das Neue Steuerungsmodell“
Das Neue Steuerungsmodell. Begründung, Konturen, Umsetzung, Bericht 5/1993, Köln 1993
Kommunale Gemeinschaftsstelle für Verwaltungsvereinfach: „Fallstudie Tilburg“
Fallstudie Tilburg, Bericht 19/1992, Köln 1992
Kommunale Gemeinschaftsstelle für Verwaltungsvereinfachung: „Politikerhandbuch“
Das Verhältnis von Politik und Verwaltung im neuen Steuerungsmodell, Bericht 10/1996, Köln 1996
Konzendorf, Götz (Hrsg.): „Mittelinstanz“
Neuorganisation der Mittelinstanzen - Konzeptionen und Umsetzung, Forschungsinstitut für öffentliche Verwaltung bei der Deutschen Hochschule für Verwaltungswissenschaften Speyer, Speyerer Forschungsberichte; 210, Speyer 2000
Konzendorf, Götz: „Verwaltungsmodernisierung“
Verwaltungsmodernisierung in den Ländern: Überblicke und Einblicke, unter Mitarbeit von Tobias Bräunlein, Forschungsinstitut für öffentliche Verwaltung bei der Deutschen Hochschule für Verwaltungswissenschaften Speyer, Speyerer Forschungsberichte; 187, Speyer 1998
Korintenberg, Werner: „Personalmanagement“
Strategisches Personalmanagement für die öffentliche Verwaltung: Erfolgs- und Mißerfolgsfaktoren im Reformprozeß, Wiesbaden 1997
Krämer, Karl: „Neuordnung der Schulaufsicht“
Vortrag anlässlich der Evaluationstagung an der Deutschen Hochschule für Verwaltungswissenschaften Speyer am 21.09.2000, unveröffentlichtes Redemanuskript
Kubicek, Herbert/Hagen, Martin: „Internet und Multimedia“
Internet und Multimedia in der öffentlichen Verwaltung, Gutachten, hrsg. von der Friedrich-Ebert-Stiftung, Bonn, 1999
Kupka, Engelberg: „Verwaltungsreform“
Verwaltungsreform aus der Sicht des Bayerischen Landtags, in: Verwaltung und Management 5/1995, S. 266-269
Küpper, Willi: „Verwaltungskultur“
Moderne Verwaltungskultur - Bausteine einer lernfähigen Verwaltung - in: Verwaltung und Management 2/1997, S. 72-75

Landesamt für Soziales, Jugend und Versorgung Rheinland-Pfalz: „Neuorganisation“
Vorlage für die Arbeitsgruppe Organisation zum Thema „Zuordnung der Aufsicht über Kindertagesstätten sowie Alten- und Pflegeheime“, 16.07.1998, Mainz
Landesregierung Nordrhein-Westfalen: „Zukunftsfähige Verwaltung“
Auf dem Weg zu einer zukunftsfähigen Verwaltung, Bericht der Landesregierung Nordrhein-Westfalen über den Stand der Modernisierung der Verwaltung und Rechtspflege in Nordrhein-Westfalen, Düsseldorf 1998
Landesregierung Rheinland-Pfalz: „Gemeinsame Erklärung“
Gemeinsame Erklärung zur Reform und Modernisierung der rheinland-pfälzischen Landesverwaltung, Gemeinsames Rundschreiben der Staatskanzlei, der Vertretung des Landes beim Bund und der Ministerien, vom 22.07.1996, Min.Bl. S. 374

Landkreistag Rheinland-Pfalz: „Bezirksregierung“
Landkreistag diskutiert Stellung der Bezirksregierung, in: LKT-Sammelrundschreiben 14 vom 18.05.1996
Landkreistag Rheinland-Pfalz: „Regionalkreise“
Regionalkreise: Vorschlag von Regierungspräsident Rund ein „alter Hut“, in: LKT-Sammelrundschreiben 36 vom 11.11.1996
Landsberg, Gerd: „Virtuelles Rathaus“
Mit dem virtuellen Rathaus fit für die Zukunft, in: VOP 6/2001, S. 10-12
Landtag Rheinland-Pfalz: „Änderungsantrag Bündnis 90/DIE GRÜNEN“
Änderungsantrag der Fraktion Bündnis 90/DIE GRÜNEN zu der Beschlussempfehlung des Innenausschusses – Drucksache 13/4683 – und zu dem Gesetzentwurf der Landesregierung – Drucksache 13/4168 -, Drucksache 13/4699 vom 21.09.1999
Landtag Rheinland-Pfalz: „Änderungsantrag SPD und F.D.P.“
Änderungsantrag der Fraktionen der SPD und F.D.P. zu der Beschlussempfehlung des Innenausschusses – Drucksache 13/4683 – und zu dem Gesetzentwurf der Landesregierung – Drucksache 13/4168 -, Drucksache 13/4693 vom 20.09.1999
Landtag Rheinland-Pfalz: „Anhörung“
Protokoll der gemeinsamen 27. Sitzung des Innenausschusses und der 21. Sitzung der Enquete-Kommission 13/2 „Verwaltungsmodernisierung in Rheinland-Pfalz“, am 17.06.1999, Mainz
Landtag Rheinland-Pfalz: „Bericht“
Bericht der Landesregierung über die Fortführung der Verwaltungsvereinfachung in Rheinland-Pfalz, Drucksache 11/2993, vom 18.09.1989
Landtag Rheinland-Pfalz:: „Beschlussempfehlung Innenausschuß“
Beschlussempfehlung des Innenausschusses zu dem Gesetzentwurf der Landesregierung – Drucksache 13/4168 – Landesgesetz zur Reform und Neuorganisation der Landesverwaltung, Drucksache 13/4683 vom 16.09.1999
Landtag Rheinland-Pfalz: „Einsetzung einer Enquete-Kommission“
Unterrichtung durch den Präsidenten des Landtags, Einsetzung einer Enquete-Kommission „Verwaltungsmodernisierung in Rheinland-Pfalz“ (Entbürokratisierungskommission), Drucksache 13/726, vom 11.11.1996
Landtag Rheinland-Pfalz: „Entschließungsantrag Bündnis 90/DIE GRÜNEN“
Antrag der Fraktion Bündnis 90/DIE GRÜNEN – Entschließung – zu dem Gesetzentwurf der Landesregierung – Drucksache 13/4168 – Drucksache 13/4707, vom 21.09.1999
Landtag Rheinland-Pfalz: „Entschließungsantrag SPD“
Antrag der Fraktion der SPD – Entschließung – zu dem Gesetzentwurf der Landesregierung – Drucksache 13/4168 -, Drucksache 13/4685, vom 16.09.1999
Landtag Rheinland-Pfalz: „Fortführung“
Fortführung der Verwaltungsvereinfachung: Drucksache 11/3843 vom 23.03.1990
Landtag Rheinland-Pfalz: „Gesetzentwurf“
Gesetzentwurf der Landesregierung, Landesgesetz zur Reform und Neuorganisation der Landesverwaltung, Drucksache 13/4168, vom 31.03.1999
Landtag Rheinland-Pfalz: „Große Anfrage F.D.P.“
Große Anfrage der Fraktion der F.D.P. - Fortführung der Verwaltungsvereinfachung in Rheinland-Pfalz - Drucksache 12/2319, vom 08.12.1992

Landtag Rheinland-Pfalz: „Haushalts- und Finanzausschuß 16.09.1999"
Protokoll der 56. Sitzung des Haushalts- und Finanzausschusses am 16.09.1999, TOP 1 Landesgesetz zur Reform und Neuorganisation der Landesverwaltung, Gesetzentwurf der Landesregierung, Drucksache 13/4168; Vorlagen 13/3275/3314, S. 3 f.

Landtag Rheinland-Pfalz: „Innenausschuß 17.08.1999"
Protokoll der 29. Sitzung des Innenausschusses am 17.08.1999, TOP 10 Landesgesetz zur Reform und Neuorganisation der Landesverwaltung, Gesetzentwurf der Landesregierung – Drucksache 13/4168, S. 33-40

Landtag Rheinland-Pfalz: „Innenausschuß 31.08.1999"
Protokoll der 30. Sitzung des Innenausschusses am 31.08.1999

Landtag Rheinland-Pfalz: „Innenausschuß 16.09.1999"
Beschlussempfehlung des Innenausschusses zu dem Gesetzentwurf der Landesregierung – Drucksache 13/4168 -, Drucksache 13/4683, vom 16.09.1999

Landtag Rheinland-Pfalz: „Personalausgabenbudgetierung"
Bericht der Landesregierung gemäß § 6 Abs. 6 Landeshaushaltsgesetz über Stand und Ergebnisse der Anwendung der Absätze 1 bis 3 und den Entwicklungsstand der Instrumente nach Abs. 5 zum 31.12.2000, Drucksache 13/6990, vom 11.04.2001

Landtag Rheinland-Pfalz: „Rechtsausschuß 16.09.1999"
Protokoll der 29. Sitzung des Rechtsausschusses am 16.09.1999, TOP 1 Landesgesetz zur Reform und Neuorganisation der Landesverwaltung, Gesetzentwurf der Landesregierung – Drucksache 13/4168, Vorlage 13/3275, S. 13 f.

Landtag Rheinland-Pfalz: „Unterrichtung"
Unterrichtung durch die Landesregierung, Aktive Verwaltung in einem modernen Staat, Drucksache 13/6632, vom 18.12.2000

Landtag Rheinland-Pfalz: „Verwaltungsmodernisierung"
Verwaltungsmodernisierung in Rheinland-Pfalz, Unterrichtung durch die Landesregierung, Drucksache 12/8396, vom 09.05.1996

Landtag Rheinland-Pfalz: „Verwaltung 2000"
Verwaltung 2000, Konzept der Personalräte der Bezirksregierungen zur Reform der Landesverwaltung, Antrag der Fraktion der CDU, Drucksache 13/2080, Diskussion des Konzeptes, Plenarprotokoll 41, S. 3351-3360

Landtag Rheinland-Pfalz: „Vorlage 13/3270"
Änderungsantrag der Fraktionen der SPD und der F.D.P. zum Gesetzentwurf der Landesregierung – Drucksache 13/4168 -, Vorlage 13/3270 vom 27.08.1999

Landtag Rheinland-Pfalz: „Vorlage 13/3275"
Empfehlung des Innenausschusses gegenüber dem Haushalts- und Finanzausschuss sowie dem Rechtsausschuss bezüglich Annahme des Gesetzentwurfs – Drucksache 13/4168 – mit Änderungen, Vorlage 13/3275 vom 31.08.1999

Landtag Rheinland-Pfalz „Vorlage 13/3314"
Änderungsantrag der Fraktion Bündnis 90/DIE GRÜNEN zum Gesetzentwurf der Landesregierung, Landesgesetz zur Reform und Neuorganisation der Landesverwaltung – Drucksache 13/4168 – Vorlage 13/3314 vom 15.09.1999

Landtag Rheinland-Pfalz: „Zusammenfassung der Anhörung"
Zusammenfassung der Anhörung zum Gesetzentwurf der Landesregierung zur Reform und Neuorganisation der Landesverwaltung, Vorlage EK 13/2-117, Wissenschaftlicher Dienst und Parlamentsdienst, Mainz, 13.01.2000

Landtag Rheinland-Pfalz: „Zweite Beratung“
Zweite Beratung des Landesgesetzes zur Reform und Neuorganisation der Landesverwaltung, Gesetzentwurf der Landesregierung – Drucksache 13/4168 -, Plenarprotokoll 13/92, S. 6953–6986, 22.09.1999
Landtag Rheinland-Pfalz: „Zwischenbilanz“
Antwort des Ministeriums des Innern und für Sport auf die Große Anfrage der Fraktion der F.D.P - Drs. 12/2319 - Drucksache 12/2691, vom 25.02.1993
Landtag Rheinland-Pfalz: „100-Tage-Bilanz“
Aktuelle Stunde, „100-Tage-Bilanz zur Abschaffung der Bezirksregierungen in Rheinland-Pfalz“ auf Antrag der Fraktion der CDU – Drucksache 13/5723 -, Plenarprotokoll 13/110, S. 8281–8291, vom 11.05.2000
Landtag von Sachsen-Anhalt: „Enquête-Kommission“
Vorschläge zur Neuorganisation der Verwaltung in Sachsen-Anhalt. Bericht der Enquête-Kommission „Verwaltungsreform“, Magdeburg Mai 1994
Landtag von Sachsen-Anhalt: „Große Anfrage“
Antwort der Landesregierung auf die Große Anfrage der Fraktion der CDU, Drucksache 3/1140, Drucksache 3/1627, vom 19.05.1999
Landtag von Sachsen-Anhalt: „Verwaltungs- und Funktionalreform“
Beschluss des Landtags zur Verwaltungs- und Funktionalreform vom 17.01.2002, Drucksache 3/68/5222 B
Lang, Susanne: „Ziele“
Ziele und Prinzipien der Staatsmodernisierung, in: VOP 1-2/1999, S. 11-14
Lange, Klaus: „Regionalkreisbildung“
Zur Problematik einer isolierten Regionalkreisbildung - Überlegungen zur Reformdiskussion im Rhein-Main-Gebiet, in: DÖV 1996, S. 684-690
Lasius, Gabriele: „Neuorganisation“
Neuorganisation der Bezirksregierungen in Niedersachsen, in: Konzendorf, Götz (Hrsg.): Neuorganisation der Mittelinstanzen - Konzeptionen und Umsetzung, Speyerer Forschungsberichte; 210, Speyer 2000
Laux, Eberhard: „Das „Was“ und das „Wie““
Das „Was“ und das „Wie“, in: DÖV 10/1996, S. 414-415
Laux, Eberhard: „Managementmodelle“
Managementmodelle für die öffentliche Verwaltung, in: DÖV 1972, S. 167–172
Lauxmann, Frieder: „Hierarchie“
Die kranke Hierarchie, Stuttgart 1971
Leibold, Günther: „Mittelinstanz“
Organisatorische Veränderungen der Mittelinstanz in Sachsen, in: Konzendorf, Götz (Hrsg.): Neuorganisation der Mittelinstanzen - Konzeptionen und Umsetzung, Speyerer Forschungsberichte; 210, Speyer 2000
Leidinger, Adalbert: „Kreisgeschichte“
Kreisgeschichte als Problem, Eildienst LKT NW 1993, S. 81 ff.
Leidinger, Adalbert: „Region“
Region und Selbstverwaltung, NWVBl. 1991, S. 325 ff.
Lepper, Manfred: „Projektorganisation“
Die Projektorganisation – Alternative oder Ergänzung ? DÖV 1984, S. 445 ff.

Lohmann, Joachim: „Modernisierung“
Schritte zur Modernisierung der Landesverwaltungen, in: Verwaltung und Management 2/2001, S. 68-75
Lorenz, Sabine/Weyrich, Kai: „Modernisierung“
Nach dem Umbau folgte die Modernisierung, in: VOP 8/1997, S. 12 – 15
Lotz, Klaus: „Neuorganisation“
Die Neuorganisation der Landesverwaltung in Rheinland-Pfalz, in: Deutsche Verwaltungspraxis 1999, S. 417 ff.
Lüder, Klaus: „Triumph des Marktes“
Triumph des Marktes im öffentlichen Sektor? - Einige Anmerkungen zur aktuellen Verwaltungsreformdiskussion - in: DÖV 3/1996, S. 93-100

Marx, Ruth: „Neuorganisation“
Umsetzung der Neuorganisation der Mittelinstanz, in: Konzendorf, Götz (Hrsg.), Neuorganisation der Mittelinstanzen - Konzeptionen und Umsetzung, Speyerer Forschungsberichte 210, S. 45-52, Speyer 2000
Maurer, Hartmut: „Verwaltungsrecht“
Allgemeines Verwaltungsrecht, München 1995
Mayer, Franz/(Ule, Carl Hermann: „Staats- und Verwaltungsrecht“
Staats- und Verwaltungsrecht in Rheinland-Pfalz, Stuttgart 1969
Mayntz, Renate: „Gesetzgebung“
Gesetzgebung und Bürokratisierung: Wissenschaftliche Auswertung der Anhörung zu den Ursachen einer Bürokratisierung in der öffentlichen Verwaltung, Bundesminister des Innern, Bonn 1980
Mecking, Christoph: „Regionalebene“
Die Regionalebene in Deutschland, Begriff - Institutioneller Bestand - Perspektiven, Stuttgart, München, Hannover, Berlin, Weimar, Dresden, Freiburg 1995
Menz, Lorenz/Andriof, Udo/Kohler, Joachim/Teufel, Gerhard: „Erneuerung“
Erneuerung der Führungsstruktur im Land Baden-Württemberg - Verfahren und Ergebnisse, in: DÖV 11/1987, S. 457-464
Merten, Detlef: „Bürgerverantwortung“
Bürgerverantwortung im demokratischen Verfassungsstaat, in: Verwaltung und Management 4/1997, S. 202-207
Mertes, Josef Peter: „Einführung“
Ansprache aus Anlass der Einführung als Präsident der Aufsichts- und Dienstleistungsdirektion Trier am 19.01.2001, Trier, unveröffentlichtes Redemanuskript
Meyer-Teschendorf, Klaus G./Hofmann, Hans: „Empfehlungen“
Bereinigung der Bundesstatistik - Abbau von Verwaltungsvorschriften und Standards-Reform der Behördenstruktur - Empfehlungen des Sachverständigenrats „Schlanker Staat“, in: DÖV 6/1998, S. 217-225
Meyer-Teschendorf, Klaus G./Hofmann, Hans: „Zwischenergebnisse“
Zwischenergebnisse des Sachverständigenrats „Schlanker Staat“, in: DÖV 7/1997, S. 268-277
Miller, Manfred: „Regionalisierung“
Regionalisierung nur der Strukturpolitik? Chancen und Probleme der Einrichtung von Regionalämtern, in: Landkreisverwaltung 2/1996, S. 50-54

Miller, Manfred: „Vorstudien“
Vorstudien zur Neuorganisation und Reform von Landesverwaltungen, Forschungsinstitut für öffentliche Verwaltung bei der Hochschule für Verwaltungswissenschaften, Speyerer Forschungsberichte; 149, Band 1 und Band 2, Speyer 1995
Ministerium der Finanzen Rheinland-Pfalz: „Beihilfefestsetzungsstellen“
Vorlage zur Sitzung der Arbeitsgruppe Organisation am 09.06.1998, Az.: 0 1009 A-411, 03.06.1998, Mainz
Ministerium der Finanzen Rheinland-Pfalz: „ZBau-Aufgaben“
Vorlage für die Arbeitsgruppe Organisation, Az.: 0 1009 A - 411, Mainz, 15.05.1998
Ministerium des Innern des Landes Sachsen-Anhalt: „Leitbild“
Leitbild für Sachsen-Anhalt, Magdeburg 1999
Ministerium des Innern des Landes Sachsen-Anhalt: „Reform-Info“
Reform-Info. Aktuelles zur Verwaltungsreform in Sachsen-Anhalt, Magdeburg März 1996
Ministerium des Innern und für Sport Rheinland-Pfalz: „AG Haushalt 1“
Ergebnisvermerk zur 1. Sitzung der Arbeitsgruppe Haushalt zur Neuorganisation der Landesverwaltung am 13.05.1998, Az.: 323/260-22, Mainz, 04.06.1998
Ministerium des Innern und für Sport Rheinland-Pfalz: „AG Haushalt 3“
Ergebnisvermerk zur 3. Sitzung der Arbeitsgruppe Haushalt zur Neuorganisation der Landesverwaltung am 03.11.1999, Az.: 01 482-10/323, Mainz, 11.11.1999
Ministerium des Innern und für Sport Rheinland-Pfalz: „AG Haushalt 6“
Ergebnisvermerk zur 6. Sitzung der Arbeitsgruppe Haushalt zur Neuorganisation der Landesverwaltung am 25.05.2000, Az.: 01-482-10/323, Mainz, 29.05.2000
Ministerium des Innern und für Sport Rheinland-Pfalz: „AG IT 1“
Protokoll der 1. Sitzung der Arbeitsgruppe „IT – Neustrukturierung der Bezirksregierungen“ am 09.09.1998, Az.: 01 510/3 P 2, Mainz, 10.09.1998
Ministerium des Innern und für Sport Rheinland-Pfalz „AG IT 3“
Protokoll der 3. Sitzung der Arbeitsgruppe „IT – Neuorganisation“ am 12.11.1998, Az.: 01 510/3 P 2, Mainz, 14.11.1998
Ministerium des Innern und für Sport Rheinland-Pfalz: „AG IT 4“
Protokoll der 4. Sitzung der Arbeitsgruppe „IT – Neuorganisation“ am 12.01.1999, Az.: 01 510/3 P 2, Mainz, 28.01.1999
Ministerium des Innern und für Sport Rheinland-Pfalz: „AG Organisation 1“
Ergebnisvermerk zur 1. Sitzung der Arbeitsgruppe Organisation zur Neuorganisation der Landesverwaltung am 05.05.1998, Az.: 321/01 482-10.1, Mainz 07.05.1998
Ministerium des Innern und für Sport Rheinland-Pfalz: „AG Organisation 2“
Ergebnisvermerk zur 2.Sitzung der Arbeitsgruppe Organisation zur Neuorganisation der Landesverwaltung am 11.05.1998, Mainz, 20.05.1998
Ministerium des Innern und für Sport Rheinland-Pfalz: „AG Neuorganisation 3“
Ergebnisvermerk zur 3. Sitzung der Arbeitsgruppe Organisation zur Neuorganisation der Landesverwaltung am 09.06.1998, Mainz, 09.06.1998
Ministerium des Innern und für Sport Rheinland-Pfalz: „AG Organisation 4“
Ergebnisvermerk zur 4. Sitzung der Arbeitsgruppe Organisation zur Neuorganisation der Landesverwaltung am 16.06.1998, Mainz, 17.06.1998
Ministerium des Innern und für Sport Rheinland-Pfalz: „AG Organisation 5“
Ergebnisvermerk zur 5. Sitzung der Arbeitsgruppe Organisation zur Neuorganisation der Landesverwaltung am 23.06.1998, Mainz, 23.06.1998
Ministerium des Innern und für Sport Rheinland-Pfalz: „AG Organisation 6“

Ergebnisvermerk zur 6. Sitzung der Arbeitsgruppe Organisation zur Neuorganisation der Landesverwaltung am 07.07.1998, Mainz, 08.07.1998
Ministerium des Innern und für Sport Rheinland-Pfalz: „AG Organisation 7"
Ergebnisvermerk zur 7. Sitzung der Arbeitsgruppe Organisation zur Neuorganisation der Landesverwaltung am 21.07.1998, Mainz, 23.07.1998
Ministerium des Innern und für Sport Rheinland-Pfalz: „AG Organisation 8"
Ergebnisvermerk zur 8. Sitzung der Arbeitsgruppe Organisation zur Neuorganisation der Landesverwaltung am 01.09.1998, Mainz, 02.09.1998
Ministerium des Innern und für Sport Rheinland-Pfalz: „AG Organisation 9"
Ergebnisvermerk zur 9. Sitzung der Arbeitsgruppe Organisation zur Neuorganisation der Landesverwaltung am 30.09.1998, Mainz, 23.10.1998
Ministerium des Innern und für Sport Rheinland-Pfalz: „AG Organisation 10"
Ergebnisvermerk zur 10. Sitzung der Arbeitsgruppe Organisation zur Neuorganisation der Landesverwaltung am 27.10.1998, Mainz, 02.11.1998
Ministerium des Innern und für Sport Rheinland-Pfalz: „AG Organisation 11"
Ergebnisvermerk zur 11. Sitzung der Arbeitsgruppe Organisation zur Neuorganisation der Landesverwaltung am 03.11.1998, Mainz, 04.11.1998
Ministerium des Innern und für Sport Rheinland-Pfalz: „AG Organisation 12"
Ergebnisvermerk zur 12. Sitzung der Arbeitsgruppe Organisation zur Neuorganisation der Landesverwaltung am 10.11.1998, Mainz, 12.11.1998
Ministerium des Innern und für Sport Rheinland-Pfalz: „AG Organisation 13"
Ergebnisvermerk zur 13. Sitzung der Arbeitsgruppe Organisation zur Neuorganisation der Landesverwaltung am 16.12.1998, Mainz, 29.12.1998
Ministerium des Innern und für Sport Rheinland-Pfalz: „AG Organisation 14"
Ergebnisvermerk zur 14. Sitzung der Arbeitsgruppe Organisation zur Neuorganisation der Landesverwaltung am 13.01.1999, Mainz, 19.01.1999
Ministerium des Innern und für Sport Rheinland-Pfalz: „AG Organisation 15"
Ergebnisvermerk zur 15. Sitzung der Arbeitsgruppe Organisation zur Neuorganisation der Landesverwaltung am 23.02.1999, Mainz, 03.03.1999
Ministerium des Innern und für Sport Rheinland-Pfalz: „AG Organisation 16"
Ergebnisvermerk zur 16. Sitzung der Arbeitsgruppe Organisation zur Neuorganisation der Landesverwaltung am 10.03.1999, Mainz, 15.03.1999
Ministerium des Innern und für Sport Rheinland-Pfalz: „AG Organisation 17"
Ergebnisvermerk zur 17. Sitzung der Arbeitsgruppe Organisation der Landesverwaltung am 11.03.1999, Mainz, 16.03.1999
Ministerium des Innern und für Sport Rheinland-Pfalz: „AG Organisation 18"
Ergebnisvermerk zur 18. Sitzung der Arbeitsgruppe Organisation zur Neuorganisation der Landesverwaltung am 16.03.1999, Mainz, 17.03.1999
Ministerium des Innern und für Sport Rheinland-Pfalz: „AG Organisation 19"
Ergebnisvermerk zur 19. Sitzung der Arbeitsgruppe Organisation zur Neuorganisation der Landesverwaltung am 13.04.1999, Mainz, 14.04.1999
Ministerium des Innern und für Sport Rheinland-Pfalz: „AG Organisation 21"
Ergebnisvermerk zur 21. Sitzung der Arbeitsgruppe Organisation zur Neuorganisation der Landesverwaltung am 27.04.1999, Mainz, 05.05.1999

Ministerium des Innern und für Sport Rheinland-Pfalz: „AG Organisation 22"
Ergebnisvermerk zur 22. Sitzung der Arbeitsgruppe Organisation zur Neuorganisation der Landesverwaltung am 11.05.1999, Mainz, 22.05.1999
Ministerium des Innern und für Sport Rheinland-Pfalz: „AG Organisation 23"
Ergebnisvermerk zur 23. Sitzung der Arbeitsgruppe Organisation zur Neuorganisation der Landesverwaltung am 05.07.1999, Mainz, 20.07.1999
Ministerium des Innern und für Sport Rheinland-Pfalz: „AG Organisation 25"
Ergebnisvermerk zur 25. Sitzung der Arbeitsgruppe Organisation zur Neuorganisation der Landesverwaltung am 26.10.1999, Mainz, 11.11.1999
Ministerium des Innern und für Sport Rheinland-Pfalz: „AG Personal 1"
Ergebnisvermerk zur 1. Sitzung der Arbeitsgruppe Personal zur Neuorganisation der Landesverwaltung am 01.07.1998, Az.: 322/01 482-10.2, Mainz, 02.07.1998
Ministerium des Innern und für Sport Rheinland-Pfalz: „AG Personal 2"
Ergebnisvermerk zur 2. Sitzung der Arbeitsgruppe Personal zur Neuorganisation der Landesverwaltung am 09.09.1998, Mainz, 10.09.1998
Ministerium des Innern und für Sport Rheinland-Pfalz: „AG Personal 3"
Ergebnisvermerk zur 3. Sitzung der Arbeitsgruppe Personal zur Neuorganisation der Landesverwaltung vom 28.10.1998, Mainz 11.11.1998
Ministerium des Innern und für Sport Rheinland-Pfalz: „AG Personal 4"
Ergebnisvermerk zur 4. Sitzung der Arbeitsgruppe Personal zur Neuorganisation der Landesverwaltung am 03.03.1999, Mainz, 04.03.1999
Ministerium des Innern und für Sport Rheinland-Pfalz: „AG Personal 5"
Ergebnisvermerk zur 5. Sitzung der Arbeitsgruppe Personal zur Neuorganisation der Landesverwaltung am 28.04.1999, Mainz, 29.08.1999
Ministerium des Innern und für Sport Rheinland-Pfalz: „AG Personal 6"
Ergebnisvermerk zur 6. Sitzung der Arbeitsgruppe Personal zur Neuorganisation der Landesverwaltung am 21.07.1999, Mainz, 28.07.1999
Ministerium des Innern und für Sport Rheinland-Pfalz: „AG Personal 7"
Ergebnisvermerk zur 7. Sitzung der Arbeitsgruppe Personal zur Neuorganisation der Landesverwaltung am 15.09.1999, Mainz, 21.09.1999
Ministerium des Innern und für Sport Rheinland-Pfalz: „AG Personal 8"
Ergebnisvermerk zur 8. Sitzung der Arbeitsgruppe Personal zur Neuorganisation der Landesverwaltung am 03.11.1999, Mainz, 30.12.1999
Ministerium des Innern und für Sport Rheinland-Pfalz: „AG Recht 1 u. 2"
Ergebnisvermerk zur 1. und 2. Sitzung der Arbeitsgruppe Recht zur Neuorganisation der Landesverwaltung am 02. und 08.09.1998, Az.: 321/01-482-10.3, Mainz, 17.09.1998
Ministerium des Innern und für Sport Rheinland-Pfalz: „AG Recht 3"
Ergebnisvermerk zur 3. Sitzung der Arbeitsgruppe Recht zur Neuorganisation der Landesverwaltung am 06.10.1998, Mainz, 07.10.1998
Ministerium des Innern und für Sport Rheinland-Pfalz: „AG Recht Abschluß"
Schreiben des ISM vom 22.12.1998 an die Mitglieder der Arbeitsgruppe Recht, Mainz,
Ministerium des Innern und für Sport Rheinland-Pfalz: „Bericht 31.05.2000"
Bericht über den Stand der Umsetzung der Reform und Neuorganisation der Landesverwaltung zum 31. Mai 2000 an die Staatssekretärskonferenz, Az.: 01 482-1/321, Mainz, 05.06.2000

Ministerium des Innern und für Sport Rheinland-Pfalz: „Bericht 31.10.2000"
Bericht über den Stand der Umsetzung der Reform und Neuorganisation der Landesverwaltung (zum 30. November 2000), Az.: 01 482-1/321, Mainz, 16.11.2000

Ministerium des Innern und für Sport Rheinland-Pfalz: „Dienstaufsicht"
Diskussionspapier zur Frage der Dienstaufsicht über die Center, Az.: 321/01 482-10.1, vom 09.07.1998

Ministerium des Innern und für Sport Rheinland-Pfalz: „IT-Konzept"
IT-Konzept für die Neuorganisation der Landesverwaltung, Stabsstelle Projekte, Az.: 07 043/ITL, Mainz, 09.09.1999,

Ministerium des Innern und für Sport Rheinland-Pfalz: „Lenkungsgruppe 1"
Protokoll der 1. Sitzung der Lenkungsgruppe und Aufbaustäbe zur Einrichtung der Direktionen am 01.09.1999, Az.: 321/01 482-10.1, Mainz, 15.09.1999

Ministerium des Innern und für Sport Rheinland-Pfalz: „Lenkungsgruppe 2"
Protokoll der 2. Sitzung der Lenkungsgruppe und Aufbaustäbe zur Einrichtung der Direktionen am 05.10.1999, Az.: 321/01 510-g1, Mainz, 11.10.1999

Ministerium des Innern und für Sport Rheinland-Pfalz: „Ministerratsbeschluß 21.04.1998"
Zusammenfassender Vermerk des Referates 321 (Organisation) über den Ministerratsbeschluß vom 21.04.1998, Mainz, 23.04.1998

Ministerium des Innern und für Sport Rheinland-Pfalz: „Ministerratssache 1998"
Ministerratsvorlage des Ministers des Innern und für Sport, Neuorganisation der Landesverwaltung, Az.: 321/01 482-1, Mainz, 07.12.1998

Ministerium des Innern und für Sport Rheinland-Pfalz: „Ministerratssache 31.05.1999"
Neuorganisation der Landesverwaltung; Ministerratsvorlage des Ministers des Innern und für Sport Rheinland-Pfalz – Sachstandsbericht zum 31.05.1999, Az.: 321/01 482-10.3, Mainz, 08.06.1999

Ministerium des Innern und für Sport Rheinland-Pfalz: „Ministerratssache 30.11.1999"
Neuorganisation der Landesverwaltung; Ministerratsvorlage des Ministeriums des Innern und für Sport – Sachstandsbericht zum 30.11.1999, Az.: 01 482-1/321, Mainz, 23.11.1999

Ministerium des Innern und für Sport Rheinland-Pfalz: „Modernisierung der Verwaltung"
Ministerratsvorlage des Ministeriums des Innern und für Sport und der Staatskanzlei Rheinland-Pfalz zur Modernisierung der Verwaltung in Rheinland-Pfalz, vom 30.05.1994, Mainz

Ministerium des Innern und für Sport Rheinland-Pfalz: „Polizeireform"
Kommission „Vollzug der Polizeireform", Information zur Reform der Polizeiorganisation in Rheinland-Pfalz, Mai 1993

Ministerium des Innern und für Sport Rheinland-Pfalz „Reform"
Die Reform und Neuorganisation der Landesverwaltung, Mainz, 15.02.2000

Ministerium des Innern und für Sport Rheinland-Pfalz: „Staatliche Untersuchungsstelle"
Vorschlag zur Übertragung der Blutalkoholuntersuchung auf das neu zu bildende Landesuntersuchungsamt, Az.: 341/20 007-1, Mainz, 25.06.1998

Ministerium des Innern und für Sport Rheinland-Pfalz: „Stellenverteilung"
Neuorganisation der Landesverwaltung; Stellenab- und –zugänge bei den von der Neuorganisation betroffenen Dienststellen (mit Standorten) auf der Basis des Stellenbestandes vom 01.01.1999, Ministerium des Innern und für Sport Rheinland-Pfalz, Ref. 321, Mainz, 10.08.1999

Ministerium des Innern und für Sport Rheinland-Pfalz: „Stellenverteilung und Einsparaufla-ge“
Aufteilung der durch die Neuorganisation betroffenen Stellen auf die ab dem 01.01.2000 verantwortlichen Ressorts / Einzelpläne und Feststellung der für jeden Einzelplan geltenden Einsparauflage, Ministerium des Innern und für Sport Rheinland-Pfalz, Ref. 321, Mainz, 23.08.1999

Ministerium des Innern und für Sport Rheinland-Pfalz: „UAG Haushalt – Landesuntersuchungsamt“
Ergebnisvermerk zur Sitzung der Unterarbeitsgruppe Haushalt „Landesuntersuchungsamt“ am 10.06.1998, Az.: 323/260-22, Mainz, 23.06.1998

Ministerium für Arbeit, Soziales und Gesundheit Rheinland-Pfalz: „Gesundheit und Pharmazie“
Vorlage zur 7. Sitzung der Arbeitsgruppe Organisation am 07.07.1998, Beratungspunkt: Zuordnung des Aufgabenbereiches Gesundheit und Pharmazie, Mainz, 19.06.1998

Ministerium für Arbeit, Soziales und Gesundheit Rheinland-Pfalz: „Heimaufsicht“
Vorlage zur Sitzung der Arbeitsgruppe Organisation am 09.06.1998 zum Thema „Zuordnung der Heimaufsicht für die Alten- und Pflegeheime“, Az.: 614-1, Mainz, 03.06.1998

Ministerium für Bildung, Wissenschaft und Weiterbildung Rheinland-Pfalz: „Schulaufsicht 1“
Vorlage zur Sitzung der Arbeitsgruppe Organisation am 07.07.1998 zum Thema „Neuorganisation der Schulaufsicht“, Az.: 154 A – Tgb.Nr. 270/98, Mainz, 30.06.1998

Ministerium für Bildung, Wissenschaft und Weiterbildung Rheinland-Pfalz: „Schulaufsicht 2“
Vorlage zur Sitzung der Arbeitsgruppe Organisation am 21.07.1998 zum Thema „Neuorganisation der Schulaufsicht“, Az.: 154 A – Tgb.Nr. 270/98, Mainz, 18.07.1998

Ministerium für Inneres und Justiz des Landes Nordrhein-Westfalen: „Eckpunktepapier“
Verwaltungsmodernisierung in Nordrhein-Westfalen, Eckpunktepapier, Düsseldorf 13.04.2000

Ministerium für Kultur, Jugend, Familie und Frauen Rheinland-Pfalz: „Kulturpflege“
Vorlage zur Sitzung der Arbeitsgruppe Organisation am 07.07.1998, Az.: 911, Mainz, 02.07.1998

Ministerium für Kultur, Jugend, Familie und Frauen Rheinland-Pfalz: „Neuorganisation“
Vorlage zur Sitzung der Arbeitsgruppe Organisation am 09.06.1998, Az.: 911, Mainz. 03.06.1998

Ministerium für Umwelt und Forsten Rheinland-Pfalz: „Bilanz nach 100 Tagen“
Bilanz nach 100 Tagen SGD Süd – Zentralstelle der Forstverwaltung -, Az.: 10514-1011, Mainz, 21.06.2000

Ministerium für Umwelt und Forsten Rheinland-Pfalz: „Forstverwaltung“
Vorlage für die Arbeitsgruppe Organisation zu den Themen „Organisation der Forstverwaltung“ und „Obere Jagdbehörde“, Az.: 1015-06 120-02, vom 19.06.1998, Mainz

Ministerium für Umwelt und Forsten Rheinland-Pfalz: „Landesuntersuchungsamt 1“
Vorlage zur Sitzung der AG Organisation am 30.09.1998, FAX vom 23.10.1998

Ministerium für Umwelt und Forsten Rheinland-Pfalz: „Landesuntersuchungsamt 2“
Gemeinsame Vorlage des Ministeriums für Umwelt und Forsten und des Ministeriums für Arbeit, Soziales und Gesundheit zur künftigen Binnenstruktur des Landesuntersuchungsamtes, Az.: 1015-06 120-02, vom 26.10.1998, Mainz

Ministerium für Wirtschaft, Verkehr, Landwirtschaft und Weinbau Rheinland-Pfalz: „Landwirtschaft"
Vorlage zur Sitzung der Arbeitsgruppe Organisation am 07.07.1998, Az.: 8104, Mainz, 02.07.1998

Ministerium für Wirtschaft, Verkehr, Landwirtschaft und Weinbau Rheinland-Pfalz: „Landwirtschaft und Weinbau"
Vorlage zur Sitzung der Arbeitsgruppe Organisation am 09.06.1998, Az.: 8104, Mainz, 08.06.1998

Ministerium für Wirtschaft, Verkehr, Landwirtschaft und Weinbau Rheinland-Pfalz: „Neuorganisation 1"
Vorlage für Arbeitsgruppe Organisation zu den Themen „Preisüberwachung, Vergabeprüfstellen, Wirtschaftsrecht und Sparkassenaufsicht", Az.: 8108 m – 301-2 2/93, Mainz, 18.05.1998

Ministerium für Wirtschaft, Verkehr, Landwirtschaft und Weinbau Rheinland-Pfalz: „Neuorganisation 2"
Vorlage für die Sitzung der Arbeitsgruppe Organisation am 07.07.1998, Az.: 8104, Mainz, 02.07.1998

Mittler, Gernot: „Personaleinsatz"
Effizienter Personaleinsatz in Rheinland-Pfalz, Pressemitteilung des Ministeriums der Finanzen vom 24.09.1997

Mombaur, Peter Michael: „Reform"
Reform der Verwaltungsstrukturen in Nordrhein-Westfalen, StuGR 1993, S. 166 ff.

Momper, Hermann-Josef, „Einführung"
Ansprache des Personalratsvorsitzenden aus Anlass der Einführung des Präsidenten der Aufsichts- und Dienstleistungsdirektion Trier Heinrich Studentkowski am 17.01.2000, Trier, unveröffentlichtes Redemanuskript

Morell, Paul: „Verwaltung"
Was kostet die Verwaltung, was darf sie kosten? Bad Harzburg 1973

Moths, E./Wulf-Mathies, Monika: „Teure Diener
Des Bürgers teure Diener, Karlsruhe 1973

Müller, Horst: „Entwicklung"
Zur Entwicklung der Verwaltungsorganisation in den neuen Bundesländern - Beispiel Thüringen -, in: Verwaltungsarchiv 83 (1992), S. 592-621

Müller, Horst, „Gestaltungsmuster"
Gestaltungsmuster staatlicher Aufbauorganisation - Zu den Möglichkeiten und Grenzen der Neuformation von staatlichen Verwaltungen in den Flächenländern der Bundesrepublik, in: DÖV 1994, S. 533-543

Necker, Tyll: „Innovation"
Öffentliche Verwaltung und Innovation, in: Verwaltung und Management 2/1995, S. 74-77

Neumann, Manfred: „Schlanke Bundesverwaltung"
Hohe Hürden auf dem Weg zu einer „schlanken" Bundesverwaltung, in: Verwaltungsrundschau 3/1999, S. 85-90

Neumann, Manfred: „Verwaltungsreformen"
40 Jahre Verwaltungsreformen, in: Verwaltungsrundschau 10/1997, S. 338-342

Niedersächsisches Innenministerium: „Projekte“
Projekte und Maßnahmen der Verwaltungsreform, Stand 15.11.1997, Hannover 1997
Niedersächsisches Innenministerium: „Reform in Niedersachsen“
Beitrag für die „Grüne Mappe“, BMI, Hannover März 2000
Niedersächsisches Innenministerium: „Strategiepapier“
Verwaltungsreform Niedersachsen, Strategiepapier zur Aufgabenstellung und Funktion sowie zur Binnenstruktur der Bezirksregierungen, Hannover 21.04.1997
Niedersächsisches Innenministerium: „Verwaltungsreform Niedersachsen“
Text der Großen Anfrage der Fraktion der SPD (LT-Drs. 13/1778) und Antwort der Landesregierung vom 16.04.1996 (LT-Drs. 13/1905), Hannover 1996
Niedersächsische Landesregierung: „Landesverwaltung“
Und sie beweg sich doch. Die Landesverwaltung reformiert und modernisiert sich, Presse- und Informationsstelle der niedersächsischen Landesregierung, Hannover Juni 1997
Niedersächsische Staatskanzlei: „Meilensteine“
Verwaltungsreform - Meilensteine, Hannover 2000
Niedersächsische Staatskanzlei: „Staatsmodernisierung“
Die Staatsmodernisierung kommt voran. Niedersachsen auf Gegenseitigkeit. Die Einführung der neuen Steuerung in der Landesverwaltung, Hannover 1999
Noltze, Karl/Jaeckel, Liv: „Regierungspräsidien“
Entscheidungen bündeln und vermitteln – Die Funktion der Regierungspräsidien im Freistaat Sachsen, in: Die Neue Verwaltung 1/2001, S. 17 - 19

Penski, Ulrich: „Staatlichkeit“
Staatlichkeit öffentlicher Verwaltung und ihre marktmäßige Modernisierung, in: DÖV 3/1999, S. 85-96
Peters, Hans: „Verwaltungswissenschaften“
Die Bedeutung der Verwaltungswissenschaften für die Staats- und Gesellschaftsordnung, in: DVBl. 1956, S. 529 - 536
Pfeiffer, Ulrich/Faller, Bernd: „Verwaltungshandeln“
Qualität des Verwaltungshandelns. Zur Modernisierung der Bundesministerien, Gutachten im Auftrag der Friedrich-Ebert-Stiftung, Bonn 1997
Pitschas, Rainer: „Verwaltungsmanagement“
Wirkungsorientierung des Verwaltungsmanagements im internationalen Vergleich, in: Verwaltung und Management, 6/2000, S. 329 – 334
Pitschas, Rainer: „Verwaltungsmodernisierung“
Verwaltungsmodernisierung und Verwaltungsrecht im „schlanken“ Staat, in: Verwaltung und Management, Teil 1 1/1996, S. 4-8, Teil 2 2/1996, S. 83-85, Teil 3 3/1996, S. 163-165
Pitschas, Rainer „Verwaltungsmodernisierung im Gegenlicht“
Verwaltungsmodernisierung im Gegenlicht der rechtsstaatlich-demokratischen Amts- und Dienstverfassung, in: Verwaltung und Management 6/1998, S. 324-331
Pitschas, Rainer: „Zielkonflikte“
Zielkonflikte der nationalen Reformaktivitäten“, in: VOP 3/2001, S. 9-12
Plamper, Harald: „Modernisierung“
Modernisierung mit der Konsolidierung verbinden, in: VOP 9/1996, S. 14-18

Polte, Wilhelm: „Chance“
Beispiellose Chance für Sachsen-Anhalt, Funktion-, Gebiets- und Verwaltungsreform, in: Die Neue Verwaltung 5/2001, S. 29 -30
Prinz, Helmut: „Management“
Change Management als Daueraufgabe, in: Hill/Klages (Hrsg.), Erfahrungen mit dem Modernisierungsprozeß, Speyer 1997, S. 261– 294
Pröhl, Marga/Hill, Hermann: „Synergien“
Synergien nutzen, Zusammenarbeit verstärken, in: VOP 10/2001, S. 13– 5
Projektgruppe Verwaltungsreform Bayern: „Mittelbehörden“
Dokumentation der Verwaltungsreform Bayern - Mittelbehörden, München Stand März 2000,
Projektgruppe Verwaltungsreform Bayern: „Regierungen“
Dokumentation der Verwaltungsreform Bayern - Regierungen, München, Stand März 2000
Prüfgruppe Landesverwaltungsamt: „Landesverwaltungsamt“
Abschlussbericht der Prüfgruppe Landesverwaltungsamt Thüringen, Erfurt, 03.06.1995
Püchel, Manfred: „Reform“
Drei auf einen Streich, Kommunal- , Verwaltungs- und Funktionalreform in Sachsen-Anhalt, Interview mit Innenminister Püchel, in: Die Neue Verwaltung, 4/2001, S. 4-6

Reichard, Christoph: „Agenda“
Agenda der Staatsmodernisierung in der Legislaturperiode 1998 - 2002, FES-Analyse, hrsg. von der Friedrich-Ebert-Stiftung, Bonn 1998
Reichard, Christoph: „Umdenken“
Umdenken im Rathaus. Neue Steuerungsmodelle in der deutschen Kommunalverwaltung, 4. Aufl., Berlin 1995
Reinermann, Heinrich: „Führung“
Ergebnisorientierte Führung und schlanke Verwaltung, Teil I, in: Verwaltung und Management, 3/1995, S. 169-173
Reinermann, Heinrich, „Internet“
Zusammenspiel von Internet und Politik, Electronic Governance und Electronic Government, in: Die neue Verwaltung 2/2001, S. 8-10
Reinermann, Heinrich: „Krise“
Die Krise als Chance: Wege innovativer Verwaltungen, Speyerer Forschungsberichte; 139, 6. Aufl., Speyer 1997
Reinermann, Heinrich: „Paradigma“
Paradigma für die öffentliche Verwaltung - was Max Weber heute empfehlen dürfte, Speyerer Arbeitshefte, H. 97, Speyer 1993
Rogosch, Josef Konrad: „Begriffsjurisprudenz“
Begriffsjurisprudenz und Verwaltungsmodernisierung, in: Verwaltung und Management 6/1997, S. 353-355
Rosellen, Bernhard B.J.: „Reform“
Die Reform der Bezirksregierung, Speyer 1977
Rothgang, Erwin: „Reform-Management“
Reformmanagement als Gemeinschaftsaufgabe – Erfahrungen aus dem Modernisierungsprozeß der Stadt Wuppertal, in: Hill/Klages (Hrsg.), Erfahrungen mit dem Modernisierungsprozeß, Speyer 1997, S. 295 – 313
Rürup, Bert: „Effizienzrevolution“

Effizienzrevolution in der öffentlichen Verwaltung, wann, wenn nicht jetzt?, in: Verwaltung und Management 5/2000, S. 265 - 268
Rüter, Klaus: „Expertenkommission“
Struktur der Expertenkommission festgelegt, Pressemitteilung der rheinland-pfälzischen Staatskanzlei, Nr. 115 vom 02.07.1996
Rüter, Klaus: „Moderne öffentliche Verwaltung“
Rheinland-Pfalz auf dem Weg zu einer modernen öffentlichen Verwaltung, in: Die Öffentliche Verwaltung (DÖV) 11/1997, S. 908 - 911
Rüter, Klaus: „Verwaltungsmodernisierung“
Konzeption und Realisierung der Verwaltungsmodernisierung, unveröffentl. Redemanuskript für Vortrag an der Hochschule für Verwaltungswissenschaften Speyer am 03.12.1997
Rüter, Klaus: „13. Legislaturperiode“
Verwaltungsmodernisierung hat auch in der 13. Legislaturperiode einen hohen Stellenwert, in: Modernisierungszeitung Rheinland-Pfalz, 2/96, S. 1
Rund, Rainer: „Regionalkreis“
Region und Regionalkreis in einem modernen Staatswesen (unveröffentlichtes Manuskript), Neustadt/Weinstraße, Oktober 1996

Sachverständigenkommission Funktionalreform: „Abschlußbericht“
Abschlußbericht vom 13.04.1994, Erfurt 1994
Sachverständigenkommission Funktionalreform: „Bericht über Thüringer Landesverwaltungsamt“
Bericht zur Stellung des Thüringer Landesverwaltungsamts, Erfurt, 27.08.1992
Sachverständigenrat „Schlanker Staat“: „Abschlußbericht“
Abschlußbericht, Band 1, Bundesministerium des Innern, Bonn 1997
Sachverständigenrat „Schlanker Staat“: „Materialband“
Materialband, Bundesministerium des Innern, Bonn 1997
Sächsisches Staatsministerium des Innern: „Verwaltungsreform“
Zukunftsinitiative Verwaltungsreform Sachsen, Dresden 1999
Schellhaas, Günther: „Landesuntersuchungsamt“
Vortragsmanuskript für die Tagung „Neuorganisation einer Landesverwaltung am Beispiel Rheinland-Pfalz – eine erste Zwischenbilanz“, am 21.09.2000 an der Deutschen Hochschule für Verwaltungswissenschaften Speyer
Schily, Otto/Körper, Fritz Rudolf: „Modernisierung“
Modernisierung der öffentlichen Verwaltung, Pressemitteilung der SPD-Bundestagsfraktion Nr. 1356 vom 28.08.1995,
Schily, Otto/Körper, Fritz Rudolf: „Modernisierung des Staates“
Modernisierung des Staates, Pressemitteilung der SPD-Bundestagsfraktion vom 30.01.1997
Schink, Alexander: „Modernisierung“
Das zweite Gesetz zur Modernisierung von Regierung und Verwaltung in NRW, in: Die neue Verwaltung 2/2000, S. 15 - 19
Schink, Alexander: „Region“
Verwaltungsstrukturen in der Region (II), Eildienst Landkreistag Nordrhein-Westfalen 1996, S. 233 ff.
Schmidt-Aßmann: „Selbstverwaltung“

Perspektiven der Selbstverwaltung der Landkreise, in: Schoch, Friedrich (Hrsg.): „Selbstverwaltung der Kreise in Deutschland“, Köln 1996, S. 75-98

Schmidt-Aßmann: „Städteverband“
Der Städteverband als Modell kommunaler Neugliederung in Ballungsräumen, in: DÖV 1973, S. 109 ff.

Schnabel, Heinz-Hermann/Thelen, Hedi/Leonhard, Heinz/Bartholomé, Ernst/Bickel, Heribert/Manns, Winfried: „Abweichende Stellungnahme II“
Abweichende Stellungnahme der Abgeordneten Heinz-Hermann Schnabel, Hedi Thelen, Heinz Leonhard (CDU) sowie der Sachverständigen Dr. Ernst Bartholomé, Prof. Dr. Heribert Bickel und Winfried Manns, Landtag Rheinland-Pfalz, Drucksache 13/6223, Abschnitt D, S. 21 - 26

Schnabel, Heinz-Hermann/Leonhard, Heinz/Thelen, Hedi u.a.: „Enquete-Kommission“
Abweichende Stellungnahme der Abgeordneten Heinz-Hermann Schnabel, Heinz Leonhard, Hedi Thelen (CDU) sowie der Sachverständigen Prof. Dr. Heribert Bickel und Winfried Manns zu den Empfehlungen der Enquete-Kommission, Drucksache 13/2505 vom 16.01.1998, S. 6 - 8

Schnabel, Heinz-Hermann/Leonhard, Heinz/Thelen, Hedi: „Mittelinstanz“
Stellungnahme der CDU-Mitglieder in der Enquete-Kommission „Verwaltungsmodernisierung in Rheinland-Pfalz“ zu den Ergebnissen der Anhörungen zum Thema „Mittelinstanz“, 06.11.1997, Mainz

Schnur, Roman: „Regionalkreise“
Regionalkreise? - Grundsätzliche Bemerkungen zur Schaffung von sogenannten Regionalkreisen, insbesondere in Nordrhein-Westfalen, Köln, Berlin u.a. 1971

Schoch, Friedrich: „Verwaltungsstrukturen“
Kommunale Verwaltungsstrukturen für die Zukunft, Vortrag anläßlich der öffentlichen Hauptversammlung des Landkreistages Rheinland-Pfalz in Andernach am 21.11.1996

Schöneich, Michael: „Umfrage“
Zum Stand der Dinge - 3. Umfrage des DST zur Verwaltungsmodernisierung in den Städten, in: Deutscher Städtetag (Hrsg.): Verwaltungsmodernisierung: Warum so schwierig, warum so langsam?, DST-Beiträge zur Kommunalpolitik, Reihe A, Heft 27, Köln 1998, S. 9 ff.

Schönfelder, Hermann: „Bürokratismus“
Kommissionen gegen Bürokratismus, in: Deutsches Verwaltungsblatt 1981, S. 117-123

Schrapper, Ludger: „Bezirksregierungen“
Bezirksregierungen in Deutschland: Die Bündelungsbehörde der Mittelinstanz im Vergleich, in: DÖV 4/1994, S. 157 - 162

Schröder, Gerhard: „Aktiver Staat“
Ein aktiver Staat braucht eine neue Verwaltung, in: VOP Nr. 1-2/1997, S. 9-12

Schröder, Gerhard: „Regierungserklärung“
Regierungserklärung vor dem niedersächsischen Landtag „Wir nehmen die Herausforderung an“ am 23.06.1994, als Redemanuskript herausgegeben von der Pressestelle der niedersächsischen Staatskanzlei

Schuppert, Gunnar Folke: „Rückzug“
Rückzug des Staates? in: DÖV 18/1995, S. 761-770

Schwöbel, Hans-Peter: „Bildungsreform“
Verwaltungsreform als Bildungsreform, in: Verwaltung und Management, 3/1997, S. 162-164, 4/1997, S. 240-242
Semmler, Jochen: „Unternehmen“
Verwaltung auf dem Weg zum Unternehmen, in: VOP, 4/1997, S. 22–24
Seyfried, Günter/Schedler, Günter/Weidner, Helene: „Verwaltungsreform“
Deregulierung, Abbau von Vorschriften und Standards, ein Schwerpunkt der Verwaltungsreform in Baden-Württemberg, in: Die Neue Verwaltung 5/2000, S. 8 - 11
Siedentopf, Heinrich: „Führungsfunktionen“
Führungsfunktionen auf Zeit in der staatlichen Verwaltung - Leistungsprinzip und Unabhängigkeit im Beamtenrecht, in: DÖV 1985, S. 1033-1042
Siedentopf, Heinrich: „Funktionalreform“
Stand der Funktionalreform im Freistaat Sachsen, in: Der Landkreis 4/1998, S. 214-218
Siedentopf, Heinrich: „Verwaltungsreform“
Verwaltungsreform, in: Haungs, Peter (Hrsg.): 40 Jahre Rheinland-Pfalz, Mainz 1986, S. 365-382
Siedentopf, Heinrich/Böhret, Carl: „Region Pfalz“
Region Pfalz im neuen Europa; Gutachterliches Forschungsprojekt im Auftrag des Bezirksverbandes Pfalz, Neustadt/Weinstraße 1993
Siedentopf Heinrich/Laux, Eberhard: „Funktionalreform“
Funktionalreform in Sachsen, Baden-Baden 1998
Sommer, Stefan: „Projektorganisation“
Die Projektorganisation als Erfolgsfaktor, in: VOP, 12/1996, S. 23-26
Sonderarbeitskreis der Ständigen Konferenz der Innenminister der Länder: „Mittelinstanzbericht“
Bericht zur Neuordnung der staatlichen Mittelinstanz, Düsseldorf 1973
SPD/F.D.P.-Landesverbände Rheinland-Pfalz: „Koalitionsvereinbarung“
Vereinbarung zur Zusammenarbeit in einer Regierungskoalition für die 13. Wahlperiode des rheinland-pfälzischen Landtags 1996 - 2001
SPD Landesverband Rheinland-Pfalz, F.D.P. Landesverband Rheinland-Pfalz, Mainz, 30.04.1996
SPD-Landtagsfraktion Rheinland-Pfalz: „Auflösung der Bezirksregierungen“
Pressemitteilung vom 09.09.1994
Staab, Martin: „Verwaltungskultur“
Verwaltungskultur im Wandel der Staatsfunktionen - Auf dem Weg zum kooperativen Staat, in: Verwaltungsrundschau 1995, S. 12-17
Staatskanzlei des Landes Sachsen-Anhalt: „Verwaltung“
Verwaltung Plus. Moderne Verwaltung in Sachsen-Anhalt 01/2000, Magdeburg
Staatskanzlei des Landes Sachsen-Anhalt: „Verwaltungsreform“
Verwaltungsreform in Sachsen-Anhalt. Umweltministerin geht mit Neuorganisation der Umweltverwaltung weiteren Schritt in Richtung auf moderne und bürgerfreundliche Verwaltung, Pressemitteilung Nr. 166/2000 vom 28.03.2000, Magdeburg
Staatskanzlei Rheinland-Pfalz: „Auf gutem Weg“
Regierungserklärung von Ministerpräsident Beck „Auf gutem Weg mit neuer Kraft“, in: Staatszeitung IV/94, vom 27.10.1994
Staatskanzlei Rheinland-Pfalz: „Beschlüsse der VMK“
Beschlüsse der VMK, in: Modernisierungszeitung 2/95., Mainz, S. 1 f.
Staatskanzlei Rheinland-Pfalz: „Bilanzierung“

Voran in Rheinland-Pfalz - eine Bilanzierung der Verwaltungsmodernisierung, in: „Voran", Schriften für Verwaltungsmodernisierung in Rheinland-Pfalz, Heft 9, 3/99, Mainz

Staatskanzlei Rheinland-Pfalz: „Budgetierung und Controlling"
Budgetierung und Controlling in der öffentlichen Verwaltung von Rheinland-Pfalz, dargestellt an Beispielen aus der Kommunal-, Schul-, Finanz- und Forstverwaltung, „Voran", Schriften zur Verwaltungsmodernisierung in Rheinland-Pfalz, Heft 4, 2. Auflage, 6/98, Mainz

Staatskanzlei Rheinland-Pfalz: „Dokumentation"
Verwaltungsvereinfachung in Rheinland-Pfalz - Eine Dokumentation, Teil 1 1966, Teil 2 1968, Teil 3 1969, Teil 4 1971, Teil 5 1973, Mainz

Staatskanzlei Rheinland-Pfalz: „Dokumentations- und Transferstelle"
Beschlüsse der Verwaltungsmodernisierungskommission, in: Modernisierungszeitung 1/96,. Mainz , S. 1 f

Staatskanzlei Rheinland-Pfalz: „Einführung"
Einführung der Gesetzesfolgenabschätzung, in: Modernisierungszeitung 2/98, S. 1, Mainz

Staatskanzlei Rheinland-Pfalz: „Expertenkommission"
Expertenkommission zur Neuorganisation der Landesverwaltung (EKo) berufen, in: Modernisierungszeitung 3/96, Mainz, S. 1 f.

Staatskanzlei Rheinland-Pfalz (Hrsg.): „Gesetzesfolgenabschätzung"
Gesetzesfolgenabschätzung dargestellt am Beispiel eines Zeugenschutzgesetzes, in: „Voran", Schriften zur Verwaltungsmodernisierung in Rheinland-Pfalz, Heft 5, 06/1997, Mainz

Staatskanzlei Rheinland-Pfalz: „Gesetz zur Reform"
Gesetz zur Reform und Neuorganisation der Landesverwaltung wurde auf den Weg gebracht, in: Modernisierungszeitung Rheinland-Pfalz 1/99, S. 1

Staatskanzlei Rheinland-Pfalz: „Grenzüberschreitende Zusammenarbeit"
Vermerk über „Grenzüberschreitende Zusammenarbeit" im Rahmen der Reform der Mittelinstanz, vom 14.05.1998, Mainz

Staatskanzlei Rheinland-Pfalz: „Kosten- und Leistungsrechnung"
Kosten- und Leistungsrechnung in der Landesverwaltung, in: Modernisierungszeitung 2/98, Mainz, S. 2

Staatskanzlei Rheinland-Pfalz: „Landessozialverwaltung"
Bericht über die Neuorganisation der Landessozialverwaltung im Geschäftsbereich des Ministeriums für Arbeit, Soziales und Gesundheit, in: „Voran", Schriften zur Verwaltungsmodernisierung in Rheinland-Pfalz, Heft 13, Mainz, 01/2001

Staatskanzlei Rheinland-Pfalz: „Landesverwaltung"
Rheinland-Pfalz setzt sich mit der Neuorganisation der Landesverwaltung an die Spitze der Verwaltungsmodernisierung, in: Modernisierungszeitung 2/97, Mainz

Staatskanzlei Rheinland-Pfalz: „Leitbilder"
Leitbilder in der rheinland-pfälzischen Landesverwaltung, in: „Voran", Schriften zur Verwaltungsmodernisierung in Rheinland-Pfalz, Heft 10, 3/99, Mainz

Staatskanzlei Rheinland-Pfalz: „Mit Mut entscheiden"
Regierungserklärung von Ministerpräsident Beck, „Mit Mut entscheiden, was morgen noch zählt", in: Staatszeitung 11/96 vom 22.05.1996

Staatskanzlei Rheinland-Pfalz: „Moderne Mittelinstanz"

Reform der Landesverwaltung kommt gut voran, Staatszeitung Nr. 47/98 vom 21.12.1998
Staatskanzlei Rheinland-Pfalz: „Neuorganisation“
Die Neuorganisation der Landesverwaltung Rheinland-Pfalz, in: Voran Heft 7, Schriften zur Verwaltungsmodernisierung in Rheinland-Pfalz, 9/98, Mainz
Staatskanzlei Rheinland-Pfalz: „Neuorganisation gebilligt“
Neuorganisation der Landesverwaltung im Grundsatz gebilligt, Pressedienst der Landesregierung, Jg. 053 Nr. 027 vom 09.02.1999
Staatskanzlei Rheinland-Pfalz: „Umsetzung“
Vorschläge der Expertenkommission werden umgesetzt, Pressemitteilung der Staatskanzlei vom 21.04.1998, Jg. 052, Nr. 066
Staatskanzlei Rheinland-Pfalz: „Verwaltungsmodernisierungskommission“
Verwaltungsmodernisierungskommission Rheinland-Pfalz (VMK), Pressemitteilung der Staatskanzlei vom Dezember 1994
Staatskanzlei Rheinland-Pfalz (Hrsg.): „Verwaltungsvorschriften und Standards““
Verwaltungsvorschriften und Standards, „Voran“, Schriften zur Verwaltungsmodernisierung in Rheinland-Pfalz, Heft 6, 10/1997, Mainz
Staatskanzlei Rheinland-Pfalz: „VMK“
Verwaltungsmodernisierungskommission (VMK), in: Modernisierungszeitung 1/95,.Mainz, S. 3
Staatskanzlei Rheinland-Pfalz: „Zwischenbericht 95“
Auf gutem Weg zur modernen Verwaltung, Zwischenbericht 95, in: „Voran“, Schriften zur Verwaltungsmodernisierung in Rheinland-Pfalz, Heft 2, 12/95, Mainz
Staatsministerium Baden-Württemberg: „Verwaltungsreform“
Verwaltungsreform in Baden-Württemberg. Erster Bericht der Regierungskommission Verwaltungsreform sowie Anlagenband, Stuttgart 1993
Staatsministerium Baden-Württemberg: „Voneinander lernen“
Voneinander lernen - Wege zum Erfolg in Wirtschaft und Verwaltung, Stuttgart 1995
Staatsministerium des Innern des Landes Sachsen: „Kommunalaufsicht“
(Unveröffentlichter) Sachstandsbericht zur Kommunalaufsicht vom 27.03.1991, Dresden
Stabsstelle für Verwaltungsreform im Innenministerium Baden-Württemberg: „Wandel“
Verwaltung im Wandel. Zwischenbilanz der Verwaltungsreform, Stuttgart 1999
Stimme der Union Rheinland-Pfalz (Hrsg.): „Landesparteitag“
Der CDU Landesparteitag März 1990, Teil II, Mainz 1990
Stöbe, Sybille/Brandel, Rolf: „Bezirksregierungen“
Die Zukunft der Bezirksregierungen. Modernisierungsperspektiven für die staatliche Mittelinstanz, Berlin 1996
Stoiber Edmund: „Wettbewerb“
Auch Verwaltungen steht im Wettbewerb, in: VOP, Heft 3/1999, S. 8-11
Stolleis, Michael: „Öffentliches Recht“
Geschichte des öffentlichen Rechts in Deutschland, Bd. 2: Staatsrechtslehre und Verwaltungswissenschaft 1800-1914, München 1992
Strehl, Franz/Promberger, Kurt: „Verwaltungsreform“
Verwaltungsreform - Eine unendliche Geschichte, in: VOP 1991, S. 347 – 352

Struktur- und Genehmigungsdirektion Nord: „Bericht 28.04.2000“
Erfahrungsbericht der Struktur- und Genehmigungsdirektion Nord zum Stand der Umsetzung der Neuorganisation, Az.: 12-01 510-1, Koblenz, 28.04.2000

Struktur- und Genehmigungsdirektion Nord: „Bericht 10.10.2000“
Bericht der Struktur- und Genehmigungsdirektion Nord zum Stand der Umsetzung der Neuorganisation, Az.: 12-01 510.1, Koblenz, 10.10.2000

Struktur- und Genehmigungsdirektion Süd: „Erfahrungsbericht 31.05.2000“
Erfahrungsbericht der Struktur- und Genehmigungsdirektion Süd zur Neuorganisation der Landesverwaltung, Neustadt a.d.W., 31.05.2000

Struktur- und Genehmigungsdirektion Süd: „Erfahrungsbericht 16.10.2000“
Erfahrungsbericht der Struktur- und Genehmigungsdirektion Süd zur Neuorganisation der Landesverwaltung, Neustadt a.d.W., 16.10.2000

Studentkowski, Heinrich/Mick, Otmar: „Aufsichts- und Dienstleistungsdirektion“
Aufsichts- und Dienstleistungsdirektion in Trier, in: Jahrbuch Kreis Trier-Saarburg 2001, S. 221 – 226

Teufel, Erwin: „Verwaltungsreform“
Die wirtschaftliche Bedeutung der Verwaltungsreform. Baden-Württemberg: Weichen für den Wettbewerb stellen, in: VOP 4/1997, S. 9-11

Theilen, Ernst: „Auf ein Wort“
„Auf ein Wort“, in: VM 5/1999

Theilen, Ernst: „Erste Zwischenbilanz“
Neuorganisation einer Landesverwaltung am Beispiel Rheinland-Pfalz – Eine erste Zwischenbilanz -, unveröffentlichtes Redemanuskript für Vortrag an der Deutschen Hochschule für Verwaltungswissenschaften Speyer am 21.09.2000

Theilen, Ernst: „Mittelinstanz“
Künftige Mittelinstanz (Ideenskizze), Mainz, Juni 1997

Thieme, Werner: „Wiederaufbau“
Wiederaufbau oder Modernisierung der Verwaltung, in: Die Verwaltung 1993, S. 353 - 366

Thieme, Werner: „Wirtschaftliche Verwaltung“
Voraussetzungen einer wirtschaftlichen Verwaltung, in: VM 2/1995, S. 88-91

Thomas, Ise: „Enquete-Kommission“
Abweichende Stellungnahme der Abgeordneten Ise Thomas (BÜNDNIS 90/DIE GRÜNEN) zu den Empfehlungen der Enquete-Kommission, Drucksache 13/2505 vom 16.01.1998, S. 9-11

Thüringer Innenministerium: „Abschlußbericht“
Kabinettsache zum Abschlußbericht der Arbeitsgruppe zur Überprüfung des Polizeipräsidiums und zum Abschlußbericht der Prüfgruppe Landesverwaltungsamt, Erfurt, 11.09.1995

Thüringer Innenministerium: „Funktionalreform“
Abschlußbericht des Innenministers zur Funktionalreform, Erfurt, 20.06.1994

Tüns, Marion: „Politik“
Politik, Verwaltung und Bürger, in: VM 5/1996, S. 272-276

Twenhöven, Jörg/Feller-Elverfeld, Dorothea: „Integration von Landesoberbehörden“
Integration von Landesoberbehörden in eine Landesmittelbehörde, in: Nordrheinwestfälische Verwaltungsblätter 1/2002, S. 26-30

Unabhängige Kommission für Rechts- und Verwaltungsvereinfachung des Bundes

1983- 1987: „Zwischenbilanz“
Eine Zwischenbilanz, Bonn 1987
Unterausschuss „Allgemeine Verwaltungsorganisation“ des Arbeitskreises VI der Innenministerkonferenz: „Staats- und Verwaltungsmodernisierung“
Aktivitäten auf dem Gebiet der Staats- und Verwaltungsmodernisierung in den Ländern und beim Bund, Stand Dezember 2001, Magdeburg

Vetter, Erwin: „Verwaltung“
Öffentliche Verwaltung zwischen Bewährung und Modernisierung, in: Der Landkreis 1995, S. 5 ff.
Vogel, Bernhard: „Verwaltung“
Die effiziente Verwaltung als Standortfaktor, in: VOP 1-2/1998, S. 9-11
Vogel, Hans-Josef: „Erfahrungen“
Erfahrungen aus den Kommunen, Stadt Arnsberg, in: Hill/Klages (Hrsg.), Jenseits der Experimentierklausel, Stuttgart u.a. 1996, S. 79 – 90
Vogel, Hans-Josef: „Zwischenfazit“
Zwischenfazit der Reform und sieben Aufgaben für die Zukunft, in: innovative Verwaltung 3/2002, S. 9 – 11
Vogel, Hans-Josef/Voigt, Michael/Wisser, Bernd: „Erfolgsfaktoren“
Kundenorientierung und Bürgeraktivierung als Erfolgsfaktoren der Verwaltungsmodernisierung, in: Stadt- und Gemeinderat 1996, S. 400 ff.
Voigt, Hans-Ludwig: „Struktur- und Genehmigungsdirektion Nord“
Integration ehemals selbständiger Behörden in die SGD Nord – am Beispiel der Wasserwirtschaftsverwaltung, Vortrag anlässlich Evaluationstagung an der Deutschen Hochschule für Verwaltungswissenschaften Speyer am 21.09.2000

Wagener, Frido: „Regierungsbezirke“
Die Regierungsbezirke im Gesamtaufbau der Verwaltung; in: Verwaltungsarchiv 73 (1982), S. 153-166
Wagener, Frido: „Verwaltung“
Neubau der Verwaltung: Gliederung der öffentlichen Aufgaben und ihrer Träger nach Effektivität und Integrationswert, Berlin 1969
Wahl, Rainer: „Ministerialorganisation“
Probleme der Ministerialorganisation, in: Der Staat 13 (1974), S. 383-398
Wahl, Rainer: „Verwaltung“
Die Organisation und Entwicklung der Verwaltung in den Ländern, in: Jeserich, Kurt G.A. (Hrsg.): Deutsche Verwaltungsgeschichte Band 5, Die Bundesrepublik Deutschland, Stuttgart 1987, S. 208-292
Wahl, Rainer: „Verwaltungsorganisation“
Verwaltungsorganisation, in: Maurer H./Hendler, R., Baden-Württembergisches Staats- und Verwaltungsrecht, 1990, S. 92-122 ff.
Wallerath, Maximilian: „Verwaltungskultur“
Die Änderung der Verwaltungskultur als Reformziel, in: Die Verwaltung 23, 2000, S. 351 - 378

Weber, Werner: „Verhandlungen“
Entspricht die gegenwärtige kommunale Struktur den Anforderungen der Raumordnung? Empfehlen sich gesetzgeberische Maßnahmen der Länder und des Bundes? Welchen Inhalt sollen sie haben?, in: Verhandlungen (45. Deutscher Juristentag), Band I, Teil 5: Gutachten, München - Berlin 1964
Wegener, Gerhard: „Politik“
Zum Verhältnis von Politik und Verwaltung, in: Verwaltungsrundschau 5/1995, S. 157-161
Wegener, Gerhard: „Reformmöglichkeiten“
Reformmöglichkeiten der deutschen Verwaltung, in: Verwaltungsrundschau 2/2001, S. 37 - 44
Wegener, Gerhard: „Umbau“
Umbau der Verwaltung - Chancen und Risiken einer Ökonomisierung der Kommunalverwaltungen, in: Verwaltungsrundschau 3/1998, S. 73-83
Weidinger, Wilhelm: „Methodenvielfalt“
Methodenvielfalt als Basis der Aufgabenkritik, in: VOP 12/1997, S. 15-18
Weidmann, Thomas: „Verwaltungsreform“
Verwaltungsreform und öffentliches Dienstrecht, in: Verwaltungsrundschau 3/1999, S. 90-96
Weinberger, Bruno: „Bilanz“
Bilanz einer Reform, in: der städtetag 6/1978, S. 331 ff.
Weller, Eberhard: „Verwaltung“
Vom Beruf der Verwaltung zur Reform. Anmerkungen eines Praktikers - Mit Bezügen zu Baden-Württemberg, in: VM 4/1998, S. 202-207
Wichmann, Manfred: „Kommunen“
Verwaltungsmodernisierung in kleineren und mittleren Kommunen, in: Die Neue Verwaltung 5/1997, S. 23 – 26
Wickel, Martin: „Regionen“
Zur rechtlichen Organisation von Regionen, in: DÖV 20/2001, S. 837 - 849
Wiechers, Matthias: „Modellprojekt“
Das Modellprojekt Ludwigshafen 2000 – Ergebnisse und Erfahrungen aus drei Jahren Reformprozeß, in: Hill/Klages (Hrsg.): Erfahrungen mit dem Modernisierungsprozeß, Speyer, 1997, S. 315 - 326
Winkel. Johannes: „Mittelebene“
Reform der Mittelebene Nordrhein-Westfalen, in: Konzendorf, Götz (Hrsg.): Neuorganisation der Mittelinstanzen - Konzeptionen und Umsetzung, Speyerer Forschungsberichte; 210, Speyer 2000
Winkel, Johannes: „Reform“
Reform der Mittelebene in Nordrhein-Westfalen, Vortrag im Rahmen der 6. WiDuT-Arbeitstagung, am 09./10.11.1999 in Speyer zum Thema „Neuorganisation der Mittelinstanzen“, unveröffentlichtes Redemanuskript
Wittkämper, Gerhard W.: „Verwaltungsstruktur“
Reform der Verwaltungsstruktur in Nordrhein-Westfalen?: in Nordrhein-Westfalen gibt es 9 Ebenen, StuGR 1993, S. 163-165
Wohlfahrt, Jürgen: „Elektronische Verwaltung“
Elektronische Verwaltung – ein Überblick, in: Verwaltungsrundschau 2/2002, S. 42-47

Woike, Ulrich: „Bezirksregierungen“
Die Bezirksregierungen in Niedersachsen - Gesetzliches Modell und Wirklichkeit, in: Deutsche Verwaltungspraxis 1983, S. 31-38
Wolf, Thomas R.: „Controlling“
Politisches Controlling im kommunalen Kontraktmanagement, in: Verwaltungsrundschau 4/1999, S. 131-134
Wolf, Thomas R.: „Verwaltungsmodernisierung“
Verwaltungsmodernisierung in Deutschland - Aktueller Stand auf kommunaler Ebene, in: Verwaltungsrundschau 10/1998, S. 335-338
Wolff, Hans J./Bachof, Otto: „Verwaltungsrecht II“
Verwaltungsrecht II, München, 1976

Ziemske, Burkhard: „Öffentlicher Dienst“
Öffentlicher Dienst zwischen Bewahrung und Umbruch, in: DÖV 1997, S. 605-616
Zuber, Walter: „Einführung“
Unveröffentlichtes Redemanuskript aus Anlass der Amtseinführung des Präsidenten der Aufsichts- und Dienstleistungsdirektion, Dr. Josef Peter Mertes, am 19.01.2001
Zündel & Partner Unternehmensberatung GmbH: „Organisation“
Gutachten zur Untersuchung der Organisation und Struktur des Regierungspräsidenten Arnsberg, Nettetal 1991
Zypries, Brigitte: „Verantwortung“
Verantwortung teilen – effizient arbeiten, in: VOP 1 – 2/2001, S. 11 - 12

## Verzeichnis der Interviewpartner und der um Stellungnahme ersuchten Personen und Institutionen

Becker, Walter: „Regierungskasse"
Interview mit dem Leiter der Regierungskasse Trier – Finanzamt Trier – zur Neuorganisation der Landesverwaltung, Trier, 06.02.2002

Bolz, Hermann: „Zentralstelle der Forstverwaltung"
Stellungnahme des Leiters der Zentralstelle der Forstverwaltung (Abt. 5) bei der Struktur- und Genehmigungsdirektion Süd zur Neuorganisation der Landesverwaltung, Neustadt an der Weinstraße, 04.05.2001

Brandt, Klaus-Peter: „Gebietsreferent"
Interview mit dem Gebietsreferenten Klaus-Peter Brandt der Zentralstelle der Forstverwaltung über die Neuorganisation der Landesverwaltung, Trier, 22.02.2002

Daleiden, Matthias: „Beihilfestelle"
Stellungnahme des Leiters der Beihilfestelle Trier der Oberfinanzdirektion Koblenz - Zentralstelle für Besoldung und Versorgung -, zur Neuorganisation der Landesverwaltung, Trier, 31.01.2002

Dold, Edelbert: „Industrie- und Handelskammer Koblenz"
Interview mit dem stellvertretenden Hauptgeschäftsführer der Industrie- und Handelskammer Koblenz über die Neuorganisation der Landesverwaltung, Koblenz, 21.01.2002

Eifel, Irmgard: „Landesuntersuchungsamt"
Stellungnahme zur Neuorganisation der Landesverwaltung aus der Sicht des Personalrates, Trier, 09.10.2000

Emmerich, Jürgen: ADD – Gesamtpersonalrat"
Interview mit dem Vorsitzenden des Gesamtpersonalrats bei der Aufsichts- und Dienstleistungsdirektion Trier am 09.01.2002

Fischer, Gernot: „Neuorganisation"
Stellungnahme des Vorsitzenden des rheinland-pfälzischen Städtetages, Oberbürgermeister Gernot Fischer, zur Neuorganisation der Landesverwaltung, Worms, 07.11.2001

Fleck, Bertram: „Rhein-Hunsrück-Kreis"
Stellungnahme des Landrates des Rhein-Hunsrück-Kreises zur Neuorganisation der Landesverwaltung, Simmern, 13.11.2001

Gassen, Hans-Dieter: „Personal"
Stellungnahme des Präsidenten der Struktur- und Genehmigungsdirektion Nord zur Personalentwicklung, Koblenz, 28.01.2002

Gassen, Hans-Dieter: „Struktur- und Genehmigungsdirektion Nord"
Stellungnahme des Präsidenten der Struktur- und Genehmigungsdirektion Nord zur Neuorganisation der Landesverwaltung, Koblenz, 27.03.2001

Gerke, Joachim: „Regionalstelle Wasserwirtschaft Trier"
Interview mit dem Leiter der Regionalstelle Wasserwirtschaft, Abfallwirtschaft, Bodenschutz, Trier, der Struktur- und Genehmigungsdirektion Nord, am 21.08.2001

Görisch, Ernst-Walter/Höhlein, Burkard, „Gemeinde- und Städtebund Rheinland-Pfalz“
Interview mit dem Vorsitzenden des Gemeinde- und Städtebundes Rheinland-Pfalz, Bürgermeister Ernst-Walter Görisch, sowie Verwaltungsdirektor Burkard Höhlein, Alzey 21.11.2001
Gondert, Johannes: „Theo-Steil GmbH“
Interview mit dem Geschäftsführer der Theo-Steil GmbH über die Neuorganisation der Landesverwaltung, Trier, 01.03.2002
Groß, Richard: „Landkreis Trier-Saarburg“
Interview mit dem Landrat des Kreises Trier-Saarburg, Trier, 22.10.2001

Hell, Wolfgang/Schmitt, Maria: „Landesuntersuchungsamt“
Interview mit dem Fachbereichsleiter Humanmedizin des Landesuntersuchungsamtes und der Leiterin des Instituts für Hygiene und Infektionsschutz sowie der Staatlichen Lehranstalt für technische Assistenten in der Medizin Trier, Trier, 16.02.2002
Herting, Andreas: „IHK Pfalz”
Stellungnahme des Hauptgeschäftsführers der Industrie- und Handelskammer für die Pfalz zur Neuorganisation der Landesverwaltung, Ludwigshafen, 15.03.2002
Heß, Günter: „Landesuntersuchungsamt“
Interview mit dem Präsidenten des Landesuntersuchungsamtes über die Neuorganisation der Landesverwaltung, Koblenz, 15.11.2001
Hirsch, Pia: „Regionalstelle Gewerbeaufsicht Trier“
Interview mit der Leiterin der Regionalstelle Gewerbeaufsicht Trier der Struktur- und Genehmigungsdirektion Nord über die Neuorganisation der Landesverwaltung, Trier, 05.11.2001
Hirschberger, Winfried: „Landkreis Kusel“
Stellungnahme des Vorsitzenden des Landkreistages Rheinland-Pfalz, Landrat Winfried Hirschberger, zur Neuorganisation der Landesverwaltung, Kusel, 16.10.2001
Hoffmann, Heinz: „Handwerkskammer der Pfalz“
Interview mit dem Hauptgeschäftsführer der Handwerkskammer der Pfalz über die Neuorganisation der Landesverwaltung, Kaiserslautern, 24.09.2001

Kaster, Bernhard: „Verbandsgemeinde Trier-Land“
Stellungnahme des Bürgermeisters der Verbandsgemeinde Trier-Land Bernhard Kaster zur Neuorganisation der Landesverwaltung, Trier, 17.09.2001
Kocks, Hans-Hermann: „Handwerkskammer Trier“
Interview mit dem Hauptgeschäftsführer der Handwerkskammer Trier über die Neuorganisation der Landesverwaltung, Trier, 06.08.2001

Laub, Ernst: „Amt für soziale Angelegenheiten“
Interview mit dem Pharmaziereferenten des Amtes für soziale Angelegenheiten Trier, Trier, 07.08.2001

Marx, Ruth: „Ministerium des Innern und für Sport“
Stellungnahme der Organisationsreferentin im Ministerium des Innern und für Sport zur Neuorganisation der Landesverwaltung, Az.: 01 510-G1/321, Mainz, 22.03.2002

Mertes, Josef Peter: „Aufsichts- und Dienstleistungsdirektion“
Interview mit dem Präsidenten der Aufsichts- und Dienstleistungsdirektion Trier über die Neuorganisation der Landesverwaltung, Trier, 13.07. und 14.12.2001
Mick, Otmar: „ADD – Abteilung Zentrale Aufgaben“
Interview mit dem Leiter der Abteilung Zentrale Aufgaben der Aufsichts- und Dienstleistungsdirektion Trier, Trier, 21.02.2002
Molter, Andrea: „Ministerium für Umwelt und Forsten“
Stellungnahme der Organisationsreferentin im Ministerium für Umwelt und Forsten zur Neuorganisation der Landesverwaltung, Az.: 1015-06 120-02, Mainz, 06.03.2002
Momper, Hermann-Josef: „ADD – Örtlicher Personalrat“
Interview mit dem Vorsitzenden des örtlichen Personalrats der Aufsichts- und Dienstleistungsdirektion Trier, Trier, 14.02.2002
Mühlenhoff, Dieter: „Telefoninterview“
Telefoninterview mit dem Vorsitzenden des Vorstandes der Sparkasse Trier Dieter Mühlenhoff, am 17.08.2001

Nohr, Wolfgang: „Amt für soziale Angelegenheiten“
Interview mit dem Leiter des Amtes für soziale Angelegenheiten Trier, Trier, 07.08.2001

Otteneder, Herbert: „Institut für Lebensmittelchemie Trier“
Interview mit dem Leiter des Instituts für Lebensmittelchemie Trier, Trier,01.08.2001

Rössel, Arne: „Industrie- und Handelskammer Trier“
Stellungnahme des Hauptgeschäftsführers der Industrie- und Handelskammer Trier zur Neuorganisation der Landesverwaltung, Trier, 30.10.2001

Saftig, Alexander: „Verbandsgemeinde Mayen-Land“
Interview mit dem Bürgermeister der Verbandsgemeinde Mayen-Land, Trier, 22.10.2001
Scherf, Erich: „ADD – IuK-Technik“
Telefoninterview mit dem Leiter der IT-Gruppe der Aufsichts- und Dienstleistungsdirektion Trier, am 19.03.2002
Schnabel, Alfons: „Landwirtschaftskammer Rheinland-Pfalz“
Stellungnahme des Direktors der Landwirtschaftskammer Rheinland-Pfalz zur Neuorganisation der Landesverwaltung, Bad Kreuznach, 22.02.2002
Schneider-Pauly, Dolores: „ADD – Abteilung Kommunale und hoheitliche Aufgaben, Soziales“
Stellungnahme der Leiterin der Abteilung „Kommunale und hoheitliche Aufgaben, Soziales“ der Aufsichts- und Dienstleistungsdirektion Trier, Trier, 11.01.2002
Schröer, Helmut: „Stadt Trier“
Stellungnahme des Oberbürgermeisters der Stadt Trier zur Neuorganisation der Landesverwaltung, Trier, 30.01.2002
Schubach, Georg: „Forstamt Trier“
Interview mit dem Leiter des Forstamtes Trier über die Neuorganisation der Landesverwaltung, Trier, 01.03.2002

Seltenreich, Markus: „IHK Rheinhessen“
Stellungnahme des Geschäftsführers der Industrie- und Handelskammer für Rheinhessen zur Neuorganisation der Landesverwaltung, Mainz, 08.04.2002

Weichel, Klaus: „Personal“
Übersicht über die personelle Entwicklung der Struktur- und Genehmigungsdirektion Süd ab dem 01.01.2000, Az.: 11-03 040, Neustadt an der Weinstraße, 15.03.2002

Weichel, Klaus: „Personal Forst“
Stellungnahme des Präsidenten der Struktur- und Genehmigungsdirektion Süd zur Personalsituation im Forstbereich, Neustadt an der Weinstraße, 28.03.2002

Weichel, Klaus: „Struktur- und Genehmigungsdirektion Süd“
Stellungnahme des Präsidenten der Struktur- und Genehmigungsdirektion Süd zur Neuorganisation der Landesverwaltung, Neustadt an der Weinstraße, 24.04.2001

Wiese, Volker: „Handwerkskammer Rheinhessen“
Interview mit dem stellvertretenden Hauptgeschäftsführer der Handwerkskammer Rheinhessen über die Neuorganisation der Landesverwaltung, Mainz, 26.10.2001

Wilbert, Karl-Jürgen: „Handwerkskammer Koblenz“
Stellungnahme des Hauptgeschäftsführers der Handwerkskammer Koblenz zur Neuorganisation der Landesverwaltung, Koblenz, 30.10.2001

Witzel, Michael: „Heinrich Köhler Baugesellschaft mbH“
Interview mit dem Geschäftsführer der Heinrich Köhler Baugesellschaft mbH über die Neuorganisation der Landesverwaltung, Trier, 07.11.2001

Zimmer, Thomas/Schütt, Heide: „PTA-Lehranstalt Trier“
Interview mit dem Leiter der Staatlichen Lehranstalt für pharmazeutisch-technische Assistentinnen und Assistenten sowie dessen Stellvertreterin, Trier, 16.08.2001

## BEITRÄGE ZUR POLITIKWISSENSCHAFT

Band 1 Maria M. Müller-Sorge: Journalismus - Offenheit und Konformität. Die Politische Tagespresse in der Bundesrepublik. 1975.

Band 2 Hans Heinrich Rass: Britische Außenpolitik 1929-1931: Ebenen und Faktoren der Entscheidung. 1975.

Band 3 Maria Huber: Strategien der Entwicklungspolitik. Ein Beitrag zur Kritik der Entwicklungsökonomik. 1975.

Band 4 Jürgen Hentze: Nationalismus und Internationalismus bei Rosa Luxemburg. 1975.

Band 5 Detlef Klotz: Länderparlamentarismus: Bürgernähe als Chance? Zur hochschulpolitischen Entscheidungsfindung im Landtag von Baden-Württemberg 1956-1968 am Beispiel des Hochschulgesetzes von 1968. 1975.

Band 6 Dieter-Dirk Hartmann: Volksinitiativen. 1976.

Band 7 Ulrich Heyder: Der sozialwissenschaftliche Systemversuch Eduard Heimanns. Darstellung und Kritik der Möglichkeit einer einheitlichen Theorie der modernen Wirtschafts- und Sozialsysteme. 1977.

Band 8 Jost F. Noller: Theorie und Praxis der Apartheid. Eine Analyse der Grundlagen und Bedingungen der Politik der 'Getrennten Entwicklung' in Südafrika. 1977.

Band 9 Annemarie Bopp-Schmehl: Konflikt und Demokratie. Eine Auseinandersetzung mit Kompromiß- und Gleichgewichtsvorstellungen moderner Politiktheorien. 1977.

Band 10 Günter Pumm: Kandidatenauswahl und innerparteiliche Demokratie in der Hamburger SPD. Eine empirische Untersuchung der Kandidatennominierungen für die Bundestagswahl 1969, die Bürgerschaftswahl 1970, den Senat und die Deputationen. 1977.

Band 11 Werner Hugger: Gesamtsystemplanung und Reform des Gesundheitswesens der Bundesrepublik Deutschland. 1977.

Band 12 Peter Wordelmann: Simulation von Systemveränderungen. Möglichkeiten und Grenzen einer Planungsmethode, dargestellt am Beispiel des Ausbildungssektors. 1978.

Band 13 Werner Lang: Kooperative Gewerkschaften und Einkommenspolitik. Das Beispiel Österreichs. 1978.

Band 14 Michael J. Seifert: Sozialer Konflikt. Eine Analyse der Entstehungsbedingungen politischer Bewegungen. 1978.

Band 15 Erhard Zahn: Objektivierung und Vergegenwärtigung als Probleme der politischen Bildung. Untersuchungen zur Komplementarität zweier Wissenschaftsbegriffe. 1979.

Band 16 Barbara Pommerehne-Häß: Die Reformprogramme für die Heimerziehung. Chancen für eine Demokratisierung der öffentlichen Erziehung? 1979.

Band 17 Ingeborg E. Schäfer: Umlandverband Frankfurt/M. Entscheidungsprozesse bei der Entstehung einer Stadt-Umland-Verwaltung. 1979.

Band 18 Robert Lederer: Neokonservative Theorie und Gesellschaftsanalyse. 1979.

Band 19 Dieter Mohrhart: Elternmitwirkung in der Bundesrepublik Deutschland. Ein Beitrag zur politisch-historischen und pädagogischen Diskussion. 1979.

Band 20 Petra S. Hartmann-Laugs: Die politische Integration der Mexiko-Amerikaner. Eine Analyse des mexikoamerikanischen Wahlverhaltens in den Jahren 1960-1974 unter Berücksichtigung sozioökonomischer Variablen. 1980.

Band 21 Wulf W. Hartmann: Die Vietnam-Generation und das amerikanische Parteiensystem. Das Wahlverhalten der akademischen Jugend Kaliforniens und der USA in den Wahlen 1972 und 1974: Eine Analyse mit intra- und intergenerationellem Vergleich unter besonderer

Berücksichtigung der ideologischen Entwicklung und der Implikationen für Parteien und Parteisysteme. 1980.

Band 22 Christoph Huhle: Vom Nahziel Kommunismus zu den Grenzen des Wachstums? Sowjetische Kommunismus-Konzeptionen seit 1961. 1980.

Band 23 Marle-Maria Kallen: Die Messung von Fortbildungswirkungen in der öffentlichen Verwaltung. Analyse und Fallstudie zu den Bedingungen und Grenzen der Fortbildungsevaluierung in der öffentlichen Verwaltung. 1980.

Band 24 Gerhard Ziegler: Das Verbraucherinteresse und seine Durchsetzbarkeit. Eine kritische Untersuchung über die restriktiven Bedingungen von Verbraucherarbeit in der Bundesrepublik Deutschland. 1980.

Band 25 Hans-Peter Jäger: Eduard Bernsteins Panorama. Versuch, den Revisionismus zu deuten. 1981.

Band 26 Eva Kronenwett: Beschäftigungsorientierte Regionalpolitik. Möglichkeiten und Probleme einer beschäftigungsorientierten Umgestaltung der Regionalpolitik. 1983.

Band 27 Liesel Hollmann: Wissenschaftliche Beratung der Politik, dargestellt am Beispiel von IPEKS. Integriertes Planungs-, Entscheidungs- und Kontrollsystem für eine Landesregierung. 1983.

Band 28 Dörte Rasch: Kooperation im Unitarismus. Dargestellt am Beispiel französischer Raumordnungspolitik (1967 - 1981). 1983.

Band 29 Gisela Färber: Das rationale Budget. Voraussetzungen und Konsequenzen für ein funktionsfähiges Haushaltswesen der öffentlichen Hand. 1984.

Band 30 Wolfgang Weinz: Gewerkschaften und Arbeitsbeziehungen in der Republik Irland. 1984.

Band 31 Gregor Halmes: Regionenpolitik und Regionalismus in Frankreich 1964 - 1983 (unter besonderer Berücksichtigung der Dezentralisierungspolitik der Linksregierung seit 1981). 1984.

Band 32 Klaus Günther: Politisch-soziale Analyse im Schatten von Weimar. 1985.

Band 33 Dieter Rehfeld: Bestimmungsfaktoren der Energiepolitik in der Bundesrepublik Deutschland. Zugleich ein Beitrag zur aktuellen Diskussion staatlicher Willensbildungs-, Entscheidungs- und Funktionsmuster. 1986.

Band 34 Jens Borchert: Legitimation und partikulare Interessen. Zur gesellschaftlichen Funktion und institutionellen Struktur des Kongresses im amerikanischen Interventionsstaat. 1987.

Band 35 Benedikt Widmaier: Die Bundeszentrale für politische Bildung. Ein Beitrag zur Geschichte staatlicher politischer Bildung in der Bundesrepublik Deutschland. 1987.

Band 36 Thomas Saalfeld: Das britische Unterhaus 1965 bis 1986. Ein Parlament im Wandel. 1987.

Band 37 Werner Reh: Politikverflechtung im Fernstraßenbau der Bundesrepublik Deutschland und im Nationalstraßenbau der Schweiz. Eine vergleichende Untersuchung der Effizienz und Legitimation gesamtstaatlicher Planung. 1988.

Band 38 Wolfgang Schmidt-Streckenbach: Die Stellung der Länder in der Entwicklungspolitik der Bundesrepublik Deutschland. 1988.

Band 39 Manfred Bartosch: Die Rolle der finanziellen Forschungsförderung bei der Entstehung von neuen, technologisch und wirtschaftlich bedeutsamen Innovationen. Theoretische Überlegungen und Fallstudien aus den high-tech-industries in den USA. 1989.

Band 40 Horst Siegemund: Parteipolitik und "Sprachenstreit" in Belgien. Die Auswirkungen der Gegensätze zwischen der niederländischen und der französischen Sprachgemeinschaft in

Belgien auf die traditionellen Regierungsparteien des Landes. Eine Untersuchung zur Entwicklung einer gesellschaftlichen Konfliktlinie in der belgischen "consociational democracy" und zum Versuch ihrer politischen Institutionalisierung. 1989.

Band 41 Andreas Busch: Neokonservative Wirtschaftspolitik in Großbritannien. Vorgeschichte, Problemdiagnose, Ziele und Ergebnisse des 'Thatcherismus'. Mit einem Vorwort von Klaus von Beyme. 1989.

Band 42 Andreas Mehler: Die nachkolonialen Staaten Schwarzafrikas zwischen Legitimität und Repression. 1990.

Band 43 Maximilian von Beyme: Kulturpolitik unter den Sozialisten in Frankreich von 1981 bis 1986. 1990.

Band 44 Beatrix Bursig: Die Regionalpolitik der Europäischen Gemeinschaft, unter besonderer Berücksichtigung integrationstheoretischer Überlegungen. 1991.

Band 45 Susanne Knorre: Soziale Selbstbestimmung und individuelle Verantwortung. Hugo Sinzheimer (1875-1945). Ein politische Biographie. 1991.

Band 46 Thomas Rautenberg: Möglichkeiten einer arbeitnehmerorientierten Konzeption zur "Technologiefolgenabschätzung" (Technology Assessment). 1991.

Band 47 Carl Böhret: Nachweltschutz. Sechs Reden über politische Verantwortung. 1991.

Band 48 Peter Müller: Die politische Macht der Mafia. Bedingungen, Formen und Grenzen. 1991.

Band 49 Carl Böhret/Michael Hofmann: Umweltverträglichkeit. Test von Umweltrecht im Planspiel. 1992.

Band 50 Moritz Müller-Wirth: Die Debatte um die Parlamentsreform in Italien von 1971-1988. Mit einem Vorwort von Kurt Sontheimer. 1992.

Band 51 Andreas Wellenstein: Privatisierungspolitik in der Bundesrepublik Deutschland. Hintergründe, Genese und Ergebnisse am Beispiel des Bundes und vier ausgewählter Bundesländer. 1992.

Band 52 Willi Herbert: Wandel und Konstanz von Wertstrukturen. 1993.

Band 53 Carl Böhret: Funktionaler Staat. Ein Konzept für die Jahrhundertwende? 1993.

Band 54 Andreas Klocke: Sozialer Wandel, Sozialstruktur und Lebensstile in der Bundesrepublik Deutschland. 1993.

Band 55 Kyu-Young Lee: Zivilgesellschaft als Ansatzpunkt für den Umbruch der sozialistischen Systeme in Osteuropa? Das Beispiel Polen. 1994.

Band 56 Gerald Paschen: Regierungsmehrheit und Opposition in der demokratischen Konsolidierung Spaniens. 1994.

Band 57 Helge-Lothar Batt: Kooperative regionale Industriepolitik. Prozessuales und institutionelles Regieren am Beispiel von fünf regionalen Entwicklungsgesellschaften in der Bundesrepublik Deutschland. Mit einem Vorwort von Klaus von Beyme. 1994.

Band 58 Hermann Hill / Helmut Klages (eds.): Trends in Public Sector Renewal. Recent Developments and Concepts of Awarding Excellence. 1994.

Band 59 Matthias Beyerle: Staatstheorie und Autopoiesis. Über die Auflösung der modernen Staatsidee im nachmodernen Denken durch die Theorie autopoietischer Systeme und der Entwurf eines nachmodernen Staatskonzepts. 1994.

Band 60 Michael Hofmann: Der Faktor "Zeit" als zentrales Element des politisch-administrativen Managements. 1995.

Band 61 Patrick Horst: Haushaltspolitik und Regierungspraxis in den USA und der Bundesrepublik Deutschland. Ein Vergleich des haushaltspolitischen Entscheidungsprozesses beider Bundesrepubliken zu Zeiten der konservativen Regierungen Reagan/Bush (1981-92) und Kohl (1982-93). 1995.

Band 62 Harald Schlüter: Vom Ende der Arbeiterjugendbewegung. Gewerkschaftliche Jugendarbeit im Hamburger Raum 1950-1965. 1996.

Band 63 Annette Elisabeth Töller: Europapolitik im Bundestag. Eine empirische Untersuchung zur europapolitischen Willensbildung im EG-Ausschuß des 12. Deutschen Bundestages. 1995.

Band 64 Hermann Hill / Helmut Klages / Elke Löffler (Eds.): Quality, Innovation and Measurement in the Public Sector. 1996.

Band 65 Michael Hofmann / Werner Jann / Peter Wordelmann (Hrsg.): Spuren in die Zukunft. Zukunftsorientierte Problemlösungen auf dem Prüfstand. Beiträge zum 60. Geburtstag von Carl Böhret. 1996.

Band 66 Götz Konzendorf: Folgen der "Heranalternden Gesellschaft" und Ansatzpunkte aktiver Politik – mit einer Fallstudie zur Mittelstadt Speyer. 1996.

Band 67 Bettina von Harder: Die Interdependenzen zwischen Währungsunion und Politischer Union in der Europäischen Union des Maastrichter Vertrages. Ökonomische Funktionsbedingungen – nationale Souveränität – Integrationsautomatismus. 1997.

Band 68 Antje Blöcker / Ulrich Heyder / Birgit Mangels-Voegt (Hrsg.): Die Reformfähigkeit von Staat und Gesellschaft. Festschrift für Klaus Lompe zum 60. Geburtstag. 1997.

Band 69 Yvette Gerner: Die Europäische Union und Rußland. Unterstützung der EU für die Transformationsprozesse in Rußland am Beispiel des technischen Hilfsprogramms Tacis. 1997.

Band 70 Michael Haus: Demokratischer Kommunitarismus: Michael Walzers politische Philosophie. 1998.

Band 71 Uta Devries: Amnesty International gegen Folter. Eine kritische Bilanz. 1998.

Band 72 Katja Thimm: Die politische Kommunikation Jean-Marie Le Pens. Bedingungen einer rechtspopulistischen Öffentlichkeit. 1999.

Band 73 Ja-Sook Park: Transformation in einem geteilten Land. Vom marxistisch-leninistischen System der DDR zum freiheitlich-demokratischen System der BRD. 9. November 1989 bis 3. Oktober 1990. 1999.

Band 74 Dirk Frenzel: Kulturelle Eye-dentity. Die Kulturpolitik der EU am Beispiel der Filmförderung. 1999.

Band 75 Stefanie Virginia Gerlach: Staat und Kirche in der DDR. War die DDR ein totalitäres System? 1999.

Band 76 Micha Hörnle: What's Left? Die SPD und die British Labour Party in der Opposition. 2000.

Band 77 Jörg Knieling: Leitbildprozesse und Regionalmanagement. Ein Beitrag zur Weiterentwicklung des Instrumentariums der Raumordnungspolitik. 2000.

Band 78 Maria Behrens: Staaten im Innovationskonflikt. Vergleichende Analyse staatlicher Handlungsspielräume im gentechnischen Innovationsprozeß Deutschlands und den Niederlanden. 2001.

Band 79 Esther Bettina Neunreither: Die Interessenvertretung der Regionen bei der Europäischen Union. Deutsche Länder, spanische Autonome Gemeinschaften und französische Regionen. 2001.

Band 80 Barbara Renne: Die Europäische Wirtschafts- und Währungsunion zwischen Anspruch und Wirklichkeit. Ist die EWWU des Maastrichter Vertrages ziel- und funktionsadäquat verfaßt? 2001.

Band 81 Joachim Piehl: Machtwechsel 1982. Handlungsbedingungen und Regierungstätigkeit in zentralen Politikfeldern in der Ära der sozial-liberalen Koalition. 2002.

Band 82 Robert Weimar/Guido Leidig: Evolution, Kultur und Rechtssystem. Beiträge zur New Political Ecology. 2002.

Band 83 Natascha Füchtner: Die Modernisierung der Zentralverwaltung in Großbritannien und Deutschland. Strategien konservativer und sozialdemokratischer Regierungen. 2002.

Band 84 Birgit Mangels-Voegt: Kooperative Steuerung in einer diskursiven Umweltpolitik. 2002.

Band 85 Manfred Bitter: Strukturveränderungen auf der mittleren staatlichen Verwaltungsebene der Länder. Der rheinland-pfälzische Weg der Verwaltungsmodernisierung. 2004.